Christiane Zehl Romero

Anna Seghers

Eine Biographie
1900–1947

atb aufbau taschenbuch

Christiane Zehl Romero ist in Wien geboren und studierte an der Universität Wien Germanistik und Anglistik. Weitere Studien in Vergleichender Literaturwissenschaft in Paris (Sorbonne) und in den USA (Yale University). Sie lebt in Winchester in der Nähe von Boston und ist »Professor of German and International Literary and Cultural Studies« und »Goldthwaite Professor of Rhetoric Emerita« der Tufts University, Medford, Massachusetts. Zahlreiche Aufsätze zur deutschen und vergleichenden Literatur und zum Film sowie Biographien über Simone de Beauvoir und Anna Seghers, auch als Herausgeberin tätig, u. a. die Briefe von Anna Seghers in 2 Bänden (2008 und 2010) sowie »Anna Seghers. The Challenge of History« (2020).

»Das Werk und das Leben von Anna Seghers sind offen und sollen es nach diesem ersten Versuch einer längeren Biographie erst recht sein. Sie lassen sich auf verschiedene Weise sehen und interpretieren, je nach Betrachter und historischem Moment. Das gilt selbstverständlich für alle Schriftsteller, ganz besonders aber für Seghers, die außerordentlich sensibel für ihre Zeit war und mit ihrer Arbeit auf sie wirken wollte. Als Deutsche, Frau, Jüdin, Kommunistin und vor allem als Schriftstellerin setzte sie sich damit vielfältigen Erwartungen und Widersprüchen aus, zumal sie ›das ganz und gar Neue‹ suchte und dem Uralten, dem Mythos und dem Märchen, verhaftet blieb. Ihr Leben war ein langes, interessantes und oft – wie konnte es in ihrem Jahrhundert und bei ihrer Herkunft anders sein – sehr schweres, umso mehr bestand sie auf ihrem und der Menschen Anspruch auf Freude. Ihre Arbeit war ihr, seit sie in der Jugend mit dem Schreiben begann, Halt und Ziel.«

Aus dem Vorwort von Christiane Zehl Romero

Christiane
Zehl Romero

Anna Seghers

Eine Biographie
1900–1947

atb aufbau taschenbuch

Mit 39 Abbildungen

MIX
Papier aus verantwortungsvollen Quellen
FSC® C083411

Aufbau Taschenbuch ist eine Marke der Aufbau Verlag GmbH & Co. KG

ISBN 978-3-7466-1438-0

1. Auflage 2020
Vollständige Taschenbuchausgabe

Die Originalausgabe erschien 2000 bei Aufbau,
einer Marke der Aufbau Verlag GmbH & Co. KG
Umschlaggestaltung U1berlin, Patrizia Di Stefano
unter Verwendung eines Fotos aus dem Archiv von © Anne Radvanyi
Druck und Binden CPI books GmbH, Leck, Germany
Printed in Germany

www.aufbau-verlag.de

Für Laurence Romero, Jr.

J'ai vu des mortels périr le plus aimable ...

Racine

Vorwort

»My God, how does one write a biography«

Virginia Woolf

»Es sind Geschichten ohne Ende«, sagte Róza Domascyna, 1998 Empfängerin des jährlich verliehenen Anna-Seghers-Preises, über die frühen Arbeiten unserer Autorin. Ihre Worte gelten aber auch für viele der späteren Erzählungen und Romane und, so meine ich, für die Lebensgeschichte von Anna Seghers, die zum ersten Mal genauer zu verfolgen – hundert Jahre nach ihrer Geburt – höchste Zeit ist. Ihr Werk und ihr Leben sind offen und sollen es nach diesem ersten Versuch einer längeren Biographie erst recht sein. Sie lassen sich auf verschiedene Weise sehen und interpretieren, je nach Betrachter und historischem Moment. Das gilt selbstverständlich für alle Schriftsteller, ganz besonders aber für Seghers, die außerordentlich sensibel für ihre Zeit war und mit ihrer Arbeit auf sie wirken wollte. Als Deutsche, Frau, Jüdin, Kommunistin und vor allem als Schriftstellerin setzte sie sich damit vielfältigen Erwartungen und Widersprüchen aus, zumal sie »das ganz und gar Neue« suchte und dem Uralten, Mythos und Märchen, verhaftet blieb. Ihr Leben war ein langes, interessantes und oft – wie konnte es in ihrem Jahrhundert und bei ihrer Herkunft anders sein – sehr schweres, um so mehr bestand sie auf ihrem und der Menschen Anspruch auf Freude. Ihre Arbeit war ihr, seit sie in der Jugend mit dem Schreiben begann, Halt und Ziel.

Seghers machte es Biographen bekanntlich nicht leicht, da sie sich persönlichen Fragen gegenüber höchst reserviert verhielt, offene Autobiographie mied und privat ebenfalls diskret war. Auch die Zeit und die Kontexte, in denen sie lebte, halfen nicht: vieles ging verloren, manches wurde verschwiegen oder verändert. Trotzdem ist der Augenblick für eine Biographie jetzt günstig: es gibt neues Material und Quellen, die früher nicht zugänglich waren. Das soll aber nicht heißen, daß ich nach vielen Jahren Forschung alles über Seghers erfahren hätte, was ich gern wissen würde, um diese komplexe Frau und Autorin, in der so vieles von den Erschütterungen des zwanzigsten Jahrhunderts zusammenkommt, so gut zu kennen, wie ich möchte. Es gibt zahlreiche weiße Flecken in ihrer Lebensgeschichte und wird sie vielleicht mehr als in anderen immer geben. Ich habe im folgenden versucht, Leben, Werk und Zeit aufeinander zu beziehen, weil mir das bei Seghers besonders wichtig erscheint, habe aber im allgemeinen denjenigen ihrer Arbeiten mehr Aufmerksamkeit geschenkt, von denen ich meine, daß sie weniger bekannt sind.

Eine Erklärung zur Form: Texte, vor allem Romane und Sammlungen, die als eigenständige Veröffentlichung erschienen, sind hier kursiv angegeben, anderes, vor allem Erzählungen und Aufsätze, in Anführungszeichen, um sie zu unterscheiden und leichter auffindbar zu machen. Von mir vorgenommene Eingriffe in Zitate (Erläuterungen, Zusätze oder Auslassungen) sind durch eckige Klammern gekennzeichnet.

Abschließend möchte ich noch den vielen, die mir geholfen haben, herzlich danken, voran der Tochter und dem Sohn von Anna Seghers, Ruth und Pierre Radvanyi, die mir bislang nicht verfügbares Material zugänglich gemacht und geduldig meine Fragen beantwortet haben. Mein Dank gilt auch den Mitarbeitern der zahlreichen Archive, die ich benutzt habe, vor allem den Angestellten der Stiftung Archiv der Akademie der Künste, Berlin, unter ihnen Jörg Armer, Renate Graßnick, Rolf Harder. Marianne Berger, freundliche Leiterin der Anna-Seghers-Gedenkstätte in Berlin-Adlershof und sachkundige Betreuerin von Seghers' Bibliothek, hat mir unendlich viel geholfen und mich oft genug auch noch bewirtet. Ich danke den Kolleginnen der Bostoner »Big Wigs« (Women in German) für die Lektüre und Kritik einiger Kapitel sowie meiner Lektorin Almut Giesecke. Wie immer bei einer solchen Arbeit bin ich Kolleginnen und Kollegen für Anregungen und Informationen verpflichtet, die sie mir in Gesprächen gaben, besonders Ute Brandes, Helen Fehervary, Sonja Hilzinger, Christel Berger, Sigrid Bock, Heinz-Uwe Haus, Frank Wagner, Helga Sekanina-Georg, Gregory Carleton, Joel Rosenberg, David Sloane, André Toth und anderen. Zuletzt möchte ich noch meiner Universität, Tufts in Medford, Massachusetts, dafür danken, daß sie mich wiederholt zur Forschung in Berlin und anderswo freistellte und finanziell unterstützte.

Winchester, Juli 2000 *C. Z. R.*

Erstes Kapitel

Namen und Familiengeschichten

»contemporary events obscure past events in a living man's life«

Samuel Taylor Coleridge

Am 24. November 1900 gab es im Geburts-Haupt-Register des Standesamtes zu Mainz die in gutem Amtsdeutsch gehaltene Eintragung:

»Vor dem unterzeichneten Standesbeamten erschien heute, der Persönlichkeit nach auf Grund der vorgelegten Heiratsbescheinigung anerkannt, der Kaufmann Isidor Reiling, wohnhaft in Mainz, Parcusstraße 5, israelitischer Religion, und zeigte an, daß von der Hedwig Reiling geborenen Fuld, seiner Ehefrau, israelitischer Religion wohnhaft bei ihm zu Mainz in seiner Wohnung, am neunzehnten November des Jahres tausendneunhundert nach mittags um neun Uhr ein Mädchen geboren worden sei und daß das Kind den Vornahmen Netti erhalten habe.«[1]

Darunter steht anstelle eines Namenszuges des Vaters der Vermerk: »von dem Anzeigenden wegen Sabbaths nicht unterschrieben und nicht mit einem Handzeichen versehen«. Den Gang aufs Standesamt konnte der gesetzestreue Jude aber offensichtlich mit seiner Praxis der Sabbathgebote vereinen.

Der Vorname Netti war, so die Überlieferung in der Familie, ein Kompromiß: »Meine Mutter sollte Jeannette genannt werden. Als ihr Vater ihre Geburt beim Standesamt anmeldete, lehnte der Beamte diesen Namen ab, er sei französisch. Warum nicht Netti?«[2], berichtet die Tochter, beziehungsweise Enkelin, Ruth Radvanyi, eine Geschichte, die schon ihre langjährige Kinderfrau, Katharina Schulz, Gaya genannt, erzählte und die sie von Anna Seghers gehört hatten.[3] Wenn es stimmt, daß der allen Informationen zufolge angesehene und wohlhabende Bürger Isidor Reiling sich so leicht umstimmen ließ – immerhin wurde seine verstorbene Mutter Jeanette genannt[4] –, dann beginnt das nicht immer freiwillige Spiel mit Namen und Identitäten, die sie suggerieren und verbergen, schon sehr früh im Leben dieses Kindes. Es sollte sich später mit dem – diesmal auf Raten[5] – selbstgewählten Pseudonym Anna Seghers *einen Namen machen*, aber auch zu anderen noch immer nicht ganz geklärten Decknamen greifen.[6] Aus Netti wurde bald Netty, warum ist unbekannt, vielleicht weil das »y« der jungen Mutter besser gefiel, da es an moderne englische Namen erinnerte und man auch sie Hedy nannte. Im Laufe der Jahre kamen andere Ruf- und Kosenamen hinzu, vor allem Tiffel, wie Netty in ihrer Familie auch hieß, und Tschibi (ungarisch für Küken), wie sie ihr späterer Mann zu Anfang der Beziehung *taufte* und wie sie auch ihre Kinder und engen Freunde riefen, und natürlich Anna, der einfache, im katholischen Raum besonders weit verbreitete Vorname, den sich die junge Autorin am Anfang ihrer Laufbahn selber gab, allerdings erst, nachdem sie zunächst einen anderen, Antje, und dann kurzfristig gar keinen verwendet und damit Unsicherheit über ihr Geschlecht verbreitet hatte. Später unterschrieb sie manche ihrer Briefe mit »Netty, Tschibi, Anna«, auch mit »Tschibinetty« oder mit Wortspielen auf Tschibi, wie »Tschiberin« und »Tschibi Tsch! Tsch! Tsch!«[7]. Im hohen Alter, als sie gewahr wurde, daß sie sich weder auf ihren Körper noch auf ihre geistigen Fähigkeiten mehr verlassen konnte, machte sie in einem Brief an eine enge Freundin ein Fragezeichen hinter jedem der drei Namen: Netty (?) Tschibi (?) Anna (?).[8] Die Rollen und Identitäten, mit denen sie so lange gelebt und jongliert hatte, hatten ihre Konturen verloren und waren vollends fragwürdig geworden.

Freilich könnte es sich bei der kleinen Geschichte über den Namen Jeanette auch um eine von Seghers selbst erfundene handeln, mit der sie wie so oft ihre eigenen Spuren zu legen und ihre eigene Wahrheit zu vermitteln suchte, diesmal – über den beinahe erhaltenen französischen Vornamen – ihre tiefe Liebe und Bindung zu Frankreich. In einem Brief von 1962 an einen in Familiengeschichte bewanderten Cousin meint Seghers, die sonst Desinteresse für dergleichen bekundete, sogar gehört zu haben, daß sie französischer Abstammung seien, daß die Urgroßmutter und deren Mann, »diese armen, ob sie nun halb Hausierer oder halb Kaufleute waren, nach Frankfurt gekommen sind, ich glaube aus Frankreich«: darüber möchte sie etwas erfahren. In für Seghers bezeichnender Weise fragt sie den Cousin nach »Sachen aus der Jugend Deiner Mutter« und nicht nach der eigenen, obwohl die Frauen Schwestern waren und die gleichen Vorfahren hatten. Alte Briefe ihrer Mutter, die der Cousin gefunden und von denen er ihr einige »Kostproben« zugeschickt hat, will Seghers nicht lesen. Zur Erklärung schreibt sie im selben Brief: »Ich habe, was Dir sicher sonderbar vorkommt und was auch wahrscheinlich sonderbar ist, nicht gern Briefe von Menschen, die ich lebend gekannt habe. Ich weiß nicht genau warum, aber es ist mir ein schrecklich unangenehmes Gefühl.«[9] Daß hinter diesen verallgemeinernden Bemerkungen ein großes Trauma lag, erwähnt sie nicht. Der Cousin, der sich bemühte, mit seinen Briefen die Überlebenden der großen Familie in ihrer Nachkriegs-Diaspora zusammenzuhalten, wußte ohnehin davon: Ihre Mutter war im Holocaust umgekommen. Wenn Seghers sich wenig und höchst selektiv für die Geschichte ihrer Familie interessierte und das, was sie wußte, noch seltener, selektiver und verschlüsselter mitteilte, dann sind die Gründe dafür wohl mit in diesem Trauma zu suchen.

Auf jeden Fall gehören Fragen nach solchen Gründen zu dem Versuch, die Herkunft und das Leben einer Frau und Schriftstellerin nachzuzeichnen, die sich vor autobiographischen Aussagen und biographischen Entschlüsselungen gleichermaßen scheute und, wie sie selbst gestand, »einen Horror vor Dokumenten [hatte], die einen so schrecklich festlegen«[10]. In einem oft zitierten Gespräch mit Christa Wolf, die für ein geplantes Buch über Seghers 1964 Material zu sammeln begann,[11] das bis jetzt nur in zahlreiche Essays zu Seghers Eingang fand, erklärte diese schlicht und bündig: »Was die biographischen Fragen anbelangt: die Erlebnisse und die Anschauungen eines Schriftstellers, glaube ich, werden am allerklarsten aus seinem Werk, auch ohne spezielle Biographie.«[12] Dieser Verweis auf das Geschriebene besticht durch seine Selbstverständlichkeit, wirft aber, was das Verhältnis von Leben und Schreiben gerade dieser Autorin betrifft, mehr Probleme auf, als er löst, da die Romane und Erzählungen – und auch die Aussagen dazu – vordergründig alles andere als klare Auskünfte zu Leben und Ansichten, geschweige denn Herkunft, geben. Außerdem verallgemeinert und vermännlicht Seghers ihre Selbstaussage, indem sie – dem gängigen Sprachgebrauch entsprechend – von »eine[m] Schriftsteller« spricht, und verbirgt das eigene Ich auch darin. Dieses Ich kommt nur in dem bei ihr so häufigen »glaube ich« zum Ausdruck, mit dem sie jeden Anschein von Apodiktik zu vermeiden sucht und eine Bescheidenheit ausdrückt, die sie den eigenen Meinungen entgegenbringt, nicht aber ihren Romanen und Geschichten. Die soll man genau und vielschichtig lesen, denn alles Wichtige über sie sei darin verborgen, »sie« sei ihr Werk.

»Für mich ist Anna eine ›private‹ Schauspielerin. Sie versteckt sich auf unnachahmliche Weise«,[13] resümiert die Berufsschauspielerin und langjährige Freundin Steffie Spira-Ruschin Seghers' gleichermaßen von Phantasie und Zurückhaltung gespeiste »Ich-Verschwiegenheit«, die das Verhältnis von Leben und Werk zueinander bestimmte. Die wurde aber nicht nur von dem Wunsch nach Verstecken, sondern ebenso und eng damit verbunden von dem nach Selbstinszenierung getragen. Im Alter gestand Seghers einem Interviewer, zu dem sie scheinbar offener sprach als meistens in solchen Fällen: »Allerdings führte ich [mit der Wahl des Pseudonyms Seghers] noch etwas im Schilde. Ich fand diese Weise geeignet, mich bei meinen Freunden bemerkbar zu machen – aber eben nicht direkt. Dieser Name ist so ungewöhnlich, der mußte auffallen, wenn er plötzlich über einer Erzählung in der Zeitung erscheint. Anderseits konnte ich mich auch hinter ihm verbergen.«[14] Sich indirekt »bemerkbar« machen, in Kontexten, die ihr wichtig waren, mit den Geschichten, die sie schrieb, und den Rollen, die sie übernahm, war ihr Versuch, der Zufälligkeit von Geburt, Familie und Geschichte zu begegnen, etwas Neues, anderes dagegenzusetzen.

»Ein Dichter soll Spuren hinterlassen, nicht Belege. Nur die Spuren erzeugen Träume«, forderte der französische Dichter René Char, Sätze, die den Umgang der Erzählerin Seghers mit sich als Person und Autorin am ehesten charakterisieren. Die Spuren aber, die sie hinterließ, diejenigen, die sie legte, und vor allem die, die sie verwischte, führen in ihrem Fall nicht nur zu Träumen, sondern auch zu Alpträumen, denn sie gehen zurück zu Seghers' Ursprüngen im jüdisch-deutschen Bürger- und Großbürgertum am Anfang des zwanzigsten Jahrhunderts. So entschieden sie sich als Erwachsene davon zu entfernen suchte, die Shoah mit ihrem Trauma – für sie und für die Kultur, zu der sie gehörte – erlaubten kein »normales« Loslösen von der Familie und ihrem/deren Judentum, obwohl Seghers das auf dem Höhepunkt der illusorischen jüdisch-deutschen Symbiose im ersten Viertel des Jahrhunderts hätte erwarten können und wie so viele andere auch erwartete. Schon deshalb läßt sich die Frage nach Seghers' jüdischer Herkunft und nach ihrem Verhältnis zum Judentum in verschiedenen Stadien ihres Lebens nicht umgehen, selbst wenn und gerade weil sie dazu öffentlich meist schwieg. Ob sie ihr Judentum später verleugnete,[15] wie behauptet wurde, ist eine Frage, die uns noch weiter beschäftigen wird.

Zunächst die Anfänge, die »Familiengeschichten«: Seghers stammte von Seiten beider Eltern aus jüdischen Familien, in denen die mühsam errungene Emanzipation und gesetzliche Gleichberechtigung des neunzehnten Jahrhunderts zu Reichtum, Ansehen und jüdischem Selbstbewußtsein bei gleichzeitiger Annahme deutscher kultureller Traditionen geführt hatten. Die Wurzeln der Familien waren lokale: Mainz und Umgebung und Frankfurt, mit der besonderen Geschichte dieser Städte, die geschäftlichen Beziehungen – und damit auch viele Kontakte – waren international, nach Frankreich, aber auch nach England und anderen Ländern. Das wilhelminische Berlin und der von ihm ausgehende Geist lagen relativ fern. »Paris war ebenso nah oder weit weg wie Berlin«, erinnerte sich Seghers und: »Wenn meine Familie nach Berlin mußte, dann sagte mein Vater: ›Jetzt muß ich nach Preußisch-Berlin‹.«[16] Als Kind und Jugendliche erfuhr Seghers in ihren Familien das deutsche Judentum auf seinem Höhepunkt und an den Grenzen seiner Entfaltungsmöglichkeiten. Die Verfallserscheinungen, die die zunehmende Assimilierung vom orthodoxen religiösen Standpunkt aus gesehen mit sich brachte, konnten wiederum den Blick für Dekadenz und Krise im Bürgertum allgemein schärfen. Wie reich – und nicht nur in materieller Hinsicht – das Milieu, aus dem sie kam, tatsächlich war, darüber sprach Seghers später nur sehr selektiv, und auch die Forschung konzentrierte sich bislang vor allem auf die Mainzer Seite.[17]

Netty Reiling war das erste Kind ihrer Eltern, die im November 1899[18] in Frankfurt am Main geheiratet hatten, und würde das einzige bleiben. Ob sich Mutter[19] und Vater, die beide aus kinderreichen Familien stammten, Geschwister für sie wünschten, wissen wir nicht, auch nicht, ob Netty welche wollte. Hedwig war bei der Geburt erst zwanzig Jahre alt, Isidor, der allgemein Lutz genannt wurde, dreiunddreißig. Bilder zeigen die Mutter als schöne, etwas füllige Frau, die auf gute Kleidung im Stil der Zeit Wert legte, und den Vater einmal mit der kleinen Netty als sportlichen, jugendlich aussehenden Mann mit Schnurrbart, Schirmmütze und weißen Gamaschen, sonst als würdigen, solide angezogenen Bürger, dessen Augenpartie mit ihrem manchmal verschmitzten, manchmal leicht mißtrauischen Blick an die Tochter erinnert. Isidor »etablierte« sich 1898, nicht lange vor seiner Hochzeit, indem er neben seinem älteren Bruder Hermann Mitinhaber der »Kunst- und Antiquitätenhandlung David Reiling« wurde. Bis zu diesem Zeitpunkt hatte Hermann das Geschäft zunächst mit der Mutter Jeanette/Esther[20] und seit deren Tod alleine geführt, da der Vater und Gründer David bereits mit sechsundfünfzig Jahren gestorben war. Die Brüder behielten aber seinen Namen zeitlebens als Firmenbezeichnung und unterschrieben auch ihre Korrespondenz mit dem Namen David Reiling. Es ist anzunehmen, daß sie hofften, das Familienunternehmen einer dritten Generation weiterzugeben. Da Hermann Reiling und seine Frau aber keine Kinder hatten, richteten sich eventuelle Erwartungen auf Isidor und, als sich kein Sohn einstellte, auf Netty, die einzige Tochter und Erbin. Ihre Großmutter Jeanette hatte vor der Ehe selbst Handel getrieben und nach dem Tode ihres Mannes die Firma David Reiling mit Erfolg weitergeführt, so lag der Gedanke, daß eine Frau das Geschäft übernehmen könnte, nicht so fern, zumal es natürlich die Hoffnung auf einen geeigneten Schwiegersohn gab. Mit Sicherheit wissen wir nur, daß Netty solche Erwartungen, wenn sie existierten, nicht erfüllte.

David Reiling, der Großvater, stammte nicht aus Mainz, sondern aus Auerbach bei Bensheim an der Bergstraße, das zu Hessen gehörte, und war das sechste Kind des dort ansässigen Manufakturwarenhändlers Joseph Löb Reiling und dessen Frau Magdalena, geborene Oppenheimer. Er kam 1859 in die Stadt, um seine Aufnahme als Ortsbürger zu beantragen und um die aus einer eingesessenen Mainzer Familie stammende Jeanette/Esther Schmalkalden zu heiraten und eine Manufakturwarenhandlung zu gründen. Da er und seine um sechs Jahre ältere Braut ein gemeinsames Vermögen von fast 5000 Gulden an Staats- und sonstigen Wertpapieren besaßen und 1500 Gulden für eine Aufnahme genügten, hatte er keine Schwierigkeiten, sich in Mainz niederzulassen, zumal er auch ein Leumundszeugnis erbrachte, das ihm bescheinigte, daß er »ein untadeliges Leben bisher geführt, rührig und umsichtig in seinen Geschäften und der vaterlosen Familie [sein Vater war 1857 gestorben] ein treuer Vorstand gewesen ist«. Das diskrimierende »Moralitätspatent«, das Napoleon eingeführt und mit dem er die Errungenschaft der Französischen Revolution – volles Bürgerrecht für alle, inklusive Juden und Schwarze, das mit den Revolutionstruppen 1792 bei der Besetzung auch nach Mainz gekommen war – wieder eingeschränkt hatte, mußte er nicht mehr erbringen. Es war jedoch bis 1847, also lange nach Napoleons Fall, im Großherzogtum Hessen offiziell in Kraft und forderte von Juden, die Handel treiben wollten, daß sie nachwiesen, keine Wuchergeschäfte gemacht und sich gut und rechtschaffen geführt zu haben. In ihren *Karibischen Geschichten,* die sie bald nach Ende des Zweiten Weltkrieges und somit unter dem Eindruck der Shoah konzipierte und zum Großteil schrieb, thematisierte Seghers den Verrat Napoleons an den Emanzipationsedikten der Revolution, bezogen allerdings auf die Negersklaven der Karibik, deren Befreiung der Kaiser ebenfalls, und mit viel spektakuläreren Resultaten, zurücknahm. Sie kannte aber die Geschichte ihrer Vaterstadt, besonders während und nach der Französischen Revolution, sehr gut, ein Wissen, das ihrem Interesse an dem Stoff eine zusätzliche Dimension und Tiefe gab.

David Reiling, der bereits als Krempler/Krämpler »patentiert« war, begann sein Geschäft, das er am 18. Oktober 1859 gründete, zunächst als »Spezereihändler im Kleinen«. Seine neue Konzession »umfaßte den Verkauf von Mehl und Dörrgemüse, Weinverkauf über die Straße«. Wie andere wohlhabendere Familien wohnten die Reilings/Schmalkaldens nicht mehr im Judenviertel, das als solches 1789 aufgelassen worden war, aber auch nicht weit von ihrer Synagoge, was für den orthodoxen Juden David wichtig war, da er am Sabbath nicht zu viel gehen wollte. Ihre Adresse war zunächst die Stadthausstraße 15, das »Haus zum kalten Bad«, dann die Stadthausstraße 8. In Nummer 15 hatte sich im Mittelalter die Mikwe, das rituelle Frauenbad, befunden, für durchreisende Juden noch, nachdem man die Mainzer Juden 1471 aus der Stadt vertrieben hatte, um sie erst im 16. Jahrhundert wieder zuzulassen. Auch diese Vertreibungen, aus Mainz wie aus Frankfurt, gehörten zur Geschichte und zum Bewußtsein der Juden in diesen Städten, trotz des Aufstieges zu Wohlstand, ja großem Reichtum, und Ansehen, der vielen von ihnen später gelang.

Jeanette/Esther, die zur Zeit ihrer Eheschließung dreiunddreißig Jahre alt war, gebar in rascher Folge sechs Kinder, vier Söhne und zwei Töchter, von denen der älteste Sohn kurz nach der Geburt starb und Carl Reiling, der Bankdirektor in Kreuznach wurde, Junggeselle blieb; von den anderen beiden, Hermann und Isidor, wird noch ausführlicher die Rede sein. Die Töchter, Friederike Goldberg und Johanna Arfeld, die nach Frankfurt und Kreuznach, also nicht weit weg heirateten, hatten sieben bzw. vier Kinder, die zumeist etwas älter als Netty waren.[21] An Cousins und Cousinen mangelte es jedenfalls auf der Reiling-Seite der Familie nicht. Wie eng die Kontakte im einzelnen waren, wissen wir nicht, nur daß im allgemeinen ein »ausgedehntes und intensives Familienleben« in der jüdischen Tradition der Zeit eine besonders große Rolle spielte, da es trotz Aufstieg und Gleichberechtigung kaum enge gesellschaftliche Kontakte zu Nichtjuden gab,[22] und daß sich ein um zwei Jahre älterer Cousin, Paul Arfeld, der wie mehrere Verwandte später in Südamerika Zuflucht fand, in einem Brief von 1984 an häufige Spaziergänge »im Huttental an der Nahe« in den Jahren 1908 bis 1910 erinnert. »Sie [Netty] war von Natur aus keine kräftige Person, und man erhoffte sich vom Kuraufenthalt in Bad Münster am Stein Besserung ihrer Gesundheit.« Er meint auch beeindruckt gewesen zu sein »von ihrer auffallend gewählten Ausdrucksform der Sprache« und davon, daß sie darauf bestand, ihre »eigenen Gedanken« zu haben.[23] Jedenfalls beteiligten sich Mitglieder der Familie Reiling – bei den Fulds gehörte es sowieso, wie wir noch sehen werden, zum Lebensstil – an diesen Kuraufenthalten, die ein wichtiger Bestandteil der Kindheit und Jugend Nettys waren und bis ins hohe Alter Anna Seghers' Vorstellungen von Erholung und Freude prägten. Auch im französischen Exil bemühte sie sich um Urlaub in der Haute-Savoie für sich und ihre kleine Familie, und in der DDR waren ihr Ferien an einem See oder in den Bergen, z. B. in der Hohen Tatra, mit ihren

Kindern und Enkeln eine lebensnotwendige Quelle der Regeneration. Daß sie sie so dringend brauchte, hatte seine Gründe in der Gegenwart, wo sie sie suchte, dafür waren die Kindheits- und Jugenderfahrungen zumindest mitbestimmend.

Die Großeltern Reiling/Schmalkalden nutzten die materiellen Möglichkeiten, die ihnen die Zeit bot, mit Umsicht und Tüchtigkeit. Um 1874 kaufte David ein Gebäude für sein Geschäft, ein einstöckiges, in der ersten Hälfte des 18. Jahrhunderts ursprünglich als Brauerei erbautes Haus am Flachsmarkt 10/5/10, das später die Nummer 2 erhielt, und ließ es bald um einen weiteren Stock und einen Kniestock erhöhen. 1880 betrieb er laut Mainzer Adreßbuch bereits eine »Spezereihandlung, Antiquitäten, Kunstgegenstände[n] und Manufaktur, Mäkler in Gold und Immobilien« und kündigte zur Karnevalszeit eine breite Auswahl von Stoffen an. Ob seine Frau neben ihren fast jährlichen Geburten und dem Aufziehen der Kinder im Geschäft mitarbeitete? Als David am 27. Dezember 1889 starb – sie war zweiundsechzig –, nahm sie jedenfalls die Zügel in die Hand und ließ sie bis zu ihrem Tod am 25. August 1892 nicht fahren, wenn sie auch ihren Sohn Hermann 1891, er war damals neunundzwanzig, als Mitinhaber aufnahm. Die wenigen Tatsachen, die wir über sie wissen, ergeben zumindest die Silhouette einer vielleicht für ihre Zeit und ihr Milieu nicht ganz so ungewöhnlichen Frau, wie uns heutige Klischeevorstellungen suggerieren mögen, sicher aber einer starken, überlebens- und geschäftstüchtigen. Man fragt sich, ob und wieviel Isidor seiner Tochter von dieser Großmutter, die sie nie kennenlernen konnte, erzählte. Er scheint der Lieblingssohn gewesen zu sein, denn ihm, ihrem Jüngsten, schenkte Jeanette ihr Gebetbuch und nicht Hermann, dessen Heirat – mit Flora Rosenthal aus Frankfurt – sie kurz vor ihrem Tod noch miterlebte. Isidor gab es weiter, zuerst seiner »lieben Frau Hedwig geborene Fuld an unserem Hochzeitstage« und – wohl mit Hedwigs Einverständnis – am 10. August 1925 »[m]einem geliebten Kinde«, das an diesem Tage heiratete und sein Haus und seine/ihre Vaterstadt verlassen würde. Er schrieb ihr die

Geschichte des Gebetbuches und den Familienstammbaum der Reilings hinein und wünschte ihr und sich: »Möge es Dir Erbauung und Erinnerung bereiten«. Seghers behielt dieses Gebetbuch ihr ganzes Leben.

Schon unter Jeanette wurden die Spezereien aufgegeben, unter Hermann auch die Manufakturwaren, das Geschäft war jetzt »nur« »Kunst- und Antiquitätenhandlung«, die erste in Mainz. 1894 wurde die Schaufensterfront modernisiert und darüber das Namensschild David Reiling angebracht. Hermann Reiling als der ältere Bruder war und blieb der etwas prominentere,[24] er übernahm den Platz des Vaters als Ökonom bzw. Finanzdirektor des israelitischen Hilfsvereins, einem der vielen jüdischen Wohltätigkeitsvereine der Zeit, in dem Isidor Mitglied war, und fungierte als Vizedirektor des »Israelitischen Krankenpflege-Vereins Nr. 3«. Er hatte den Ruf, »sein ganzes Leben nur Gutes getan« zu haben, wie ein Cousin, der nicht zu diesem Teil der Familie gehörte, in einem Brief an Seghers bestätigte.[25] In einem Artikel von 1932 zu Ehren von Hermanns 70. Geburtstag berichtet das katholische *Mainzer Journal* sehr positiv über den bescheidenen Jubilar und erwähnt u. a., daß er auch »Mitglied der Beratungskommission für die Erhaltung des Mainzer Doms gewesen« sei, eine Tätigkeit, die vielleicht Anlaß zu den oft wiederholten Gerüchten gab, Seghers' Vater sei Kustos der Kunstschätze des Doms oder »Domrestaurateur« gewesen, Gerüchte, die sie selbst verneinte. Für die Mainzer und die Kunden in Deutschland und Europa scheinen die Brüder eine Einheit gewesen zu sein, was sie im geschäftlichen Bereich dadurch unterstützten, daß sie ihre eigene in der Firmenidentität aufgehen ließen. Beide Brüder hafteten aber mit ihrem Privatvermögen für die als »Offene Handelsgesellschaft« organisierte Firma.[26] Sie wohnten auch nicht weit voneinander: Die jüngeren Reilings zogen um 1905 in die Kaiserstraße 34/1/10, Hermann und seine Frau 1907 aus der Bahnhofstraße 4 in die Rheinallee 5/Ecke Kaiserstraße, »das schönste Jugendstilhaus von Mainz«. Beide Wohnungen gehörten zu den besten Adressen der kleinen Stadt und boten in ihrem großbürgerlichen Komfort[27] wohl mehr als »die typische bürgerliche Wohnzimmeratmosphäre«, die Seghers später als so »fürchterlich« empfand,[28] freilich sprach sie nicht von Größe und Ausstattung, sondern von ihren eigenen Reaktionen auf eine Atmosphäre.

Familiärer Umgang zwischen den Reilings war unter den Umständen selbstverständlich. So berichtet Hedwig in einem Brief von 1919 an ihre Mutter in Frankfurt zufrieden über ihren Geburtstag am 21. Februar: »Meine Zwei haben mir auf ihre Art ein Fest heute mit all ihrer Liebe bereitet und ich bin dankbar und froh mit ihnen [...]. Heute früh hatte ich Besuch und zum Kaffee die Freundinnen des Hauses eingeladen. [...] Zum Nachtessen Reillings, jedenfalls ein richtiger Freßtag was eben einem sehr wohl tut.«[29] Doch fiel ihr die Pflege familiärer Beziehungen zu der um zehn Jahre älteren Schwägerin und Gattin des »Seniorpartners« nicht leicht. Erschütternd ist das Resümee, das sie in einem Brief vom 20. Oktober 1941, als beide Frauen bereits unter dem Zeichen des Todes stehen, über die Schwägerin und das Verhältnis zu ihr zieht: »Und nun fängt Flörchen auch an liebenswürdig zu werden, sie die so ohne Herz wirklich ist und so ungut zu mir war, wie man es zum fremdesten Menschen nicht ist wenn man ihn in seelischer Not weiß. Aber sie ist auch zum eigenen Mann ungut, sie ist nicht zu ändern, leid tut sie mir trotzdem, denn sie ist als irrer aus Angst zurückzubleiben.«[30] Hedwig selbst ist zu diesem Zeitpunkt, wie sie schreibt, »sehr down«, sie hofft zwar immer noch mit Hilfe eines Visums, das ihre Tochter erhalten hat, aus Deutschland wegzukommen, »aber diese[s] Auf und Ab der Gefühle bringt die Nerven zum Zerreissen«.[31] Schließlich wird sie noch vor der Schwägerin deportiert und weiß so nichts mehr von dem mitleiderregenden Vorfall in Darmstadt, wo man bei einer Leibesvisitation der dreiundsiebzigjährigen Flora in den Saum ihres Kleides eingenähte Goldmünzen fand. Darmstadt war eine Zwischenstation auf dem Transport nach Theresienstadt, wo Flora Reiling am 28. September 1942 ankam und am 21. Februar 1943 – nach

Hedwig – starb. Die – zunächst über die Mutter vermittelte – Ablehnung von Flora und das Bild, das sie von ihr hatten, gehört mit zu jenen Kindheitserfahrungen, die wohl mehr und früher noch als das eigene Elternhaus in Netty ein Gefühl von Enge und »Eingesperrtsein«[32] in Familie und jüdischem Bürger- bzw. Großbürgertum erzeugten. Eine Schulfreundin erinnert sie viele Jahre später: »Weißt du noch wie wir immer vor Tante Flora ausrissen?«[33] Seghers vergaß diese Tante keineswegs,[34] sprach von ihr aber nicht im Zusammenhang mit Familiengeschichten, sondern im Kontext ihrer Begegnung mit russischer Literatur und dem Mut zum Schreiben, den sie daraus gewonnen habe: »Ich erinnere mich, was mir bei Gogol z. B. gefiel: Da war eine scheußliche alte Frau in ein. gräßlichen Zimmer. Und plötzlich war nur das riesige weite Land da. Wie war das schön! Es war nicht mehr ganz besonderen Menschen als Schauplatz reserviert, wenn ich von meiner gräßlichen Tante wegging, war zwar nicht die Steppe da, aber der Rhein.«[35] Die »gräßliche Tante«[36] und der geliebte Rhein sind zu archetypischen, negativ bzw. positiv besetzten Bildern aus Kindheit und Jugend geworden.

Der Aufstieg der Firma Reiling, Anzeigen und Briefkopf sprechen »nur« noch von Antiquitäten, geht unter Führung beider Brüder vor dem Ersten Weltkrieg, also während Nettys Kindheit, rasch weiter. 1900 bauten sie einen großen Ausstellungsraum ein, 1910 vergrößerten sie den Laden selbst, und 1917 kauften sie das Haus Nummer 4. Schon seit 1894 konnte sich die Firma, die enge Beziehungen zum damaligen »Landesherren« Großherzog Ernst Ludwig von Hessen unterhielt, hessischer Hoflieferant nennen, seit 1910 russischer – wahrscheinlich über die Vermittlung dieses Großherzogs, der mit dem Zaren Nikolaus verschwägert war. Die Geschäftsverbindungen reichten in viele Länder und Städte, vor allem nach Frankreich, in die Niederlande und ins ferne »Preußen« nach Berlin, wo sie u. a. Wilhelm von Bode, »Generaldirector der Königl. Museen«, belieferte. Aus dem Jahre 1913 sind zwei Briefe erhalten, in denen es um den Ankauf von französischen

Sammlungen geht. In einem – vom 4. Juni – an Wilhelm von Bode heißt es: »Was die Pariser Sammlung (Vve. Raymond Serrure) betrifft, so möchte ich nicht die Veranlassung sein, wenn das Königl. Museum Interesse an derselben hat, deren Ankauf an meiner Provisionsfrage scheitern zu sehen, und verzichte ich lieber auf eine Provision, wenn das die Erwerbung erleichtern kann [...]. Den Diensten Ew. Excellenz stets mit Vorliebe gewidmet, sehe ich Ihren geschätzten Nachrichten mit Vergnügen entgegen, und zeichne mit vorzüglicher Hochachtung.« Im P.S. steht dann: »Darf ich zum Regierungsjubiläum Sr. Majestät auf den Titel hoffen?«[37] Der »Titel«, preußischer Hoflieferant, wurde tatsächlich 1914 verliehen, nachdem der Oberbürgermeister von Mainz eine positive Stellungnahme abgegeben und auf Grund eines eingeforderten Polizeiberichtes bescheinigt hatte: »Bestrafungen haben die Gebrüder Reiling noch nicht erlitten, erfreuen sich vielmehr des besten Rufes. Beide sind im Besitz bedeutender Vermögen [...]«[38]

Lange konnten sich die Brüder ihres Titels allerdings nicht erfreuen, doch scheinen die Geschäfte auch nach dem Ersten Weltkrieg, der Mainz bis 1930 unter französische Besatzung stellte und zunächst von Deutschland abschnitt, bald wieder gut gegangen zu sein. Hedwig berichtet zwar am 22. Dezember 1918 an ihre Mutter nach Frankfurt: »Lutz hat täglich Besuch aber keine Käufer *noch*«[39], doch reiste ihr Mann bald wieder in Geschäften und schenkte ihr zu dem bereits erwähnten Geburtstag 1919 »unter anderem einen Pelz, den ich mir *sehr* wünschte«[40], normalerweise ein gutes Zeichen. Bei seinen Berlinbesuchen stieg Isidor auch weiterhin im erstklassigen Hotel Adlon, in einem »schönen Zimmer« ab.[41] Wir hören von einem Kuraufenthalt nach Kriegsende mit Lutz und »Netty mit Fräulein« im Hôtel du Lac in St. Moritz, von dem Hedwig insofern enttäuscht ist, als sie meint, »von Elegance ist noch wenig zu merken und luxuriös sind bis jetzt nur die Preise«.[42] 1921 war Netty mit den Eltern in Marienbad.[43] 1924, vielleicht als Geburtstags- und/oder Promotionsgeschenk für die Tochter, machte die Familie eine Ferienreise, und nicht die erste, nach Paris. Auch die Inflation scheint keine wesentlichen Einschnitte gebracht zu haben. Obwohl »David Reiling« zwar längst nicht mehr das einzige Antiquitätengeschäft in Mainz war – 1920 gab es schon 19 –, handelten sie auf einem Niveau, an das die Konkurrenz nicht leicht herankam. Nach Seghers' Vater befragt, erinnerte sich ein ehemaliger Mainzer 1974, daß die Reilings »zu den prominentesten Kunsthändlern Deutschlands, wenn nicht Europas« gehörten, trotzdem sei Isidor »doch ein einfacher Mainzer« geblieben, »der bei allen gern gesehen war, nur daß die meisten Mainzer Bürger keine Ahnung hatten, wie bedeutend der kleine Laden am Flachsmarkt war«.[44]

Daß der »kleine Laden« so bedeutend werden konnte, hatte auch mit der Heirat Isidors zu tun. Seine junge Frau stammte auf beiden Seiten aus alten, weitverzweigten und angesehenen Frankfurter Familien, sowohl die Fulds wie die Goldschmidts spielten in der an namhaften Juden so reichen Geschichte der Stadt eine wichtige und vielfältige Rolle.[45] Auch hier, und ganz besonders hier, kann keine Rede sein von den »armen«, »halb Hausierer[n] oder halb Kaufleute[n]«, von denen Seghers meint gehört zu haben. Ihre aus einer »Alt-Frankfurter Familie« stammende Urgroßmutter Henriette, geb. Cahn (1830 bis 1906), an die sie sich Christa Wolf gegenüber noch erinnerte, heiratete Jakob Goldschmidt (1824–1864), der 1853 in Frankfurt eine Antiquitätenhandlung gründete. Das Paar hatte fünf Kinder, Regine, Julius, Helene (1854–1922), Meier Marcel und Helmine (Hermine). Als der Vater früh starb, übernahm Julius, der älteste Sohn (1858–1932), zunächst mit seinem Onkel Selig und nach dessen Tod als Alleininhaber die Firma J. & S. Goldschmidt und wurde auch, so ist zumindest anzunehmen, Familienvorstand. Das Geschäft brachte es zu Zweigstellen in Berlin, Paris und New York und zählte zu den ersten in Europa. Julius selbst galt als sehr umsichtig, kenntnisreich und soll ein »phänomenales Gedächtnis« gehabt haben.[46] Er war Vorstandsmitglied des Antiquitätenhandels von Deutschland und, in den Fußstapfen seines Onkels, Vertrauensmann der in- und ausländischen Rothschilds, in deren ehemaligem Bankhaus in Frankfurt er das Museum jüdischer Altertümer einrichtete. 1908 wurde er außerdem Leiter der Gesellschaft zur Erforschung jüdischer Kunstdenkmäler. Er vermittelte nicht nur wertvolle Sammlungen an Museen, sondern machte auch selbst Schenkungen und kann damit den Brüdern Reiling in ihrem Umgang mit Wilhelm von Bode als Vorbild gedient haben. Julius gehörte in der Israelitischen Gemeinde Frankfurts, in der er ab 1919 auch im Vorstand tätig war, zu den Konservativen und betätigte sich in vielen Wohlfahrtsorganisationen, war also in jeder Hinsicht Verwandtschaft, die den Reilings gefallen mußte. Es ist denkbar, daß die Begegnung zwischen Isidor und Hedwig über ihn zustande kam, da die Brüder Reiling ihn wohl schon vor der Heirat geschäftlich kannten, ja daß Isidor, der relativ spät Teilhaber des väterlichen Geschäfts wurde, seine Lehrzeit oder einen Teil davon in der Firma J. & S. Goldschmidt verbrachte, Belege dafür ließen sich jedoch nicht finden.

Julius' Schwester, Helene Goldschmidt (1854–1922), Seghers' Großmutter, heiratete den wesentlich älteren Kaufmann Salomon Fuld (1836–1882), der früh starb, und hatte vier Kinder, Clementine (Clem, 1874–1962), Minna (1875 bis 1944), Harry (1879–1932) und Hedwig (1880–1942). Hedwig war die jüngste, sie und die anderen wuchsen je nach Alter mehr oder weniger vaterlos auf und mögen Julius Goldschmidt zum Vormund gehabt haben. Wie die wenigen erhaltenen Briefe von ihr bezeugen, hing Hedwig auch nach fast zwanzig Jahren Ehe sehr an ihrer Mutter und den »geliebten Frankfurter[n]« und hielt engen Kontakt mit ihnen. Bei dem bereits erwähnten Aufenthalt in St. Moritz, einem Ort, den Helene Fuld offensichtlich kannte und schätzte, kamen Helene und ihre Tochter Minna mit Enkelin Lilo nach und wurden gebeten, einiges mitzubringen, u. a. »2 feste Cervelatwürste für Lutzens Bergpartien«. Die meisten der erhaltenen Briefe Hedwigs, aus denen hier zitiert wird, stammen aus der

Zeit nach dem Ersten Weltkrieg, als Mainz durch die französische Besatzung vorübergehend von Frankfurt abgeschnitten war. »Nach Paris kann ich jetzt schreiben aber nach Frankfurt nicht!«[47] klagt sie, findet jedoch Wege, Briefe und Lebens- wie Genußmittel, z. B. »Cacao« und »fr. Chokolade«, die auf ihrer Seite des Rheins leichter und billiger zu bekommen sind, für die ganze Familie zu schicken, verrechnet sie aber auch ganz selbstverständlich. Hedwig unterschreibt mit »Eure ›Drei Getreuen‹« und berichtet über ihre Tochter: »Netty ist vergnügt und liest anstatt der Frankfurter ›Le Matin‹«. In einem anderen Brief heißt es: »Tiffel hat Weihnachtsferien die wir gemeinsam genießen«, und Netty selbst fügt für die Großmutter hinzu: »Ich will Dir und Euch allen, doch auch einmal auf diesem Wege einen festen, festen Kuß schicken. Dein Franzosentiffel.«[48] Diese Frankfurter Großmutter, die Seghers kannte, scheint ebenfalls eine, wenn nicht in Geschäften, so doch in ihrer Familie höchst aktive und praktische Frau gewesen zu sein und hinterläßt in Hedwigs Briefen etwas vom Eindruck einer Matriarchin.

Harry, der einzige Bruder und Seghers' Onkel, war ein weiterer äußerst erfolgreicher Geschäftsmann der Familie, allerdings nicht im Antiquitäten- und Kunsthandel, sondern in einer an der technischen Zukunft orientierten Branche; seine Liebe soll allerdings von Jugend an der bildenden Kunst gegolten haben, und er soll hervorragende Sammlungen an gotischen Skulpturen, chinesischer Keramik, alten Meistern, aber auch Gemälde von Klee, Feininger und Kokoschka besessen haben.[49] Nach einer Lehre im Bankhaus J. A. Schwarzschild & Söhne in Frankfurt und Studienreisen in England, Frankreich und Belgien machte er sich mit 19 Jahren selbständig und gründete die Deutsche Privat-Telefon-Gesellschaft H. Fuld & Co. in Frankfurt mit vielen Tochterunternehmen, die um 1930 in der Schwachstrom-Industrie in Europa führend war und Weltruf erlangte. Sie beschäftigte ca. 8000 Arbeiter und Angestellte, u. a. in Werken in Frankfurt, München, Brünn und Solothurn. Harry übersiedelte 1931 von Frankfurt nach Berlin, wo er im Grunewald wohnte. Ob Seghers damals noch Kontakt mit ihrem Onkel hatte und ihn gelegentlich sah, zumindest wenn ihre Mutter zu Besuch kam? Als Harry 1932 starb, hinterließ er international etablierte Unternehmen und ein beträchtliches Vermögen, die Krieg und Shoah überdauerten. Um einen Teil des Vermögens wurde nach dem Tod seines Sohnes Peter im Jahre 1962 in London ein »Millionenprozeß« geführt. Es ist anzunehmen, daß Harry in der Familie einen wichtigen Platz einnahm. Seghers spricht 1924 von ihm, wenn sie in einem vor kurzem gefundenen Tagebuch, das sie in der Zeit zwischen Promotion und Heirat führte, ein Familientreffen zum Geburtstag ihrer Tante Clem in Frankfurt erwähnt und bemerkt: »Ich bin stolz, weil ich ›reüssiere‹ u froh gut über meine Sache zu sprechen. Schlafe bei Harry. Schrecken u Kummer über Harry u Rodi.«[50] Rodi, László Radványi, der Mann, den sie heiraten und der sie von der Familie wegführen sollte, scheint darin keine begeisterte Aufnahme gefunden zu haben, gab sich aber wohl auch kaum Mühe, Akzeptanz in der Welt von reichen Geschäftsleuten im Milieu seiner »Tschibi« zu finden. Er verstand sich als junger Intellektueller, der sich mit großen geistigen und sozialen Fragen beschäftigte – Netty selbst spricht in ihrem Tagebuch von seinem »Mangel der Wirklichkeitslosigkeit«.[51]

Auch Clem Cramer, die Schwester der Mutter, die unter den Frankfurtern vielleicht die größte Rolle für Seghers spielte, war reich und genoß innerhalb der Familie und außerhalb, in der Stadt, ein gewisses Ansehen. Sie ist eine der ganz wenigen Frauen, die in Paul Arnsbergs dreibändiger *Geschichte der Frankfurter Juden* eine eigene biographische Eintragung erhält. Darin wird ein »Lokaldichter« zitiert, der gesagt haben soll: »Wer sie nicht kennt, kennt Frankfurt nicht.«[52] Clem war mit David Cramer (1862–1946), Inhaber der Firma A. Cramer, Hopfenhandel, und Besitzer aller Aktien der A. G. für Brauereigewerbe, Frankfurt/Main, verheiratet, der weite Reisen in Europa und den USA unternahm und in New York starb. Clem engagierte sich sehr stark in der Sozialfürsorge für Frauen und Mädchen jüdischer Herkunft, so in der »Weiblichen Fürsorge e.V.«, einem 1901 gegründeten »Israelitischen Frauenverein zur Förderung der gemeinnützigen Bestrebungen für die Gesamtinteressen der jüdischen Frauenwelt«, und dem »Mädchenklub«, dessen Zweck es u.a. war, »das Gemeinschaftsgefühl der weiblichen jüdischen Jugend zu stärken«.[53] In beiden arbeitete sie zusammen mit der aus einer ultra-orthodoxen jüdischen Familie der österreich-ungarischen Monarchie stammenden Bertha Pappenheim, die als »Fräulein Anna O.« in Freuds und Breuers Krankengeschichte einging, sich aber dann selbst in Frankfurt und darüber hinaus als Frauenrechtlerin und Sozialarbeiterin einen Namen machte. Auch Hedwig muß sie gekannt haben: »Sage Frl. Pappenheim, […], liebe Clem, daß diese Woche hier ein jüdischer Frauenbund gegründet wurde der schon 300 Mitglieder umfaßt, und in den ich mit in den Vorstand gewählt worden bin«, bittet sie am 22. Dezember 1918 voll Stolz in einem Brief an die Mutter, der offensichtlich für die ganze Familie bestimmt ist.[54] Nichts deutet darauf hin, daß Seghers' Mutter Ambitionen zur Frauenrechtlerin hatte, aber viel, daß sie sich als »moderne Frau« im Sinne ihrer Zeit und ihres Milieus verstand, die z.B. maschineschreiben und die Blindenschrift lesen lernte und nicht nur im Ersten Weltkrieg als Rote-Kreuz-Schwester, sondern auch sonst in verschiedenen sozialen Bereichen tätig war. »Ich habe wieder neue Arbeit gefunden nachdem mein Bahndienst nun beendet«, berichtet sie am 22. Dezember 1918 nach Frankfurt.[55] Seghers erwähnt einmal, daß sie »ein starkes Sozialempfinden hatte« und »manchmal an der Mainzer Dummenschul – so nannten die Bürgerlichen die Schule –« unterrichtet habe.[56]

Bei Clem Cramer sind frauenrechtlerische Tendenzen sehr wohl denkbar. Sie führte ein relativ ungebundenes Leben, reiste viel und hatte Hermann Wendel (1884–1936) zum langjährigen Freund. Dieser in Metz geborene Schriftsteller und Journalist war seit 1908 Chefredakteur der sozialdemokratischen *Volksstimme* in Frankfurt und von 1912 bis 1918 für seine Partei Mitglied des Reichstages. Er zählte zum linken Flügel um Franz Mehring und Rosa Luxemburg, stimmte aber 1914 für die Kriegskredite und diente einige Zeit als Soldat, obwohl er Pazifist war. 1918 gehörte er kurz zum Soldatenrat von Frankfurt, wandte sich aber dann ausschließlich dem Schreiben zu, seit 1922 auch für die *Frankfurter Zeitung*,[57] wo er Alfred Kerr kannte. 1936 hielt Kerr beim Tod Wendels in Paris die Trauerrede auf ihn.[58] Als Seghers sich um ihre ersten Veröffentlichungen bemühte, wandte sie sich nachweislich an Kerr. Es ist anzunehmen, daß ihr Wendel den Kontakt vermittelte oder daß sie Kerr schon vorher im Hause ihrer Tante kennengelernt hatte. Die Themen der vielen Bücher Wendels reichen von *Frankfurt am Main von der großen Revolution bis zur Revolution von oben (1789–1866)* (1910), über *August Bebel* (1913) und *Heinrich Heine* (1916) zu *Danton* (1930) und zu *Die Marseillaise* (1936), um nur einige zu nennen, die im Hinblick auf Seghers interessant sind. Sie erwähnt Wendel, der sich in Büchern und Reden, so im Vorwort zu seinem während des Ersten Weltkriegs als »Gegenwartsarbeit« beendeten *Heinrich Heine. Ein Lebens- und Zeitbild*[59], um Verständigung zwischen Deutschen und Franzosen bemühte, nie namentlich, doch liegt es nahe, bei ihm Wurzeln für Ideen und Interessen zu suchen, die für sie wichtig blieben. Er ist wahrscheinlich auch der »Freund einer Verwandten«, den sie in ihrer Antwort auf die Frage »Wie ich zur Literatur kam«[60] als jemanden erwähnt, der ihr Gedichte und Prosastücke Heinrich Heines vorgelesen habe. Jedenfalls schenkte Wendel der noch nicht Sechzehnjährigen sein Buch über Heine mit der Widmung: »Meiner lieben Nichte / Netty Reiling / zur freundlichen Erinnerung an das Pesach 1916«. Als Datum seines Vorwortes schrieb er den 17. 2., Heines 60. Todestag.[61] Wie eine Forscherin, Sonja Hilzinger, in ihrem Aufsatz »Anna Seghers und Heinrich Heine: Begegnung im Exil« näher untersucht hat, spricht Seghers viele Jahre später in ihrer Abschiedsrede vom Heine-Klub in Mexiko von dem nicht zu vergessenden »Vermächtnis« Heines, »von dem man daheim gesagt hat: Der große Deutsche und der kranke Jude – der unsere Muttersprache besser sprach – als manche deutschen Müllers oder Schulzens«, und zitiert dabei sinngemäß aus einem Gedicht von Richard Dehmel, das in Wendels Buch nachgedruckt ist.[62]

Wendels »Sensibilität für soziale Ausgrenzung, kulturelle Abschottung und nationalistische Überheblichkeit«[63] führte ihn am Ende des Ersten Weltkrieges auch in eine Region Europas, die Seghers, vor allem als junge Autorin, ebenfalls zum Schauplatz für Erzählungen und für ihren Roman *Die Gefährten* machte. Angefangen mit der Studie *Südosteuropäische Frage* (1918), befaßte er sich in zahlreichen Büchern mit den Kulturen, Problemen und Kämpfen der ethnischen Minderheiten in diesen bislang von der Habsburgermonarchie beherrschten Gebieten. Seghers schrieb ihr Interesse daran später immer den Berichten von Kommilitonen ihrer Heidelberger Studienjahre zu, doch mag schon Wendel ihre Aufnahmebereitschaft dafür geweckt haben. Eines seiner Bücher zu diesem Themenkreis, *Von Marburg bis Monastir* von 1921, befindet sich ebenfalls in ihrer Bibliothek. Nicht belegbar ist, ob Seghers im französischen Exil, in das beide, sie und Wendel, 1933 gingen, mit ihm zusammenkam, oder ob sie seine Paris-Feuilletons kannte, die er zwischen 1933 und 1936 unter verschiedenen Pseudonymen im *Neuen Tage-Buch*, im *Pariser Tageblatt* und der *Pariser Tageszeitung* veröffentlichte.[64] Auch in diesen Essays finden sich Parallelen zu Gedanken, die Seghers in jenen Jahren und später äußerte, so die Bewunderung für die Französische Revolution und für die kontinuierliche Tradition fortschrittlichen Denkens in Frankreich, die Wendel wie Seghers der deutschen Situation gegenüberstellen, in der sozial und revolutionär denkende Autoren stets nur Außenseiterpositionen einnehmen konnten. Den mitunter melancholischen, rückwärtsgewandten Ton in einigen der Paris-Feuilletons von Wendel teilte Seghers jedoch nicht. Zumindest in ihrer Jugend aber hatte ihr der Freund ihrer Tante und Wahlonkel viel zu bieten, nicht zuletzt die frühe Begegnung mit sozialistischen Ideen und mit einer franzosenfreundlichen, auch während des Ersten Weltkrieges alles andere als chauvinistischen Haltung gegenüber dem Nachbarland, eine Einstellung, die sie schon als Schülerin unter der Besatzung von Mainz demonstrierte.

Seghers' Verbindung zu Clem blieb über Kindheit und Jugend hinaus bestehen. Vor ihrer Heirat verlief alles in den gewohnten familiären Bahnen, und Clem lernte nicht nur Rodi, wie Netty ihren späteren Mann nannte, sondern auch den anderen wichtigen Jugendfreund, Philipp Schaeffer, kennen.[65] 1924 wandte sich Netty an die Tante und hoffte offensichtlich auf deren Beziehungen zur Frankfurter Zeitungs- und Verlegerwelt – in diesem Zusammenhang fällt der Name »H. Simon«, bei dem es sich wahrscheinlich um Heinrich Simon, den faktischen Leiter der *Frankfurter Zeitung*, handelte –, als Rodi eine Stellung suchte, um heiraten zu können. Im bereits erwähnten Tagebuch notiert sie im Dezember 1924: »Hoffnung auf Stelle für Rodi« und kurz darauf: »Abends Mutter Nachricht, daß m. Simon nichts. Ich weine in der Nacht.« Zwei Tage später heißt es: »Nochmals Brief an Clem wegen Angelegenheit Rodi geschrieben.«[66] Seghers' Bemühungen blieben erfolglos; ob und wie sehr sich Clem für den in der Familie wie gesagt nicht auf offene Arme stoßenden jungen Ungarn einsetzte, wissen wir nicht. Als Rodi schließlich nach Berlin ging und Seghers ihm dorthin folgte, wurden die Kontakte sporadischer, rissen aber auch im Exil und danach nie ganz ab. Clem wohnte zeitweilig ebenfalls in Paris, in einem großen Apartment am Trocadero, und lud Seghers und die Kinder manchmal zu Kaffee und Kuchen ein.[67] 1940, als die drei über die Demarkationslinie in den unbesetzten Süden Frankreichs flohen, gingen sie zunächst in das ja ursprünglich als Kurort bekannte Vichy, weil sie die Tante da zu finden hofften.[68] Clem hatte aber schon einen weniger brisanten Ort aufgesucht und landete schließlich in New York, wohin sich ihre Tochter Lilly und deren Mann schon früher gerettet hatten. Dort blieb sie bis an ihr Lebensende. Seghers verlor auch von Mexiko aus die Verbindung nie ganz, obwohl es, wie wir noch sehen werden, auf ihrer Seite Grund dazu gegeben hätte. Sie ließ der Tante z. B. *Ausflug der toten Mädchen und andere Erzählungen* zusenden, und Rodi leitete 1947 von Mexiko aus die so lebenswichtigen Pakete mit Nahrungsmitteln u. a. über sie ins ausgehungerte Berlin, erntete allerdings die spöttische Klage seiner Frau, »daß er mir auf meine alten Tage ewig koschere Sachen schickt aus der Quelle von Clem«[69]. Die Tante entdeckte offenbar 1948 auch zwei Bilder der Reilings im Metropolitan Museum von New York, eine Sache, zu der sich Seghers vorsichtig und etwas mißtrauisch der weiteren Familie gegenüber verhielt, über die Tante sagte sie jedoch: »Clemm will aber uns nur Gutes, vermischt mit ein bischen Egoismus vielleicht.«[70] Ein spätes Bild der zweiundachtzigjährigen Dame, die im Hotel Marcy mit einer Gesellschafterin lebte und ihre Tochter und Umgebung dominierte, erhält Seghers vom Sohn Clems, dem bereits erwähnten Cousin Sally David Cramer (1893–1977): »Mutter ist zwar aelter geworden [...], aber sie ist noch genauso bei der Hand, wie sie immer war: deklamiert noch stundenlang, erzaehlt von alten Zeiten in hundert Variationen und liebt Dich gluehend.«[71] Daß Seghers dieses heitere Bild trotz aller Liebesbezeugungen auch weh tun mußte, da es von der eigenen Mutter, die weder ein heiteres noch ein hohes Alter erfahren hatte, nie ein äquivalentes geben konnte, bedachte Sally wohl nicht.

Von all ihren Cousins und Cousinen verstand sich Seghers jedoch mit diesem um sieben Jahre älteren Vetter am besten. Sie mag verfremdend von ihm – und Clem – sprechen, wenn sie in einer Serie von relativ offenen Gesprächen im Alter erzählt: »Eines Tages verliebte ich mich in den Sohn einer fernen Verwandten, die ab und zu kam. Und während die Frauen am Kaffeetisch schwatzten, las mir der Junge, der schon aufs Gymnasium ging, Gedichte von Goethe und Heine vor [...]. Heine liebte er sehr, ich weiß nicht, warum. Aus seinem Mund meine ich auch den Namen Büchner zum ersten Mal gehört zu haben.«[72] Als Kind spielte sie zwar auch mit seiner Schwester Lilly, u.a. in ihrem Puppenhaus, das etwas Besonderes gewesen sein muß, da andere Freundinnen noch nach Jahren davon sprechen. Selbst Sally meint sich zu erinnern: »In unserer Jugend verbrachten wir gewoehnlich den Nachmittag des 19. [Seghers' Geburtstag] im Puppenhaus in der Kaiserstraße.«[73] Später hatten die beiden jungen Frauen aber wenig gemeinsam; Lilly heiratete früh und repräsentierte einen den Familienerwartungen entsprechenden Weg,[74] den Netty nicht einschlagen wollte. Im Prinzip gestaltete sich auch das Leben Sallys, wie das all ihrer Verwandten, sehr unterschiedlich von ihrem, trotzdem blieb Seghers mit ihm mehr und länger als mit jedem anderen Mitglied ihrer Frankfurter Familie in Kontakt, zum Teil weil er sich darum bemühte. »Ich fühle nun halt einmal fuer Dich wie fuer eine Schwester«, erklärt er.[75] Sally ging vor der Shoah, um 1929/30, nach London, wo er zunächst mit seinen Cousins Peter und Harry Fuld im verzweigten Familiengeschäft zusammenarbeitete, aber 1952 mit anderen beteiligten Verwandten, und nicht im besten Einvernehmen, ausschied »und eine der hiesigen [Londoner] Firmen« übernahm.[76] Es gab genug davon.

In den erhaltenen Briefen aus der Zeit nach dem Zweiten Weltkrieg nennen Cousin und Cousine einander Hony/Honny (nach: »Honni soit qui mal y pense«[77]) und tauschen komische und deftige Sprüchlein aus, über die sich beide früher, wie Seghers 1947 aus dem tristen Berlin schreibt, »totlachen« konnten und bei einem erhofften Treffen wieder »totlachen« wollen. Sie zitiert z.B. den für sein und ihr Zuhause so gar nicht zutreffenden und daher doppelt komischen Spruch: »Ordnung herrscht bei meiner Mutter, da liegt der Kamm noch auf der Butter.«[78] Auch an Lieblingswendungen ihres – oder seines – Vaters, »unsere[s] ›Babuche‹«, wie er sagt,[79] erinnern sie einander. So hat sich Seghers, die unverbesserliche Raucherin, im zigarettenarmen Nachkriegsdeutschland »ein Pfeifchen angewöhnt und den Satz von Papa Lu[t]z: ›Mein Pfeifchen ist mir lieber als 'ne verbissene Frühbirn‹«.[80] (Ein von Isidor überliefertes Porträtbild zeigt ihn auch als älteren

Herrn mit einem Pfeifchen in den Händen.[81]) Sally fragt sie nach ihrer Tochter Ruth mit den Worten: »Ist sie tuechtig geworden und macht sie Dir, wie Papa Lutz zu sagen pflegte, Ehr?«[82] Er erinnert sie an die *Fliegenden Blätter,* über deren Bilder und Witze, »so alt […] wie Methusalem«, sie sich als Kinder in Mainz »koeniglich amüsierten«.[83]

Sally nimmt Seghers gegenüber kein Blatt vor den Mund, weder was Familiengeschichten betrifft noch sie selbst. »Auch Du riechst nicht mehr nach Rosen!«, schreibt er ihr 1947, nachdem er ihre Fotografie in Zeitschriften gesehen hatte, die ihm aus »aller Herren Länder« zugeschickt wurden.[84] Nach dem Krieg half er ihr manchmal bei Kleinigkeiten, so bei der Beschaffung englischsprachiger Bücher, die Seghers für ihren Mann, ihre Tochter oder sich selbst erbittet, für sich u. a. Informationen zu den »Dead Sea Scrolls« – eine »gute« Geschichte der Juden – und die Modezeitschrift *Vogue.* Er hält sie auf dem laufenden über die Reste der weitverstreuten Familie, mit der er in persönlichem und brieflichem Kontakt steht, z. B. über die Cousinen Lilo Strauß-Reich (nach dem Krieg in Hamburg und Ascona) und Flori Durlacher (in São Paulo), und Harry und Peter Fuld, und den Prozeß. Von ihm hört sie 1965, daß nach dem Tod von Harry Fuld senior 1932 mit der Witwe, der zweiten Frau Lucie, ein Erbvertrag geschlossen wurde, nach dem die drei Schwestern Fuld, also auch Seghers' Mutter, oder deren Nachkommen, beim Tod von Lucie einen Teil des noch vorhandenen Vermögens erhalten sollen. Die Witwe lebe noch, »und zwar Gott sei Dank nicht schlecht; aber sie ist inzwischen 78 Jahre alt geworden«, schreibt er, da sei es Zeit, an die Zukunft zu denken, denn »unsere Großmutter pflegte zu sagen: ›In einer Minut' ist einem der Hintern zugeschnappt‹«. Sein Rat an die Cousine ist, sich nicht an diesem potentiellen Erbe zu »desinteressieren«, denn: »Man kann nie so dumm denken, wie es kommt!«[85] Sallys Motto: »Außerdem ist es immer vernünftiger, auf zwei Pferden zu reiten als auf einem«,[86] keine glückliche Metapher, doch wird aus seinen Briefen deutlich, daß es ihm um Sicherheit und nicht um Akrobatik ging. Bis zu einem gewissen Grad versuchte auch die Cousine, wie noch zu sehen sein wird, diesem Prinzip zu folgen, wählte aber in vielen für sie wesentlichen Bereichen einen Weg, auf den solche Überlebensstrategien gar nicht oder nur bedingt anwendbar waren und mehr Akrobatik forderten, als sie Sicherheit boten.

Der Lebenskünstler und respektlose »alte Jid«, wie Sally sich selbst nannte,[87] bot Seghers in späteren Jahren nicht nur ein Fenster auf ihre Jugend und auf die in jeder Hinsicht fernen Überbleibsel ihrer Familie und deren Welt. Er sprach auch von und zu einer Seite ihrer selbst, die auszuleben sie in der Nachkriegszeit und später in der DDR wenig Gelegenheit hatte und die sie öffentlich kaum zeigte: ihrer Lust an Spaß, Spott und Blödelei und an Menschen vom Typ Sallys. Diese Seite sehnte sich nach einer »Leichtigkeit des Seins«, die durchaus irdisch blieb, Pathos und große Worte mied – darauf bestand Seghers stets und überall –, sich nicht zu wichtig nahm und die Dinge beim – manchmal derben – Namen nannte, aber mit diesen Namen und damit den Dingen, die sie bezeichneten, spielerisch umging. Sie verband diese Leichtigkeit mit der Gegend, aus der sie stammte, dem Rheinland um Mainz, sie erfuhr sie jedoch an Menschen und zunächst an ihrer Familie und wohl nicht nur an Sally. Leichtigkeit gehörte zu dem für Seghers so wesentlichen Begriff von Freude. Von der Jugend bis ins hohe Alter, in persönlichen Aussagen und im Werk, begegnen wir bei ihr dem Motiv der Freude als absolut lebensnotwendigem Element, gerade weil sie auch früh eine tiefe Skepsis gegen den schönen Schein auf der Oberfläche ihres Daseins mitbekam. »Wie hat Dein Vater immer gesagt? ›Die Welt ist schlecht und sündig‹«, erinnert Sally. Zu dem Mißtrauen des orthodoxen Juden gegenüber der unerlösten Welt, das ja auf andere Art auch der lebens- und karnevalsfreudigen Kultur des katholischen Mainz zugrunde lag, kam noch das Jahrhundertwendegefühl der sensiblen Privilegierten, das schon Hugo von Hofmannsthal in seinem Gedicht »Manche freilich …« gültig artikuliert, wenn auch für die Jüngeren keineswegs gültig gelöst hatte: »Manche freilich müssen drunten sterben, / Wo die schweren Ruder der Schiffe streifen, / Andre wohnen bei dem Steuer droben, / Kennen Vogelflug und die Länder der Sterne. // Manche liegen immer mit schweren Gliedern / Bei den Wurzeln des verworrenen Lebens, / Andern sind die Stühle gerichtet [...].«[88]

Auch Seghers' erhaltener spöttisch-heiterer Nachkriegsbriefwechsel mit Sally Cramer hat eine dunkle Seite, die jedoch nie angesprochen wird. Ihre reichen Verwandten, Clem, Lilly *und* Sally – von den anderen erwartete sie es wohl erst gar nicht – fügten ihrer Mutter und ihr eine bittere Enttäuschung zu, indem sie Hedwig Reiling, wie sie es sah, »im Stich ließen«. (Diesem Motiv kommt im Werk gerade dieser Zeit eine zentrale Bedeutung zu.) Das geschah sozusagen in zwei Etappen. Die erste erwähnt Seghers einmal in einem Brief an Gaya (Katharina Schulz), die ihr viele Jahre Kinder und Haushalt versorgte und für die sie nach 1946 noch von Mexiko aus die wichtigsten Familienerlebnisse, seit Krieg und Flucht sie trennten, zusammenfaßt: »Liebe Gaya, meine arme Mutter wurde also abtransportiert und ist spurlos verschwunden. Sie lebt nicht mehr, da keine Wunder geschehen, ich nehme das Allerschlimmste an. Als ich damals nach langen Irrwegen [...] eines Tages in New York landete, da hoffte ich sie vorzufinden. Aber sie hatte gar kein amerikanisches Visum. Ich war ja selbst versteckt und sie wurde im Stich gelassen. Durch Dummheit, Gleichgültigkeit oder was sonst.«[89] Dachte sie bei »oder was sonst« an Geiz? Seghers' Worte sind hart genug, Namen nennt sie keine, doch gab es in New York nur diese nahen Verwandten der Mutter.[90] Das zweite Mal versagten sie offenbar, als sich Seghers, endlich in Mexiko angekommen, selbst um Visa für ihre Mutter – über Kuba nach Mexiko, wie es scheint – bemühte und sie auch bekam. »[W]ie froh wäre Papa wüßte er dies, und daß sein Kind so tüchtig war«, schreibt Hedwig voll freudigem Stolz, nachdem sie am 12. Oktober 1941 in Mainz das Rettung versprechende Telegramm bekommen hat. Die Mutter brauchte aber eine Art Kaution, sie spricht von »450 deponierten Dollars«, und in diesem Zusammenhang wandte sich Seghers, der es finanziell noch sehr schlecht ging, nach New York und London. Die Verwandten lehnten ab oder zögerten, auch Sally Cramer.[91] »Ich darf nicht daran denken, daß nur des Geldes wegen Turis nicht weitersorgten, wie können sie dies ohne ewige Gewissensbisse nur ertragen?« fragt Hedwig in bezug auf ihre Nichte Lilly und deren Mann, das junge Paar, um dessen Glück sie 1919 in den Briefen an ihre Mutter so besorgt war. Ob eine prompte Zahlung etwas an Hedwigs Schicksal geändert hätte, steht dahin, da das »Reichssicherheitshauptamt« bereits am 23. August 1941 verfügte, daß die Auswanderung von Juden mit sofortiger Wirkung zu verhindern sei.[92] Seghers wiederholt in Briefen an verschiedene Adressaten einige Male, daß ihre Hilfe für die Mutter bloß um weniges zu spät kam, »vielleicht nur um Tage«, meint sie Gaya gegenüber. Wie sie das verstand, ist allerdings nicht klar.

Hedwig Reiling wurde am 20. März 1942 als eine von 450 Mainzer und insgesamt 1000 hessischen Juden und Jüdinnen nach Piaski bei Lublin deportiert. Der Transport kam am 23. März auf der Bahnstation Trawniki an, von wo es noch 12 Kilometer in das kleine Städtchen waren. Piaski war kein Vernichtungslager im engeren Sinn, sondern zunächst einer der Sammelpunkte im sogenannten »Judenreservat« im Osten Polens, wohin man die Unerwünschten aus dem Rest des Dritten Reiches konzentrierte und an Krankheiten, Hunger und anderen Entbehrungen umkommen ließ. Ab Mitte 1940 wurden die Juden von Piaski und die dahin Transportierten in ein neu errichtetes Ghetto gepfercht, das von März 1942 an als »Durchgangsghetto« fungierte und Transporte in die eigentlichen Vernichtungslager schickte. Wann und wie Hedwig Reiling starb, weiß man nicht, obwohl Forscher ihrem letzten Weg nachzugehen versuchten.[93] Seghers wußte spätestens 1943 von der Deportierung, denn in diesem Jahr schrieb sie »Der Ausflug der toten Mädchen«, in dem die Ich-Erzählerin von dem »qualvollen, grausamen Ende [ihrer Mutter] in einem abgelegenen Dorf«[94] spricht. Sie erwähnt in ihren Briefen an

Wieland Herzfelde, dem sie die Erzählung zur Veröffentlichung gab, mehr als einmal, daß sie das Projekt, »etwas ganz Neues Unvorhergesehenes«, bereits vor ihrem schweren Unfall – im Juni 1943 – angefangen habe,[95] was heißen könnte, daß sie es unter dem Eindruck dieser Nachricht begann. Genaueres wußte sie nicht, nur genug, um sich keine Illusionen erlauben zu können. 1946 ließ sie durch ihren Mann eine Suchanzeige im New Yorker *Aufbau* erscheinen, um mehr über das Schicksal ihrer Familie zu erfahren, und erhielt eine Rückantwort von der neu konstituierten Mainzer jüdischen Gemeinde.[96] Später besuchte sie Auschwitz, bemühte sich jedoch, soweit wir wissen, nicht darum, Piaski zu sehen oder nähere Umstände über den Tod ihrer Mutter herauszufinden.

Hedwig hatte ihre letzte *Reise* gefürchtet. Am 14. Oktober 1941, zwei Tage nach dem Telegramm, das ihr das Visum ankündigte, schreibt sie von den Schritten, die sie mit Hilfe Dr. Krauses, eines Anwalts, der sich auch um andere Mainzer Juden verdient machte, sofort unternommen habe, und fügt hinzu: »Liebes, schreib jedenfalls *gleich* nach der Taunusstraße 31 alles Wissenswerte noch, schreibe so, daß wenn ich nicht mehr hier sein sollte, Onkel und Tante die Post lesen können, denn ich will sie dann zu ihnen leiten lassen. In 6 Wochen kann ja erst Deine Nachricht hier sein, wo werde ich dann sein? Noch hier, zu Dir, oder ??? – Du siehst, ich sehe ganz klar, und will versuchen zu allem Kraft zu behalten [...].« Nach ihrer Numerierung der Briefe ist das der siebte, den sie, wohl seit sie weiß, daß ihre Tochter in Übersee ist, abgeschickt hat, zu dieser Zeit schreibt sie jede Woche. Auch der achte ist überliefert. Mehr kamen an. Seghers bekennt in einem vom amerikanischen FBI abgefangenen Brief vom 5. Mai 1944: »Manchmal lese ich die fünf, sechs Briefe, die ich von meiner Mutter erhalten habe, und jedesmal verfalle ich in einen unbeschreibbaren Zustand der Wut und Trauer, aber es ist nichts gewonnen, ihn aufrechtzuerhalten.«[97] Für die fremde Leserin sind schon zwei Briefe herzzerreißend genug in ihrem Hin und Her von Hoffnung und Angst, Rücksichtnahme auf andere und praktischen Details. Hedwig bemüht sich zunächst um die Tochter: »Wie immer es kommt, mein Liebstes, Du hast getan was Du tun konntest, das darfst Du Dir sagen, alles Andere ist Schicksal.«[98] Sie ist besorgt: »Du wirst wohl sehr viel Zeit für mich verbraucht haben, wo Du für Dich und die Deinigen es sicher notwendiger gebraucht hast«[99], und entschuldigt sich sogar: »Du weißt, daß ich mit nichts komme, mein Liebes, keine Mitbrings für Euch, nichts für meine Kinder, aber mit viel Liebe, mit neuer Tatkraft hoffentlich. Braucht man warme Sachen noch [...].« Auch um die Menschen zu Hause macht sie sich Gedanken: »[...] mir ist es ein wenig schwer ums Herz, denke ich an die Zurückbleibenmüssenden, noch schlimmer ist es mir, denke ich an die Leute bei mir in der Wohnung.«[100] Die Wohnung war die in ihrem Brief erwähnte Taunusstraße 31, eines der »Judenhäuser«, in die Mainzer Juden zwangsumgesiedelt wurden und wo Hedwig nach ihren eigenen Angaben vom Oktober 1941 »jetzt zwei Jahre« lebte.[101]

Noch im Januar 1933 waren sie und Isidor aus der Kaiserstraße an den Fischtorplatz 23/Ecke Uferstraße gezogen, ein »herrschaftliches Haus [...] in bester Wohnlage am Rheinufer«, in dem angesehene Mainzer, Juden und Katholiken, zusammen wohnten.[102] Wie es den Reilings nach Hitlers Machtergreifung im einzelnen weiter erging und vor allem, wie sie mit den zunehmenden Repressalien und Entwürdigungen fertig wurden, wissen wir nicht, auch nicht, was sie ihrer Tochter in Paris, mit der sie in regelmäßigem Kontakt standen, darüber sagen konnten oder wollten. Klagen war nicht ihre Art. Sie, vor allem die Mutter, schrieben oft, auch an die Enkelkinder, und schickten, solange sie konnten, Päckchen mit Geschenken für die Kleinen, mit besonderen Büchern für Seghers und mit guten Sachen zum Essen für alle. Der Vater hatte um die Mitte der dreißiger Jahre einen Schlaganfall erlitten und konnte die rechte Hand nicht mehr gebrauchen. In einem Brief vom 4. Januar 1937 – es scheint der einzige von ihm erhaltene – entschuldigt er sich, daß er nicht mit der Hand schreibt:

»Liebe Netty! / Dieser Tage sandte ich Dir als Drucksache einen Catalog den Du hoffentlich erhalten haben wirst. Es war darin ein Buch von Carl Mannheimer angezeigt, das Dich sicher interessiert. Heute nun habe ich Dir als Drucksache ein schönes Buch die Zeichnungen v. Albrecht Dürer gesandt, das Dir wohl Freude machen wird [...]. Wie gerne würde ich mich wieder einmal persönlich mit Dir unterhalten [...]. Hoffentlich kommt es auch noch einmal dazu. Du weißt nicht wie viel Freude uns Deine Briefe machen und je mehr und ausführlicher Du schreibst, desto dankbarer bin ich dafür. Gefreut hat mich auch der Brief von Peter und seinem Bericht über sein Theaterspiel mit dem grossen Erfolg. Wie ist er in der Schule und was macht die kleine Ruth, ich kann mir garnicht denken, dass es nunmehr schon so grosse Kinder sind.«[103] Nach außen scheint es der Brief eines alten, im Briefschreiben eher an Geschäftskorrespondenz im Stil vergangener Zeiten gewohnten Mannes, der sich nach Kind und Enkeln sehnt und durch und mit ihnen lebt, jedenfalls bemüht sich Isidor um Normalität und Hoffnung.

Objektiv verschlechterte sich die Situation Ende 1938 und 1939 rapide. In der Nacht vom 9. zum 10. November 1938, der sogenannten Kristallnacht, soll auch das Geschäft der Reilings beschädigt worden sein.[104] Wie andere Juden mußten sie danach ihre Wohnung aufgeben. Schmuckgegenstände und Silber, bei Hedwig eine stattliche Liste, die erhalten ist – für alles bekam sie ganze 138 Mark 60, mußten an das Mainzer Pfandhaus abgeliefert werden,[105] und am 8. März 1940 schloß Hermann Reiling als »vertragsberechtigter Abwickler der aufgelösten offenen Handelsgesellschaft David Reiling« einen zu diesem späten Zeitpunkt höchst ungünstigen Vertrag zum Verkauf der Geschäftsgebäude in der Flachsmarktstraße ab. Die Gebäude gingen jedoch nicht einmal an den im Vertrag genannten Käufer, sondern wurden dem benachbarten Bäckermeister zugeschlagen und fielen schließlich den Bombardements des Zweiten Weltkriegs zum Opfer. Alles, was die Reilings in zwei Generationen so erfolgreich aufgebaut hatten, ging verloren. Isidor starb zwei Tage nach Vertragsabschluß, an dem er sich, vielleicht aus Krankheitsgründen, gar nicht mehr beteiligte, sein Bruder Hermann am Tag von Hedwigs Deportation. Nichts deutet darauf hin, daß Seghers' Eltern daran dachten zu emigrieren, solange Isidor lebte. Er war in Mainz verwurzelt, hatte hier den Aufstieg seiner Familie und des Geschäfts erfahren und konnte sich, wie so viele andere seit Generationen in ihrer deutschen Region verwurzelte Juden, nicht vorstellen, wie weit die Nationalsozialisten gehen und auf wieviel Kooperation sie stoßen würden. 1938/1939, als die Situation immer drohender wurde, war er bereits zu alt und durch seinen Schlaganfall zu behindert, um ein solches Unternehmen in Angriff zu nehmen.

Obwohl mit dem Ausbruch des Zweiten Weltkrieges die Verbindung schwierig wurde, bekam Seghers weiterhin Nachricht von zu Hause und wußte vom Tod ihres Vaters. In der für sie bei persönlicher Betroffenheit charakteristischen, ironisch distanzierenden Weise berichtet sie im Mai 1940 davon und von ihren Sorgen um die Mutter an Wieland Herzfelde nach New York: »Z. B. kam neulich die Kleinigkeit an mich, daß man meine Mutter nach dem Tod meines Vaters zwingen wollte, von dort, wo sie ist, nach Shanghai zu fahren, nur darum, weil zufällig dort eine Quote frei war – an dieser seltsamen Nuß knack ich noch immer.«[106] Zu dieser Zeit konnte sie sich weder der Trauer um den Vater überlassen noch ihrer Mutter helfen, der Kampf ums Überleben für sich und ihre Kinder hatte begonnen, und seit dem Fall von Paris am 14. Juni 1940 bis zu ihrem Eintreffen in Mexiko im Juli 1941 war sie selbst auf der Flucht. Trotzdem scheint die Verbindung zur Mutter, außer während der langen Überfahrt in die USA, nie ganz abgebrochen zu sein. Seghers lernte in den Monaten, in denen sie sich noch mehr oder weniger versteckt in Frankreich aufhielt, was sie auch nach dem Krieg praktizierte: Briefe und Botschaften auf Umwegen über andere zu schicken. Eine Möglichkeit lag damals bei der Schwester ihres Mannes, Lili Szondi, die noch mit ihrer Familie in Ungarn lebte und Pakete an ihren internierten Bruder nach Le Vernet, an ihre Schwägerin in Südfrankreich und – vielleicht schon länger – an Hedwig Reiling nach Mainz schickte. Seghers erwähnt in einem Brief von 1946 ein Päckchen, das ihre Schwägerin der Mutter »in das Lager, das ein Todeslager war«, geschickt habe, »das Paeckchen kam auch zurueck«.[107] Lili Szondi stand offensichtlich mit Hedwig bis zuletzt in Verbindung und informierte Seghers so gut sie konnte. 1941 berichtet die Mutter selbst noch dankbar von »Rodililli«, die Seghers' Briefe »getippt bekommen« wolle, was sie trotz der Arbeit gern tue, »denn sie war so gut zu Dir und zu mir«.[108]

Die Bedeutung von Post, die Umwege, die sie in schlimmen Zeiten geht, um liebenden Kontakt zwischen Mitgliedern einer Familie aufrechtzuerhalten, aber auch die Erfahrung von der illusorischen Natur solcher Briefe angesichts einer Realität, die oft schneller ist mit ihren Schrecken, gingen verwandelt ein in Seghers' schöne Familiengeschichte »Post ins gelobte Land«. Das wichtige an den Briefen der Erzählung ist, daß sie geschrieben, abgeschickt und empfangen werden als Botschaften der Liebe, und nicht weil sie das äußere Schicksal der Menschen ändern sollen oder können. So mag dieser Text auch als Seghers' Versuch gelesen werden, Gefühle von Hilflosigkeit und Vergeblichkeit erzählerisch zu bewältigen. Sie konnte ihren Eltern in der letzten schlimmen Zeit praktisch nicht helfen; über Jahre der räumlichen Trennung, die einer weltanschaulichen folgte, gab es zwischen ihnen nur Post. Die aber enthielt etwas Wesentliches, nämlich die tiefe innere Bindung zwischen Eltern und Kindern, die auch den Tod überdauerte.

Weniger tröstlich ist das berühmte Bild der Mutter, das die Autorin in dem vorher entstandenen »Ausflug der toten Mädchen« zeichnet. In dieser, Seghers' einziger, offensichtlich, aber doch nur scheinbar autobiographischen Geschichte gelingt es der Ich-Erzählerin nicht, »heimzukehren« und die wartende Mutter zu erreichen. In dem Moment, wo das Kind die Treppe zu ihr in die Wohnung hochlaufen will, zerreißt das schwebende Ineinander von Gegenwart und Vergangenheit, das die Darstellung der anderen, in der Erzählgegenwart ebenfalls bereits toten Figuren strukturiert hat, das Jetzt mit seinem Wissen um den Tod behauptet sich:

»Meine Mutter stand schon auf der kleinen, mit Geranienkästen verzierten Veranda über der Straße. Sie wartete schon auf mich. Wie jung sie doch aussah, die Mutter, viel jünger als ich. Wie dunkel ihr glattes Haar war mit meinem verglichen. [...] Sie stand vergnügt und aufrecht da, bestimmt zu arbeitsreichem Familienleben, mit den gewöhnlichen Freuden und Lasten des Alltags, nicht zu einem qualvollen, grausamen Ende in einem ablegenen Dorf, wohin sie von Hitler verbannt worden war. [...] Ich lief so schnell ich nur konnte ins Treppenhaus.

Ich stutzte vor dem ersten Treppenabsatz. Ich war plötzlich viel zu müde, rasch hochzusteigen [...], die Treppe, vor Dunst unübersehbar, erschien mir unerreichbar hoch, unbezwingbar steil. [...] Ich stellte mir vor, wie sie umsonst auf mich wartete, nur ein paar Stufen getrennt.«[109]

Sie hofft noch, der Vater – daß auch er in der Geschichte vorkommt, wird in der Kritik des Textes wenig berücksichtigt – würde sie finden, sollte sie auf der Treppe zusammenbrechen: »Er war gar nicht tot, denn er kam gleich heim, es war ja Feierabend. Er liebte nur, länger als meiner Mutter lieb war, an den Straßenecken mit seinen Nachbarn herumzuschwatzen.« Doch dann verschwimmen die Stufen endgültig, »das Treppenhaus weitete sich überall in einer unbezwingbaren Tiefe wie ein Abgrund«. Angesichts dieser Kluft fragt sich die Ich-Erzählerin, wie sie »die Zeit verbringen sollte, heute und morgen, hier und dort, denn ich spürte jetzt einen unermeßlichen Strom von Zeit, unbezwingbar wie die Luft. Man hat uns nun einmal von klein auf angewöhnt, statt uns der Zeit demütig zu ergeben, sie auf irgendeine Weise zu bewältigen.« Die Antwort auf die der Zeit inhärenten Schrecken von Leben und Tod und auf die daraus resultierenden Gefühle von Wurzel- und Sinnlosigkeit, die Sprachverlust mit sich bringen, liegt auch hier im Schreiben.

Die erwachsene Ich-Erzählerin will den Auftrag ihrer Lehrerin aus der Kindheit, den »Schulausflug sorgfältig zu beschreiben«, erfüllen und so die Zeit »bewältigen«, das heißt im Kontext dieser Geschichte und im Kontext von Seghers' weiterem Leben, nach Möglichkeiten für eine andere, bessere Zukunft in Deutschland suchen. Zu den Eltern aber gibt es keinen Weg zurück, ein unbezwingbarer Abgrund – Unsag- und Unfragbares – steht dazwischen. Nur wenn die Erzählerin darauf hindeutet, daß ihr Entschluß, die Zeit zu »bewältigen«, Sinn zu stiften, auf Erziehung in der Kindheit zurückgeht, erweist sie neben ihren Lehrern auch den Eltern eine letzte indirekte Reverenz. Sie haben die Ich-Figur mit zu der Frau geformt, die ihre Müdigkeit überwinden und »die befohlene Aufgabe machen« wird. Nur würde Anna Seghers ihre eigene Müdigkeit, die sie im Text als Folge von Krankheit und Exil thematisiert, nie mehr ganz überwinden, sie aber auch nie mehr zum Gegenstand von Erzählungen oder Romanen machen. Ihr weiteres Leben und Schreiben ist von der Anstrengung gezeichnet, gegen diese Müdigkeit anzukämpfen.

Was erzählen uns Seghers' »Familiengeschichten«, die zwei, in denen sie selbst das ihr Wichtigste über die Eltern in paradigmatischer Form festhält, und die fragmentarischen und vielfach anekdotischen, die sich aus dem spärlich vorhandenen Material mehr konstruieren als rekonstruieren lassen? Sie wuchs zwar als behütetes Einzelkind, aber in einer großen jüdischen Familie auf, in der sie von Tanten und Onkeln, Cousinen und Cousins umgeben war, die in ihrem jungen Leben eine Rolle spielten, auch wenn sie Seghers später zum Großteil – doch, wie wir sahen, nicht gänzlich – aus den Augen verlor und ihnen in ihren spärlichen öffentlichen Aussagen zu Kindheit und Jugend keine Bedeutung beimaß. Sowohl im privaten wie auch im geschäftlichen Bereich nahmen die Beziehungen zueinander im Alltag und zu Festen, mit allen ihren potentiellen Spannungen, den bedeutenden Platz ein, den sie damals besonders für jüdische Familien hatten. Daran gewohnt, suchte Seghers, nachdem sie ihre »biologische« Großfamilie verlassen hatte und Kommunistin geworden war, bei ihren Genossen eine neue Art »Familie« und verwendete in Briefen – allerdings keineswegs als einzige – dieses Codewort für die Parteifreunde, auf die sie auch das bei ihr oft bezeugte Interesse am Austausch von kleinen Neuigkeiten, wie er in Familien üblich ist, übertrug. »Ich tratsch nämlich gern«, gesteht sie selbst,[110] eine Neigung, die sie ihrer Vaterfigur im »Ausflug der toten Mädchen« ebenfalls zuschreibt. Bei der Mutter hörte das Kind zuerst den warmen, liebevollen Ton im Umgang mit Nahestehenden, den Seghers selbst gegenüber Mann, Kindern, Enkeln und engen Freunden gebrauchte und der deutlich erkennbar in »Post ins gelobte Land« einging. Die Mutter verwendete übrigens auch das Wort »Rasselbande«, das die Tochter später oft für ihre eigene Familie und andere, die sie besonders gern hatte, gebrauchte. Seghers wuchs in einem in vieler Hinsicht reichen Familienmilieu auf, reich an interessanten Menschen, an Wärme, an Traditionen, an Kultur und an Geld. Sowohl in Mainz als auch in Frankfurt, und im Geschäftlichen darüber hinaus, waren die Familien angesehen, Erfolg und materieller Wohlstand, ja Reichtum beinahe selbstverständlich und dementsprechend wichtig, mit graduellen Unterschieden zwischen den Reilings und Goldschmidts/ Fulds. Philanthropie gehörte zur Familientradition und drückte soziales Empfinden und Stolz auf jüdischen Gemeinsinn und jüdische Traditionen aus.

Die Generation von Seghers' Eltern zählte zu den arrivierten Juden der Zeit in Deutschland, die ihrem Glauben und seinen Bräuchen treu blieben, sich sonst aber kulturell assimilierten. Nur von den Eltern wissen wir das allerdings etwas genauer. »Mein Vater war orthodoxer Jude. Aus Überzeugung, aus Tradition und aus Stolz«, sagte Seghers in einem ihrer Nachkriegs-Lebensläufe, der undatiert ist, aber dem Inhalt nach von ungefähr 1951 stammt und für eine Literaturwissenschaftlerin oder einen Literaturwissenschaftler in der Sowjetunion geschrieben wurde. In für die DDR angefertigten, wie sie für Kaderakten und dergleichen verlangt wurden, ist sie weniger präzise, erwähnt sein Judentum aber bis auf eine Ausnahme[111] stets. Und auch da gibt sie an, daß sie selbst ursprünglich der jüdischen Religion angehört habe, verleugnet also die Tatsache ihrer jüdischen Abstammung nie. Ihr Großvater war als orthodoxer Jude in Mainz der Israelitischen Religionsgemeinschaft beigetreten, als die sich im Zuge der Debatten um Gesetzestreue und liberales Judentum, die die Emanzipation der Juden in der ersten Hälfte des 19. Jahrhunderts begleiteten, abspaltete.[112] 1856 weihte die Israelitische Religionsgemeinschaft eine eigene Synagoge Ecke Flachsmarktstraße/Margaretengasse ein,[113] die 1879 im maurischen Stil umgebaut und vergrößert wurde. Hier hatte dann auch Isidor Reiling seinen Platz »in der vorderen Reihe«,[114] übernahm aber – wie sein Bruder – kein Amt im Vorstand der Gemeinde, ob aus Mangel an Zeit oder Interesse, wissen wir nicht. Im Geschäft hielten sich die beiden noch streng an die Sabbathgebote, was in der Wochenschrift der orthodoxen Gemeinde, *Der Israelit,* anläßlich der Ernennung der Firma Reiling zum hessischen Hoflieferanten stolze Erwähnung fand. Demnach ließ der Großherzog von Hessen-Darmstadt einmal seinen Besuch für Samstag ankündigen, wurde aber höflich darauf aufmerksam gemacht, daß am Sabbath geschlossen sei, er möge einen anderen Tag wählen, was er auch tat. Der kleine Bericht schließt mit einer Moral, die allerding auch auf die Erosion solcher Gesetzestreue deutet: »Daß S. kgl. Hoheit dieses nicht übelgenommen, vielmehr diejenigen, die ihre Religion halten, achtet, beweist die heutige Ernennung.«[115]

Die Reilings erzogen ihr Kind zunächst ebenfalls nach orthodoxen Bräuchen und Regeln. Eine Jugendfreundin, Elisabeth Stimbert, berichtet, daß Netty kein Schweinefleisch essen durfte und »am Sabbath nicht mit der Bahn fahren und kein Geld anfassen, soweit ich mich erinnere. Ihre Mutter erzählte mir selbst einmal, daß sie einmal jährlich ganz allein einen Hausputz durchführen müsse mit einer Gewissenhaftigkeit, die fast grotesk wirkte. An den Türrahmen waren die berühmten Glasröhrchen befestigt, die soviel ich weiß, jeweils eine Zeile aus dem Alten Testament enthielten. Von Freitag bis Samstag abends war ein Besuch unsererseits nicht erwünscht. Ich glaube, daß dann auch der siebenarmige Leuchter brannte.«[116] Weniger anekdotisch ist die Tatsache, daß sich in Seghers' erhaltener Bibliothek ein 1907 veröffentlichtes hebräisches Gebetsbuch für den Unterricht von Kindern befindet, in dem einzelne Gebete mit Bleistift angestrichen sind. Es ist anzunehmen, daß Netty danach lernte. Die im Textbuch übersetzten Schlüsselwörter, »großzügig, gut, versöhnlich, Helle, Dunkelheit, Tag, Nacht, Himmel, Erde, unsere Stimme, das Volk, loben, Liebe, singen, Ehre, unsere Kinder, Lehre, Mitleid zeigen, zuhören, heilen, Frieden, Baum, Frucht, Gnade, Gerechtigkeit, Krieg, Seele, Herz, und Du sollst lieben, Güte, Gemeinschaft, edel, Menschheit, Stärke, Wahrheit, Freude, Vertrauen, Befreiung, Beständigkeit«, konnotieren, wie eine Kritikerin bemerkte, »humanistische Werte und Anliegen«, die Anna Seghers' Werk prägen.[117] Sie begegnete ihnen zunächst im Zusammenhang mit ihrer frühen jüdischen Erziehung und übertrug sie später auf andere Kontexte.

Neben dieser Erziehung scheinen Vater und Mutter jedoch den Kontakt mit christlichen Freundinnen gefördert zu haben, vielleicht die Mutter mehr als der Vater, jedenfalls trat sie nach Ansicht von Freundinnen mehr in Erscheinung. Eine von ihnen erinnert Seghers im Alter: »Manchen christlichen Feiertag hast Du bei uns Gast gespielt und bei den jüd. ich bei Euch.«[118] Als Netty heiratete, soll ihr Vater einem Bekannten sogar gesagt haben: »Es hätt mich gefreut, sie hätt einen anständigen Goi geheiratet und kein ungläubigen Jid.«[119] Sie respektierten aber ihren Austritt aus der jüdischen Gemeinde, der offiziell erst am 1. Mai 1932 erfolgte,[120] und die Tatsache, daß Seghers ihre Kinder säkulär erzog, was nicht ausschloß, daß sie ihnen Geschichten aus der Bibel erzählte und mit »liebevoller Sehnsucht« von den jüdischen Festen ihrer Kindheit und Jugend sprach, wie sich allerdings nur die Tochter erinnert.[121] Ob es die Reilings selber im Laufe der Jahre weniger genau nahmen mit ihrer Gesetzestreue, ob sie in Formeln und

Bräuchen erstarrten und/oder ob sie wie andere in der Nazizeit Halt in ihrer Religion suchten, können wir nicht sagen, auch nicht, welche kleinen Unterschiede eventuell zwischen Mann und Frau bestanden. Das Porträt des naiv gläubigen Juden Nathan Levi, das Seghers in »Post ins gelobte Land« so liebevoll zeichnet, kann nicht einfach als Darstellung des Vaters angesehen werden, ist aber wohl Ausdruck der Achtung für einen Glauben und für Bräuche, die sie als Kind mit ihm erfahren hat, und vielleicht des Wunsches, seine Religion möge ihm – und der Mutter? – am Ende geholfen haben.

Frauen spielten in Seghers' Familie eine prominente Rolle. Die, von denen wir etwas wissen, waren tüchtige, aktive Persönlichkeiten, die Mutter ein warmherziger, sozial gesinnter Mensch. Sie bestimmten das kulturelle Leben, pflegten die privaten Beziehungen und demonstrierten den Wohlstand der Familie im Lebensstil nach außen. Wie groß dieser Wohlstand war, erwähnte Seghers später nie, es war weder relevant noch politisch gefragt, zu spezifisch zu sein, der breite Begriff »bürgerlich« genügte. Es läßt sich aber nicht übersehen, daß ihr der Wohlstand, besonders als Frau, Vorteile und Chancen bot, die in der Art, wie sie sie nutzte, wichtig für sie waren und blieben. Schon ein etwas genauerer Blick in Seghers' erhaltene, umfangreiche Bibliothek zeigt eine große Zahl von wertvollen und schönen Büchern, die sie bereits als Kind und Jugendliche besaß und für die sie auch ihr eigenes Exlibris anfertigen ließ, doch davon wird noch zu sprechen sein. Ganz allgemein nahm sie aus ihrer privilegierten Jugend eine gewisse Souveränität mit, nicht zuletzt die, sich in wesentlichen Entscheidungen nicht von materiellen Fragen beeinflussen zu lassen, obwohl sie den Wert von Geld, zumindest seit der schwierigen Emigrationszeit, sehr wohl zu schätzen wußte und gut, manche meinten später etwas knausrig, damit umgehen konnte. Ihre oft erwähnte Bescheidenheit und Zurückhaltung, ihr Herzenstakt, aber auch ihre Direktheit und ihre Bestimmtheit, wenn sie es für nötig hielt, beruhten auf einer grundsätzlichen Sicherheit im Umgang mit Menschen aller

Gesellschaftsschichten und vieler Länder, die sie sich in ihrem Milieu leichter aneignen konnte. Die Wahl ihres späteren Lebensstils wurde nicht von Defiziten in Kindheit und Jugend beeinflußt wie, um nur ein Beispiel zu nennen, bei Arnold Zweig. Sie optierte bewußt und in Kenntnis der Alternativen für Schlichtheit und Zweckmäßigkeit, was z.B. bedeutete, daß sie im Exil trotz zeitweise großer Geldknappheit besser wohnte als die meisten ihrer Mit-Emigranten, weil ihre Kinder nur so ordentlich aufwachsen und lernen konnten und sie zum Schreiben kam, und in der DDR bescheidener, als man es von der Präsidentin des Schriftstellerverbandes erwartete, weil sie die kleinbürgerliche Imitation von alten Repräsentanzvorstellungen ablehnte.

In ihrer Jugend konnte Seghers selbstverständlich studieren und wählte Heidelberg, die Universität für »die gebildete Jugend«, die »zu ›höheren Dingen‹« strebte, wie es ein Mainzer Zeitgenosse ausdrückte.[122] Genauso selbstverständlich konnte sie sich nach dem Studium darauf konzentrieren zu schreiben, auch als sie einen Mann heiratete, der kaum Geld und nach bürgerlichem Standard keine großen Zukunftsaussichten hatte. Sie wartete nicht damit, Kinder zu haben, und nahm sich, um weiterschreiben zu können, Hilfe ins Haus. Seghers war mit Hausmädchen aufgewachsen und von klein auf daran gewöhnt, Menschen um sich zu haben, die für sie notwendige Dienstleistungen verrichteten, von der Kinderpflege über Küchenhilfe und Schreibarbeiten bis zum Chauffieren. Viele von ihnen machte sie später zu Freundinnen und Vertrauten, doch bestand für sie von Anfang an kein Zweifel, daß sie ihre Zeit auf für sie Wichtiges verwenden und sich nicht vom Frauenalltag mit seinen Pflichten verschlingen lassen wollte, obwohl sie sich diesen Pflichten im Prinzip keineswegs verschloß und ihnen ihren erzählerischen Tribut zollte. Ebenfalls selbstverständlich waren ihr gute Kleidung und, wie bereits erwähnt, Erholungsaufenthalte und Reisen, die ihr als Kind und auch später immer wieder andere Welten öffneten. Wenn Seghers als bekannte Autorin so oft auf das

Beengende ihres »bürgerlichen«, sogar »kleinbürgerlichen« Milieus, wie sie es nannte, verwies – und es gibt keine Frage, daß sie es als junge Erwachsene so empfand –, so übersah sie dabei, was der Außenstehenden auffällt: daß es auch Befreiendes enthielt und ihr Möglichkeiten und Perspektiven eröffnete, die sie als selbstverständlich hinnahm, die jedoch viele der Frauen und Männer, mit denen sie später in Berührung kam, nie gehabt hatten. Das Fundament für die Weltläufigkeit, Souveränität und Offenheit, die sie vergleichsweise auszeichneten, wurde hier gelegt.

Als junge Frau verließ Seghers die Welt ihrer Kindheit und Jugend und ging über ihr Judentum hinaus, weil sie mehr wollte als das bequeme, zunehmend an das deutsche Bürgertum angepaßte und letztlich als beschränkt und beschränkend erfahrene Leben, das Emanzipation und gesetzliche Gleichberechtigung den deutschen Jüdinnen und Juden ihresgleichen gebracht hatten. Deren philantropisches und soziales Engagement sensibilisierte sie jedoch für das Wissen um die anderen, die Ostjuden, die zu Beginn des Jahrhunderts und am Ende des Ersten Weltkriegs in ihre Vaterstadt Mainz und ihre »Mutterstadt« Frankfurt geströmt kamen, und für Arme allgemein. Seghers mag aber nicht nur die Ungleichheit dieser anderen empfunden haben, sondern trotz oder auch wegen ihrer privilegierten Situation etwas von jenem tiefen, »aus zweitausendjähriger Erfahrung der Juden gewachsen[en]« »Pessimismus« mitbekommen haben, von dem ihr Freund aus DDR-Tagen, Stephan Hermlin, spricht: Er, den sie stets zu fördern suchte[123] und der wie viele ihrer Freunde und Freundinnen Jude war, eine Tatsache, die allerdings nie zur Diskussion stand, erklärte dazu 1991 in einem Interview über Seghers: »Juden in ihrer langen Geschichte haben erfahren, daß die Umwelt feindlich ist. Sie ist selbst dann feindlich, wenn sie sich anscheinend freundlich zeigt. Die Lage der Juden ist nie normal; die Alternative ist stets der Pogrom. Davor ist man nicht geschützt.«[124] Es ist unleugbar, daß Seghers diese Erfahrungen machte, daß die Welt ihrer Familie, die jüdisch-deutsche Kultur von Mainz und Frankfurt, vernichtet wurde und ihr Vater einen traurigen, ihre Mutter einen schrecklichen Tod starben, während sie hilflos weit weg im Exil war. Sie wurde dadurch auf ihre frühen Hoffnungen zurückgeworfen, daß nur eine radikal neue, *kommunistische* Gesellschaftsordnung, die Emanzipation und soziale Gerechtigkeit für alle bringen sollte, Rettung versprach. Um nochmals auf die Worte René Chars zurückzukommen: Seghers wollte Spuren hinterlassen, die zu diesen Träumen führten, um den Alpträumen zu wehren. Daß im Kommunismus sowjetischer Prägung, demjenigen, der real existierte, Juden weiterhin verfolgt wurden, machte die Alpträume und damit das Bedürfnis nach Träumen nur noch mächtiger.

Zweites Kapitel

Heimat

»Bei dem bloßen Anblick des weichen, hügeligen Landes gedieh die Lebensfreude und Heiterkeit«
Anna Seghers

Im Jahre 1900 gehörte die Stadt Mainz zum Großherzogtum Hessen-Darmstadt. Es wurde von dem bereits erwähnten Großherzog Ernst Ludwig (1886–1937), einem guten Kunden der Reilings, der allgemein als Kunstfreund galt, von Darmstadt aus »regiert«, war aber natürlich Teil des Deutschen Reiches. Die Lage der Stadt auf der linken Seite des Rheins bedeutete, daß sie im Lauf ihrer vielfältigen Geschichte auch immer wieder unter französische Besatzung und Herrschaft kam. Für die Juden der Stadt hieß das, daß sie im Gefolge der Französischen Revolution früher als anderswo in Deutschland gesetzliche Gleichstellung erhielten, wenn Napoleon durch sein Moralitätspatent auch Einschränkungen machte. Noch viel länger war Mainz Bischofsresidenz. Der Dom und die katholische Religion bestimmten das Bild und die Atmosphäre der Stadt, zu der auch eine sehr ausgeprägte Karnevalstradition gehörte, die Seghers jedoch nie erwähnte, während der Dom einen tiefen, bleibenden Eindruck hinterließ. In der Zeit ihrer Kindheit errichteten die zwei bedeutendsten religiösen Minderheiten von Mainz zwar architektonische Gegenstücke, 1903 den Kuppelbau der evangelischen Christuskirche, Höhepunkt des »sogenannten ›Boulevards‹ der Kaiserstraße«, auf dem die Reilings wohnten, und 1912 die große Hauptsynagoge der liberalen jüdischen Gemeinde, ebenfalls – und in bewußtem Gegensatz zum üblichen maurischen oder syrisch-arabischen Stil – einen imposanten Kuppelbau. Einem Mainzer Historiker zufolge legten diese auf Repräsentanz bedachten Gotteshäuser zu Beginn des zwanzigsten Jahrhunderts »Zeugnis eines toleranten Stadtbildes« ab,[1] doch unterstrichen sie wohl auch die massive, uralte Präsenz des Domes in den Vorstellungen eines dafür empfänglichen jungen Menschen. Mainz hatte um 1900 3104 jüdische Bürger und Berichten zufolge eine blühende »Gemeinde, der allgemein Respekt gezollt wurde«[2], Juden machten aber nur 3,7% der Gesamtbevölkerung aus, die überwiegend katholisch war. Es war eine relativ bedeutende, doch überschaubare Kleinstadt und hatte auf Grund seiner Lage direkt am Rhein und seiner Geschichte verschiedenste Einflüsse und Traditionen in sich aufgenommen, was Seghers stets positiv bemerkte. Sie lobte auch, Thomas Mann zitierend, »die sonderbare Wirkung kleiner historischer Städte in Deutschland auf die dort erzogenen Kinder«[3], allerdings rückblickend.

Zeitlebens fühlte sich Seghers ihrer Vaterstadt und deren Umgebung, die sie mit 25 Jahren verließ, tief verbunden, aus der zum Teil erzwungenen Distanz späterer Jahre intensiver, aber auch auf widersprüchlichere Weise als in der Jugend. In ihrem durch Flucht und Exil geprägten Leben lieferte ihr der Raum, aus dem sie stammte, wie keine andere Landschaft Deutschlands die Bilder für das Thema Heimat, das für sie besonders wichtig wurde. Zunächst erfuhr das Kind Stadt und Landschaft als selbstverständlichen Lebensraum, als Heimat im ursprünglichen, unreflektierten Sinne. Einer ehemaligen Mitschülerin schreibt Seghers später: »Mit unserer Schulzeit und mit unserer Heimatstadt geht es mir wie Dir. Wie es immer ist, wenn man unbeschwert froh ist, man merkt gar nicht, wie unbeschwert froh man ist.«[4] Es ist ein Gedanke, der im Alter oft wiederkehrt. Sie weiß gleichzeitig, daß sie sich als Jugendliche voll Erlebnisdrang auch wegsehnte. Am extremsten drückte sie diesen Wunsch aus, als sie einem Gesprächspartner im Alter gestand: »Ich wollte überhaupt nur studieren, weil ich fürchterliche Angst hatte, in dem Nest Mainz hängenzubleiben.«[5] Sie meinte damit jedoch wohl mehr den kleinstädtischen Lebensstil mit seinen Beschränkungen, besonders für eine Frau, als die Gegend im allgemeinen. Die

Wahl ihres Studienortes Heidelberg trug Netty jedenfalls keineswegs weit weg von daheim, und nach dem Studium kehrte sie, wie erwähnt, nochmals in ihre Vaterstadt zurück. Zu dieser Zeit schrieb sie in ihr Tagebuch: »Jetzt fast täglichen Gang am Rhein. Liebe zu dieser Landschaft.«[6] Sie hoffte sogar, in der Region eine Anstellung für ihren zukünftigen Mann zu finden, hatte also keineswegs ursprünglich die Absicht, in das ferne Berlin zu ziehen, in dem Seghers schließlich insgesamt 42 Jahre, den größten Teil ihres Lebens, zubringen würde, das ihr aber nie zu einer zweiten Heimat werden sollte. In diesem Zusammenhang ist es interessant zu vergleichen, wie Netty schon 1924/1925 – noch von Mainz aus – in ihrem Tagebuch auf Reisen nach Paris (auf Urlaub) und nach Berlin (um ihren zukünftigen Mann zu besuchen) reagierte, obwohl die Umstände natürlich sehr unterschiedlich waren. An Paris ging sie durchaus kritisch heran, ihr abschließendes Urteil, das ein Leben lang bestehen blieb, lautete jedoch: »Aber sonst ist außer dem Meer diese Stadt das Beste.«[7] In Berlin stand selbstverständlich das Wiedersehen mit dem Mann im Mittelpunkt ihres Interesses, sie unternahm daneben jedoch auch Touristisches. Worte der Begeisterung für die Stadt, ihr großstädtisches Flair oder für die Tatsache, daß sie wahrscheinlich bald hierherziehen würde, finden sich keine. Auch später sucht man vergeblich nach Ausdrücken der Liebe für Berlin, wie sie Paris, natürlich Mainz und sogar Mexiko hervorriefen.

Nach 1925 kam Seghers noch öfters aus Berlin nach Mainz und in die Umgebung, von 1933 bis an ihr Lebensende aber sah sie die engere Heimat trotz ihrer im Exil so beredt geäußerten Sehnsucht nur bei sehr seltenen kurzen Besuchen wieder.[8] Während der Herrschaft der Nationalsozialisten war ein Besuch unmöglich, bei Seghers' Rückkehr im Jahre 1947 nicht so einfach, wie sie gedacht hatte, und mit der Teilung Deutschlands in zwei Staaten und ihrer prominenten Stellung in der DDR wurde jede Form von »Heimkehr« zu einem Politikum. Doch gab es nach dem Zweiten Weltkrieg neben allen äußeren Gründen auch einen inneren Grund, der ihr

Verlangen nach Rückkehr untergrub. Sie hatte zwar gegen Ende des mexikanischen Exils den Wunsch geäußert, bei ihrer Ankunft in Europa »unbedingt« zuerst ihre Kinder, die bereits in Paris studierten, und dann ihre »engere Heimat« wiederzusehn,[9] ließ dann aber zur Enttäuschung ihrer Freundin aus den Exiltagen, Lore Wolf, die in Frankfurt/Main zu Hause war, auf sich warten. Ihr schreibt Seghers 1947 als Erklärung und Entschuldigung: »Das tiefe kindliche Heimatsgefuehl, das wir noch in Bellevue [wo Seghers im französischen Exil wohnte] hatten, wo wir uns freuten, wenn ein Baum oder Haus so roch wie daheim, das hab ich nicht mehr. Es gibt zu viel andre Stueckchen der Welt, die ich lieb gewonnen habe. Damit will ich keine Treulosigkeit ausdruecken. Nur ist die Landschaft nicht mehr an meine Jugend gebunden, sie ist auch zusehr an Grausamkeit gebunden, an die Vernichtung der liebsten Menschen meiner Jugend. Vielleicht haengt es damit zusammen. Ich weiss es nicht. Kann sein, dass wieder viel zusammenwaechst. Ich kann aber nicht leiden, wenn man sich etwas vormacht.«[10] Nüchterne Worte, mit denen Seghers sonst, was die Rheingegend betraf, zurückhielt, die man jedoch mitdenken muß, wenn man ihre Erinnerungen an Mainz und Umgebung und ihr komplexes Verhältnis zur engeren Heimat, wie auch die Bedeutung der Begriffe Heimat und Deutschland für sie allgemein, verstehen will.

Was Mainz betraf, »wuchs« manches, zumindest nach außen hin, tatsächlich wieder »zusammen«, gerade weil die zeitgeschichtliche Realität die alte Heimat weiter entfernte. Es ist jedoch wichtig, bei Seghers' oft schönen und bewegenden Äußerungen über Mainz und Umgebung – in Fiktion, Essay und Gespräch – nicht nur die Gegensatzpaare Heimatverbundenheit und »Lust auf absonderliche, ausschweifende Unternehmungen« in Verbindung miteinander zu sehen, sondern auch die Tatsache zu berücksichtigen, daß sich Seghers' Gefühle und Gedanken mit den Umständen und der Zeit und vor allem mit dem Wissen um den Holocaust und das Schicksal ihrer Eltern änderten. An eine ehemalige Schulfreundin schrieb sie im August 1946 aus Mexiko: »Man kann überall herumkutschieren und mit noch soviel Menschen zusammen kommen und noch soviel arbeiten, das Gute und Schlechte, das man daheim als Kind gehabt, sitzt tiefer als alles, was nachher kommt.«[11] Seghers spricht hier, wie auch im »Ausflug der toten Mädchen«, von Gutem *und* Schlechtem. So prägend ihr Kindheit und Jugend gerade in den Jahren zwischen 1943 und 1947 – nach ihrem Unfall und in Erwartung der Rückkehr – erschienen, sosehr Seghers in Mexiko von Heimweh geplagt wurde, sie konnte und wollte die Heimat andererseits nicht nur verklären. Die Erinnerungen an »das Schlechte« waren durch die Hitlerzeit, die auch manches einmal als gut Erfahrene in Frage stellte, mächtiger geworden. Erst im hohen Alter, krank und von der Entwicklung in der DDR und in ganz Deutschland enttäuscht, sehnte sich Seghers, wie ihr Sohn Pierre Radvanyi erzählt, unumwunden an ihren Ursprung zurück, wobei allerdings die Vorstellung einer echten »Heimkehr«, keine reale, zeitgenössische Stadt, ihren Wunsch bestimmt. Pierre Radvanyi:

»Einmal, in ihren letzten Lebensjahren, kam ich nach Berlin – nach einer Reise zur Westküste von Kanada – und habe ihr von den großen Lachsfischen im Pazifischen Ozean erzählt. Die werden in einem Fluß an der Küste geboren, [...] wenn er [der Lachs] etwas größer ist, geht er in den Ozean, schwimmt im gesamten Pazifischen Ozean herum [...], und dann, nach einigen Jahren, kommt er zurück zu dem Fluß, in dem er geboren wurde. Dort wird er dann sterben. Das Merkwürdige ist, daß die Fische diesen Heimatfluß finden, nach soundsoviel tausend Kilometer finden sie zurück. Als ich ihr diese Geschichte erzählte, sagte sie: ›Ich würde so gern ein Lachs sein.‹«[12]

Wenn wir uns nun genauer fragen, welchen Einfluß, welche Wirkung ihre engere Heimat auf Seghers als Kind und Jugendliche hatte, so sind wir bei ihr – wie bei den meisten Menschen – in erster Linie auf von Erinnerung gefilterte Zeugnisse angewiesen, die immer von der Unmöglichkeit geprägt sind, in die Welt der Kindheit zurückzukehren, ganz egal, wo man lebt. Bei ihr wog dieses Unvermögen, wie bei anderen Juden und Deutschen ihrer Generation, durch den Holocaust und die Teilung des Landes noch schwerer. Was ihre engere Heimat betrifft, so lebte Seghers nach 1947 sowohl frei- als auch unfreiwillig weiterhin im Exil. Diese Widersprüche geben ihren Erinnerungen eine zusätzliche Dimension, so als sie im Goethejahr 1949 sagt: »Ich komme meiner Heimat und meiner Erziehung nach aus dem Westen. [...] jenem Teil Deutschlands [...], den man geographisch und kulturell das linke Rheinufer nennt. [...] dieser lebhaften und aufgeschlossenen Umgebung, die seit Jahrhunderten bereitwillig alle möglichen Kulturströmungen in sich aufgesaugt und verarbeitet hat.«[13] Ihre gleichzeitig erinnernden und mahnenden Worte gelten nicht nur dem kommunistischen Teil Deutschlands, mit dem ihr Name zu diesem Zeitpunkt bereits verbunden ist, sondern dem ganzen Land und stellen eine Art »erinnerte Zukunft« dar:[14] Seghers hofft – 1949 noch stark – auf eine Offenheit und Toleranz, die in der Vergangenheit ihrer Heimatregion erst andeutungs- und zeitweise existiert haben, die aber als Wunschbilder der Erinnerung ihre Erwartungen an die Zukunft bestimmen. Eine *wirkliche* Heimat, die allen Sicherheit und Geborgenheit bietet, muß erst geschaffen werden.

Von der Bedeutung, die Mainz und Umgebung seit der Kindheit für sie hatten, sagte Seghers einmal – in einem häufig zitierten, freundlich gemeinten Grußtelegramm von 1975 an ihre »bekannten und unbekannten Freunde in Mainz«, die sich um die aus politischen Gründen schwierige Anerkennung der Autorin »daheim« bemühten:

»In dieser Stadt, in der ich meine Kindheit verbrachte, empfing ich, was Goethe den Orginaleindruck nennt: den ersten Eindruck, den ein Mensch von einem Teil der Wirklichkeit in sich aufnimmt, ob es der Fluß ist, oder der Wald, die Sterne, die Menschen. Ich habe versucht, in vielen meiner Bücher festzuhalten, was ich hier erfuhr und erlebte, es ist kein Zufall, daß mein Roman *Das 7. Kreuz* in der Gegend von Mainz spielt, kein Zufall, daß der Flüchtling Georg Heisler sich eine Nacht im Mainzer Dom versteckt, kein Zufall, daß ihm auf einem Rheinschiff die Flucht gelingt.«[15]

Seghers gebrauchte den Begriff »Originaleindruck« wiederholt[16] und verstand darunter nicht nur eine bleibende, sondern vor allem eine Phantasie, Denken und natürlich Schreiben inspirierende Wirkung, die auch später im Leben »entstehen«[17] konnte und starke visuelle und sozial-menschliche Komponenten hatte. Wichtig war ihr der Niederschlag im Werk, auf das sie ja im eben gebrachten Zitat verweist, spezifisch auf *Das siebte Kreuz,* ihren auch in bezug auf die Evokation von Heimat berühmtesten Roman, der im französischen Exil die Gegend und Stadt, aus der sie stammte, in liebevoll gezeichneten Panoramabildern und Details erstehen ließ. Und noch einmal, aus ihrem zweiten, viel weiter entfernten und ihr viel fremderen Fluchtort Mexiko zeichnet sie im »Ausflug der toten Mädchen« Rhein und Mainz mit schmerzlichem Heimweh, das ihr vorübergehender Gedächtnisverlust nach einem schweren Unfall nur vertieft und zur Schöpfung idyllischer, aber im Kontext der Erzählung auch traurig-ironischer Erinnerungsbilder angeregt hat:

»Mich zog es zuerst dichter ans Ufer, damit ich die unbegrenzte sonnige Weite des Landes in mich einatmen konnte. Ich riß die zwei anderen, Leni und Marianne, zum Gartenzaun, wo wir in den Fluß sahen, der graublau und flimmrig an der Wirtschaft vorbeiströmte. Die Dörfer und Hügel auf dem gegenüberliegenden Ufer mit ihren Äckern und Wäldern spiegelten sich in einem Netz von Sonnenkringeln. Je mehr und je länger ich um mich sah, desto freier konnte ich atmen, desto rascher füllte sich mein Herz mit Heiterkeit. Denn fast unmerklich verflüchtigte sich der schwere Druck von Trübsinn, der auf jedem Atemzug gelegen hatte. Bei dem bloßen Anblick des weichen, hügeligen Landes gedieh die Lebensfreude und Heiterkeit statt der Schwermut aus dem Blut selbst, wie ein bestimmtes Korn aus einer bestimmten Luft und Erde.«[18]

Lebensfreude und Heiterkeit sind, wie die Erzählung nur zu deutlich macht, nicht das einzige, was die Heimat enthält.

In beiden Texten nimmt die historisch und sozial definierte und vom Fluß bestimmte Landschaft einen größeren Raum ein als die Stadt. Landschaft, Fluß und Stadt bildeten in Seghers' Erinnerungen, und wohl auch in ihrer Jugend, eine untrennbare Einheit, einen locus amoenus besonderer, für sie charakteristisch widersprüchlicher Art, dem alles Statische fehlte. Bereits als Kind verband Seghers die Stadt, ihren Dom und die umgebende Landschaft mit Geschichte und Geschichten, die sie belebten und erweiterten, und den Fluß mit Bewegung und Fernweh. »Ich bin vom Rhein«, sagt sie in *Briefe an Leser,*[19] »und sah jeden Tag den Rhein mit Neid an, weil er bald in Holland ins Meer fließen wird.« Zu Stadt und Umgebung erklärte sie in einem Gespräch: »Mainz ist eine alte schöne Stadt. Uns als Kindern wurde gesagt, über die blaue Hügelkette hinter dem Rhein hätte sich der Limes der Römer hingezogen, die Grenze zwischen dem römischen Reich und der Wildnis. Das hat mich damals erregt. Ganz in der Nähe war eine Pfalz, ein Landgut Karls des Großen. Dort spielten wir manchmal. Ich begann mir darüber Gedanken zu machen.« Und: »Ich habe, wenn ich ein Bauwerk aus der Römerzeit sah, nicht nur an die Geschichte gedacht, sondern ich erdachte sofort auch Geschichten, ich erlebte diese Geschichten in meiner Phantasie, ich erregte mich, und ich war enttäuscht, daß es meinen Freundinnen nicht so erging wie mir. Ich kam regelrecht ins Spinnen.«[20] In dem bereits zitierten Lebenslauf erzählt sie ebenfalls vom »Limes«, greift aber – wie schon im *Siebten Kreuz* – viel weiter aus, um die Mythen- und Geschichtsträchtigkeit ihrer Region und deren Bedeutung für sie zu unterstreichen:

»Das Rad in dem Mainzer Wappen sei das uralte keltische Sonnenrad. Die Völkerwanderung kam durch das Tal. Von hier aus kamen die Sagen der Nibelungen, vom Rheingold usw. Es war auch die Stadt der deutschen Jakobiner, des Jakobiner Klubs, dessen Vorsitzender Forster gewesen ist usw. usw. Ich habe später viel über das alles geschrieben [...].«[21]

In der Tat wiederholt und variiert sie in dieser Selbstaussage wie in ihren Antworten auf Fragen immer wieder, was sie schon in Fiktion und Essay gesagt und geformt hat, und verweist auch darauf, als das Gültigere. Interessanterweise nennt sie diesmal neben den zu erwartenden Texten – *Siebtes Kreuz*, »Ausflug der toten Mädchen« und den Aufsatz von 1944, »Freies Deutschland 1792«, über Georg Forster und die Geschichte ihrer »speziellen Heimat«[22] – einen, der gar nicht in der Heimat, sondern in Polen, Frankreich und Israel spielt, nämlich »Post ins gelobte Land«, eine aufschlußreiche Fehlleistung ihres Gedächtnisses, die zeigt, wie sehr diese Erzählung in ihrem Bewußtsein mit der eigenen Familiengeschichte verbunden ist.

So oft, wie Seghers zu verstehen gibt, sind Mainz und Umgebung gar nicht direkt genannter Schauplatz ihrer Erzählungen, Romane und Essays, stehen aber – und darin liegt die tiefere Wahrheit ihrer Bemerkung – hinter vielen mehr als Grunderfahrung von Stadt und Land. Wo sie besonders identifiziert werden, erhalten sie ihre Leuchtkraft nicht nur aus der Intensität des »Originaleindrucks«, sondern auch aus der Tatsache, daß sie bereits als gestörte Idyllen ins Bild kommen, im *Siebten Kreuz* noch mit der Hoffnung auf die Kraft der Heimat, ihrer Kulturlandschaft und ihrer Menschen, sich selbst zu regenerieren, im »Ausflug der toten Mädchen« mit dem Wissen, daß diese Hoffnung getrogen hat und doch nie ganz erlöschen kann. Die Frage nach Heimat bleibt für Seghers bei ihrer Rückkehr 1947 und in der DDR-Zeit weiterhin eine unvermeidbare, aber Heimat wird nun fast ausschließlich zum sozialen Ort, den es zu schaffen gilt, nicht mehr als spezifische, in ihrem Zusammenspiel von Landschaft und Kulturraum erfaßte und geliebte Region wie noch im Exil. Im Grunde hatte sie in Deutschland nirgends mehr eine wirkliche Heimat, und im harten Licht des Holocaust hatten sie und ihre Familie auch nie eine gehabt. Seghers besaß nur die schönen, aber beschädigten Bilder aus Kindheit und Jugend, die in ihr den Wunsch und die Verpflichtung nährten, aus dem

Land, dessen Sprache sie schrieb und dem sie sich auf Grund ihres »Originaleindrucks« trotz allem tiefer verbunden fühlte als irgendeinem anderen, ein ihrem Verständnis entsprechendes, echtes Zuhause zu machen – wo immer in Deutschland sie meinte, die Voraussetzungen dafür zu finden. Aus heutiger Sicht wissen wir, daß es ihr nicht gelang, und so stellt sich die Frage, ob Seghers' Rückkehr aus dem Exil 1947 trotz ihrer bis zur Selbstverleugnung reichenden Bemühungen und der hohen offiziellen Anerkennung, die ihr in der DDR zuteil wurde, jemals ein Heimkommen war oder sein konnte.

Drittes Kapitel

»Ich glaube, es war eine sehr günstige Jugend«

»denn das erste große Staunen der Jugend vergeht nicht so leicht.«

Gabór Thurzó

Immer wieder heißt es in Seghers' Erinnerungen: »so erzählte man uns«, wobei sie sowohl ihren Vater als auch ihre frühen Lehrer hervorhebt. »Mein Vater liebte seine Stadt über alles. Nicht so sein Land, sondern seine engere Heimat. Er kannte in dieser Stadt jedes Gesicht und jeden Stein.«[1] Und: »Ich hatte auch als Kind gute Literatur- und Kunstgeschichtslehrer, ich muß sogar sagen, so gut wie nie später.«[2] Trotzdem sagt sie, daß ursprünglich nicht das, was man ihr erklärte, sondern das, was sie sah, ihr Interesse erregte und daß bildende Kunst früh eine wichtige Rolle für sie spielte. Seghers behauptet sogar einmal, daß sie »fast mehr mit bildender Kunst gelebt habe als mit Literatur«[3]: »Ich hatte schon als ganz junges Ding eine große Liebe zur Malerei und zur Baukunst«, eine Liebe, die sie durch das Leben begleitete und sich in den vielen Kunstbänden und illustrierten Büchern aus frühen und späten Jahren in ihrer Bibliothek niederschlug, aber auch in den relativ hohen Ansprüchen, die sie selbst an die Gestaltung ihrer Bücher und an deren Illustratoren stellte. Vor allem in ihrem Schreiben spielt bildende Kunst und besonders Malerei als Thema, Beispiel und Inspiration eine ganz wichtige Rolle, ihre Phantasie und ihre Bildersprache sind zutiefst geprägt von der Ikonographie früher Kunsteindrücke. Als Erwachsene ging sie nicht nur gern in Museen und Ausstellungen, die sie »immer« »aufrichteten«,[4] sondern sah sich in Arbeitspausen zur Erholung und Anregung Kunstblätter an.[5] Der ursprüngliche Anstoß für ihre frühe und ein Leben dauernde Begeisterung kam ihren Aussagen nach von ihrer »regen Phantasie«, nicht durch »Elternhaus und Erziehung [...] wie manche denken«,[6] und die »sogenannten frühen Kunsteindrücke« seien nicht dem Vater und seinem Beruf zuzuschreiben, sondern der »ganze[n] Umgebung, in der ich aufwuchs«[7]. Dazu gehörte freilich auch der Laden des Vaters und, wie wir sahen, eine reiche Familientradition auf Seiten der Familie Fuld in Frankfurt.

Besonders der große, das Stadtbild als Symbol christlich-katholischer Geistigkeit und Macht beherrschende Dom faszinierte Netty, wohl gerade weil sie Jüdin war, nicht zu dieser Tradition gehörte und doch in ihr lebte: »Ich lernte in meiner Kindheit Dinge kennen, die mein Lebtag Eindruck auf mich gemacht hatten«, erzählt sie, »z. B. der Dom von Mainz, an dem tausend Jahre lang, Generationen immer ein Stück auf das andere bauten. Die Zeichnungen, die die Lehrlinge in der gotischen Zeit in den Kalk geritzt hatten. Vor allem die Kellergeschosse des Doms. Ich staunte, daß die Pfähle des Doms beinah so tief in die Erde hineingehen wie sie in die Luft steigen.«[8] Und in einem anderen Zusammenhang erzählt sie: »Vor allem die Grundmauern haben mich fasziniert, die zum Teil aus römischer Zeit stammen, denn da waren ganz merkwürdige Risse. Dieses große, schwere Bauwerk stand schon Jahrhunderte auf rissigen Grundpfeilern! [...] Ich bin froh, wenn ich solch eine Besonderheit entdecke, an der man sich entzünden kann.«[9]

Wie so oft, wiederholt sie hier im Gespräch Erinnerungen, die sie bereits literarisch verwertet hat, in diesem Falle in den Anfängen einer unvollendeten, verschollenen Novelle, »Mariage Blanc«, und in zwei kurzen, darauf basierenden Texten, die beide »Zwei Denkmäler« heißen.[10] Von dem anderen Denkmal, das im Gegensatz zum Dom klein und unscheinbar ist und an einen einzigen Menschen, eine Frau, erinnert, wird noch zu sprechen sein. Der Dom blieb ihr unvergeßlich, auch weil er sie früh mit Kunst in Berührung brachte, die, an eine große Idee gebunden, ein ganzes Volk »länger als ein Jahrtausend«[11] inspiriert hatte. Er setzte so einen hohen Standard für später, als es für sie darum ging, Kunst im Dienst neuer Ideen zu schaffen, und förderte gleichzeitig ein Epochendenken, das Kunstentwicklungen über lange Zeitabläufe verfolgte. Er repräsentierte aber auch eine patriarchalische Kunst und Kultur, was Seghers als reife Autorin in »Zwei Denkmäler« zumindest implizit mitreflektierte, obwohl sie nie direkt in solchen Kategorien sprach. Ihre Anfänge als Erzählerin zeigen jedoch deutlich, daß sie in ihrer Jugend die Botschaft ihrer Umgebung unbewußt sehr wohl aufnahm und daß die Welten der Kunst und des Auf- und Ausbruchs, die sie als junger Mensch suchte und die für sie zunächst zusammenfielen, männlich konnotiert waren: Sie zögerte, wenn auch nur vorübergehend, sich als weibliche Autorin zu identifizieren, und wählte männliche Protagonisten, um das eigene Verlangen nach Lebensfülle und Aufruhr auszudrücken.

Obwohl es sich bei Seghers' Aussagen zu ihren frühen Kunsteindrücken um Erinnerungen der Erwachsenen handelt, die aus unterschiedlicher zeitlicher und geographischer Distanz verschiedene Schwerpunkte setzt und wie bei fast allen Selbstaussagen zur Biographie und geistigen Entwicklung in erster Linie didaktische oder ästhetische Ziele verfolgt, ist nicht daran zu zweifeln, daß es sich um wichtige Einflüsse aus Kindheit und Jugend handelt. Sie lassen sich zwar zeitlich nicht genau fixieren, wirkten aber schon früh auf das allen Zeugnissen nach sensible, phantasiebegabte und offensichtlich neugierige Kind. Der kulturelle Reichtum, mit dem sie aufwuchs, war Seghers im Gegensatz zum materiellen etwas, worauf sie sich ein Leben lang berief. Er ließ sie früh und unmittelbar erfahren, was sie stets glaubte und glauben wollte: daß Kunst »das Leben auf besondere Weise erklären, durchschaubarer machen kann, auch schöner, lebenswerter«[12]. Das Kind und die Jugendliche erfuhren Kunst vielfältigster Art nicht als etwas Abstraktes, von der Wirklichkeit Abgehobenes, rein Bildungsbürgerliches, sondern als Teil der alltäglichen Umgebung, wozu sicher auch der geschäftliche Umgang ihrer Familie mit Kunstwerken gehörte, obwohl ihm Seghers in ihren Erinnerungen keinen besonderen

Platz einräumte. Kunstwerke, einschließlich der römischen Altertümer in ihrer Gegend, trugen für sie deutlich die Spuren von Menschen, als Gegenstände, Schöpfer und Rezipienten, wobei bildende Kunst für sie eng mit Literatur zusammenhing. (Für Musik hatte sie wenig Verständnis oder Interesse.) Bauwerke und Bilder führten schon das Kind zu Geschichte und Geschichten, und die Geschichten, die die Erzählerin später schrieb, verließen sich, vor allem im Frühwerk, doch nicht nur da, wesentlich auf Bilder, »eine Folge von Tableaus, bis ins kleinste Detail ausgemalt«,[13] oder mit ein paar Strichen skizziert, um Menschen, Stimmungen und Ereignisse zu präsentieren. Auch über ihre künstlerischen Intentionen sprach Seghers in Bildmetaphern: Sie wollte »aus der Wirklichkeit nicht nur etwas abbilden«, sie wollte, »daß die Menschen sich von der Wirklichkeit ein Bild machen«.[14] Und um schreiben zu können, brauchte sie »Bilder« – aus der Wirklichkeit, der Kunst und ihrer Phantasie. »[S]chrecklich ist es, […] ohne Bilder sein«, notiert sie traurig in ihrem Tagebuch von 1924/25, zu einer Zeit, da sie ernsthaft als Schriftstellerin zu arbeiten begann. Und weiter: »Während all dieser Tage das beklemmende Gefühl, daß alle Bilder, alle Visionen weg sind, daß ich nicht mehr schreiben kann.« Dann aber glücklich: »Und eine Mauer von vielen Tagen ist in mir zerrissen u ich habe meine Bilder wieder, ja sie bestürmen mich + wache/Traumnacht. Körper und Seele von wilder Vorstellung erfüllt, sehr gut.«[15]

Daß Bilder in Phantasie und Kunst früh eine so große Rolle spielten, deutet einerseits auf ein gewisses Defizit im Dasein des jungen Mädchens hin, der die eigenen Erlebnisse, zumindest im Vergleich zu ihren »wilden« Träumen und ihrer Sensibilität für Kunsteindrücke, die einander gegenseitig befruchteten, wenig Interessantes zu bieten schienen – sie spricht im Tagebuch als junge Erwachsene von ihrer »faden Geborgenheit«[16] –, andererseits aber auch auf einen hohen Anspruch an Vitalität, Leidenschaft und Lebenswirklichkeit. Als Seghers zu schreiben begann, wählte sie Material, das nicht aus ihren äußeren Erfahrungen kam, in das aber ihre eigenen Erwartungen auf Daseinsfülle und Sinn eingehen konnten, und gab später dem Moment des »neuen« Stoffes, der sie – und andere – tiefer bewegte als die eigenen vertrauten und als epigonal empfundenen Lebensumstände, großes Gewicht. Sie wollte in keiner Weise Epigonin sein.

So bedeutsam Bilder im weitesten Sinne für sie waren, Seghers wurde Erzählerin, nicht Malerin, und nie hören wir von ihr oder anderen, daß sie sich als Doppelbegabung gesehen und irgendwann besonderen Zeichen- oder Malunterricht genommen hätte, obwohl sich zumindest eine Schulkollegin erinnert, daß sie »sehr begabt im Zeichnen« war. Als junge Erwachsene produzierte sie, was sie selbst in ihrem Tagebuch »Bilderbuch Kinno« und auch »Tiffelbücher« nannte, gemalte und geklebte Dioramen, die sich wie eine Ziehharmonika auseinanderfalten lassen und eine kleine Bühne hinter der anderen mit Akteuren zeigen. Eines, über das Märchen von »Ali Baba und die vierzig Räuber«, befindet sich teilweise in der Anna-Seghers-Gedenkstätte, teilweise im Seghers-Archiv der Akademie der Künste, ein anderes ist im Besitz von Ruth Radvanyi, Seghers' Tochter. Für Rodi, ihren zukünftigen Mann, bastelte sie ungefähr um dieselbe Zeit ein winziges Schächtelchen mit einer ebenso winzigen chinesischen Schriftrolle. Viel später produzierte sie kleine Klebearbeiten für ihre Kinder. Es handelte sich dabei jedoch um liebevoll gemachte Spielereien, denen sie selbst keine größere Bedeutung beimaß. »Jetzt möchte ich schon ungestüm an meine Arbeit«, notiert sie in ihrem Tagebuch, als sie »der Tiffelbücher 1. Folge« erwähnt. Immer behielt Seghers eine Schwäche für kleine Gegenstände aus verschiedenen Materialien, vor allem menschliche und tierische Figürchen folkloristischer Art, die sie auf ihren Reisen sammelte und in ihrer Wohnung aufstellte. Vielleicht stammt diese Vorliebe von dem Puppenzimmer, das sie als Kind besaß, jedenfalls hatte sie, wie ein Photo zeigt,[17] als Studentin noch oder schon wieder eine Kollektion von Puppen in ihrem Studierzimmer. All das deutet auf eine spielerische, visuell orientierte Phantasie, die sich Seghers ein Leben lang bewahrte, die sie aber nur im Erzählen weiter entwickelte, wohl weil sie früh sah, wo ihre Begabung lag. Aber auch beim Schreiben hielt sie ihre spielerische Seite – die visuelle kam voll zum Tragen – unter dem Eindruck der Zeit und ihrer politischen Entscheidungen oft zurück.

Die ersten Schreibversuche gehen weit zurück, Angaben darüber enthalten immer wieder ähnliche Momente:

»Als kleines Kind, als ganz kleines Kind, bevor ich in die Schule ging, war ich oft krank, und dabei lernte ich verhältnismäßig früh lesen und dadurch auch schreiben. Und dann erfand ich, hauptsächlich weil ich allein war und mir eine Umwelt machen wollte, alle möglichen kleinen Geschichten, die ich mir vorerzählte, und manchmal schrieb ich auch drei Sätze, sozusagen zu Abziehbildern.«[18]

Von Krankheit ist in diesem Zusammenhang oft die Rede. Netty hatte als Kind nach Angaben von Pierre Radvanyi eine schwere Mittelohrentzündung – ein Photo zeigt sie im Kinderwagen mit verbundenem Kopf – und war offensichtlich gesundheitlich nicht sehr robust. Sie durfte wegen ihrer Ohrenprobleme nicht schwimmen gehen, obwohl sie mit ihrer Familie regelmäßig zur Erholung an die Nordsee fuhr, und galt in einer Zeit, die körperliche Ertüchtigung auch für Mädchen wichtig zu nehmen begann, unter Freundinnen als unsportlich.[19] Mit neunzehn gehörte aber auch sie zusammen mit ihrer Freundin Ria Denk zu einer Wandergruppe[20] und mit vierundzwanzig notierte sie in ihrem Tagebuch, daß sie turnen ging. Rückblickend erhebt sich die Frage, ob ihre junge Mutter nicht etwas zu besorgt über das einzige Kind wachte und ob die wohl- und vielleicht überbehütete Kränklichkeit des kleinen Mädchens nicht wesentlich beitrug zu dem Lebenshunger und der Sehnsucht nach Fülle und Kraft, dem die Autorin in ihrem Frühwerk so deutlichen Ausdruck gab.

Ob das Kind auch, wie viele, selbst robustere Kinder und Jugendliche, Todesangst kannte, wissen wir nicht. In den frühen Erzählungen spielt das Todesmotiv eine zentrale Rolle, der Wunsch, voll und leidenschaftlich zu leben, entspringt der

Gewißheit des Sterbens. Zur Zeit, als Netty diese Geschichten zu konzipieren und zu schreiben begann und von Krankheit nicht mehr die Rede war, wünschte sie sich in ihrem Tagebuch: »Könnte ich nur schon heiter an den Tod denken!«, ein Zeichen, daß sie in dieser Periode Todesgedanken sehr wohl bedrängten. Sie notierte auch: »Revolutions- Lebensverlangen – Todesnotwendigkeit. Wie wird sich das lösen?« Und mit einem kleinen Einschlag von Eitelkeit in ihre existentiellen Nöte, die sie selbstkritisch und ohne Larmoyanz registriert, bemerkt die Vierundzwanzigjährige: »Ich habe so viel weiße Haare schon, daß mir scheint, mir sind bloß vielleicht 3 Jahre ›dieses Lebens‹ gewährt.«[21] Seghers sollten noch sehr viele Jahre »gewährt« sein, in denen sie, soweit wir wissen, nicht mehr von eigener Todesangst sprach, aber wiederholt in Lebensgefahr geriet und in denen das Todesmotiv im Werk vielfältigere Dimensionen annahm, aber nie verschwand. Von der ersten veröffentlichten Erzählung bis zur letzten bleibt es eine Dominante ihres Schreibens.[22] Krankheit kehrte in ihr Leben zurück und wurde seit dem schweren Verkehrsunfall 1943 in Mexiko zum immer häufiger wiederkehrenden Begleiter, wobei wahrscheinlich Schäden, die die kindlichen Mittelohrprobleme angerichtet hatten, durch den Unfall aktiviert wurden und mit zu den Gleichgewichtsstörungen beitrugen, die Seghers in späteren Jahren quälten. Wenn Krankheit das Kind früh auf seine Phantasie und auf Erzählen als Lebenshilfe verwiesen und die junge Autorin bei Themen- und Motivwahl beeinflußte, so war sie der reifen und der alten Frau eine Herausforderung, die ihr große Anstrengungen und Disziplin abverlangte und eine Strenge gegen sich – und andere – förderte, die mit zu ihrem widersprüchlichen, späteren Bild gehörte. »Sie verkleinert eigene Sorgen, streitet sie auch ab und gesteht sie dem Jüngeren erst recht nicht zu«,[23] ist das allgemeine Fazit von Christa Wolf, einer Jüngeren.

Auch vom Alleinsein des Kindes ist öfters die Rede, wieviel das umhegte kleine Mädchen wirklich allein war, ist eine andere Frage. Tatsache ist, daß sich Seghers an Einsamkeit erinnert, daß sie ohne die Nähe von Geschwistern aufwuchs und vielleicht zunächst nicht genug gleichaltrige Spielgefährtinnen hatte, aber wohl auch, daß bereits das Kind ein sehr starkes Bedürfnis nach Ansprache und Gesellschaft empfand und unter jedem Mangel daran litt. Wiederum haben wir als zeitgenössisches Zeugnis erst das Tagebuch der jungen Frau. Hier gesteht sie sich: »Schlechter einsamer Sonntag. Ich brauche die Menschen. Warum nur so stark?« Und: »Ich brauche Menschen, um mein Wesen glühen zu lassen.«[24] Gleichzeitig führte sie um diese Zeit, ihren Eintragungen nach, ein aktives, an menschlichen Kontakten reiches Leben, das die weitere Familie, alte Schulfreundinnen und soziale Tätigkeit in Mainz, Studienfreundinnen außerhalb der Stadt und natürlich den Mann einschloß, den sie heiraten wollte, der aber nicht in Mainz wohnte. Schon beim Kind deutet die Freude, mit der sie zur Schule ging, nicht nur auf Lernbegierde, sondern auch auf den Wunsch nach regelmäßigem Zusammensein mit anderen jenseits der Familie. Nettys rege Phantasie mag nicht nur das Alleinsein belebt haben, sondern auch umgekehrt an die menschliche Umgebung den Anspruch gestellt haben, ähnlich vielfältig zu sein wie die Bilder und Geschichten, die sie sich schuf. Die Neugier auf Menschen, die Seghers nie verlieren sollte, und ihr ausgeprägtes Bedürfnis nach Gemeinschaft stellen ein Gegengewicht dar zu der großen Rolle, die die virtuelle Welt von Phantasie, Kunst und Literatur für sie spielten, und drücken ein starkes Verlangen nach Wirklichkeit und Wirklichkeitsbezug aus. Obwohl Seghers schon als Kind und manchmal auch noch als bekannte Autorin auf andere den Eindruck von »Zurückhaltung« machte[25] – unter Schulkolleginnen soll sie sogar als »Einzelgängerin«[26] gegolten haben –, wollte sie selbst nie isoliert in einer Traum- oder Kunstwelt leben und abseits stehen, u. a. weil ihre frühe Kränklichkeit und die Zugehörigkeit zu einer religiösen Minderheit sie ohnehin marginalisiert hatten.

Im »Ausflug der toten Mädchen« spricht die Ich-Erzählerin selbst davon, daß sie beim Anblick ihrer zwei eng umschlungenen Mitschülerinnen »gerade ein wenig traurig wurde« und sich, »wie es in der Schulzeit leicht geschah, ein wenig verbannt vor[kam] aus den gemeinsamen Spielen und herzlichen Freundschaften der anderen«. Bezeichnenderweise läßt sie dieses Gefühl aber insofern nicht gelten, als sie gleich hinzufügt: »Da blieben die beiden noch einmal stehen und nahmen mich in die Mitte.«[27] Rückblickend wollte die erwachsene Erzählerin die grundsätzliche Dazugehörigkeit ihres jugendlichen Ichs unterstreichen, der Text zeigt es aber gleichzeitig bereits als Beobachterin. Auch in der Wirklichkeit schärfte die Stellung am Rande den Blick Nettys für die Realität um sie herum und ließ sie schon früh ihre Meinungen vertreten und auf ihre Weise formulieren. »Ich habe eben meine eigenen Gedanken – und meine Gedanken sind zollfrei«, soll die Acht- oder Neunjährige einem Cousin gesagt haben, wann immer sie gegenteiliger Ansicht war, was den älteren Jungen offensichtlich erstaunte und im Gedächtnis blieb.[28] Bei allem Aparten ihres Wesens, ihrer Stellung und mancher ihrer Interessen war das Mädchen Netty aber keineswegs Außenseiterin und wollte es auch nicht sein, obwohl sie sich schon früh und mehr als andere gleichzeitig zusah und etwas langweilte. Eine, allerdings über andere vermittelte, Erinnerung zeigt sie als ganz »normalen Backfisch«: »Ich muß an meine Stadt denken«, soll Anna Seghers auf der Flucht über die französische Demarkationslinie beim Anblick eines ebenfalls gelangweilten jungen Mädchens im Café gesagt haben: »und wie wir damals, als Backfische, stundenlang in der Konditorei saßen, uns Schokolade mit Schlagsahne und Kuchen mit Schlagsahne schmecken ließen und dabei mit Jungens flirteten, wir nannten das: poussieren.«[29]

Immer wieder erzählte Seghers, auf ihre Anfänge befragt, daß sie, sobald sie schreiben konnte, begann, »Geschichten zu erfinden und aufzuschreiben«, und einmal präzisierte sie: »Gedichte fast nie. Ich war auf Personen und Handlungen aus.«[30] Im Einklang mit ihrer visuellen Orientierung ging sie bei diesen kindlichen Versuchen von Bildern aus, und zwar zunächst Abziehbildern und »Lack- oder Steckbildern«. Auch die Illustrationen in ihren Kinderbüchern inspirierten sie:

»Ich hatte von meinem Vater die Ausgabe der Bechstein-Märchen mit den Illustrationen von Ludwig Richter. Man konnte bei diesen Bildern richtig in der Landschaft herumspazieren. Es war eine merkwürdige Vermischung von Phantastischem und Wirklichem, die mich beeindruckte; die Betulichkeit Richters hat mich aber auch belustigt. Ich konnte schon gut lesen, bevor ich zur Schule kam. [...] Von der Robinson-Geschichte war ich fasziniert, ich nahm mir vor, etwas Ähnliches zu schreiben. Übrigens machte es mir Spaß, die Handlung nur anhand der Bilduntertexte zu erschließen, ich spann das Geschehen in meiner Phantasie fort [...].«[31]

Seghers weigerte sich aber stets, von solchen Anfängen, »Kindergekritzel«, wie sie es nannte, und selbst von den kleinen Geschichten, die sie als Schülerin schrieb, einem »Mischmasch von Gekritzel und Arbeit«, als »Erstlingswerk« zu sprechen[32] und hob nichts auf. Auch die kleinen Märchen, die sie geschrieben und in selbstgebundenen Büchlein der Mutter gewidmet haben soll,[33] sind nicht erhalten, was allerdings mit dem Schicksal der Mutter zusammenhängen mag. Im Gegensatz zu ihren männlichen Zeitgenossen, ja selbst ihrem Mann, der Lehrer und Wissenschaftlicher wurde, doch mit sechzehn seine Jugendgedichte veröffentlichte,[34] nahm sie ihre frühen Versuche nicht sehr ernst und meinte dem russischen Freund Steshinski gegenüber: »erst mit zwanzig Jahren fing ich an bewußt u mit klarer Vorstellung zu schreiben. Zuerst gleichzeitig Studium v. Geschichte u Kunstgeschichte u dazu gehörige schriftl. Arbeiten.«[35] Auch aus dieser Zeit ist kaum etwas überliefert, wobei es sich sehr wahrscheinlich um bewußte Entscheidungen handelt, nicht nur um Verluste im Laufe eines an Ortswechsel und Flucht reichen Lebens, da Netty Reilings Bibliothek aus der Kinder- und Jugendzeit erhalten blieb.[36]

Die relativ lange Anlaufzeit mochte mit den hohen Ansprüchen zu tun haben, die Netty an sich stellte, hing aber auch mit ihrem Geschlecht und ihrer Umgebung zusammen.

Die Intelligenz, Aufgewecktheit und Phantasie des Mädchens wurden zwar anerkannt und gefördert, daß eine ernstzunehmende Berufung darin stecken und ein Beruf daraus werden könnte, kam aber niemandem in den Sinn. Freundinnen scheinen die »überkluge Netty«, die »stark kurzsichtig« war,[37] eher für exaltiert gehalten zu haben[38] und berichten davon, daß selbst die Eltern Reiling ihre Tochter für »ein bißchen überspannt« angesehen und »nicht ganz ernst genommen hätten«, was wohl in erster Linie das eigene Urteil spiegelte. Wie verläßlich solche rückblickenden Aussagen sind, läßt sich natürlich nicht sagen, ziemlich sicher ist, daß man – Eltern, Freundinnen und die meisten Lehrerinnen und Lehrer – erwartete, Netty würde ihre Interessen und Neigungen schließlich in eine passende Ehe einbringen und da eventuell als Hobby betreiben. Trotz der verschiedenen weiblichen Lebensmuster, die im frühen zwanzigsten Jahrhundert existierten, vor allem mit den für Frauen bedeutsamen Veränderungen in und nach dem Ersten Weltkrieg, war dies allgemein – und ganz besonders in Nettys kleinstädtischem Milieu und in ihrer Familie – weiterhin das herrschende. Auch Tante Clem im großstädtischeren Frankfurt war ihm gefolgt.

Als ernstzunehmende Berufsmöglichkeit für ein gebildetes, bürgerliches Mädchen gab es höchstens, und sozusagen als Rückhalt, die der – unverheirateten – Lehrerin. Seghers hatte solche Rollenmodelle an ihren Schulen und schätzte zwei von ihnen besonders: Johanna Sichel, Lehrerin für Deutsch, Französisch, Englisch und israelitische Religion, die 1919 zum Katholizismus konvertierte und 1942 zusammen mit Hedwig Reiling deportiert wurde. Ihr setzte Seghers im »Ausflug der toten Mädchen« namentlich ein Denkmal, in das aber auch Züge von Magdalena Herrmann eingingen, der Lehrerin, mit der sie ein Leben lang in Verbindung blieb, wobei sie vor allem die relative Jugend dieser Frau und die Verehrung, die ihr Netty und andere entgegenbrachten, hervorhob. »[I]ch hänge sehr an ihr«,[39] sagte Seghers noch 1963 von »Fräulein Doktor Herrmann«, wie sie die um zwölf Jahre ältere auch später immer respektvoll nannte. Seghers schickte ihrer ehemaligen Lehrerin nach Kriegsende von Mexiko aus ein Carepaket, und dann regelmäßig eigene und Bücher anderer Autoren. Als die alte Dame erblindete, bemühte sie sich um geeignete Schallplatten für sie. Ihrerseits bekam sie jedes Jahr zur Weihnachtszeit Mainzer »Guts«, von denen sie behauptete, sie seien mit keinem anderen Gebäck zu vergleichen.[40] Für Seghers repräsentierte diese Lehrerin, die nie heiratete und ihre Schülerin noch überlebte, ein Stück Mainzer Jugend, »Tatkraft und Lebensmut«, die sie an Frauen besonders schätzte, und die Hingabe einer Frau an ihren Beruf. Sie zog diesen Beruf gelegentlich auch für sich selbst in Betracht, zunächst vielleicht als junger Mensch – unter den Büchern in ihrer Bibliothek befindet sich eine *Badische Prüfungsordnung für das Lehramt an höheren Schulen* in einer Ausgabe von 1909 –, auf jeden Fall dann, als sie aus Europa fliehen mußte und ihren Freunden in den USA ihre Bereitschaft und Fähigkeit, als Lehrerin zu arbeiten, anbot. Seghers besaß einen starken pädagogischen Impuls, dem sie seit ihrer Jugend, als sie von 1914 bis 1917 mit ihrer Freundin Lotte Marianne Wittekind nach der Schule in einem Kriegskindergarten arbeitete, immer wieder praktisch und sozial nachging, der aber auch ihre Arbeit und ihr Selbstverständnis als Schriftstellerin, vor allem nach 1945, entscheidend bestimmte. In ihrer Bibliothek gibt es auffallend viele Schulbücher, vor allem aus den fünfziger Jahren der DDR, auch die Zeitschrift *Die neue Schule* (von 1953 an). Mit ihrer Rückkehr nach Deutschland wurde die Erziehung der Jugend nach Hitler für sie zu einem zentralen Anliegen, ihr Interesse am Lehren reichte jedoch viel weiter zurück.

Netty Reiling kam mit sieben Jahren auf eine angesehene, einer späteren Besucherin zufolge »sehr feine«[41] Privatschule, die in der Raimundistraße 8 lag und von Elsa Goertz geleitet wurde. Mit jeweils »nur zwei bis drei Stunden Unterricht, doch viel Hausarbeiten«, wie eine ehemalige Freundin sich erinnert,[42] wurden die Kinder »gut« auf den Besuch einer höheren Schule vorbereitet. Die Klassen waren klein, Netty hatte insgesamt nur vier Mitschülerinnen, von denen eine, Stephanie Klemm (später Prinzessin Reuss), nicht die ganze Zeit blieb. Ihr Familienname haftete Seghers aber im Gedächtnis und sie verwendete ihn, wie so viele andere Namen aus Kindheit und Jugend, für eine ihrer Figuren – in *Die Toten bleiben jung*. Mit den anderen Mainzer Mitschülerinnen aus dieser Zeit, vor allem mit Elisabeth (Elli) Stimbert und mit Lotte Marianne Wittekind, die ab 1910 weiter mit ihr in die »Höhere Mädchenschule«, im Gebäude der heutigen »Anne-Frank-Schule« am Petersplatz, gingen, blieb Seghers über die Schulzeit hinaus befreundet. Lotte Marianne wechselte 1917 mit ihr in die »Großherzogliche Studienanstalt« – mit dem Ende des Krieges nur mehr »Studienanstalt« –, wo sie sich auf das Abitur vorbereiten konnten.[43] Hier saßen sie nebeneinander und, seit sie im städtischen Kriegskindergarten arbeiteten, waren sie auch außerhalb der Schule viel zusammen, hatten aber bald unterschiedliche Ansichten, was den Ersten Weltkrieg betraf. »Er ist doch bloß ein Kriegsverlängerer«, soll Netty gesagt haben, als ihre Freundin stolz von einer Beförderung ihres Bruders zum Hauptmann im großherzoglichen Generalstab erzählte.[44] Später trennten sich ihre Wege ganz, da zumindest der Mann von Lotte Marianne zu den Nationalsozialisten ging. Ein Jahr nach dem Ende des Zweiten Weltkrieges, im Juni 1946, berichtete Elli Stimbert an Seghers in Mexiko über das Schicksal der gemeinsamen Jugendfreundin: »Die arme Lotte-Marianne muß nun für den Irrglauben ihres Mannes schwer büßen. […] Sie sitzt völlig ausgeplündert ohne Geld und am Verhungern in den Resten ihres Hauses, welches man ihr enteignen will. Dabei ist sie immer der anständige, idealgesinnte Mensch geblieben.«[45] Man denkt bei Lotte Marianne entfernt an die Marianne im »Ausflug der toten Mädchen« und fragt sich, wieviel Seghers bereits beim Schreiben ihrer Erzählung über die Lebenswege ihrer Freundinnen und Mitschülerinnen in der Nazizeit wußte. Sicher erhielt sie in ihrem Pariser Exil noch Nachrichten über sie.[46] Von Mexiko aus wechselte sie Briefe mit Mainzer Freundinnen außerhalb Deutschlands,[47] mit denen sie Erinnerungen und Nachrichten austauscht, und – nach Kriegsende – mit Elli Stimbert.

Wie reagierten Seghers' Mitschülerinnen, die zum großen Teil Krieg und Nazizeit überlebten, darauf, daß die Mädchen im »Ausflug«, aus dem die Autorin bei ihrer ersten Nachkriegslesung in Mainz 1965 auch vortrug, alle umkamen? In erhaltenen Briefen, die ihr einige später schrieben und die Seghers, wie es scheint, stets freundlich beantwortete, steht nichts darüber. Sie selbst betonte immer, daß sie Personen und Ereignisse aus der Wirklichkeit nicht einfach in ihre Fiktion transponierte, auch nicht im »Ausflug«. Da kämen »irgendwelche Lehrerinnen und Mädels und Jungens nicht als Fotografien« vor, »sondern, wie es bei Schriftstellern meistens der Fall ist, äußere oder innere Wesenszüge von verschiedenen Menschen werden mit einander vermischt und dann viele erfunden«,[48] erklärte sie Christel Wolpert, der Tochter von Ria Denk, einer Freundin, die ihr als Jugendliche und junge Erwachsene besonders nahestand und die sie nach dem Studium in der Zeit vor ihrer Heirat weiterhin häufig sah. Ria setzte sie im »Ausflug der toten Mädchen« in der Figur von Gerda ein deutlicher als sonst erkennbares Denkmal und wollte bei ihrem Besuch 1965 in Mainz die Tochter kennenlernen, um etwas über ihr und ihrer Geschwister Leben nach dem Tod der Mutter zu erfahren. Der Tochter erzählte Seghers dann in einem Brief:

»Ihre Mutter und ich, wir standen sehr gut zusammen als Kinder; auch mein Mann, damals ein junger Student, hat sie recht gut gekannt und auch Rias Mutter, Frau Denk. Er hat sogar manchmal dort geschlafen.

An Ihrer Mutter, für mich Ria Denk, hing ich ohne viel nachzudenken, warum? Ich glaube, weil sie aufrichtig war und weil uns beiden ähnliche Sachen gefielen, zum Beispiel in unserer freien Zeit weit herumlaufen in allen möglichen Gegenden in der Nähe von Mainz.

In der Zeit, in der wir erwachsene Mädchen waren und aus

der Schule kamen […], waren wir stark in Verbindung, besonders Ihre Mutter, mit der damaligen Jugendbewegung Wandervogel […] und auch besonders Ihre Mutter mit einer nach dem ersten Weltkrieg sehr wichtigen Organisation dem Bund Entschiedener Schulreformer […].

Als ich später nach Berlin kam und auch Ria heiratete, sahen wir uns nur noch gelegentlich, und ich erfuhr nur durch Dritte flüchtig von ihrem weiteren Leben. […]«[49]

Und von ihrem Tod, muß man hinzufügen, den Seghers nicht erfand und von dem sie im Exil hörte.[50] »[I]hr Schicksal ist mir sehr nahe gegangen«, schreibt sie noch viele Jahre später an eine andere Mitschülerin.[51] Ria war eine der wenigen Jugendfreundinnen, die eine klare antinazistische Gesinnung gezeigt hatten, und Seghers wollte sie in Erinnerung rufen, bei ihren Lesern in Mainz und anderswo, und auch bei der Tochter, der man, als sie aufwuchs, wenig über die Mutter sagte.[52] In ihrer Erzählung stellt Seghers den Tod ihrer Figur Gerda als Verzweiflungstat dar und hebt hervor, wie isoliert sie in ihrer kompromißlosen Panik unter den vielen kompromißbereiten ehemaligen Mitschülerinnen und Menschen ihrer Heimatstadt war.

Netty ging, Seghers' Erinnerungen nach, »sehr gern«[53] in die Schule und wurde, wie so viele kluge Mädchen, zu einer »lebenslänglich« guten Schülerin, die immer wieder gewissenhaft und diszipliniert lernte und »die befohlene Aufgabe« machte, was sich leicht ausnützen ließ und ihr später auch schadete. Äußerlich nahm noch die erwachsene Frau und Autorin manchmal die Haltung eines aufmerksamen Schulmädchens an, so z. B. auf einem bekannten Bild, das sie mit Bodo Uhse und Lion Feuchtwanger in Paris in der Deutschen Freiheitsbibliothek zeigt, eine Haltung, die allerdings auch eine listige Seite hatte und – wie bei braven Schulmädchen oft – über die wache und kritische Intelligenz dahinter hinwegtäuschte. Christa Wolf gegenüber soll sie viele Jahre später in bezug auf »Zitatentreue« gesagt haben: »Ich hab schon als Kind alle Zitate geändert. Wenn ich zum Beispiel dachte, daß ich einen Aufsatz mit einem Zitat abschließen sollte, dann hab ich mir eben ein Schillerzitat ein bißchen geändert. Und nie hat es jemand gemerkt.«[54] Dieser »souveräne« Umgang mit Zitaten, den Seghers beibehielt, verrät einerseits Respekt vor Autoritäten, in der Literatur und in der Schule, andererseits aber auch eine leicht subversive Einstellung, die das, was ihr als schulmeisterliche Pedanterie erschien, ablehnte. Prinzipiell gehörte Respekt für Lernen und Wissen jedoch zu den Traditionen, in denen Netty aufwuchs, zur bildungsbürgerlichen deutschen und noch mehr zur jüdischen. Töchter des jüdischen Bürgertums wie sie selbst erhielten eine vergleichsweise höhere Schulbildung als ihre christlichen Geschlechtsgenossinnen und waren beim Abitur und an den Universitäten der Zeit stärker vertreten, u.a. weil der orthodoxe jüdische Bildungskanon sie ausschloß und Jüdinnen daher schon im neunzehnten Jahrhundert begonnen hatten, sich mit der geistigen Kultur jenseits des Ghettos vertraut zu machen und diesen Bereich während Emanzipation und Akkulturation ausbauten.[55] Später übernahm Seghers den kommunistischen Topos, nach dem Proletarier ebenfalls Wissen erwerben wollten und mußten. Es war die Aufgabe der bürgerlichen Intellektuellen, sie einerseits dabei zu unterstützen, andererseits aber selbst von ihnen zu lernen.

Obwohl ihre Zeit als Schülerin zu einem guten Teil noch in die Wilhelminische Periode fiel, ist weder im Leben noch im Werk von Seghers etwas von den Auseinandersetzungen zu spüren, die viele männliche Kollegen in dieser und der vorhergehenden Generation mit dem autoritären Erziehungswesen des Kaiserreichs hatten. In ihren Mädchenklassen und Mädchenschulen ging es weniger repressiv zu oder es wurde wenigstens nicht als so schlimm empfunden, weil Beschränkungen vertraut waren und im Elternhaus vielfach noch strenger gehandhabt wurden. Amüsiert beschreibt die Erzählerin im »Ausflug der toten Mädchen«, wie sich die Mädchenklasse bei der Ankunft einer Knaben-Unterprima in dem Gasthaus am Rhein, wo sie Kaffee trinken, sofort in Viererreihen aufstellen muß, damit die Geschlechter nicht aufeinandertreffen. Die Mädchen »schämten« sich zwar, »weil die Knabenklasse beobachtete, wie man uns aufmarschieren ließ«, doch erscheinen die Anordnungen der Lehrerinnen als gewohnte, eher hilflose Versuche, einem Anstand Genüge zu tun, der weder dem sexuellen Reifungsprozeß noch den letztendlichen Frauenschicksalen Einhalt gebieten kann. Die Lehrerinnen ernten ein wenig Ungehorsam und Spott und sehr viel Liebe und Respekt, die beiden letzteren vor allem von der Erzählerin, die Seghers' Erfahrungen wiederspiegelt.

Für Netty bedeutete die Schule eine äußerst wichtige Erweiterung ihrer kindlichen Welt über Elternhaus und Familie, und das heißt auch über den jüdischen Horizont hinaus. In menschlicher Hinsicht brachte sie den Kontakt mit Mitschülerinnen und Lehrerinnen und Lehrern verschiedener, wenn auch in erster Linie bürgerlicher, Herkunft und in geistiger das beträchtliche, selbst von Mädchen für ein Abitur geforderte Bildungsgut der Zeit und, in den letzten Jahren, etwas von den Erschütterungen und sozialen Umwälzungen, die es in Frage stellten. Trotz der von Freundinnen gerühmten »kultivierten« Atmosphäre ihres Elternhauses und der von ihr selbst erwähnten lokalgeschichtlichen und professionellen künstlerischen Interessen ihres Vaters und der literarischen ihrer Mutter empfand Seghers das Elternhaus, zumindest rückblickend, als intellektuell beschränkt. Sie erklärte später einmal, ihre Eltern seien »nicht besonders unterrichtet, nicht besonders belesen« gewesen.[56] Und von ihrer Mutter, die ihr, wie sie oft erwähnte, neben Gedichten den »Prolog im Himmel« aus Goethes *Faust* vorgetragen oder -gelesen habe, den das Kind liebte, ohne ihn zu verstehen, heißt es: »Übrigens verstand sie auch nicht sehr viel, sie war auch noch jung.«[57] Wann schon die Jugendliche zu dieser Einschätzung gelangte, die von der Erwachsenen, die natürlich ein viel größeres Maß an Bildung besaß, wohl nicht herabsetzend gemeint war, sondern falsche Vorstellungen über ihr Elternhaus korrigieren sollte, läßt sich nicht sagen. Doch nährte die Schule offensichtlich einen Wissensdrang, der weit über das, was Elternhaus und Großfamilie boten, hinausging und Netty zunächst aus der jüdischen Kultur heraus tiefer in die dominante deutsch-christliche führte, um dann den Wunsch nach Aus- und Aufbruch zu fördern. In ihrer eigenen Biographie kam dieser Wunsch zuerst als radikale Entscheidung für eine geistige Welt zum Ausdruck, in der Ideen und Literatur im Zentrum standen und nicht nur Freizeitbeschäftigungen für gebildete Bürgerinnen waren.

Die Schülerin hatte die üblichen Fächer, u. a. die Sprachen Französisch, Englisch und Latein, wobei die letztere allerdings an der Mädchenschule nur als Wahlfach angeboten wurde, außerdem Deutsch und Philosophie, in denen sie im Abiturzeugnis die besten Noten erhielt. In Mathematik war sie schwächer, und auch Physik war, wie sie sich erinnert, »nicht meine Stärke«, obwohl ihr ein ehemaliger Physiklehrer darin widersprach.[58] Ihre eigenen Bemerkungen sind nicht sehr spezifisch. Sie beschränken sich darauf zu sagen, daß sie ausgezeichnete Lehrer und vor allem Lehrerinnen hatte, besonders in Kunst und Literatur, und daß es eine von ihren Lehrerinnen »sehr gut verstand, in uns Schülerinnen schlummernde Fähigkeiten des Ausdrucks zu erkennen und zu fördern«.[59] Nur einen Deutschlehrer vom Gymnasium, den eine Mitschülerin als »Alldeutsche[n]« bezeichnete, dessen Unterricht Netty kritisch gegenübergestanden sei, schilderte Seghers in einem Privatbrief »als einen etwas schmutzigen Professor [...], der auf Mittel- und Althochdeutsch wild war«,[60] ihre einzige leicht negative Äußerung über einen ihrer Lehrer.

Seghers übertrug ihre im Prinzip bejahende Einstellung zu Schulen und Lehrern später auf ihre Kinder, die in jedem noch so kurzfristigen Exilort sofort zur Schule geschickt wurden. Sie achtete aber auch, wann immer sie konnte, sorgfältig auf die Qualität dieser Schulen, bei denen es sich manchmal um private handelte.[61] Die Schule bedeutete eine gewisse Kontinuität in unsicheren Zeiten – man denke an ihren eigenen Schulbesuch während des Ersten Weltkrieges und der folgenden Umwälzungen –, aber auch Begegnung mit Neuem und die Integration in eine Kultur. Daß es im Fall ihrer Kinder die französische war, erschien Seghers nicht als problematisch, ganz im Gegenteil. In der Erzählung »Post ins gelobte Land« zeichnet sie den Prozeß der Akkulturation an dem Sohn Levi als etwas Unvermeidbares und durchaus Positives, da er über die Traditionen des Elternhauses hinausführt, ohne sie zu negieren. Wichtig ist, daß »der junge Levi« lernt, ein guter Augenarzt zu werden, und seinen Platz da, wo er ist, verantwortungsvoll einnimmt. Darauf kam es ihr auch bei den eigenen Kindern an. Dies gelang; eine Leistung von Seghers, die man unter den Umständen, unter denen sie Mutter sein mußte, nicht hoch genug einschätzen kann. Anteil daran hatte aber auch Seghers' aus der Kindheit erhaltenes und an ihre Kinder weitervermitteltes Vertrauen in Schulen als wichtigen, potentiell festen Bestandteil im Leben eines Kindes. Daß Schulen auch Herrschaftsstrukturen und Denkmuster repräsentierten und Lehrer keineswegs nur progressive Ansichten vertraten, reflektierte sie nicht, da sie offensichtlich selbst und bei den Lehrern ihrer Kinder viele gute Erfahrungen machte und – aus ihrer jüdischen Tradition heraus – das Wort und das Wissen, das dann vom einzelnen selbst gewissenhaft interpretiert und eingesetzt werden mußte, hoch schätzte.

Netty, die ihr Abitur erst Ostern 1920 ablegte, erfuhr während ihrer Schulzeit den Ausbruch des Ersten Weltkrieges und die ungeheure Welle von Patriotismus, die Deutschland und natürlich auch die Schulen erfaßte. Inwieweit die Jugendliche und ihre Familie davon bewegt wurden, läßt sich nicht genauer sagen. Es ist jedoch nicht anzunehmen, daß die Reilings zu Beginn des Krieges eine chauvinistische Haltung gegenüber Frankreich vertraten, andererseits taten die Eltern sicher das Ihre, um etwas von der Verbundenheit und der Treue gegenüber Deutschland zu demonstrieren, die Juden im Ersten Weltkrieg allgemein in hohem Maße aufbrachten. So beteiligten sie sich an der Spendenaktion für das 1916 errichtete

Kriegswahrzeichen am Liebfrauenplatz in Mainz und gaben je einen Nagel im Wert von 20 Mark im Namen von »I. Reiling und Frau geb. Fuld« und »Netty Reiling«. Der Erlös sollte verwundeten Soldaten zugute kommen.[62] Mutter und Tochter nahmen auch aktiv teil an dem intensiven Einsatz bürgerlicher Frauen für Sozialhilfe und Krankenpflege. Doch gehörte Netty, wie bereits erwähnt, in der Schule zu denen, die bald ein Ende des Krieges wollten, und hatte, als es dazu kam, keine Probleme mit der französischen Besetzung von Mainz.

Ein Ereignis aus der Kriegszeit, das sie besonders beeindruckt haben muß, da es ihr im Gedächtnis blieb und sie es später wiederholt literarisch verarbeitete, war die Bombardierung der Stadt am 10. März 1918 und der Tod von elf Menschen, unter ihnen Meta Cahn aus einer jüdischen Familie, die mit den älteren Reilings bekannt war.[63] Ich möchte darauf etwas näher eingehen, weil es ein besonders gutes Beispiel dafür ist, wie die Autorin mit Erinnerungen verfuhr. In Seghers' erster erhaltener Darstellung, dem kurzen Text »Zwei Denkmäler«, der am 1. August 1945 in einer Sondernummer der *Demokratischen Post* in Mexiko erschien, war diese Frau – unter anderem Namen, aber als Jüdin identifiziert – »trotz des Fliegeralarms ueber die Straße gelaufen, um Milch für ihre Kinder zu holen. Ihr Tod war damals noch etwas so sonderbares und seltenes, daß die Stadtverwaltung beschloß, ihn fuer immer den Mitbuergern einzupraegen.«[64] Die Stadt, so wird weiter berichtet, ließ einen Gedenkstein setzen, der neben dem Dom von Mainz eines von zwei Denkmälern ist, die »so fest« in das Gedächtnis der Erzählerin »gepflanzt« sind, daß sie »keiner Zerstoerung anheimfallen koennen«. Im Gegensatz zum Dom ist aber dieses Denkmal, wie sie betont, »so unansehnlich, so klein und so flach, daß es vielleicht noch unbeschaedigt in dem Schutt und Geroell versteckt ist.«

Der Untertitel von »Zwei Denkmäler« in der *Demokratischen Post* lautet »aus einer unveröffentlichten Novelle ›Mariage Blanc‹«. Seghers hatte Pläne für diese Novelle schon 1940 erwähnt, aber eigenen Angaben nach, was davon existierte, in den Wirren ihrer Flucht vor den Deutschen in Frankreich verloren oder verbrannt. Vom Inhalt wissen wir hauptsächlich durch Christa Wolf[65] und durch Seghers' eigene Aussagen in einer zweiten Version von »Zwei Denkmäler«, die sie 1965 für eine in Westdeutschland veröffentlichte Anthologie, *Atlas*, schrieb. Darin erzählten deutschsprachige Autoren und Autorinnen über »ihren Ort«, u.a. auch Peter Weiss in seinem berühmten »Meine Ortschaft«[66] über Auschwitz. Seghers' wenigen Informationen nach sollte es in »Weiße Hochzeit«, einem Werk, das zeitlich zwischen dem *Siebten Kreuz* und *Transit* gestanden und, soweit wir sehen können, thematische und motivische Bezüge zu beiden Romanen gehabt hätte, um die Tochter der getöteten Frau gehen und um die Frage, »was aus diesem Mädchen geworden ist«.[67] Christa Wolf berichtet noch – was ihr Seghers erzählt haben muß –, daß »Mariage Blanc« von Flucht im Zweiten Weltkrieg handelte und von einer vorgetäuschten Hochzeit, die dem Mädchen helfen sollte, die nötigen Papiere zu erlangen, um zu ihrem richtigen Bräutigam zu kommen. »Die geplante wirkliche Hochzeit aber findet niemals statt, dagegen erweist sich die falsche als ernst und dauerhaft«, berichtet Wolf,[68] offensichtlich von der verschollenen, nie realisierten Geschichte fasziniert. Demnach muß schon der Text der »Zwei Denkmäler« von 1945, der die starke Zerstörung von Mainz im Zweiten Weltkrieg (80 Prozent der Stadt) miteinbezieht, zumindest eine Überarbeitung, wenn nicht eine neue, aus der Erinnerung an das Ereignis und die Absichten für die ursprüngliche Erzählung geschriebene Fassung darstellen, kein Fragment.

In der Fassung von 1965 heißt es gleich zu Anfang: »In der Emigration begann ich eine Erzählung, die der Krieg unterbrochen hat. Ihr Anfang ist mir noch in Erinnerung. Nicht Wort für Wort, aber dem Sinn nach. Was mich damals erregt hat, geht mir auch heute noch nicht aus dem Kopf. Ich erinnere mich an eine Erinnerung.«[69]

Diese Erinnerung ist auffallend ungenau, vor allem, was den Gedenkstein betrifft, von dem die Autorin behauptet, sie wisse nicht, ob er noch da sei: »Bei meinen Besuchen hab ich ihn nicht mehr gefunden.« Der Dom dagegen hat, wie sie hervorhebt, »die Luftangriffe des Zweiten Weltkriegs irgendwie überstanden, wie auch die Stadt zerstört worden ist. Er ragt über Fluß und Ebene.« Die Unsicherheit, was den kleinen Stein betrifft, ist signifikant – zumal er noch heute existiert und Seghers sich leicht hätte erkundigen können – und scheint vor allem ein literarisches Mittel zu sein, das die von vornherein angelegte Gegenüberstellung von Dom und Gedenkstein, von Macht und Ohnmacht, von oben und unten, von christlich und jüdisch und, unausgesprochen, von männlich und weiblich unterstreicht. Wollte Seghers, die sich auf ihrer Seite der Mauer mit dem Weiterbestehen dieser Dichotomien konfrontiert sah und gerade *Die Kraft der Schwachen* veröffentlicht hatte, auch etwas über den Westen sagen, vor allem über das Vergessen jüdischen Schicksals »drüben«? In den früheren Versionen war die Gegenüberstellung von Dom und individuellem jüdischen Schicksal ebenfalls in zeitgenössische Kontexte und Themen eingebunden worden, in »Mariage Blanc« in Flucht und Verläßlichkeit und in der mexikanischen Version in die Eskalation der Zerstörung vom Ersten zum Zweiten Weltkrieg. Außerdem ging es in den beiden erhaltenen Versionen von »Zwei Denkmäler«, wenn man Seghers' Biographie kennt, stillschweigend und doch unübersehbar, um den sinnlosen Tod einer jüdischen Mutter, der nicht vergessen werden soll. In »Mariage Blanc« muß das Motiv jedoch eine andere Bedeutung vermittelt haben, da die Mutter noch lebte, könnte aber bereits Angst und böse Vorahnung enthalten haben, ohne daß sich Seghers dessen notwendigerweise bewußt war.

Der Komplex »Mariage Blanc« und »Zwei Denkmäler« lädt durch seine Offenheit und Indetermination, die die Autorin mit ihrer Fassung von 1965 noch bewußt unterstrich, zu Interpretationen ein und hat sie auch erfahren.[70] Er macht Strukturen anschaulich, die schon einige Male angesprochen wurden, nämlich das hohe Maß an Intertextualität, das bei Seghers Werk, erinnernde Aussagen und Zeitkontexte miteinander verbindet: Eine Begebenheit oder ein Motiv berührt sie und bleibt ihr im Gedächtnis. Es wird für sie aber erst »wirklich«, wenn sie es erzählt oder zu erzählen plant. Dann kommt es auch in erinnernden Aussagen vor oder wird – variiert und weitergesponnen – in anderen Texten fortgesetzt, wobei die konkrete Gestaltung immer vom jeweiligen Schreibanlaß und von Zeitzusammenhängen modifiziert wird. Ein Kritiker, Bernhard Greiner, redet im Anschluß an Jacques Lacans Theorien von der »Identität der Autorschaft ›Anna Seghers‹« und deren »wirklich, lebendig werden im Vereinigen mit Zeichen, mit einem Text, der in das Bilden neuer Zeichen mündet, die Leben verbürgen im Universum der Zeichen, d.h. in neuem Text«.[71] Seghers besaß ein ausgezeichnetes Gedächtnis für das, was ihre Vorstellungs- und Gestaltungskraft einmal beschäftigt hatte – sie konnte z.B. lange Passagen frei wiederholen –, formte diese »Grundelemente« aber auch immer wieder zu neuen Texten, nur so blieben sie lebendig.[72] Bereits erschienene Romane versah sie gern mit neuen Vorworten. Ihr »Horror vor Dokumenten« umfaßte die eigenen Manuskripte, weil sie meinte, als Autorin nicht nur das Recht, sondern auch die Pflicht zu haben, zu ändern und zu korrigieren. »Manche Sachen haben später, zu einer anderen Zeit, eine ganz andere als die beabsichtigte Wirkung«, erklärte sie[73] und hatte im Alter wenig Geduld mit Wissenschaftlern, die »spätere Ausgaben mit frühen Drucken [vergleichen] und [sich] freuen [...], wenn sie Abweichungen finden. Dann stellen sie Betrachtungen über die Gründe dafür an, die oft gar nicht stimmen, und schreiben lange Anmerkungen; manchmal möchten sie, daß ich zurückkorrigiere.«[74] Ihr bekannter Satz aus dem Roman *Transit* »Denn abgeschlossen ist, was erzählt wird«, trifft auf sie selbst nur sehr bedingt zu, insofern als Erzählen für Seghers eine/die Form ist, Wirklichkeit und die »Schatten hinter den Grenzpfählen der Wirklichkeit« – ihr Bild aus dem *Siebten Kreuz* – zu bewältigen. Seghers' Geschichten – und ihre Texte allgemein – sind jedoch »ohne Ende«, nicht nur, weil sie offen bleiben, sondern auch weil bestimmte Erfahrungen, Themen und Motive die Phantasie und Gestaltungskraft der Autorin immer wieder beschäftigen und eine Grundstruktur bilden, von der der oben zitierte Kritiker sagte, sie sei von »ebenso großartiger wie beklemmender Monotonie«.[75] Gleichzeitig sind Seghers die sozialen und historischen Bedingungen, unter denen ihre Texte entstehen und rezipiert werden, also deren Zeitgenossenschaft, äußerst wichtig. Ihre Sensibilität für das Zeitgenössische beginnt in den Jugendjahren, in denen Krieg und Nachkrieg in die relativ geschützte Welt des jungen Mädchens einbrechen, und verbindet sich mit Themen und Motiven, die weiter und tiefer zurückgehen in ihre Phantasie und ihre Lektüre.

Unter den Sparmaßnahmen und Entbehrungen der Kriegszeit, die alle Bereiche des Lebens und alle Schichten erfaßten, aber Arme wesentlich härter trafen, scheint Netty Reiling persönlich nicht besonders gelitten zu haben, sie nennt aber als Antwort auf die ihr häufig gestellte Frage nach den Ereignissen, die ihre Politisierung beeinflußten, den »erste[n] Weltkrieg mit seinen Härten und Schwierigkeiten für jeden einzelnen. Nachts durchmarschierende Soldaten und ihre Lieder.«[76] In dieser Zeit begann Netty, in deren Familie soziales Empfinden und Philantropie als selbstverständlicher Teil jüdischer Tradition gepflegt wurden, die also bereits – und vor allem durch ihre Mutter – empfänglich geworden war, soziale Not und soziale Unterschiede stärker und bewußter wahrzunehmen. Sie spricht später von »einem neuen, starken, unerhörten Begriff von Gerechtigkeit«, der sie damals erfaßt habe:

»Ich sah jetzt mit wachen Augen, daß es Menschen gab, die schlechter als andere gekleidet waren, daß es Menschen mit schlechten Schuhen gab. Ich scheute mich, bessere Schuhe zu tragen als diese. Ich sah mit erschrockenen Augen, wie man durch die Stadt einen Gefesselten führte, einen Menschen, der gegen weiß der Teufel was revoltiert hatte. Ich wußte ja nicht, warum er von Polizisten durch die Stadt geführt wurde. Ich kann mich aber noch sehr gut an seinen Tonfall erinnern: ›Ihr könnt mich wegschleppen, ihr könnt mich fesseln, aber stoßen lasse ich mich nicht‹, oder wie man in meiner Muttersprache sagt: ›Stumpe laß ich mich nicht!‹«[77]

Diese und die vorhergehenden Worte stammen von 1967, aus einem Interview mit Wilhelm Girnus, das für DDR-Hörer und -Leser bestimmt war und in dem es spezifisch um den fünfzigsten Jahrestag der russischen Oktoberrevolution ging, sie sind also alles andere als spontane Erinnerungen, trotzdem besteht kein Anlaß, sie prinzipiell anzuzweifeln. Das Erlebnis mit dem Gefesselten erzählte Seghers auch anderswo, und weder hier noch sonst behauptete sie jemals, in ihrer Schulzeit mehr als im Zusammenhang mit »verschiedenen Gerüchten, Botschaften und Zungen, wie man so sagt« von dem Geschehen in Rußland gehört oder es gar verstanden zu haben. Von Politisierung ist noch lange keine Rede, doch ihr Interesse für soziale Fragen und sozialistische Ideen entstand bereits in diesen Jahren. Ihr erster Impuls, und stets ein grundlegender, war die emotionale Parteinahme für Arme und Unterdrückte, wobei es aber nicht mehr um Philantropie ging, die etwas vom eigenen Reichtum abgab, sondern um eine gerechte Verteilung, für die Benachteiligte selbst kämpften.

Seghers fühlte sich später immer wieder verpflichtet zu erklären, woher sie, die alles andere als arm aufwuchs, über soziales Elend, das sie früh zu einem zentralen Thema machte, Bescheid wußte. Ihre Antwort lautete, »man muß doch nicht, um etwas beschreiben zu können, es erst selbst erlebt haben. Man muß nur richtig hinsehen und intensiv mitempfinden.«[78] Und sie berief sich auf die Bewegungsfreiheit, die sie in ihrer Jugend hatte und die ihr erlaubte zu sehen, »was ich sehen wollte«[79]: »Als einziges Kind war ich von meinen Eltern so behandelt, wie ein Kind von guten Eltern behandelt wird. Das bedeutet, nicht eingesperrt sein. Wir liefen überall herum, in der alten, kleinen Stadt, stöberten jeden Winkel auf: der Rhein, der Floßhafen, die Dampfer mit den vielen Schleppern […].«[80] In den Kriegsjahren und der Nachkriegszeit war sie im richtigen Alter, um einerseits von ihrer Freiheit ausgiebigen Gebrauch zu machen und um andererseits besonders empfänglich für Armut und Not zu sein, die – durch Krieg und Nachkrieg vergrößert – eine traurige Faszination ausübten und zugleich Anlaß wie Projektionsfläche für das eigene, wachsende Unbehagen an Privilegien und alten Ordnungen boten.

Wie aufmerksam die Jugendliche für die geistigen und sozialen Umwälzungen der Zeit um und nach 1918 war, geht aus Seghers' rückblickenden Aussagen nur in beschränktem Maß hervor. Sie nennt weiterhin die Schule, dann die französische Besetzung und ihre Freundin Ria Denk als wichtige Einflüsse:

»Ich war noch in der Schule [...], als der Krieg endete. Es gab die französische Besatzung, Unruhen, die Jugendbewegung. Manche Lehrer traten einer Bewegung bei, die, wie ich glaube, »Bund entschiedener Schulreformer« hieß. All das war fühlbar im Schulleben. Befreundete Lehrer machten mit uns Ausflüge in alle möglichen Orte [...]. Eine Mitschülerin, die ich sehr gern hatte, aus einer Lehrerfamilie, selbst Lehrerin, kündigte ihren Dienst, ging mit einer befreundeten älteren Lehrerin in das damals linksregierte Sachsen [...].«[81]

Wenn dieser Umzug auch erst nach der gemeinsamen Schulzeit erfolgt sein konnte, so zeigte Ria wohl schon früher das soziale Engagement, das mit ein Grund war, warum sich Netty in den letzten Schuljahren und danach besonders zu ihr hingezogen fühlte.

Im Gegensatz zu männlichen Generationsgenossen und Schriftstellerkollegen, wie z.B. Bert Brecht oder F. C. Weiskopf, erfuhr Seghers diese Jahre aber als Zuschauerin und nicht als frei- oder unfreiwillige Akteurin. Soldatsein kam für sie nicht in Frage und von den politischen Aufständen und Experimenten, die dem Ende des Krieges folgten, hörte sie nur: »Ich verstand, welche Rolle die Söhne aus Bürgerfamilien bei den Unruhen im damaligen Deutschland spielten«, meinte sie einmal rückblickend.[82] Von sich selber dagegen sagte sie: »Noch als Studierte war ich ein sehr kindliches Wesen; ich war viel kindlicher, als ich hätte meinem Alter nach sein dürfen.«[83] Es ist das selbstkritische Urteil einer alten Frau. Der Maßstab, den sie anlegt, stammt aber teilweise noch aus ihrer Jugend, in der sie den Unterschied zwischen sich und gleichaltrigen Männern, die bereits so viel mehr erlebt und getan hatten, wahrnahm, ein Unterschied, der durch den Umgang mit Kommilitonen auf der Universität noch deutlicher hervortrat. Er ging ein in ihre Gestaltung der Geschlechter im Frühwerk, in dem Männer die Handelnden und Rebellen sind, mit denen sich die Erzählerin identifiziert und damit Versäumtes in der Phantasie nachholt. Aber vielleicht gerade weil sie sich langsam entwickelte und nicht direkt am Zeitgeschehen teilnahm, war Netty, wie Seghers' Werk und Leben zeigen, höchst sensibel für den Zerfall der alten Ordnungen und Werte, den der Krieg irreversibel beschleunigte, und für das Verlangen nach etwas grundlegend Neuem. In den letzten Mädchenschuljahren wuchs der Wunsch nach Aus- und Aufbruch aus dem Gewohnten, aber nicht mehr Verbindlichen, um so mehr, je weniger Netty tatsächlich tat und tun konnte.

Für die Heranwachsende repräsentierten die Eltern das Alte in doppelter Weise: als Generation, die noch in der Ordnung der Kaiserzeit, wenn auch ihrer rheinischen Version, verhaftet war, und als Repräsentanten einer Minderheitskultur, die ihre traditionellen Konturen längst verloren hatte und sich selbst um Neudefinitionen bemühte, unter denen das Festhalten an orthodoxen Regeln nur mehr eine Variante darstellte. Seghers beschrieb ihr Zuhause einmal als »Etagenwohnung mit der typischen bürgerlichen Wohnzimmeratmosphäre. Fürchterlich! Und das Eingesperrtsein darin war mir so zuwider, daß der Drang in mir immer stärker wurde, so schnell wie möglich auszufliegen, wegzufliegen.«[84] Abgesehen von den Widersprüchen zu anderen schon zitierten Bemerkungen über die Bewegungsfreiheit, die ihr die Eltern gewährten, enthalten diese oft zitierten und extrem formulierten Worte eine traurige Ironie: Seghers äußerte sie als Achtundsiebzigjährige, die sich nur mehr mit Mühe fortbewegen konnte und praktisch eingesperrt war in ihre eigene Etagenwohnung in Berlin-Adlershof, die zwar bescheidener als die der Eltern war, aber durchaus bürgerlich und ihr »an und für sich gleichgültig«. Unter diesen Umständen identifizierte sie sich besonders stark mit ihrem jugendlichen Ich und seinem Verlangen »wegzufliegen«, ein Verlangen, dessen Wurzeln tiefer gingen als adoleszente Rebellion gegen Eltern und Milieu, und das sie seit der frühen Kindheit kannte. Es war, wie bereits erwähnt, die andere Seite ihrer Heimatverbundenheit und Suche nach Heimat. Netty liebte den Rhein nicht nur als heimischen Fluß, sondern weil er wegführte ins Meer, das sie faszinierte. Die Familienurlaube an der Nordsee waren ihr so wichtig, daß sie, wie Christa Wolf berichtet, »heulte und brüllte, wenn sie einmal nicht im Sommer dorthin fahren sollten«.[85] Meer und Fluß spielen im Werk von Seghers eine große Rolle und sind Sinnbilder für Weite, Befreiung und Veränderung oder die Sehnsucht danach, die schon das Kind und noch die alte Frau fühlte. Was die Ich-Erzählerin im »Ausflug der toten Mädchen« sagt – »Die Lust auf absonderliche, ausschweifende Unternehmungen, die mich früher einmal beunruhigt hatte, war längst gestillt, bis zum Überdruß.« –, stimmt selbst für diese Erzählung nur bedingt, die Wanderung in die Berge ist ja eine solche Unternehmung. Für die Biographie gilt es gar nicht, obwohl Heimweh während des Exils in Mexiko eine große Rolle spielte. Trotzdem nahm Seghers selbst damals noch schnell die Möglichkeit wahr, vor ihrer Rückkehr nach Europa eine Fahrt zu »Eingeborenen-Urwalddörfern«[86] an der Pazifischen Küste zu machen. In den ersten Jahren in Deutschland, aber auch später, solange sie physisch konnte, war Seghers dann – für eine Bewohnerin der DDR außergewöhnlich – viel unterwegs und hörte nie auf, sich für andere Länder und Kulturen zu interessieren. Sie hatte äußere Gründe – vor allem den beschränkenden Horizont ihres Landes, der für jemanden mit Seghers' Vergangenheit und Bedürfnissen trotz aller Privilegien besonders beengend sein mußte –, die Wurzeln lagen aber in ihrer frühen Neugier und Sehnsucht nach anderen Welten und Leben, die tiefer gingen als alles, was die jeweiligen Lebensumstände bedingten.

Seghers' Erinnerungen nach hatten es ihre Eltern nicht leicht mit ihr. »Schrecklich muß ich gewesen sein«,[87] sagt sie und: »Ich war ein fürchterliches Kind, ich machte meinen Eltern immerzu Probleme.« In diesem Zusammenhang differenziert sie einmal zwischen ihrem Verhältnis zu Mutter und Vater:

»Ich hab aus Gründen wenig über meine Mutter erzählt, und ich weiß nicht, ob's richtig ist, es jetzt zu tun. Jedenfalls sollst du wissen, daß ich kein so gutes Verhältnis zu ihr hatte. Mein Vater verstand mich besser, und ich verstand ihn auch sehr gut. [...] mein Vater zeigte für mich mehr Verständnis als meine Mutter. Deswegen stand ich ihm näher. Mit den Geschäften meines Vaters hatte meine Mutter nichts zu tun, sie hatte keine Beziehung zur Arbeit meines Vaters. Sie hat sich für anderes interessiert [...]. Meine Mutter hatte ein starkes Sozialempfinden. Eigentlich hätte ich Grund gehabt, auch ihr dankbar zu sein, denn ihrem Erzählen verdankte ich viele Anregungen für meine ersten Geschichten.«[88]

Es ist die schon *klassisch* gewordene Unterscheidung einer Tochter, die, aus einem bürgerlichen Milieu stammend, eine intellektuelle Laufbahn einschlägt und das Lebensmuster, das die Mutter bietet, ablehnt. Man denkt z. B. an die Memoiren der französischen Feministin Simone de Beauvoir, die zur gleichen Generation gehörte und – im Gegensatz zu Seghers – über diese Problematik schrieb. Nach dem wenigen, was wir über Hedwig Reiling wissen, läßt sich annehmen, daß sie ihre einzige Tochter so zu erziehen versuchte, wie es ihren und den Erwartungen der Fulds und Reilings auf Pflege der Familienbande und gesellschaftliche Repräsentanz entsprach, zumal sie selbst ältere Schwestern und Schwägerinnen und natürlich die eigene Mutter hatte, die ihr über die Schultern sahen. Netty hatte jedoch auch Schwierigkeiten mit dem Vater – übrigens ähnlich wie bei Simone de Beauvoir –, als es um die praktische Zukunft der erwachsenen jungen Frau ging.[89] Trotzdem war das Verhältnis von Seghers zu Mutter und Vater, soweit wir es nach anderen Zeugnissen beurteilen können, ein gutes und liebevolles. Die Eltern »redeten« ihr »nie was rein«: »Auch später in einer für sie furchtbar schweren Zeit, war ihre Einstellung, ich sollte nichts gegen mein Gewissen tun«,[90] sagte sie selbst. Auf welche spezifischen Ereignisse sich diese Worte beziehen, läßt sich nicht sagen, vielleicht auf ihre Heirat und ihr Fortziehen aus Mainz, vielleicht auf die Nazizeit. Wie wir noch genauer sehen werden, fiel Netty bei all ihrem »Revolutionsverlangen« die endgültige Trennung vom Elternhaus keineswegs leicht. Zu einem Bruch kam es nie, im Gegenteil, die Verbindung blieb eine enge, familiäre, zu der später Besuche zwischen Berlin und Mainz und sehr wahrscheinlich auch finanzielle Unterstützung von Seiten der Eltern gehörten. Netty ging ihren Weg, der nach außen hin mit Heirat und Kindern konventionellen Bahnen folgte, und Hedwig und Isidor, die sehr bald zu liebevollen und stolzen Großeltern wurden, sich aber auch über den Kleistpreis ihrer Tochter und Artikel in der Lokalpresse freuen konnten, akzeptierten ihn und halfen, wo sie konnten. Netty war das einzige und dementsprechend »verwöhnte« Kind wohlhabender und liebender jüdischer Eltern und lernte in dieser für sie guten Situation, wenn auch langsam, ihren Willen zu entwickeln und durchsetzen und – für später – die Wünsche der eigenen Kinder zu respektieren.

»Ich glaube, es war eine sehr günstige Jugend«,[91] ist ihr eigenes Resümee über die ersten zwanzig Jahre ihres Lebens.

Viertes Kapitel

Exlibris

»Manchmal half es [ein Buch] mir, weil es mich nicht allein ließ in einer verwirrenden oder scheinbar lichtlosen Wirklichkeit«

Anna Seghers

Vor, während und neben der Schule und bis ans Ende ihres Lebens spielten Lektüre und Bücher eine wichtige Rolle für Seghers, wie wichtig, zeigt ein Blick in ihre umfangreiche Privatbibliothek, die erhalten ist und Zeugnis ablegt von ihren weiten und internationalen Interessen in Kunst und Literatur und gelegentlich auch Auskunft gibt über Privates.[1] Seghers gehörte zu einer Generation von Schriftstellern und Intellektuellen – man denke z. B. an die enorme Büchersammlung ihres langjährigen Freundes und Bewunderers Jürgen Kuczynski –, für die ihre Bibliothek den vielleicht wichtigsten und für manche einzigen Besitz darstellte, der ihnen um so wertvoller wurde, je weniger das Land, in dem sie lebten, Bücher frei drucken und zirkulieren ließ. Als Erwachsene war Seghers bekannt dafür, daß sie ihre Bücher höchst ungern verlieh. In manche schrieb sie ihren Namen und »bitte zurück«, auch in ein zerfleddertes englisches Taschenbuch wie Monica Baldwins *The Called and the Chosen. The Diary of a Nun* von 1957. Als Jugendliche hatte sie ihr eigenes Exlibris mit ihrem Namenszug »Netty Reiling«, eine bürgerliche Tradition, die sie von ihrer Mutter, die ebenfalls ihr Exlibris hatte, übernahm. Seghers gab stets relativ bereitwillig und offen Auskunft über ihre Lektüre als Kind und Erwachsene und über die Bedeutung, die Bücher allgemein und bestimmte Autoren im besonderen für sie hatten, doch stammen diese Aussagen aus ihren DDR-Jahren und sind dementsprechend geprägt. Auch die Bibliothek stellt kein ganz verläßliches Zeugnis über Nettys – und später Seghers' – Lektüre dar, da einige Bücher offensichtlich ihrem Mann gehörten,[2] andere vielleicht später ihren Kindern, und manches sicher verlorenging. Trotzdem gibt sie im Zusammenhang mit und im Gegensatz zu den Selbstaussagen wichtige Aufschlüsse.

Schon als kleines Kind, als Geschichten ihr die Zeiten des Krankseins überbrücken halfen, erfuhr Seghers Literatur als Gesellschaft und Beistand, und dabei blieb es. »Auch in der schwersten und dunkelsten Zeit« habe ihr ein Buch »geholfen«, erklärte sie später. »Manchmal half es mir, weil es mich nicht allein ließ in einer verwirrenden oder scheinbar lichtlosen Wirklickeit, in die sich der Autor tiefer hineingewagt hatte als mancher Freund. Manchmal riß mich ein Buch aus der Wirrnis in eine stürmische, aber klare Welt, die völlig anders als meine war.«[3] Sie spricht hier von konkreten Erfahrungen, so z.B. der Zeit, als sie im Winter von 1940/41 in dem eiskalten Pyrenäenstädtchen Pamiers saß und Balzac und Racine las, sich verzweifelt um Visen und Schiffsplätze für ihre ganze Familie bemühte und angstvoll auf Resultate wartete.

Wiederholt relativierte Seghers aber auch die große Bedeutung, die Bücher für sie hatten, indem sie einerseits, wie wir bereits sahen, vom Vorrang der »sogenannten bildenden Kunst« für sie sprach und andererseits das mündliche Erzählen vor das geschriebene Wort stellte. »Ich weiß nicht, ob das falsch oder richtig ist«, bekennt sie ihrem Freund Steshinski gegenüber, »aber im Grunde haben Erzählungen von Menschen, dabei diese Menschen u ihre Erzählungsart u Gefühle u. s. w. mehr Einfluß als Bücher auf mich gehabt.«[4] Mündliches Erzählen war stärker kommunikativ und ging direkt auf Bedürfnisse und Bezüge des wirklichen Lebens ein, ob es sich um Märchen handelte, die oft mündlich überliefert und der Erzählsituation entsprechend abgewandelt wurden, um Berichte über Tagesereignisse oder um den Tratsch, den Seghers gern hörte. Man könnte versuchen zu unterscheiden zwischen Lektüre als Anregung und Beistand und mündlichem Erzählen als Modell für das eigene Schreiben. Das würde aber zu sehr vereinfachen. Tatsache ist, daß Seghers Gehörtes oft als Material verwendete – sich jedoch auch vieles aus Büchern holte – und/

oder häufig von Nacherzählung spricht, so schon in ihrer Erstveröffentlichung »Die Toten auf der Insel Djal«. In ihren Werken schuf sie gern Situationen, die mündliches Erzählen thematisieren und Erzähler- wie Zuhörerfiguren auftreten lassen, um den interaktiven Aspekt im Geschriebenen mehr hervorzuheben. Grundsätzlich ging es ihr um Unmittelbarkeit und Gemeinschaft, die die zunehmende Isolation von Schreibenden und Lesenden in der Moderne und im Exil überbrükken sollten. In einem frühen Aufsatz »Kleiner Bericht aus meiner Werkstatt« erklärt sie: »Meistens erzählt man deutlicher, als man schreibt. Knüpft im Erzählen an Geschehenes und Gehörtes an, während man schreibend leicht an Geschriebenes anknüpft statt an die sichtbare Wirklichkeit. Deshalb ist es gut, was man schreiben will, zuerst einem imaginären Zuhörer zu erzählen.«[5] Auch bei diesem Essay ging es Seghers weniger um Selbstaussage als um Anleitung für weniger erfahrene Kollegen und Kolleginnen aus Arbeiterkreisen, denen sie in ihrer Berliner Zeit praktisch half, doch gab sie Ratschläge, die sie selbst befolgte und die durchaus Tendenzen der Zeit entsprachen.[6]

Für sie waren die Zuhörer keineswegs nur imaginäre. Eigenen Aussagen zufolge ließ sie Studienkollegen und -kolleginnen und dann vor allem ihren Mann, später auch ihre Kinder und gelegentlich Freundinnen und Freunde an ihren Geschichten teilnehmen, indem sie ihnen daraus erzählte, oft auf gemeinsamen Spaziergängen.[7] Ihr Sohn erinnert sich in einem Interview von 1990: »Sie hat immer wieder neu erzählt, bis sie uns ganze Sätze, die dann wirklich geschrieben wurden, vorgedichtet hat. So wie man ein Gedicht aufsagt, hat sie ganze Sätze aufgesagt. Ich erinnere mich noch an deren Klang [...].«[8] Seghers erzählte nicht nur vor, sie diskutierte ihre Arbeiten auch mit anderen, nicht so sehr mit SchriftstellerkollegInnen auf hochliterarischer Ebene als mit ihren beiden Familien, der privaten und der politischen, und mit Bekannten. Über ihre Schaffensmethode sagte sie: »Ich schreibe von jeher sehr wenige Sachen schnell und glatt. Ich schreibe meistens viele Sachen um und wieder um. Ich spreche mit sehr vielen verschiedenartigen Menschen darüber. Das habe ich übrigens schon immer getan.«[9] Ihr Sohn erinnert sich z. B., daß sie ihn fragte: »›Wie soll ich ›Transit‹ beenden? Ich habe zwei, drei Lösungen. Welche denkst du, ist die beste?‹ Ich meinte, der Mann soll bleiben, soll mit Franzosen zusammenkommen. Das war dann auch das Ende, das sie gewählt hatte. Aber sie hat damals gezögert bei ihrer Entscheidung.«[10] Ob sie manchmal, besonders als der Kreis der Menschen um sie weniger »verschiedenartig« wurde, zu bereitwillig auf andere, besonders auf ihren Mann, hörte, wird noch zu fragen sein.

Als Schulkind teilte Netty mit ihren Freundinnen die Begeisterung für vieles, was allgemein populär war, so für die Bücher von Johanna Spyri, die, wie sich Seghers erinnert, »damals große Mode« waren. »Und seltsam, ich mochte sie gern: *Heidi* [...].«[11] Eine Freundin, Maria Luder, schenkte ihr 1910 Spyris *Schloß Wildenstein*,[12] sicher sprachen sie miteinander über die Bücher, die ihnen gefielen. Netty hatte andere »Mädchenbücher«, ein süß-sentimentales noch von ihrer Mutter, war aber auch »fasziniert« von *Robinson Crusoe,* ja, so erinnert sie sich, »ich nahm mir vor, etwas Ähnliches zu schreiben«[13]. *Brehms Thierleben* in einer kolorierten Ausgabe gehörte ebenfalls zu ihrem Bestand, wie überhaupt auffällig viele der Bücher, die Seghers von Kind an in ihre Bibliothek aufnahm, reiche und schöne Illustrationen aufweisen oder Kunstbücher mit vielen Abbildungen sind und ihre lebenslange visuelle Orientierung unterstreichen.

Daneben hatte Netty eine außerordentlich große Sammlung von Märchen und Sagen aus aller Welt, viele in den Ausgaben des Jenenser Verlegers Eugen Diederichs, der mit seinen sehr verschiedenartigen Serien, von denen auch andere in Netty Reilings Bibliothek vertreten sind, zu Beginn des zwanzigsten Jahrhunderts Verlagsgeschichte machte. »Warenhaus der Weltanschauungen« soll Max Weber den Verlag wohlwollend-ironisch genannt haben.[14] Oft mehr als einmal hatte sie, von

Grimms Kinder- und Hausmärchen angefangen, Märchen aus allen Teilen der Erde, von Norwegen bis Afrika, China und Japan, mit Erscheinungsdaten von 1912 bis in die frühen zwanziger Jahre. Eine schöne sechsbändige Ausgabe von *Die Erzählungen aus den Tausend und ein Nächten* stammt von 1923. Wir wissen natürlich nicht, wann sie diese Bücher geschenkt bekam oder kaufte, es ist aber anzunehmen, daß sie, als sie ernsthaft zu schreiben begann, bereits sehr viele besaß und kannte. Gustav Schwabs *Die schönsten Sagen des klassischen Altertums,* in einer Ausgabe von 1911, hatte sie, wie viele andere aus ihrer und späteren Generationen, sicherlich schon als Jugendliche. Dann gab ihr jemand, wahrscheinlich aus der Familie und, nach der gönnerhaften Widmung[15] zu schließen, vermutlich ihr Cousin Sally Cramer, *Der Olymp* (1905) von A. H. Petiscus, ebenfalls eine Sammlung griechischer und römischer Götter- und Heldensagen. Sie besaß auch die von Hermann Hesse ausgewählten und eingeleiteten *Gesta Romanorum* (1914) und *Die Goldene Legende der Heiligen* (1918) mit Holzdrucken. Ihre Liebe zu Märchen, Sagen und Legenden begleitete Seghers von Kindheit an durch das gesamte Leben und schloß verschiedenste Traditionen ein. Selbst wenn man annimmt, daß sie nicht alles in ihrer Bibliothek Vorhandene wirklich las, wird sehr deutlich, daß ihre Interessen weit über den heimatlichen und abendländischen Rahmen hinausgingen, eine Liebe zum Exotischen, die sie zwar mit jugendlichen und anderen Lesern der Zeit teilte, aber wesentlich systematischer und intensiver verfolgte als die meisten, wobei sie sich in erster Linie auf Märchen und Volkserzählungen – und spätestens als Studentin auf Kunst – aus vielen Erdteilen konzentrierte.

Die frühe Faszination durch Märchen, Sagen und Legenden prägte Seghers' Werk in entscheidender Weise: in der Wahl von Stoffen, Themen, Motiven und im Schreibstil. Die Brüder Grimm, die, wie sie sagte, »die deutschen Märchen in wunderbarem Deutsch aufschrieben«[16], blieben ihr in sprachlicher Hinsicht ein Vorbild. In einer späten Erzählung, »Die Reisebegegnung«, läßt Seghers Franz Kafka sagen, was für sie selbst zutrifft und eine gewisse Identifikation mit dem lange in den Ostländern verpönten Autor verrät, den sie bereits in den zwanziger Jahren kennenlernte[17] und als ihr in manchem nahe, vielleicht zu nahe stehend schätzte: »Ich liebe Grimms Märchen. Von ihrer Sprache lernte ich viel. Ich muß gestehen, den Sinn und den Rhythmus mancher Sätze habe ich mir angeeignet.«[18] Märchen lieferten ihr jedoch mehr als Modelle für einzelne Aspekte ihres Schaffens, sie stellten eine grundsätzliche Orientierung dar, die sie selbst in oft zitierten Sätzen – übrigens ursprünglich in einer Darstellung ihres bereits einige Male zitierten Werdegangs für den russischen Freund Steshinski[19] – auf die bekannte, einprägsame Formel bringt: »[I]ch wurde dabei [bei den ersten ernsthaften Schreibversuchen] sicher, daß ich nur schreiben wollte. Es gab dabei zwei Linien erzählen was mich heute erregt u die Farbigkeit von Märchen. Das hätte ich am liebsten vereint u wußte nicht wie.«[20] Die Gewißheit, Schreiben zum Berufs- und Lebensziel machen zu wollen, kam der jungen Frau also zusammen mit einer zunächst nur in ihren Zielen deutlich umrissenen Vorstellung von dem Was und Wie ihres Schreibens. Sie ging nie von jugendlichem Bekenntnisdrang aus und brauchte vielleicht auch deshalb eine längere Anlaufzeit.

Im literarischen Kontext gehört Seghers mit ihrem Wunsch, Schreiben mit zeitgenössischen Inhalten zu füllen und gleichzeitig im Mythischen zu verankern, zur internationalen Moderne im breitesten Sinn. Auch mit ihrer Liebe zu Märchen stand sie unter ihren Zeitgenossen, selbst den sozial und links engagierten, keineswegs allein. So zog Lisa Tetzner, eine Freundin aus den Berliner Jahren, 1918 bis 1923 als Märchenerzählerin durch Deutschland. (Sie war die Frau von Seghers' Schriftstellerkollegen und Mitbegründer des Bundes proletarisch-revolutionärer Schriftsteller Kurt Kläber, der übrigens eine Zeitlang dem »Sera-Kreis« um den Verleger Eugen Diederichs angehört hatte.) Tetzner machte sich als Herausgeberin und Übersetzerin von Märchen der Weltliteratur einen Namen und galt als Begründerin einer Ästhetik des Märchens als gesprochener Dichtung, was sich mit Seghers' Interessen traf, wenn es sie nicht ursprünglich sogar beeinflußte. Tetzners Fahrtenbuch *Vom Märchenerzählen im Volke* erschien 1919, ihr *Aus Spielmannsfahrten und Wandertagen* 1923, sie befinden sich allerdings nicht in Seghers' Bibliothek. Die beiden Frauen verständigten sich jedoch spätestens in Berlin über ihre gemeinsamen Interessen und blieben während des französischen Exils in Verbindung.[21] Als sie nach Kriegsende wieder Kontakt aufnahmen, wollte Tetzner Anna Seghers sofort für die Edition eines Märchenbandes – »alte Volksmärchen u. Mythen oder Sagen« aus Mexiko – gewinnen. »Deine Maerchensammlung interessiert mich sehr. Ich habe das Gefuehl, daß ich vielleicht eine kurze Einleitung oder dergleichen fuer eine mexikanische Maerchensammlung schreiben koennte«, ist deren prompte Antwort, doch wurde aus dem Projekt schließlich nichts.[22] Seghers verfolgte zu dieser Zeit noch immer ihren im Exil gefaßten und ihr sehr am Herzen liegenden Plan, eine Sammlung eigener, verschiedenartiger Erzählungen, darunter Sagen und Legenden, herauszubringen, was schließlich und endlich mit *Der Bienenstock* (1953) gelang, allerdings nicht mit dem Echo, das sie sich erhofft hatte.

In der Erzählung »Reisebegegnung« läßt Seghers Kafka nicht nur von Grimms Märchen sprechen, sondern auch eine chassidische Legende zitieren. Es gibt keinen Zweifel, daß sie sich darin ebenfalls auskannte. In ihrer Bibliothek befinden sich eine Reihe von Büchern zur jüdischen Tradition, die vor 1920 erschienen sind und die sie sehr wahrscheinlich als Jugendliche und junge Erwachsene las, u. a. die Serie *Memoiren jüdischer Männer und Frauen* mit dem Band *Denkwürdigkeiten der Glückel von Hameln* von 1914, Bin Gorions[23] *Abraham, Isaak und Jakob. Auswahl aus den Sagen der Juden* von 1917 und sein *Der Born Judas.* Im dritten Band des *Born Judas*, *Mären und Lehren*, liegt auch ein altes Lesezeichen, das zu Spekulationen verleitet. Es markiert die Geschichte von Salomo und Naama, der Tochter des Königs von Ammon, die niemand anders heiraten will als den Koch ihres Vaters. Zur Strafe werden die Liebenden in der Wüste ausgesetzt, wo der Koch zu sich findet und erkennt, wer er ist, nämlich Salomo. Er geht nach Jerusalem und gewinnt seinen Thron zurück. Am Ende werden auch Vater und Tochter wieder vereinigt. Es läßt sich weder sagen, ob das Lesezeichen von Netty stammt, noch von wann es ist, doch liegt nahe, an die Zeit zu denken, als sie selbst einen Mann gewählt hatte, der ihrem Vater nicht recht war. Gab sie dem Vater den Text zum Lesen, oder suchte sie selbst Trost darin? Sah sie in ihrem Liebsten Züge König Salomos, die anderen – vorläufig – verborgen waren? Weniger spekulativ ist die Vermutung, daß die jüdische Herkunft ihres Freundes und die gemeinsamen Wurzeln zunächst – zumindest für Netty – ein Verbindungsglied darstellten. Tatsache ist, daß sich beide – vielleicht auf ihre Initiative – mit Martin Buber beschäftigten. Netty schenkte ihrem Freund auch einen kleinen Band *Ostjüdische Liebeslieder* (1920) mit der undatierten, vieldeutigen Widmung »du tschibischer Genoß, / du Roß, du Roß!«[24]

Martin Buber, der bedeutendste jüdische Denker und Religionswissenschaftler der Zeit, der – von seiner Begegnung mit dem ostjüdischen Chassidismus ausgehend – eine Erneuerung des Judentums anstrebte und den Chassidismus in der westlichen Welt seiner Zeit bekannt machte, ist in Nettys Bibliothek mit einer Reihe von Werken vertreten, die auf wesentlich mehr als flüchtiges Interesse ihrerseits weisen. So findet man u. a. *Die Geschichten des Rabbi Nachmann* von 1906, das Buch, mit dem Buber seine Publikationen chassidischer Erzählungen einleitete, *Der heilige Weg. Ein Wort an die Juden und an die Völker* (1920), *Drei Reden an das Judentum* (1920) und auch *Die Legende des Baalschem*, die Netty ihrem Freund 1922 mit einer liebevollen Widmung schenkte.[25] Ein anderer Band Bubers, *Der große Maggid und seine Nachfolge* von 1922, enthält viele Zahlenverweise in Rodis Handschrift und in ihrer das Zitat: »Und aus seinen Finsternissen / tritt der Herr soweit er kann / und die Fäden, die zerrissen, / knüpft er alle wieder an.« Es war nicht der Zionismus Bubers, der das junge Paar ansprach, sondern seine Herausgabe chassidischer Texte und seine Erforschung jüdischer mystischer Überlieferungen.[26] Auch Bubers Philosophie, wonach der Mensch am Du zum Ich wird, scheint beide tiefer berührt zu haben.[27] Für den Denker war die ostjüdische Religiosität, in der viele Juden, z. B. auch Arnold Zweig, im frühen zwanzigsten Jahrhundert Erneuerung suchten, eine weltzugewandte. Gott, »das ewige Du«, war jetzt und hier anredbar: »Nur auf dem Weg des wahren Umgangs mit den Dingen und Wesen gelangt der Mensch zum wahren Leben, aber auch nur auf diesem Weg kann er an der Erlösung der Welt tätig teilnehmen.« Etwas von diesen Überzeugungen lebte weiter in Seghers' »Glauben an das Irdische«, eine Metapher, die sie viel später bei einem ganz anderen Schriftsteller, Pablo Neruda, fand.

Seghers' Bibliothek enthält außerdem Bücher zur jüdischen Tradition, die erst 1934 erschienen, so Bubers *Erzählungen von Engeln, Geistern und Dämonen*, einen Band *Sprichwörter und Redensarten Deutsch-Jüdischer Vorzeit* und die vielbändige, große *Encyclopedia Judaica.* Seghers kann sie nur im Exil erstanden haben, was ihr fortdauerndes oder erneutes Interesse am Judentum bekunden würde, es könnte sich aber auch um Bücher handeln, die die Eltern an sie schickten. Nach dem Zweiten Weltkrieg erwarb oder erhielt Seghers gelegentlich noch Neues zu jüdischen Themen, so eine *Frühgeschichte des jüdischen Volkes* von 1947, *The Old Jewish Cemetery of Prague* (1947), Bücher über Konzentrationslager, einen *Talmud* von 1963 und weitere Ausgaben der *Haggadah* – einige besaß sie aus ihrer Jugend. Eine der nach 1947 hinzugekommenen *Haggadah* ist das Geschenk von Ernst Simon, Professor an der Hebräischen Universität von Jerusalem, einem ehemaligen Studienkollegen aus Heidelberg, der Franz Rosenzweig und Martin Buber nahestand und nach seiner Promotion in Frankfurt unterrichtete, u. a. am Freien Jüdischen Lehrhaus. Hier leitete übrigens auch Bertha Pappenheim zwischen Januar und März 1925, als Netty wieder nebenan in Mainz lebte, eine

Arbeitsgemeinschaft zu *Glückel von Hameln*. Simon muß Seghers 1954 wiederbegegnet sein, die Widmung in seiner *Haggadah* lautet: »Für Anna Seghers zur Erinnerung an den ›goldenen Löwen‹ (?) in Heidelberg«. Der Bestand an jüdischen Büchern in Seghers' Bibliothek belegt, daß sie sich bis in ihre Studienzeit und darüber hinaus – nicht nur in der Dissertation – mit jüdischen Themen und Traditionen beschäftigte. Ihr späterer Mann betrachtete, wie noch genauer zu zeigen sein wird, in der Zeit, in der er um sie warb, das Jüdische als selbstverständlichen Teil ihrer Identität.[28] Und auch die Kommunistin interessierte sich privat weiterhin für verschiedene Aspekte jüdischer Tradition und jüdischen Schicksals. Vor sich selbst verleugnete sie ihre jüdischen Wurzeln nicht, nachdem sie sich von der jüdischen Religion endgültig abgewandt hatte, was nach ihrer Heirat geschehen sein muß. Im öffentlichen Diskurs war ihr Verhalten allerdings komplexer und widersprüchlicher und wird in den Betrachtungen späterer Lebensabschnitte immer wieder Anlaß sein, auf diese Fragen zurückzukommen.

Das für Seghers wohl wichtigste Buch in ihrer Bibliothek, in dem sich für sie jüdische und christliche Traditionen verbanden, war und blieb die Bibel. Es gibt eine umfangreiche Sammlung von Bibeln aller Größen und in vielen Sprachen der Welt, die vielleicht ursprünglich im Besitz ihres Mannes waren, doch eine Bibel mit Dürer-Abbildungen, die sie im Alter ihrem Sohn schenkte, und die *Heilige Schrift* von 1916, eine Lutherbibel in ihrem Arbeitszimmer, gehörten zweifellos ihr. Diese Bibel trägt die Spuren sehr häufigen Gebrauchs und enthält eine große Anzahl von Lesezeichen, u. a. bei den Zehn Geboten im Buch Moses, beim Abendmahl und beim Verrat Judas im Matthäus-Evangelium. Auch Stellen zur »christlichen Freiheit«, zum »Preis der Liebe« und zur »Auferstehung der Toten« in den Briefen an die Korinther sind markiert. Aus welchen Zeiten diese Lesezeichen stammen, läßt sich nicht ersehen. Wir wissen auch nicht sicher, ob Netty das Neue Testament als

Schülerin oder erst als Studentin genauer kennenlernte, doch ist anzunehmen, daß ihre frühe Begegnung mit christlicher Kunst und vielleicht auch christliche Freundinnen schon in der Schulzeit ihre Wißbegierde weckten. Sicher ist, daß Seghers später ihren Kindern aus der Bibel erzählte und Freunden »gesteht«, daß sie »ein wenig bibelbeschlagen« ist.[29] Die Bibel war und blieb ihr in vieler Hinsicht das Buch der Bücher, der Urtext, auf dem ein guter Teil dessen basierte, was ihr in Kunst und Literatur wichtig war. Sie enthielt die Geschichte(n) der Juden, die Geschichte(n) von Christus und die judäo-christlichen Werte, denen sie sich im Grunde stets verpflichtet fühlte, inklusive der fundamentalen christlichen Botschaft von der »Kraft der Schwachen«, die dem Judentum jedoch keineswegs fremd war. Seghers' Interesse an der Bibel erstreckte sich in den fünfziger Jahren auch auf die Schriftrollen, die man in den Qumran-Höhlen am Toten Meer gefunden hatte. Faksimiles der Rollen und eine Reihe von Büchern zu diesem Thema, die ihr der Cousin Sally Cramer auf ihren Wunsch besorgte, befinden sich ebenfalls in ihrem Arbeitszimmer.

Die Spuren von Seghers' Bibellektüre sind in ihren Werken deutlich sichtbar, öffentlich nannte sie die Bibel später nicht, wenn sie über ihr wichtige Bücher Auskunft gab. Sie leugnete aber andererseits die Tradition nie, auf der sie fußte. Hier war der Boden, von dem sie bei sich wußte, und bei vielen ihrer Leserinnen und Leser annahm, daß er sie hervorgebracht hatte, von hier aus galt es weiterzugehen, wobei sie früh verinnerlichte, daß die dominante Religion ihres Kulturraums das Christentum war. Die »christliche Lehre mit ihrer Substanz von innerer Freiheit«[30] stellte Ansprüche an die Menschen und die menschliche Gemeinschaft, die ihrer Meinung nach breite Gültigkeit besaßen, eine Meinung, die sie in ihrer Jugend entwickelte, als sich ihr die aus dem jüdischen Elternhaus übernommenen jüdischen Werte offensichtlich relativ problemlos mit den herrschenden christlichen vermischten. Eine Konversion zum Christentum zog Netty aber, soweit wir wissen, nie in Betracht, obwohl sie als Studentin in Heidelberg mit dem christlich-sozialistischen Kreis zusammenkam, in dem vor allem László Radványi verkehrte und zu dem auch ihre spätere Kinderfrau Gaya und die bereits erwähnte Lisa Zakowski gehörten. Im Tagebuch von 1924/25 findet sich eine Bemerkung zu Karl Mannheim, einem Freund Rodis, die ihr Unbehagen an Konversion und Taufe deutlich genug macht, wenn sie auch sonst viel im unklaren läßt: »Kein gutes Gefühl für Mannh. mehr, wegen Börtes beabsichtigt. Taufe und manch anderem.«[31] Der Übertritt zu einer etablierten Religion war in ihren Augen kein Schritt zu dem Neuen, das sie suchte. Als Seghers glaubte, es im Kommunismus gefunden zu haben, sagte sie in ihrer Dostojewski-Studie: »Viele Menschen haben sich von den religiösen Bindungen gelöst, nicht weil sie ihre ethischen Forderungen für ungültig erklärten, sondern weil sie sich an neue, der Epoche erwachsenen, erweiterte ethische Forderungen gebunden fühlen.«[32] Das traf auf sie selbst zu. Doch stellt sich die Frage, ob sie in ihren Werken nur an religiösen Bildern und Paradigmen festhielt, weil diese Bilder und Paradigmen in ihren Augen großartig und in ihrer Kultur allgemein zugänglich waren und so die »erweiterten ethischen Forderungen« eindringlich vermitteln konnten, oder auch, weil es ihr im Grunde weiterhin um religiöse Bindungen ging.

Ein christlicher Autor und Philosoph, der in Seghers' Bibliothek mit einer Präsenz vertreten ist, die nur erstaunen mag, wenn man ihr Werk, vor allem das Frühwerk, nicht kennt, ist der protestantische Theologe und Vater der Existenzphilosophie Sören Kierkegaard. Enthalten sind *Furcht und Zittern/ Wiederholung, Der Begriff der Angst, Die Krankheit zum Tode, Einübung im Christentum, Leben und Walten der Liebe* in der bei Eugen Diederichs veröffentlichten Ausgabe der *Gesammelten Werke* mit Erscheinungsdaten von 1909 bis 1924. Im letzten steht das Datum 13.5.25, wohl der Zeitpunkt des Kaufes und/ oder des Beginns der Lektüre, dasselbe Datum findet sich auch in O. P. Monrads *Sören Kierkegaard. Sein Leben und sein Werk* von 1909. In der Studienzeit und vor allem 1924/25, als sie ernsthaft zu schreiben begann, beschäftigte sich die junge Frau intensiv mit Kierkegaard, ein Interesse, das sie mit László Radványi teilte, der ihr 1921 zu Beginn ihrer Bekanntschaft *Die Krankheit zum Tode* mit Widmung schenkte. Daß sie den dänischen Denker erst durch ihn kennenlernte, ist jedoch nicht anzunehmen, da sich in der Bibliothek auch das *Buch des Richters. Seine Tagebücher 1833–1855* in einer Ausgabe von 1905 befindet, das das Exlibris der Mutter, Hedwig Reiling, trägt. Netty könnte also durchaus bereits in der Schulzeit begonnen haben, Kierkegaard zu lesen, und durch die Mutter auf ihn aufmerksam geworden sein, was ein ungewöhnliches Streiflicht auf diese werfen würde. Für Netty war Kierkegaard auf jeden Fall eine einschneidende Erfahrung, deren Spuren in ihrem Leben und Werk tief gehen,[33] mindestens ebenso tief, wenn nicht tiefer als die des Marxismus. In Seghers' Bibliothek befinden sich auch spätere Ausgaben Kierkegaards, so eine amerikanische von *Either/Or* in zwei Bänden von 1944 und eine argentinische *El Conceptio de la Angustia* von 1940, außerdem eine DDR-Ausgabe von *Christ aus Leidenschaft* von 1963. Es sei noch hinzugefügt, daß Seghers auch ein Exemplar von Husserls *Philosophischen Untersuchungen* besaß, und vorweggenommen, daß sie in Heidelberg Jaspers hörte, um ihr Interesse für Existenzphilosophie weiter zu belegen. Bei Kierkegaard ist die Grunderfahrung des Menschen die Angst, der er die Begriffe der Freiheit und radikalen Entscheidung zuordnet. Erlösung aus der Verzweiflung, der Unsicherheit und der Einsamkeit menschlicher Existenz, aus der »Entfremdung« des Menschen, ist allein durch die Gnade Gottes möglich. Es war eine Botschaft, deren Unbedingtheit zu Netty Reiling sprach, wobei sie zumindest bis 1925 noch mit dem Glauben oder der Sehnsucht nach dem Glauben an einen Gott lebte. Danach blieben die Idee der radikalen Entscheidung und die Hoffnung auf Gnade, als Moment des Aufgehens in etwas Größerem, für sie zentrale Vorstellungen, die ihre Sicht und Darstellung von *Wirklichkeit* strukturierten.

Seghers nennt in verschiedenen Gesprächen und schriftlichen Aussagen viele große Namen der deutschen und anderssprachigen Literaturen, die sie als junger Mensch las und die Eindruck auf sie machten. Nicht immer wird klar, wann bestimmte Autoren – es waren vornehmlich Männer – für sie wichtig wurden, doch war Seghers auch insofern eine »treue« Leserin, als ihr meist wert und wichtig blieb, was einmal Eindruck auf sie gemacht hatte, selbst wenn sie öffentliche Äußerungen den Umständen, unter denen sie gemacht wurden, anpaßte. Von sehr vielen Schriftstellern besaß sie mehrere zu verschiedenen Zeiten erschienene Ausgaben, von Autoren der internationalen Moderne und von westdeutschen Autoren häufig westliche Ausgaben. Sie las gern Briefsammlungen und Biographien, die sie, so wenig sie Privates über ihr eigenes Leben mitteilen wollte, bei anderen sehr wohl interessierten, besonders in ihrer Jugend. Zunächst stöberte das Kind, wie viele andere in bürgerlichen Familien, in den Bücherschränken seiner Eltern, um zusätzlich zu dem, was man ihr schenkte, Neues, Verbotenes zu entdecken. »In meinem Elternhaus gab es viele Bücher, und ich las durcheinander alles, bevor man mir es erlaubte«, erzählte Seghers.[34] Wenn sie an diese Bücher nicht herandurfte, so lag der Grund, zumindest ihren Erinnerungen nach, nicht an einer zur Zeit noch verbreiteten Wachsamkeit der Eltern, sie könnte für ein junges Mädchen Unpassendes lesen, sondern: »Er [der Vater] befürchtete wohl nicht zu Unrecht, daß ich ihm etwas durcheinanderbringe.«[35]

Zu den deutschsprachigen Autoren, die Netty früh zu Hause durch die Mutter und andere Familienmitglieder und vor allem die Schule kennen und zum Teil lieben lernte, gehörten Heine, Goethe und Schiller, Georg Büchner, »Dramen von Hebbel«, Gottfried Keller und »die Prosa von Kleist«; die Dramen machten »kein. großen Eindruck« auf sie.[36] Auch auf Lessing verweist Seghers später mit Hochachtung: »Bei L. muß jeder noch lernen – das Ernstnehmen des Berufs, das Ausnutzen jeder gedruckten Zeile«, ist ihr Urteil.[37] In ihrer Bibliothek steht eine alte Lessingausgabe, doch ob sie den Autor von

Nathan der Weise, der sicher in der Schule auf dem Lehrplan stand, schon damals schätzen lernte, sagt sie nicht. Von Goethe erwähnt Seghers Gedichte und immer wieder den »Prolog im Himmel«, den ihr die Mutter als Kind vortrug und der sie faszinierte, doch scheint der Dichter sie schon in ihrer Jugend nicht besonders angesprochen zu haben, erst viel später erkannte sie seine Verdienste um die deutsche Sprache an, konnte sich jedoch nie wirklich für den Olympier erwärmen. Schiller, Lieblingsautor der deutschen Juden, machte mit seinen Dramen auf sie »als Schulkind großen Eindruck«, aber auch die Erwachsene beschäftigte sich mit ihm[38] und bewunderte sein »großes Talent« und seine »historische Phantasie«[39].

Zu Heinrich Heine, an dem sie – wie bei den meisten Autoren mit Ausnahme Schillers – »besonders die Prosa« interessierte, hatte Seghers eine spezielle, durch Herkunft und Familie intensivierte Beziehung, die in der Emigration durch die allgemeine Beachtung, die Heine als »Inbegriff des Schriftstellers im Exil« und als »Schutzpatron« der vertriebenen deutschen Intellektuellen fand, noch weiter vertieft wurde. Aus Hermann Wendels Heine-Biographie[40] wußte Netty schon früh über das Leben des Dichters Bescheid. Sie besaß auch eine in rotes Leder gebundene vierbändige Heine-Ausgabe mit dem Exlibris ihrer Jugend, die sie im Alter ihrem Arbeitsplatz gegenüber aufbewahrte. Neben der Lutherbibel gehört diese Ausgabe zu den am meisten abgegriffenen Büchern in Seghers' Bibliothek und enthält viele Lesezeichen, z. B. am Anfang des Gedichtzyklus »Abschied von Paris« und bei »Shakespeares Frauen und Mädchen«. Der Vater schenkte ihr außerdem einen Originalbrief, den der schwerkranke Heine 1848 aus Passy bei Paris an seine Mutter in Hamburg geschrieben hatte. Dieser Brief begleitete Seghers durch das gesamte Exil und hing schließlich bis an ihr Lebensende in ihrem Arbeitszimmer über dem Sofa. »Achtung auf das, was an der Wand hängt!«, schreibt sie im Alter an ihre Tochter, als sie ins Spital muß und für alle Fälle letzte Instruktionen gibt.[41] Seghers' Verbundenheit mit Heine wurde im Laufe der Zeit immer vielschichtiger. In ihrer Jugend erlebte sie neben der Begegnung mit Biographie und Werk auch die unschönen Kontroversen um die Errichtung eines Heine-Denkmals in Frankfurt am Main.[42] (In Mainz hatte man schon 1893 vergeblich versucht, ein ursprünglich für Düsseldorf in Auftrag gegebenes, aber da abgelehntes Denkmal aufzustellen, wovon sie sicher wußte.[43]) Bald teilte sie Heines Liebe zum Frankreich der Revolution und ging dann wie er den Weg der Emanzipation vom Judentum zum politischen Engagement für ein neues Deutschland. Und wie er erfuhr sie Exil, Heimweh und endliche Heimatlosigkeit eines/einer Deutschen jüdischer Herkunft.

Auch dem Namen Büchner will Seghers früh begegnet sein, allerdings nicht in der Schule,[44] auch von ihm gibt es eine alte Ausgabe in ihrer Bibliothek. Sie kannte die Dramen gut und schrieb 1944 eine Rezension der *Wozzek*-Aufführung im mexikanischen Exil,[45] schätzte aber vor allem die Prosa und verwies ihren russischen Freund Steshinski von der DDR aus besonders auf die »nicht sehr bekannte Novelle ›Lenz‹«.[46] Netty mag sie zur Zeit der ersten ernsthaften Schreibversuche, als Vorstellungen eines frühen Todes und die Möglichkeit des Scheiterns sie gelegentlich bedrängten, bereits als eine Art Schlüsseltext empfunden haben, das läßt sich jedoch nicht belegen. Im frühen Exil berief sie sich jedenfalls auf Büchner als einen, der mehr als den Weg der Emigration vorangegangen war. In ihrer Rede »Vaterlandsliebe« von 1935 nannte sie seinen Namen – zusammen mit Hölderlin, Günderrode, Kleist, Bürger und dem Lenz der Novelle – unter den »jungen, nach wenigen übermäßigen Anstrengungen ausgeschiedenen deutschen Schriftsteller[n]«, die an den Verhältnissen ihres Landes zugrunde gingen. Diese Autoren und Autorinnen konnten nur, wie Seghers erklärte, »[g]roße, oft erschreckende, oft für den Fremden unverständliche Einzelleistungen« erbringen, kein vollendetes Werk; »immer war es, als zerschlüge sich die Sprache selbst an der gesellschaftlichen Mauer«. Obwohl sie von den Zeitgenossen »kaum« gehört wurden, waren sie jedoch die »wahren Repräsentanten ihres Vaterlandes«[47]. Seghers verleiht diesen Dichtern und Dichterinnen hier eine Art Märtyrerstatus, der sie in die Nähe der Helden in den frühen Erzählungen rückt – auch Hull z. B., im *Aufstand der Fischer von St. Barbara*, gelingen große, scheinbar vergebliche Einzelleistungen. 1935, zur Zeit der Rede, trat die Gefahr des Scheiterns wieder an Seghers – und andere Schriftsteller im Exil – heran. Sie selbst befand sich noch am Anfang ihrer Laufbahn und wurde – wie die Exilautoren allgemein – von den Zeitgenossen in Deutschland nicht nur »kaum«, sondern überhaupt nicht wahrgenommen. Sie konnten alle an den politischen und gesellschaftlichen Verhältnissen zerbrechen, um so wichtiger war es, an die Vorläufer als Helden und Heldinnen zu erinnern und dadurch an die Bereitschaft zu appellieren, das Schreiben und Einstehen für ein anderes Deutschland bewußt als das Risiko, das es war, auf sich zu nehmen. Als Seghers dann gegen Ende des Exils und in der Nachkriegszeit trotz allem auf ein beträchtliches Werk zurückschauen konnte und die Gefahr des Scheiterns für sie bis zu einem gewissen Grad gebannt schien, verschoben sich die Akzente ihrer Identifikation mit Büchner. Sie hob jetzt seinen Modellcharakter als »dtsch. Schriftsteller einer ganz neuen Kategorie« hervor: »Er ist echt künstlerisch. Er schreibt polit. Flugblätter. Sein überwaches Bewußtsein setzt sich als Schriftsteller um in sehr verschiedene Sektoren der Wirklichkeit.«[48] Sie zählte sich offensichtlich zu dieser Kategorie. Daß auch darin eine Gefährdung und die Möglichkeit des Scheiterns lag, wollte sie lange nicht sehen.

Von den übrigen Autoren und Autorinnen, auf die Seghers in »Vaterlandsliebe« verwies, erwähnte sie später in Rückblikken auf für sie bedeutende Bücher weder Hölderlin, noch Lenz, noch Bürger. In ihrer Bibliothek befindet sich ein Band von Hölderlin-Gedichten, der schon ihrer Mutter gehörte und deren Exlibris trägt – mit einem Lesezeichen bei »Diotima und die Deutschen« –, und eine Hölderlinausgabe von 1922, Lenz und Bürger fehlen. Auch Karoline von Günderrode oder Bettine Brentano, auf die Seghers ebenfalls im Exil aufmerksam machte,[49] sind in ihrer Bibliothek nicht vertreten[50] und kommen in den Selbstaussagen über wichtige Lektüre dann nicht mehr vor. Die wenigen und gerade deshalb fesselnden Hinweise auf die beiden Autorinnen während der Emigration genügten jedoch, um das Interesse von Christa Wolf an ihnen zu wecken, als sie in der zweiten Hälfte der sechziger Jahre bei der Herausgabe zum Teil in der DDR noch unbekannter Reden und Essays von Seghers darauf stieß.[51] Sie regten Wolf Ende der siebziger Jahre zu bedeutenden Aufsätzen über Bettine Brentano und Günderrode und zu einer Herausgabe von Werk und Briefen der letzteren an.[52]

Auch andere ältere deutschsprachige Autorinnen gibt es in Seghers' Bibliothek kaum, nur Ricarda Huchs *Wallenstein* von 1915, mit dem Exlibris von Netty Reiling, und *Der große Krieg* von 1920. An Huch erinnerte Seghers ebenfalls nur in der Emigration, zu einer Zeit, als sie allgemein der Rolle und den Leistungen von Frauen mehr Beachtung schenkte, und zwar 1944 in einem kurzen Aufsatz zum achtzigsten Geburtstag der Autorin,[53] aus dem hervorgeht, daß sie viele Werke Huchs kannte. Seghers würdigt darin, daß die betagte Autorin zwar »nicht mehr die Kraft hatte, sich von Deutschland zu trennen und in die Emigration zu gehen, [...] doch all die Jahre hindurch jung genug geblieben [war], um sich vor jeder Bestechung und jedem Mißbrauch zu hüten«. Und sie verteidigt Huch gegen die Kritik von »jungen Literaturhistorikern«, die sie zu den »›Konservativen‹« zählten. Vom *Großen Krieg* hätten die Schriftsteller der Zeit alle gelernt, besonders »das später von uns oft angewandte Mittel zeitlich gleichlaufender Handlungen in verschiedenen Milieus«. »Wenn man über den heutigen großen Krieg schreiben will, muß man viele Möglichkeiten benutzen, die in dem Aufbau des alten Buches angewandt sind«,[54] heißt es in dem Aufsatz weiter, zu einer Zeit, als sie selbst an einem groß angelegten historischen Roman, *Die Toten bleiben jung*, arbeitete. Trotz dieser positiven Einschätzung erwähnte Seghers Huch aber später nicht mehr, obwohl sie beim Ersten Deutschen Schriftstellerkongreß

1947 dessen Ehrenpräsidentin begegnet sein müßte. Ein Grund dafür mag sein, daß Huch, die nach dem Zweiten Weltkrieg für ihre Haltung während der Nazizeit[55] kurzfristig großes Prestige genoß, die Bemühungen der sowjetischen Besatzungsmacht, sie für den kulturellen Wiederaufbau im Osten zu gewinnen, schließlich abblockte und noch 1947 von Jena in den Westen zog, wo sie bald darauf starb.

Die berühmten Erfolgsautorinnen des frühen zwanzigsten Jahrhunderts, Hedwig Courths-Mahler, deren Romane und Erzählungen 1905 zu erscheinen begannen, und Vicki Baum, die 1919 mit ihrer ersten Veröffentlichung hervortrat, aber erst 1929 mit *Stud. chem. Helene Willfüer* weithin bekannt wurde, sind nicht unter Seghers' erhaltenen Büchern. Während sie Courths-Mahler, deren Welt sie schon als Jugendliche ablehnte, nie erwähnt, auch wenn diese Autorin von der sozialistischen Kritik wegen ihrer Popularität durchaus wahrgenommen wurde, bekannte Seghers, in ihrer Berliner Zeit eine »ehrliche vieljährige Leserin« der *Berliner Illustrierten* und Vicki Baums gewesen zu sein, die »recht ordentliche Sachen« geschrieben habe.[56] Seghers las stets populäre Literatur und mochte wie andere intellektuelle Zeitgenossen, z. B. Brecht oder Ernst Bloch, auch gern Kriminalromane. Sie weigerte sich immer, streng zu trennen zwischen sogenannter trivialer und künstlerischer Literatur, und meinte, man könne nicht behaupten, »schlechte oder kitschige, oder wie Sie es sonst nennen wollen, Literatur, sei überhaupt keine Literatur«. Solche Bücher behandelten »Lebensgebiete«, die in künstlerischer Literatur »selten zur Sprache kamen«, da die »›echten‹ Schriftsteller« ungern riskierten, darüber zu schreiben.[57] Eine breite Akzeptanz von Literatur – und bildender Kunst – war die Norm, die Seghers anstrebte und bereits als Kind noch unbewußt aus den ihr wichtigen Kunstwerken, Märchen und populären Kinder- und Jugendbüchern übernahm.

Sie unterschied auch nicht zwischen Frauen und Männern, wenn es um die Produktion oder Rezeption von Literatur und Kunst ging. Schreiben war für Seghers geschlechtsneutral, eine Ansicht, die sie ebenfalls in jungen Jahren entwickelte und die insofern für progressiv galt, als sie die Fähigkeit von Frauen, Kunst zu machen, prinzipiell nicht in Frage stellte. Netty hatte in dieser Hinsicht keine Selbstzweifel, obwohl sie bei ihren Anfängen und später sehr wohl den üblichen, eine Laufbahn als Schriftstellerin erschwerenden Ansprüchen begegnete. Es fiel ihr jedoch nie ein, solche Probleme zu artikulieren, genauso wie sie nie reflektierte, daß und warum ihre literarischen Leitbilder Männer waren oder gar, warum sie nicht nach weiblichen Rollenmodellen Ausschau hielt. Trotzdem scheint sie die künstlerischen Verdienste von Frauen früh wahrgenommen zu haben, sie kannte, wie gesagt, wenig beachtete Autorinnen wie Karoline von Günderrode und Bettine Brentano und wußte auch in den bildenden Künsten Bescheid. Da besaß sie einen Band über *Malerinnen. Die bildenden Künstlerinnen der Neuzeit* (von Anton Hirsch, 1905). Manche Lehrerinnen, so die promovierte Magdalena Herrmann, mögen sie auf die Leistungen von Frauen aufmerksam gemacht haben, vielleicht auch ihre Tante Clem. Seghers' Jugend fiel ja noch in die Zeit der ersten Frauenbewegung und in die der relativ großen Veränderungen, die der Erste Weltkrieg und die Weimarer Republik für Frauen brachten. Sie war in der Schule, als Frauen 1908 allgemein Zutritt zu deutschen Universitäten erhielten und als der Krieg Frauen an der Heimatfront mobilisierte und größere Anerkennung für deren Arbeitskraft, inklusive der Wohlfahrtstätigkeit bürgerlicher Frauen, zeitigte. Mit dem Ende des Krieges, das Frauen vermehrt gefordert hatten, und der Weimarer Verfassung kamen auch das Wahlrecht und die formelle Gleichberechtigung, was natürlich noch lange nicht bedeutete, daß Frauen in der Arbeitswelt oder gesellschaftlich gleichgestellt waren. Netty Reiling scheint diese Entwicklungen als selbstverständlich hingenommen und sich, besonders was ihre Arbeit betraf, durchaus als gleichberechtigt und gleichwertig gesehen zu haben, irgendein Interesse für die bürgerliche oder linke Frauenbewegung läßt sich aber weder in ihrer Bibliothek noch sonst finden. Ihr Frühwerk und frühe Exilromane wie *Der Weg durch den Februar* und *Die Rettung* zeigen jedoch ein tiefes – wenn auch ambivalentes – Gefühl gegenüber den tödlichen Beschränkungen und Bedrückungen, denen die »gewöhnlichen« armen Frauen ihrer Zeit weiterhin ausgesetzt waren. Mit dem Schicksal der Anna in »Grubetsch«, dem Ende von Marie in »Die Ziegler« und dem erschütternden Sterben von Susann Schüchlin in *Kopflohn* (1933) und Katharina Woytschek in *Die Rettung* gelingt Seghers, was Büchner gefordert hatte: »sich in das Leben der Geringsten«[58] ihrer Zeit zu versetzen und sie als Frauen zu zeigen, die elend an der Einsamkeit, Kälte und seelischen wie materiellen Armut ihrer Welt zugrunde gehen, einer Welt, in der Frauenemanzipation nicht einmal ein leeres Wort ist.

Neben deutschsprachiger Literatur kam Netty früh mit ausländischer in Berührung, die in ihrer Bibliothek im Laufe der Jahre einen immer größeren Raum einnimmt – sowohl in Übersetzungen als auch in der Originalsprache – und Hand in Hand geht mit ihrem früh entwickelten Interesse für Kunst aus fernen Ländern. Die Märchen und Sagen aus verschiedensten Kulturen wurden schon genannt, von den Autoren der Weltliteratur war es zunächst Balzac, den Seghers schon mit »[z]ehn vielleicht, elf« gelesen haben will. In der Schule mag sie dann auch Claudel, Molière, Racine und Corneille zumindest auszugsweise kennengelernt haben, sie stehen in alten Ausgaben, im Original oder in deutscher Version, unter ihren Büchern. Im Englischunterricht übersetzte sie mit ihrer Lehrerin, Dr. Herrmann, Kiplings *Dschungelbuch*, das ihr so gut gefiel, daß sie es mit eigenen kleinen Zeichnungen versah und in der Studienzeit ihrem Freund Rodi schenkte. Dostojewski lernte sie, wie sie erzählt, durch Bekannte ihres Vaters, Russen, die vor Zar Nikolaus geflohen waren, kennen, die Zeit seiner großen Wirkung auf sie kam aber erst während des Studiums. Bücher von Tolstoi, z. B. seine *Jüdischen Legenden* von 1909, und von Turgenjew tragen ebenfalls frühe Erscheinungsdaten, doch wurde Tolstoi ihren eigenen Aussagen nach erst viel später wichtig für sie.

Allgemein meinte sie einmal: »Die Zeit, in der die dtsch. Klassiker auf mich wirkten, war durchaus noch in meiner Schulzeit. Ich war mehr gepackt von Russen, Franzosen u bis zu ein. gewissen Grad von Skandinaviern.«[59] Skandinavien und skandinavische Autoren faszinierten sie aber allem Anschein nach schon in ihrer Schulzeit, so der international erfolgreiche Roman *Islandfischer* des Franzosen Pierre Loti, eines bedeutenden Vertreters des literarischen Exotismus, der sich in einer illustrierten Ausgabe von 1912 in deutscher Übersetzung in ihrer Bibliothek befindet. Verbunden mit den Ferienreisen des Kindes an die Nordsee mag sich der Eindruck dieses Buches in ihren frühen Werken wie »Die Toten auf der Insel Djal« und *Aufstand der Fischer von St. Barbara* niedergeschlagen haben. Skandinavische Autoren in Editionen von 1911 bzw. 1914, mit Nettys Exlibris, sind der heute weniger bekannte dänische Naturalist Jens Peter Jacobsen, der mit seinen Naturstimmungen den europäischen Impressionismus beeinflußte, und die *Gesammelten Werke* von Björnstjerne Björnson, dem norwegischen Realisten und Nobelpreisträger von 1903. Netty besaß auch eine reich illustrierte Ausgabe von August Strindbergs *Märchen* und die Werke von Selma Lagerlöf, aus denen sie ihren Kindern erzählte und die sie viel später ihrer Tochter schenkte. Eine Welt ganz anderer Art eröffnete ihr ein Buch, dem sie rückblickend große Bedeutung für sich zumaß: Henri Barbusses *Le Feu,* das 1916 im Original und 1918 in deutscher Übersetzung erschien und die Brutalität und Sinnlosigkeit des Krieges früh und deutlich anprangerte. Es weckte sie – in ihren Worten – »für die Ungerechtigkeit des Krieges und dadurch die Losung ›Brot und Frieden‹«[60], und zwar noch während sie in der Schule war.

Nettys Bibliothek und Seghers' Aussagen zeigen uns eine Jugendliche, die sehr viel und sehr Verschiedenes las, sich früh für andere Länder und Kulturen interessierte, Bücher hoch schätzte und sich viele und schöne Ausgaben leisten konnte. Sie wußte wohl auch früh, daß ihre Belesenheit ein Privileg darstellte, das die Armen, über die sie schrieb, nicht hatten. So zeichnete sie Charaktere wie den Erzähler von *Transit,* der behauptet, nichts mit Literatur anfangen zu können, mit Sympathie. Doch gerade ihn läßt sie in den Bann eines Romanmanuskripts fallen, das er zufällig findet. Im Grunde konnte sie sich nicht vorstellen, daß Geschichten – erzählte, geschriebene oder auch gemalte – jemals ihre Macht verlieren würden, jeden Menschen im richtigen Moment zu packen. Dazu waren sie ihr selbst von klein auf zu notwendig, die gestaltende eigene und fremde Phantasie ein zu wichtiges Tor zur Welt. So ernst sie aber die Sprache, ihr Medium, nahm, sie interessierte sich früh und immer wieder auch für andere Medien, die Menschen darstellten und auf ihre Art Geschichten erzählten, neben Plastik und Malerei vor allem sehr bald für den Film, um den sie sich während des Exils ganz besonders bemühen sollte. Im Alter beteiligte sie sich dann höchst kritisch an Projekten, die Verfilmungen ihrer Romane und Erzählungen für Kino oder Fernsehen planten, und war selten zufrieden mit den Resultaten, gerade weil sie die Möglichkeiten filmischer Darstellung hoch schätzte und stets stark visuell orientiert blieb, wie ja auch die vielen bereits erwähnten Kunstbücher und -blätter in ihrer Bibliothek belegen, deren Erscheinungsdaten von ihrer Jugend bis in ihr Alter reichen.

Fünftes Kapitel

Auf der »Arche Noae« Heidelberg

»unsere merkwürdige Zeit: die trübe, verzweifelte, und doch so fruchtbare Zeit nach dem großen Krieg«

Hermann Hesse

»Wir waren alle aufgewühlt von den Ereignissen unserer Zeit. Die junge Oktoberrevolution und was ihr gefolgt war, in Deutschland selbst, in Ungarn, in Oberitalien, in vielen anderen Nationen, das alles griff in unser Dasein ein, bei dem einen tief, bei dem anderen ruckhaft. Und während wir daran teilnahmen, leidenschaftlich diskutierend, folgten wir unserem Studium. Wir liebten Kunst und Wissenschaft.«[1]

»Sie selbst war damals sehr still, von freundlicher Zurückhaltung, fast schüchtern und – wie läßt sich das sagen – in einer ganz unkonventionellen Weise ›hübsch und schön‹ (so sagt es Thomas Mann von dem jungen Joseph). Die Augen, achatbraun, verbargen ihre Klugheit hinter einem immer etwas kindlich-erstaunt wirkenden, manchmal auch etwas schläfrigen Ausdruck. ›Sie hat die Grazie einer javanischen Tempeltänzerin‹, sagte Fraenger, ›welche sich ausruht.‹ Vielleicht ruhte sie sich damals wirklich aus – für strengeres Beginnen.«[2]

Zwei weit zurückblickende und, wenn nicht unbedingt widersprüchliche, so doch sehr verschiedene Erinnerungen an die Studentin Netty Reiling in Heidelberg. Die eine stammt von Anna Seghers selbst – in einer »Ansprache vor Studenten« von 1952, die andere ist von Carl Zuckmayer – aus einem »Grußwort« von 1973.

Seghers' Erinnerungen, wie so oft im Plural und mit pädagogischer Absicht, stehen in Zusammenhang mit dem Thema ihrer Rede: Schuld und Verantwortung von Intellektuellen für Krieg und Frieden. Und wie fast immer, wenn sie später ihre

Studienjahre erwähnt, betont sie die politischen Unruhen und Krisen, die Europa nach dem Großen Krieg, wie der Erste Weltkrieg zunächst genannt wurde, erschütterten. Allein in Deutschland gab es in der kurzen Zeitspanne 1920–1924, um an einige zu erinnern, die Seghers selbst nannte oder die für sie bedeutsam wurden, den Kapp-Putsch im Frühjahr 1920 und den Putschversuch der Nationalsozialisten im November 1923, die kommunistischen Unruhen im März 1920 im Ruhrgebiet und die Bildung (und gewaltsame Absetzung) sozialistisch-kommunistischer Regierungen in Sachsen und Thüringen. In Nettys engerer Heimat führten die separatistischen, von der Besatzungsmacht zum Teil unterstützten Bewegungen 1923 zur Proklamation einer Rheinrepublik, und 1923 erreichte die Inflation in Deutschland ihren Höhepunkt. Diese heimischen und auch viele ausländische Ereignisse – die Folgen der Oktoberrevolution, die Etablierung der reaktionären Horthy-Regierung in Ungarn, die revolutionären Kämpfe in China – interessierten und bewegten die junge Studentin tief, doch auch vieles andere, was mit den Zeitereignissen nur indirekt oder gar nichts zu tun hatte. Es waren für sie Jahre der Öffnung, der Neugier, der Suche, in denen sie bereitwillig die vielfältigsten, widersprüchlichsten Ideen aufnahm und verarbeitete. Ob sie selbst so aktiv diskutierte, wie ihre Bemerkung suggeriert, ist eine andere Frage, auf die ich am Ende zurückkommen möchte.

Zuckmayer, ihr um wenige Jahre älterer Landsmann, Kriegsheimkehrer und selbst am studentischen und politischen Leben in Heidelberg kurzfristig, aber intensiv beteiligt, kannte Netty Reiling nur in ihrem ersten Semester, im Sommer 1920. Er sah damals keine leidenschaftlich diskutierende, sondern eine eher schüchterne und – für ihn bemerkenswerter – hübsche junge Frau, der er dann nicht wieder begegnete. Viele Jahre später, in einem »Grußwort« für seine ehemalige Kommilitonin, meinte er ihren Schriftstellernamen aus gemeinsamen Heidelberger Erlebnissen künstlerischer und geselliger Natur erklären zu können: Zusammen mit seiner damaligen Frau,

Annemarie Ganz aus Mainz,[3] die ebenfalls Kunstgeschichte studierte, habe er Netty »gelegentlich zu jenen beschwingten Abenden im Gasthof Wolfsbrunnen« mitgenommen, »die von Fraenger und dem Kreis seiner musisch gestimmten Adlaten veranstaltet wurden, von denen ich selbst einer der getreuesten war«[4]. Wilhelm Fraenger (1890–1964), Mittelpunkt einer berühmt-berüchtigten kulturrevolutionären Gruppierung in Heidelberg, war ein junger Kunsthistoriker, der sich um diese Zeit – keineswegs als einziger[5] – mit dem niederländischen Maler und Radierer Hercules Segers[6] beschäftigte und 1922 sein Buch *Die Radierungen des Hercules Seghers. Ein physiognomischer Versuch* veröffentlichte. Darin interpretierte er den älteren Zeitgenossen Rembrandts im Geist seiner eigenen Generation als einen Zerrissenen, Verkannten und von seiner Kunst Besessenen, der in seinen Radierungen und Gemälden etwas vom Expressionismus vorwegnahm. Zuckmayer, der eine sehr hohe Meinung von Fraenger als Lehrer hatte und dessen Ansichten über Segers als Vorläufer van Goghs und der Moderne übernahm, stellte in dem kleinen »Grußwort«, das er 1973 für seine ehemalige Mitstudentin schrieb, die seither oft wiederholte Vermutung auf, »daß die Patrone ihres Nom de guerre Hercules Seghers und Fraenger heißen«. In »Fraengers refektorienartigem Studio [...], das gewiß auch Netty Reiling besucht hat«, habe unübersehbar »der berühmte flechtenkranke Baum von Hercules Seghers«[7] gehangen. Kunstgeschichtlich wesentlich weniger bewandert als seine junge Kommilitonin, nahm Zuckmayer selbstverständlich an, daß sie – wie er – erst durch Fraenger auf den Namen Segers/ Seghers gestoßen sein konnte.

Anna Seghers aber wollte eine besondere Bedeutung Fraengers für sich nie anerkennen und damit wohl auch Spekulationen über ihre Beziehungen zu dem genialischen Kreis um ihn und über ihre Affinität zu einem Hercules Segers Fraengerscher Interpretation unterbinden.[8] In einem Gespräch erklärte sie: »Zuckmayer, mein engerer Landsmann, schrieb [...] einen sehr warmherzigen Beitrag, ich wollte ihm nicht widersprechen. Ich habe aber nicht bei Fraenger studiert, wie Zuckmayer schreibt, sondern bei Karl [Carl] Neumann […]. Vielleicht fiel mir bei diesem Studium eine schöne Zeichnung des Graphikers Seghers auf. Soviel ich weiß, war ich nie in Fraengers Haus.«[9] Sie kannte Fraenger aber natürlich und hatte schon vor Zuckmayers »Grußwort« Christa Wolf auf »einen Grafiker aus der Rembrandt-Zeit« als mögliche Inspiration für ihren Schriftstellernamen hingewiesen.[10] Es ist jedoch sehr wohl möglich, daß ihr Hercules Segers und andere niederländische Maler, die diesen keineswegs seltenen Namen trugen, bereits vor Heidelberg untergekommen waren, ihr Vater war ja, wie sie sagte, auf Niederländer »spezialisiert«[11] und handelte sehr wahrscheinlich nicht nur, wenn überhaupt, mit ganz großen Namen. Sicher ging die Familie Reiling bei ihren Urlauben in Holland ins Amsterdamer Rijksmuseum, das die bedeutendste Sammlung von Segers' Radierungen besitzt.

Außerdem war der eigentliche »Entdecker« von Hercules Segers zu Beginn des Jahrhunderts Wilhelm von Bode (1845 bis 1919),[12] mit dem die Brüder Reiling, wie wir sahen, geschäftliche Verbindungen unterhielten. Netty wird schon als Jugendliche zumindest von ihm gehört haben, wenn er nicht sogar eine gewisse Vorbildfunktion für sie hatte,[13] denn hier war jemand in ihrem Gesichtskreis, der nicht nur mit Kunst handelte, sondern auch wissenschaftlich darüber arbeitete. Später zitiert sie Bode, dessen Bücher zu Rembrandt und zur niederländischen Malerschule, inklusive Segers, zu den Standardwerken der Zeit gehörten, in ihrer Dissertation über Rembrandt. Doch, so könnte man behaupten, gerade weil Netty Segers bereits kannte, als sie nach Heidelberg kam, ist anzunehmen, daß sie sich für Fraenger und seinen neuartigen Ansatz interessierte. Forscher haben jedenfalls argumentiert, daß die Wahl ihres Pseudonyms einer tiefen Affinität zu dem rebellischen Maler und Radierer entsprang, der sich ähnlich den Schriftstellern, auf die sich die Autorin später bezog – Kleist, Hölderlin, Büchner, Günderrode – in der »Übergangszeit«, in der er lebte, nicht vollenden konnte.[14] Auch habe Wilhelm Fraenger mit seinem »dem expressionistischen Aufbruch entsprechenden Kunstbegriff« und seinem »Verständnis der Kunst ›als *innerste* Not, die Befreiung will‹«, die Studentin in ihren ästhetischen Anschauungen beeinflußt.[15] Definitives läßt sich jedoch nicht sagen, zumal es keinen Beleg gibt, daß Netty bei Fraenger studierte, und der Kunsthistoriker den/einen Geist seiner Zeit vertrat, der auf sehr vielen Wegen an sie herantrat.

Man kann die Geschichten um den Namen Seghers noch weiter spinnen, denn unter den niederländischen Malern, die ihn in der einen oder der anderen Schreibweise trugen, gab es auch eine Frau, eine Miniaturmalerin, die tatsächlich Anna Seghers hieß, in Antwerpen lebte und vor 1566 starb.[16] Sie wird in *dem* Nachschlagewerk für die Generation von Nettys Onkel und Vater, im *Neuen allgemeinen Künstler-Lexikon*[17] von 1846, genannt. Die Jugendliche mag darin gestöbert haben und auf die seltene Frau gestoßen sein, vielleicht sah sie außerdem irgendwo eine Miniatur. Der schön klingende Name könnte ihr dann, als sie ein Pseudonym suchte, in den Sinn gekommen sein, ohne daß sie genau wußte woher. Es wäre allerdings auch denkbar, daß sich Anna Seghers, zumindest zunächst, sehr wohl an diese Malerin erinnerte, nichts sagte und ihren Spaß hatte. Sie wollte mit ihrem Schriftstellernamen ja mystifizieren. Das gelang ihr, was die Forschung betrifft, nur zu gut.

Die Beschreibung, die Zuckmayer vom Aussehen seiner Kommilitonin gibt, ist verläßlicher als seine – und unsere – Spekulationen über »Taufpaten« und wird durch Bilder aus dieser Zeit bestätigt. Netty Reiling war auf eine aparte Weise schön und strahlte eine Frische und man möchte fast sagen Unschuld aus, die zeitlos wirkten. Sie muß eine attraktive Erscheinung gewesen sein, die mit ihrem Interesse an Kunst, Literatur, Zeitereignissen und neuen Ideen höchst anziehend wirkte, vor allem auf junge Männer, die schon mehr erlebt hatten und sie bereitwillig unter ihre Fittiche nahmen, was sie sich offensichtlich gern gefallen ließ. Es ist zwar anzunehmen, daß sie schon als Schülerin in Mainz ihre Bewunderer hatte, obwohl sie nicht gern tanzte und der Krieg die gewöhnlichen Vergnügungen und Flirts beschränkte, die jungen Männer mußten an die Front, von der sehr viele nicht zurückkehrten. Trotzdem bestand gerade unter diesen Umständen das Bedürfnis nach Liebe und Beziehungen, wir wissen aber, was Netty betrifft, in dieser Hinsicht nichts.[18] Sicher ist nur, daß sie kein Interesse an einer frühen Bindung hatte, wie sie ihre Mutter eingegangen war und einige Freundinnen bald eingehen würden, sie sehnte sich ja weg von Kleinstadt und Familie.

Ein akzeptabler Weg, der sich vor kurzem für junge Frauen ergeben hatte – allerdings nur aus bürgerlichen Familien, die dafür bezahlen konnten und wollten –, war, zu studieren. Zwischen 1919 und 1925 stieg der Anteil der Studentinnen an der Universität Heidelberg im Land Baden, das Frauen 1900, früher als anderswo in Deutschland, Zugang zu seinen Universitäten gewährt hatte, von 12 auf 15 Prozent, was etwas über dem allgemeinen Reichsdurchschnitt lag,[19] aber immer noch eine kleine Minderheit darstellte. Netty ging diesen Weg, doch über- oder untertrieb Seghers, wenn sie im Alter behauptete, sie habe überhaupt nur studieren wollen, um nicht in dem Nest Mainz hängenzubleiben. Ihr Studium gab ihr, selbst wenn die Neunzehnjährige zunächst keine spezifischen Berufsziele verfolgte und höchstens davon träumte, Schriftstellerin zu werden, die lange Zeit Männern aus den entsprechenden Kreisen vorbehaltene Chance, sich für eine Zeit ungebunden auf geistige und künstlerische Interessen zu konzentrieren, neue Ideen kennenzulernen und mit Gleichaltrigen zusammenzusein und Gedanken auszutauschen. Das alles wollte Netty mindestens ebensosehr wie von zu Hause wegkommen, das eine bedingte das andere. Sie nahm ihr Studium auch ernst und schloß es – im Gegensatz zu manchen Schriftstellerkollegen, inklusive Zuckmayer – mit einer Promotion in Kunstgeschichte »ordnungsgemäß« ab. Das Fach hatte sie schon als Kind fasziniert, es konnte aber außerdem, besonders aus der Perspektive des Vaters, als berufliche Vorbereitung gelten und der Mitarbeit im Geschäft dienen.

Ironischerweise begann Netty jedoch Kunstgeschichte als solche erst in ihrem dritten Jahr – nach einem Praktikum in diesem Bereich – intensiv zu studieren. Damals war sie bereits mit dem Mann liiert, der sie endgültig von Familie und Geschäft wegführen sollte, was sie zumindest ahnte und auch wünschte. Wollte sie ihrem Vater mit diesem Abschluß und mit ihrer Dissertation über *Jude und Judentum im Werke Rembrandts* – zumindest unbewußt – noch eine Freude machen und einen Abschnitt ihres Lebens beenden, indem sie auf gemeinsame Interessen einging? Oder wählte sie ihr Thema nur, weil sie selbst von dieser Frage fasziniert war, bereits einiges wußte und in Carl Neumann (1860–1934), dem berühmten Rembrandtforscher und konvertierten Juden, einen geneigten Doktorvater fand, bei dem sie ihr Studium rasch beenden konnte? Vielleicht hätte sie damals, auch wenn sie sich solche Fragen gestellt hätte, was nie ihre Art war, selbst nicht antworten können. So wichtig Netty Reilings Studienzeit für sie war, so viel Bleibendes sie damals aufnahm, an ihrem Ende scheint vieles in ihrer persönlichen und geistigen Entwicklung noch offen gewesen zu sein. Zwei wesentliche, den weiteren Weg bestimmende Entscheidungen fielen allerdings in den letzten Heidelberger Jahren: die Wahl eines Partners und der Entschluß zu schreiben, und zwar als Beruf und Berufung. Auf den Partner werden wir noch zurückkommen, was das Schreiben betrifft, so sah Seghers es rückblickend als einen Durchbruch ihrer Phantasie, die sich als Gegenpol zum Studium und den »dazu gehörige[n] schriftl. Arbeiten«[20] vehement Ausdruck verschaffte und sie zur Entscheidung zwang:

»Mein Studium interessierte mich so sehr, daß es mich ganz absorbierte. Aber meine Phantasie arbeitete und arbeitete, produzierte jedoch nichts. Als ich dann eines Tages zu schreiben anfing, brach's wie ein Sturzbach aus mir heraus: ich schrieb, studierte, schrieb, studierte – wie 'ne Verrückte, das ging bis zur Erschöpfung. Da merkte ich, daß beides nicht lange durchzuhalten war; ich entschied mich fürs Schreiben.«[21]

Nettys Abiturzeugnis wurde am 5. Februar 1920 ausgestellt, am 20. April immatrikulierte sie sich an der Universität Heidelberg. Die Adresse, die sie auf der Immatrikulationsurkunde angab, war Rohrbacherstraße Nr. 5 (bei Dr. Müller), später wohnte sie in der Goethestraße 8,[22] beides *gute* Adressen. Auch viele Professoren wohnten in diesen Straßen. Seghers erklärte nie, warum sie nach Heidelberg ging, und wurde auch nicht danach gefragt, als ob ihre Wahl selbstverständlich gewesen sei. Vielleicht erschien es ihr damals so: Die junge Universität in Frankfurt lag zu sehr im Bannkreis der Familie, München oder Berlin aber waren viel zu weit weg von zu Hause und der geliebten heimatlichen Landschaft. Die Stadt Heidelberg hingegen sah noch »mit ihrem halben Antlitz auf die Rheinebene«, wie der ungarische Soziologe Karl Mannheim in seinen »Heidelberger Briefen« vom Oktober 1921 schrieb.[23] Vor allem hatte die Universität seit dem Kaiserreich einen ausgezeichneten, relativ liberalen Ruf. Man sprach von der heimlichen Hauptstadt des intellektuellen Deutschland und vom »Heidelberger Geist«, dessen entgegengesetzte Pole Max Weber und Stefan George mit ihren Kreisen vertraten. Nach dem Krieg lebte dieser Geist – selbst ohne die Person Max Webers[24] – weiter, allerdings nun neben und mit der Kritik, die Weber selbst geäußert hatte, als er eine Geistigkeit, deren Vertreter die politischen Abgründe um sie nicht wahrhaben wollten, »Mummenschanz, jedenfalls etwas in sich Unwirkliches« nannte.[25] Unter denen, die in den zwanziger Jahren die Erinnerung an Weber lebendig erhielten, war Karl Jaspers, der sich nach seinem Medizinstudium in Psychologie habilitiert hatte und seit 1921 neben dem Neukantianer Heinrich Rickert den zweiten Lehrstuhl für Philosophie innehatte. Bei beiden, die auch Lehrer ihres Kommilitonen László Radványi waren, belegte Netty Reiling Lehrveranstaltungen:

»Ethik« – gemeinsam mit ihrem Freund – bei Jaspers und »Von Kant bis Nietzsche« bei Rickert. Der George-Kreis, den Karl Mannheim in seinen »Heidelberger Briefen« als »›charismatische‹ Gemeinschaft« charakterisierte, sammelte sich nach dem Krieg um den George-Schüler Friedrich Gundolf, der seit 1911 in Heidelberg Privatdozent war und 1920 einen Lehrstuhl für Germanistik erhielt. Bei ihm hörte Netty jedoch nichts, wie auch nicht anzunehmen ist, daß sie in seinem Zirkel verkehrte. (Gundolfs Buch über *George* von 1921 findet sich aber in ihrer Bibliothek.)

Jaspers und Gundolf waren keineswegs die einzigen, die die Studenten in den zwanziger Jahren mit sehr verschiedenen Ideen inspirierten und mit ihren Persönlichkeiten anzogen, es waren auch nicht immer wohlbestallte Professoren, sondern jüngere, wie Wilhelm Fraenger, die erst am Anfang ihrer akademischen Laufbahn und/oder am Rand des gewöhnlichen akademischen Lebens standen. »Überall spürte man Bewegung und die entsprechende Aufnahmebereitschaft, Elastizität und Vielseitigkeit; aber auch selbstverständliche Phantasie, eine künstlerisch anmutende Weise«, so beschrieb der Jurist Max Gutzwiller rückblickend die geistige Atmosphäre Heidelbergs in den zwanziger Jahren,[26] während Carl Zuckmayer in seinen Erinnerungen einfach von »der fortschrittlichsten und geistig anspruchsvollsten Universität Deutschlands«[27] sprach, die übrigens in der Lebenshaltung auch eine der teuersten war. Kritischer und differenzierter, auch relevanter in bezug auf Netty Reiling, ist die Charakteristik, die Mannheim in seinen »Briefen« vom intellektuellen Leben in Deutschland im allgemeinen und seiner »Arche Noae«[28] Heidelberg im besonderen gibt:

»Der eine entdeckt den Rhythmus, der andere den Tanz, der dritte die Erziehung, und wieder andere den Glauben, Gott, die Neger, den Stil, die Einheit und die Theaterkulisse [...]. Überall gibt es das Warten auf Propheten, die Luft ist voll von kleinen und großen Propheten. Der eine schwört auf Steiner, der andere auf Spengler. Es gibt Blüher, Kayserling, Zentren, die ganze Kulturen reformieren, es gibt die Apostel Wynekens und Georges. Eine unerhörte – geistige, aber nicht seelische – Bereitschaft der Menschen für irgendeine Erlösung ist vorhanden, eine gewisse Leere, ein Mangelgefühl, das es nicht gelingt auszufüllen.«[29]

Mannheim meinte, es sei durchaus »sinnvoll«, »sich mit all diesen Bewegungen« – er erwähnt auch »die ›Freideutsche Jugendbewegung‹« und den »›Wandervogel‹« – zu beschäftigen, »denn in ihnen ringt ein kommendes Leben, und alle diese Anfänge können vielleicht irgendwann ihren Platz in einer größeren Einheit finden. Heute ist es erst nur ein Ringen [...]. Wir sind zu etwas reif geworden, und niemand ist da, die Früchte einzubringen, und unsere Seele befürchtet, dem nutzlosen Verwelken entgegengereift zu sein.«[30] Netty Reiling und László Radványi, der ein Freund Karl Mannheims aus dem Budapester Sonntagskreis um Georg Lukács war und seine Freundin mit ihm bekannt machte, beteiligten sich zwar nicht an dem weit verbreiteten Sektierertum der Zeit und seinen Auswüchsen, doch auch sie gingen von dem »Mangelgefühl« aus, von dem Mannheim spricht. Auch sie suchten nach Möglichkeiten der »Erlösung«, Radványi bewußter und in philosophischen Kategorien, auch sie hofften auf eine »größere Einheit«.

Später würde sich Seghers in der ironischen Erzählung »Der letzte Mann der ›Höhle‹« und in gelegentlichen Bemerkungen über vagen Mystizismus entschieden absetzen von den nichtpolitischen Bewegungen der Zeit. Und Karl Mannheim, den Soziologen dieser Phänomene, ließ sie in ihrem Roman *Die Gefährten* in der Gestalt des unschlüssigen, zu konsequenter politischer Parteinahme unfähigen Intellektuellen Steiner auftreten. Ihm legte sie jedoch auch die Worte in den Mund, die die eigenen Erfahrungen mit der Sinnsuche ihrer von geistigen und politischen Angeboten übervollen Studienzeit reflektieren: »Eine einfache Antwort auf alle Fragen bereit haben. – Aber alles Lebbare auf der Welt hat hundert Seiten, hundert Möglichkeiten, hundert Lösungen, und der Mensch hat nur ein Leben.«[31] Auf diesem Bewußtsein der »hundert Möglichkeiten«, das Seghers nie ganz verlor, basierte letztlich die große Bedeutung, die sie dem Moment der Entscheidung beimaß. Entscheidung – in ihrem eigenen Leben und in ihrem Werk – war und blieb für sie existentiell und trug die Spuren ihrer Kierkegaard-Lektüre in den Studienjahren. Sie basierte weder auf dem Verstand noch eigentlich auf dem Gefühl, sondern erfaßte den ganzen Menschen zutiefst und bedeutete ein radikales »Entweder-Oder« im Sinne des dänischen Denkers.

In der öffentlichen Meinung der Weimarer Republik wurde die Universität Heidelberg in den entsprechenden Kreisen zur »akademischen Hochburg des neuen Deutschland« gekürt, was allerdings nicht hieß, daß sie zum Unterschied von anderen Hochschulen des Landes ein Hort der Demokratie war. Nur gab es hier eine Reihe von Professoren, unter ihnen Nettys Lehrer Emil Lederer, Carl Neumann, Hermann Oncken, Alfred Weber und Karl Jaspers, die sich öffentlich zur Weimarer Verfassung bekannten – unter den deutschen Hochschullehrern der Zeit keineswegs die Norm –, während extreme Nationalisten und völkische Antisemiten in Heidelberg eher die Ausnahme bildeten – allerdings nicht unter den Studenten. Hier gewann die deutsch-völkische Gruppe 1924 die Mehrheit im *Allgemeinen Studentenausschuß*, worauf sie prompt eine neue Verfassung ausarbeitete, die »Nichtarier« von der Zugehörigkeit zur »Heidelberger Studentenschaft« ausschloß. Das badische Kultusministerium erlaubte zwar nicht, daß sie in Kraft trat, doch an der völkischen Orientierung vieler Studenten konnte das nichts ändern. Die Korporationen stellten zwar nur eine Minderheit, jedoch eine beträchtliche, dar und beherrschten das Stadtbild und die Atmosphäre. Schon 1920 am Deutschen Burschenschaftlertag hatten sie sich auf den »Rassenstandpunkt« festgelegt, nach dem u. a. die Heirat mit einem »jüdischen oder farbigen Weib« zum Ausschluß führte. Da Netty Reiling diese völkischen Studenten und Burschenschaftler ablehnte – und von ihnen abgelehnt wurde –, suchte sie die Gesellschaft der anderen, die von weiter her kamen, von Ausländern und Vertriebenen, die es – vor allem aus Osteuropa – nach dem Krieg wieder in größerer Zahl gab. Heidelberg war, wie Mannheim hervorhob, von seiner Tradition her immer noch kosmopolitisch.

Die Philosophische Fakultät, die neben der Juristischen das Bild der Universität in der Öffentlichkeit bestimmte, zeichnete sich – so der Archäologe Ludwig Curtius (1874–1954), bei dem Netty die »Geschichte und Kunst Ägyptens« studierte[32] – durch ihre »Verbindung von Philosophie, Geschichte und Gesellschaftswissenschaften« aus. Diese Verbindung mag die junge Mainzerin ursprünglich angezogen haben, jedenfalls prägte sie das gesamte Studium und die interdisziplinäre Sicht, die Seghers später auf künstlerische und gesellschaftliche Fragen anwandte. Netty belegte im Laufe ihrer vier Studienjahre, von denen sie eines in Köln am dortigen Ostasiatischen Museum als Praktikantin verbrachte,[33] sehr viele verschiedene Lehrveranstaltungen in Fachbereichen wie Sinologie, Geschichte, französische, deutsche und russische Literatur, Kunstgeschichte und Archäologie, Philosophie und Soziologe. Ob sie alle regelmäßig besuchte, ist eine andere Frage. Die Liste der von ihr inskribierten Vorlesungen und Übungen gibt jedoch eine Vorstellung von der intellektuellen Neugier, mit der die junge Frau an ihr Studium ging, in dem sie Kenntnisse zu frühen Interessen, historischen Grundlagen, fernen Kulturen und nahen zeitgenössischen Problemen suchte und auch das Angebot der Universität an guten Lehrern und Wissenschaftlern wahrnahm.[34] Zur Spezialistin auf einem bestimmten Gebiet wurde sie nicht ausgebildet, was sie offensichtlich auch nicht wollte und was in dem Maße wie heute damals kaum üblich war. Seghers sah sich später nie als Wissenschaftlerin und gebrauchte ihren Doktortitel kaum, da sie sich, wie wir sahen, in einer Entweder-Oder-Entscheidung für die Praxis von Kunst entschloß. Das Wissen aber, das sich die Studentin erwarb, und die Interessen, die sie verfolgte, blieben ihr auf bemerkenswerte Weise präsent, ein Fundus, auf den sie im Laufe ihres Lebens immer wieder zurückgriff – mit einer eigentümlichen Mischung aus Bescheidenheit und Selbstbewußtsein, die besonders in der Exil- und DDR-Zeit auffallen, in beiden jedoch unterschiedliche Akzente tragen.

Gleich in ihrem ersten Semester belegte Netty Reiling »Sozialtheorie des Marxismus« bei dem Nationalökonomen und Experten für Sozialisierung Emil Lederer (1882–1939), einem Sozialisten jüdischer Herkunft und austromarxistischer Prägung, Mitglied der USPD, der als ausgesprochen »politischer Professor« galt und sich in Diskussionen mit radikalen Studenten am wohlsten fühlte.[35] Nachdem er es selbst trotz seiner wissenschaftlichen Leistungen nur langsam und mit Unterstützung Alfred Webers zum Lehrstuhl gebracht hatte, setzte er 1926 die Habilitation Karl Mannheims gegen starke Widerstände durch, die dem ungarischen Juden, politischen Flüchtling und Marxisten galten. Diese Probleme sind für Netty insofern relevant, als Mannheims jüngerer Freund Radványi dieselben oder noch größere[36] Schwierigkeiten gehabt hätte, wenn er nach seiner Promotion eine akademische Laufbahn in Deutschland angestrebt hätte, was seinem Temperament und seinen Neigungen durchaus entsprach und was er viel später auf anderem Wege erreichte. Netty hörte Lederer auch im folgenden Semester, und zwar gleich zweimal: »Sozialpolitische und soziale Bewegungen« und »Theorie der Sozialisierung«.[37] Sie interessierte sich also von Anfang ihres Studiums an ernsthaft für soziale Fragen und marxistische Ideen, was heißen muß, daß sie ihre Wißbegierde bereits an die Universität mitbrachte. Bei Lederer kam sie mit den linksradikalen Studenten der Universität in Kontakt und lernte höchstwahrscheinlich ihren zukünftigen Mann László Radványi kennen, der im Wintersemester 1920/21 nach Heidelberg kam und dieselben Lehrveranstaltungen bei ihm belegte. Außerdem besuchten beide in diesem Winter »Russische Literaturgeschichte« bei dem Lektor für Russisch, Nicolai von Bubnoff (1880–1962), hatten also Gelegenheiten genug, einander zu begegnen.

Ebenfalls im ersten Semester begann Netty mit dem Studium der Sinologie, das sie bis zum Schluß intensiv betrieb, obwohl sie dem hauptsächlich für diesen Bereich zuständigen Dozenten, Friedrich (Ernst-August) Krause-Bakowski (1878 bis 1942), kritisch gegenüberstand. Sie meinte in ihren späten »Erinnerungen an Philipp Schaeffer« von 1975[38] und auch anderswo, daß er seine Kenntnisse in chinesischer Sprache und Kultur als »Kolonialoffizier während der Boxer-Aufstände in China« erworben habe. In der Tat war Krause, Sohn eines Generalmajors, zwischen 1897 und 1919 aktiver Offizier gewesen. Doch obwohl Netty ihn wegen seiner rechts-nationalistischen Ansichten ablehnte[39] und die Inhalte seiner Vorlesungen und Übungen ihrer Meinung nach nicht genug auf das zeitgenössische China eingingen,[40] studierte sie bei Krause mehr als bei irgendeinem anderen ihrer namhafteren und politisch weniger reaktionären Lehrer. In den drei Jahren in Heidelberg belegte sie insgesamt dreizehn Lehrveranstaltungen, so »Die moderne Lebensführung in China und Japan«, »Literatur Chinas und Japans«, »Interpretation philosophischer Texte«, »Landes- und Volkskunde Ostasiens«, »Geschichte Chinas«, »Religion Chinas«, »Buddhismus« und jedes Semester chinesische Sprache.

Sie war von dem Studienbereich so fasziniert, daß sie aus dem Heidelberger Angebot machte, was sie konnte, und sich, wie Seghers in den »Erinnerungen an Philipp Schaeffer«, ihrem vor und neben Radványi wichtigsten Studienfreund, schreibt, gemeinsam mit ihm zusätzliche Kenntnisse verschaffte, vor allem über den bedeutendsten Führer und Denker der Revolution von 1911, »Sun Yat-sen und seine drei Volksprinzipien«[41]. Netty und ihr Freund bewunderten Laotse und – so läßt sich zumindest nach den Büchern in Seghers' Bibliothek annehmen – die zwei anderen wichtigen taoistischen Philosophen Chinas, Liädsi (Liezi) und Dschuang Dsi (Zhuangzi). Für »Konfuzius mit seiner feudalistischen Staatsmoral«, die Krause bewundert haben soll und die schon lange das Chinabild im Westen bestimmte, hatten sie nichts übrig.[42] Wie bereits erwähnt, machte Netty auch ein Praktikum am Ostasiatischen Museum in Köln, das ihr der Vater vermittelt haben könnte, vielleicht sogar über Wilhelm von Bode, dem Begründer der ostasiatischen Sammlung in Berlin, über das sich jedoch nichts weiteres herausfinden läßt, außer daß Seghers in diesem Jahr in Irene With, der Frau eines dortigen Kunsthistorikers, eine lebenslange Freundin gewann, daß sie den jungen Wissenschaftlern, die sie dort kennenlernte, einen gewissen Einfluß auf sich zuschrieb und daß sie gelegentlich Anekdoten aus diesen Jahren erzählte. Die Vorlesungen »Einführung in die indische Philosophie« und »Der buddhistische Relativismus« bei Max Walleser (1874–1954) und »Kunst Vorderasiens« bei Ludwig Curtius machten die Studentin mit weiteren Kulturen Asiens bekannt.

Seghers erklärte ihr ziemlich intensives Studium der Sprache und Kultur Chinas spöttisch-selbstkritisch damit, daß sie »glaubte, ich könnte schnell lernen, die Inschriften auf alten chinesischen Bildwerken zu entziffern«.[43] Wie dieser Wunsch entstand, erzählt sie in einem »Geleitwort« zu *Studienblätter aus China* von Gustav Seitz, einem Reisegefährten ihrer ersten und einzigen Chinareise im Jahre 1951:

»Ich wünschte mir, als ich noch ein Kind war, hier einmal anzugelangen. Ich hatte ein paar Märchen und Gedichte gelesen, ich hatte ein paar Bilder gesehen, auch Schriftzeichen, die mir vorkamen wie Gedichte und Bilder in einem. Ich fragte mich, was sind das für Menschen, die ihre Gedanken mit Tusche und Pinsel in solchen Schriftbildern ausdrücken können?«[44]

Diese frühe Begegnung mit ostasiatischer Kunst und Literatur und die weitere Beschäftigung damit waren zu dieser Zeit für jemanden wie Netty Reiling nicht so ungewöhnlich. Ostasiatische Kunst hatte im 19. Jahrhundert in England und Frankreich, u.a. auch für Maler wie Claude Monet und Vincent van Gogh, eine wichtige Rolle gespielt. In Deutschland, das mit der Rezeption Ostasiens später begann, waren es der Verleger Eugen Diederichs und sein für den Bereich China zuständiger Übersetzer und Herausgeber Richard Wilhelm – Netty Reiling besaß eine Reihe ihrer Bücher –, die sich in den ersten zwei Jahrzehnten des zwanzigsten Jahrhunderts erfolgreich um eine neues, differenzierteres Bild Chinas bemühten, während die akademische Sinologie weiterhin nach Art einer »archäologischen Wissenschaft, ohne Kenntnis des lebendigen Chinas« betrieben wurde. Zum Interesse der Deutschen am Reich der Mitte, das widersprüchlich und komplex war, trug auch die kurze koloniale Episode des Wilhelminischen Kaiserreiches bei, die zur Einnahme Jiaozhous (Kiautschous) führte und vermehrt Kontakte zu Chinesen ermöglichte.[45] Nach dem Ersten Weltkrieg sahen sich Deutsche und Chinesen dann gleichermaßen als Verlierer der Versailler Verträge.

Allgemein fand die breite Rezeption Chinas in Deutschland in den ersten zwei Jahrzehnten des zwanzigsten Jahrhunderts im Rahmen der von links und rechts betriebenen Zivilisationskritik statt, die ja auch die sonst sehr unterschiedlichen Publikationen des Diederichs-Verlages verband. In diesem Kontext fiel die Selbstbesinnung Chinas auf die eigene Tradition und Kultur, ein Nationalismus, der konservative und revolutionäre Chinesen gegen europäische und japanische Eindringlinge vereinte, auch bei sehr unterschiedlichen Deutschen auf geneigte Ohren. Viele lehnten den seelenlosen Materialismus westlicher Prägung ab und suchten in der chinesischen Ideenwelt nach Alternativen, wobei sich ein Teil entschieden von den imperialistischen Machtbestrebungen der Kolonialzeit absetzte und für die Revolutionen und Befreiungskämpfe in China begeisterte, während reaktionär und nationalistisch Gesinnte in der Disziplin Konfuzius' ihre Berührungspunkte fanden. So konnte ein rückwärtsgewandter Autor wie Ku Hung-Ming, der auch in Anna Seghers' Bibliothek in einer Diederichs-Ausgabe vertreten ist, trotz oder wegen seiner Polemik gegen Europa damals große Erfolge erzielen. Im Laufe der späteren zwanziger und frühen dreißiger Jahre konzentrierte sich die Aufmerksamkeit unter Linken und Kommunisten – und Anna Seghers' – dann vornehmlich auf zeitgenössische Ereignisse: die wachsende Nähe des revolutionären China zur Sowjetunion, die Spaltung der Kuomintang 1927 in einen rechten und linken Flügel, die Gründung der chinesischen Roten Armee unter Mao Tse-tung und anderen, von denen einer, Chu Teh, in Deutschland studiert hatte. Auch Seghers lernte in ihrer Berliner Zeit junge revolutionäre Chinesinnen kennen, die dort studierten. Chiang Kai-shek, Führer der Kuomingtang und – nach der Spaltung – ihres rechten Flügels, wodurch er zum Feindbild für Seghers und ihre Freunde wurde, besaß ebenfalls deutsche Verbindungen und Berater, unter ihnen den für die Reichsexekutionen in Thüringen und Sachsen verantwortlichen General Hans von Seeckt, den die Autorin in einem kleinen Text von 1932, »Die Stoppuhr«, namentlich erwähnt. China war das zweite große Land der Revolution, und Intellektuelle in Deutschland – aber auch in anderen westlichen Ländern – nahmen fasziniert Anteil, zumal sich bei China alte Vorstellungen über Land und Leute mit zeitgenössischen Belangen auf eigentümliche Weise vermischten und man – zunächst – nicht durch Krieg im eigenen Land befangen war wie während der russischen Revolution.

In solchen Zusammenhängen entwickelte und veränderte sich das tiefe Interesse Netty Reilings an China. Es blieb ein ganzes Leben bestehen[46] – auch wenn es nur zur Kenntnis von Schriftzeichen,[47] aber nie zur schnellen Lektüre führte – und fand in Texten und Erinnerungen Ausdruck, die vor diesem Hintergrund verständlicher werden. Was das Studium ostasiatischer Kunst betrifft, so spielte Seghers z. B. öfters darauf an, daß sie sich unter dem Einfluß von Freunden, die sie in Köln am »Ostasiatischen Institut« kennenlernte,[48] für Theorien engagierte, die die »Selbständigkeit der ›Kunst Chinas‹« verteidigten, und zwar gegen die Vorstellung, daß »die Kunst überall ihren Ursprung in der antiken Kunst hätte«.[49] Sie meinte es diesem Kölner Kreis zu verdanken, »daß ich noch heute viel und gern über verschiedene Kunstepochen lese und die Kunst besonders liebe, die man fälschlich primitiv nennt«.[50] Ostasiatische Kunst im allgemeinen gilt zwar nicht als »primitiv«, Seghers entwickelte aber unter dem Eindruck dieser Kunst und des Kontextes, in dem sie sie studierte, ihre lebenslange

Wertschätzung für volkstümliche, d.h. in ihrem Falle, einem bestimmten Land und einer bestimmten Epoche eigentümliche Kunst, die unabhängig von kanonischen Modellen ein spezifisches Lebensgefühl ausdrückte. Eine Wertschätzung, die später in einem nie artikulierten Widerspruch stand zu ihrem Glauben an die Universalität der kommunistischen Idee und das Vorbild Sowjetunion im politischen Bereich. Sie wurde in der Studienzeit sensibilisiert für das Spezifische von Kulturen, Epochen und den Übergängen zwischen ihnen, in denen sich Künstler immer wieder eigenständig, neu und für andere befremdlich, »primitiv« oder fragmentarisch um die Darstellung ihrer Wirklichkeit bemühten. Diese Ideen gingen wie viele aus diesen Jahren ein in ihre bekannten Briefe an Georg Lukács und bedingten, zum Teil zumindest, wie wir noch sehen werden, die eigentümliche Zwischenstellung Anna Seghers' in der Moderne.

Als sich Netty in ihrem sechsten Semester (1922/23) dem Studium europäischer Kunst zuwandte, verfolgte sie ähnliche Gedanken. Diesmal geschah es, wie sie selbst sagt, unter dem Einfluß ihres Doktorvaters, Carl Neumann. Sie nahm – neben den bereits erwähnten Vorlesungen bei Ludwig Curtius zu moderner, antiker und griechischer Plastik – wiederum Jugendeindrücke auf und beschäftigte sich intensiver mit römisch-germanischer Plastik und niederländischer Malerei. Bei Neumann, der, wie sich Seghers erinnert, »kritisch eingestellt« war »gegen die künstlerische Weiterentwicklung in der Renaissance«[51] und in einem kleinen Buch, *Byzantinische Kultur und Renaissancekultur* (1903)[52], das sich in Anna Seghers' Bibliothek befindet, prinzipiell von der unfruchtbaren Fortführung der Antike in beiden Kulturen sprach, belegte sie eine Reihe von Vorlesungen (»Albrecht Dürer«, »Deutsche Kunst« und »Geschichte der deutschen Kunst«) und verschiedene kunstgeschichtliche Übungen. Für ihn schrieb Netty auch drei aus ihrer Studienzeit erhaltene schriftliche Arbeiten. Eine davon, die Dissertation, ist schon länger bekannt und wurde 1983 mit einem Vorwort von Christa Wolf veröffentlicht.[53] Die anderen beiden – »Anfang und Entwicklung der frühromanischen Grabplastik« und, eine Einleitung dazu, »Römische Soldatengräber im Rheingebiet« – hat Pierre Radvanyi erst vor kurzem unter alten Papieren seiner Mutter gefunden. Seghers hatte sie jedoch, wie jetzt deutlicher wird, bereits erwähnt: Indirekt sprach sie davon in ihren »Briefen an Georg Lukács«,[54] in denen sie die Ergebnisse ihrer Untersuchungen sehr allgemein und ohne Hinweis auf die eigenen Arbeiten als Beispiele gebrauchte, und spezifischer in einem späten Interview, in dem sie eine »Seminararbeit über die Entstehung des Porträts« bei Carl Neumann erwähnt.[55]

Es handelt sich bei diesen neuentdeckten Manuskripten – in Seghers' Handschrift, aber sorgfältiger und leserlicher geschrieben als spätere – um zwölf beziehungsweise acht Seiten, die vielleicht Vorlagen für mündliche Vorträge oder Entwürfe für schriftliche Arbeiten darstellten. Jedenfalls enthalten sie kleine Korrekturen und gelegentliche Bemerkungen, die eine genauere Beschreibung versprechen,[56] aber keinerlei Kommentar oder Bewertung eines Dozenten. In beiden Arbeiten analysiert Netty Reiling an Hand der einschlägigen Werke ihrer Zeit wie *Germania Romana,* Creutz, Dehio und Kemmerich[57] und mit genauen Hinweisen auf die entsprechenden Abbildungen darin – manches kannte sie wohl auch aus eigener Anschauung – deutsche Grabskulpturen aus der römischen und der frühmittelalterlichen Zeit. So befremdlich ihre Themen zunächst scheinen mögen und so fern sie dem zu stehen scheinen, was Anna Seghers später bewegte, so augenfällig werden, bei genauerem Hinsehen, die Zusammenhänge. Auf der kunsttheoretischen Ebene ging es ihr schon damals um den »Anfang zu etwas Neuem«, in diesem Fall der Kunst des Mittelalters. Die ersten fränkischen Grabmäler, die sie untersucht, sind ihr Zeugnisse eines solchen Anfangs in einer Übergangszeit, der, wie sie viel später in den Lukácsbriefen schreiben wird,[58] »von jeher [...] durch jähe Stilbrüche, durch Experimente, durch sonderbare Mischformen« gekennzeichnet war. In der Seminararbeit heißt es:

»[...] mit der Zersetzung des Römischen Reiches werden die Legionen vom Rhein zurückgezogen und die Grenzwacht den Franken übertragen. Ihre Grabsteine zeigen die mannigfachsten Formen [...] vielfältig und zufällig zurecht gezimmert wie Spielsachen oder Schmuckgegenstände. Obgleich doch römische Vorbilder in Fülle vorhanden waren, werden sie nicht einmal barbarisch nachgeahmt; es wird völlig von vorn angefangen, u wenn man hier von irgend einer künstlerischen Bedeutung sprechen kann, so liegt sie eben darin, daß wir den ersten Versuch vor uns zu haben scheinen, innerhalb der Grenzen des Grabsteines dem Grabe einen Schmuck u vielleicht dem Verstorbenen eine Ehrung zu verschaffen.«[59]

»Vom Standpunkt der antiken Kunst aus [...] war das, was nachkam, der reinste Zerfall. Im besten Fall absurd, experimentell«,[60] faßt sie dann in den »Briefen an Georg Lukács« souverän zusammen.

Netty Reiling fand offensichtlich für ihre Ablehnung kanonischer, für alle Zeiten und Kulturen gültiger Vorbilder bei ihren Lehrern in sehr verschiedenen Kunstbereichen Anregung und Bestätigung. Die Ablehnung beruhte auf dem Bewußtsein, mit einer »Realität der Krisenzeit, der Kriege usw.« – Seghers' Worte in den Lukácsbriefen – konfrontiert zu sein, in der sich die überkommenen Muster in Kunst und Leben als nutzlos und irrelevant erwiesen, ein Bewußtsein, das die Studentin mit den Lernenden und manchen Lehrenden ihrer Zeit teilte. Das Studium von Geschichte und Kunstgeschichte bot eine Möglichkeit, in den Brüchen und Neuanfängen früherer Jahrhunderte und anderer Kulturen Selbstverständigung zu suchen, während es gleichzeitig galt, in der eigenen Gegenwart das Neue zu sehen und auszudrücken, so fragwürdig es zunächst sein mochte. Diese Epochenperspektive prägte Seghers stark und wirkte sich, so scheint mir, nicht nur in ihrem Verhältnis zu Kunst und Literatur, sondern auch in ihrer politischen Haltung aus, nämlich in der heute so schwer verständlichen Geduld, mit der sie den Mißständen und Verbrechen der kommunistischen Systeme ihrer Zeit begegnete. Der Kommunismus wurde in ihren Augen »das ganz und gar Neue«,[61] das »Experimente« mit sich brachte und Zeit brauchte. Gleichzeitig sah sie aber den Widerspruch zwischen diesem auf lange Zeitabläufe eingestellten Epochendenken und dem kurzen Leben des einzelnen Menschen mit schmerzhafter Deutlichkeit.

Auch das Interesse für »Porträtkunst« im weitesten Sinne, das in allen drei Studentenarbeiten die Themen stellt, bleibt für Anna Seghers ein zentrales. In den Manuskripten untersucht Netty Reiling die Anfänge der Figurendarstellung in Stein, in ihrer Dissertation studiert sie das Bild der Juden in Gemälde und Zeichnung bei einem Meister wie Rembrandt[62], und in ihrem eigenen Werk geht es Anna Seghers immer wieder um erzählerische »Porträts« gewöhnlicher und doch ungewöhnlicher Menschen, wobei die Fragen und Sehweisen, die zunächst in den kunstgeschichtlichen Arbeiten Ausdruck finden, auch und vor allem für die Erzählerin wichtig sind. Netty beginnt ja, wenn wir Seghers beim Wort nehmen, in den letzten Semestern neben dem Studium Geschichten zu versuchen,[63] und so fließen, wohl noch unbewußt, Ziele und Probleme, die sie als Schreibende beschäftigen, in die Wahl ihrer Themen und Fragen als Studentin der Kunstgeschichte ein. Ihre Überlegungen zur Praxis anderer Medien und Künstler dienen der Selbstverständigung über das, was sie selbst tun will, ein Mittel der Besinnung, zu dem sie später immer wieder bewußt zurückkehren wird, allerdings dann fast immer im eigenen Medium, der Literatur. Die Anfänge aber standen vornehmlich im Zeichen der bildenden Kunst, was nicht ohne Einfluß auf ihre literarische Praxis blieb, wobei man allerdings nicht vergessen darf, daß Netty gleichzeitig auch Literatur studierte, las und zumindest[64] diskutierte. Diese Zusammenschau verschiedener Medien sollte sich auch nie ändern, nur daß sich Seghers später auf Literatur, in der sie schöpferisch tätig war, konzentrierte und Kunstbetrachtung, abgesehen von wichtigen Ausnahmen, dann zur Erholung und Anregung betrieb, aber intensiv, so daß ihre visuell orientierte Perspektive auf Menschen – und Dinge – aktiv blieb.

So fragt die Studentin in ihrem Aufsatz »Anfang und Entwicklung der frühromanischen Grabplastik« nach der »Verkörperung des – im Sinne des jeweiligen Künstlers – Wesentlichen« der menschlichen Figur zu verschiedenen Zeiten der romanischen Epoche. An der Grabplatte Rudolfs von Schwaben (im Dom zu Merseburg) erkennt und beschreibt sie den für sie entscheidenden Übergang »vom abstrakten Zeichen der symbolischen Figur zu einer Wiedergabe des Menschen als Realität u zwar auf dem höchsten Punkte seiner irdischen Lebensentfaltung«. Sie bemerkt, daß »die Versenkung in die lebendige Gestalt ein Eingehen auf ihren Reichtum u ihre Vielfältigkeit zur Folge [hat] – freilich immer innerhalb der Grenzen oder besser gesagt der Zügelung des streng romanischen Stils«[65]. Die Ausgestaltung dieser Grabplatte diene jedoch nicht mehr, »wie ehemals der Grabschmuck«, als »einfache Bezeichnung des Ortes«, sondern als »Gedächtnis u Ehrbezeugung als Darstellung und Bewahrung seines [Rudolfs] irdischen Lebens, als Denkmal«[66]. Das Anliegen, das Netty dem mittelalterlichen Künstler zuschreibt, ist auch das der Erzählerin Anna Seghers: Die Darstellung des Menschen auf dem »höchsten Punkt irdischer Lebensentfaltung«, des Wesentlichen, und zwar angesichts des Todes, der in ihrem Werk eine so zentrale Rolle spielt und die letzte Frage nach dem Sinn und Wert eines Lebens stellt. Sie sucht und findet dieses Wesentliche aber in ihrer Zeit nicht in den Gegenkaisern (Rudolf), Bischöfen und Äbtissinnen der Grabplatten, sondern in den scheinbar Schwachen und Machtlosen. Doch kam es auch ihr sozusagen auf das Grabmal an, auf das Bild eines Menschen, das nun nicht in Stein, sondern in einer Geschichte bestehen bleibt, als Denkmal und als Botschaft. Im Zusammenhang mit einem nie realisierten »Totenbuch«, das Porträts von ermordeten Antifaschisten bringen sollte, spricht sie im französischen Exil selbst von »Denksteinen«.[67] Weit über Grabplatten hinaus war Seghers, die sich in der Studienzeit auffallend viel mit Plastik beschäftigte, fasziniert von der Menschendarstellung romanischer und gotischer Statuen, die das Wesentliche einer

Figur in prägnanten Gesten und Zügen für die Dauer festhielt. Als Studentin begann sie solche Abbildungen zu sammeln – ihre Bibliothek enthält zahlreiche Bücher und Blätter dazu – und ließ sich davon vor allem in ihrem Frühwerk für die eigene Figurenzeichnung inspirieren. Ihr Blick ist dabei stets ein doppelter: einerseits sieht sie den Menschen wie das Mittelalter sub specie aeternitatis, andererseits aber als einen, der sich einer bestimmten Zeit und ihren Forderungen stellen muß, als Handelnder und Gegenstand der Kunst und als Gestaltender und Künstler.

In ihrer Dissertation *Jude und Judentum im Werke Rembrandts* untersucht Netty Reiling ein weiteres, für die Schriftstellerin Anna Seghers immer wieder zentrales Problem, das Verhältnis des Porträts zur Wirklichkeit. Zum ersten und für lange Zeit letzten Mal konzentriert sie sich auf die Darstellung der Minderheit, zu der sie selbst gehört, die der Juden. Später wird sie ihr Thema als »sonderliche Frage« bezeichnen und ihre Arbeit »sicherlich eine scholastische, in mancher Hinsicht naive« nennen.[68] Die Dissertation ist jedenfalls nicht immer klar verständlich und wurde vielleicht etwas schnell geschrieben,[69] hat aber einen interessanten sozialgeschichtlichen Ansatz. Vor allem gibt sie Einblick in Nettys damalige Haltung zum Judentum und in die Gestaltungsfragen, die sie zu Beginn ihres eigenen Schreibens beschäftigten. Ihre These ist, daß Kunsthistoriker Rembrandts Judendarstellung zwar stets als bedeutenden Aspekt seines Werkes ansahen, aber falsch oder nicht differenziert genug interpretierten, weil sie einen wesentlichen Moment in der Entwicklung des Malers übersahen, seine Begegnung mit den jüdischen »Proletariern« seiner Zeit. So nennt die junge Autorin die »Ostjuden«, die, wie sie belegt, nach 1640 »scharenweise« als Flüchtlinge nach Amsterdam kamen: »Zerlumpt und geduckt, gehörten sie«, wie sie erklärt, »zu den Besitzlosen, den Geldwechslern, Hausierern und Trödlern, welche in ihrer Weise das Straßenbild beleben halfen.«[70] In dieser »Realität […], und zwar in einer für die Blicke seiner meisten Zeitgenossen eindruckslosen und verschlossenen Umwelt«,[71] und nicht in der »glänzenden sephardischen Gemeinde, [...] dem offiziellen Judentum seiner Zeit«[72], das schon lange angesehen und integriert in Rembrandts Umgebung lebte, habe der Künstler die Modelle entdeckt, die ihm »die Wiedergabe des wirklichen jüdisch-individuellen Menschen aus einer Kenntnis seines Wesens und seines Aussehens« ermöglichten und zum »eigentlichen Maler der Juden« machten.[73] Seghers zeigte später keinerlei Interesse, Rembrandt in diese Richtung zu folgen. Juden kommen in ihrem Werk, relativ gesehen, so selten vor, daß es oft bemerkt und auch kritisiert wurde.[74] Worauf sie jedoch immer wieder zurückkam, das war die Aufgabe der Kunst, »ein bis dahin versteckt gebliebenes Stück Wirklichkeit ans Licht zu bringen«. Welches »Stück«, das konnte nur der Künstler oder die Künstlerin in Auseinandersetzung mit der Realität und seinen/ihren künstlerischen Möglichkeiten entscheiden. Sie selbst war, während sie ihre Dissertation schrieb, dabei, diese Entscheidung zu treffen,[75] und wandte sich, um Worte aus der Dissertation zu gebrauchen, »Armut, Hoffnungslosigkeit und Hoffnungsmöglichkeit, Vereinsamung und Verwahrlosung«[76] unter den Armen ihrer Zeit zu. Das waren für sie jedoch nicht nur und nicht in erster Linie die Ostjuden, die es auch im Deutschland ihrer Kindheit »scharenweise« gab, sondern eine viel größere Gruppe von Menschen, die Krieg, Nachkrieg, Inflation und politische Diskussionen wie auch der eigene, davon abgesetzte Wohlstand in ihr sensibles Bewußtsein drängten. Sie war natürlich nicht die einzige, die diese Wirklichkeit wahrnahm, es ging aber darum, sie wenigstens in »Stücken« »ans Licht zu bringen«, d. h. sie künstlerisch zu gestalten.

Netty Reilings Verhältnis zu ihrem Judentum, soweit wir aus der Dissertation darauf schließen können, war ein komplexes. Sie spricht den »glänzenden« Sepharden und angesehenen Kaufleuten, bei denen zumindest der Leser auch an ihre eigene Familie denkt, jüdische Repräsentanz ab. Die armen Ostjuden sind ihr die wahren Vertreter des Judentums in

Rembrandts Epoche und waren es in ihrer Gegenwart für viele jüdische Zeitgenossen, einschließlich Arnold Zweig und Martin Buber, mit dem sich Netty damals ernsthaft beschäftigte, und wohl auch für sie selbst. Sie trennte also schon zu dieser Zeit in zwei Gruppen: in die reichen, assimilierten Juden, zu denen sie ihrer Herkunft nach gehörte und die sie gar nicht mehr als Juden sah, und die armen, »wahren«, Ostjuden, die für sie jedoch bereits »Proletarier« waren. Die Eigenschaften, die sie den Ostjuden in Rembrandts Darstellung zuschreibt und die er »dem jüdischen Modell entnimmt«, sind, wie sie sorgfältig formuliert, »Ausdruck jener Seite jüdischen Wesens, welche sich mit Passivität, Hoffnung, Kummer und Leidensfähigkeit umschreiben läßt und welche also den Künstler Rembrandt innerhalb einer durchaus christlichen Stimmung fesselt«[77]. Da sie Rembrandt zum »eigentlichen Maler der Juden« macht, scheint auch sie diese Seite für die wesentliche zu halten. Bezeichnend für ihren Blick auf Juden – und auf Kunst – ist weiterhin, daß sie Rembrandts Judendarstellung in seinem christlichen Glauben aufgehen läßt. Das Judentum hat zwar, wie es in der Dissertation abschließend heißt, »einen nur für ihn, Rembrandt, charakteristischen Eigenwert, den er zuerst in der Realität entdeckt«, letztlich »verflicht« er es aber »in seine religiöse Darstellung«,[78] die um christliche Themen und die »Gestaltung des Heilands«[79] kreist. Netty sah und akzeptierte bei Rembrandt, daß das Christentum die dominante Religion des europäischen Kulturraumes war und die Judendarstellung Rembrandts nicht Selbstzweck. Gleichzeitig fragte sie sich aber in der Dissertation – und auch mit der Lektüre Martin Bubers – nach dem Wesen des Judentums und nach seinem Platz in dieser Kultur. Es ging ihr dabei nicht wie anderen um eine Rückkehr zu jüdischen Wurzeln im Ostjudentum, sondern um Beispiele und Analogien, die Judentum und Christentum verbanden und, über beide Religionen hinausgehend, Armut, Leidensfähigkeit und die Hoffnung auf Erlösung zu paradigmatischen Erfahrungen machten. Sie gab die Heilserwartung ihres Glaubens im Grunde nie auf, wohl aber die Exklusivität des jüdischen Heilsanspruchs, der nur für das auserwählte Volk galt. Das »Heil« läßt sich jedoch, wie schon die ersten Erzählungen andeuten, nicht durch die Passivität gewinnen, die Seghers in der Dissertation aus Rembrandts Darstellung von Ostjudentum und Christentum abzuleiten scheint, sondern durch Aufruhr und Kampf.

Mit ihrer Analyse von Rembrandts Judendarstellung weist die Dissertation aber nicht nur auf Gründe, warum Seghers, als sie Erzählungen zu schreiben begann, jüdische Themen vermied, sondern auch auf die Anfänge ihres Realismusverständnisses. So entscheidend die Begegnung mit der Realität für den Künstler Rembrandt war, so wichtig seine Entdekkung und Wahl von Modellen in dieser Realität, Kunst war nicht bloß Widerspiegelung einer Wirklichkeit, sondern Verdichtung, in die das Verhältnis des Schaffenden zu seiner Welt einging, in diesem Falle die christliche Religiosität Rembrandts. Von sich selbst wird Seghers wenige Jahre später in »Kleiner Bericht aus meiner Werkstatt«[80] sagen: »Denn wir schreiben ja nicht, um zu beschreiben, sondern um beschreibend zu verändern«, das ist dann ihre »Religion«. Diese in der Dissertation als Ansätze enthaltenen Überlegungen zum Verhältnis von Wirklichkeit und Kunst und zur Rolle des Künstlers bei der Umsetzung des einen ins andere werden Seghers immer wieder beschäftigen und viele Jahre später – unter dem Druck dogmatischer Diskussionen um »sozialistischen Realismus« und eigener Schaffensprobleme – an einem anderen Großen der Kunst, Tolstoi – in bezug auf Literatur – systematischer entwickelt werden.

Wie aus dem bisher Gesagten deutlich genug hervorgeht, ist der Zugang Netty Reilings zu Kunstfragen ein interdisziplinärer, in dem Geschichte eine besonders wichtige Rolle spielt. Während ihres Studiums belegte sie auch in diesem Bereich eine beachtliche Reihe von Lehrveranstaltungen, die, wo sie nicht mit China und den kunstgeschichtlichen Interessen zusammenhängen, vor allem den Wunsch verraten, die eigene historische Situation, und das hieß für sie nach dem Ersten

Weltkrieg und mit der Besetzung von Mainz bezeichnenderweise deutsche sowohl wie französische Geschichte, genauer zu kennen, ein Wissen, auf das sie ebenfalls immer wieder zurückgreifen sollte. Gleich im ersten Semester hörte sie »Allgemeine Geschichte im 19. Jahrhundert« und dann im dritten »Allgemeine Geschichte im Zeitalter der Reformation« bei Hermann Oncken (1869–1945), der eine politische Pädagogik vertrat und in zahlreichen Veröffentlichungen zu brisanten Fragen der Zeitgeschichte schrieb.[81] Im zweiten Semester belegte sie bei Wolfgang Windelband (1886–1945), der sich ebenfalls intensiv mit Fragen der jüngsten Vergangenheit befaßte, »Französische Geschichte im 19. Jahrhundert« und »Übungen zur neueren Geschichte«. Dazu kamen in den letzten Semestern »Neue Geschichte«, »Bismarck« und »Übungen« bei Willy Andreas (1884–1941), der bekannt war für seine Erzählergabe, und »Französische Revolution« bei Karl Wild. »Vorgeschichte des deutschen Volkes« bei Ernst Wahle (1889–1981), der u. a. *Eine Wanderung längs der römischen Reichsgrenze*[82] geschrieben hatte, bediente ein weiteres lebendiges Interesse, das ebenfalls in ihr Schreiben einging: Man denkt vor allem an das große historische Panorama, das Anna Seghers im *Siebten Kreuz* von der Rheingegend entwirft und das mit dem Limes beginnt.

Daneben studierte Netty französische und deutsche und, wie bereits erwähnt, russische Literatur, außerdem ein Semester russische Sprache. Französisch machte sie vor allem bei dem aus Italien stammenden Romanisten Leonardo Olschki (1885–1961),[83] so »Übungen zur Geschichte des französischen Romans«, »Lektüre und Interpretation eines neufranzösischen Textes«, »Französische Literatur der Romantik« und schließlich »François Villon«. In Germanistik belegte sie bei Friedrich Panzer (1870–1947), einem Nibelungenlied- und Sagenforscher, »Dichtung und bildende Kunst im Mittelalter« und bei Max von Waldberg (1858–1938)[84], der u. a. zu Lessing arbeitete, »Geschichte der deutschen Literatur« und »Deutsche Übungen für Anfänger«.

Netty Reiling legte das Rigorosum am 4. März 1924 ab und promovierte am 4. November mit dem »Gesamtergebnis beider Leistungen [...] sehr gut (2. Grad)«, wie es in der Promotionsurkunde heißt. Sie verfolgte ihr Studium gezielter und eifriger, als manche von Anna Seghers' späteren Bemerkungen vermuten lassen,[85] und die Wirkung auf sie war eine nachhaltigere. Trotzdem spielte sich natürlich ein wesentlicher Teil ihres Studentenlebens außerhalb der Hörsäle und Institute ab.

Sechstes Kapitel

Gefährten

»wirkliche, nicht beschriebene Helden«

Anna Seghers

In spärlichen Rückblicken auf ihre Jugend legte Seghers, wie bereits erwähnt, besonderes Gewicht auf die Bedeutung von Zeitereignissen für sie und auf die Entwicklung ihres politischen Bewußtseins, wohl auch weil Fragen aus Ost und West immer wieder darauf zurückkamen, wie und wann aus der großbürgerlichen Jüdin die Kommunistin wurde. Über Privates, Freundschaften oder gar Liebe sprach sie sehr selten und meist indirekt. Andererseits machte sie stets klar, daß es die Menschen, die sie in der Studienzeit kennen und lieben lernte, waren, welche wesentlich zu ihrer politischen und geistigen Entwicklung beitrugen. Besonders wichtig wurden ihr die »vielen jungen Studenten, die aus ihren Vaterländern in die Emigration gegangen waren« und ihr im sozialen und politischen Bereich »bewußt« machten, »was ich vorher nur gefühlt hatte«[1]. »Sie öffneten mir die Augen für viele politische Vorgänge, für den Klassenkampf.«[2] Am eindringlichsten beschreibt – und fiktionalisiert – Anna Seghers den großen Eindruck, den diese jungen Leute auf sie machten, in einem Vorwort zur Nachkriegsausgabe ihres Romans von 1932, *Die Gefährten:*

»Wir horchten erregt ihren Berichten, die damals vielen in Deutschland wie Greuelmärchen erschienen oder wie Vorkommnisse, die unvorstellbar in Mitteleuropa waren. Der weiße Terror hatte die erste Welle der Emigration durch unseren Erdteil gespült. Und seine Zeugen, erschöpft von dem Erlebten, doch ungebrochen und kühn, uns überlegen an Erfahrungen, auch an Opferbereitschaft im großen und Hilfsbereitschaft im kleinen, waren für uns wirkliche, nicht beschriebene Helden.«[3]

Die Gefährten, an denen Netty vielleicht gleich nach Abschluß des Studiums zu arbeiten begann,[4] ist diesen »Helden« gewidmet und stellt wohl auch ein Liebesgeschenk an László Radványi dar, den für Anna Seghers wichtigsten unter ihnen. Sie hätte *Die Gefährten* nie geschrieben – und den Mann nicht geheiratet –, wenn der ursprüngliche Eindruck nicht sehr tief gewesen wäre. Trotzdem haben das späte Vorwort und der Roman von 1932 eine revisionistische Dimension: Seghers reduzierte darin die intellektuelle Vielfalt und geistige Intensität, die diese Studenten – und vor allem Radványi – zunächst für sie repräsentierten, auf jene Aspekte, die ihnen beiden erst später als die zentralen erschienen, nämlich kommunistisch/revolutionäre Erwartungen und Tätigkeiten.

Von sich selbst behauptete Seghers allerdings nie, daß sie in der Heidelberger Zeit bereits Kommunistin gewesen sei, sondern deutete das Lebensgefühl dieser Jahre eher mit ihren Worten zu Dostojewski an: »Ich spreche jetzt nicht von der politischen Revolution [...], sondern ich spreche von einem revolutionären Herauswühlen, In-Bewegung-Gehen des menschlichen Schicksals, etwas durch und durch Unkleinbürgerliches.«[5] Wie so viele ihrer Zeitgenossen las sie in der Studienzeit Dostojewski, den »geistigen Beherrscher« der »Epoche«, wie ihn Hugo von Hofmannsthal 1921 nannte, mit »wachsender Leidenschaft«, weil sie das »Herauswühlen«, das bei dem russischen Dichter überlebensgroß gestaltet war, sozusagen im kleinen selbst erfuhr und auch erfahren wollte. Dieses Gefühl der Affinität zu dem Werk Dostojewskis gab ihr, bei allen Größenunterschieden, den Mut, selbst zu schreiben. Daß der russische Dichter in der Sowjetunion als Reaktionär gebrandmarkt und damit für lange mißachtet wurde, tat ihrem Interesse keinen Abbruch. Seghers scheint während ihrer Studienzeit aber auch Ernst Toller, den zeitgenössischen deutschen Dichter, der als Mensch und nicht nur als Künstler für revolutionäre Bewegung und »Heldentum« stand und 1924 aus mehrjähriger Festungshaft entlassen wurde, bewundert zu haben und muß ihm begegnet sein. Sein *Schwalbenbuch* mit einer Widmung, »Für Netty Reiling im Frühling 1924«, befindet sich in ihrer Bibliothek. In diesem und den folgenden Jahren prangerte Toller die Ungerechtigkeiten des deutschen Justizsystems an und war mit seinen Stücken und als Redner an vielen Orten Deutschlands zu sehen und zu hören, hatte sich aber entschlossen, keiner Partei mehr beizutreten. Deshalb griffen ihn die Kommunisten 1928/29 im Zuge ihrer Abgrenzungspolitik von linken bürgerlichen Intellektuellen heftig an, wie sie das z. B. auch mit Alfred Döblin taten. Seghers erwähnt ihn später nicht.

Einer der ersten »Helden«, den Netty Reiling in Heidelberg gut kennenlernte, war der in Königsberg geborene Philipp Schaeffer, der freilich nicht in das Bild der kommunistischen Revolutionäre paßte, die der Roman als »Gefährten« darstellte. Als Anna Seghers jedoch – im Alter – von ihm erzählte, entsprach er einem anderen Typus, der seit der Hitlerzeit ihre literarische Phantasie und damit auch ihre Erinnerungen beschäftigte, dem des antifaschistischen »Helden«. In den Heidelberger Jahren gehörte Schaeffer allgemein zu jenen »Studenten, die ihrer politischen Gesinnung wegen ihre Studien in ihren Heimatländern nicht beenden konnten oder die mit ihren Eltern immigriert waren«[6] und Netty Reiling mit ihren aufregenden Schicksalen anzogen. Ja, er war, wie sie erzählt, ursprünglich derjenige, der sie, nachdem sie ihn im »Sinologischen Institut«[7] kennengelernt hatte, in diesen Kreis einführte.[8] Sein »Urteil« wurde für sie schnell »wichtig«.[9] Der um sechs Jahre Ältere, der, wie sich Seghers in einem späten Brief erinnert, in der Universitätszeit »organisierter politischer Tätigkeit eher abhold«[10] war, beeindruckte Netty in vieler Hinsicht: mit seinem Wissen über China und mit seinem Chinesisch – zur Promotion schrieb er ihr eines ihrer Lieblingsmärchen in chinesischen Schriftzeichen auf Seidenpapier –, mit seiner viel größeren und für sie ungewöhnlichen Lebenserfahrung – er war in Rußland interniert gewesen, hatte von dort eine Russin als Frau mitgebracht, besaß Erfahrung als Schiffsjunge und verdiente sich mit »Gelegenheitsarbeiten«,[11] u. a. in einem Steinbruch, Geld fürs Studium – und ganz besonders mit seinem »starke[n] Gerechtigkeitsempfinden«.[12] Sie schätzte aber auch, daß er »ein lustiger guter Kamerad«[13] und »immer gleichmütig, gut gestimmt«[14] war – Eigenschaften, die sie an ihren literarischen Helden ebenfalls hervorhob. »Vor einem Fest legte er stundenlang die zerschundenen Hände in warmes Seifenwasser. Er blieb aber immer aufgelegt zu Festen«,[15] erinnerte sich Seghers an den Freund, dessen fröhlich strahlendes Gesicht auf einem Zeitungsfoto noch immer in ihrem Arbeitszimmer in der Seghers-Gedenkstätte in Berlin hängt.

Alles, was wir über ihr Verhältnis zu diesem Mann wissen, beruht auf einem späten Interview,[16] auf einigen Briefen, in denen sie über ihn, vor allem über seinen Tod, spricht, und auf ihren »Erinnerungen an Philipp Schaeffer« von 1975. Diese »Erinnerungen« sind so warm, daß sie zu Spekulationen verleiten, er könne in ihrer Jugend mehr gewesen sein als ein lieber Freund, zumal es so wenig Informationen über Liebe und Erotik in Netty Reilings – und Anna Seghers' – Leben gibt und die Versuchung groß ist, ihr in diesem menschlich wichtigen und interessanten Bereich mehr anzudichten als es nachweislich gab. Wir hören nur, daß sie ihren »bettelarm[en]« Kommilitonen zu ihren Eltern nach Hause mitnahm, allerdings nicht so sehr, weil sie ihn mit ihnen bekannt machen wollte, sondern damit er ordentlich »futtern« konnte. Es war die Zeit der Inflation, und er »hungerte sich durchs Studium«[17]. Im Zusammenhang mit einem solchen Besuch läßt sie auch das Reilingsche Hausmädchen über ein körperliches Detail an dem Freund erschrecken, von dem sie wußte und das für sie selbst sicherlich zum Abenteuerlichen, Ungewöhnlichen – und Anziehenden – des Mannes beitrug: »Er ist über und über tätowiert!«[18] Immer mochte Seghers solche Menschen, die nicht in eine konventionelle Norm – bürgerlicher oder kommunistischer Provenienz – paßten, das Leben kannten und liebten und deshalb interessant und attraktiv waren. Viele ihrer männlichen »Helden« folgten diesem Muster in sehr unterschiedlichen Inkarnationen. Sie glaubte, und zeigte auch in ihrem Werk, daß man im Notfall gerade auf sie zählen konnte, was ihr der Jugendfreund mit seinem Tod unter Hitler auf eine für sie erschütternde Weise bestätigte.

Die Beziehung zu Schaeffer bestand über die Studienzeit hinaus. Als Netty 1925 ihren zukünftigen Mann in Berlin besuchte, traf sich das Paar mit »den Schaeffers«[19], die bereits hier wohnten. Später, als alle in Berlin lebten – Schaeffer fand Anstellung als Bibliothekar und trat im gleichen Jahr wie Seghers der Kommunistischen Partei bei – sahen sie einander »manchmal«[20] und irgendwann, ohne es zu wissen, zum letzten Mal in ihrem Leben. In der Emigration gewann Schaeffer eine besondere Bedeutung für Seghers, weil er sich als einer jener wenigen Jugendfreunde erwies, die in Deutschland aktiven Widerstand gegen Hitler leisteten. Von einem Gefängnispfarrer, der sie brieflich um ihr chinesisches Wörterbuch für Schaeffer bat, erfuhr Anna Seghers damals, wie sie erzählt, daß er 1935 wegen Hochverrats zu fünf Jahren Zuchthaus verurteilt worden war. Von seinem weiteren Schicksal, einer erneuten Verhaftung und schließlichen Hinrichtung am 13. Mai 1943, im Zusammenhang mit den Prozessen um Schulze-Boysen und Harnack,[21] erfuhr sie im mexikanischen Exil nichts mehr.

Schaeffer muß sie aber in Gedanken beschäftigt haben, vielleicht wurde sein Bild in der Zeit besonders lebendig, in der sie ihr durch einen schweren Autounfall verlorenes Gedächtnis zurückzuholen suchte und bei dieser noch zusätzlich von Heimweh getriebenen Erinnerungsarbeit Kindheit und Jugend besonders deutlich hervortraten. Als Seghers dann 1947 angstvoll und allein – ihr Mann war in Mexiko geblieben – nach Deutschland zurückkehrte, kam sie mit der Hoffnung, sie würde ihren Jugendfreund in Berlin »schnell finden«, und er »würde mir beistehen in dieser zertrümmerten Stadt, unter ihren verwirrten Menschen«.[22] Sie suchte vergeblich und erfuhr schließlich von Günther Weisenborn, daß Schaeffer schon lange nicht mehr lebte und welches Ende er genommen hatte. »Ich war erschüttert und tief gedrückt«, sagte sie später.[23] Was immer ihr Schaeffer einmal bedeutet hatte, und es war auf jeden Fall viel gewesen, sie hoffte daran anschließen und jemandem in Deutschland mit dem ungetrübten Vertrauen und der Zuneigung ihrer Jugend begegnen zu können. In der Unsicherheit und inneren Einsamkeit von 1947/48 traf sie der Verlust sehr schwer, die Briefe aus dieser Zeit – nicht nur die späteren Erinnerungen – kommen immer wieder auf den Tod Schaeffers zurück. Obwohl Anna Seghers damals Näheres über sein Ende herauszufinden suchte und auch mit seiner Frau Kontakt aufnahm, schrieb sie jedoch nichts über ihn, sie konnte und wollte es offensichtlich nicht. Erst viele Jahre später setzte sie ihm mit den »Erinnerungen an Philipp Schaeffer« ihr schönes Denkmal in Worten, aus dem eine tiefe Zuneigung für den Jugendfreund spricht, der sich als wirklicher Held erwies.

Eine kleine amüsante Bleistiftzeichnung, wie sie László Radványi in den Studienjahren manchmal für seine Kommilitonin anfertigte – auch diese Zeichnungen hat Pierre Radvanyi kürzlich gefunden – zeigt zwei Männer auf Fahrrädern, in deren Mitte ein Korb mit einer jungen Frau mit Hut hängt. (s. Abbildung 8) Darunter steht »Radfahrt Heidelberg–Darmstadt. (Radvanyi – Schaeffer.)«. Dieses Blatt, es trägt kein Datum, suggeriert eine Dreierbeziehung. Die Zeichnung enthält aber auch noch andere Motive, die deutlich machen, daß Radványi die Freundin zu seiner Lebenspartnerin machen wollte und um sie warb. Eines zeigt einen Serpentinenweg, auf dem ein größeres Küken mit einem kleinen auf dem Rücken den Berg hinaufwandert. Sie folgen einem Schild: »Zum lieben Gott«. Küken – Tschibi oder Tschibe auf ungarisch – ist der Kosename, den Radványi der Freundin gab und den sie ein Leben lang behielt. Zunächst war das Küken, wie andere Blätter zeigen, ihrer beider Zeichen, er wird als ein großes dargestellt, das oft eine Brille trägt, sie als ein kleines, das er gern auf seinem Rücken oder seinem Kopf sitzen läßt. Sie nennt ihn aber bald Rodi, ebenfalls für den Rest ihres Lebens; andere, vor allem Freundinnen, an denen es ihm, wie aus Widmungen in Seghers' Bibliothek hervorgeht, nicht mangelte, kannten ihn damals als Wlass.

Zur Entwicklung und Art der Beziehung, die im Jahre nach Nettys Promotion zur offiziellen Verlobung und zur Heirat führte, gibt es viele Briefe, die noch in privater Hand sind[24], und ein Tagebuch, das kurze Eintragungen aus den Jahren 1924/25 enthält. Da sind auch Widmungen in Büchern, die die beiden einander schenkten, und die Strichmännchenzeichnungen. Sie verraten etwas von den geistigen Interessen, über die sie einander näherkamen, über die tieferen Bedürfnisse, die das Verhältnis auf beiden Seiten ansprach, und über den zärtlich-spielerischen Umgang des jungen Paares miteinander. Nach diesen wenigen frühen Zeugnissen zu schließen, standen die Anfänge der Beziehung im Zeichen des »lieben Gottes«, Kierkegaards, Dostojewskis und Martin Bubers, nicht des Kommunistischen Manifests.

Bereits am 1. März 1921 kannten sie einander gut genug, so daß er ihr, noch mit seinem vollen Namen unterschrieben, Sören Kierkegaards *Die Krankheit zum Tode* schenkte, die Widmung lautete »Liebes Schwesterlein Netty Reiling, Gott gebe, das es so werde, wie wir es wollen« und läßt vermuten, daß sie schon über Zukunftspläne gesprochen haben. Beide trafen sich u.a. über ihrem gemeinsamen tiefen Interesse an dem Denker. Das chronologisch nächste Zeugnis für den Verlauf der Beziehung ist eine Strichmännchenzeichnung vom 11. Juni 1921, die »Netty Reiling zugeeignet« ist und mit einer kleinen auf dem Rücken liegenden Figur gleich die umwerfende »Wirkung« des mit RL unterschriebenen Bildes ankündigt. Auch der Preis – »1000 Doll. U.S.A.« – wird mitangegeben. Was aber der böse dreinschauende Soldat oder Polizist mit Säbel, der das Bildchen dominiert und neben einer Art Baum der Erkenntnis steht, und was die anderen Figürchen für sie bedeuteten, ist für Außenstehende unklar. Er bemüht sich offensichtlich, ihre eigene private Geschichte und Mythologie zu entwerfen. Im November 1921, Netty hat Geburtstag und studiert in Köln – auch er hat sich nicht in Heidelberg immatrikuliert –, ist das Geschenk eine russische Ausgabe von Dostojewskis *Schuld und Sühne*. Die Widmung – »Der große Tschibe gibt dieses Buch der kleinen Tschibe« – verwendet bereits den Kosenamen. Anfang 1922 schenkt Netty ihm dann ein Buch, die plattdeutsche Version *Von dem Fischer un syner Fru* mit Abbildungen, in das sie ihm »Lütt Tschibe / Februar 1922, Köln« schreibt und damit auf seine Benennung für sie eingeht. Er zeichnet ihr, ebenfalls 1922 in Köln, ein kleines Heft, »Die wunderbare Geschichte von dem grossen Tschibe und der kleinen Tschibe / Tragödie in 2 Akten / von Tschib. / Tschiboka-Verlag-Köln. / Copyright – 1922«. Netty erhält darin ihr eigenes »Wappen«, ein Küken im Zentrum, links davon ein kleiner Judenstern, rechts davon ein Häuschen mit den gemeinsamen Initialen »N. R. [für Reiling und Radványi] L.«. Ihr Judentum ist also noch ein wichtiger, von ihm anerkannter Teil ihrer Identität. Die »Tragödie« scheint sich wieder um eine private Geschichte, vielleicht um Nettys Wirtin, zu drehen, die »Helden« sind die beiden Küken. Auch in diesem kleinen Heft begegnen wir dem Kükenpärchen auf dem Weg »zum lieben Gott«.

»Das Buch gehört / dem Rodi / von seinem Kind / Mainz, September 1922« lautet die Widmung in Martin Bubers *Die Legende des Baalschem*, die Netty ihrem Freund bei einem Besuch in Mainz schenkt. Spätestens jetzt lernt er die Eltern Reiling kennen. Kurz darauf, zu Weihnachten, das sie offensichtlich feiern, bekommt sie von ihm *Der Heiligen Leben und Leiden* mit der Widmung »Seinem Mutterkind / zu Weihnachten 1922 / ihr Rod«. Wann Netty ihm die bereits erwähnten *Ostjüdischen Liebeslieder* mit ihrer feurigen Widmung schenkt, läßt sich nicht genau sagen, auch nicht, wann er ihr ein Blatt zeichnet, das seine/ihre Absichten unmißverständlich zum Ausdruck bringt; der Inhalt deutet auf eine – wie er hier verspricht – vorübergehende Trennung, als sie nach Abschluß ihres Studiums zu den Eltern nach Mainz zurückkehrt. In der unteren Hälfte zeigt das Bild eine so benannte »Tschiboka-Ebene«, durch die ein Fluß zu einer Stadt mit Dom und mit Bergen im Hintergrund führt; ebenfalls im Hintergrund liegen, so scheint es, Industrieanlagen. Ein Vogel – das kleine Küken? – fliegt in Richtung Stadt. In der oberen Hälfte aber befindet sich ein als »Patent. No. 3,678,509.« bezeichnetes Ehebett bäuerlicher (ungarischer) Art, das mit Küken und den gemeinsamen Initialen verziert ist und anschaulich macht, wie »ernst« es ihm ist. Wie viele Liebende es tun, umgibt er sie beide mit ihrer eigenen Welt der Zeichen, der Phantasie und des Geistes, die um so wichtiger ist, als er, der Fremde, keine andere zu bieten hat. Netty geht bereitwillig darauf ein, denn sie will ihrerseits keine andere. Von der Abgebrühtheit in bezug auf Liebe und Sexualität, wie sie in der Weimarer Zeit vielfach zur Schau getragen wurde, sind die beiden so weit entfernt wie von den bürgerlichen Erwartungen der Familien Reiling/Fuld, denen sie jedoch, was die Formalitäten betrifft, wie sich zeigen wird, Genüge tun wollen.

Die Bedeutung, die László Radványi damals für Anna Seghers gewann und bis zu seinem Tod nie verlor, kann nicht überschätzt werden, es wäre jedoch falsch, ihre weitere Entwicklung in erster Linie unter seinem – in den Augen mancher Freunde und Kritiker schlechtem[25] – Einfluß zu sehen. Das Verhältnis blieb ein Leben bestehen, vor allem, weil Seghers es wollte und brauchte, veränderte sich aber natürlich im Laufe der Jahre. Wichtig ist zunächst, daß er zwar intensiv um sie warb, daß sie ihn aber auch sehr bewußt wählte. Es war für sie eine existentielle Entscheidung, bei der nicht nur die erotische Anziehungskraft des jungen Mannes, sein liebevoll spielerischer Charme, sein geistiger Anspruch und seine seelische und soziale Bedürftigkeit ins Spiel kamen, alles sicherlich Gründe, warum sie ihn liebte, sondern etwas Tieferes, über das sie sich selbst klar war. So notiert sie über einen anderen Mann, der ein Verehrer gewesen sein muß, unter dem 25. Dezember 1924, wenige Monate vor ihrer Hochzeit, in ihr Tagebuch: »Lieber Mensch. Aber jetzt habe ich gewählt, weit weg das schreckliche geliebte, andere Leben.« Rodi repräsentierte es für sie.

Die Dynamik ihrer Beziehung deutet sich in den zitierten Buchwidmungen bereits an: Netty akzeptiert die Rolle, die ihr der Gleichaltrige – eigentlich einen Monat Jüngere –, der sich zu dieser Zeit an Erfahrungen und stets an theoretischem Wissen in philosophischen, sozialen und politischen Fragen überlegen gibt, zuschreibt und nennt sich »sein Kind« und »kleine Tschibe«. Sie wird sich stets vertrauensvoll an ihn wenden, um Rat und Hilfe zu erhalten – beide diskutierten, so die Erinnerung ihres Sohnes, immer sehr viel allein miteinander – und ihn in einem schlimmen Moment ihrer Beziehung, nachdem er sie offensichtlich betrogen hat, immer noch »das einzig Sichere in meinem Leben« nennen.[26] Er, der Heimat und Familie früh verlassen hat und sie zum ersten Mal direkt mit der Erfahrung Exil konfrontiert, spricht von ihr als seinem »Mutterkind«. Tatsächlich beschützt und bemuttert sie den oft anspruchsvollen, in seiner intellektuellen Welt und seiner Lehrtätigkeit versponnenen und an vielen praktischen Fragen uninteressierten Mann stets, was er sich nur zu gern gefallen läßt. Schon in der Jugend zeichnet sich ab, was später häufiger der Fall ist: daß Menschen, die ihr zugetan sind, nicht viel von ihm halten. Zuerst sind das, aus offensichtlichen Gründen, Eltern und Familie, vielleicht auch frühe Freundinnen. Als Seghers dann die berühmte Autorin des *Siebten Kreuzes* ist, kommt für ihn unter Leuten, die ihn nicht mögen, die Bezeichung »achtes Kreuz« auf.

Sie selbst war für die Fehler und Schwächen ihres Rodi nicht blind und litt darunter. »Meine Liebe ist so, daß jeder seiner Fehler mir den Tod näher bringt«, schreibt Netty vor der Heirat in ihr Tagebuch.[27] Im Laufe eines langen und oft schweren Lebens kam noch vieles dazu, was Anna Seghers tief verletzte – »so weh hat mir noch niemand getan«, steht in einem undatierten Brief aus späteren Jahren[28] –, doch an ihrer grundsätzlichen Treue, die in ihrer Kierkegaardschen »Entweder-Oder-Entscheidung« für ihn wurzelte, konnte das nichts ändern. Der Sprung in »das schreckliche geliebte, andere Leben« geschah mit ihm, und nur mit ihm wollte und konnte sie sich in diesem Leben bewegen. Die Anfänge der Partnerschaft standen im Zeichen Kierkegaards, im Bewußtsein der Angst und Unsicherheit menschlicher Existenz, der Suche nach Sinn und Erlösung. Gemeinsam hatten sie sich auf den Weg »zum lieben Gott« gemacht, und diese Gemeinschaft, die zu etwas Größerem führen und darin aufgehen sollte, blieb der Kern ihres Lebens, wenn sich auch das – äußere – Ziel änderte.

László (Ladislaus) Radványi wurde am 13. Dezember 1900 in Budapest geboren, er war ebenfalls jüdischer und bürgerlicher Herkunft, stammte aber aus bescheideneren Verhältnissen als Netty. Vater und Mutter, die den Sohn und dessen Familie noch im französischen Exil besuchten, starben in den vierziger Jahren in Ungarn.[29] Von seinen Geschwistern, er hatte eine Schwester und einen Bruder, stand ihm die Schwester Lili nahe, die auch Netty in der Studienzeit kennenlernte und lieb gewann. Lili heiratete den Psychologen Leopold Szondi und lebte mit ihrer Familie während des Krieges in Ungarn, bis sie 1944 in ein Konzentrationslager deportiert, aber, zusammen mit anderen ungarischen Juden, in die Schweiz gerettet wurden. Seghers konnte immer wieder auf die Schwägerin zählen, wenn sie Hilfe brauchte – mehr als auf die eigene weitere Verwandtschaft. Von den Exiljahren war schon die Rede, aber auch nach der Rückkehr 1947, in einer Zeit großer Unsicherheit für sie, verließ sie sich auf Lilis Schweizer Adresse als Zwischenstation für Briefe, vor allem an Rodi in Mexiko – und für ausländische Honorare.

Als Schüler soll László Radványi – er besuchte die Realhauptschule in Budapest und legte sein Abitur 1918 ab – durch besonderen Fleiß und durch seine Begabung für Literatur, Geschichte und mündlichen Vortrag hervorgetreten sein.[30] Er bewunderte den großen ungarischen Lyriker Endre Ady und veröffentlichte als Sechzehnjähriger das bereits erwähnte Bändchen Gedichte. Auch Netty muß er für Ady interessiert haben, denn sie plante ursprünglich, etwas über den Dichter zu schreiben.[31] Frühreif und ehrgeizig begann Radványi als einer der Jüngsten, der sogenannten »Knaben«, 1917[32] den Budapester Sonntagskreis um Georg Lukács und Béla Balázs und vor allem die Vorträge der daraus hervorgegangenen Freien Schule der Geisteswissenschaften zu besuchen:[33] »Bekanntschaft mit der jüngsten Generation gemacht, mit den Hörern unserer Schule. Es sind gerade maturierte Jungen: Radványi, Gergely, Tolnay, Káldor usw. Eine neue philosophisch und ethisch ernsthafte Generation. Diese werden bestimmt zu uns gehören«, schreibt Balázs am 15. Juli 1918 in seinem Tagebuch.[34]

Der Sonntagskreis, der sich schon seit Herbst 1915, als Lukács aus Heidelberg zum Militärdienst nach Ungarn zurückgerufen wurde, zu gemeinsamen philosophischen und kulturellen Diskussionen traf, umfaßte neben ihm und dem als Filmtheoretiker und Librettisten bekannt gewordenen Dichter Balázs andere, die sich in Ungarn und darüber hinaus in Kunst- und Geistesgeschichte einen Namen machen würden, u. a. den Kunstsoziologen Arnold Hauser, die Kunsthistoriker Friedrich Antal und Lajos Fülep, den Philosophen und marxistischen Ideologen Béla Fogarasi, wie auch Karl Mannheim. Zu den Jüngeren gehörten Karoly Tolnay, später Kunsthistoriker, und György Káldor, Ökonom und Publizist.[35] Der Wirtschaftshistoriker Karl Polányi und sein Bruder, der Chemiker und Wissenschaftsphilosoph Michael Polányi, entfernte Verwandte von Radványi, die Musiker Zoltán Kodály und Béla Bartók und der Syndikalist Ervin Szabó beteiligten sich ebenfalls am Kreis und/oder der Freien Schule. Auch eine bemerkenswert große Anzahl von talentierten Frauen gehörte dazu, unter ihnen die Dichterin und Künstlerin Anna Lesznai, die Schriftstellerin Edit Gyömröi und die spätere Frau Karl Mannheims, die Psychologin Julia Láng. Was den jungen Radványi betraf, so ist anzunehmen, daß ihre aktive Teilnahme seinen Blick und seine Wertschätzung für künstlerisch begabte Frauen förderte und die Wahl seiner Partnerin beeinflußte. Auch die Ansichten der Gruppe zu Geschlechterfragen,[36] die von der Polarität zwischen Mann und Frau, wie sie Otto Weininger in seinem *Geschlecht und Charakter* von 1903 postuliert hatte, ausgingen, aber die als weiblich angenommenen Eigenschaften Instinkt und Gefühl positiv bewerteten, scheint sich auf seine Beziehung zu Netty/Tschibi ausgewirkt zu haben. Er war und blieb in ihrem Verhältnis zuständig für Ratio, Theorie und Normen, sie für Intuition und Kunst.

Die Liste der eben genannten Namen, zu der noch andere hinzukommen könnten, sollte etwas von der Vielfalt der Mitglieder des Sonntagskreises und ihrer unterschiedlichen Ausgangspunkte und Weiterentwicklung, aber vor allem von dem hohen intellektuellen Niveau vermitteln, das die Teilnehmer, wie viele später in Erinnerungen betonten, durch die geistige Intensität und den gesamteuropäischen Anspruch der Diskussionen nachhaltig beeinflußte. Es war die Attitüde des geistigen Menschen, der das oberflächliche zeitgenössische Leben ablehnte und, wie Lukács und Fülep bereits 1911 programmatisch schrieben, »nach einer höheren geistigen Weltanschauung und einem höheren Leben« suchte, was den jungen Radványi anzog und prägte – und womit er seine Kommilitonin in Heidelberg beeindruckte. Das intellektuelle Gepäck, das er mitbrachte und ihr zu Füßen legte, war das reichhaltige und vielfältige des Sonntagskreises. Es handelte sich dabei jedoch nicht um einen elitären Ästhetizismus, sondern in erster Linie um Probleme der Ethik, die in der Gedankenwelt des Kreises eine zentrale Rolle spielten und auch die Analyse von Kunstfragen beeinflußte. Die Mitglieder sahen in Kierkegaard und Dostojewski Führer zur Entwicklung einer neuen Ethik, so z. B. Lukács in seinen »Notizen zum geplanten Dostojewski-Buch«,[37] in denen er von einer »1.-te[n] und 2.-te[n] Ethik«[38] sprach, einer Pflichtethik im Geiste Kants und einer Ethik der Güte und Solidarität mit den Leidenden im Sinne Dostojewskis. Wie ein anderes und das vielleicht für kulturelle Strömungen und Nuancen sensibelste Mitglied des Sonntagskreises, Béla Balázs, schrieb, lehrte der russische Dichter, »daß ich mich nicht damit zufrieden geben kann, selbst ›anständig‹ zu leben, weil ich für jede um mich her geschehende Ungeheuerlichkeit verantwortlich bin, wenn ich sie nicht angreife«[39]. Die – letztlich anti-liberale[40] – Kritik des Sonntagskreises richtete sich, wie die vieler anderer Gruppen der Zeit, gegen die verderbte, rationalistisch-individualistische Kultur des westeuropäischen Bürgertums. Der russische Mensch erschien als Hoffnung: »Rußland: der andere ist mein Bruder; wenn ich mich finde, indem ich mich finde, habe ich ihn gefunden«,[41] schreibt wiederum Lukács in einer seiner zahlreichen Gegenüberstellungen Europa/Deutschland vs. Rußland in den »Notizen«.

Der Sonntagskreis war jedoch keineswegs »präbolschewistisch«[42] und interessierte sich zunächst nicht für Politik. Erst unter dem Druck der Ereignisse entschieden sich die Mitglieder für einen »progressiven Idealismus«,[43] der, wie Lukács argumentierte, fordern könne, daß man Gottes Reich – Radványi sprach in seiner Dissertation vom »summum bonum« – in diesem Moment auf die Erde holen müsse – und unterstützten 1918 die Anfänge der ungarischen Revolution unter Károlyi aktiv. Als Lukács dann, auch für seine Freunde überraschend, in die Kommunistische Partei eintrat, hatten zwar manche Bedenken – z. B. Mannheim, der sich als Intellektueller die Pflicht des Zweifels vorbehielt –, nahmen aber, als er Ende März 1919 Volkskommissar für Unterrichtswesen in der Károlyi folgenden Räterepublik wurde, Stellungen im kulturpolitischen Leben des Landes an. Sie hofften, so ihre Ideen zu einer geistigen Erneuerung verwirklichen zu können. Der junge Radványi, er war 1918/19 Student in Budapest, soll sich damals »aktiv in die kommunistische Studentenbewegung« eingeschaltet haben,[44] Genaueres wissen wir jedoch nicht.

Ein wichtiges Problem, mit dem die Mitglieder des Sonntagskreises während der Räterepublik oft sehr direkt[45] konfrontiert wurden, war das der politischen Gewalt. Lukács hatte sich schon vorher damit auseinandergesetzt und Terror zunächst abgelehnt, akzeptierte ihn nun aber als Mittel der Erlösung vom »Schlechten« und als ein Opfer, das der einzelne im Notfall bringen müsse. Er berief sich dabei auf »›credo quia absurdum‹«[46] und sah in dem unbedingten Glauben an die endliche »Selbstvernichtung der Unterdrückung« die einzig mögliche Antwort auf die moralische Frage, ob man »das Gute mit schlechten Mitteln, die Freiheit durch Unterdrückung erkämpfen« dürfe.[47] Auch Radványi stellte sich in seiner Dissertation von 1923 über den *Chiliasmus* diesem Problem, das für die Sonntägler im Gefolge ihrer Erfahrung von Revolution und Konterrevolution unvermeidbar wurde, gab seine Antwort aber vorsichtiger und im Kontext seiner historischen Analyse. Trotzdem stellte er für Netty Reiling einen ganz wichtigen, unmittelbaren Bezugspunkt zu diesen Fragen dar, den man in ihrem Leben und Werk als Kontext mitdenken muß, obwohl auch sie sich nur indirekt damit auseinandersetzte.

Nach dem Sturz der Räterepublik zerstreute sich der Sonntagskreis, die meisten Teilnehmer mußten aus Ungarn fliehen oder verließen es wie Radványi freiwillig. Die Verbindungen zwischen ihnen brachen aber, selbst im politischen Widerspruch aufeinander, nicht ab, und die Gespräche wurden von Béla Balázs, der wie viele andere zunächst nach Österreich ging, fortgesetzt. Radványi, der 1919/20 in Wien studierte, nahm daran teil. »In den vergangenen Wochen waren die ›Knaben‹ bzw. ›die Enkel‹ hier draußen zu Besuch: Káldor, Radványi, Berger. Gyuri [Lukács] war hier [...]. Im Grunde der ganze emigrierte Sonntag«, notiert Balázs unter »Januar – Mai 1920« in seinem Tagebuch.[48] Und am 26. April 1921 – Radványi studierte seit dem Wintersemester 1920 in Heidelberg – schrieb Balázs: »Zur Zeit hatten wir sehr schöne Sonntage [...]. Der kleine Káldor und auch Radványi haben sich sehr stark entwickelt. Es ist eine tapfere und aggressive Generation. An diesen Sonntagen ist nur noch vom Problem des Kommunismus die Rede bzw. vom Schicksal und der Bedeutung unseres ethischen Individualismus und künstlerisch-philosophischen ›Platonismus‹ in jener neuen Welt (denn sie kommt ohnehin und wird besser als die jetzige), von der aber keiner von uns sagen kann, wie sie als geistige und seelische Welt eigentlich sein wird.«[49]

Radványi kam offensichtlich von Heidelberg, auch Káldor, der dort weiterstudierte, und Mannheim mit Frau. Balázs hatte Karl Mannheim früher als »ganz besondere[n] Mensch[en], strahlende Ehrlichkeit und glühender Wahrheitshunger«[50] beschrieben, sah ihn aber nun sehr kritisch, weil er sich vom Sonntag zurückgezogen hatte, »als dieser sich der kommunistischen Weltrevolution verpflichtete«. Er, Balázs, verstand sich selbst seit der Räterepublik als Kommunist, weil er den »Kapitalismus für schlecht, unmoralisch, schädlich, das Beharren am Privatvermögen für eine Sünde wider den heiligen Geist, den Kommunismus aber für den einzigen Weg der menschlichen Spiritualisierung« hielt.[51] Trotzdem dachte er, daß Lukács »in der Maske des konspirativen, aktiven Politikers und Revolutionärs«, als den er ihn nach 1919 mit dem Revolver in der Tasche in Wien herumlaufen sah, aus »Ehrgefühl eine Lüge« lebe und seine »metaphysisch verwurzelte Mission« aufgebe.[52] An Mannheim, den er nun einen »Zauderer« nannte, mißfiel ihm dagegen, daß der Soziologe wieder zu den Freunden zurückgekehrt sei, weil sich »die Weltrevolution immer weiter verzögert; es kann einstweilen keine Rede davon sein, daß der Sonntag zu einer ernsthaften Aktion verpflichtet werden könnte«. Balázs sah aber noch einen zweiten, tieferen Grund für Mannheims erneute Kontaktaufnahme: »Heute bekommt jede geistige Tätigkeit, die nicht irgendwelche Wurzeln in der Bewegung [dem Kommunismus] besitzt, den Charakter eines anachronistischen Spiels, des Briefmarkensammelns.« Mannheim – wie Arnold Hauser, den der Kreis jetzt völlig ablehnte – spürte laut Balázs, was er für sich selbst fürchtete: »Daß sie den Zug auf einer Provinzstation verpaßt haben.«[53]

Diese Bemerkungen sind relevant für Anna Seghers. Sie geben Einblick in unmittelbare zeitgenössische Reaktionen auf die nachrevolutionäre Problematik, mit der sich der Sonntagskreis – und sie in den *Gefährten* – auseinandersetzte, und zeigen, wie sehr ihre Einschätzung Mannheims und vor allem die Charakterisierung ihrer Figur Steiner im Roman den Ansichten des Kreises folgte, bis hin zum Provinzbahnhof, auf dem die Autorin in ihrem Roman das letzte Treffen zwischen Bato und Steiner stattfinden läßt. In ihrer Heidelberger Zeit und kurz danach standen sie und Rodi den Mannheims aber auch noch sehr nahe, das Gefühl der gemeinsamen Suche überwog ihre Kritik an der »Schwäche« der Freunde. So stellte Netty Anfang 1925 in ihrem Tagebuch den Mannheims, mit denen sie und Rodi einen Teil der Weihnachtsfeiertage verbracht hatten, ihre Freundin Irene With in Köln gegenüber: »Mit Irene. Ich habe sie gern, aber sie ist keine Schwester – eine schöne Fremde, nicht das selbe Leid wie bei Mannh. die viel schwächer sind, aber gleiches Grab, gleiche Mutter!«[54] Sie war damals offensichtlich stark in die Welt Rodis und des Kreises eingesponnen. Einen Tag später – Netty befand sich noch bei Irene zu Besuch – schrieb sie: »Heimweh nach Rodi und ung. Freunden.«[55]

Unter diesen Umständen scheint es auch berechtigt, den Stellenwert, den Balázs dem Kommunismus in den Diskussionen des Sonntags zuschreibt, für die Rolle heranzuziehen, die er für das junge Paar in Heidelberg spielte, zumal sich unter den persönlichen Geschenken und Zeugnissen nichts findet, was auf eine gemeinsame Auseinandersetzung mit Bolschewismus/Kommunismus deutet, auch nicht auf Erklärungen oder Belehrungen von seiner Seite. Diese Ideen und Ereignisse waren jedoch nie weit weg, in Gesprächen und in der Realität der Zeit, die Netty bewußt wahrnahm. Für sie, für Mitglieder des Sonntagskreises wie Balázs und für so viele andere war die Ausgangsbasis ein umfassendes geistiges – und ursprünglich anti-materialistisches – Unbehagen am Alten und die Suche nach etwas radikal Neuem, das das Leben als Ganzes grundsätzlich verändern und Sinn und Erlösung bringen würde. Marxistische und kommunistische Ideen boten sich im politischen und sozialen Bereich – trotz ihrer durchaus wahrgenommen Widersprüche zu idealistischen und spirituellen Tendenzen – als Teil des Neuen an, wobei es den Bolschewismus als solchen in der Realität bereits gab. Er erschien als Anfang, als Grundlage, für das zu Erwartende, Kommende. Daneben, ja darüber hinaus ging es für diese Intellektuellen und Künstler zunächst jedoch in erster Linie um die Frage, wie denn die neue Welt geistig und seelisch aussehen würde. Das war ihr ureigenster Bereich. Nach den Erfahrungen der Räterepublik stellte sich für die Sonntägler außerdem aber deutlich die Frage, wie sie sich in der erwarteten politischen »Weltrevolution« verhalten sollten/würden. Die Idee des Opfers spielte in ihren Diskussionen eine wesentliche Rolle, sowohl des Opfers ihrer *höheren* geistigen Interessen für die praktische, politische Arbeit als auch des Opfers der individuellen Ethik und Erlösung zugunsten einer allgemeinen, die die Bereitschaft zu Martyrium und Mord gleichermaßen einschloß. Netty nahm an diesen Diskussionen vermittelt und im Heidelberger Nachhall direkt teil.

Radványis Dissertation,[56] *Der Chiliasmus. Ein Versuch zur Erkenntnis der chiliastischen Idee und des chiliastischen Handelns* – Karl Jaspers war sein Dissertationsvater –, mit der er bereits 1923 magna cum laude promovierte, gibt zusätzlich – bedingt – Auskunft, wie er Bolschewismus/Kommunismus damals sah und unter welchen Aspekten er ihn mit anderen, einschließlich seiner Freundin, diskutiert haben würde. Im allgemeinen scheinen sein Studium und seine Lektüre in diesen Jahren vor allem der Verarbeitung der philosophischen und geistesgeschichtlichen Grundlagen des Sonntagskreises gedient zu haben, denen er ja sehr jung begegnet war. Die Dissertation stellt darauf aufbauend eine theoretische Auseinandersetzung mit der ungarischen Revolutionserfahrung dar und weist mit ihrer analytischen Distanz und ihrer soziologischen Perspektive auf den Einfluß Karl Mannheims, der Radványi von den Älteren des Kreises während des Studiums trotz aller bereits bestehenden Vorbehalte am nächsten stand. Es ist eine kurze, klar gegliederte Arbeit, die den religiösen Menschen postuliert und davon ausgeht, daß dieser Mensch nach dem »summum bonum, dem Reich der Erlösung«[57] strebt. Zum Unterschied von anderen »Erlösungsideen« erwarte aber der Chiliasmus das »summum bonum« nicht erst im Jenseits, sondern, wie Radványi formuliert, »für die Empirie, für diese unsere wertarme und wertfeindliche, schlechte und schwache, irdische Welt«.[58] Er charakterisiert verschiedene Aspekte der chiliastischen Erlösungsidee und beschreibt die konkreten historischen Manifestationen von der »Entstehung des Chiliasmus aus der jüdischen apokalyptischen Eschatologie« über die »münsterische Bewegung« bis zum »nachreformatorischen Zeitalter«. Die Bejahung der Gewalt gehört für ihn zu »allen Kulminationen der chiliastischen Bewegung«. Ja, er versucht die »ungeheure Kraft«, mit welcher die »aktiv-radikalen Chiliasten [...] an das Werk der Gewalt gingen«, damit zu erklären, daß es weder eine ethische noch eine religiöse Antwort auf die Frage nach der Berechtigung von Gewalt gebe. Wegen der »theoretischen Unlösbarkeit des Problems« hätten die Chiliasten es vielleicht »um so heftiger in der Praxis zu entscheiden«[59] gesucht. Radványi überlegt auch, warum alle bisherigen chiliastischen Versuche gescheitert sind, und sieht die Gründe in dem unaufhebbaren »Gegensatz zwischen Idee und Wirklichkeit« und dem Unvermögen der Chiliasten, ihren Anspruch ins Jenseits oder in die utopische Zukunft zu verschieben.

Trotzdem besteht er abschließend darauf zu fragen, »ob nicht doch in der Gegenwart oder in der Zukunft noch neue Aussichten, neue Möglichkeiten, für den chiliastischen Geist vorhanden sind«[60]. Diese Möglichkeiten könnten in einem »›gottlosen‹ Chiliasmus« liegen, wie ihn der Bolschewismus darstelle, der nichts mehr von Gott und alles vom menschlichen Handeln erwarte, doch, so Radványi, das sei kein Chiliasmus mehr. Aus der Ausschaltung Gottes aus dem Chiliasmus und damit aus dessen Aufhebung oder »Wesens-Umwandlung« könnten jedoch »unerwartete und bedeutungsvolle Möglichkeiten und Wirklichkeiten für den menschlichen Geist entstehen, [...] wie es auch durchaus möglich ist, daß eben der

Bolschewismus der Übergang zu dieser neuen Epoche ist«. »[D]ieses Neue« sei aber »erst jetzt im Entstehen begriffen.«[61] Die vorsichtig formulierten Schlußworte – die Dissertation mußte ja approbiert werden – weisen einerseits darauf hin, daß Radványi die Hoffnungen seiner »chiliastisch fieberhaften, in jeder Weise menschlichere und freiere Lebensformen suchenden revolutionären Generation«[62] – wie sie Ervin Sinkó, ein anderes junges Mitglied des Sonntagskreises, charakterisierte – nicht aufgeben wollte. Auch er sah damals im Bolschewismus die konkreten Anfänge und Übergänge zu dem größeren »Neuen«, meinte aber, daß »erst die kommenden Jahrhunderte der Entwicklung des menschlichen Geistes seine Entfaltung bringen können werden«[63].

Der Bolschewismus/Kommunismus erscheint also im Kontext der weltanschaulichen Auseinandersetzungen des Sonntagskreises einerseits als eine Selbstdisziplinierung und Beschränkung – in Reaktion auf den Sturz »ins Finstere«[64], den das Ende der ungarischen Revolution und die ursprünglichen schwärmerischen Hoffnungen des Kreises bedeutete, ihre weitreichenden geistigen Ansprüche darin einzubringen. Andererseits ging für die, die diese Disziplin auf sich nahmen, etwas von der früheren umfassenden Hoffnung auf »Erlösung«, ein Moment des Glaubens, auf ihn über. 1924, ein Jahr nach der Promotion, trat Radványi, seinen eigenen Angaben nach,[65] der Kommunistischen Partei Deutschlands bei, ein Entschluß, der ihn von der analytischen Distanz Mannheims entfernte und vielleicht auch durch seine Probleme, eine Anstellung zu finden, beschleunigt wurde. Man muß sich aber zumindest fragen, ob er nicht bis dahin bereits Mitglied der KP Ungarns gewesen war und eventuell sogar mit der Komintern, der Dritten oder Kommunistischen Internationale, in Verbindung stand, die im März 1919 gegründet worden war und in den frühen zwanziger Jahren ihre Organisation straffte und ihren Einfluß ausdehnte. Belege gibt es dafür keine. In einem solchen Fall müßte sein Leben und Denken in den Heidelberger Jahren noch vielgleisiger verlaufen sein, als dies bei ihm und den Mitgliedern des Sonntagskreises aus der Sicht späterer Jahre ohnehin der Fall war, denn das Neben- und Ineinander von spirituellen mit bolschewistisch/marxistischen Interessen gehörte zum Geist der Zeit und der Gruppe. Wir können nur annehmen, daß er seine Entscheidung von 1924 mit Netty besprach und ihre Sympathie und Unterstützung hatte, wie er sicherlich auch seine Dissertation mit ihr diskutierte. Chiliastische Erwartungen spielen in Anna Seghers' Werken, wie noch zu zeigen sein wird, eine wichtige Rolle, und auch ihre Helden tragen Züge des »chiliastischen Menschen«, wobei die Autorin zwar »alles vom menschlichen Handeln« zu erwarten, trotzdem aber eine höhere Kraft vorauszusetzen scheint, also nicht so streng logische Grenzen zieht, wie es Radványi in seiner Dissertation tut.

Wenn Anna Seghers, wie eingangs zitiert wurde, viele Jahre später von den leidenschaftlichen Diskussionen ihrer Studentenzeit spricht, so handelte es sich tatsächlich um eine Grunderfahrung dieser Zeit, obwohl sie selbst wohl mehr zuhörte als aktiv mitredete – sie spricht ja auch öfters davon, daß man ihr Dinge »erklärte«. Das Weiterwirken des Sonntagskreises und seiner Gesprächskultur, die sie über und mit Rodi erlebte, trug wesentlich zu dieser Grunderfahrung bei, zu der allerdings auch gehörte, daß es anerkannte Autoritäten, Lehrer und Schüler, gab. Die Themen aber waren breiter, religiöser gestimmt und widersprüchlicher, als Seghers' spätere Konzentration auf kommunistische Ideen und revolutionäre Aktivität vermuten ließe. Eine Reduktion auf Partei und Linie hatte noch nicht stattgefunden, der Bolschewismus war jedoch präsent – neben Kierkegaard, Dostojewski und vielem anderen – als »wirklicher« Wegbereiter oder Bestandteil des Neuen, das sie erwarteten und für das sie sich einsetzen wollten. Im Werk von Anna Seghers, aber auch in Briefen, wurden leidenschaftliche Diskussionen dann zum Topos, der im Laufe der Jahre immer mehr die Züge von nostalgischen Wunschvorstellungen annahm. Sie lernte in ihrer Jugendzeit eine Intensität des geistigen Austausches, eine Radikalität der Fragestellungen und eine Vielfalt der Ideen kennen, von denen die dogmatische Enge und die vielen Scheindiskussionen späterer Jahre besonders abstechen mußten, die sie aber höchstens am Rande und nie prinzipiell anfocht, aus einer Selbstbeschränkung und Disziplin, ja Opferbereitschaft, die in den frühen Einflüssen und Überlegungen der Sonntägler ebenfalls bereits angelegt waren.

Die Studienzeit Netty Reilings war kurz und äußerst »dicht besetzt«, um einen Ausdruck zu verwenden, den Anna Seghers selbst gern gebrauchte, äußerlich und innerlich. Man sollte aber bei aller Betonung ihrer geistigen Entwicklung ein für sie zentrales, im menschlichen Leben unerläßliches Element nicht vergessen, das der Freude: »Sorglos, offenherzig waren wir damals. Wie waren wir bereit, uns zu freuen! Wir fanden immer etwas zum Freuen, trotz der bedrohlichen Zeit, trotz aller Bedrängungen«,[66] verklärt sie rückblickend, als sie weder sorglos noch offenherzig ist und sein kann, zumindest wohl nicht allzusehr. Es waren reiche, volle und schöne Jahre, in denen die Verwandlung von Netty Reiling in Anna Seghers begann.

Siebentes Kapitel

»Schreckliches Liebesbedürfnis und Schreibbedürfnis«

»Diesen Eros, den Gott mir gab u[nd] den ich leben muß, soll ich sicher in der Kunst leben.«

Anna Seghers

»Ist es recht daß ich zu Hause bin?«[1], fragt sich das frisch promovierte Fräulein Dr. Netty Reiling am 16. November 1924 in ihrem Tagebuch. Sie ist nach beendetem Studium zu den Eltern nach Mainz zurückgekehrt und bleibt, abgesehen von verschiedenen kleinen und größeren Reisen, bis zu ihrer Heirat am 10. August 1925 hier. Über diese Monate gibt es ein für Anna Seghers einzigartiges Dokument: ein Tagebuch, das Pierre Radvanyi kürzlich unter alten Papieren seiner Mutter in Paris gefunden hat. Es ist eines von den Schulheften, wie sie Anna Seghers gern verwendete, um erste Fassungen von Erzählungen oder Erzählfragmente aufzuschreiben. Die Eintragungen bestehen aus kurzen, manchmal nachträglich geschriebenen Notaten in ihrer Handschrift und registrieren Eindrücke, Arbeitspläne, Tätigkeiten und Stimmungen, vor allem Ängste und Sorgen, in einer offensichtlich schwierigen Übergangsphase. Sie sind nicht immer klar leserlich oder ganz verständlich, geben aber wie sonst nichts, was wir von Seghers besitzen, unmittelbaren Einblick in ihre Gefühle, Hoffnungen und Nöte und in die unsentimentale, selbstkritische Ehrlichkeit, mit der sie sich sah und sehen wollte.

Wir begegnen einer jungen Frau von großer Empfindlichkeit und oft kindlich anmutender Offenheit, die schon früh und auch ohne die äußere Gefährdung, die kommende Jahre noch bringen werden, höchst sensibel ist für den dunklen Grund des Lebens, für Trauer und Existenzangst, aber dagegen ankämpft. »Ich bin mit mir unzufrieden. In allem was ich tue u. schreibe, ist eine vergiftende, falsche Traurigkeit. Ich bin zu träge«,[2] notiert sie kritisch, oder sie differenziert: »Wenn man sein Unglück mit Sünde verwechselt, das ist auch Übertreibung.«[3] Unsicher und risikobereit, abhängig und selbstbewußt, sehnt sie sich nach Freude, Lebensfülle und Gewißheit und setzt ihre Hoffnungen auf Liebe und – noch mehr – auf Schreiben. Seghers verliert auch später nie ihre Verletzlichkeit und ihre Offenheit für eigenes und fremdes Leid, auch nicht ihr Liebesbedürfnis, sie bleiben die Wurzeln ihrer Schaffenskraft. Sie verbirgt sie aber nach außen hinter der positiven Rolle, die zu spielen sie sich bemüht, ja hinter einer gewissen Härte, die sie manchmal zeigt.

Warum führte Netty in diesen Monaten Tagebuch, wenn Seghers später höchstens Taschenkalender zum Notieren von geplanten und erledigten Arbeiten, von Terminen oder – sehr selten – wichtigen Ereignissen verwendete?[4] Im allgemeinen scheute sie ja vor Selbstbetrachtung und -reflexion zurück, weil sie wußte, wie verwundbar sie war, und alle Gefährdung handelnd, das hieß in ihrem Fall in erster Linie erzählend, zu bewältigen suchte. Kunst sollte Probleme durchschaubar machen und die Autorin – und ihre Leser – über das eigene Ich und seine Nöte hinausführen, nicht tiefer hinein. Zur Zeit des Tagebuches muß sie ihren Weg jedoch erst noch finden und gegen den Widerstand der Welt, aus der sie kommt und der sie stärker verhaftet ist, als sie während des Studiums gedacht hat, durchsetzen. Meist von Rodi getrennt, bemüht sie sich, ihre Stimme als Schriftstellerin zu entwickeln und gleichzeitig ihre Heirat mit dem von ihr gewählten Mann und die Loslösung von den Eltern zu erreichen. Sie betrachtet ihre Aufzeichnungen als Selbstverpflichtung und -disziplin: »Ich bereue, nicht eingeschrieb. zu haben. Ich will von nun an immer einschreiben, denn bei mir ist es Trägheit und Gewissenlosigk. wenn ich nicht schreibe«,[5] heißt es einmal. Ohne sich auf lange Selbstanalysen einzulassen, legt sie Rechenschaft ab – vor sich, vor Gott, vor Rodi (?) – über die Anfänge eines neuen Lebens, für das sie sich zwar während des Studiums entschieden hat, das es aber nun konkret und gegen ihre »Wirklichkeitsangst«[6], die das Gegenstück ihrer Wirklichkeitssuche ist, zu realisieren gilt. »Was werde ich in 6 Monaten dazu sagen?«[7] fragt sie sich gelegentlich, oder sie schreibt, »wenn du das in einiger Zeit wieder liest im gleichen Dilemma, dann zögere nicht, nimm *ein* Leben, lieber eine feste Sünde statt tausend.«[8] Obwohl sie viele Menschen sieht, fühlt sie sich allein und exponiert, eine Situation, in der sie auch später zur Feder greift, um sich persönlich zu äußern, allerdings dann in Briefen und nie mehr so schutz- und rückhaltlos wie in diesem Tagebuch, das nur für sie und Rodi bestimmt ist. Ich denke z. B. an die schwere Zeit nach Ausbruch des Zweiten Weltkrieges und an Seghers' damalige Briefe an ihren Freund F. C. Weiskopf in den Vereinigten Staaten oder an die Rückkehr nach Deutschland und ihre relativ umfangreiche private Korrespondenz aus den Jahren 1947/48, aber auch daran, daß ihre Tochter nach Seghers' Tod kleine persönliche Zettel fand, auf die die Mutter ihre Sorgen als Notrufe kritzelte. Nicht immer konnte Erzählen ihre Ängste überwinden, dann mußte sie sie wenigstens registrieren und – als Flaschenpost – mitteilen.

Sehr wahrscheinlich hat sie Rodi auch zum Tagebuchführen aufgefordert oder ermutigt, er weiß jedenfalls davon und schreibt ihr bei Besuchen und Treffen liebevolle Verslein, Zitate und aufmunternde Bemerkungen hinein, die alle auf das Versprechen einer baldigen Hochzeit hinauslaufen. Im Vergleich zu ihren schonungslosen, in Formulierung und Sprache kargen und gelegentlich ungewöhnlichen Notaten klingen seine Eintragungen konventionell und ein wenig verniedlichend. So heißt es gleich zu Beginn, am 15. November 1924:

»Tränlein weint das kleine Reh,
Trennung tut den Tschibben weh;
Doch die Rückkehr ist dann schön,
Rod und Tschib ins Nestlein gehn.«

Ich *weiß*, daß wir
im Frühling heiraten
werden.

Er wollte kein Schriftsteller werden, und Deutsch war nicht seine Muttersprache, trotzdem stellt sich bei seinen Zusätzen die Frage, ob er die Frau neben sich in ihrer Komplexität und Widersprüchlichkeit wirklich wahrnahm, um nicht zu sagen verstand. Mit seiner selbstsicheren, leicht patriarchalischen Haltung spielte er vor allem ihrer Verletzlichkeit und Unsicherheit zu, um sie fester an sich zu binden, was ihm auch gelang. Wie reif sie als Frau war und wie sehr sie sich nach erotischer Liebe sehnte, das spürte er, wie es scheint, damals nicht. »Schreckliches Liebesbedürfnis u Schreibbedürfn.«[9], notiert sie in ihrem Tagebuch und ein andereres Mal resigniert: »Er [Rodi] ist immer religiös traurig. Ich. Ich bin für ihn *die* Gefährtin im religiösen Sinn, werde es immer sein. Es ist sinnlos von mir, unser Verhältnis anders umzuphantasieren. Es ist keine Stätte der erotischen Phantasie. Diesen Eros, den Gott mir gab u den ich leben muß, soll ich sicher in der Kunst leben.«[10] Die wenigen Worte deuten darauf, daß die Erwartungen und Phantasien der jungen Frau mächtiger waren als das, was ihr der Mann bot, und sie sich auch im erotischen Bereich eine Intensität vorstellte und wünschte, die ihr die Realität – zumindest damals, mehr wissen wir nicht – vorenthielt. Sie war jedoch bereit, die »wahre Wirklichkeit gegen die geträumte« zu setzen, wie sie in bezug auf ihr Verhältnis zu Rodi selbst sagte,[11] und ihren Eros im Schreiben auszuleben, allerdings keineswegs direkt, indem sie Liebe und Sexualität zu zentralen Themen machte.

In ihren Romanen und Erzählungen ist Seghers eigentümlich verhalten. Sie zeichnet Sexualität zwar als Teil des menschlichen Lebens, weist ihr aber eine untergeordnete, nie befriedigende Rolle zu, während sie Liebe in größere Belange, wie Treue zu der gemeinsamen Sache und Verläßlichkeit für einander, einbindet. In ihren Romanen und Erzählungen läßt sie gute, d.h. feste und dauernde Beziehungen zwischen Mann und Frau nur dann als Möglichkeit bestehen, wenn beide Teile über die persönliche Anziehung hinaus in ihrer gesellschaftlichen Haltung und politischen Überzeugung zusammenfinden. Sie scheint eine gewisse Selbstdisziplinierung und Sublimierung sowohl für sich akzeptiert als auch auf ihre Figuren projiziert zu haben. Es ist jedoch wichtig, gerade auf diesem Gebiet zwischen Frühwerk und späteren Texten zu unterscheiden. In den frühen Erzählungen geht die erotische Energie der jungen Autorin ein in den Lebenshunger und die Aufbruchs- und Ausbruchsenergie ihrer männlichen Helden, während die weiblichen Figuren, wie noch genauer zu sehen sein wird, weder in Sexualität noch in Liebe Erfüllung finden und nicht einmal »rote, glühende, leuchtende Unglücke« bekommen, wie sie sich das Mädchen Anna in »Grubetsch« wünscht. Trotzdem machen die frühen Mädchen- und Frauengestalten verzweifelte Versuche, durch Liebe und Sexualität am Leben teilzunehmen, sie kennen sonst nichts als möglicherweise schließlich eine aufopfernde Mutterschaft.

In Seghers' Leben blieb ihr Liebesbedürfnis auf Rodi fixiert. Wenn es andere Männer gab, mit denen sie erotische Beziehungen unterhielt und – vielleicht – schlief, so hinterließen sie keine erkennbaren Spuren. Verehrer und gute Freunde gewann Seghers viele und mochte es auch gern, wenn Männer sie bewunderten, hätte aber meist zu wenig Zeit und zu viele Verpflichtungen gehabt, um anspruchsvolle Verhältnisse zu unterhalten, selbst wenn sie es gewollt und Treue – in einem viel weiteren als dem rein sexuellen Sinn – nicht für so wesentlich gehalten hätte. Rodi umgab sie von Anfang an mit einer exklusiven Liebe, die ihr ein Gefühl von Sicherheit und Gebrauchtwerden vermittelten: »Du bist meine Seele, Tschib, und mein einziges warmes Leben. Ohne Dich hätte ich keine Freude, und mit Dir habe ich Freude für ewig. Das ist wahr und wird immer wahr sein, mein Kind«[12], schrieb er ihr kurz vor der offiziellen Verlobung in ihr Tagebuch. Er blieb nach vielen Jahren Ehe bei solchen und ähnlichen liebevollen Formulierungen, die für sie aber hohler klingen mußten, als er sie damit über fünf Jahre Trennung hinwegtröstete, in denen er in Mexiko zurückblieb, um schließlich mit einer Mitarbeiterin zurückzukehren, die ihm nach Ostberlin folgte. Trotzdem scheint ein Teil von ihr bis zuletzt daran geglaubt zu haben. In der Liebe war dieser Mann ihr »Originaleindruck«, der – wie die Originaleindrücke in anderen Bereichen ihres Lebens – für sie verbindlich blieb.

Von Anfang der Beziehung an vertraute Netty darauf, daß Rodi ihr künstlerisches Talent ernst nehmen und sie fördern würde. An seiner Seite würde sie schreiben und »das Wahre« ausdrücken können,[13] wie sie im Tagebuch von sich erwartete. Ein Versprechen seinerseits muß zum gemeinsamen Lebensplan gehört haben. Es steht hinter ihren Klagen über die Ablenkungen und Schwierigkeiten beim Schreiben im Elternhaus, aber auch hinter dem in den Aufzeichnungen offenbarten Gefühl, daß ihr nur die eigene Begabung und die Verpflichtung zu ernsthafter Arbeit erlaubten, Vater und Mutter zu enttäuschen und sich an ihn zu binden. Rodi erfüllte ihre Hoffnungen in dieser Hinsicht und respektierte ihre schriftstellerische Tätigkeit, obwohl er ihr als typischer Intellektueller seiner Generation alle traditionell weiblichen Pflichten im Haushalt und bei den Kindern überließ und sie sehen mußte, wie sie sich Zeit zum Schreiben verschaffte, was sie wiederum als selbstverständlich akzeptierte. Eine Frau könne das doch besser, meinte sie noch im Alter[14] und hatte in Rodis und ihrem Fall völlig recht. Er nahm aber stets – je nach Lebensabschnitt unterschiedlich intensiven – Anteil an ihrer Arbeit und ihren Plänen, und sie legte großen Wert auf sein Urteil. »Ich fühle jetzt sehr, wie verwöhnt ich war durch seinen Rat und Beistand bei meiner Arbeit«, schreibt sie viele Jahre später anläßlich der langen Trennung. Auch die frühen Versuche zeigte sie ihm, ließ sich jedoch nicht einmal von ihm entmutigen. Über eine bislang verschollene und vor kurzem ebenfalls von Pierre Radvanyi wiederaufgefundene Erzählung[15], die sie Ende 1924 abschloß, notiert sie im Tagebuch: »Rodi de[n] Bischof gelesen u Enttäuschung gehabt. Hat er Recht?«[16] Sie mag den Text daraufhin zur Seite gelegt haben, war aber keineswegs am Boden zerstört. So unsicher und »hin u her gezaust«[17] sie sich gerade zu dieser Zeit fühlte, was das Schreiben betraf, zählte sie zwar fest auf seine Unterstützung, glaubte aber grundsätzlich an sich selbst. Ob und wie sich die

Gewichte im Laufe der Jahre verschoben und welchen Einfluß er jeweils auf ihre Arbeit hatte, wird noch, soweit möglich, genauer zu besprechen sein.

Das Tagebuch läßt keinen Zweifel, daß beide entschlossen waren, einander zu heiraten, aber auch nicht daran, daß Nettys Eltern, und vor allem der Vater, mit der Wahl der Tochter nicht einverstanden waren. Es scheint, daß Isidor – und vielleicht auch Rodi selbst – eine »ordentliche« Anstellung zur Bedingung machten, etwas, was dem jungen Philosophen und ausländischen Juden bis dahin nicht gelungen war, wenn er es überhaupt versucht hatte. Obwohl er schon 1923 promoviert hatte, blieb er auch im Wintersemester 1923/1924 in Heidelberg inskribiert. Vielleicht dachte er zunächst daran, sich zu habilitieren und eine Universitätslaufbahn einzuschlagen, ein entferntes und, wie schon gesagt, für ihn schwer realisierbares Ziel, das kaum zum baldigen Bau eines »Nestlein« führen konnte. In ihrem Tagebuch notiert Netty immer wieder, daß sie sich bei Freunden und Bekannten um eine Stelle für Rodi bemühte, aber erfolglos. Am 12. Dezember, sie traf den Freund zu seinem Geburtstag in Darmstadt, schreibt sie dann plötzlich, daß er in vierzehn Tagen nach Berlin will und daß sie sich allein und hilflos fühlt. Er hatte sich offensichtlich entschlossen, in der deutschen Hauptstadt sein Glück zu suchen, wo sich längst andere ungarische Emigranten und ehemalige Mitglieder des Sonntagskreises befanden. »Fogarasi zieht schon übermorgen als außenpolitischer Redakteur der *Roten Fahne* nach Berlin um, und mit Vermittlung der *Roten Fahne* ruft uns die ganze deutsche Bewegung«[18], bemerkte Béla Balázs bereits 1922. Netty hielt Rodis Entscheidung für richtig: »Nun denke ich auf einmal trotz allem Schweren, es ist wichtig, daß er nach Berlin geht und Sim[19] war unrichtig. Hanukah«, heißt es am 21. Dezember bei ihr. Er fand auch relativ rasch, angeblich[20] mit Hilfe eines ehemaligen Bekannten seines Vaters, Julius Lengyel[21], Leiter der Handelsvertretung der Sowjetunion in Berlin, bei dieser Handelsvertretung Anstellung als Sekretär. Am 12. Januar 1925 schreibt Netty in ihr Tagebuch: »Stellungstelegramm vom Rod. Warum habe ich immer in d. Freude das Gefühl mich von Gott zu entfernen?« Ihre Freude war ohnehin nicht ungetrübt: »Mich brennt der Schmerz mein. Mutter, daß ich von ihr gehe.« »Stellungsbrief vom Rodi, mich grämt ein wenig seine Hast«, lautet dann die Eintragung vom 14. Januar.

Ein wesentliches Hindernis für die Heirat war beseitigt, doch machte sich Netty weiterhin Sorgen, »wie sich bei mein. Eltern die Heirat schließlich verwirklicht. Aber froh Brief zu haben. (Und immer gleich das Gefühl daß mit d. Freude Gott entfernt u ich brauche doch so schrecklich Freude, nicht nur so ein bißchen).«[22] Die Eltern sind nach wie vor alles andere als begeistert, Netty spricht von der »Verblendung« ihres Vaters und notiert: »Auseinandersetz. mit Mutter. Warum will sie, daß ich gegen mein Gewissen, gegen das Recht handle? Das Schrecklichste der Welt sind blinde Eltern.«[23] Die scheinen Druck auf sie ausgeübt zu haben, ihr Rodi gegebenes Versprechen zurückzunehmen.[24] Am 29. April ist sie immer noch unsicher über die Entscheidung der Eltern: »Königstein. Wird die Verlobung am 4. veröffentlicht? – Ich bin in großer Gefahr. Ich sehe diese Wochen zu sehr als Zwischenstation an. Aber es gibt kein. Zwischenstat. Ich muß beständig arbeiten. – Immer die schreckliche Frage: Darf man um der Wahrh. willen andere zu Grunde richten, vor allem aber um selbst das Wahre auszudrücken. Jedenfalls gibt es vor der Sünde nur eine Beschwicht.: die Not ernster Arbeit.« Unter dem 4. Mai steht dann nur »Ja, am 4. war Verlobung«. Sie freut sich nun auf die Hochzeit, hat aber »tiefe Angst um die Mutter«, die sie – wie ihr ganzes weiteres Leben Sorgen und Nöte – durch Berufung auf ihre Arbeit zu beschwichtigen sucht: »Ich bin schrecklich zornig furchtsam auf m. Arbeit. Sie ist in allen Fällen mein Rückgrat. Möge Gott mir helfen.«[25] In diesen Eintragungen verbinden sich Zielstrebigkeit und Passivität auf widersprüchliche Weise. Die Vierundzwanzigjährige war trotz abgeschlossenem Studium noch immer stark von den Eltern abhängig, finanziell sowieso, aber auch emotional, wobei ihr Geschlecht, die jüdische Tradition und die Tatsache, daß sie das einzige Kind war, aber auch ihre lang anhaltende und als Teil ihres künstlerischen Talents nie ganz aufgegebene »Kindlichkeit« zusammenspielten. Andererseits wußte sie, daß sie sich nun endgültig lösen mußte, um schreiben und sich entwickeln zu können: »Ich muß fort. Ich muß wahr leben, sonst geht alles zu Grund. Niemals ist das Rechte leicht. Ich will nicht verzweifeln. Gott soll mir helfen«, notiert sie am 15. April.

Gott und Sünde nehmen im Tagebuch einen prominenten Platz ein und sind für die junge Frau keine leeren Floskeln. Sie ist religiös und will glauben – an eine Mischung aus jüdischem und Kierkegaardschem Gott. »›Erziehung z. Christent.‹ mit Trost gelesen«,[26] notiert sie einmal, ein anderes Mal: »Das Schönste, was ich las bei Kierkeg.: Der eine Augenblick in dem auch Gott sich zurückzieht.«[27] Sie betet immer wieder um die Erfüllung ihrer Wünsche – »Herr, hilf. Hilf einmal unverdient«[28], heißt es in verschiedenen Variationen –, aber auch um die Nähe Gottes, um den Glauben an ihn: »Gott mach, daß ich Dich sehe. Wenn ich dich sehen würde, gäbe es keine Furcht mehr.«[29] Immer wieder meint sie, daß Er sich im Glück entfernt. Gefühle der eigenen Unwürdigkeit sind eng verbunden mit ihren Ängsten: »Heute alles vom bitteren Gott gesandt. Ob der Bischof etwas wird, ob die Stelle wird; ob aller Glanz weg geht, ob die Zukunft zerbricht, daß ich schwach, elend, gering, untauglich zum Gutsein, Leben u Schreiben bin. Hilf!«, schreibt sie am 16. Dezember 1924. Seghers erlaubte sich später nicht mehr, solche vor allem für sensible junge Menschen nicht ungewöhnlichen Ängste zu artikulieren, und auch nicht, sich ihnen hinzugeben. Sie zwang sich, »erwachsen« zu werden, und auch das Leben ließ ihr keine Wahl, da es genug konkrete Probleme brachte, denen sie sich stellen mußte, doch die innere Sicherheit, die sie dann zu projizieren suchte, fand sie wohl nie oder höchstens, wie sie behauptete, im Schreiben. Daß sie selbst nicht »gut«, nicht immer liebevoll und aufmerksam genug zu anderen war, darüber machte sie sich im Laufe ihres langen Lebens gelegentlich Vorwürfe und sprach von ihrer »Nachlässigkeit«. »[I]ch war manchmal nachlässig, unverzeihlich«, sagt sie im Alter einmal in bezug auf versäumte Hilfe,[30] allerdings nur im privaten, nie in einem öffentlichen und politischen Bereich.

Die Sünde, von der das Tagebuch immer wieder spricht, lag in Nettys Augen, soweit sich aus den Aufzeichnungen schließen läßt, in erster Linie darin, daß sie die Eltern im Stich ließ – in ihrer Glaubens-, Familien- und Geschäftswelt – Schuldgefühle, die Vater und Mutter wohl förderten. Die Eintragungen sprechen nicht von konkreten Erwartungen und Enttäuschungen der Eltern, nur davon, daß sich Netty von ihnen »gehemmt«[31] fühlt, die Gegenwart des Vaters bedeutet »Bedrängnis«[32], ja sie fragt sich sogar »Warum ist mein Vater kein guter Mensch?«, spricht aber auch von einem »traurigen Brief d Vaters«,[33] der offensichtlich viel unterwegs war, und von »Mitleid« mit Vater und Mutter. Sie ist empfänglich für Schuldgefühle, gleichzeitig fühlt sie sich aber zu Hause bereits fremd. Nach einem Besuch bei ihren und Rodis Freunden in Darmstadt notiert sie, »heimkommend eifersüchtige Kälte gegen die Welt, die ich mitbringe. Warum ist heimkommen nicht heimkommen.«[34] Sie möchte jedoch, daß die Eltern »ihre Welt« akzeptieren, und fragt sich, warum sie nicht stark genug ist, sie diese Welt lieben zu machen. Es fällt ihr schwer zu arbeiten, wenn sie weiß, daß die Mutter »allein sitzt«[35]. Die junge Autorin fühlt sich »von der Nähe von Bürgerlichkeit bedrängt«[36], hat aber gleichzeitig »Angst vor Un-Strenge, vor Nachlassen d. Spannung zwischen Mir u d. andern«[37]. Sie braucht diese Spannung, scheint sie jedoch auch überbrücken zu wollen. Zwischen den Ansprüchen, die sie an sich selber stellt, und den Ansprüchen der Eltern und ihrer Umgebung bleibt ihr wenig Spielraum.

Trotz Gewissensbissen und scheinbarer Passivität gelang es der jungen Frau jedoch, ihre Ziele bei den Eltern durchzusetzen. Sie sagten ja zur Heirat, am 4. Mai 1925 war die formelle Verlobung und am 10. August Hochzeit. Als Geste der Liebe und Resignation schenkten ihr Vater – und Mutter – das jüdische Gebetbuch von Jeanette Reiling – und eine substantielle Aussteuer, ob auch eine Mitgift, wissen wir nicht, es ist jedoch anzunehmen. Denn gleichzeitig stimmte das junge Paar am 26. Juli 1925 in Mainz einem »Ehe- Erb- und Erbverzichtsvertrag« zu, der den »Güterstand der Gütertrennung nach deutschem Recht« vereinbarte und die »Verwaltung und Nutznießung des Mannes am Vermögen der Frau« ausschloß und anerkannte, »daß die gesamte Einrichtung des ehelichen Hausstandes Eigentum der Frau bildet«. Außerdem verzichtete im Fall eines Todes der Überlebende »auf den ihm am Nachlaß des Erstvorsterbenden [...] zustehenden gesetzlichen Erb- und Pflichtanteil.«[38] Hielten die Eltern Rodi für einen Mitgiftjäger und Erbschleicher? Mißtrauen gegen den besitzlosen Ausländer und das Bemühen, die Tochter nach Möglichkeit zu schützen, bestimmten offensichtlich den Vertrag, vielleicht aber auch die Interessen von Hermann Reiling, seiner Frau und deren Familie, die, wie Flora selbst, nicht als großzügig galten.[39] Für das Paar muß ein solcher Vertrag einen symbolischen Grenzstein markiert haben zwischen einer bürgerlichen, von Geld und Mißtrauen bestimmten Welt und der neuen, an der sie sie teilhaben wollten. Andererseits erhielt es, was zur »Einrichtung des ehelichen Hausstandes« nötig war und mehr, zu jener Zeit eine für junge Leute wesentlich größere Hürde als heute. Ob Rodi sich persönlich gekränkt fühlte, läßt sich nicht sagen, er tauchte sehr bald völlig in ein ganz anderes Milieu ein und hatte wenig Zeit oder Gelegenheit für enge Beziehungen zu den Schwiegereltern, selbst wenn er sie gewünscht hätte. Netty blieb ihren Eltern nahe und hielt sich auch, was Geld betraf, eher an die bürgerlichen und geschäftlichen Traditionen ihrer Familie, indem sie Finanzen, Verträge und Testamente ernst nahm und spätestens beim Verlassen des amerikanischen Kontinents, auf dem sie ein kleines Vermögen zurückließ, und dann im Alter darauf achtete, ein Testament zu machen, das sie wiederholt den Umständen entsprechend revidierte.

Der Alltag Nettys in den Monaten zwischen Universitätsabschluß und Heirat war in vielem der einer jungen Dame ihrer Herkunft und folgte dem immer noch bereitstehenden Muster. Ihr Doktorat änderte daran nichts. Viele Besuche von/bei Familie, Bekannten der Eltern, den eigenen Freundinnen in Mainz, Ria, Lotte M., wie sie sie nennt, Liesel. Einmal notiert sie: »Morgens Nähen mit Mutter« – für ihre Aussteuer, ist anzunehmen, auch daß es nicht das einzige Mal war und ihr selbstverständlich erschien. Sie reiste, um Rodi zu treffen, der aber auch nach Mainz und Frankfurt kam, besuchte mit ihm die Mannheims und weitere Bekannte, sah ihre Freunde, die Withs und andere in Köln,[40] Schaeffer in Berlin, und machte gleich im November mit den Eltern eine elftägige Reise nach Paris, die wahrscheinlich ein Promotions- und/ oder Geburtstagsgeschenk war. Netty sah die Stadt, in der sie bereits als Kind gewesen war,[41] jetzt mit ihren an Kunst geschulten Augen und notiert berauscht: »Luft, Farben, Licht, Licht«, aber auch kritisch: »Eiffelturm, Napoleongrab, scheußlich« und anläßlich eines Opernbesuches: »Alles Traditionelle ist hier Schund.«[42] Insgesamt war sie, wie bereits erwähnt, begeistert von Paris und kam, als sie ins Exil gehen mußte und diese Stadt wählte, an einen Ort, den sie liebte, aber bis dahin nur als gutsituierte Touristin kannte. Doch wie so oft bei Seghers blieb der erste tiefe Eindruck der bestimmende, und Paris konnte sie selbst unter schwierigeren Umständen nie enttäuschen.

In Mainz setzte die junge Frau ihre soziale Arbeit von früher fort, vor allem in einer Kinderlesehalle, in der sie erzählte und Geschichten vorlas. Das geschah im Rahmen einer »Christlich-sozialen Arbeitsgemeinschaft«, von der eine Beteiligte, Hanna Geck-Bauer, später berichtete:

»Zu unserer Arbeit gehörte die Verteilung von Gaben, die meist englische Freunde gestiftet hatten. Adressen Bedürftiger holten wir uns bei Fürsorge, Diakonissen, Franziskanerinnen usw. Durch Hausbesuche stellten wir die besonderen Notwendigkeiten der einzelnen Familien fest. Eine andere Arbeit ergab sich aus der Gründung einer Kinderlesehalle.

Alles wurde mit freiwilligen Kräften organisiert. [...] Bei der Arbeit mit den Kleinen betätigte sich häufig eine zierliche, einfach-vornehm gekleidete Helferin. Sie war bescheiden, ruhig, ja zurückhaltend, hatte sich niemand besonders angeschlossen, war aber immer freundlich und verstand es hervorragend, die Kleinsten zu fesseln. Mit Erzählen oder Vorlesen zog sie das unruhige Völkchen immer in ihren Bann. Das war Netty Reiling.«[43]

Hanna Geck-Bauer scheint sich auf die Zeit nach dem Krieg zu beziehen, doch bestand die Kinderlesehalle auch 1924/25, als Netty aus Heidelberg zurückkam. Dem Tagebuch zufolge übte sie ihre Tätigkeit regelmäßig aus und kommentierte sie kritisch/selbstkritisch: »Die schlechten Knaben in der Lesehalle. Was mit ihnen tun? Ich bin noch nicht reif genug«, notiert sie, oder »das schreckliche Kind Anna, das mich trostlos u angeekelt macht«[44]. Trotzdem fand sie Befriedigung: »Ruhiges Gefühl wie immer nach dies. Arbeit. Ja es ist sicher ein richtiges Gefühl und gibt auch keine falsche Unruhe!«[45], bemerkt sie in verschiedenen Variationen. Ob sie sich auch an Hausbesuchen beteiligte und so das soziale Milieu, über das sie gleichzeitig zu schreiben begann, noch näher kennenlernte, wird nirgends erwähnt. Sie erteilte aber einem Mädchen aus ärmeren Verhältnissen, namens Otti Wolters, Englischunterricht und empfand auch diese Tätigkeit als etwas Positives.

Selbst lernte sie mit einer Freundin Französisch und bei einem Lehrer Russisch. An einer Zionistentagung, die Familie und Familienfreunde im Haus ihrer Eltern versammelte, hatte sie wenig Interesse. Ihr Kommentar dazu macht deutlich, wo sie schon damals stand: »Betäubende Menge fader Gesichter. Von weither kommt – mich mit Eifersucht erfüllend u Schmerz – in meiner ebenfalls faden Geborgenheit – die hebräische Rede des Vertreters v. palestinenzisch. Arbeiter.«[46] Sie interessierte sich auch für die politischen Zeitereignisse und notierte am 15. Januar 1925, daß Politik und Regierung sie aus mehr als einem Grund »niedergedrückt und angstvoll« machten. Sie mag sich auf die Hetze politischer Rechtskreise bezogen haben, die in den letzten Jahren von Friedrich Eberts Regierung stark zunahmen, und auf mangelnde Gegenmaßnahmen, sagt aber nichts Genaueres, Eberts Tod am 28. Februar 1925 registrierte sie mit »Ebert gestorben. Traurig.«

Obwohl sie Rodi, der immer nur zu Besuch in Mainz war und Anfang Januar nach Berlin ging, sehr vermißte und sich oft einsam fühlte, ist das Tagebuch voll von menschlichen Kontakten, von denen Netty manche zwar als lästige Pflichten empfand, aber viele selbst suchte. Sie wußte, wie sehr sie Menschen brauchte, und bemühte sich um wirkliche Berührung. »Meine immer, wenn ich nicht die Mensch. gleich aufreiße, es wäre meine *Schuld*«, notiert sie nach ihrer ersten Stunde bei dem Russischlehrer. Auch später suchte Seghers bei Menschen, denen sie begegnete und die sie mochte, mehr als konventionelle Nähe, sie wollte sie »aufreißen«, was ihr auch meistens gelang.

Im Zentrum des Tagebuches steht neben dem starken Bedürfnis nach Liebe, erotischer und freundschaftlicher, das Verlangen zu schreiben. Schon auf der Reise nach Paris notiert sie: »Entschließe mich von der Rückkehr ab rücksichtslos zu arbeiten«[47] und gleich nach der Ankunft zu Hause: »Ich kann es nicht ertragen, nicht zur Arbeit zu kommen, ich *muß* schreiben, ich fühle verzweifelt den Wunsch und den Willen.«[48] Immer wieder registriert sie ihre guten Vorsätze, ihre Unzufriedenheit mit sich und ihre Bedenken: Sie will jeden Tag mehrere Stunden arbeiten und fürchtet, daß »man« sie »hindert«[49]. »Arbeit, aber nicht genug u fortwährende Sehnsucht nach kristalisierter Einfachheit«[50], notiert sie, oder »Ich bin nicht zufrieden mit mir, nicht ausgebrannt, nicht streng, nicht glühend genug.«[51] Trotz Anfällen von Zweifeln ist sie sich jedoch nicht nur gewiß, daß sie schreiben »muß«, sondern meist auch, daß sie es kann. »Angst, daß mich mein. Begabung verlassen könnte, – aber nur selten«, notiert sie am Anfang ihres Tagebuches und spricht ein anderes Mal von einer »seltsamen Vereinigung von Gewißheit und Unsicherheit in mir«[52]. Ihre Arbeit ist der Bereich ihres Lebens, in dem sie noch am ehesten Zuversicht und Halt findet, neben und, wie wir gesehen haben, in Verbindung mit ihrer Liebe. Sie weiß, daß sie stetig schreiben muß, und kämpft darum, daß ihre Arbeit auch als solche respektiert und nicht als Zeitvertreib für eventuelle freie Stunden angesehen wird, macht sich aber keine Gedanken darüber, daß ihr Problem ein für schreibende Frauen typisches ist.

Als Netty Reiling ihr Tagebuch mit einer Eintragung vom 15. November 1924 begann, hatte der Verwandlungsprozeß in Anna Seghers bereits begonnen. Ihre Erzählung »Die Toten auf der Insel Djal. Eine Sage aus dem Holländischen, nacherzählt von Antje Seghers« erschien kurz darauf in der Weihnachtssondernummer der *Frankfurter Zeitung und Handelsblatt* von 1924 und war wohl bereits abgeschlossen. Im Tagebuch wird sie nicht mehr erwähnt, und auch die »Selbsttaufe« kommt nicht zur Sprache, als ob die Wahl des Namens Seghers – wie die des Vornamens Antje – etwas Vorübergehendes, für diesen einen Text Passendes sei und alles andere noch offenstehe. Die Aufzeichnungen enden am 26. Mai 1925 mit der Eintragung »Ich arbeite an, Jans muß sterben«. Ein Typoskript mit diesem Titel wurde kürzlich von Pierre Radvanyi gefunden und trägt keinen Namen. Vielleicht überlegte die junge Autorin noch, wie sie sich schließlich nennen würde. In der Zeit, in der sie das Tagebuch führte, kam es ihr in erster Linie darauf an, zu schreiben, Ideen zu verfolgen und mit ihnen zu experimentieren. Sie war voll von Projekten und notiert in ihrem Tagebuch – wie auch später in ihren Kalendern – Titel und Serien von Titeln, ohne genauere Angaben über Stoffe und Themen zu machen. Die trug und bearbeitete sie zunächst – und manchmal für lange Zeit – im Kopf.

Schon auf der Parisreise spricht Netty von einer Erzählung, die sie sich zwischen ihren touristischen Aktivitäten ausdenkt und bei der ersten Erwähnung »Die Reue des Bischofs von Priepournous« und dann immer nur »Bischof« nennt. Nach der Rückkehr konzentriert sie sich ausschließlich darauf, bis es am 22. Dezember heißt: »Ärger. Soll ich um Geld Schlechtes schreiben? – Der Bischof beendet, mir erscheint er wie ein ungeheures Nein. Noch kein Urteil.« Ob es irgendeinen Zusammenhang zwischen der ersten und zweiten Bemerkung gibt und ob sie Ratschläge von Alfred Kerr oder anderen bekommt, ist nicht klar, auch nicht, ob sie ihre Erzählung irgendwo einreicht. Sie fürchtet danach für kurze Zeit, doch ohne irgendeine Verbindung mit ihrer Enttäuschung über den »Bischoff« herzustellen, »alle Bilder, alle Visionen« seien verloren, sie könne nicht mehr schreiben. Bald hat sie aber eine »wache/Traumnacht«, in der »ihre Bilder« zurückkommen, und am folgenden Tag notiert sie eine ganze Reihe von Plänen: »Ich will schreiben: 1) Der Aufruhr bricht aus im Bergwerk von Gassanagyi[53] 2) der Graf von Salvni[54] 3) über Ady[55] 4) Roman weiterschreiben.«[56] Sowohl der Roman als auch der »Aufruhr« werden öfters erwähnt, die anderen Projekte nicht mehr. Beim Roman könnte es sich um eine frühe Version der *Gefährten* handeln, bei dem anderen Text um einen ersten Versuch zum »Aufstand der Fischer«, den sie allerdings dann in ein ganz anderes, ihrer Einbildungskraft damals näher stehendes Milieu verlegt haben müßte. Am 12. Januar schreibt sie jedenfalls: »›Aufruhr‹ wächst. Wenn er nur wird! Revolutionsmythos!« Sie ließ aber auch die Idee von einem Bergwerk als Schauplatz nicht mehr fahren und kehrte mit *Die Rettung* dazu zurück. Die Anfänge der Erzählung »Grubetsch« könnten ebenfalls in dieser Zeit liegen, denn am 28. Februar notiert Netty: »Ich arbeite wieder. Rabinowitsch Herrenhofsage«. Die »Sage« – auch »Die Toten auf der Insel Djal« wurden als solche bezeichnet – mag sich bereits auf »Grubetsch« beziehen. Zu Ende des Tagebuches kommen noch einmal zwei Titel: »Denke durch: Bucklich Braut, Johann Saban steckt seine Lampe an«. Sie bedeuten uns heute nichts, doch auch die Erwähnung von »Jans muß sterben« zwei Wochen später würde uns nichts sagen, wenn sich nicht das Manuskript gefunden hätte. Nach Aussagen von Pierre Radvanyi soll Seghers es mit ihrem Hausrat und ihren Büchern nachgeschickt bekommen haben, als sie ins Exil ging, aber dann als irrelevant vergessen oder ignoriert haben wie vielleicht manch anderes aus ihrer Frühzeit, das dann aber verlorenging.

Seghers ging oft mit Manuskripten nachlässiger um als mit Themen, Bildern und Motiven, die ihre Phantasie beschäftigten und die sie immer wieder dem Moment entsprechend aufnehmen konnte, während alte Manuskripte, oder auch bereits Veröffentlichtes, sie auf vergangene Zusammenhänge festlegten. Das einmal Geschriebene war ihr in mancher Hinsicht weniger wichtig als der lebendige, situationsbezogene Prozeß des Schreibens und der Kontext, in dem ihr Text wirken konnte und sollte. Letzterer veränderte sich, und so fiel bei ihr bereits Geschriebenes, Gedrucktes und Ungedrucktes ungewöhnlich[57] häufig der »Vergessenheit« anheim, und das nicht ausschließlich aus politischen Gründen oder weil durch Flucht, Verfolgung und Exil manches in Verlust geriet. Das Frühwerk war davon besonders stark betroffen, sowohl Manuskripte, die nie erschienen, als auch Texte wie »Grubetsch«, eine Erzählung, die Seghers den Kleist-Preis eintrug, die sie aber nach der Veröffentlichung in ihrem Erzählband von 1930, *Auf dem Wege zur amerikanischen Botschaft und andere Erzählungen,* erst 1963 in der zweiten Ausgabe ihrer Erzählsammlung *Der Bienenstock* wieder drucken ließ. In bezug auf das Frühwerk spielten allerdings politische Momente im weitesten Sinne eine wichtige Rolle, da diese Texte bald weder dem Selbstverständnis der Autorin entsprachen noch ihrer Sicht auf die Zeit, die sie durchlebte und mit der sie sich jeweils schreibend auseinandersetzen wollte, Exil und Drittes Reich und Aufbau eines, wie sie hoffte, neuen Deutschland. Erst im Alter schätzte sie ihre frühen Arbeiten wieder hoch.

»Die Toten auf der Insel Djal« stellt nach unserem besten Wissen Seghers' Debüt als Erzählerin dar, und es ist charakteristisch für die Autorin, daß sie die Veröffentlichung zu Weihnachten im Tagebuch überhaupt nicht erwähnt, obwohl sie sich doch hätte freuen können. Sie spricht nur von neuen Plänen und höchstens indirekt vom Alten, wenn sie bei sich »eine Art Eifersucht auf alles was ich schon schrieb« feststellt und eine »seltsame Vereinigung von Gewißheit und Unsicherheit«.[58] Der erste kleine Erfolg gab ihr Ansporn, erhöhte aber auch die Erwartungen an sich. Die »Sage«, die jeder politischen Aussage entbehrt und von Seghers nicht einmal in ihre erste Erzählsammlung aufgenommen wurde, blieb lange verschollen, auch die Autorin besaß später kein Manuskript mehr, wies jedoch in ihren Gesprächen mit Christa Wolf darauf hin, um die Wahl ihres Pseudonyms zu erklären. Wolf zitiert sie:

»Ich schrieb und veröffentlichte doch schon kleine Geschichten vor dem ›Aufstand der Fischer‹. Darunter war eine – wie sagt man: gruslige oder grausliche Geschichte von einem holländischen Kapitän. Ich schrieb sie in der Ich-Form, als ob dieser Kapitän mein Großvater war. [...] Auf der Suche nach einem holländischen Namen kam ich auf Seghers, das ist ein Grafiker aus der Rembrandt-Zeit; wahrscheinlich ging mir das als Lautverbindung durch den Kopf. Nun mußte ich die Geschichte ja irgendwie zeichnen, und da dachte ich mir, als Enkelin des Alten müßte ich mich auch Seghers nennen.«[59]

Zwei Seghersforscher entdeckten den Erstabdruck dann in der *Frankfurter Zeitung und Handelsblatt*.[60] Im Text wird die Ich- und Nacherzählerin jedoch keineswegs als Enkelin des relevanten Protagonisten vorgestellt, der außerdem Pfarrer – und nicht Kapitän – ist und dessen Namen, Jan Seghers, wir erst ganz am Ende der Geschichte erfahren. Wenn man es genau nimmt, könnte diese Antje Seghers auch gar keine Enkelin sein, da der Pfarrer laut Grabstein schon 1625 starb und, wie er am Ende offenbart, »ein Toter« ist, der aber »Gott mit so wilden und zornigen Gebeten so lange zu[setzte], bis er mich auf die Fürbitte seiner sieben Engel noch einmal in meiner alten Gestalt ins Leben lassen *mußte*«. Wie so oft bei Seghers mystifiziert die Selbstaussage also mehr als sie erklärt und gibt trotzdem wichtige Aufschlüsse. Denn die Erinnerung an eine enge Verwandtschaft zwischen Erzählerin und Helden deutet auf die ursprüngliche starke Identifikation der jungen Autorin mit dem rebellischen Pfarrer hin, der Tod und Grabesruhe, die auch sie fürchtet, leidenschaftlich verneint. In ihrer Einbildungskraft schafft sie sich ihn zum Vorfahren – im Gegensatz zu ihren eigenen geschäftstüchtigen, gesetzestreuen und früh verstorbenen Großvätern Reiling und Fuld, die sie beide nicht kennengelernt hatte. Diese Identifikation ist ihr besser im Gedächtnis geblieben als die Details der Fabel.

»Die Geschichte von der Insel Djal ist übrigens für Anna Seghers ganz untypisch«, erklärt Luise Rinser 1998 in »Hoffnung und Glaube der Anna Seghers«[61] und hat in diesem einen Punkt unrecht. Kurz nachdem die Erzählung erschienen ist, spricht die junge Autorin in ihrem Tagebuch, wie wir bereits gesehen haben, von »Revolutions- Lebensverlangen – Todesnotwendigkeit«. Und fragt sich: »Wie wird sich das lösen?«[62], eine Frage, die sie – auf verschiedenste Weise – im gesamten Werk immer wieder stellt. Ausbruch ist ein Antwortversuch. Rinser selbst erkennt, daß »›Ausbruch‹ [...] eines der Schlüssel-Worte« von Anna Seghers ist: »Ausbruch aus der Bürgerlichkeit, Ausbruch aus der Klassengesellschaft, Ausbruch aus KZ-Lagern, auch Ausbruch aus der literarischen Reglementierung durch das kommunistische Zentralkomitee. Der endgültige Ausbruch ist ihr nie gelungen.«[63] Was sie übersieht, ist, daß dem Pfarrer Jan Seghers in seinem ungeheuren »Lebensverlangen« die letzte Rebellion, der äußerste Ausbruch, gelingt. Er befreit sich von den Gesetzen Gottes – »er hätte der Leibhaftige sein können«[64], heißt es von ihm – und von der Macht des Todes. In einer phantastischen Geschichte, einer Form, mit der Anna Seghers auch später – selten genug – unlösbaren Widersprüchen, die sie bedrängen, begegnet, erlaubt sie dem einen einzigen[65] in der sturmumtosten Nordseelandschaft, die seit der Kindheit ihre Einbildungskraft fasziniert, diese Lösung, in der Revolutions- und Lebensverlangen über die Todesnotwendigkeit triumphieren. Immer wieder geht es ihr um die Möglichkeit eines solchen »Triumphs«, doch gewöhnlich müssen ihre Figuren durch den Tod hindurch, um in diesem Moment eine Epiphanie zu erfahren und/oder in der Nachwelt weiterzuleben. Nur auf diese menschenmögliche Weise können sie den Tod *überwinden*.

An Legenden, nicht an Sagen, schließt Netty mit ihrer eigentümlichen »Legende von der Reue des Bischofs Jehan d'Aigremont von St Anne in Rouen« an, der Erzählung, die sie während der Monate in Mainz schrieb und abschloß und die, wie wir sahen, weder auf Rodis Zustimmung traf, noch die junge Autorin selbst wirklich befriedigte. Das Manuskript befindet sich in einem von Seghers' Schulheften, hat 63 Seiten und wurde offensichtlich nur geringfügig überarbeitet und dann zur Seite gelegt. Es ist ein faszinierender Text, der zeigt, wie sehr die Phantasie der jungen Autorin von mythischen und im breitesten Sinne religiösen Quellen gespeist wurde und welche Rolle tiefenpsychologische Momente und die intensive Beschäftigung mit mittelalterlicher Kunst für ihre Themen und Motive spielten. Aber auch Spuren ihrer Lektüre, neben Kierkegaard und Legenden vor allem Dostojewski, lassen sich erkennen. Daß Rodi nicht begeistert war, ist leicht verständlich, denn die Geschichte erzählt von einem Bischof, der zum Lustmörder wird, und von seiner schwer nachvollziehbaren »Reue«. Ohne ersichtlichen Grund – möglicherweise aus Abscheu – tötet Bischof Jehan die Frau, die er zufällig getroffen hat, mit einer Kette, die er ebenso zufällig gekauft hat, nach ein paar Liebesstunden, vielleicht den ersten seines Lebens. Bis dahin war Jehan nicht nur ein mächtiger Bischof, er besaß außerdem die Gabe des Heilens. Die behält er, auch nachdem er sein Amt verloren hat und für seine Tat zum Sträfling geworden ist. Er selbst will jedoch nichts mehr als in der Masse der anderen armen Teufel, unter die er geworfen wurde, aufgehen. Immer wieder erzählt er ihnen von dem Mord, weil sie ihm dabei näher kommen, »er war nicht mehr allein u also alles gut«. Sobald sie ihn auffordern, erneut zu heilen, »war wieder der Mantel um ihn herum, jetzt lassen sie ihn wieder allein stehn, was sollte man auch mit so einem tun?«[66] Er findet einen fragwürdigen Gefährten, der teuflische Züge trägt, sie fliehen aus der Strafkolonie – auf einem Floß bei Rouen – und landen in einer Flußsiedlung außerhalb der Stadt, wo Jehan erneut einer Frau, Katharina, begegnet. Sie wird seine Geliebte, und beide leben zusammen in ihrem Zimmer über einer Schenke. Fluß und Schenke/Höhle sind die archetypischen Schauplätze auch dieser frühen Erzählung. Katharina hat Aussatz, der langsam ihren Körper zerfrißt, doch ihr kann Jehan nicht helfen. Er leidet schwer unter seiner Unfähigkeit und sieht nachts: »Hände [...] nur Hände. [...] Ein kleiner roter Punkt in jeder Hand [...]. Das sind die richtigen Hände. Meine sind Hände für hier genug. Dumme unsinnige Hände, ja, wenn ich die kleinen Punkte hätte ...«[67] Wie Jehan am Ende seines Lebens erfährt, ist es Katharina, die ihm schließlich mit einer Haarnadel die ersehnten Stigmata gibt, damit er sie verläßt und ihren Verfall nicht mit ansehen muß. Er tut es und verbringt die folgenden Jahre als Bettler auf den Stufen seiner ehemaligen Kirche. Als er erfährt, was sie getan hat und wie elend sie gestorben ist, bricht er zusammen. Die Legende endet mit der grotesken Beschreibung seines Todes und seiner Erlösung: »wie ein Federball dessen Sprungfeder gerissen ist, schnurrte Jehans Kopf hoch, fiel wieder zurück auf das linke Ohr, so daß sein Gesicht in die Luft schaute, für jedermann sichtbar, nackt u schamlos, mit allem was darinstand. Gott hatte seine Seele aufgenommen in das Ewige Leben.«

Worin besteht die »Reue« dieses Bischofs – in dem Schmerz, den er ertragen muß, weil er seine Geliebte nicht heilen kann, in seinem Leben als Bettler unter anderen, vor denen er seine Stigmata, die bleiben, nicht zeigt? Oder besteht sie darin, daß er die Zufälligkeiten, Ekstasen und Grausamkeiten des menschlichen Lebens, daß er Lust, Schuld und Schmerz auf sich nehmen, kein prächtiger Bischof und Auserwählter sein will? Das Wort »Reue« könnte aber auch ironisch gemeint sein, angesichts seines Lebens und der Tatsache, daß er Katharina allein läßt. Mit christlicher Moral hat der Text nichts zu tun, wohl aber mit den extremen Situationen und Erfahrungen, in denen Seghers' Figuren immer wieder Erlösung suchen und finden. Die Legende bleibt offen und geheimnisvoll, wie andere, spätere Texte, in denen Seghers – zu selten – legenden- und sagenhafte Stoffe aufnimmt, z. B. »Sagen von Artemis«

und »Die schönsten Sagen vom Räuber Woynok«. Von dieser letzteren Erzählung, die während des französischen Exils geschrieben und veröffentlicht wurde, sagte die Autorin übrigens, daß sie sie schon einmal, ungefähr zehn Jahre früher, geschrieben und dann verloren habe, was die Konzeption dieser unterschiedlichen Außenseiterfiguren, Jehan und Woynok, zeitlich näher aneinander rücken würde. Die Problematik der ungewöhnlichen Einzelnen, die sich nach dem Eintauchen in eine Gemeinschaft sehnt und doch, um ihr *Schicksal zu erfüllen*, immer wieder allein sein muß und wird, gehörte zu den Grunderfahrungen der begabten jungen Frau, die sie allerdings auf Männer projiziert.

»Der Bischof« steht am Anfang der Übergangszeit, die das Tagebuch von 1924/25 begleitet, »Jans muß sterben« am Ende. Damit verläßt Netty die Welt der Sagen und Legenden – freilich nie ganz – und wendet sich, soweit wir wissen, zum ersten Mal, zeitgenössischem Material zu. Die Erzählung von 25 Typoskriptseiten spielt in dem sozialen Milieu, in dem auch die folgenden, »Grubetsch« und »Die Ziegler« und der größte Teil des weiteren Werkes angesiedelt sind: der Welt der Arbeiter. Es ist zunächst das Vorstadt- und Armeleutemilieu, das Seghers aus Mainz kannte: Die Familien leben in einer Zimmer/Küche-Wohnung, in der geschlafen, geliebt, geboren und gelitten wird, wo der Hunger aber, wie auch in »Grubetsch«, kein physischer ist. Das junge Arbeiterpaar in der Geschichte, Martin und Marie, der Mann einfach, ruhig und stetig, die Frau schön, kräftig und nach der Heirat schnell unerfüllt und gelangweilt, erinnert ebenfalls an »Grubetsch«, sie tragen sogar dieselben Namen. Im Zentrum steht jedoch ein Kind, Jans Jansen. Erfahrungen in der Kinderlesehalle, bei Spaziergängen entlang des Rheins – Schlüsselszenen spielen auf einer Brücke unter Kindern, die darauf in lebensgefährlicher Weise herumklettern, um so »den Glanz des Abenteuers«[68] zu erfahren – und, stark verfremdet, Erinnerungen an eine kränkliche Kindheit mögen in die Geschichte eingegangen sein – sogar Ängste in bezug auf die eigene Mutterschaft, wenn wir annehmen, daß »Jans muß sterben« erst in Berlin fertig geschrieben wurde. Jedenfalls schildert die Autorin die Dynamik zwischen Mutter, Vater und Kind höchst genau und differenziert und mit jener einfühlsamen Nüchternheit, der ihren Stil in den frühen Texten kennzeichnet. Erzählt wird aus der Personenperspektive von Eltern und Kind, der Schwerpunkt liegt auf Vater und Sohn und ihrer ganz normalen, sozusagen selbstverständlichen Unfähigkeit, Liebe und Bedürfnisse zu artikulieren, was allerdings auch nichts nützen würde, denn keiner kann sich in die Verringerung an »Leben und allen Möglichkeiten des Lebendigen«[69] fügen, die plötzlich in Form einer unerklärlichen Krankheit des Jungen über sie hereinbricht. Geschwächt und von den Spielen seiner ehemaligen Kameraden ausgeschlossen, sucht und findet Jans den Tod – und einen Augenblick der höchsten Erfüllung und Freude –, als er noch einmal mit höchster Anstrengung unter der Brücke hindurchkriecht. Von seinem Ende heißt es: »Aber auch die letzte blasse Erinnerung an irgend ein Weh war aus seinem Herzen verschwunden. Für diesen grossen Gast war sein winziges Seelchen doch eine gar zu enge Behausung. Aber soviel Freude überhaupt herein ging, soviel Freude war während dieser zwei Minuten darinnen.«[70] Die Seele des Vaters hingegen hat Platz für »diesen grossen Gast«. Noch viele Jahre später nimmt er manchmal eine Stunde Urlaub, um allein auf den Friedhof zum Grab seines Jungen zu gehen, »dann erhob sich inmitten seines ausgepressten grauen alten Herzens, rot und glühend, eine brennende Freude, ein heftiger Stolz, ein wilder Triumpf, seine alte Verzweiflung wieder gefunden zu haben«[71].

Die großen Seghersschen Themen klingen hier an. »Rot und glühend«, solch ein Unglück, das besser ist als die alltägliche Öde und Sinnlosigkeit ihres Lebens, wünscht sich auch Anna in »Grubetsch«, der Erzählung, die »Jans muß sterben« thematisch, stilistisch, in der Figurenzeichnung und wohl auch zeitlich sehr nahe steht, die aber komplexer und dichter ist. In beiden Texten sehnen sich die Menschen nach Stärke und Leidenschaft – in der Freude oder im Schmerz –, die dem

Leben und dem Tod einen festen Kern, wenn nicht Sinn, geben und Leere und Angst durchbrechen können. Die Charaktere teilen die Sehnsucht ihrer Schöpferin, Endlichkeit und Beschränktheit der menschlichen Existenz zu transzendieren, kommen aber aus einem ganz anderen Milieu als sie selbst. Für die junge Autorin wird es von nun an *der* Schauplatz und *das* Symbol für eine existentielle Bedrohung, die sie als zeittypisch erfährt, aber in dieser Umgebung besonders kraß und unvermittelt ausgeprägt findet. Es ist für sie »die verschlossene Umwelt«, von der sie in ihrer Rembrandt-Studie gesprochen hat, und sie versucht in Worten, was sie an den Bildern Rembrandts bewundert hat: »Er malt diese Gesichter, wie er einen dunkeln Hinterhof oder eine öde und unscheinbare Landschaft gemalt hat, die noch niemand vor ihm in seinem Reichtum von Ausdruck sehen konnte und den man erst im Bilde wiedererkennt.«[72] Seghers ist und bleibt zu ihrer Zeit zwar nicht die einzige, die für die Aussagekraft dieses Milieus empfänglich ist, »die Abfalleimer«, die mit ihrem »sommerlich faule[n] Geruch« den kranken Jans bedrängen, stehen z. B. auch in Fritz Langs berühmtem Film »M« in der Eingangsszene, die die Gefährdung der Kinder in den ärmlichen Hinterhöfen augenfällig macht, doch gelingt ihr schon in »Jans muß sterben« jenes Ineinander von Schauplatz und Figur, von physischer Beschränkung und seelischem Ausbruchsverlangen, das ihrem Frühwerk seine besondere Intensität gibt. Sie selbst fühlte sich, wie das Tagebuch belegt – aber nicht direkt ausspricht oder diskutiert – als Frau, Jüdin und Künstlerin in ihrer eigenen großbürgerlichen, von den sozialen Problemen um sie her isolierten und ihr inauthentisch erscheinenden Welt sowohl fremd als eingesperrt. Schreiben, die Stoffe und das Milieu ihrer Erzählungen – und die Heirat – sind ihre Ausbrüche.

Achtes Kapitel

»Goldene« Jahre?

»So? Die zwanziger Jahre nenne man heute *golden*? Das amüsiert sie, daß man das tue«

Joachim Seyppel »Über Anna Seghers« (1974)

»Ich zog nach dem Studium zu meinem Mann nach Berlin. Ich schrieb die Novelle ›Aufstand der Fischer von St. Barbara‹, für die ich zusammen mit ›Grubetsch‹ den sog. Kleistpreis bekam. [...] Ich war mit der Arbeiterbewegung verbunden und trat bei der Gründung in den Bund proletarischer, revolutionärer Schriftsteller ein. In die KPD trat ich ungefähr 1928 ein. Ich war auf dem Schriftstellerkongress von Charkow. Seit damals kenne ich Fadejew, den Chinesen Emi Hsiao, (jetzt Friedensbewegung) Louis Aragon u. a. Wir haben einmal nach dem Krieg festgestellt, dass der Kern alter Freunde von damals bis heute fest blieb.

Ich bekam zwei Kinder. Ich brachte kurz nach dem Roman ›Aufstand der Fischer von St. Barbara‹ das Novellenbuch ›Auf dem Weg zur amerikanischen Botschaft‹ heraus. [...] Ich wusste nicht viel von methodischen Fragen, verstand mich auch gar nicht auf Diskussionen. Ich hatte nur eine ziemliche genaue Vorstellung von dem, was ich schreiben wollte und wie.«

Mit diesen Worten, aus denen auch ersichtlich wird, wie wenig genau sie es mit Genrebezeichnungen wie Roman und Novelle nahm, faßt Anna Seghers ungefähr 1951 in einem Lebenslauf[1] kurz und bündig ihre ersten Berliner Jahre zusammen. Alles ihrer Meinung nach Wichtige steht darin.

Von dem Mythos der »goldenen zwanziger Jahre«, der erst entstand, nachdem diese Zeit im Terror des Dritten Reiches untergegangen war, behauptete Seghers später, nie gehört zu haben.[2] Auf jeden Fall wollte sie nichts davon wissen, er entsprach in keiner Weise ihrer Sicht auf diese Jahre, die geprägt war von der Krisenerfahrung der Nachkriegszeit und dem Gefühl, das sie mit so vielen Linken und den Kommunisten teilte: daß die Weimarer Republik alle Hoffnungen auf grundsätzliche Veränderung und Erneuerung enttäuscht hatte. Und doch waren es auch für sie und ihren Mann erfüllte und noch viel mehr versprechende Jahre, persönlich und beruflich. Beide nahmen auf ihre Weise die Möglichkeiten wahr, die gerade Berlin um die Mitte der zwanziger Jahre jungen und kreativen Männern und – mehr als bisher – Frauen bot, Möglichkeiten, die wesentlich beitrugen zur Schaffung des Mythos. »Berlin was the place for the ambitious, the energetic, the talented. Wherever they started, it was in Berlin that they became, and it was Berlin that made them famous«, charakterisiert der Historiker Peter Gay in seinem bekannten Buch *Weimar Culture*[3] die Rolle Berlins zu jener Zeit.

Auch die Radvanyis, die zu dieser Zeit die ungarische Schreibweise ihres Namens ablegten, gehörten bald zu den geistigen und künstlerischen Eliten der Stadt, freilich nicht zu den Glitterati, die Cafés und Restaurants bevölkerten. Wir hören nie, daß Seghers im Romanischen Café, wo z. B. ihr späterer Freund Egon Erwin Kisch unter vielen anderen Stammgast war, oder im Restaurant Schlichter, in dem Bert Brecht und das intellektuelle Berlin speisten und in das Wieland Herzfelde, Mitbegründer und Leiter des Malik-Verlages, der ebenfalls zu Seghers Freunden gehören würde, den jungen Elias Canetti einführte. Doch wurde Laszlo Radvanyi, der den deutschen Namen Johann Schmidt – später Johann-Lorenz Schmidt – annahm, bereits 1927[4] Leiter der Marxistischen Arbeiterschule (MASCH) von Groß-Berlin, die in den folgenden Jahren immer mehr an Ansehen und Umfang gewann und auf exzellente, ehrenamtliche Lehrer aus der linken intellektuellen, künstlerischen und politischen Avantgarde zählen konnte. Und Seghers erhielt schon 1928, vier Jahre nachdem ihre erste Erzählung erschienen war und im selben Jahr, in dem ihre erste Buchveröffentlichung herauskam, den angesehenen Kleist-Preis. 1928 wurde sie außerdem Mitglied der Kommunistischen Partei, schloß sich dem neugegründeten Bund proletarisch-revolutionärer Schriftsteller (BPRS)[5] an und begann selbstbewußt auf kommunistischer Seite am literarischen Leben der Stadt teilzunehmen. Innerhalb weniger Jahre fanden beide einen Platz und eine Rolle, die ihren Wünschen und Hoffnungen entsprachen und sie mit dem Neuen, das sie für die Zukunft hielten, verband: er als Lehrer und Organisator, sie als Schriftstellerin. Ihre Zeit war allerdings bemessen.

Netty Reiling hatte sich in ihrem Tagebuch noch »einen hinreißenden Sommer mit Rod« gewünscht und machte mit ihm eine Hochzeitsreise nach Holland.[6] Ende August 1925 zog sie als Frau Dr. Radvanyi nach Berlin. Zu diesem Zeitpunkt herrschte in der Stadt und im Lande Ruhe vor dem Sturm. Die Weimarer Republik befand sich in einer Phase der relativen politischen Stabilität und des wirtschaftlichen Aufschwungs, der dem neuen, 1920 durch Eingemeindungen geschaffenen Groß-Berlin besonders zugute kam. Die Inflation war gestoppt, das Finanzwesen reorganisiert, die Republik konnte wieder Kredite aufnehmen und tat es in großen Summen. In Berlin baute man neue Straßen, Bahnen und Kanäle, Wohnanlagen und Spitäler. Innerhalb weniger Monate nach Inkrafttreten des Dawes-Planes wurde es wieder zur wichtigsten Industriestadt Europas und zu einer Kulturmetropole, in der Theater, Musik, Film, Verlage und Zeitungen auf Hochtouren liefen. Die pompöse und spießige Kaiserstadt verwandelte sich nach den Erschütterungen von Revolution, Putsch und Inflation in *die* moderne Großstadt, schnellebig, laut, voller Lichter – und stolz auf ihren Status als Weltstadt, in der aber auch die Kontraste zwischen arm und reich, zwischen Intellektuellenkultur und Warenhauskultur kraß hervortraten. Um 1924 hatte sich das Pathos des Expressionismus erschöpft, die sogenannte Neue Sachlichkeit mit ihrer Nüchternheit, ihren Großstadtthemen und ihrem Interesse an Technik als Gegenstand und Medium und ihrem »harten«, »männlichen« Stil begann sich selbst unter ehemaligen Expressionisten durchzusetzen.[7]

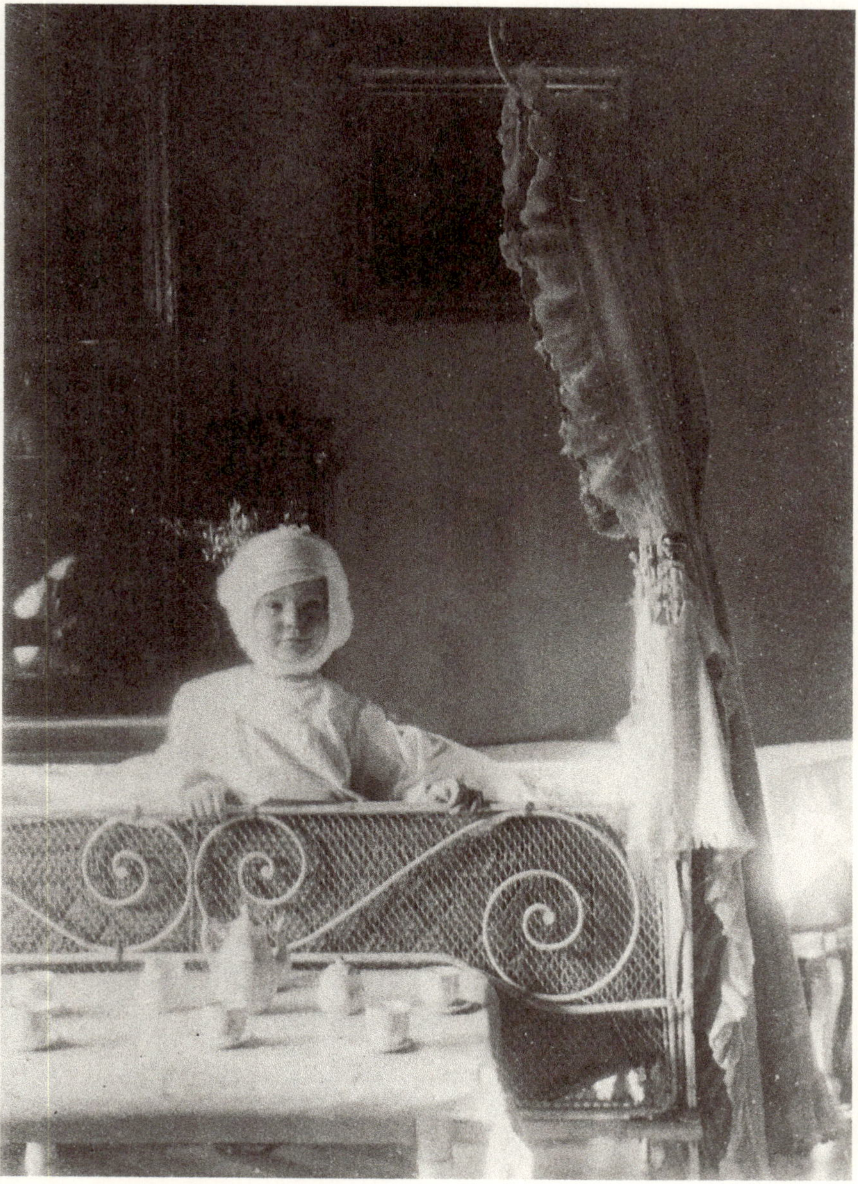

1 Das Kind Netty Reiling mit Ohrenentzündung

2 Der Vater, Isidor Reiling, mit Netty

3 Die Mutter, Hedwig Reiling, mit Netty

4 Netty als junges Mädchen

5 Die Familie: rechts außen Netty, zweite Reihe, vierte von links die Mutter, vorn, Mitte der Vater

6 Lászlo Radványi um 1920

7 Netty als Studentin in Heidelberg

8 Bleistiftzeichnungen von Lászlo Rádvanyi für Netty (1922)

9 In einem holländischen Hafen

10 Auf der Hochzeitsreise im August 1925

11, 12 Netty und Lászlo Rádvanyi in Berlin

13 In der Berliner Wohnung

14 Mit Sohn Peter

15 Mit der Mutter

16 Mit den Kindern Peter und Ruth

17 Anna Seghers mit der chinesischen Freundin Hu Lang Qi, genannt Schü-Yin

Berlin als Haupt- und Industriestadt mit über einer Million Arbeitern war die europäische Hochburg des Kommunismus außerhalb der Sowjetunion und hatte, obwohl die deutsche kommunistische Partei zunächst stagnierte, fünfundzwanzig Zeitungen und viertausend aktive politische Zellen. Es war Sitz der kommunistischen Parteizentrale und der Reichstagsfraktion, der berüchtigten sowjetischen Handelsmission und des Hauptquartiers des WES (Westeuropäisches Sekretariat), das über beträchtliche Summen verfügte. Die junge Sowjetunion, in der Stalin zwar seit 1922 Generalsekretär des ZK war, aber nach dem Tod Lenins 1924 erst seine Macht konsolidieren mußte, verkörperte für viele, unter ihnen eine große Zahl von Intellektuellen und Künstlern, Fortschritt und Zukunft. Im Gegensatz zu den USA schienen alle Lebensbereiche – soziale, technische und künstlerische – bei der Schaffung einer wirklich neuen Gesellschaft zusammenzukommen, in der Industrialisierung und Elektrifizierung, Lenins Schlagworte, in enormen Projekten vorangetrieben wurde. Noch war die künstlerische Avantgarde nicht gleich- oder ausgeschaltet. Seit 1919 kamen deren Vertreter nach Berlin, um ihre Werke und Ideen vorzustellen. Viele blieben und bildeten mit den Emigranten, die vor der Revolution geflohen waren, eine über 200000 zählende widersprüchliche russische Enklave, die sechs Zeitungen, zwanzig Buchläden und ihre eigenen Kabaretts, Cafés und Theater besaß. Russische Konstruktivisten – und der Ungar László Moholy-Nagy – entwickelten einen Stil, der auf der Welt der Arbeit, auf Technik und Organisation beruhte und Künstler wie George Grosz und John Heartfield beeinflußte. Russische und sowjetische Literatur und besonders der neue sowjetische Film, wie ihn Sergej Eisenstein mit *Panzerkreuzer Potemkin* (1925) vertrat, machten einen außerordentlichen Eindruck, allerdings mehr bei Künstlern und Intellektuellen als bei dem Mann oder der Frau auf der Straße, u. a. auch auf Seghers und den Theaterregisseur und -leiter Erwin Piscator, der ihren *Aufstand der Fischer von St. Barbara* – mit John Heartfields kurzfristiger Hilfe für Setdesign – zwischen 1931 und

1934 in der Sowjetunion verfilmen würde. Berlin lebte mit einem Auge zu dem *neuen* Land im Osten, das der verlorene Krieg und jene Verträge von Brest-Litowsk (1918), Rapallo (1922) und Berlin (1926) sowie geheime Vereinbarungen – z.B. die Ausbildung deutscher Truppen auf russischem Boden – nicht nur Kommunisten als Verbündete, Alternative und Druckmittel gegenüber dem Westen erscheinen ließen. »Den Bolschewismus mit den Bolschewisten bekämpfen«, lautete ein Schlagwort der Zeit, während die deutschen Kommunisten, natürlich von Moskau dazu angehalten, immer wieder das Gespenst einer ernsthaften Bedrohung der Sowjetunion durch die kapitalistischen Länder und den Faschismus an die Wand malten – wobei sie zu lange kaum Unterschiede machten und alle, die nicht für sie waren, in einen Topf warfen, von Kriegsgefahr sprachen und Bekenntnisse einforderten, wie sie auch Seghers ab 1930 öffentlich leistete.

Über den privaten Alltag der Radvanyis in Berlin wissen wir sehr wenig. Auch über den Eindruck, den die Großstadt auf Seghers machte, sprach oder schrieb sie nicht. Das Paar wohnte zunächst vom 29. August 1925 bis 14. August 1926 in der Sybelstraße 69[8] in Charlottenburg, dem Stadtteil, in dem schon am 29. April 1926 Sohn Peter geboren wurde. Viel Zeit, sich in den Trubel des Berliner Lebens zu stürzen, blieb der jungen Frau also nicht, zumal sie schreiben wollte und ihr Ziel konsequent verfolgte. Nach der Geburt des Jungen, den sie selbstverständlich stillte[9], nahm sie sich eine Kinderfrau und Haushaltshilfe, Katharina Schulz aus dem Dorf Lindelbach bei Wertheim am Main. Gaya, wie die Familie sie nannte, blieb bis 1937 oder 1938, also auch noch im französischen Exil, fast ununterbrochen bei den Radvanyis und wurde, da sie immer wieder nach Hause zurückkehrte, um bei der Sommerarbeit zu helfen, für Seghers zu einer wichtigen Informationsquelle über das Leben auf den Dörfern ihrer Heimatregion, die sie für ihre Romane *Der Kopflohn* und *Das siebte Kreuz* verwenden konnte. Als Dreiundneunzigjährige erinnerte sich Gaya in einem Gespräch mit Ruth Radvanyi, wie es zu ihrer Anstellung kam:

»Ich stamme aus einer Bluterfamilie, deswegen habe ich nicht geheiratet. Schon als Kind ging ich in ein Nachbardorf in Stellung. [...] Als junges Mädchen kam ich über Bekannte zu einem verwitweten Pastor in Heidelberg, um seinen Haushalt zu führen. Er vermietete ein Zimmer an Studenten. Bei einer Untermieterin traf sich ein Kreis christlich-sozialistischer Studenten. Dort begegnete ich deinem Vater und unserer gemeinsamen Freundin, der Chemiestudentin Lisa Sakowski,[10] die später zum Widerstand gehörte. [...] Nach der Beendigung ihres Studiums und ihrer Hochzeit in Mainz zogen deine Eltern nach Berlin, wo der Vater als Privatgelehrter der Volkswirtschaft eine schlecht bezahlte Arbeit übernahm. Ich vermute, daß Nettys Eltern, vielleicht Rodis Familie, ihnen etwas zukommen ließen. Tschibi und Rodi waren oft unterwegs. Nach der Geburt deines Bruders Peter riet ihnen Lisa Sakowski: Holt doch das Kätchen aus Heidelberg, um euch zu helfen. [...] Die Oma, Tschibis Mutter, verabredete sich mit mir am Darmstädter Bahnhof, wo sie mich zum Essen einlud. Sie stellte fest, daß ich würdig war, ihren Enkelsohn zu pflegen. In Berlin galt ich als Mitglied eurer Familie.«[11]

Ihre Worte erlauben einen kleinen Einblick in den Lebensstil der Radvanyis, die am 19. Oktober 1926 nach Wilmersdorf in die Helmstedter Straße 24 zogen – den Sommer hatten sie Mainz verbracht. Am 28. Mai 1928 gebar Seghers eine Tochter, Ruth. Die Beziehung zu den Eltern, die nun glückliche und stolze Großeltern waren, blieb eng und wurde durch die Enkel gefestigt, deren Geburt sicher überbrücken half, was immer die Reilings an Enttäuschung über die Heirat ihrer einzigen Tochter empfanden. Sobald sie alt genug waren, verbrachten die Kinder ihre Ferien bei den Großeltern, die sich für den Sommer in Königstein im Taunus einmieteten.[12]

Die Radvanyis blieben bis Anfang 1932 in Wilmersdorf, seit dem 2. März wohnten sie dann Am Fischtal 56 in Zehlendorf in einer modernen Anlage,[13] die mehr Grün und zur Zeit, da Überfälle der SA auf Kommunisten häufiger wurden, vielleicht mehr Sicherheit bot.[14] Wie die meisten ihrer linken und kommunistischen Kollegen und Kolleginnen bürgerlicher Herkunft lebten Seghers und ihr Mann nie in einem der Arbeiterviertel Berlins, sondern im Westen und Südwesten der Stadt. Wilmersdorf gehörte zu den »besseren Wohnbezirken«, in dem es wenig Industrie gab und die Zahl der Arbeiter – vergleichsweise zu den übrigen Berliner Bezirken – gering, die Zahl der Angestellten und Beamten – und der Künstler – aber besonders hoch war. In den Jahren zwischen 1927 und 1929 wurden hier am Laubenheimer Platz (heute Ludwig-Barnay-Platz) von der »Berufsgenossenschaft deutscher Bühnenangehöriger« und dem »Schutzverband deutscher Schriftsteller« (SDS), in dem auch Seghers aktives Mitglied war, drei Wohnblocks nach dem Prinzip der »Gartenterrassenstadt« für Mitglieder angelegt.[15] Die Mieten waren niedrig und viele, die die junge Autorin in ihrer Berliner Zeit kennenlernte, im Exil wiedertraf und die teilweise, wie die Schauspielerin Steffie Spira-Ruschin, zu lebenslangen Freundinnen oder Freunden wurden – andere entfernte die Politik wieder –, wohnten hier. Unter ihnen befanden sich Theodor Balk, Johannes R. Becher, Ernst Bloch mit seiner späteren Frau Carola Piotrkowski, Alfred Kantorowicz mit seiner Frau Friedel, Kurt Kläber und Lisa Tetzner, wenn sie nicht in der Schweiz waren, Gustav Regler, Manès Sperber und Erich Weinert. Der »rote Block« war in der Zeit vor und kurz nach der Machtergreifung Hitlers berühmt/berüchtigt für die Überfälle der SA und die militant antifaschistische Haltung seiner Bewohner. Ebenfalls in Wilmersdorf und in noch größerer Nähe der Helmstedter Straße lagen die Güntzelstraße 3, Adresse von Egon Erwin Kisch, und die Spichernstraße 16, wo Helene Weigel ihre Atelierwohnung hatte, die sie eine Zeitlang Brecht überließ. Wir wissen, wie Seghers die Schauspielerin Steffie Spira und deren Mann kennenlernte – im Februar 1929 am Wannsee beim Ballspielen mit ihrem kleinen Sohn[16] –, von den anderen, die Mitglieder des BPRS und/oder der KPD waren und als Parteimitglieder wohl wie Seghers zur Ortsgruppe Steglitz gehörten, ist anzunehmen, daß sie einander im SDS oder spätesten im

Bund oder in der kommunistischen Zelle begegneten. Ob Seghers damals mit Bloch persönlich bekannt wurde, läßt sich nicht sagen, mit Carola wohl schon. Die war Mitglied der KPD und beteiligte sich an Diskussionsrunden in der Wohnung von Georg Lukács, den sie bei einer Veranstaltung der MASCH kennengelernt hatte. Bloch bekam jedoch zu dieser Zeit keine Einladungen, da die Differenzen zum ehemaligen Freund Lukács zu groß waren.[17]

Nicht nur die Wohnung der Radvanyis lag fern der Welt, für die er arbeitete und über die sie zu schreiben begann. Bemerkenswert ist auch der Kontrast zwischen der blühenden Schönheit der jungen Mutter sowie der Geborgenheit, die sie ihren eigenen Kindern zu bieten suchte, und dem Bild der Arbeiterfrauen andererseits, das sie in den Werken aus der Berliner Zeit, wie z. B. »Auf dem Wege zur amerikanischen Botschaft« (1929/30) und »Marie geht in die Versammlung« (1932), zeichnete. Es sind Frauen, für die ihr Körper, ihre Sexualität und ihre Mutterschaft eine sie verzehrende Belastung darstellen. Jede politische Tätigkeit, wie das Mitmarschieren in einer Demonstration oder das Verteilen von Flugblättern, bedeutet einen furchtbaren Zwiespalt, weil sie sich ohnehin nicht genug um ihre Kinder kümmern können. Diese Diskrepanz zwischen dem gelebten und dem dargestellten Leben kennzeichnet das Seghersche Erzählen, das ja von Anfang an nicht von dem Bedürfnis nach Bekenntnis und Autobiographie ausging. Sie ist aber besonders dann auffällig, wenn es doch eine für Figuren und Autorin gemeinsame Erfahrungsgrundlage gibt, wie eben die Mutterschaft oder später die Fluchtsituation in *Transit.*

Für die *harten* Frauenbilder aus der Weimarer Zeit bieten sich verschiedene, einander nicht ausschließende Erklärungsmuster an: Vordergründig wurde Seghers durch das eigene Erleben und das Bewußtsein ihrer privilegierten Situation sensibilisiert für die schwierigen und mit zunehmender Arbeitslosigkeit noch schlimmer werdenden Bedingungen, unter denen arme Frauen existierten. Sie sah und schilderte Bedingungen, die Liebe und Mutterglück unmöglich zu machen und jede Art von Transzendenz in Form von Gedanken und Hoffnungen, geschweige denn revolutionäres Handeln, von vornherein zu verbieten schienen. Der »normale« Alltag der namenlosen Frau in »Auf dem Wege zur amerikanischen Botschaft«, den Seghers in expressiven Bildern festhält, besteht darin, daß sie tagsüber zur Arbeit geht und abends ihre Kinder nur als »drei Schlafende auf dem Bett« sieht:

»Frühmorgens machte sie sich wild her über die Stücke, die von den Kindern zurückgeblieben waren, Strümpfe und Jakken und Wäsche. [...] Sie war todmüde von dem Tag, der noch gar nicht da war. Es langte nur in ihr, um kleine Stiche zu machen, einen neben den anderen. Sie wollte sich etwas ausdenken, aber ein jeder Stich stach ihr einen Gedanken durch. Niemals würde sie einen dieser leuchtenden Gedanken denken, wie sie die Männer ausdenken, damit man sich daran festhalten und leben konnte.«[18]

Immer wieder macht Seghers im Frühwerk die geschlechtsspezifischen Unterschiede, was Möglichkeiten zum Aufruhr oder zu politischer Aktion betrifft, deutlich. Für ihre Frauen gibt es keinen Ausbruch in Abenteuer und revolutionäre Romantik, da sie die Verantwortung für den Alltag und die Kinder tragen, die sich nur im besten, aber immer große, wenn auch unspektakuläre Opfer fordernden Fall verbinden läßt mit Solidarität für die Tätigkeit der Männer. Sie kannte diese Verantwortung selbst und akzeptierte sie in ihrem Leben, in dem sie sich um den Alltag und die Kinder kümmerte, und in ihrer Fiktion, in der sie nicht aufhörte an die Schwächsten in der Gesellschaft – und in jeder Revolution – zu erinnern: an die Frauen und Kinder.

Als produzierende Künstlerin, die als solche hauptsächlich mit Männern zu tun hatte, mag Seghers aber bei allem jungen Glück der Frau und Mutter ihr Geschlecht und ihren Körper auch – zumindest unbewußt – als Gefängnis empfunden haben, das ihr »Biologie als Schicksal« aufzwang. Ihre Phantasie und ihre Einfühlungsgabe versetzten sie oft in Lebens- und Erfahrungsbereiche, denen sich ihr waches Bewußtsein verschloß, und ließen sie offen bleiben für sehr verschiedene, ihr scheinbar fremde Daseinsformen. Sie mag ein Unbehagen, das sie nie anders hätte artikulieren können oder wollen, auf die ärmsten Frauen projiziert haben, um zu zeigen, wie bei ihnen das soziale Elend zur völligen Entfremdung vom eigenen Körper führte. Ihr, die sich in ihrem Tagebuch ein »schreckliches Liebesbedürfnis« eingestanden hatte, war dies trotz der Ambivalenz, die sie selbst fühlen mochte, eine Horrorvision und eine Anklage gegen Welt und Gesellschaft – nicht gegen die Männer –, die sie im Frühwerk über die mißbrauchten und ausgebeuteten Körper von Frauen höchst eindringlich zum Ausdruck bringt. So erinnert sich die Frau in »Auf dem Wege zur amerikanischen Botschaft« an ihren letzten Geschlechtsverkehr:

»Unnütz ist's, lohnt nicht, schlecht ist es, man denkt ja schon immer währenddem an das Spitze, Scharfe, was nachher kommt an dieselbe Stelle. Er hat nicht mal besondere Lust gehabt, bloß herausgepufft und herumgetrudelt, und sie hat auch keine besondere Lust gehabt, hat sich bloß gefreut, daß das noch von ihr jemand will, was aber nichts zum Freuen ist. [...] Schenkel und Bauch, die hängen doch bloß dumm außen an einem herum, ob so einer noch was dran findet, das ist für so eine wie sie nichts zum Freuen und nichts zum Grämen. [...] Sie wollte die falsche Zeit loswerden, die immer durch sie durchlief, und die richtige große Zeit haben, in der man frei herumläuft.«[19]

Vom Standpunkt dieser Frau erscheint »die richtige große Zeit« als eine, in der sie »frei« ist von der Herrschaft, die Gesellschaft und Natur über ihren Körper ausüben, es ist aber auch eine asketische, in der Sinnlichkeit keine wichtige, positive Rolle spielt.

War das der Standpunkt der Autorin? Was das private Leben betrifft, wissen wir nicht mehr als bereits gesagt wurde. Erotik und Sexualität nahmen darin, soweit wir sehen können, keinen großen Raum ein, andererseits lebte Netty Radvanyi nicht asketisch und scheint als junge Frau und Mutter glücklich gewesen zu sein und sich nie einen anderen Mann als Rodi gewünscht zu haben. Die erotischen Bedürfnisse, die sie sich vor ihrer Heirat eingestand, wurden wohl einerseits bis zu einem gewissen Grad erfüllt, andererseits, wie sie schon damals erwartet hatte, sublimiert, und zwar in den gemeinsamen Zielen und Überzeugungen. Das Paar entsprach damit letztlich den konservativen Moralvorstellungen und, wie noch zu sehen sein wird, dem doppelten Standard, die sich unter Kommunisten durchsetzten, nachdem zunächst Fragen der sexuellen Freiheit und Abschaffung der Familie heftig diskutiert worden waren, besonders in der postrevolutionären Sowjetunion, aber auch in sehr viel bescheidenerem Maß in Deutschland. Lenin vertrat in diesen Debatten den konservativen Standpunkt: In einem Interview mit Clara Zetkin von 1920, das 1925 veröffentlicht wurde,[20] wandte er sich gegen die Exzesse der sexuellen Revolution in der Sowjetunion, einer Revolution, die viele Bolschewiken, u. a. auch die berühmte Fürsprecherin einer »neuen Moral«, Alexandra Kollontai, neben der politischen forderten und zu praktizieren suchten. Lenin leitete damit bereits den sogenannten »sexuellen Thermidor« ein, der Mitte der dreißiger Jahre unter Stalin folgte.[21] Ob die Radvanyis das Interview kannten, läßt sich nicht sagen, es wäre jedoch anzunehmen. Was Seghers' Frühwerk betrifft, so ist die Aussage darin aber nicht nur eine entschieden asketische, sondern eine negative. »Es ist noch zu viel von Liebe und zu wenig von Zement die Rede«, schreibt sie 1927 am Ende ihrer Rezension von Fjodor Gladkows in diesem Jahr in Deutschland erschienenem Roman *Zement* programmatisch und gibt einerseits zu verstehen, daß sie selbst diese Thematik, die Gladkow, ein Vorkämpfer für die sexuelle Revolution und vor allem die »neue Frau« in der Sowjetunion, breit aufrollt, nicht für vorrangig hält. Wo sie jedoch im Frühwerk darauf eingeht, richtet sie ihren kühlen Blick auf das Bestehende, Schlechte: In dem entfremdeten oder kämpferischen Dasein ihrer Figuren gibt es keinen Platz für erotische Liebe, und Sex ist für Frauen und Männer im besten Fall eine kurzfristige

Ablenkung, für Frauen im meist eintretenden schlimmsten ein Akt der Verzweiflung und Selbstzerstörung.

Obwohl Seghers mit einer Reihe von angefangenen Manuskripten nach Berlin kam, dauerte es mehr als zwei Jahre, bis sie mit einer neuen Veröffentlichung hervortrat. Ob sie in der Zwischenzeit Absagen erhielt, selbst wartete und auch von ihrem neuen Leben, von Schwangerschaft, Geburt und Mutterpflichten, stark in Anspruch genommen wurde, darüber läßt sich nur spekulieren. Tatsache ist, daß ihre zweite Publikation,[22] die Erzählung »Grubetsch« – sie galt, wie wir sahen, lange für die erste –, zwischen dem 10. und 27. März 1927 wiederum in der *Frankfurter Zeitung und Handelsblatt* erschien. Sie gehört bereits zum Besten, was Seghers in der Weimarer Zeit und insgesamt schrieb, und belegt so, daß Seghers in den Berliner Anfangsjahren künstlerisch ihre Stimme suchte und fand, was kaum ohne Arbeit, Selbstkritik und wohl auch nicht ohne Rückschläge möglich war. Als Autor für »Grubetsch« zeichnete Netty auch diesmal mit dem Pseudonym Seghers, das beizubehalten sie sich offensichtlich bereits entschlossen hatte, einen Vornamen gab sie aber nicht an. Da auch das bald folgende Buch, *Aufstand der Fischer von St. Barbara*, zunächst keinen trug, ist anzunehmen, daß die junge Autorin, wie so manche Schriftstellerin vor ihr, nicht sofort als Frau identifiziert werden wollte. Doch dazu später mehr.

»›Grubetsch‹: Ein böser Hof, und in dem Hof ein Mann, der es versteht, die geheimen Wünsche der Menschen nach Zugrundegehen zu erraten und jedem in seiner Weise zu erfüllen«, so stellte Seghers ihre Erzählung etwas später vor,[23] und wies selbst auf das für sie charakteristische Ineinander von Topographie, Handlung und Figurenzeichnung hin. Hof und Schenke, Orte, die bei Seghers vielfach wiederkehren,[24] sind Schauplätze und Akteure in extremen Situationen, in und mit denen die Charaktere ihre tiefsten Bedürfnisse ausleben und auf diese Weise ihre Existenz erfahren und behaupten. Die quälerischen und selbstquälerischen Zwänge, denen sie in

»Grubetsch« verfallen, stellen letzte Ausbruchsversuche aus einer sinnentleerten »bösen« Welt dar. Ob die Figuren dabei nach herkömmlichen Moralvorstellungen handeln, ist irrelevant. Erst die radikale Infragestellung des bisherigen Denkens erlaubt nach Kierkegaard eine Neuorientierung, von diesem Gedanken geht Seghers in ihren frühen Erzählungen aus. Der existenzphilosophische Ansatz ihres Welt- und Menschenbildes zieht sich jedoch durch das gesamte Werk, das immer wieder zur Grundstruktur einer Grenzsituation greift, in der die Menschen ihr Wesen und ihre Wahrheit erst finden.

Kurz nach »Grubetsch«, am 22. Mai, brachte die Literaturbeilage der *Frankfurter* unter dem Titel »Revolutionärer Alltag« auch Seghers' erste publizistische Arbeit heraus, die eben genannte Rezension von Gladkows *Zement*. Beide Texte zusammen signalisieren Seghers' Standpunkt in den ersten Berliner Jahren – und darüber hinaus. Während die Erzählung, die wie erwähnt möglicherweise schon in Mainz begonnen wurde, Berlin[25] und das kommunistische Milieu, in dem sich Seghers mit ihrem Mann bewegte, noch nicht reflektiert, deutet die Rezension bereits auf ihr kulturpolitisches Engagement auf pro-sowjetischer und kommunistischer Seite. »Aber der Kopf ist schneller als das Herz. Das Herz liegt noch dumpf und schwerfällig im verlassenen Bett, während die Riesenkrane des Zementwerkes schon anziehen«,[26] heißt es in der Rezension, was bis zu einem gewissen Grad auch Selbstaussage ist. Sie galt für 1927, aber auch das ganze weitere Leben, in dem die Diskrepanz zwischen »Kopf und Herz«, zwischen politischer Bindung und diskursiver Aussage einerseits und dem vielschichtigen erzählerischen Werk, in dem das ›Herz‹ allerdings keineswegs dumpf ist, andererseits nie ganz verschwand. Diese Diskrepanz macht Seghers – den Menschen und die Autorin – komplexer und interessanter, als ihre eigenen Bemerkungen und die Darstellungen anderer meist vermuten lassen. Bei ihr überlagerten sich Eindrücke und Einflüsse, verdrängten einander aber nicht notwendigerweise.

Was den kulturpolitischen Kontext der Rezension betrifft,

so repräsentierten die deutschen Übersetzungen der Bücher von Gladkow – und auch von Isaak Babel, der zusammen mit Larissa Reisner[27] in der Kritik lobend erwähnt wird –, die neue Literatur des im Um- und Aufbruch befindlichen Landes im Osten. Seghers, die sich ja schon lange für russische Literatur interessierte, beschäftigte sich jetzt besonders mit diesen Autoren und ergriff die Gelegenheit, in der *Frankfurter Zeitung*, zu der sie ja Beziehungen hatte, den Roman *Zement*, der in der Sowjetunion sehr positiv aufgenommen worden war,[28] einem breiteren, bürgerlichen Publikum vorzustellen. Sie war außerdem mit der Übersetzerin, deren Leistung sie in ihrer Rezension würdigt, ohne ihren Namen zu nennen, befreundet: Olga Halpern (1887–1967) war eine gebürtige Russin, die sich in diesen Jahren mit ihren Übertragungen sowjetrussischer Autoren – neben Gladkow u. a. auch Scholochow, Gorki, Jessenin – um das Bekanntwerden dieser Schriftsteller in Deutschland verdient machte. Halpern war mit dem ungarischen Schriftsteller und Kritiker Andor Gábor (1884–1953) verheiratet, der in der Räterepublik in Lukács' Volkskommissariat für Kultur gearbeitet hatte und mit seiner Frau ebenfalls 1925 nach Berlin gekommen war, wo er u. a. Korrespondent des *Ogonjok* und Feuilletonkorrespondent der *Prawda* wurde. Das Paar gehörte zu den Gründern des BPRS, in dem sich Gábor radikal für eine selbständige proletarisch-revolutionäre Literatur und – gemeinsam mit Halpern – für schreibende Arbeiter einsetzte. Trotzdem zählte ihn der Arbeiterschriftsteller Willi Bredel zur »ungarischen Pest«, wie er und andere die Exilungarn im BPRS, denen sie »Radikalität, Kompromisslosigkeit und intrigante[n] Arbeit« vorwarfen, nannte.[29] Gábor war Lehrer an der MASCH und leitete im BPRS die Arbeitsgemeinschaften Kurzgeschichte/Reportage und Theater, an denen sich auch Seghers beteiligte. Sie sah ihn positiv und schrieb viele Jahre später in einer der zahlreichen Erinnerungen an alte Genossen und Freunde, um die sie für Buchausgaben, Geburts- und Todestage dann immer wieder gebeten wurde: »Wie wir heftig gestritten haben! Heftig und echt – das heißt, es ging trotz aller Widersprüche um das gemeinsame Ziel!«[30] Aber auch für Willi Bredel fand sie anläßlich seines Todes 1964 schöne Worte, die, soweit man aus solchen Texten Schlüsse ziehen darf, an eine frühe Stellung außerhalb der Fronten in den eigenen Reihen anzuschließen scheinen und auf Seghers' lebenslanges Bemühen hindeuten, Differenzen als Meinungsstreit ein- und unterzuordnen. Ob ihr das in diesen Jahren immer gelang, ist eine andere Frage, doch im allgemeinen liebte sie von ihrer Veranlagung und ihrer Erziehung her Konfrontationen nicht und suchte sie zu vermeiden.

Seghers kannte Halpern und Gábor durch ihren Mann[31] und war durch ihn von Anfang an stark an die kommunistischen Emigranten gebunden und am kommunistischen Internationalismus interessiert, mehr vielleicht als an der deutschen Partei, in der ihr Kosmopolitismus – zumindest in DDR Zeiten – auf Mißtrauen stieß.[32] Der revolutionserfahrene, ältere Gábor, der in seiner Publizistik die Schrecken des Horthy-Regimes in Ungarn anprangerte, war wohl auch eine der mündlichen Quellen für *Die Gefährten*. Diese Freundschaft überdauerte – wie so viele aus der Berliner Zeit – Exil, Krieg und räumliche Trennung. Aus den fünfziger und sechziger Jahren gibt es einen Briefwechsel zwischen den Frauen, in dem sich Seghers an »unsere Berliner Zeit«[33] erinnert und daran, daß »wir vieles näher und einfacher sahen, vielleicht viel näher und viel einfacher, als es in Wirklichkeit war«, womit sie auf ihrer aller Naivität, aber auch Radikalität anspielt.[34] Sie hat außerdem nicht vergessen, »wie Du [Olga] den ›Aufstand der Fischer‹ dem Lanshof [sic!] bei Kiepenheuer empfohlen hast, und wie ich glücklich war, als es erschien, denn ich glaubte bis zum letzten Moment nicht, dass Du Glück mit Deiner Empfehlung gehabt hast.«[35]

Während Netty ihre familiären und vorerst auch die literarischen Beziehungen nach Mainz und Frankfurt aufrechterhielt und mit alten Bekannten und Emigranten-Freunden verkehrte, knüpfte sie neue Kontakte in Berlin, die zunächst vielfach mit der MASCH und der Tätigkeit ihres Mannes zusammenhingen. In diesem Sinne kann man auch Seghers' eingangs zitierte Bemerkung, daß sie von der Arbeiterbewegung her zum BPRS gekommen sei, verstehen. Die Marxistische Arbeiterschule oder MASCH[36] gehörte zu den zahlreichen, im ersten Drittel des zwanzigsten Jahrhunderts außerhalb der traditionellen Schulen und Hochschulen ins Leben gerufenen Bildungseinrichtungen. Sie stand der KPD sehr nahe und sollte einen entschiedenen Gegenpol zur sozialdemokratischen Arbeiterbildung der Zeit darstellen, wurde aber finanziell nicht von der Partei unterstützt und bestritt ihre Ausgaben aus den Gebühren der Hörer – zuerst 25, dann 30 Pfennige pro Kursabend (zum Vergleich: ein Kilo Brot kostete 1927 45 Pfennige). Die »Hochschule der Werktätigen«, wie sich die MASCH auf ihren Plakaten und Ankündigungen nannte, war keine Parteischule und wandte sich auch an Nicht-Kommunisten, die die Mehrzahl der Hörer stellten. Sie begann ihre Aktivität, noch ehe der 11. Parteitag der KPD von 1927 »Massenarbeit« forderte und der Gründungsaufruf – am 5. April 1927 in der *Roten Fahne,* dem Parteiorgan der KPD – erschien.[37] In gewisser Hinsicht konnte die Errichtung der Schule also als Modell für das von Seghers in ihren Werken häufig ausgedrückte Vertrauen dienen, daß einzelne unabhängig von der Partei und doch in ihrem Interesse und in Übereinstimmung mit ihr handelten.

1926/27 gilt als das erste offizielle Schuljahr der MASCH, doch gab es nach Aussagen von Radvanyi[38] schon 1925/26 Lehrveranstaltungen, an denen er sich beteiligte. Die Anfänge der Schule fielen also mit den Anfängen eines gemeinsamen Lebens für das junge Paar zusammen. 1927 wurde Rodi, der ehrenamtlich für die Agitpropabteilung der KPD gearbeitet hatte, unter seinem damaligen Parteinamen Johann Schmidt[39] zum organisatorischen Leiter der Schule bestellt, sein Gehalt betrug 450,– Mark,[40] die Lehrer arbeiteten, wie bereits erwähnt, unentgeltlich. Da der Aufbau der MASCH unzweifelhaft ein großes Maß an Einsatz forderte, einen Einsatz, den

Seghers bewunderte und unterstützte, wurde die Beziehung früh von dem Respekt für seine Arbeit und dem Dienst an »der Sache«, der Verbreitung des Marxismus und der Ermächtigung des Proletariats im breitesten Sinne, geformt. Seghers selbst beschrieb die MASCH 1974 in einer kurzen Erinnerung an einen Besuch bei Einstein, den sie 1930 auf Wunsch ihres Mannes zu Vorträgen anwarb, allgemein als »[e]ine Schule, in der den Leuten aus den Betrieben und den Arbeitslosen und allen, die sonst keine Gelegenheit gehabt hatten, Wichtiges zu erfahren, die Gesetze des Lebens, das Wesentliche in Wissenschaft und Kunst erklärt wurde«[41]. Was sie selbst noch konkret beitrug, läßt sich nicht mehr in allen Einzelheiten feststellen,[42] doch war die Schule, die sie mit ihren Lehrern und Schülern aus nächster Nähe erlebte, für Seghers eine entscheidende Erfahrung. Die Vielfalt des Kursangebots, der Appell an Parteilose, die Solidarität von Intellektuellen und Künstlern, die ihr Wissen und Können zur Verfügung stellten, die Betonung auf Lernen und eigene Einsicht, der Respekt für Arbeiter und »kleine Leute« und das Gefühl, daß Neues, Fortschrittliches im Gange war, nach dem sie gemeinsam strebten, all das hinterließ seine Spuren in ihrem Werk, das sich in erster Linie für diejenigen interessierte, die ihren Weg erst suchten und dem Prozeß des Lehrens und Lernens einen hohen Stellenwert beimaß.

Rodi, der schon als Student gern doziert hatte, bewährte sich als Lehrer und als Organisator. Als solcher folgte er einerseits dem alles andere als geradlinigen Kurs der Partei, deren Funktionär er ja war – Anfang der dreißiger Jahre wurde auch an der MASCH die These vom Sozialfaschismus (u.a. von Walter Ulbricht) gelehrt –, gleichzeitig bot die Schule aber ein sehr breit gefächertes Programm, das unter den Kommunisten umstrittene Themen wie Psychoanalyse – Wilhelm Reich gehörte zu den Lehrern – einschloß. Die Erfolge der MASCH, besonders bei parteilosen Arbeitern, wurden vom 12. Parteitag der KPD 1929 sehr positiv bewertet und führten dazu, daß die Schule auf ganz Deutschland ausgedehnt und Schmidt/

Radvanyi 1930 mit der Gesamtleitung betraut wurde. Vorher, 1929, schickte ihn die Partei nach Moskau, wo er u. a. mit Nadeshda Krupskaja, der Witwe Lenins, die für Erwachsenenbildung zuständig war, Gespräche führte.[43] Wenn er jemals mit Trotzki und seiner Theorie der permanenten Revolution und vor allem des proletarischen Internationalismus sympathisiert hatte, was nicht unwahrscheinlich ist,[44] wurde er wohl spätestens jetzt bedachtsamer und *parteitreuer* in dem Sinne, daß sich sein Blick, wie der der meisten seiner ungarischen Landsleute, aber auch der deutschen KPD, strenger auf die Direktiven aus Moskau – und das hieß zunehmend auf Stalin – richtete, und »dogmatisch«, insofern als er diese Linie als geschulter Philosoph zu vertreten suchte und polemisch argumentierte. Seine Arbeit und auch seine Publikationen in der Zeitschrift der MASCH[45] zeigen ihn aber, soweit sich das überhaupt sagen läßt, – noch – nicht als den »im schlechten Sinn des Wortes [...] parteitreu[en] Mensch[en]«, als den ihn Lukács in späten Erinnerungen, *Gelebtes Denken,* beschrieb. Was immer Lukács mit seinen im post-stalinistischen Kontext und auf die DDR-Zeit bezogenen Bemerkungen meinte – wir kommen noch darauf zurück –, sie passen auf Radvanyis Berliner Jahre nur insofern, als sich der Kurs der KPD insgesamt als ein höchst fragwürdiger erwies, aber einen Widerspruch erfordert hätte, den kaum eine/r zu leisten imstande war, geschweige denn der Exilant Radvanyi, dem die KPD einen Platz und Weg geboten hatte, seine Fähigkeiten einzubringen. Er war stets ein begeisterter Lehrer, aber keineswegs eine Führernatur und als Mensch eher vorsichtig, eine Eigenschaft, die seine Lebenserfahrungen nur bestärken konnten.

Die Schule wuchs sehr rasch – von 19 Kursen und 146 Hörern in den Jahren 1926/27 auf 325 Kurse und 1900 Hörer zwei Jahre später, um schließlich 1931/32 400 Kurse für 5000 Hörer anzubieten. Das Programm umfaßte neben Kursen über Fragen des Marxismus viele Wissensbereiche, einschließlich Kunst und Kultur, und praktischer Kenntnisse, z. B. über Medizin, Hygiene und Sexualfragen. Zu den Lehrern gehörten damals und/oder später bekannte Namen wie z. B. Jürgen Kuczynski, Willi Münzenberg, Sperber (über Erziehungsfragen), Balázs (über Film), Hanns Eisler (über Musik und Musiktheorie), Piscator, Heartfield, Walter Gropius, Hannes Meyer, Lukács (Pseudonym Keller), Kisch, Kurt Kersten, Kläber, Ludwig Renn, F. C. Weiskopf. Seghers kannte nachweislich fast alle der eben Genannten in der Weimarer Zeit und begegnete ihnen in verschiedenen Kontexten; manche wurden gute Freunde. Die Schule arbeitete eng mit dem BPRS und anderen linken und kommunistischen Künstlerorganisationen zusammen. Es war die MASCH, die die ersten sowjetischen Filme propagierte – Seghers nennt später »›Panzerkreuzer Potemkin‹, aber auch ›Sturm über Asien‹, ›Der Weg ins Leben‹«, die »einen ungeheuren Eindruck« auf ihre »ganze Generation« gemacht hätten.[46] Sie liefen im »Babylon«, der »proletarischen Filmbühne«, für Hörer zu ermäßigten Preisen. Für Lehrer und Schüler war die MASCH, wie viele Erinnerungen bezeugen, nicht nur eine wichtige Bildungseinrichtung, in der sie neue Ideen erfahren oder vermitteln konnten, sondern auch eine Stätte der Begegnung zwischen Menschen und Klassen. Hier gab es für Intellektuelle und Künstler die Möglichkeit, Arbeiter und – ab 1929 zunehmend – Arbeitslose kennenzulernen und umgekehrt. Ein prominenter Schüler der MASCH war Bert Brecht, der 1929/30 Veranstaltungen über Fragen der materialistischen Dialektik besuchte und mit anderen Hörern seine eigenen Arbeiten diskutierte.[47] Der berühmteste Dozent war Albert Einstein, der am 14. November 1930 und am 26. Oktober 1931 Vorlesungen über Relativitätstheorie hielt, die auch Brecht besuchte, von Seghers wissen wir es nicht mit Sicherheit. Sie war es aber, die den berühmten Physiker dazu überredete. In ihren Erinnerungen an den Einladungsbesuch, »Einstein in der MASCH«, meint sie, sie habe damals keinerlei Zweifel gehabt, daß Einstein – auf dessen Judentum sie eigens hinweist – trotz Überlastung in der Schule sprechen werde, denn »er war für das Neue, Fortschreitende, auch ihm hatte die Reaktion schon zugesetzt«.[48]

Der MASCH setzte »die Reaktion« ab 1930 ebenfalls zu. Die Schulräume wurden mehrmals polizeilich durchsucht und standen unter Kontrolle. 1931 erlaubte der Berliner Magistrat nicht mehr, daß wie bisher Unterrichtsräume in den städtischen Schulen gemietet wurden. Die Kurse wichen zum Teil auf Privatwohnungen aus, die u. a. von Schauspielern, Künstlern und Schriftstellern wie Brecht, Bernhard von Brentano, Eisler, Lion Feuchtwanger, Heartfield, Weigel, Kurt Weill zur Verfügung gestellt wurden. Außerdem trafen sich die Teilnehmer häufiger in Gaststätten, wo sie aber mit SA-Überfällen rechnen mußten. Im Herbst 1932 fand schließlich eine Razzia mit Verhaftungen im zentralen Schullokal in der Schicklerstraße 6 statt, unter den Festgenommenen war z. B. Ludwig Renn. Der Name des Leiters taucht nicht auf, doch spricht Seghers in ihrem Lebenslauf aus den fünfziger Jahren von »Verhaftungen des Mannes.«[49] Sicher konnte sich der Ausländer und Kommunist in Deutschland auf keinen Fall mehr fühlen. Hausdurchsuchungen folgten und fanden auch bei der Familie Radvanyi bereits »vor Hitler« statt, wie Seghers in ihren Lebensläufen und Personalbogen wiederholt angibt.[50] Nach der Machtergreifung Hitlers waren die Tage der Schule gezählt, am 29. März wurde sie offiziell verboten, das zentrale Schullokal geschlossen und das Archiv zerstört. Schmidt/Radvanyi befand sich zu dieser Zeit bereits außer Landes, wo er hoffte seine Tätigkeit fortsetzen zu können.[51] Für ihn war die MASCH ein Höhepunkt seines beruflichen Lebens, wenn auch die späteren Professuren – in Mexiko und an der Humboldt-Universität in Berlin – vielleicht eher seinem Temperament und seinen ursprünglichen Neigungen entsprachen. Für seine junge Frau bedeutete die Schule nicht nur eine wichtige Erfahrung, sie beeinflußte auch die Dynamik der Beziehung zu ihrem Partner. Seine Leistung und Hingabe bestärkten sie in ihrem Respekt für ihn und gaben ihm in ihren Augen eine zusätzliche Autorität, die er nie mehr verlieren würde, noch als sie mit den Jahren bei weitem das größere Ansehen zu genießen begann.

Bei aller Bewunderung und allem Interesse für die MASCH und die Arbeit ihres Mannes ging Seghers aber seit dem Erscheinen von »Grubetsch« zielstrebig ihren Weg als Autorin weiter. Sie schrieb fleißig und bemühte sich von nun an gleichzeitig tatkräftig und selbstbewußt um Veröffentlichung ihrer Texte. 1928 wurde ein volles und entscheidendes Jahr für sie. Erneut schwanger, beendete sie den *Aufstand der Fischer von St. Barbara* und schickte das Manuskript zunächst, wie es scheint, an den S. Fischer Verlag, wo es dem damaligen Lektor Oskar Loerke zwar positiv auffiel,[52] aber offensichtlich nicht akzeptiert wurde, und dann an den Gustav Kiepenheuer Verlag. Im Mai rief eine Frau Dr. Radvanyi bei Fritz H. Landshoff, dem jungen Geschäftsführenden Teilhaber des Verlages an, um sich zu erkundigen, ob er den Text – er hatte ihn vor ein paar Wochen erhalten – schon gelesen und eine Entscheidung getroffen habe. Als sie hörte, daß das noch nicht geschehen sei, erbat sie eine baldige Antwort, da sie kurz vor der Geburt eines Kindes stehe und gern wisse, »ob ihr Buch angenommen sei«. So erzählt zumindest Landshoff, der verlegerische »Entdecker« von Anna Seghers, in seinen Erinnerungen.[53] Es gelang Seghers telefonisch, ihn zu bewegen, das Manuskript sofort zu lesen und ihr schon am nächsten Morgen, »stark beeindruckt«, eine Zusage zu machen: Im Herbst des Jahres werde er die Erzählung herausbringen. »Wenige Tage später«, so berichtet Landshoff weiter, »ließ sie mich wissen, daß sie eine Tochter geboren habe. Ich schickte ihr Blumen in die Klinik und besuchte sie, sobald sie nach Hause zurückgekehrt war, und wir schlossen unseren ersten Vertrag.«[54] Resolut, beharrlich und persönlich, wie Landshoff hier die junge unbekannte Autorin erlebte, blieb Seghers auch weiterhin, wenn sie mit Verlegern und Agenten zu tun hatte, wobei in schwierigen Situationen die Zielstrebigkeit, die der Verbreitung ihrer Arbeit diente, den Ausschlag erhielt.

Im Januar 1930 schlossen Landshoff und Seghers einen weiteren Vertrag – über »den nächsten Roman und die nächste Novellensammlung (bestehend aus drei Novellen)«, der

der Autorin, abgesehen von einem bereits erhaltenen Vorschuß von 1100 Mark, eine monatliche »Rente« von 600 Mark für ein Jahr garantierte. Bei Ablieferung eines der Manuskripte sollte sich die Summe auf 700 Mark erhöhen. Seghers begann damit wesentlich zum Unterhalt ihrer Familie beizutragen, ja, sie wurde zur Hauptverdienerin und blieb es in Zukunft in schweren und leichteren Zeiten. Landshoff konnte seine Autorin auch noch nach der Machtergreifung Hitlers veröffentlichen, da er mit Unterstützung des holländischen Verlegers Emanuel Querido einen Verlag in Amsterdam gründete, mit dem er zu einem der bedeutendsten Herausgeber von deutschsprachiger Literatur im Exil wurde.[55] Bei ihm erschienen sowohl *Der Kopflohn* wie auch *Die Rettung*[56], und noch *Das siebte Kreuz* schickte Seghers an ihn. Doch mit dem deutschen Überfall auf die neutralen Niederlande am 10. Mai 1940 wurde Landshoff selbst wieder zum Flüchtling und landete schließlich in den USA. Mit Kriegsende bemühte er sich erneut, in Deutschland Fuß zu fassen und schloß mit Seghers vor ihrer Rückkehr nach Europa einen Vertrag für *Das siebte Kreuz* und *Transit* in deutscher Sprache ab. Er fand aber mit seinen Geschäften, seinem Partner Bermann-Fischer, und auch mit Anna Seghers, in der veränderten Verlagslandschaft der Nachkriegszeit kein Glück mehr.[57]

Die junge Autorin hatte aber noch einen *Entdecker*, den individualistischen Dramatiker, Erzähler, Musikwissenschaftler und Orgelbauer Hans Henny Jahnn, der sie Ende 1928 mit dem Kleist-Preis auszeichnete und damit in breiteren Kreisen auf sie aufmerksam machte. Seghers kannte Jahnn ihren eigenen Angaben nach schon vor der Preisverleihung, wohl vom SDS her, aber, wie sie sich zu erinnern meint, »noch nicht sehr gut«, danach wurde er ein »eng[er]« Freund, auf dessen Kritik sie »gern« hörte.[58] In einem späten Interview erzählt sie, daß sie sogar »mal eine Zeitlang bei ihm gewohnt« habe:

»das war in der Nähe von Hamburg auf dem Land. Er war verheiratet, bekannte sich aber zu einer freien Lebensweise. Er wohnte mit einem Freund zusammen; ab und zu tauchten auch seine Frau und deren Schwester auf – vielleicht war's auch deren Freundin. Wir verstanden uns alle gut, es war eine schöne Zeit. Jahnn war ein großartiger Mensch, sehr eigenartig, sehr gebildet, damals war er Mitglied der KPD, wenn ich mich richtig erinnere. Er verstand auch viel von Malerei, auch von ostasiatischer und afrikanischer Plastik.«[59]

Diese Erinnerungen bezeugen wieder einmal Seghers' Faszination durch ungewöhnliche Männer und suggerieren ihr Interesse und ihre vorübergehende Teilnahme an einem Lebensstil, den wir normalerweise nicht mit ihr verbinden. In Jahnns Korrespondenz finden sich zwar Belege, daß eine Freundschaft bestand, die über den Krieg hinausreichte, wie »eng« sie war, läßt sich aber aus dem »Sie« und dem höflichen Ton des einzig erhaltenen Briefes von Jahnn an Seghers aus dem Jahre 1952[60] nicht mehr ersehen, und auch die Zeit ihres Aufenthalts bei ihm ist schwer zu fixieren.[61] Die Bekanntschaft schloß auf jeden Fall Jahnns Frau Ellinor ein, die Seghers in den frühen dreißiger Jahren privat besucht haben muß. In einem Brief von 1952 erinnert sie sich, sie habe damals gefürchtet, Seghers »mit meiner ungeordneten Art lästig zu fallen. Sonst war es schön, wie Sie arbeiteten und dann mit Ihren Kindern umgingen [...]. Was ist aus dem klugen kleinen Jungen geworden, und dem vergnügten Mädchen?«[62] Nach dem Krieg fand sich der Atombombengegner Jahnn, den man, wie er selbst feststellte, »im Westen nicht kauft, im Osten nicht zuläßt«, wieder einmal zwischen den kulturpolitischen Stühlen und bemühte sich ab 1952 intensiv um die Verwirklichung musikbezogener Projekte in der DDR, wobei er u.a. auf Seghers' Unterstützung hoffte. Er besuchte sie 1952,[63] und sie überlegte damals – gemeinsam mit Peter Huchel – wie man Jahnn helfen könne.[64] Eine enge Beziehung scheint sich aber in den folgenden Jahren, in denen Jahnn häufiger in die DDR reiste, nicht mehr ergeben zu haben. Seghers bewahrte sich jedoch ihre Zuneigung und Hochachtung und sagte Jahnn auch 1952, daß sie seine frühe Erzählung »Polarstern und Tigerin« für »das schönste Märchen der Welt« halte.[65] Während Walter

Benjamin in einem – posthum veröffentlichten – Verlagsgutachten Jahnns Roman *Perrudja* als »Heimatkunst der analen Zone« bezeichnete,[66] schätzte Seghers, die »Heimatkunst« ja keineswegs pauschal ablehnte und sich selbst um kritische Heimatromane bemühte, den unkonventionellen Mann und Dichter Jahnn hoch. Er lebte und schrieb »revolutionär«, wenn auch nicht im engen Sinn der Kommunisten, obwohl er ihnen damals nahe stand. Was das Interesse für Menschen und Kunst betraf, ließ sich Seghers auch nach ihrem Parteieintritt nicht gern einengen von den oft sektiererischen Grenzen, die die Genossen zogen. Sie verließ sich stark auf ihre Intuition. Manche von den Parteileuten erschienen ihr wohl schon früh als beschränkt und uninteressant, und zwar nicht die Arbeiter unter ihnen, sondern dogmatische Funktionäre, für die sie in Leben und Werk wenig übrig hatte, obwohl sie ihnen aus heutiger Sicht trotzdem noch zu viel Respekt zollte.

Jahnn wählte Seghers aus über 800 Einsendungen für den Kleist-Preis aus, der nicht an arrivierte Schriftsteller, sondern an junge, vielversprechende Talente ging und bereits mit Namen wie Brecht, Alfred Döblin, Leonhard Frank, Else Lasker-Schüler, Loerke, Robert Musil, Zuckmayer und Arnold Zweig verbunden war. Nach den Bestimmungen der Stiftung mußte immer ein früherer Preisträger einen neuen auswählen. Jahnn, der bereits 1920 für sein kontroverses Drama »Pastor Ephraim Magnus« ausgezeichnet worden war, nahm sein Amt ernst, ließ keines der vielen Manuskripte, wie er sagte, »unberührt« und bewies ein sicheres Urteil, das er in klaren, auch heute noch zutreffenden Worten verteidigte, u.a. gegen »Arbeitgeberzeitungen«, die seine Wahl als »Missgriff« bezeichnet hätten. Noch im Dezember, dem Monat der Preisverleihung, erschien seine Begründung in der Zeitschrift des SDS:

»Ich habe den Preis der jetzt achtundzwanzigjährigen Anna Seghers zuerkannt, weil ich eine starke Begabung im Formalen gespürt habe. Bei großer Klarheit und Einfachheit der Satz- und Wortprägung findet sich in den beiden Novellen ein mitschwingender Unterton sinnlicher Vieldeutigkeit, der den

Ablauf des Geschehens zu einer spannenden Handlung macht. [...] Die Gestalten sind nicht so sehr Träger einer Handlung, als Äußerung in ihnen wirksamer Kräfte. Darum verbrennt alles, was als Tendenz erscheinen könnte, in einer leuchtenden Flamme der Menschlichkeit. Ich fand in diesen Novellen unter allen Einsendungen nicht den umfassendsten, aber vielleicht den reinsten Beitrag zur Wiederentdeckung des Daseins ohne Apotheose.«[67]

Allgemein war Jahnn der Meinung, daß die »junge deutsche Literatur [...] überwiegend links« stehe und Seghers entschieden diese neue Literatur repräsentiere. Er selbst zog aber »Grubetsch« – wohl wegen seiner anarchischen Züge – dem *Aufstand* vor.[68] Von den »Toten auf der Insel Djal« ist nie die Rede. Anna Seghers wußte von seiner Vorliebe: »Jahnn hatte ›Grubetsch‹ gelesen, und er war sofort dafür, daß ich den Preis bekommen solle. Das Manuskript für die ›Fischer von St. Barbara‹ war da noch gar nicht fertig«,[69] erinnerte sie sich im Alter, als sie ihre frühen Erzählungen, die sie zunächst lange vernachlässigt hatte,[70] späteren, politisch eindeutigeren wieder vorzog, weil sie fand, daß diese Werke die »Leidenschaftlichkeit und [...] Unmittelbarkeit« hatten, die für Literatur unerläßlich sei.[71]

Zur Zeit der Preisverleihung lag das Buch jedenfalls vor und erregte die Aufmerksamkeit, die die Auszeichnung garantierte und die durch die anfängliche Verschleierung des Geschlechts der Autorin noch erhöht wurde. Dazu kam, daß die *Neue Sachlichkeit*, der man das Werk vielfach, wenn auch nicht ohne Widersprüche zuordnete, von mindestens einem Kritiker von vornherein als »Männliche Literatur«[72] betrachtet wurde. Der Kontrast zwischen der vom *harten* Stoff und Stil gespeisten Erwartung, ein ebenso *harter* Mann müsse hinter dem Text und dem Namen Seghers stehen, und der Tatsache, daß das Buch, wie sich herausstellte, von einer attraktiven jungen Frau stammte, hatte seinen pikanten Reiz zu einer Zeit, da Androgynität und das Spiel mit traditionellen Geschlechterrollen in manchen Kreisen, vor allem in Berlin, mit zum neuen Lebensstil gehörten.[73] Schon vor dem Preis hatte *Der Aufstand* Interesse erregt – in der »selbstverständlichen« Annahme, Seghers sei ein Mann. So schrieb der junge Hans Sahl im *Berliner Börsen-Courier* bereits im November eine sehr positive Kritik über einen »neue[n] Erzähler, dessen Name überraschend auf dem deutschen Büchermarkt erschien [...]. Wer ist Seghers? Seine Personalien sind überflüssig. Ihn legitimiert eine *Leistung.*«[74] Hätte er dasselbe gesagt, wenn er gewußt hätte, daß er von einer Frau sprach? Forscherinnen haben behauptet, daß sich die Rezeption des Buches änderte, sobald das Geschlecht der Autorin bekannt wurde,[75] beweisen läßt sich das nicht, da die meisten Rezensionen erst nach der Preisverleihung erschienen, mit einigen Ausnahmen[76] im großen und ganzen positiv waren und man spätesten dann wußte, wer Seghers war. Hans Sahl jedenfalls behielt seinen Enthusiasmus und schrieb nach der Preisverleihung einen weiteren Artikel, der nun die »junge Erzählerin« für ein Werk lobte, »dessen strenge, einsame Gesinnung dem Geist jenes Dichters, in dessen Name diese Auszeichnung erfolgte, Heinrich von Kleists, seltsam nah und verwandt erscheint«.[77]

Von kommunistischer Seite gab es zwar Vorbehalte, daß ein klar erkennbarer ideologischer Standpunkt fehle, die hätte man aber wohl auch einem Mann gegenüber erhoben. Trotzdem muß man sich fragen, ob Paul Friedländer, der Verfasser dieser Kritik – im Parteiorgan *Die Roten Fahne* –, bei einem männlichen Autor »[e]ine gewisse, man möchte fast sagen weibliche Verschwommenheit in der Darstellung des Kampfes und seiner Organisation« gerügt hätte, wie er das bei Seghers tat. Immerhin lobte Friedländer an dem Buch, daß es »keine der sentimental-romantischen Erzählungen von Fischern, Meeresrauschen und Liebesqualen« war, was er wohl von einer Frau erwartete, und nannte es »[i]m ganzen aber doch eine hervorragende Darstellung sozialer Not«.[78]

Mit dem Kleist-Preis trat Seghers aus der Anonymität, in der sie bisher gelebt hatte, heraus und ins Kreuzfeuer von Kritik und literarischen wie politischen Kontroversen, die sie ein Leben lang begleiten würden, als Autorin, als Kommunistin, zu der sie im selben Jahr offiziell wurde, und als Frau. Während sie in rechten – und von 1947 an in den meisten nicht-kommunistischen – Kreisen wegen ihrer politischen Überzeugungen auf Ablehnung stieß, fand sie, wie sie anläßlich des *Aufstandes* und dann immer wieder erfuhr, bei ihren Genossen keineswegs ungeteilte Zustimmung. Aber auch Seghers' Weiblichkeit spielte weiterhin implizit und explizit eine wichtige und widersprüchliche Rolle bei ihrer Rezeption. So sehr sie in Übereinstimmung mit ihren eigenen Neigungen und dem kommunistischen Ethos von jetzt an zwischen dem privaten Leben und der *persona* – der Autorin und öffentlichen Person – trennte und so wenig sie selbst in der Ausübung von Kunst zwischen Männern und Frauen unterscheiden wollte, ihr Geschlecht gehörte, wie sich am *Aufstand* zeigte, von Anfang an zur Schaffung und Wirkung der *persona* und nicht nur zur Privatsphäre. Sie selbst wollte, wie das Zögern bei der Verwendung eines Vornamens und vor allem die frühen Werke suggerieren, keine Frauenschriftstellerin im herkömmlichen oder in einem feministischen Sinn sein, von denen es in der Weimarer Republik eine beachtliche und diverse Zahl gab, von Courths-Mahler über Vicki Baum und Irmgard Keun bis zu Else Lasker-Schüler. Seghers lehnte es ab, sich auf die üblichen Themen und Genres zu beschränken und hauptsächlich für Leserinnen zu schreiben. Ihr Interesse galt den *großen* Fragen und Stoffen, die traditionell Domäne der Männer waren, auch im Bund proletarisch-revolutionärer Schriftsteller, dem Seghers 1928 ebenfalls beitrat.[79] Hier beschränkten sich die weiblichen Mitglieder mit wenigen Ausnahmen – Hedda Zinner war eine – auf »von Männern unbesetzte literarische Randbereiche«[80], u.a. auf Kinderbücher. Ihre Situation war insofern eine besonders schwierige und widersprüchliche, als die Kommunisten schon 1920 unter dem Titel »Richtlinien zur Frauenagitation« beschlossen hatten, die Frauenfrage allgemeinpolitischer Aktivität unterzuordnen. Da sich auch der BPRS im großen und ganzen an diese Richtlinien hielt[81] und frauenspezifischen Fragen keine oder nur sehr wenig verspätete[82] Beachtung schenkte, die für bedeutend gehaltenen Fragen und Genres aber wie gesagt Sache der Männer blieben, war ihr Spielraum relativ gering.

Seghers war nun eine der ersten deutschsprachigen Schriftstellerinnen überhaupt, der ein Durchbruch gelang, indem sie *große* gesellschaftliche und politische Themen – mit männlichen Figuren im Zentrum – in weithin anerkannten Werken behandelte. Damit eroberte sie sich auch in der bei aller Gleichberechtigungsrhetorik von Männern dominierten Welt des Kommunismus und der kommunistischen Kulturpolitik – als Ausnahmefrau – einen prominenten Platz. Dieser Platz, den sie schon in der Weimarer Periode einzunehmen begann, reflektierte ihr Talent und ihren Anspruch an sich – einen Anspruch, der schon vor ihrem Eintritt in die KPD bestand –, aber auch die besondere Manipulierbarkeit, die man ihrer *persona* von Anfang an einschrieb: In Berlin, im Exil und 1947 bei der Rückkehr nach Deutschland (im Gefolge eines internationalen Bestsellers) war sie immer ein »Aushängeschild« für die Genossen, ein großer Autor, der in breiten Kreisen gelesen und geschätzt wurde und sich einsetzen ließ, wenn es um Bündnispolitik und um Anerkennung außerhalb der eigenen Reihen ging, und eine Frau, die auf kommunistischer Seite ihren Weg machen und hohes Ansehen gewinnen konnte – eine »Vorzeigefrau«. Als solche wurde sie dann aber von allen Seiten besonderen Erwartungen ausgesetzt, wobei ihre Weiblichkeit in der Kritik bei Kommunisten, Nicht- und Anti-Kommunisten – und bei Feministen – eine wichtige Rolle spielte. Der Frau nahm man einerseits – besonders im Westen – das politische Engagement mit aller Problematik, die es für einen Künstler oder eine Künstlerin mit sich bringt, nicht als ernstzunehmende Entscheidung ab,[83] andererseits erwartete man allseits von ihr ein besonders hohes Maß an beidem, Willfährigkeit und Integrität. Der einzige Weg, der ihr in dem Spannungsfeld blieb, dem sie sich in der Weimarer Zeit auszusetzen begann, war, wie noch zu zeigen sein wird, eine häufig als »weiblich« konnotierte Strategie der Subversion, die Seghers aber nur beschränkt einsetzte und einsetzen konnte und die bisher wenig Beachtung fand.[84]

Der *Aufstand der Fischer von St. Barbara*, Seghers' erstes längeres Werk, behandelt, wie der Titel deutlich macht, das *große, männliche* Thema der Zeit. Schon in ihren Tagebuchnotizen von 1924/25 hatte Netty davon gesprochen, daß sie an einem »Revolutionsmythos« arbeite, dieses Vorhaben gehörte also zu ihren frühesten Plänen. Ort der Handlung sollte allerdings zunächst ein Bergwerk sein. Ob sie den Schauplatz erst unter dem Eindruck eines Zeitungsartikels von 1927 in der AIZ änderte, der von einem Aufstand bretonischer Fischer berichtete und sich unter ihren Papieren befindet,[85] oder ob sie sich schon vorher für eine Topographie entschloß, die sie kannte und liebte und bereits in den »Toten auf der Insel Djal« mit Rebellion verbunden hatte, läßt sich nicht sagen. Ersteres erscheint wahrscheinlich, doch wird der Artikel Seghers zumindest als zusätzliche Quelle gedient haben.[86] Sie läßt jedoch alles Spezifische in der Zeitung, wie Ortsangaben, die Erwähnung von roten Fahnen und den Hinweis auf die internationale Arbeiterbewegung weg und gibt ihrem Stoff eine universale und mythische Dimension und größte Eindringlichkeit des Details. Atmosphärisch dichte Evokationen einer von Regen und Wind, Dünen und Klippen beherrschten Landschaft werden eng verknüpft mit schonungslosen, durch kühne Bilder und Vergleiche intensivierten und verfremdeten Berichten vom Alltag und Kampf der Fischer. Es ist eine Mischung von Motiven und Stilmitteln, an der die Zeitgenossen expressionistische und neusachliche Züge ausmachten, die aber, wie wir sahen, auch aus weiter zurück liegenden Quellen gespeist wurde und der spröden poetischen Qualität der Seghersschen Sprache, vor allem im Frühwerk, ihre Eigenart verlieh.

Schon im *Aufstand*, wenn auch durch die Einheitlichkeit des Schauplatzes weniger auffällig als später in den *Gefährten*, greift die Autorin zu einem Kompositionsprinzip, das an die Schnitt-Technik des Films erinnert und Erzählpartien meist ohne erklärende Überleitungen nebeneinandersetzt. Sie springt »von einer Nahperspektive zur anderen«, wie ein Kritiker sagte,[87] und erzählt aus der Sicht ihrer Figuren, durch deren unterschiedliche Wahrnehmungen die Leser die dargestellte Wirklichkeit erfahren. Jede bequeme Identifikation mit einem bestimmten Charakter wird unterbunden. Kommentar, der die Geschehnisse in größere Zusammenhänge rückt, setzt Seghers selten, aber wirkungsvoll ein. So nimmt sie in der berühmten Eingangspassage des *Aufstandes* den doppelten Ausgang der Erzählung, die Niederlage der Fischer und das Weiterleben des einmal erweckten Widerstandsgeistes, vorweg und endet mit einer an Georg Heym erinnernden, expressionistischen Personifikation:

»Aber längst, nachdem die Soldaten zurückgezogen, die Fischer auf der See waren, saß der Aufstand noch auf dem leeren, weißen, sommerlich kahlen Marktplatz und dachte ruhig an die Seinigen, die er geboren, aufgezogen, gepflegt und behütet hatte für das, was für sie am besten war.«

Der Aufstand erscheint hier als eine Gottheit und bleibt es für Seghers im Frühwerk. Er bringt, wie die Leser gemeinsam mit den Fischern erfahren, die einzige zukunftsweisende Lösung, wenn er auch – wie in anderen Werken sozialistischer Literatur der zwanziger Jahre – keinen unmittelbaren Erfolg zeitigt. Seghers macht das zur Zeit verbreitete Motiv von der gescheiterten Rebellion, aus der jedoch Hoffnung hervorgeht,[88] zu einem ihrer großen Themen und läßt den doppelten Ausgang der *Fischer* bis ins Spätwerk als Grundstruktur wiederkehren.

Held der Erzählung ist zum ersten Mal in ihrem Werk ein Kollektiv, die Fischer – unter denen Andreas, ein junger, und Kedennek, ein älterer, beispielhaft herausgehoben werden. Der Agitator Hull, der von außen in den kleinen fiktiven Küstenort St. Barbara kommt, liefert nur den Funken. Alle drei Männer gehen an dem Aufstand, der ihre Leben in ihren Augen erst bedeutsam macht, zugrunde, ein Tod, den jeder von ihnen zu suchen scheint, da er sie, das spätere Urteil Kracauers über die *Gefährten* vorwegnehmend, zu Märtyrern erhebt. Bei Hull sind die Märtyrerzüge – einschließlich der sexuellen Abstinenz, den Zweifeln und der Todesangst des Erwählten – am deutlichsten und am fragwürdigsten ausgeprägt. Er repräsentiert einen Typus, der Seghers sehr früh beschäftigt – bereits der »Bischof« und auch »Grubetsch« gehören auf ihre Weise dazu – und sich in jenen zwiespältigen Revolutionären fortsetzt, die im Frühwerk wiederholt mit Strenge und Illusionslosigkeit gezeichnet werden. Es sind charismatische, aber in ihrer Erwecker- und Führerrolle auch für Zweifel sehr anfällige Einzelgänger, die ohne die Verbundenheit mit den anderen nicht existieren können. In solchen Figuren reflektieren sich stark verfremdet Seghers' eigene Erfahrungen von der Einsamkeit, die ihre Begabung und die Suche nach einem neuen Lebenssinn mit sich brachten, und das Bedürfnis nach Gemeinschaft, das dieser Einsamkeit entsprang, aber auch Beobachtungen an Rodi und seinen Freunden. Dazu kamen die heftigen zeitgenössischen Debatten um die Rolle des bürgerlichen Intellektuellen und Außenseiters in der revolutionären Arbeiterbewegung.[89]

Von politischer Organisation im Sinne einer Partei ist, wie die kommunistische Kritik richtig bemerkte, in der Erzählung nirgends die Rede. Der Aufstand entspringt vielmehr der Not der Fischer, die Hull direkt anspricht. Diese Spontaneität hat aber kaum etwas zu tun mit der Tatsache, daß Seghers beim Schreiben der Erzählung noch kein Mitglied der Kommunistischen Partei war, sondern charakterisiert auch die Werke anderer aus diesen Jahren, die von Not und Aufruhr handeln, z. B. Kläbers *Barrikaden an der Ruhr* (1925) und *Passagiere der III. Klasse* (1927) oder Karl Grünbergs *Brennende Ruhr* (1928). Von der Führung einer Partei ist noch nirgends die Rede, denn Vorstellungen, wie eine Literatur, die sich konsequent dem Proletariat zuwandte und eine radikale Veränderung der Gesellschaft forderte, aussehen könnte oder sollte, standen noch zur Diskussion, praktisch und theoretisch. In dieser Hinsicht stellte die Gründung des Bundes proletarisch-revolutionärer Schriftsteller 1928 einen wichtigen Wendepunkt in Deutschland dar, an dem Seghers in zweierlei Weise beteiligt sein würde – durch ihre künstlerische Arbeit und ihre knappen diskursiven Äußerungen und dadurch, daß ihre Werke von Kritikern in die Debatten einbezogen wurden.

Warum trat Seghers 1928 in die Kommunistische Partei Deutschlands ein? Das sind eigentlich zwei Fragen: Warum schloß sie sich als Schriftstellerin großbürgerlicher Herkunft einer/dieser politischen Partei an, von der sie sehr wohl wußte, daß sie ein hohes Maß an Disziplin forderte, und warum tat sie es gerade 1928, da zu diesem Zeitpunkt in Deutschland Hochkonjunktur herrschte und sie ja schon länger Sympathisantin war? Seghers wurde oft genug nach ihrer politischen Entwicklung gefragt und gab relativ bereitwillig Auskunft, wobei sie den Prozeß ihrer Parteinahme als einen selbstverständlichen und notwendigen, aber auch langsamen darstellte und große Worte möglichst vermied. Aus unserer Sicht führte er zu einer weiteren »Entweder-Oder-Entscheidung«, die in der ersten – für den Mann, den sie heiratete – zumindest angelegt war und Seghers' Leben und Schreiben den ersehnten *Sinn* gab, indem sie den Menschen und die Schriftstellerin grundsätzlicher Veränderung verpflichtete. In Seghers' Augen versprach nur die KPD, der so viele angehörten, mit denen sie in Berlin verkehrte, eine solche Veränderung. Sie brauchte eine neue zukunftsorientierte Bindung, nachdem sie sich mit der Heirat und in den ersten Ehejahren immer mehr von den Traditionen ihres Elternhauses und dem jüdischen Glauben gelöst hatte, die ihr schon lange kein sicherer Halt mehr gewesen waren. (Mit einem formellen Austritt aus der jüdischen Religion wartete sie allerdings, wie bereits erwähnt, bis 1932.[90]) Disziplin und ein hoher Anspruch an die Opferbereitschaft der/des einzelnen stießen sie, die in einer strengen Religion aufgewachsen war, nicht ab, im Gegenteil, als Ethos inspirierten sie auch die Künstlerin. Gleichzeitig war und blieb Seghers jedoch sehr verschiedenen Seinsmöglichkeiten offen, wollte sie gestalten und geriet damit oft in Widersprüche zu einer eng verstandenen, auf Kunst angewandten Parteidisziplin, Widersprüche, die sie selbst wohl – bedingt – wahrnahm, aber meinte überbrücken zu können – im Vertrauen auf die Kraft der Kunst im allgemeinen und ihres Talents und der grundsätzlichen Richtigkeit des gewählten Weges im besonderen. »Ich glaubte schon damals, daß die wahrhaft künstlerische Literatur mit dem Wesentlichen verbunden ist. Und wenn mir künstlerisch etwas gelang, dann trat meine Verbundenheit mit dem, was ich für wesentlich hielt, daraus hervor«, erklärte sie im Alter allgemein und meinte, auf das Jahr 1928 zurückblikkend und damalige und spätere Differenzen verwischend: »Es zeigte sich, daß das, was ich schrieb, eine Waffe war, die im Klassenkampf mitkämpfte.«[91]

Wie wichtig Veränderung und Verwandlung, die ja zu den zentralen Motiven alter Erzähltraditionen gehören, für Seghers waren, belegen die Werke der in Märchen und Mythen Belesenen. »Ich versuche vor allem in Novellen (es können auch kleine Romane werden wie ›Aufstand der Fischer‹) die Veränderung darzustellen, die sich in dem Menschen vollzieht, als Entwicklung in Widersprüchen wie alles«,[92] erklärte sie in den frühen fünfziger Jahren. Zur selben Zeit arbeitete Seghers an einer Serie von Skizzen, die sie *Der erste Schritt (*1953) nannte.[93] Diese Skizzen sollten ihre lange geplante und endlich realisierbare Novellensammlung *Der Bienenstock* (1953)[94], die einen Großteil ihres bisherigen erzählerischen Werks erfaßte, umrahmen und abschließen. Gleichzeitig stellen sie eine Bilanz und Selbstverständigung dar und geben Einblick in Seghers' Entwicklung seit den Anfängen. An die operativen und didaktischen Texte aus der späteren Weimarer Zeit anschließend, läßt die Autorin darin jeden Teilnehmer eines Friedenskongresses, »ganz kurz« vom »ersten Schritt [...] auf dem Weg, der ihn schließlich zu uns gebracht hat«, erzählen.[95] »Zu uns« bedeutet zunächst nur die Gruppe von Menschen verschiedener Nationalitäten, Rassen und Klassen, die sich solidarisch für den Frieden der Welt einsetzen, doch macht der Kontext deutlich, daß sie alle auf der gleichen politischen Linie liegen, und in einigen der Berichte ist konkret vom Eintritt in die Kommunistische Partei die Rede. Es geht also um diese für Seghers grundlegende Veränderung, die auch ihre eigene war. Einen der Ich-Erzähler läßt Seghers dazu sagen: »Was ihr den ›ersten Schritt‹ nennt, bedeutet selten, daß man sofort einen neuen Weg einschlägt. Man geht oft auf seinem alten weiter, bis einem klar wird, daß man schon längst hätte abbiegen müssen.«[96] Ein anderer meint: »Von allen diesen Begebenheiten hat keine allein und von den folgenden abgetrennt meinen ersten Schritt bewirkt. Was mich dazu brachte, war das Zusammenwirken von vielen Erfahrungen, von vielen einzelnen Menschen.«[97] Man denkt bei diesen Bemerkungen und bei dem Motiv vom »ersten Schritt« an Netty Reiling/Radvanyi, die ebenfalls noch eine Weile ihren alten Weg weiterging und die später, nach ihrer eigenen Entwicklung befragt, verschiedene Erlebnisse und Begegnungen nannte, die für sie »erste Schritte« darstellten, von dem kleinen Vorfall um den Gefesselten in Mainz über ihre Freundin Ria Denk zu den Begegnungen ihrer Studienjahre und dem frühen Bewußtsein, in einer Krisen- und Übergangszeit zu leben. Dazu kamen noch viele andere »Schritte«, die Seghers in ihren spärlichen Erinnerungen nicht eigens hervorhebt, die aber, wie wir sahen, »zusammenwirkten« und sie zum Kommunismus führten. Erfahrungen und »einzelne Menschen« waren in Seghers' Leben und sind in ihrer Fiktion die entscheidenden Faktoren, nicht theoretische Analysen oder abstrakte Ideen, wenn auch den Erklärungen, die ein erprobter und überzeugter Kommunist einem Noch-nicht-Überzeugten gibt, im Werk ein hoher Stellenwert zugemessen wird. Den genaueren Inhalt solcher Gespräche erfahren wir jedoch nicht. Trotzdem suchte schon Netty Reiling für sich selbst grundlegende Kenntnisse über Marxismus und gab auch ihren Figuren durchaus das Bedürfnis nach Verständnis und Kenntnissen, sie stellen aber nicht das entscheidende Moment dar, womit sie sowohl eigene Erfahrungen als Beobachtungen anderer reflektierte. Die Erlebnisse, die die Figuren im *Ersten Schritt* bewegen, diesen und weitere Schritte zu tun, sind immer wieder die der Ausbeutung, des Faschismus und Rassismus, der Unterdrükkung – und der Hoffnung Sowjetunion. Die Autorin achtet darauf, daß nicht nur von unmittelbar Betroffenen erzählt wird, die für sich und ihresgleichen einstehen, sondern auch von solchen, die Zuschauer und Nutznießer des Status quo bleiben könnten, wenn sie in einer Welt voll Ungerechtigkeit und Gewalt leben wollten, also Seghers' Ausgangsposition in der Weimarer Republik reflektieren.

Der erste Schritt entstand in den fünfziger Jahren, zu einer Zeit, in der sich Seghers sehr aktiv an der von der Sowjetunion geförderten internationalen Friedensbewegung beteiligte. Die Beweggründe der Figuren in den Skizzen entsprechen jedoch, der Nachkriegszeit angepaßt, grundsätzlich denen der jungen Frau in den zwanziger Jahren. Aus unserer Sicht hat aber auch die Tatsache, daß Stalin im *Ersten Schritt* nur als Lichtfigur erscheint, während der Stalinismus in der zeitgenössischen Wirklichkeit einen Tiefpunkt erreichte,[98] ihre Vorläufer in der Periode des Parteieintritts. Schon damals klammerte Seghers alles Problematische aus und stellte die Sowjetunion nur als großen Hoffnungsträger dar. Die kommunistische Partei und die SU erschienen ihr – und vielen anderen in Deutschland und der Welt – als *die* Alternative zum Kapitalismus und seinen Auswüchsen, als *der* Weg zu grundlegender Veränderung und einer gerechteren Gesellschaft, und das noch mehr, als die Weltwirtschaftskrise verheerende Folgen zeitigte und sie selbst bei ihrer Reise in die Sowjetuntion 1930 das Entstehen der Alternative zu erfahren meinte. »Es war der Anbeginn, es war das ganz und gar Neue, das uns damals erregte«, sagte sie im Alter über diese, ihre erste Reise.[99]

1928, in dem Jahr von Seghers' Parteieintritt, begann die KPD einen »ultralinken« Kurs einzuschlagen, »Reformisten« und »Rechte« in den eigenen Reihen auszuschalten und sich scharf von den Sozialdemokraten, die als Sozialfaschisten gebrandmarkt wurden, abzugrenzen. Mitten in der Hochkonjunktur rechnete die Partei damit, daß die sich »immer mehr verschärfenden Widersprüche« »die kapitalistische Stabilisierung erschüttern und zerfressen«[100] und bald zur Revolution führen würden. Die Erschütterung kam tatsächlich, wenn auch etwas später, mit dem New Yorker Börsenkrach im Oktober 1929, der weltweit und besonders in Deutschland, dessen Anleihen nun eingefordert wurden, zum wirtschaftlichen Verfall mit rapide steigender Arbeitslosigkeit führte. Doch anstatt der nach klassischer marxistischer Theorie erwarteten Revolution brachte die Krise das Anwachsen reaktionärster Tendenzen und den schließlichen Sieg der Nationalsozialisten. Wenn auch die Zahl der kommunistischen Wähler zwischen 1928 und 1933 stark anwuchs, mit dem rapiden Aufstieg der Nazis, die von der Spaltung der Arbeiterbewegung und der legalistischen Politik der Sozialdemokraten wie auch dem Kampf der Kommunisten gegen die SPD enorm profitierten, konnten sich die Kommunisten nicht messen. Seghers, die noch vor drei Jahren über den Tod Friedrich Eberts »traurig« gewesen war, kam also zu einer Zeit in die Kommunistische Partei, in der das Bekenntnis zu einem radikalen, auf revolutionäre Entwicklung zusteuernden Kurs gefordert wurde, ein Bekenntnis, das zu leisten sie bereit war.

Der Beitritt zum Bund proletarisch-revolutionärer Schriftsteller ungefähr zur gleichen Zeit stellte eine weitere konsequente Standortbestimmung dar. Der Bund erklärte in seinem Aktionsprogramm Kunst zur »Waffe der Agitation und Propaganda im Klassenkampf«[101] und forcierte die Abgrenzung gegen Linksbürgerliche und Sozialdemokraten. Beide Entscheidungen fielen also im Kontext einer Frontenbildung, in der es zwischen *für* oder *gegen* zu wählen galt, ein Muster, das sich in Seghers' Leben wiederholen und ihr Verhältnis zur Partei immer wieder bestimmen sollte. An den Auswüchsen der Abgrenzungspolitik im BPRS, die zu scharfen Angriffen auf linke Schriftsteller wie Toller, Heinrich Mann und Alfred Döblin und, im internationalen Bereich, auf Henri Barbusse führten und Brecht zunächst auf Distanz zum Bund gehen ließen, nahm sie nicht teil. Auch bei der Verbreitung der These vom Sozialfaschismus, die die Kommunisten promulgierten, scheint Seghers nicht direkt mitgemacht zu haben, doch kritisierte sie die Menschewiken – und indirekt die Sozialdemokraten – scharf und nannte die ersteren »Verräter« an den Arbeitern, so z. B. in »Wer war das eigentlich? Gespräch mit einem Kind über Lenin« von 1932.[102] Im allgemeinen stand sie von jetzt an – und ihr ganzes weiteres Leben – öffentlich zur Partei und deren großen Feindbildern, beteiligte sich aber möglichst nicht an der Ausgrenzung von Menschen oder Gruppen, die in ihren Augen keine wirklichen Gegner waren, besonders im künstlerischen Bereich, wo sie sich ihr eigenes Urteil zumaß. Seghers wurde oft dann politisch und organisatorisch tätig, wenn es galt, über einen engen KPD- oder später SED-Rahmen hinauszugehen, und nicht nur, weil sie in solchen Situationen vorgeschoben wurde. Sie begann diese Rolle spätestens am Ende der Weimarer Republik zu spielen: am 25./26. Juni 1932, bei der Reichsarbeiterkonferenz des BPRS, auf der man sich nun doch auf ein bündnispolitisches Konzept einigte und alle jene einschließen wollte, die bereit waren, gegen Faschismus, Kriegsgefahr und für die Verteidigung der Sowjetunion einzutreten, wurde sie in die Bundesleitung gewählt. Andere waren Becher, Bredel, Renn, Kisch und jetzt auch Brecht. Sie setzte diese Rolle fort, als es während ihres französischen und mexikanischen Exils zur Bildung von Volksfronten kam, die für die Autorin immer auch Perioden großer künstlerischer Leistungen waren.

Was Seghers bei ihrem Eintritt in die Partei – und in den Bund proletarisch-revolutionärer Schriftsteller – in erster Linie suchte, war die Gemeinschaft mit anderen, die derselben für grundsätzlich richtig befundenen »Sache« dienten. Hier sah sie die Hoffnung, der ziel- und sinnlosen Isolation[103] des Menschen in der Moderne zu entgehen. Persönlich hatte sie, wie wir sahen, ein tiefes Bedürfnis nach menschlicher Verbundenheit und sprach in ihren Briefen und Aufsätzen immer wieder von einem »Wir«, von Genossen, »copains«, Freunden, »der Familie«, manchmal von »meinem Mann und mir«, und nur selten von sich selbst. Wenn sie in ihren Briefen private Belange, wie z. B. Sorgen und Krankheit, erwähnt, entschuldigt sie sich wiederholt, daß sie »so viel« von sich schreibe, und fühlt sich verpflichtet, Gründe dafür anzugeben. In ihren Erzählungen und Romanen sind Gemeinschaft und Solidarität zentrale Anliegen, die den Tod überwinden können, ihn »sozusagen zeitweilig« machen,[104] wie Seghers in bezug auf ihren Roman *Die Toten bleiben jung* sagte, weil einzelne in der Erinnerung der anderen fortleben und weil das, wofür sie gestorben sind, weitergeht. Eine wichtige Funktion des Seghersschens Erzählens ist es, diese Gemeinschaft auszudehnen auf die Leser, in deren Gedächtnis die Figuren aus den Geschichten und Berichten, erfundene und solche, die wirklich existiert haben, ebenfalls lebendig bleiben. Der Tod eines Menschen in völliger Einsamkeit und ewigem Vergessen, wie ihn die späte Erzählung *Steinzeit* (1975) darstellt, ist das Schrecklichste, was einem menschlichen Wesen geschehen kann. So weit weg das Milieu und der Stoff dieser Geschichte von Seghers' frühen Entscheidungen stehen mag, die Autorin versucht darin, sich im Alter noch einmal des einmal eingeschlagenen Weges zu versichern.

Auch am BPRS, der für sie und ihre Arbeit unmittelbarer relevant war als die kommunistische Parteizelle, war Seghers die Gemeinschaft mit den anderen Mitgliedern das wichtigste, nicht die theoretischen Auseinandersetzungen, die der Bund vom Anfang an führte. Im Alter erinnert sie sich:

»Gewiß, die Diskussionen im Bund proletarisch-revolutionärer Schriftsteller haben mich interessiert. Vielleicht bin ich von einzelnen Auseinandersetzungen über Fragen des Gestaltens beeinflußt worden, auf die uns Lukács gebracht hat. Es waren aber nicht nur die theoretischen Diskussionen, die mich in den Bund zogen, es waren vor allem die Menschen, Leute wie Kisch, Bredel, Weinert, Weiskopf, Renn, Becher und viele andere.«[105]

Und weiter: »Es war die revolutionäre Gemeinschaft, die ganze Atmosphäre, die mich im Bund heimisch werden ließen.«[106] Den Namen, die Seghers nennt, sind noch einige hinzuzufügen, doch zielt die folgende Aufzählung und kurze

Charakteristik nicht auf Vollständigkeit. Sie will nur anschaulich machen, mit wie vielen verschiedenen Menschen die junge Autorin damals zusammenkam und -arbeitete und – des weiteren – wie viele darunter ihren Weg begleiteten, oft ein ganzes Leben lang, weil sie enge Freunde wurden und/oder die Erfahrungen von Antifaschismus, Exil und Rückkehr in die DDR mit ihr teilten. Manche der Namen fielen auch bereits in anderen Kontexten, denn die Kreise, in denen sich Seghers in Berlin bewegte, waren eng verzahnt. Sie fand hier tatsächlich eine Gemeinschaft, die schicksalhafter, dichter und vielfach spannungsreicher wurde, als sie es ursprünglich hätte erwarten können, und die ihre Biographie und ihre Arbeit in vielfacher Weise, positiv wie negativ, beeinflußte. Ein Aufgeben dieser Bindungen erschien mit den Jahren immer schwieriger, zumal Seghers ja auch von der – zumindest in ihren Augen – traurigen Isolation jener wenigen wußte, die es versuchten. Aber vor allem die Opfer, die Kollegen und Kolleginnen für ihre Überzeugungen brachten, Opfer, die teilweise weit über die eigenen hinausgingen, schufen Gefühle der Verpflichtung, die fesselten.

Im BPRS traf die junge Autorin mit einem breiten Spektrum kommunistischer und dem Kommunismus nahestehender Menschen aus verschiedenen sozialen Schichten zusammen, unter ihnen Arbeiterkorrespondenten und -schriftsteller, die alle dasselbe wollten: schreiben und die Gesellschaft verändern. Eine Reihe von ihnen erfuhr schon in den zwanziger und frühen dreißiger Jahren, in denen ja linker Radikalismus immer wieder härter geahndet wurde als rechter, Verhaftung und Gefängnis, manche versuchten noch nach Hitlers Machtergreifung und dem Reichstagsbrand in Deutschland zu bleiben und illegal weiterzuarbeiten und erlitten Haft und Tod, andere konnten sich wie Seghers durch Flucht ins Exil retten. Eine große Zahl, darunter viele ihrer Freunde und Freundinnen, waren Frankreich- und Mexiko-Exilanten. Seghers hielt aber auch, wann immer es die Zeitumstände erlaubten, guten Kontakt mit – vielfach führenden – Mitgliedern des BPRS, die in die

Sowjetunion gingen, vor allem mit Becher, und wußte von den Genossen, die da in Lagern und Gefängnissen verschwanden. Einige der ehemaligen BPRS-Leute, wie z.B. Arthur Koestler und Gustav Regler, wurden zu »Renegaten«, andere, vor allem solche, die aus der SU in den Osten Deutschlands zurückkehrten, brachten es in der DDR zu hohem Ansehen und – relativer – Macht. Der BPRS bot Seghers auch eine Gemeinschaft, die die Grenzen Deutschlands überschritt und ihr einen Internationalismus ermöglichte, den sie bereits in ihrer Jugend durch Lektüre und Kunststudium gesucht hatte – allerdings nun innerhalb der Grenzen der auf die Sowjetunion orientierten Internationalen Vereinigung Revolutionärer Schriftsteller (IVRS), zu dem die deutsche Gruppe gehörte. 1930 konnte die Autorin mit dreizehn anderen Kollegen, darunter Becher, Biha, Kisch, Alfred Kurella, Hans Marchwitza, Renn und F. C. Weiskopf, nach Charkow zur *II. Internationalen Konferenz proletarischer und revolutionärer Schriftsteller* fahren, wo sie Autorinnen und vor allem Autoren aus aller Welt persönlich kennenlernte, jenen internationalen »Kern alter Freunde«, von dem sie im Eingangszitat dieses Kapitels spricht, ein Kern, der für sie sehr wichtig wurde, insbesondere, als sie in der DDR lebte.

Die meisten Mitglieder des BPRS sind heute einer breiteren Leserschaft unbekannt, zum Teil waren sie Redakteure, Journalisten und Arbeiterkorrespondenten – nur 1 % der Mitglieder des Bundes lebte als Freischaffende – oder sozialistische Schriftsteller, die nach dem Zweiten Weltkrieg höchstens in der DDR gepflegt und gelesen wurden. Einige von ihnen verdienten, abgesehen von ihrem kulturhistorischen Interesse, ein größeres Publikum, doch war Seghers ohne Zweifel eines der bedeutendsten Talente unter ihnen. Ob sie sich dessen bewußt war, in der Weimarer Republik und später? Sie verglich sich nicht mit anderen, glaubte aber, wie wir sahen, von Anfang an fest an ihre Begabung. Nur so konnte sie sich als Schriftstellerin und Frau behaupten, z.B. gegenüber dem Vorsitzenden des Bundes, den Dichter und führenden »Multifunktionär« der internationalen kommunistischen Literaturbewegung[107] Johannes R. Becher oder gegenüber dem überragenden und schreibenden Frauen in seiner Umgebung problematischen Brecht, aber auch gegenüber den Theoretikern und Kritikern des Bundes wie Lukács, Gábor und Biha.

Doch nun systematischer zu einigen Namen, um diese »Gemeinschaft« und ihre Bedeutung für Seghers zu differenzieren. Lebensdaten für manche sollen die Altersstruktur im Verhältnis zu ihr verdeutlichen: Alexander Abusch (1902–1982), erfahren in den Fraktionskämpfen der KPD, Journalist und Redakteur verschiedener kommunistischer Zeitungen in der Weimarer Republik, Exilant in Frankreich und Mexiko und leitender, von Seghers nicht besonders geliebter Kulturfunktionär der DDR; Erich Arendt (1903–1984), Lyriker, Berichterstatter im spanischen Bürgerkrieg, Exilant in Frankreich, wo er auch Verbindung zu Seghers hatte, und in Kolumbien, wo er sein Verständnis für die spanischsprachige Moderne vertiefte, das er in der DDR in zahlreichen Nachdichtungen weiterzugeben versuchte; Theodor Balk (Fodor Dragutin) (1900–1974), Arzt und Schriftsteller aus Jugoslawien, mit dem und dessen späterer Frau, der Tschechin Lenka Reinerová[108], Seghers in Paris und Mexiko gut befreundet war; Brecht, von dem noch die Rede sein wird; Bernhard von Brentano (1901–1964), Berliner Korrespondent der *Frankfurter Zeitung*, der in die Schweiz ins Exil ging, aber später seine Opposition zum NS-Regime zurücknahm; Hermann Duncker (1874–1960), Mitbegründer und bekanntester Lehrer der MASCH, der 1933 verhaftet wurde und 1936 ins Exil ging, u. a. in Frankreich; Gábor und Halpern wurden schon genannt; Herzfelde (1896–1988), Leiter des Malik-Verlages, dessen Produktion aus den späten zwanziger und frühen dreißiger Jahren in Seghers' Bibliothek zahlreich vertreten ist. Seghers wandte sich an ihn und an seinen Schwager, den aus Prag stammenden Franz Carl Weiskopf (1900–1955), ebenfalls Mitglied des BPRS, um Hilfe, als sie verzweifelt einen amerikanischen Verlag für *Das siebte Kreuz* und eine Fluchtmöglichkeit aus Frankreich suchte, und erhielt sie mit selbstverständlicher Solidarität; Alfred Kantorowicz

(1899–1979), Publizist, mit dem die Radvanyis die Flucht aus Europa antraten. Er ging später aus der DDR in den Westen und hatte in seinen *Tagebüchern*[109] wenig Gutes über sie zu sagen; Kurt Kersten (1891–1962), weitgereister Journalist und Autor historischer Werke. Er interessierte sich besonders für den Revolutionär Georg Forster, ein Interesse, das er mit Seghers teilte. Auf der Flucht aus Europa wurde er in Martinique interniert, wo sie ihn wiedersah und wohin sie von Mexiko aus mit ihm korrespondierte. Erst 1946 ging Kersten von da nach New York; der *rasende Reporter* Kisch (1885–1948), Meister der literarischen und sozialen Reportage und eines der damals berühmtesten Mitglieder des Bundes. Seghers schätzte und bewunderte den amüsanten, warmherzigen »Egonek«, wie sie und andere ihn gern nannten, sehr. Im Pariser und mexikanischen Exil waren sie gute Freunde, eine Freundschaft, die Kischs treue Gefährtin Gisl, die er 1939 im Pariser Exil endlich heiratete, einschloß. Ja, Seghers mochte Gisl besonders gern und hatte zu ihr und zu anderen Partnerinnen ihrer männlichen Kollegen eine engere Beziehung als zu den meisten schreibenden Frauen ihrer Umgebung, was auch für die Autorinnen im BPRS gilt; Kurt Kläber (1897–1959), einer der wichtigsten Schriftsteller der Weimarer Republik zum Thema Arbeiter und Rebellion gegen Ausbeutung. Er erregte mit seinem Gedicht- und Prosaband *Barrikaden an der Ruhr* (1925) und dessen Verbot und mit seinem Roman *Passagiere der III. Klasse* (1927) Aufsehen zu einer Zeit, in der Seghers sich sozialen Themen zuzuwenden begann. Wie viele andere ihrer BPRS-Kollegen – und auch sie selbst – wurde er im Zusammenhang mit dem Reichstagsbrand verhaftet, kam aber mit Hilfe seiner Frau, der bereits erwähnten Lisa Tetzner, frei und ging ganz in die Schweiz, wo er zusammen mit Brecht, Brentano und – vielleicht – den Radvanyis eine Künstlerkolonie gründen wollte, ein Plan, der scheiterte. 1936 begann sich Kläber, u. a. unter dem Eindruck der Schauprozesse in der SU, von den Kommunisten zu distanzierten; Berta Lask (1878 bis 1967), wesentlich älter als Seghers, Mitbegründerin des BPRS, schrieb Texte für Agitprop-Truppen und Arbeitersprechchöre und Bücher für Kinder und Jugendliche. Sie war 1933 vorübergehend in Haft und emigrierte in die UdSSR, von wo sie erst 1951 zurückkehrte; Maria Leitner (1892–1942), Verfasserin vielgelesener Reportagen, Erzählungen und Romane, vor allem über die Lebensbedingungen arbeitender Frauen und Mädchen in aller Welt. Sie emigrierte über Prag nach Paris, von wo sie illegale Reisen nach Deutschland unternahm, um über die Zustände in Hitlerdeutschland zu schreiben. Seghers bewunderte ihren Mut und versuchte für sie aus Moskau von den Genossen beim *Wort* und auch aus den USA[110] Unterstützung zu erhalten, hatte aber keine hohe Meinung von ihr als Schriftstellerin. Nach der Flucht aus dem Internierungslager Gurs kam Leitner nach Toulouse und Marseille und verschwand im Frühjahr 1942 spurlos; Lukács (1885–1971), bedeutendster marxistischer Literaturtheoretiker. Er kam über Wien und Moskau 1931 nach Berlin und übernahm eine führende Rolle in den BPRS-Diskussionen zum Wesen und zur Funktion marxistischer Literatur. Für Seghers war und blieb er, wie auch Becher, eine Autorität, die sie wichtig nahm, auch wenn sie nicht übereinstimmte; Ernst Schneller, einer der Initiatoren und Lehrer der MASCH, war ZK- und Reichstagsmitglied, geriet aber in Konflikt mit Ernst Thälmann und wurde aller Parteiämter enthoben. Er schrieb dann Broschüren und Flugblätter für die Partei und den BPRS. 1933 von den Nazis verhaftet, wurde er 1944 als führender Kopf der illegalen Lagerleitung im KZ Sachsenhausen erschossen; Hans Otto Alfred Schwalm alias Jan Petersen (1906–1969), 1931/1933 organisatorischer Leiter des BPRS, den er dann bis Juni 1935 illegal weiterführte. Er war zusammen mit Seghers und anderen Herausgeber der *Neuen Deutschen Blätter*, sein Name konnte aber natürlich nicht im Impressum genannt werden. Schwalms erstes größeres Prosawerk, *Meine Straße. Aufzeichnungen eines deutschen Illegalen,* wurde aus Deutschland herausgeschmuggelt, wahrscheinlich mit Hilfe von Seghers überarbeitet und unter dem Namen Jan Petersen veröffentlicht;[111] Trude Richter (1899 bis

1989), seit 1931 Sekretär des Bundes, die Jahre in sowjetischen Straflagern und in der Verbannung verbrachte und erst 1956 mit Seghers' Hilfe in die DDR zurückkehrte[112]; Berta Waterstradt (1907–1990), ursprünglich arbeitslose Stenotypistin, begann mit dem Besuch der MASCH und dem Beitritt zum BPRS 1930 in verschiedenen Genres zu schreiben und arbeitete während der Nazizeit trotz Verhaftungen und Zuchthausstrafen illegal weiter. In der DDR, wo sie in nächster Nähe von Seghers wohnte und sich vor allem als Autorin von Hör- und Fernsehspielen betätigte, wurden die beiden Frauen enge Freundinnen; und schließlich Erich Wendt, Redakteur und Verleger, der nach dem Krieg dem neu gegründeten Aufbau-Verlag vorstand und auch Seghers betreute, bis er höhere Ämter übernahm. Sie betrachtete ihn, wie ihre Briefe an den Verlag zeigen,[113] als vertrauten Freund und Ratgeber, vielleicht gerade weil er während seines Exils in der SU verhaftet und deportiert worden war. Nur genannt seien noch eine Reihe von Autoren und Autorinnen, die später in der DDR zur *alten Garde* gehörten, wie der »klassische« sozialistische Schriftsteller proletarischer Herkunft«[114] Willi Bredel (1901–1964), die populäre Erzählerin Elfriede Brüning (1910), der Dramatiker Friedrich Wolf (1888–1953), der in erster Linie für seine Angriffe auf die Moderne bekannte Alfred Kurella (1895–1975), der aus einer Bergarbeiter-Familie stammende Hans Marchwitza (1890–1965), der *»poeta militans«*[115] Erich Weinert (1890 bis 1953) und die bereits erwähnte, in verschiedenen Genres höchst produktive Hedda Zinner (1905–1994).

In den Programmdebatten des Bundes, die nie abgeschlossen wurden,[116] ging es grundsätzlich um die Definition und Funktion einer neuen proletarisch-revolutionären Literatur. Sie kreisten u. a. darum, welche Rolle Autoren bürgerlicher Herkunft bei der Schaffung einer solchen Literatur zukomme, als »Geburtshelfer« oder »Bahnbrecher«, ob es bereits große proletarisch-revolutionäre Kunst gebe, ob vorhergehende kulturelle Traditionen, das später so genannte *Erbe*, eine Rolle beim Hervorbringen des Neuen zu spielen hätten, ob es in erster Linie um inhaltliche Kriterien gehe und welche Mittel der Darstellung die geeignetsten seien. Auch die Frage der Adressaten war umstritten, sollten vor allem die breiten Massen oder eine bereits klassenbewußte Elite angesprochen werden. Zunächst standen »linke« Positionen, die das von Arbeitern selbst produzierte Neue ohne Ansicht traditioneller künstlerischer Kriterien fordern und fördern wollten, im Vordergrund, wobei sich der BPRS am radikalen sowjetischen Bund, der RAPP, orientierte. Mit der Ankunft Lukács' 1931 in Berlin und mit einem neuen kulturpolitischen Kurs in der SU ab 1932, der zur Auflösung der RAPP führte, änderte sich das Schwergewicht. Gestaltungsfragen und Realismusprobleme, das Lernen von den »Klassikern« und die Definition eines entsprechenden Kanons, wie auch »die Erweiterung des proletarischen Literaturmilieus«[117], was Produzenten und Rezipienten betraf, bestimmten nun die Richtung und wirkten in den literaturtheoretischen Debatten des Exils weiter.

Seghers beteiligte sich in der Berliner Zeit nicht an der Vorfront der Auseinandersetzungen, hörte aber zu. Rückblickend meinte sie: »Ich wusste nicht viel von methodischen Fragen, verstand mich auch gar nicht auf Diskussionen. Ich hatte nur eine ziemlich klare Vorstellung von dem, was ich schreiben wollte und wie.«[118] Sie wußte und verstand jedoch viel mehr, als sie zugeben wollte, doch positionierte sie sich von Anfang an geschickt als das, was sie war und sein wollte: eine Erzählerin, die sich höchstens aus der eigenen Kunstpraxis heraus oder in Verteidigung derselben – und aus dem durch Lektüre und Studium erworbenen Wissen um die Praxis anderer – äußerte. Sie gewann sich damit, weil sie künstlerisch höchst produktiv war, einen gewissen, bescheidenen Freiraum, der sie aber keineswegs davor schützte, daß ihre Werke in die Debatten einbezogen wurden. So diskutierten sowohl Biha, 1931, als auch Franz Leschnitzer, 1935 im sowjetischen Exil, Seghers in Überblicksartikeln[119] und entschieden, daß sie nicht zum Kanon der proletarischen Literatur, den sie bestimmen wollten, gehörte. Leschnitzer z. B. befand, daß die Genossin zwar ein »köstliches

Genußmittel für geistreiche Gourmands und Gourmets« produziere, aber »eine taube Nuß« für »die Masse proletarischer Leser« sei.[120] (Daß sich ein solches Urteil zu einer Zeit, in der die Nationalsozialisten in Deutschland bereits fest an der Macht saßen, in Seghers' Bitte an Lukács – in ihren berühmten »Briefen« von 1938/39[121] – um eine in ihren Prioritäten und Proportionen angemessenere Literaturkritik niederschlugen, ist anzunehmen und verständlich.) Man kann Bihas und Leschnitzers Bewertungen und den darin enthaltenen Standard als Beispiele für die ästhetische Beschränktheit manch früher – und späterer – kommunistischer Literaturkritik abtun und sagen, daß sich kaum jemand mehr für Seghers interessieren würde, hätte sie sich nur nach den engen und wechselhaften Kriterien dieser heute vergessenen Kritiker gerichtet. Das hieße aber übersehen, daß sich der BPRS mit Fragen auseinandersetzte, die für marxistisch engagierte Schriftsteller grundsätzliche waren, und sich, wenn auch nicht immer erfolgreich, bemühte, in der von Zensur alles andere als freien Medienlandschaft der Weimarer Republik durch praktische Arbeit eine »proletarische Gegenöffentlichkeit« zu schaffen. An beidem wollte sich Anna Seghers beteiligen und tat es in den folgenden Jahren auf ihre Weise aktiv. Gleichzeitig suchte sie ihr Talent und ihre eigenen Vorstellungen einzubringen, ohne sie völlig unterzuordnen, ein schwieriges Unterfangen, dessen Problematik sie zwar nicht als solche artikulierte, aber, so meine ich, durchaus wahrnahm und mit dem breiten Spektrum ihrer Aktivitäten zwischen 1928 und 1933 zu lösen suchte: Sie experimentierte mit verschiedenen Stoffen, Textarten und Erzähltechniken, wobei es sich bei letzteren vielfach um die der Moderne allgemein handelte. Sie suchte sich im Zusammenhang mit ihrem Interesse an der *bürgerlichen* Moderne und mit den BPRS-Debatten prinzipiell über ihre künstlerische Praxis zu verständigen und dadurch zu behaupten. Und sie betätigte sich gegen Ende der Weimarer Republik zunehmend publizistisch und agitatorisch, ein Einsatz, den die zeitgenössischen politischen Ereignisse immer dringlicher erscheinen ließen.

Neuntes Kapitel

»Denn wir beschreiben ja nicht, um zu beschreiben, sondern um beschreibend zu verändern«

»Die Ratten besteigen das sinkende Schiff«

Karl Kraus

In den Jahren unmittelbar nach dem Eintritt in die Kommunistische Partei und den BPRS, d. h. 1929 und 1930, konzentrierte sich Seghers weiterhin in erster Linie auf ihre künstlerische Arbeit und ihre Pflichten als Mutter. »Ich hatte zwei kleine Kinder, und ich steckte bis über die Ohren im Schreiben von Geschichten«, sagte sie über diese Jahre.[1] Und sie genoß etwas von den Früchten ihres Erfolges. Mit dem Geld des Kleist-Preises unternahm sie 1929[2] zusammen mit Rodi eine Skandinavienreise, »eine unvergeßliche Sommerreise. Skandinavien hat ein ganz merkwürdig offenes Licht. Wir waren jung und unbeschwert und nie müde. Die hellen Abende!«, erinnerte sie sich im Alter.[3] Auch andere Urlaubsfahrten, so nach Südfrankreich und Korsika und zum Schilaufen im Gebiet der Zugspitze, fallen in die Berliner Jahre, lassen sich aber nicht mehr genauer datieren.[4] Ende des Jahres 1929 fuhr Seghers nach London, wo der *Aufstand der Fischer* in englischer Übersetzung erschienen war und wo sie am 3. Dezember im PEN-Club als Ehrengast sprach. Laut britischem Zeitungsbericht gab sie zur Überraschung der Anwesenden, die sich von ihrem Aussehen, »unaggressive as one of Burne Jones's pale princesses«, verführen ließen, »an intensly Communist speech« und bezeichnete ihre Zuhörer – ganz im Sinne der Abgrenzungspolitik des BPRS – als ihre »adversaries«.[5] Die Kollegen daheim bescheinigten ihr daraufhin im Jahresbericht des Bundes »gute Pionierarbeit«,[6] ihr englischer Verleger aber sah die Bestseller-Hoffnungen, die er auf den *Aufstand* gesetzt hatte, schwinden.[7] Von den britischen Schriftstellerinnen, die ihr zu Ehren eine Veranstaltung gaben, soll sich der deutsche Gast ebenfalls distanziert haben, mit der Begründung, daß sie »all ladies« seien.[8]

Die 1929 veröffentlichten neuen Erzählungen kamen jedoch weiterhin in bürgerlichen Kontexten heraus: »Die Wellblech-Hütte, Bruchstücke einer Erzählung«, nach Seghers' Angaben[9] 1928/29 entstanden, in Hermann Kestens Sammelband *24 neue deutsche Erzähler* und »Der letzte Mann der Höhle« vor Weihnachten wieder in der *Frankfurter Zeitung und Handelsblatt*[10]. Gleichzeitig reflektieren sie die politischen Bindungen, die die Autorin eingegangen war, wobei allerdings fragwürdige Aspekte im Vordergrund standen. So thematisierte »Die Wellblech-Hütte« eine Problematik des kommunistischen Engagements, die möglicherweise auf eigenen Erfahrungen, jedenfalls auf Beobachtungen beruhte, nämlich den Abstand und das gegenseitige Unbehagen zwischen bürgerlichen Intellektuellen und denen, für die sie ihr Leben als überzeugte Kommunisten einsetzten, eine Frage, die Seghers indirekt bereits im *Aufstand der Fischer* angesprochen hatte. Als Darstellungsmittel wählte sie einen für sie neuen, streng distanzierenden und sachlich berichtenden Stil und eine offene Struktur, die sie selbst in ihrem Titel als fragmentarisch ankündigte, wobei jedoch kaum anzunehmen ist, daß sie die Geschichte wirklich für unfertig ansah, sonst hätte sie sie kaum zur Veröffentlichung gegeben, eher wollte sie sich mit der Bezeichnung »Bruchstücke« von traditionellen Erzählformen – und Lesererwartungen – absetzen.

In »Der letzte Mann der Höhle« verarbeitete Seghers Reiseeindrücke und stellte in der Jugend Erlebtes und Beobachtetes, vielleicht aber auch ihr Wissen um Jahnns Ugrino-Experiment, aus der kritischen Perspektive ihrer nun klaren politischen Orientierung und Gemeinschaft dar. In diesem Sinne heißt es von der Hauptfigur, Mitglied einer unglückseligen Kommune, der »Höhle Zarathustras« auf Korsika, daß er nach dem »Umsturz« zwar in Düsseldorf Stadtverordneter der

USPD geworden war, aber dann »auf der untersten, gleichsam kindlichsten Stufe« der »Unruhe«, die ihn damals erfaßt habe, steckengeblieben sei. »Weil sie nicht stark genug ist, sich stracks auf das Eine zu richten, verflüchtigt sich die Unruhe in Abenteuer und Träume«, lautet der Erzählerkommentar zu seiner abgebrochenen Entwicklung. In vieler Hinsicht demonstriert dieser kleine Text etwas von der praktischen, nüchternen Haltung, die Seghers, die Tochter und Enkelin von Kaufleuten, auch besaß und die sie letztlich auf das sehen ließ, was unter dem Strich bei neuen Bewegungen für die Menschen herauskommen könnte: Versprach der Weg, den sie einschlugen, ihr Dasein *wirklich* besser zu machen? Diese Haltung spielte auch bei ihrer Entscheidung für die KPD eine Rolle, da der Kommunismus konkrete soziale, ökonomische und politische Ziele vorgab und in der Sowjetunion tatsächlich darauf zuzusteuern schien. Er beschränkte sich also nicht nur auf »Abenteuer und Träume«, so wichtig die als Ansporn waren.

1930 erschien Seghers' zweite Buchveröffentlichung: *Auf dem Wege zur amerikanischen Botschaft und andere Erzählungen* bei Kiepenheuer. Die Autorin wählte diesen Titel, obwohl ihr »die Geschichte, nach der das Buch genannt ist«, »am wenigsten« von allen darin enthaltenen »gefällt«, wie sie in einer kleinen, im folgenden Jahr veröffentlichten »Selbstanzeige« kritisch bemerkt. Was sie trotzdem dafür einnahm, waren wahrscheinlich die zeitgenössischen Anspielungen von Titel und Text, denn mit der Metapher von Weg und Ziel, nämlich zur amerikanischen Botschaft als einem Symbol für Kapitalismus und Ungerechtigkeit, signalisierte die Autorin ihren politischen Standpunkt. Die Geschichte selbst beschreibt eine Kundgebung gegen die Hinrichtung der italienischen US-Immigranten und Anarchisten Nicola Sacco und Bartolomeo Vanzetti[11], wie sie im August 1927 an vielen Orten weltweit stattfanden, und das, was in den Köpfen von Demonstranten »in einer Viererreihe« vor sich geht. Der Schauplatz, eine große Stadt, wird nicht genannt und läßt sich nicht eindeutig identifizieren. Der Autorin ging es, wie sie kurze Zeit später erklärt, um »den Extrakt« dieses Stückes zeitgenössischer Wirklichkeit.[12] Wovon sie sich jedoch dann in der »Selbstanzeige« zu distanzieren scheint, das ist das erzähltechnische Experiment dieses Textes, in dem sie erlebte Rede und inneren Monolog in einem Maß einsetzt wie später nie mehr und sich – im kleinen – an der Form des Bewußtseinsstroms mit wechselnder Perspektive versucht, der Alfred Döblin damals mit seinem großangelegten Roman *Berlin Alexanderplatz* (1929) in der deutschen Literatur zum Durchbruch verhalf. Döblin und der BPRS standen einander zur Zeit aber alles andere als freundlich gegenüber,[13] es mag sein, daß diese Differenzen auf Seghers' Selbstkritik abfärbten, andererseits bekannte sie sich durch die Veröffentlichung zu ihrem Experiment.

Die Erzählsammlung enthielt keineswegs alles, was die junge Autorin bis dahin geschrieben und in Zeitschriften veröffentlicht oder in der »Schublade« aufbewahrt hatte, sondern eine sorgfältige Auswahl, wobei zu den im Kiepenheuer-Vertrag genannten drei Texten ein vierter hinzugekommen war, wahrscheinlich eben die Titelerzählung, die 1929/30 entstanden sein soll.[14] Die anderen drei waren »Grubetsch«, die preisgekrönte Geschichte, die ja bisher höchstens Leser der *Frankfurter Zeitung* gesehen hatten, »Die Ziegler« von 1927/28 und »Bauern von Hruschowo« von 1929/30. Die hier genannten Entstehungsdaten stammen von der Autorin, aber aus viel späteren Jahren. Zur Zeit gab sie nur an, daß ihre Erzählungen zwischen 1926 und 1930 geschrieben wurden, und legte keinen Wert auf Chronologie. Erst für Kritiker wurde die Datierungsfrage interessant, da manche daran die erzählerische Entwicklung der Autorin, ihren »Kurs auf die Realität«[15] und die »marxistisch-leninistische Parteilichkeit« hin nachzuzeichnen suchten[16]. Ihr selbst scheint es damals in erster Linie darauf angekommen zu sein, einem größeren Publikum das in ihren Augen Beste, was sie bisher geschrieben hatte, vorzustellen und damit gleichzeitig prinzipiell ihre erzählerische Parteinahme gegen den Status quo zu vermitteln, die in allen

Texten unabhängig von der Entstehungszeit im Verhältnis zum Parteibeitritt deutlich zum Ausdruck kam.

»Mir gefallen von diesen Geschichten am besten: ›Die Ziegler‹ und ›Bauern von Hruschowo‹«, sagte Seghers denn auch in der »Selbstanzeige«: »In der Ziegler-Geschichte: Der Hunger des Kleinbürgers, seine vollkommene sinnlose Einsamkeit. In der Bauerngeschichte: Der Hunger wird zur Kraft [...].«[17] »Die Ziegler« erzählen mit höchster, quälerischer Genauigkeit vom unverschuldeten Niedergang kleiner Gewerbetreibender (Monopolisierung wird als Grund angedeutet), wobei Seghers sorgfältig nach Geschlecht und Alter unterscheidet. Vage und vergeblich wünscht sich die Hauptfigur Marie, ein junges Mädchen kurz nach der Schulentlassung: »Mochte doch hinter der Scheibe etwas ganz anderes sein, etwas ganz Unerwartetes«[18], findet aber nur das von ihr selbst Erwartete, den einsamen Zusammenbruch und Tod. Mit ihrer hoffnungslosen Sehnsucht und ihrer Kränklichkeit repräsentiert Marie einen Frauen-Typ, der sich durch Seghers' Frühwerk bis hin zu Katharina im Exilroman *Die Rettung* zieht und der Autorin besonders am Herzen lag, da er unter den beschriebenen gesellschaftlichen Verhältnissen die Untersten und Schwächsten repräsentierte und am ehesten an der Kälte und Härte der Welt zerbrach. Die Hoffnung auf Aufruhr und Veränderung knüpfte sich in erster Linie – wenn auch nicht ausschließlich[19] – an Jungen und Männer, eine geschlechtsspezifische Unterscheidung, die sowohl Seghers' Erfahrung ihrer Zeit und der Diskrepanz zwischen den Leben und Möglichkeiten von Frauen verschiedener Klassen reflektierte als auch das Bewußtsein der Grenzen, an die sie selbst trotz ihrer wesentlich günstigeren Situation stieß. An den weiblichen Figuren zeigte sie, wie wenig sich in ihren Augen die Lage der »gewöhnlichen« Frau ihrer Zeit geändert hatte, wie sehr diese dem scheinbar »ewige[n] Gewaltzustand« der Welt ausgeliefert war.[20]

Dementsprechend ist es auch in die »Die Ziegler« ein Junge, der Bruder Maries, eine wichtige Randfigur, der gegen das hilflose Wohlverhalten der Familie rebelliert. Er gerät zunächst auf die schiefe Bahn, findet dann aber »Gefährten, [...] Aufmärsche, Versammlungen, Fahnen, Knüppel«[21] und Selbstbewußtsein, ob auf Seiten der Kommunisten oder Nationalsozialisten, wird in der Erzählung nicht klargemacht. Tatsächlich waren diese jungen Männer Zielgruppen für die Agitation beider Parteien und wechselten, wie Heinz Pächter 1932 in einer Analyse darstellte,[22] leicht zwischen ihnen. Seghers kam es zunächst auf den Kontrast zwischen braver, hoffnungsloser Resignation und wilder, wenn auch im bürgerlichen Sinne asozialer Auflehnung an. Der Grundtypus dieses ruhelosen, schwierigen und rebellischen jungen Mannes, der gefordert und gebraucht werden will, kehrt in ihrem Werk ebenfalls in verschiedenen Variationen wieder, so noch in Georg Heisler im *Siebten Kreuz* und auch in einer Nachkriegs-Figur wie Thomas Helger in *Die Entscheidung* und *Das Vertrauen*, wo sich das Motiv der Rebellion dann allerdings in ein paar kleinen Verfehlungen und offenen Fragen erschöpft. Auf sie projizierte Seghers ihren jugendlichen Widerspruchsgeist und das Interesse, das sie stets an Jungen und Männern hatte, die nicht ganz den jeweils herrschenden Verhaltensnormen entsprachen. Es war eine wenigstens imaginative Identifikation, die dem Bewußtsein entsprang, daß in allen Gesellschaftsschichten das Leben der Frau größeren Beschränkungen unterworfen war und einem nie direkt als solchen artikulierten Wunsch, zumindest in der Phantasie die Grenzen zwischen den Geschlechtern zu transzendieren.

Während man bei »Die Ziegler« an das Kleine-Leute-Milieu in Mainz denken kann, haben die »Bauern von Hruschowo«, wie der *Aufstand,* einen fernen, diesmal jedoch geographisch und zeitlich genau situierten Schauplatz – die Karpato-Ukraine vom Herbst 1918 bis zum Herbst 1920. »Ich beschreibe den Kampf von Bauern um einen Wald und versuche durch die einfache Beschreibung von wirklichen Vorgängen Menschen und Landschaft organisch in die revolutionäre Handlung einzubeziehen«,[23] erklärte Seghers ihren einzigen Versuch aus diesen Jahren, »revolutionäre Handlung« nicht nur als *den* Ausweg aus Not und Unterdrückung aufzuzeigen, sondern ihr auch in der Gegenwart und außerhalb der Sowjetunion Erfolg zu gewähren. Dieser für Seghers ungewöhnlich positive Schluß muß nicht notwendigerweise damit zusammenhängen, daß die Geschichte nach dem Parteieintritt entstand – auch von »Auf dem Wege zur amerikanischen Botschaft« ist das anzunehmen –, sondern könnte erzählerische Gründe haben: Sie wollte sich an einem solchen Ende versuchen. Allerdings fügte sie noch eine deutliche Huldigung an die Sowjetunion hinzu, genug Grund für DDR-Kritiker, einen »qualitativen Sprung«[24] im Schaffen von Seghers festzustellen und zu bemerken, daß die Autorin mit dieser Erzählung »die Krisen des Übergangs endgültig hinter sich gelassen und zu einer festen Lebensbestimmung, zum Einklang mit sich und der Klasse der Zukunft gefunden hatte«.[25] Die Autorin selbst scheint jedoch um die Überzeugungskraft ihrer Geschichte besorgt gewesen zu sein. Einerseits verleiht sie ihr legendenhafte Züge, andererseits beruft sie sich in einem unvermittelten Einschub gegen Ende auf tatsächliche Geschehnisse, die man ihr erzählt habe.[26] Beides, die Verbindung von legenden- und märchenhaften Zügen mit zeitgenössischem Material, und die Verarbeitung von mündlich übermittelten Stoffen gehören zur Seghersschen Erzählpraxis allgemein, sind aber in dieser Geschichte weniger erfolgreich verwoben als in anderen, Zeichen einer gewissen Unsicherheit bei mehr oder weniger plakativem Optimismus.

In drei kurzen, für sie und ihr schriftstellerisches Selbstverständnis wesentlichen Äußerungen nahm Seghers in diesen Jahren auch diskursiv zu den Fragen Stellung, die in ihrer Umgebung debattiert wurden, aber wie gesagt praxisbezogen, wobei es ihr vor allem um Verständigung über ihre Arbeiten und Intentionen ging und, besonders mit der »Selbstanzeige«, um Verteidigung. Sie begann mit solchen Überlegungen bereits 1927, noch vor ihrem Eintritt in Partei und BPRS, und zwar mit der bereits genannten Kritik zu Gladkows *Zement,* die man, denke ich, durchaus als frühen und knappen Entwurf eines *ästhetischen Programms* lesen kann, wenn Seghers auch eine solche Bezeichnung für ihre kurzen Bemerkungen zum Buch eines anderen abgelehnt hätte. Dieses *Programm* ist anspruchsvoller und radikaler als spätere Aussagen, bleibt aber die Grundlage für die Weimarer Zeit und bis zu einem gewissen Grad für das Exil. Von dem *rechten* Verhältnis von »Liebe« und »Zement«, von »Kopf« und »Herz« war bereits die Rede.[27] Seghers lobt Gladkow in ihrer Rezension dafür, daß er »keine Menschen von morgen, sondern von heute, gestern und vorgestern« für seinen »Querschnitt« durch die »zweifelsschwere Gegenwart der Übergangszeit« genommen habe, was auch sie offensichtlich tat und tun wollte. Sie kritisiert jedoch, daß er für seine Darstellung noch das »Schreibzeug, das von gestern auf dem Schreibtisch liegengeblieben ist«, verwendet und nicht die Sprache gefunden habe, »mit der sich die Zukunft der Gegenwart erinnern wird.«[28] Das war aber, wie Seghers' Arbeiten aus der Zeit belegen, ihr Anliegen, danach strebte sie. Stoffliche und politische Kriterien für das Neue genügten ihr nicht.

Die Forderungen von 1927 wurden in der »Selbstanzeige« von 1931 erweitert, man könnte aber auch sagen verengt. Seghers wollte zu diesem Zeitpunkt ihre Position und Orientierung bei einem breiteren Publikum unmißverständlich klarmachen, aber gleichzeitig Interesse für ihr Buch wecken und ihre literarische Zwischenstellung behaupten.[29] Sie schloß mit den Worten:

»In diesen Geschichten gibt es viele verzweifelte und untergehende Menschen. Wenn man schreibt, muß man so schreiben, daß man hinter der Verzweiflung die Möglichkeit und hinter dem Untergang den Ausweg spürt. Ich hoffe, daß es mir gelingen wird, in dem Roman, an dem ich jetzt arbeite, diesen Ausweg klar aufzuzeigen.«[30]

Damit kündigte sie jene positive Perspektive an, die damals auf kommunistischer Seite wichtig und bald darauf für den *sozialistischen Realismus* verbindlich wurde, und wies bereits auf ihr nächstes Werk, einen Roman, mit dem sie wohl *Die Gefährten* meinte. Sie versprach darin zu leisten, was ihr, wie sie meinte, bisher nur in einer Erzählung des Bandes, den »Bauern von Hruschowo«, gelungen sei, nämlich einen Ausweg aus der düsteren Welt der anderen Texte zu weisen. Welchen, sagt sie in der »Selbstanzeige« nicht, sie hat ihn in den »Bauern von Hruschowo« deutlich – zu deutlich – gemacht: mit der russischen Revolution als Vorbild führt er zur grundlegenden Veränderung bestehender sozialer Verhältnisse. Hier konnte Seghers die Rebellion, mit der sie ursprünglich erzählerisch auf ihre Erfahrungen der Zeit geantwortet hatte, einmünden lassen. In Zukunft bemühte sie sich, diese positive Perspektive zu gestalten, aber vor allem als Weg und Richtung, die zu zentralen Metaphern in ihrem Werk werden. Den »lichten Optimismus«[31] der »Bauern von Hruschowo« vermied sie wieder,[32] und das schon – und besonders – in den *Gefährten.* Von einem neuen »Schreibzeug« ist in der »Selbstanzeige« nicht mehr die Rede, obwohl die Autorin, wie gerade dieser Roman zeigt, ihr Bemühen darum zunächst keineswegs aufgab. Während nun in der Folge kommunistische Kritiker – sehr vereinfacht gesagt – Seghers' Erzählungen und Romane mehr oder weniger subtil nach der Klarheit beurteilten, mit der der Ausweg als ein ihren eigenen politischen Vorstellungen entsprechender und künstlerisch gestalteter erkennbar war, interessierten sich Nicht-Kommunisten, wenn überhaupt, für die kritische und skeptische Weltsicht der Autorin, in der utopische Dimensionen in Reaktionen wie Aufruhr, Widerstand, Hoffnung und in den märchenhaften und mythischen Elementen zum Ausdruck kommen. Und sie fragten nach dem Bemühen um neue Schreibweisen. In vieler Hinsicht bediente Seghers seit *Auf dem Wege zur amerikanischen Botschaft und andere Erzählungen* beide Ansprüche. Ihr Werk bewegte sich von jetzt an zwischen Versuchen, konkrete, den Forderungen der Genossen entsprechende Lösungen, allerdings selten so optimistisch und eindeutig wie gewünscht, anzubieten, und einem Erzählen, das indeterminierter bleibt und in der sozialen eine mythische Welt durchscheinen läßt. Die Suche nach einem »Ausweg« als Lebenssinn für den einzelnen Menschen und als Ziel für eine Gemeinschaft läuft jedoch durch das gesamte Werk.

In »Kleiner Bericht aus meiner Werkstatt«, der 1932, diesmal in der Publikation des BPRS, *Die Linkskurve*, herauskam und so unmittelbarer als bisher einen Beitrag zu den Debatten des Bundes leistete, nahm Seghers dann sehr spezifisch zu Gestaltungsfragen Stellung, und zwar im Kontext der Betreuung, die sie weniger erfahrenen Kollegen und Kolleginnen – einem Bericht zufolge auch in ihrer Wohnung – im Rahmen der Arbeit des Bundes angedeihen ließ.[33] In einem Gespräch, einer dialogischen Form, die die Autorin in diesen Jahren und im Exil häufiger einsetzte, um Ideen möglichst eingängig und wirkungsvoll zu präsentieren, unterweist sie eine chinesische Genossin, Hu Lan Qi (damals Schü-Yin),[34] wie man ein zeitgenössisches Ereignis, Demonstrationen zum 1. Mai in Shanghai, lebendig präsentieren könne, und sagt dabei Grundsätzliches über die eigene Schaffensmethode. Hier fallen die häufig zitierten Worte: »Denn wir schreiben ja nicht, um zu beschreiben, sondern um beschreibend zu verändern«,[35] die Seghers' literarisches Credo darstellen und ein Kunstverständnis ausdrücken, das einerseits operativ ist, andererseits sehr hohe, noch im deutschen Idealismus wurzelnde Erwartungen an Kunst und besonders Literatur stellt, Erwartungen, die Seghers nie zurücknahm. Sie wehrte sich mit ihrem »Kleinen Bericht« sowohl gegen enge Definitionen in bezug auf Schreiben als auch gegen den Verdacht des Ästhetizismus und Formalismus, den man unter Genossen immer wieder gegen sie vorbrachte. Was die Art der Beschreibung betrifft, so differenziert sich Seghers entschieden vom Realismus des 19. Jahrhunderts, den Lukács als vorbildlich hinstellte, und läßt eine gewisse Nähe zu Brecht erkennen. Beide, sie und Brecht, kommen aus der Schule des Expressionismus: »Und der beschreibt richtig ein Stück Wirklichkeit, der schnell ihre wichtigsten Elemente erfaßt, den Extrakt dieser Wirklichkeit«, erklärt sie ihrer Kollegin und weigert sich, zwischen »innen« und »außen« zu unterscheiden. Wie in einem Detektivroman soll die Erzählende »einem Stück Wirklichkeit einen Steckbrief ausstellen«, um ihre Leser in die dargestellte Welt zu involvieren.

Der Bericht, an dem die Frauen in diesem Gespräch arbeiteten, blieb keine Fiktion, er erschien unter dem Titel »1. Mai. Yanschuhpou« auf der Titelseite der Mai-Ausgabe der *Roten Fahne.* Nach einer Notiz von 1933, ebenfalls in der *Roten Fahne,* begann Seghers auch noch ein größeres Projekt mit einer Chinesin, »der Dichterin Schü Kreug«, und zwar einen Roman über Leben und Entwicklung der chinesischen Frau,[36] das zu diesem Zeitpunkt nicht mehr realisiert werden konnte. Zusammenarbeit mit anderen war gegen Ende der Weimarer Republik und in der frühen Exilzeit für Seghers aber nicht nur ein Weg, ihre pädagogischen Interessen und Fähigkeiten für die gemeinsame Sache einzusetzen und weniger etablierte Autoren und Autorinnen zu unterstützen, sondern auch eine Möglichkeit, wichtiges authentisches Material, das aus ihr unzugänglichen Erfahrungsbereichen stammte, zu vermitteln. Einige nicht unter ihrem Namen erschienene und nicht mit Sicherheit von ihr stammende Texte könnten unter diesen Umständen entstanden sein, so die drei Skizzen, »Mord im Lager Hohenstein«, »Flucht durch den Wald« und »Der Skalp«, die von dem Terror der Nazis handeln und nach Hitlers Machtergreifung, 1933, als es darum ging, diesen Terror möglichst rasch international bekannt zu machen, in verschiedenen Exilzeitungen unter Pseudonymen erschienen, die man mit Seghers in Verbindung gebracht hat.[37]

Doch zurück zum Jahre 1930. Neben der Buchveröffentlichung war zweifellos die Reise in die Sowjetunion zum II. Internationalen Kongreß proletarischer und revolutionärer Schriftsteller, der vom 6. bis zum 15. November 1930 in Charkow stattfand, das für Seghers nicht nur beruflich wichtigste Ereignis. Diesem ersten internationalen Kongreß sollten im Laufe ihres Lebens noch sehr viele folgen, da sie nicht nur von Genossen und Kollegen, allerdings nicht immer von allen, gern delegiert und eingeladen wurde, sondern weil sie solche Veranstaltungen als internationale Gemeinschaftserfahrung suchte und liebte. Von Anfang an boten ihr diese Kongresse Gelegenheit zu Kontakten mit bedeutenden Schriftstellern und interessanten Menschen aus fremden Ländern, die ihre Überzeugungen grundsätzlich teilten, aber andere Erlebnisse und Gesichtspunkte mitbrachten, »das Unterschiedliche und das Verbindende«[38], von dem sie in »Kleiner Bericht aus meiner Werkstatt« sprach und das sie in ihren Romanen und Erzählungen darzustellen suchte. Gleichzeitig strebte sie früh eine internationale Resonanz an,[39] die mit den Jahren – aus unterschiedlichen Gründen, von denen noch die Rede sein wird – immer wichtiger für sie werden sollte.

Anschließend an Charkow unternahm Seghers eine Reise durch die Sowjetunion, die sie zu Vorzeigeprojekten wie dem Bau des Kraftwerks Dneproges in der Ukraine und auch nach Moskau führte. Hier nahm sie als Zuhörerin an den sogenannten Industrieprozessen teil, in denen Ingenieure und Manager für Probleme und Mißerfolge bei der rapiden Industrialisierung, die Stalins erster Fünfjahrplan forderte, verantwortlich gemacht und als Saboteure verurteilt wurden. Wie so viele der zahlreichen Besucher aus Deutschland und anderen Ländern bekundete sich Seghers öffentlich beeindruckt von dem, was sie sah, zumal sie bereits durch die Lektüre und die Interessen ihrer Jugend Land und Leuten gegenüber positiv eingestellt war – eine Haltung, die sie auf ihren häufigen Nachkriegsreisen in die Sowjetunion nie mehr ändern würde. 1930 hinterfragte sie weder die »Schädlingsprozesse« noch den enormen Preis, den die Industrialisierung und vor allem die forcierte Kollektivierung der Landwirtschaft forderten, auch dies ein Muster, das sich etablierte. Es galt schon damals, die Sowjetunion, die sich zur Zeit der Weltwirtschaftskrise besonders bedroht fühlte, gegen »Reaktion und Imperialismus« zu verteidigen, um ihr die Chance zu geben, das »grandioseste Aufbauwerk der Menschen«, wie Seghers den Fünfjahrplan nannte,[40] zu vollenden und sich als Alternative zum angeschlagenen Kapitalismus zu behaupten. Für eine differenzierte oder gar kritische Sicht blieb kein Platz, weder zu dieser Zeit noch später unter anderen Umständen, ein *Zweckdenken*, dem sich Seghers damals und immer wieder mehr unter dem Eindruck der Verhältnisse in Deutschland hingab, als aus einer wirklichen Kenntnis der Sowjetunion, die stets nur sehr selektiv war und die von ihrer Liebe zur Literatur und zum Bild der Menschen bestimmt wurde, das ihr diese Literatur früh vermittelt hatte und das sich für sie in individuellen Begegnungen zu bestätigen schien.

Erst die Reise – und nicht der Eintritt in KPD und BPRS – brachte einen entscheidenden Wendepunkt im Schreiben und der öffentlichen Haltung von Seghers, da sie jetzt begann, publizistische und propagandistische Texte für die kommunistische Presse zu verfassen. Sie nahm den Schlußappell der Charkower Konferenz »An alle revolutionären Schriftsteller der Welt«, den sie mitunterzeichnet hatte, offensichtlich ernst. Dieser Appell sprach von der Teilung der Welt in »zwei feindliche Lager«, das des Faschismus und das des Kommunismus – dazwischen gab es nichts – und zählte auf »das künstlerische Wort« bei »der Mobilmachung der Massen für den kommenden Zusammenstoß«.[41] Als erstes – noch vor der Reise – schrieb Seghers einen einzigen Satz als Antwort auf eine Umfrage der *Internationalen Presse-Korrespondenz*, Organ der Kommunistischen Internationale, in Vorbereitung des Kongresses. Die Frage lautete: »Wie verhalte ich mich, wenn die Imperialisten die Sowjetunion überfallen?« und charakterisiert die Atmosphäre, in der sich Seghers nun bewegte. Ihre Antwort war eindeutig, vermied jedoch, wie später oft, Politjargon. Die Sprecherin gibt sich nicht einmal als Kommunistin zu erkennen, sie sagt einfach: »Im Falle eines Krieges gegen die Sowjetunion ist es die Pflicht jedes ehrlichen Menschen, sich klar und bestimmt auf die Seite der Sowjetunion zu stellen, und sie mit allen Kräften zu verteidigen.«[42]

Es folgten, ebenfalls in *Inprekorr*, eine kurze Stellungnahme zu den Prozessen und, im Januar 1931 in der *Linkskurve*, eine Reportage mit dem Titel »Der Prozeß«. Beides sind Appelle an die »fortschrittlich Gesinnten« im Westen, die Kriegsdrohung ernst zu nehmen und die Prozesse im Zusammenhang damit zu sehen, da die Anklage u. a. auf Verbindung mit »Pariser Groß-Emigranten, die Vorbereitung einer Intervention durch Schädlingsarbeit im Lande und Fühlungnahme mit ausländischem Militär« laute. Auch in diesen Berichten verwendet Seghers Figurenperspektive, d. h. sie stellt die Dinge aus der Sicht des russischen Volkes dar, wobei sie die Frauen besonders hervorhebt. Das Volk fordere eine harte »Bestrafung der Schädlinge«. Ihre eigene Meinung hält sie, besonders in »Der Prozeß«, zurück, nicht aber ihre Begeisterung für die Demonstrationen zu Beginn der Verhandlungen:

»Was heute in Moskau vorgeht, was sechs Stunden lang nahezu eine Million Menschen, Arbeiter, Soldaten, Frauen mit Kinderbündel, Bauern und Schulkinder durch die Straßen treibt, das ist keine Demonstration, sondern eine organische Bewegung, ein Naturereignis. Geht man in dem Zug, so vergißt man seinen Körper, treibt im Schnee mit den roten Segeln der Transparente. Man fühlt sich als Schiff und Meer zugleich.«[43]

Es ist ein Moment der Transzendenz. Auch auf der linken Seite des politischen Spektrums gab es die Faszination durch Demonstrationen und Aufmärsche, die die Nazis so gekonnt ausnutzten. Seghers war höchst sensibel dafür und versuchte wiederholt, solche Erfahrungen auf verschiedene Weise und aus unterschiedlichen Blickwinkeln zu gestalten.

»Der Prozeß«, der eine künstlerische Reportage auf den Spuren von Kisch versucht, stellt solcher kollektiven Begeisterung die Angst eines einsamen Angeklagten gegenüber: Seine »Hände auf dem Rücken, die er vergessen hat in die Selbstbeherrschung einzubeziehen, sind die Hände eines verzweifelten, um sein Leben kämpfenden Mannes.« Trotz der Einsicht in diese Angst beendet und gewichtet Seghers ihre Darstellung jedoch mit einem Zitat von Maxim Gorki, das sich an die »›humanen‹ Intellektuellen« wendet, die gegen eine Bestrafung protestiert hätten – in Deutschland waren es Autoren und Künstler wie Heinrich Mann, Bruno Frank und Max Liebermann –, »ohne zu wissen, wie ungeheuer groß das Verbrechen war«[44]. Die oft für ihre Humanität gelobte Autorin stellt sich hier hinter den großen Russen, um Härte gegen einzelne zu befürworten, weil sie meint, den vielen damit eine Chance für ein besseres Leben zu sichern. Letztlich geht es um die bereits angesprochene Frage der Gewalt – in diesem Fall des Staates – im Dienste des »summum bonum«.[45] Wußte oder ahnte Seghers aber, daß es mehr als Härte war, daß es sich um fingierte Anklagen und erpreßte Geständnisse handelte? Es ist nicht anzunehmen. Wie so viele andere aus aller Welt war sie nicht nur naiv, sondern wollte es sein und ließ sich benutzen. Wahrscheinlich erbat man die Stellungnahme von ihr – Becher, Renn und Toller z. B. gaben ebenfalls positive Presseerklärungen zu den Prozessen ab –, vielleicht auch die Reportage, aber sie sagte nicht mehr als sie wollte. Im Alter nahm sie jedoch keine der eben besprochenen Aussagen und Texte in die Werkausgabe ihrer *Aufsätze, Ansprachen, Essays* von 1980 auf.[46]

Was Seghers an dem Konzept des Fünfjahrplanes begeisterte, war vor allem ihr Eindruck, daß die russischen bzw. ukrainischen Arbeiter, Arbeiterinnen und Schulkinder, denen sie auf ihrer Rundreise begegnete, von dem »Bewußtsein, am Aufbau einer neuen Welt mitzuarbeiten«, beflügelt wurden, und das war ihr, die Hoffnungs- und Perspektivelosigkeit und die daraus resultierende Selbstaufgabe der Menschen als die schlimmsten Formen von Armut betrachtete, das wichtigste. Dementsprechend schrieb sie für den Wirtschaftswissenschaftler und Freund Jürgen Kuczynski und seinen Propagandaband *Rote Arbeit*[47] die kleine Reportage »Zwangsarbeiter?« Sie zog darin vielgepriesene Projekte wie die Turkestanisch-Sibirische Eisenbahn und den Bau des riesigen Wasserkraftwerkes Dneproges, aber auch eine kleine Fabrik als Beispiele für die neue Form der Arbeit heran, deren »Antrieb weder die Peitsche des Aufsehers war noch die Angst vor dem Hunger, noch die Hoffnung auf Profit, sondern eine bis dahin in der Geschichte der menschlichen Arbeit unbekannte Kraft«[48].

Nach der Heimkehr begann sich Seghers auch persönlich zu engagieren. Neben Kisch und anderen trat sie als Rednerin bei einer Massenveranstaltung der »Gesellschaft der Freunde des neuen Rußland« auf, um über die Moskauer Prozesse zu sprechen, und hielt ihr Publikum mit der Art ihres Vortrages in Bann, einer Art, die für sie charakteristisch wurde und die Zuhörer immer wieder bestaunten. Hier die etwas blumige Beschreibung von Leschnitzer:

»Und völlig ›frei‹ schien in der Tat ihre Rede zu sein, denn die Rednerin hielt weder ein Konzept noch auch nur einen Zettel mit Stichworten in der Hand und hatte dergleichen auch nicht vor sich auf dem Podium liegen. Mit geradem, ruhigem Blick sah sie die gewaltige Masse der Zuhörer an, [...] und baute ohne die geringste Pause, ohne die mindeste sprachliche Stockung Satz auf Satz mit einer Tektonik von höchster künstlerischer Vollendetheit. [...] mit unheimlicher Gelassenheit, ohne Stauung und Stockung, floß der märchenhaft wunderbare, vielfach gewundene Strom dieser Rede dahin.«[49]

Daß sie alles[50] zunächst aufgeschrieben und auswendig gelernt hatte, erfuhr Leschnitzer erst später. Stets bereitete sich Seghers gut auf ihre Reden vor und sprach dann gerne völlig frei, sie hatte, wie bereits erwähnt, ein ausgezeichnetes Gedächtnis für die eigenen – gesprochenen – Worte und Formulierungen. Zu ihrem konsequenten Eintreten für die Sowjetunion gehörte auch ein mit Becher, Weiskopf und anderen gemeinsam verfaßter »Offener Brief an die ›Deutsche Welle‹«, in dem sie forderten, ihre Ansichten gegenüber den antisowjetischen Programmen, die sie dem Sender vorwarfen, zu präsentieren.[51] Die seit Anfang des Rundfunks bestehende Zensur, von der auch Seghers, die sich für dieses junge Medium interessierte,[52] betroffen wurde,[53] machte es den Kommunisten besonders schwer, sich im Radio Gehör zu verschaffen, eine Möglichkeit der Einflußnahme, die die Nationalsozialisten nach ihrer Machtergreifung voll ausnutzten.

Seghers begann sich nach der Heimkehr auch zu aktuellen deutschen Problemen publizistisch zu äußern und beschäftigte sich in erster Linie mit Jugendproblemen und Jugenderziehung. Sie wandte sich also einem Bereich zu, der traditionell und, wie wir sahen, im BPRS häufig schreibenden Frauen überlassen wurde und folgte nun Interessen, die sie eigentlich schon längst entwickelt, aber zunächst nicht in den Mittelpunkt gestellt hatte.[54] Die Wurzeln für ihr Interesse gingen auf Erfahrungen in Mainz, z.B. in der Kinderlesehalle, zurück, aktuellere Anlässe waren die Perspektive- und Arbeitslosigkeit der Zeit – letztere belief sich 1932 auf 44% –, die sich auf Jugendliche besonders verheerend auswirkten. Vielleicht war auch das Buch von Anton Makarenko, *Der Weg ins Leben,* das sich mit den durch Revolution und Bürgerkrieg verwahrlosten Kindern Rußlands beschäftigte und das im Herbst 1931 verfilmt in deutsche Kinos kam,[55] ein Ansporn für Seghers, sich nun publizistisch mit dieser Thematik zu beschäftigen, zumal sie sich bereits als *Autor* mit weitreichender Thematik etabliert hatte. Kinder und Jugendliche, so schon ihr Anliegen in den frühen Erzählungen, wollen gefordert und gebraucht werden, sonst gehen sie zugrunde oder lassen sich von reaktionären Kräften – vom Faschismus ist bei ihr hier nicht die Rede – vereinnahmen. In einem kleinen Bericht, »Die Jugend erobern«, den Seghers 1931 für eine sowjetische Publikation gegen Krieg verfaßte,[56] beschreibt sie z.B. die keineswegs pazifistische Wirkung einer Aufführung der Verfilmung von Erich Maria Remarques *Im Westen nichts Neues* auf Jugendliche. Ihr Fazit: »Gewiß nicht den schlechtesten mag dieser sogenannte pazifistische Film die Sehnsucht nach Aktion, den Wunsch nach Bewährung einimpfen, für den der kleinbürgerliche Alltag kein Ventil hat.«[57]

In »Was wissen wir von Jugendcliquen«, einer Art Gerichtsreportage, die 1931 in Deutschland in *Der Weg der Frau* erschien[58], bringt Seghers dann die Ausweglosigkeit im Leben junger Menschen direkt mit Wirtschaftskrise und Arbeitslosigkeit in Verbindung. Von einem der Angeklagten, einem »Prachtbengel«, der einen Warenhausdiebstahl begangen hat, aber keinerlei Reue kennt, hören wir: »Er tritt ins Leben mit dem Wunsch, sich zu bewähren. Und er findet nichts als eine Stempelstelle. [...] nicht die geringste Aussicht auf einen winzigen Bruchteil an Freude.«[59] In wenigen Worten gibt Seghers hier der Statistik der Zeit ein menschliches Gesicht und benennt die destruktiven Folgen von Arbeitslosigkeit in der modernen – und postmodernen – Gesellschaft. Der »Prachtbengel« und der Kontrast, den die Autorin zu einem ebenfalls des Diebstahls angeklagten »braven« Jungen herstellt, erinnern an »Die Ziegler« und den Gegensatz zwischen den Geschwistern in dieser Geschichte. Der Junge paßt aber auch in die breitere Kategorie von Seghers' bevorzugten jungen Helden, jenen, die sich wehren; »diesen Fraß von Leben, den die Alten in sich hineinwürgen, den läßt er sich nicht vorsetzen«, heißt es von ihm[60]. Das einzige »Heilmittel« für ihn und seinesgleichen, das die Autorin in dem Aufsatz eindeutig benennt, ist das »Klassenbewußtsein«[61].

Wie man versuchen konnte, einem Kind Klassenbewußtsein zu vermitteln, das demonstrierte Seghers mit einem weiteren Dialog, »Wer war das eigentlich? Gespräch mit einem Kind über Lenin«, der 1932 in der *Roten Fahne* zum achten Todestag des Revolutionärs erschien.[62] Sicherlich verwertete die Autorin dabei auch ihre Erfahrungen als Mutter und machte sich Gedanken, wie man deutschen Kindern so Komplexes wie die Geschichte der russischen Revolution und so Abstraktes wie Lenin »als Kämpfer für die Arbeiterklasse« nahebringen konnte. Das Gespräch stellt einen jener anschaulichen und vereinfachenden didaktischen Texte dar, wie sie Anna Seghers damals neben vielen anderen zu schreiben begann. Er läßt keinen Zweifel an der »marxistisch-leninistischen Parteilichkeit« der Mutter im Text und der *richtigen* Erziehung, die sie ihrem Kind angedeihen läßt, zeigt aber auch, daß die pädagogische Haltung der Autorin eine grundsätzlich dialogische ist und an jüdische bzw. biblische Lehrmethoden anschließt, die mit Geschichten, Parabeln und deren Auslegung arbeiten.

Interessanter und, wie ich meine, aufschlußreicher für Seghers' Grundeinstellung in dieser Zeit ist eine andere, weniger eindeutige und etwas früher geschriebene Unterhaltung mit einem Kind: »Die Entdeckung Amerikas. Gespräch mit einem kleinen Jungen, wörtlich nachgeschrieben«.[63] Es geht um die Geschichte von »Christoph Kolumbus« und darum, daß er sehr mutig war, weil er, wie das Kind sagt, »nicht ganz genau gewußt hat, daß Land kommt, und weil er doch gefahren ist«. Man kann die Entdeckung Amerikas hier als Metapher für das sozialistische Projekt lesen, eine Metapher, die in der DDR-Literatur wiederkehren wird, u. a. bei Fritz Rudolf Fries in seinem »Der Seeweg nach Indien« von 1975 und in Christoph Heins »Kein Seeweg nach Indien« aus der Wendezeit.[64] Für Seghers war dieses Projekt *das* große Abenteuer, das wie bei »Kolumbus« etwas wirklich Neues bringen konnte, aber zunächst sehr viel Mut und eine lange, gefährliche und beschwerliche Fahrt erforderte. Der kleine Junge in der Geschichte, danach befragt, ob er »so sein« möchte wie Kolumbus, wählt lieber den »Mann im Mastkorb«, der »zuerst die Küste gesehen« und »Land!!« gerufen hat, eine Ungeduld, die Seghers sehr gut verstand und immer wieder thematisierte. Gleichzeitig war sie aber höchst sensibel für das verlockende Wagnis des Unternehmens wie auch für die Mühsal, die sie aus ihrem Wissen um Geschichte und Geschichten erwartete. Aus dieser Perspektive stellen ihre positiven Bekenntnisse und tagespolitischen Beiträge sozusagen Matrosenarbeit dar, die sie als Teil der Mannschaft zu leisten hat, um die Fahrt des Schiffes zu sichern. »Nicht nur Schreiben gehörte zu unserem Beruf, auch Vorträge und eindringliches Erklären«,[65] sagte Seghers viel später, akzeptierte diese Verpflichtung aber bereits in den letzten Jahren der Weimarer Republik, als sie sich im Gefolge des Charkower Kongresses, der persönlichen Begegnung mit der Sowjetunion und der deutschen Entwicklung dazu entschloß. Durch die Schwungkraft ihre jungen Jahre und jener Zeit, zu der auch eine gewisse sektiererische Militanz gehörte, fiel ihr die publizistische und öffentliche Tätigkeit jedoch leichter als im Alter, wo sie öfters darüber klagte. Es gelang ihr, zwischen 1931 und Anfang 1933 künstlerisch weiterhin höchst produktiv zu bleiben und außerdem ihren kleinen Kindern eine liebevolle Mutter zu sein.

Neben der erzählerischen Hauptarbeit dieser Zeit, ihrem ersten Roman, *Die Gefährten*, schrieb Seghers eine Reihe von kleinen Skizzen, Anekdoten und eine Nacherzählung zu chinesischen Stoffen: »Der Führerschein«[66], »Die Stoppuhr« (als Skizze und Anekdote)[67] und »Der Last-Berg«[68]; außerdem »Marie geht in die Versammlung«[69], eine Skizze, die noch einmal die Problematik einer zwischen der Sorge um die eigenen Kinder und der politischen Arbeit, die vielen dienen soll, hin und her gerissenen Arbeiterfrau aufgreift. Die Lösung liegt nun entschieden beim Allgemeinwohl: »Man darf nicht bei den Kindern hocken, man muß arbeiten, nicht für drei Kinder, sie sagt, für drei Millionen Kinder.«[70] Bananen, die Marie für ihre eigenen Kinder gekauft hat, schenkt sie nun einem fremden Jungen und demonstriert mit dieser Geste eine opferbereite, alle privaten Interessen hintanstellende Haltung, die Seghers im Roman und in den anderen kurzen Arbeiten dieser Periode als vorbildlich und notwendig hinstellt, bei Männern und Frauen.

An Deutschland als Schauplatz wagt sich die Autorin nur am Rande und indirekt heran, in den genannten publizistischen Texten, in »Marie geht in die Versammlung« und als Exilland in *Die Gefährten.* Damit spielen die Nationalsozialisten keine Rolle, deren besondere Gefahr Seghers damals noch nicht bewußt und klar erkannte – wie die meisten anderen Deutschen und die Genossen, die ja in ihrer Konfrontationshaltung zunächst alle, die nicht auf ihrer Seite standen, in den faschistischen Topf warfen –, keine Rolle. Die Atmosphäre der Zeit spiegelt sich jedoch, denke ich, in der Radikalität der beschriebenen Haltungen und in der Grausamkeit und Gewalt, die das Geschehen des Romans und mancher kleinen Texte dieser Zeit bestimmen. Als Erzählerin war Seghers von Anfang an gebannt gewesen von Gewalt – der des Todes, des Schicksals, der sozialen und politischen Verhältnisse – und hatte nach den Möglichkeiten gefragt, mit denen ihr zu begegnen sei, wenn nötig ebenfalls mit Gewalt, vor allem der gegen sich selbst, die ja in jedem Opfer enthalten ist. Nun traten menschliche und institutionelle Grausamkeit in den Vordergrund und wurden konkret in der Zeitgeschichte und in der globalen Geographie verankert, aber eben noch nicht als die Barbarei, die die Nazis in Deutschland zu verkörpern und auszuüben begannen. Seghers stand auch damit keineswegs allein, die meisten Schriftstellerkollegen, bürgerlich-kritische und sozialistische, verfremdeten, wo sie sich überhaupt damit auseinandersetzten, die nationalsozialistische Bedrohung und situierten sie anderswo als in Deutschland, wie z.B. Thomas Mann in »Mario und der Zauberer« und Lion Freuchtwanger in *Der jüdische Krieg* (1932).

In ihrem Interesse für chinesische Stoffe – zu den bereits genannten Texten kommt noch der chinesische Erzählstrang in den *Gefährten* – war die Autorin in diesen Jahren ebenfalls nicht allein. Es gab die Bücher und Berichte von Agnes Smedley, die Seghers schon früh in der *Frankfurter Zeitung* zu lesen begann – und noch in Mexiko verfolgte[71] –, andere zeitgenössische Werke waren z.B. André Malraux' *Die Eroberer* (1928) und *So lebt der Mensch* (1933), Wolfs Drama *Tai Yang erwacht* (1931), *China geheim (*1933) von Kisch und Erzählungen von Kläber und Weiskopf sowie Gedichte von Becher, Brecht und Weinert, die Gründe für diese Anteilnahme wurden bereits angedeutet.[72] Seghers' Faszination mit China ging, wie wir sahen, weit zurück, nun entzündete sich ihre Phantasie an den zeitgenössischen Kämpfen zwischen Chiang Kai-shek und den »roten Provinzen«, die ihr zum Teil von befreundeten Chinesinnen in Berlin – wir wissen nur von Frauen – mündlich mitgeteilt wurden. Auch diese jungen Leute umgab die Aura von heroischem Opfermut, die Seghers an den frühen Modellen für die *Gefährten,* den Kommilitonen in Heidelberg, beeindruckt hatte. Rückblickend heißt es von den Chinesen: »Sie waren dem Tod entronnen und lebten eine zeitlang in unserer Mitte, um ruhig zu studieren [...]. Unsere Freunde fuhren als

Lehrer zurück in die roten Provinzen im Süden. Es war eine gefährliche, vielleicht oft tödliche Heimkehr. Sie traten sie aber so kühn und hoffnungsvoll an, als sei ihre Reise leicht und froh.«[73] Im Roman erscheinen die Berliner Bekannten komprimiert in der Gestalt des Liau Han-tschi – eines Mannes.

Ausbeutung – feudale und koloniale – und die Armut des Volkes traten in China besonders kraß zu Tage, was Seghers in einem kleinen Text, »Der Last-Berg«, den sie einem chinesischen Schriftsteller nacherzählt, beispielhaft zum Ausdruck brachte. Die Fronten erschienen besonders scharf und machten den Einsatz, von dem im Roman und den anderen kleinen Texten, »Die Stoppuhr« und »Der Führerschein«, erzählt wird, dringend und hoch. Als Masse und als einzelne sind Seghers' chinesische Revolutionäre exemplarisch in der Klarheit ihrer Entscheidungen und der Rigorosität, mit der sie private Gefühle wie die Liebe zu Frau und Kind hintansetzen: »Liau Yen-kai [der ältere Bruder von Liau Han-tschi in *Die Gefährten*] und seine Frau sagten zueinander: ›Wir haben uns liebgehabt, wir waren lange Zeit gut miteinander. Jetzt aber finden wir, daß es Zeit ist, sich zu trennen, heimzufahren zur Arbeit und das Kind dem Staat [der Sowjetunion] zu lassen.«[74] Daß es ihnen nicht leicht fällt und Liau Yen-kai keineswegs in das Klischee eines unerforschlichen Chinesen und kalten Funktionärs paßt, macht die Erzählerin jedoch ebenfalls deutlich.

Die Gefährten erschienen im Oktober 1932 bei Kiepenheuer und gleichzeitig in einer Ausgabe der *Universum-Bücherei für Alle,* der Buchgemeinschaft der KPD. Der Plan zu einem Roman beschäftigte Seghers, wie wir sahen, schon lange.[75] Den Stoff, zumindest den Kern – das Ende der ungarischen Räterepublik und die Frage nach dem Schicksal der flüchtigen Revolutionäre – kannte die Autorin seit der Begegnung mit ihrem späteren Mann und dessen Freunden in Heidelberg. Schon damals mag der Wunsch oder die Absicht entstanden sein, darüber zu schreiben. Als Seghers 1930 ihren Vertrag mit Landshoff über einen Erzählband und einen Roman abschloß, wußte sie offensichtlich nicht, womit sie früher fertig werden würde, sie befaßte sich also, so ist anzunehmen, intensiv mit beidem. Ihr ganzes weiteres Leben schrieb sie immer wieder nebeneinander an einem Roman und an Erzählungen, wobei letztere häufig Themen und Motive des größeren Werks aufnahmen und variierten. Was die *Gefährten* betrifft, so enthalten sie viele kleinere und größere Bezüge zu den kurzen Texten der Zeit: z. B. das Bild der politischen Transparente als Segel[76], die Demonstrationen für Sacco und Vanzetti, das Motiv der Stoppuhr,[77] nach der die chinesischen Truppen für Chiang Kai-shek trainiert werden, die Holzfäller um Hruschowo in der Karpato-Ukraine und die Vorgänge in China. Außerdem nehmen *Die Gefährten* Themen und Motive aus früheren Erzählungen auf und entwickeln sie weiter.

So schließt der Auftakt des Romans direkt an den Beginn des *Aufstandes der Fischer* an, insofern als das Geschehen in beiden von einem Ende her aufgerollt wird. In den *Gefährten* sind die ersten Worte: »Alles war zu Ende«. Ihnen folgt eine – wie in Eisensteinfilmen mit harten Schnitten aneinandergereihte – Serie konkreter Szenen von extremer Brutalität.[78] In beiden Werken setzen die Erzähleinstiege den Ton und bestimmen die Lesererwartungen an das Folgende, doch erzählt der Roman dann nicht, wie es zu dem »Ende« kam, sondern vorwärtsschauend, wie es für die überlebenden Revolutionäre – Arbeiter, Bauern, Intellektuelle – weitergeht und wie sie mit der Erwartung, daß die Niederlage keine endgültige sein könne, umgehen und leben. Im Gegensatz zu dem Parabelhaften und Mythischen des *Aufstandes*, wo sich weder der Ort noch die Zeit der Handlung genau bestimmen lassen, werden *Die Gefährten* historisch und geographisch klar situiert. Sie spielen zwischen 1919 und ungefähr 1930 in zahlreichen europäischen Ländern – Belgien, Bulgarien, Deutschland, Frankreich, Italien, Polen, Rußland, Ungarn und in China –, wobei es sich sowohl um die Heimatländer der Figuren handelt als auch um Exilländer. In den Heimatländern kam es während der Zeit, die der Roman behandelt, zunächst zu revolutionären Bewegungen, auf die faschistische oder proto-faschistische

Regierungen folgten. Seghers nennt Horthy in Ungarn, das die größte Anzahl von Figuren stellt, den »Faschistenputsch in Bologna«, Heimat des italienischen Arbeiterpaares Bordoni, den »Faschistenstaatsstreich« im Jahre 1923 in Bulgarien, wo der Holzfäller und Revolutionär Dudoff unter seinesgleichen zur Legende wird, und den »faschistische[n] Staatsstreich, de[n] Piłsudski-Umsturz im Mai 1926« in Polen, wo der Färber Janka und die Dombrowska zu Hause sind. Nur in China, das vielleicht nicht zum originalen Stoffkomplex gehörte, liegen die Verhältnisse etwas anders, da es hier immerhin eine »rote Armee« gibt, die allerdings hart gegen den deutlich als Verräter am Volk und der Revolution gezeichneten Chiang Kai-shek kämpfen muß.

An einem sehr großen internationalen Figurenensemble entwickelt Seghers die Geschichte der kommunistischen Internationale, jedoch nicht die der 1919 gegründeten Komintern-Organisation und ihrer Funktionäre und Taktiken, sondern von Menschen, die diese Ideen lebten. »Die Partei« wird zwar immer wieder erwähnt, sie ist Autorität und Hoffnung und erteilt Aufträge auf lokaler und internationaler Ebene, doch im Mittelpunkt der einzelnen Szenen stehen die Charaktere und ihre in den meisten Fällen unbedingte Bereitschaft, ja Sehnsucht, sich für die »Weltrevolution« hinzugeben und aufzuopfern. Unter diesen Menschen mit grundsätzlich gleichen Zielen und Hoffnungen differenziert die Erzählerin mit der ihr eigentümlichen Mischung aus kühlem, kritischem Blick und tiefer Sympathie für das Leid und das Glücksverlangen einzelner Menschen sehr verschiedene Verhaltensweisen. Sie erwähnt auch Konflikte und Mißverständnisse unter den Revolutionären, die allerdings, wo sie über Persönliches und Situationsbedingtes hinausgehen, meist nicht genauer benannt werden. Nur bei Trotzki macht Seghers eine Ausnahme. Aus der Figurenperspektive hören wir von Gerüchten um Trotzkis »Ausstoßung« und »Verbannung«, die zu Streit und Zweifel unter gefangenen Revolutionären führen, wobei die Verbannung zunächst als eine »falsche« Nachricht bezeichnet wird, die, so der Erzählerkommentar, »der Wirklichkeit um lange Zeit vorausging«.[79] Wollte Seghers damit an seine Bedeutung für den proletarischen Internationalismus erinnern und/oder indirekt die eigene Enttäuschung und den Mangel an verläßlicher Information ausdrücken? Wie oft, wenn sie unter den Genossen brisante oder tabuisierte Fragen und Ereignisse aufwirft,[80] bezieht sie nicht direkt Stellung, fordert aber von ihren Lesern, daß sie sich Gedanken machen. Der Name Stalins fällt im Roman noch nirgends, der von Lenin häufig.

Die Gefährten handeln von Revolutionären in Erwartung der Revolution, einer für alle schwer erträglichen Situation, die sich aber unter denen, die bürgerlicher Herkunft und zumeist Intellektuelle sind, anders manifestiert als unter den Arbeitern, Bauern und Holzfällern. Für die letzteren bedeutet sie kleine Aktionen, Streiks, Demonstrationen und solidarische Gesten, wie die Beherbergung Flüchtiger und die Aufnahme von exilierten Genossen, die alle, weil sie mit höchster Gefahr verbunden sind und Tod, Gefängnis oder noch größere Armut mit sich bringen, zu Quellen der Kraft und des Durchhaltevermögens werden können. Seghers verwendet in diesem Zusammenhang, wie z. B. Stendhal, den sie kannte, das romantische Motiv von der Freiheit in Gefangenschaft für diejenigen, die in der bestehenden Gesellschaft keine Freiheit kennen. Im Gefängnis erwerben die Jüngeren von den Älteren, den im Widerstand und zähen Kleinkrieg Erfahrenen, Wissen und damit verbunden, aber nicht darauf beschränkt, »Kraft«, der die Erzählerin durch die Geste des Segnens, die im Roman an zwei wichtigen Stellen – eine davon ist der Schluß – eingesetzt wird, eine Aura des Spirituellen und Religiösen verleiht.

Die Ungarn bürgerlicher Herkunft sind neben den Chinesen, die aus einer Großgrundbesitzerfamilie stammen, die einzigen »Gefährten«, die nicht zum Proletariat gehören. Sie waren in der Räte-Republik bereits aktiv an der revolutionären Veränderung ihrer Heimat beteiligt und finden die kampflose Zeit danach besonders schwierig zu ertragen, obwohl oder gerade weil sie in Deutschland, das im Roman, abgesehen von der Sowjetunion, als das sicherste und freundlichste der Exilländer dargestellt wird, relativ leicht Arbeit und Unterkommen finden. In diesem Handlungsstrang, der um die ehemaligen Hochschullehrer Steiner und Bató, den früheren Studenten Böhm und den einstigen Offizier Faludi kreist, verarbeitete Seghers eigene Erfahrungen und Beobachtungen, worauf sie in ihrem bereits zitierten, nach dem Krieg geschriebenen Vorwort selbst hinweist. Sie spricht darin von »Helden«, doch sind gerade diese Figuren im Roman im Vergleich zu den proletarischen wesentlich weniger heldenhaft gezeichnet. An ihnen setzt sich die Autorin mit Themen auseinander, die sie und ihre Umgebung zur Zeit der Niederschrift besonders beschäftigten, u. a. die Problematik der Intellektuellen und Revolutionäre bürgerlicher Herkunft und ihre Rolle in einer Zeit, in der es nicht um offenen Kampf geht, sowie ihre Anfälligkeit für Zweifel. *Die Gefährten* sind alles andere als ein Schlüsselroman, doch trägt Steiner, wie bereits erwähnt, Züge von Karl Mannheim, dem Freund aus der Studienzeit, während Bató, stark verfremdet, an Rodi erinnert. Ihn läßt die Autorin zurückdenken, daß er bei seiner Frau ursprünglich »nicht durch ihre Schönheit gerührt« worden war, sondern durch ihre außerordentliche Ungeschicklichkeit – ein kindliches Gegenstück zu seiner eigenen Schwierigkeit, sich auf Erden zurechtzufinden.[81] Batós selbstkritische Analyse mag einen ironischen, distanzierten Blick der Autorin auf die Anfänge der eigenen Beziehung enthalten, jedenfalls ist die Begeisterung der jungen Studentin für die Kommilitonen aus dem Osten in eine differenzierte Sicht auf Menschen übergegangen, die sich nach dem Abenteuer der – gescheiterten – Revolution im Alltag einer Übergangs- und Wartezeit zurechtfinden müssen. Hier klingt bereits eine Gegenüberstellung an, die Seghers während des Exils weiter entwickeln und mit den Worten »gefährliches« und »gewöhnliches Leben« anschaulich benennen, aber auch mit zusätzlichen Inhalten füllen wird.

An Bató, wie an vielen anderen Figuren des Romans, nimmt

die Autorin in diesem Zusammenhang die Frage nach der Bedeutung von Familienbindungen und der Möglichkeit privaten Glücks auf, eine Frage, die sie offensichtlich stark beschäftigte und wohl autobiographische Wurzeln hatte, aber auch generell zu den Problemen revolutionärer politischer Tätigkeit und zu den Diskussionsthemen in den Kreisen ihrer Genossen gehörte. Der Roman spielt in diesem Bereich ebenfalls viele Verhaltensweisen durch, wobei die Härte ins Auge fällt, mit der sich die Generation der Söhne von den bürgerlichen oder feudalen Vätern absetzt, während die Kinder der Arbeiter und Bauern über ihre Eltern in die größere *Familie* der politisch Bewußten hineinwachsen. Die Beziehungen zwischen Mann und Frau, vor allem der Widerwillen der Männer gegen »diese[n] faulen Brei aus Frau, Hausrat und Kindern«[82], wie es von dem italienischen Arbeiter Bordoni heißt, werden nur dann besser, wenn beide der gemeinsamen Sache dienen. Erst als Frau Bordoni, die über dem schweren Leben, das ihr die politische Tätigkeit ihres Mannes auferlegt, frühzeitig alt und häßlich geworden ist, ihn zu unterstützen beginnt, heißt es von dem Verhältnis: »Zwar war es nicht Liebe, aber mehr.«[83] Doch auch wo es diese Übereinstimmung gibt, sind die Momente der Freude und des Glücks selten, ist die Liebe zu einem Menschen Anlaß für zusätzlichen Schmerz, wie bei dem jungen polnischen Färber Janek, der Frau und Kind nur zu seltenen Gefängnisbesuchen und gelegentlich zwischen seiner Inhaftierung und der seiner Frau sieht.

Trotzdem gibt es im Roman keine Alternative. Der ehemalige ungarische Hochschullehrer Steiner, der in einer »kleinen Universitätsstadt« privates Glück und wissenschaftliche Arbeit zu finden hofft,[84] wird immer wieder Momente größter Verzweiflung durchleben, weil er den Anschluß an die »Gefährten« und ihre Sache verloren hat. Bei ihm erlaubt sich die Erzählerin einen Blick in die Zukunft, den sie sich sonst verwehrt, um so deutlich zu machen, daß er, was immer kommen mag, den falschen, d.h. den ihn selbst nicht befriedigenden Weg gewählt hat. Ihn läßt sie aber auch die große, existentielle Frage stellen:

»Was ist das eigentlich für ein Ding, Weltrevolution? Abgesehen von dem Brot, das wir alle genug haben werden – wird der Weg zwischen Leben und Sterben gangbarer sein (abgesehen, sage ich, von dem Brot, dem Proviant auf diesem Weg), wird der Tod geringfügiger sein und werde ich weniger allein sein?«[85]

Es ist Anna Seghers' Frage, die sie mit dem Roman und immer wieder zu beantworten sucht, auf zweierlei Weise, denke ich: Sie zeigt die extreme Armut von Menschen, für die auch nur einen Laib Brot an politische Häftlinge zu spenden noch größeren Hunger unter den Kindern zu Hause bedeutet, für die Nahrung also alles andere als nebensächlicher Proviant ist. Damit entlarvt sie die Tendenz derer, die Hunger nicht kennen – auch sie gehört zu ihnen –, ihn nicht wichtig genug zu nehmen. Gleichzeitig betont sie aber, daß der Kampf um Brot, und damit um das Grundelement sozialer Gerechtigkeit, mehr bringt als körperliche Nahrung. Noch ehe er zu Brot führt, zeigt er einen Ausweg aus stumpfer Verzweiflung und schafft Gemeinschaft. Und er kann, wie Seghers in den *Gefährten* – und im weiteren Werk – an vielen erschütternden und qualvollen Beispielen ausführt, den Tod tatsächlich »geringfügiger« machen. In einer der wenigen Rezensionen des Romans, die noch vor der Machtergreifung Hitlers erschienen, sprach Siegfried Kracauer mit Recht von dem Roman als einer »Märtyrerchronik«. Wie die Passion Christi und deren *imitatio* in den Legenden der Märtyrer und Heiligen – die sie in ihrer Jugend las – verschweigt die Autorin die Schrecken des Todes nicht, ja, sie scheint gebannt davon, aber sie verleiht denen, die sie um ihres Kampfes und Widerstandes willen erleiden, etwas von der Erfüllung, die in den Worten Christi »Es ist vollbracht« liegen.

Die Gefährten stellen den am breitesten angelegten Versuch von Anna Seghers dar, das Grundthema ihrer Arbeit bis 1933 – Kampf gegen bestehende, psychisch und sozial unerträgliche Verhältnisse – als einzig möglichen, dem Individuum aber das Letzte abverlangenden Lebenssinn zu gestalten und konkret in der Zeitgeschichte und eigenen Zeiterfahrung zu situieren. Sie warnt deutlich vor dem Faschismus und läßt keinen Zweifel an der Brutalität, mit der er jeden Widerstand zu brechen sucht, sieht ihn aber ausschließlich gegen diejenigen gerichtet, die sich der Revolution verschrieben haben. Seghers differenziert zwar zwischen den faschistischen und rechtsautoritären Ländern und demokratischen wie Deutschland und Frankreich – in letzterem werden Demonstrationen und Streiks niedergeschlagen, politisch tätige Emigranten jedoch *nur* ausgewiesen –, die Unterschiede fallen aber nicht besonders ins Gewicht. Hier blieb Seghers der zeitgenössischen Sicht der Kommunisten verpflichtet, und so kann die öfters gestellte und verschieden beantwortete Frage, ob *Die Gefährten* Seghers' erster Versuch seien, »sich der faschistischen Gefährdung Deutschlands entgegenzustemmen«, nicht einfach mit ja beantwortet werden.[86] Doch führte sie ihre Sensibilität für die eigene »zweifelsschwere Gegenwart« früh und immer wieder dazu, jene emotionalen und sozialen Bedürfnisse und Situationen darzustellen, für die nicht nur sie nach Auswegen suchte, sondern bei denen auch die Nationalsozialisten gezielt und erfolgreich ansetzten: der Wunsch, aus einem trostlosen Alltag auszubrechen, das Verlangen nach Zugehörigkeit und das in der Zeit und deren gesellschaftlichen Verhältnissen vorhandene Potential an Gewalt, das Seghers – von dem Mord an Grubetsch zur Vergewaltigungsszene im *Aufstand der Fischer* bis zur sadistischen Grausamkeit eines Leutnant Jákò in den *Gefährten* – immer wieder zeichnet. Hier konnte sie direkt anschließen, als sie ihren Blick dem spezifischen Terror der Nationalsozialisten in Deutschland zuwandte.

Der politischen Radikalität der *Gefährten*, die bei ihrem Erscheinen schon nicht mehr aktuell war und es nach dem Krieg in der DDR auch nie mehr wurde,[87] gesellt sich eine ästhetische, die keinen Zweifel daran läßt, daß sich die junge Autorin in beiden Bereichen zur Avantgarde zählen und sie verbinden wollte. Ihre *Lehrer* im formellen Bereich waren – abgesehen von dem Filmemacher Eisenstein – nicht die Russen, sondern die Autoren der westlichen Moderne in Deutschland und den USA, vor allem John Dos Passos, dessen Romane damals viel beachtet wurden und den Seghers in ihrem bekannten Briefwechsel mit Georg Lukács zur Expressionismus/Realismus-Debatte verteidigte – und trotz allem Döblin, den sie darin ebenfalls erwähnt und von dem sie im Pariser Exil anläßlich seines Geburtstages 1938 sagen würde, daß er in der nüchternsten Sprache die erregendsten Dinge zu sagen wisse.[88] Außerdem kannte und schätzte sie Jahnn, dessen experimentelles Prosawerk *Perrudja* 1929 erschien und sich in einer Ausgabe dieses Jahres in ihrer Bibliothek befindet. Seghers verwendet in ihrem Roman keine einheitliche Handlung, sondern verfolgt simultan verlaufende Handlungsstränge, die sie zwar in traditionelle Kapitel und außerdem in einen kurzen ersten und einen wesentlich längeren zweiten Teil gliedert, der 1919 bzw. 1924 einsetzt. Die eigentlichen Erzähleinheiten sind jedoch kurze numerierte Elemente, die in sich in noch kleinere Abschnitte zerfallen und nur rhythmisch, kontrapunktisch und thematisch verbunden werden. Wie in den Filmen Eisensteins ist das Organisationsprinzip eine Schneide- und Montagetechnik, die nicht auf Kontinuität, sondern auf Diskontinuität ausgerichtet ist. Die Intention Eisensteins war es, durch die so hergestellten visuellen Kontraste, Korrespondenzen und Analogien die dargestellten Ereignisse zu kommentieren und zu deuten, eine Interpretationsarbeit, die die Zuschauer mitleisten und vollenden müssen, indem sie aus den Widersprüchen und der Vielfalt eine Synthese herstellen. Seghers stellt ähnlich hohe Ansprüche an ihre Leser: Sie erzählt in filmischen Bildern, verwendet häufig, um hier bei der Sprache des Films zu bleiben, subjektive Kameraeinstellungen und erwartet, daß ihre Leser selbst emotional und intellektuell die Zusammenhänge herstellen, um die es ihr geht. In ihrem Medium, der Sprache, bemüht sie sich außerdem um jenen »gestählten und gehämmerten Rhythmus«, den sie in ihrer *Zement*-Rezension an Babel und Larissa Reisner gelobt hatte.

Dem Roman blieben kaum vier Monate, um an Leser zu

kommen. Daher läßt sich nicht sagen, wie sie ihn aufgenommen hätten. Auch in der zeitgenössischen Kritik wurde er wenig besprochen, eingehender nur von Kracauer in der *Frankfurter Zeitung*[89]. Auf kommunistischer Seite schrieb Bredel eine Ankündigung, die ebenfalls positiv war und forderte: »Dieses Buch muß jeder Arbeiter lesen«[90], eine illusorische Erwartung. *Die Gefährten* fielen vielmehr in das Loch der Zeit, aus dem sie nie wieder ganz hervorkamen, mit ein Grund, warum ich ihn hier genauer besprochen habe. Seghers bemühte sich zwar nach dem Krieg, als der Roman ab 1949/50 neu aufgelegt wurde, mit ihren Vorworten[91] um zeitgenössische Relevanz und hob die in ihren Augen positiven Veränderungen im Großteil der im Roman behandelten Länder – sie gehörten jetzt zur sowjetischen Einflußsphäre – hervor, schadete aber damit einer adäquaten Rezeption eher als sie ihr nützte. Seghers war – mit Recht – nie glücklich über die Aufnahme der *Gefährten*, weder 1932 noch 1949/50. »Das Buch wurde, wie fast alle meine Bücher, mit Widerstand und Reserve aufgenommen, auch von den Genossen«, bemerkte sie rückblickend.[92] Und 1950 beklagte sie sich, laut Hausmitteilung der SED, in einem Vortrag im Kulturbund zum Thema »Schriftsteller, Kritiker und Leser«, daß ihr neu aufgelegtes Buch in der Ostpresse – im Gegensatz zum Westen – kaum beachtet würde.[93]

Was 1932 betraf, so sollten die Rezensenten Kracauer und Bredel, wie viele andere und die Autorin selbst, sehr bald das Schicksal des Exils mit den »Gefährten« des Buches teilen. Die Weimarer Republik ging ihrem Ende zu. Während der Zeit, in der Seghers intensiv an ihrem Roman arbeitete, wurden die Nationalsozialisten zur größten Partei Deutschlands. Und wenn die Autorin ihren Roman in einem Kerker schließen läßt und an die »Kraft« appelliert, die ein Gefangener einem anderen weitergibt, damit der nicht aufgibt, dann nimmt sie zumindest unbewußt das kommende Schicksal derer vorweg, die bald in Kellern, Konzentrationslagern und Gefängnissen der Nazis landen werden. Und sie gibt bereits ihrem Glauben – oder besser ihrer Hoffnung – Ausdruck, daß die

Widerstandskraft des Menschen gegen die »äußeren Mächte«, die zwar »tief und furchtbar« in ihn hineingreifen können, »bis in sein Innerstes«, da auf etwas stoßen werden, »was unangreifbar war und unverletzbar«, wie die berühmten Schlußworte zum *Siebten Kreuz,* ihrem großen Exilroman, lauten werden. Die Strukturen des Widerstandes, auf die sie sich im Exil berufen wird, sind schon in den *Gefährten* vorgezeichnet.

Seghers hatte in den letzten Jahren der Weimarer Republik begonnen, einen prominenten Platz im linken Kulturleben einzunehmen. Wie bereits erwähnt, wurde sie im Juni 1932 auf der Reichsarbeitskonferenz des BPRS in die Leitung gewählt. Gemeinsam mit vielen anderen – unter ihnen Carl von Ossietzky, Piscator, Kerr, Brecht und Wolf – sagte sie auch ihre Mitarbeit an einem Untersuchungsausschuß über Hakenkreuzterror zu und hielt bei einer antifaschistischen Kundgebung des Linkskartells der Geistesarbeiter eine Ansprache, die von Intellektuellen die konsequente Teilnahme am Kampf aller Unterdrückten ohne Sorge um die persönliche Freiheit forderte.[94] Sie und ihr Mann erfuhren schon unter Franz von Papen und Kurt von Schleicher, Hitlers Vorgängern als Reichskanzler, Hausdurchsuchungen,[95] wobei zunächst die MASCH die Ursache war. Unter Hitler rückte aber auch Seghers ins Visier, weil sie als kommunistische Schriftstellerin und Jüdin den Feindbildern der Nationalsozialisten voll entsprach. Doch blieb sie nach dem 30. Januar 1933, dem Tag, an dem Hitler zum Reichskanzler ernannt wurde, zunächst weiterhin in Deutschland. Wie groß die Gefahr wirklich war, konnte sie, wie die meisten Zeitgenossen, nicht ermessen. Noch am 7. Februar 1933 wurde sie vom Schutzverband deutscher Schriftsteller zur Delegierten für seine Generalversammlung ernannt.

Zur Zeit des Reichstagsbrandes, am 27. Februar, befand sich Seghers im Schwarzwald, sie brachte ihren Jungen, der schwer an Scharlach erkrankt war, gerade in ein Erholungsheim, die Tochter war inzwischen in Mainz bei den Großeltern. Als Seghers von dem Brand erfuhr, kehrte sie sofort nach Berlin zurück, »um die Wohnung zu sichern und einiges einzupacken und mitzunehmen (es war ihr klar, daß sie fliehen mußte)«, berichtet Pierre Radvanyi nach den Erzählungen seiner Mutter.[96] Sie wurde, so hörte er weiter, von Nazi-Nachbarn an die Polizei verraten, verhaftet, kam aber nach einigen Stunden Verhör frei, weil sie durch ihre Heirat ungarische Staatsbürgerin war.[97] Sie versteckte sich bei Bekannten in einem anderen Stadtteil, kehrte dann in den Süden Deutschlands zurück und fuhr von Stuttgart aus in die Schweiz.[98] Genaueres zur Verhaftung ließ sich bis jetzt jedoch nicht entdekken.

In diesen Wochen und Monaten erfuhr Seghers auf alle Fälle etwas von der Feindseligkeit – nicht nur von SA und Polizei, sondern auch von ihrer alltäglichen Umgebung –, die sie in einer kleinen Skizze von 1933, »Das Vaterunser«,[99] beschreibt, wenn ihr auch die schlimmsten Erfahrungen des Ich-Erzählers in diesem Text – und mancher ihrer Kollegen –, wie der Abtransport auf Lastwagen und Brutalitäten der SA, erspart blieben. Ihr »gewöhnliches Leben« aber, das sie bei allen existentiellen Ängsten und allem »Revolutionsverlangen« bis dahin als selbstverständlich hingenommen und sich in Berlin ihren eigenen Wünschen entsprechend aufgebaut hatte, war zerstört. Die von anderen erlebten und ihre Phantasie und Empathie erregenden Gefahren wurden für sie von nun an zur eigenen bedrohlichen Wirklichkeit, die Solidarität mit Verfolgten war keine freie Entscheidung mehr, auch sie gehörte dazu, und Exil betraf sie jetzt persönlich. Privat bedeutete das für sie – wie für so viele andere – Sorgen, Ängste und Erschütterungen, die sie bisher nie gekannt hatte, künstlerisch aber, so furchtbar das klingt, einen Gewinn, da ihre frühe Sinnsuche unmittelbar zwingend beantwortet wurde. Ihre tiefe Einsatzbereitschaft war nicht nur fraglos gefordert, sie erwies sich auch als Mittel, der im Exil drohenden Desorientierung und dem Identitätsverlust zu begegnen. Schreiben erhielt für Seghers noch größere Dringlichkeit als früher: rein praktisch, weil sie damit ihre Familie erhalten konnte, vor allem aber, weil sie auf diese, ihre Weise gegen die Nationalsozialisten und für ein »gewöhnliches Leben« in Sicherheit und Menschenwürde für alle in Deutschland, das für sie jetzt eine ganz neue Bedeutung bekam, eintreten konnte. In den Exiljahren, die länger dauern und schlimmer werden sollten, als Seghers und die meisten ihrer Schicksalsgenossen wissen konnten und wollten, konzentrierte sie den Blick nun auf ihr Land, das sich in kurzer Zeit – und sozusagen unter den Augen – für sie und ihresgleichen aus der vertrauten Heimat in ein Reich des Terrors verwandelt hatte, das Tausende und schließlich Millionen ins Exil oder in den Tod trieb. Mit ihrem nächsten Roman *Der Kopflohn,* den sie eigenen Aussagen zufolge noch in Deutschland anfing, begann sie erzählerisch zu erforschen, wie es dazu kommen konnte und wie dagegen anzugehen sei, Fragen, die nie mehr aufhörten Anna Seghers zu beschäftigen.

Zehntes Kapitel

»Auf baldige Heimkehr hoffend«

»es ist ziemlich ekelhaft, und uns geht es so so.«
Anna Seghers

Anna Seghers war dreiunddreißig, als sie aus Deutschland floh, und siebenundvierzig, als sie zurückkehrte – beide Male allein.[1] Was man gemeinhin *die besten Jahre* im Leben eines Menschen nennt, verbrachte sie im Exil, das ihr sehr viele seiner unterschiedlichen Gesichter zeigte, von allen Arten psychischer und physischer Bedrohung, Angst, Armut und Bettelei, zu neuen Horizonten, Möglichkeiten und positiven Erfahrungen. Einerseits bewährte sie sich wie wenige ihrer Zeitgenossen, indem sie Schaffens- und Überlebenskräfte entwickelte, die man von dem kränklichen Kind und der verwöhnten Jugendlichen, die sie einmal gewesen war, nicht unbedingt erwartet hätte. Und sie brachte es zu äußeren Erfolgen und wirtschaftlicher Sicherheit, von denen die meisten exilierten Schriftsteller höchstens träumen konnten. In einem damals unveröffentlicht gebliebenen Essay, »Frauen und Kinder in der Emigration«, der wahrscheinlich von 1938 stammt,[2] spricht Seghers selbst von den Chancen des Exils, nicht von den materiellen, die ihr damals auch noch unvorstellbar waren, sondern von der Erweiterung des Bewußtseins: »Viele zur Emigration gezwungene Menschen glauben am ersten Tag, alles verloren zu haben. Später haben sie dann gelernt, daß sie vieles gefunden und vieles gewonnen haben, wovon sie früher nicht einmal wußten, daß es das gab. Für gar viele aus dem deutschen Kleinbürgertum emigrierte Familien ist die Emigration sogar das ›Endlich‹ geworden.« Endlich richte sich der Blick »auf einen Punkt außerhalb«[3].

Vor allem bei Frauen lege das Exil bis dahin ungenutzte

Ressourcen frei. Ihnen schreibt Seghers unter den veränderten Verhältnissen nun eine größere, aktive Bedeutung zu, die sich auch in der Aufmerksamkeit, die sie Frauen allgemein in ihrem Werk aus diesen Jahren schenkt, ausdrückt.[4] In dem Essay heißt es: »Wirtschaftlich oder politisch – sobald die Last untragbar, sobald das Leben unlebbar, sobald der Entschluß zur Emigration unweigerlich ist, tritt die Frau ganz auf den Plan. Dieser Entschluß erweckt ihr ganzes Wesen, Teile ihres Wesens, die ein gewöhnliches, alltägliches Leben wahrscheinlich nie gezeigt hätte.« Sie wird wieder die Frau »von Kriegszügen, von Verbannungen, von Völkerwanderungen«[5] Seghers bringt in ihrem Essay eine Reihe von konkreten Beispielen, die vor allem aus dem Arbeitermilieu stammen,[6] das sie weiterhin zu ihrem besonderen Anliegen machte, sah jedoch in ihrer unmittelbaren Umgebung von Schriftstellern und Intellektuellen nur zu gut, wie sehr die Kollegen auf die Tatkraft und Tüchtigkeit ihrer Partnerinnen angewiesen waren, zumal die Frauen eher – inoffizielle und schlechtbezahlte – Verdienstmöglichkeiten fanden. Seghers sprach in dem Essay jedoch auch, verschlüsselt und verfremdet wie stets, von sich selbst. Sie mußte einerseits für ihre kleine Familie die Aufgabe erfüllen, die sie der Frau in der Emigration allgemein zuschreibt, wenn sie sagt: »Sie wird vor den ungewöhnlichsten Augenblick gestellt, auf daß sie ihn zwinge, die Züge gewöhnlichen Lebens anzunehmen, damit man ihn ertragen kann«.[7] Anderseits wurde sie als politisch engagierte Schriftstellerin noch wesentlich aktiver und produktiver, als sie es in den letzten Jahren der Weimarer Republik ohnehin gewesen war. Zwischen der Flucht 1933 und dem Einmarsch deutscher Truppen in Paris 1940 schrieb Seghers nicht weniger als vier Romane, eine Reihe von bedeutenden Erzählungen und zwei Hörspiele, dazu kamen Vorträge, eine rege publizistische Tätigkeit und die Teilnahme an »jeder antifaschistischen Aktion«, wie sie einmal ohne viel Übertreibung sagte.[8] Außerdem verfolgte sie Filmprojekte und andere Pläne, die nicht oder erst viel später realisiert wurden, manches ging auch verloren.[9] Sie verband in sich beide Rollen, diejenige, die sie der Frau zuschrieb, und die der Männer, und erfüllte beide. Seghers betonte die positiven Aspekte des Exils aber nicht nur, weil sie ihren Erfahrungen entsprachen, sondern auch, um sich und anderen Mut zu machen und immer wieder an das gemeinsame Ziel zu erinnern, dessen großes Schlagwort »Kampf gegen den Faschismus« lautete, dessen kleinster gemeinsamer Nenner aber schon darin bestand, nicht zu verstummen. Es galt, das Bewußtsein eines *anderen Deutschland* aufrechtzuerhalten oder, was einen Großteil des Auslandes betraf, erst zu schaffen, und die Opfer wie die Grausamkeiten der Nationalsozialisten nicht vergessen zu lassen.

Daß Entwurzelung, Identitätsverlust, Einsamkeit, Verzweiflung und sinnloser Streit im Exil, je länger es dauerte und je weniger sich Hoffnungen auf innerdeutschen Widerstand und Kampf gegen Hitler erfüllten, um so gefährlicher drohten, wußte Seghers nicht nur durch andere. Auch sie erlitt das Trauma, aus dem Land, in dessen Sprache sie schrieb und dessen Kultur sie liebte, fliehen zu müssen, und das nicht nur wegen ihrer politischen Überzeugungen und Tätigkeiten, die sie ja selbst gewählt hatte, sondern, weil ihre Herkunft als Jüdin sie, wie im Laufe der Jahre bis 1938 und danach immer erschreckender klar wurde, zur Unerwünschten, Geächteten und Verfolgten machte. Sie weigerte sich jedoch, jüdischem Schicksal eine Sonderstellung einzuräumen – 1933 lehnte sie z. B. einen Beitrag für eine von Hermann Kesten geplante Anthologie mit der Begründung ab: »Ein Buch aus ausschliesslich jüdischen Autoren halte ich gerade jetzt für unrichtig.«[10] – Das heißt jedoch nicht, daß sie jüdisches Schicksal völlig verdrängte. Es steht zwar auch im Exil und danach keineswegs im Mittelpunkt ihres Werks, doch am Rande, wie so vieles, was die Autorin persönlich tief berührte, ist es immer wieder präsent. Sich besonders darauf zu konzentrieren, hätte jedoch nicht nur der kommunistischen Ideologie und dem für Seghers zentralen Konzept der *Volksfront* widersprochen, es hätte auch ihren eigenen daran geknüpften Lebensentwurf zerstört. Denn der basierte auf der Erwartung, daß Diskriminierung wegen Religion und Rasse nur durch grundsätzliche Veränderung der gesellschaftlichen Strukturen *von unten* zu überwinden sei, nicht durch Assimilation *nach oben*, wie es ihre Familie versucht hatte. Letztlich erfuhr Seghers bei aller Beschwörung der Solidarität ihrer Gastländer, bei allen Bekenntnissen zum Mythos der Gemeinschaft des echten *anderen Deutschland*, den sie mitschuf, die existentielle Obdachlosigkeit des Exils mit der Verletzlichkeit derjenigen, die seit früher Jugend für die Unsicherheit menschlichen Lebens besonders empfänglich gewesen war. Das Wissen darum, das Bemühen sie zu bewältigen, steht hinter allen positiven Äußerungen und aller Arbeit dieser Jahre und schimmert durch sie hindurch. Schon im Zusammenhang mit den ersten Monaten spricht sie von sich als »obdachlos«, und im Juli 1933 berichtet ihr Freund Jahnn – an Walter Muschg in der Schweiz –, daß sie ihm einen »erschütternden Brief in ihrer eigentümlichen Sprache« über ihre Situation geschrieben und resümiert habe: »Jahnn, es ist ziemlich ekelhaft, und uns geht es so so.«[11] Nach ihrer endlichen Rückkehr nach Deutschland ist es auch Jahnn, der – in einem Brief an seine Frau über das erste Wiedersehen mit Seghers – den Preis des Exils für sie benennt, indem er betroffen schreibt, daß die um sechs Jahre Jüngere »sehr gealtert« sei, »schneeweiß«.[12] Die Zeit der Vertreibung hatte sie gezeichnet, und nicht nur äußerlich.

Anna Seghers und ihr Mann verließen Deutschland getrennt zunächst mit Ziel Zürich,[13] das zum Anlaufpunkt für viele Emigranten, u.a. auch Kerr, Döblin und Brecht, wurde. Die Kinder blieben vorerst in der Obhut der Mainzer Großeltern zurück.[14] Für die Schweiz brauchte man damals noch kein Einreisevisum, doch verstand sich das Land als Durchgangs-, nicht als Exilmöglichkeit und machte es Flüchtlingen bekanntlich schwer zu bleiben. Zürich war außerdem, wie z.B. Brecht schnell bemerkte, teuer. Ob die Radvanyis, wie viele andere, bis zu den Wahlen am 5. März und länger warteten, ehe sie weitere Entscheidungen fällten, wissen wir nicht, es wäre anzunehmen, obwohl Seghers, wie ihr Roman *Der Kopflohn*, an dem sie bereits arbeitete, zeigt, die Anziehungskraft und Macht Hitlers zu dieser Zeit keineswegs mehr unterschätzte. Bei den Wahlen gewannen die Nationalsozialisten denn auch die meisten Sitze im Reichstag – 288 gegenüber 120 für die SPD und 81 für die KPD –, doch war es nicht der große Triumph, den ihre Propaganda daraus zu machen suchte, zumal in den Wochen vorher die gesamte sozialistische und kommunistische Presse ausgeschaltet und eine effektive Wahlkampagne konkurrierender Parteien verhindert worden waren. Jedwede Hoffnung aber, die die Gegner Hitlers im In- und Ausland auf dieses Wahlergebnis und eine immer noch breite Ablehnung der Nazis setzen mochten, mußte in den folgenden Wochen zerbröckeln, als die Gewalttätigkeiten von SA und SS zunahmen und diejenigen Landesregierungen, in denen es noch eine starke Opposition gab, durch Reichskommissare ersetzt wurden. Immer mehr Organisationen und Individuen erklärten sich bereit, zur neuen Regierung überzugehen. Spätestens mit der Abstimmung zum Ermächtigungsgesetz am 23. März 1933, das Hitler – gegen 94 Stimmen der SPD[15] – diktatorische Macht gab, mußten die Radvanyis und die anderen Flüchtlinge längerfristige Pläne machen, wenn auch die meisten von ihnen, vor allem die Kommunisten[16], zunächst immer noch ein rasches Ende Hitlers erwarteten. Rückblickend meinte sogar Seghers, die den leichtfertigen Optimismus ihrer Partei wie gesagt nicht teilte, sie hätten noch bis 1935 »in einem vagen Zustand gelebt, den wir für ein Zwischenstadium hielten, auf baldige Heimkehr hoffend«[17].

In Zürich trafen die Radvanyis u. a. auf Kläber, der seit langem gemeinsam mit seiner Frau Lisa Tetzner in dem Tessiner Bergdorf Carona bei Lugano einen zweiten Wohnsitz hatte, und auf Brecht, der am 13. März ankam. Wie Brecht an Helene Weigel berichtet, lud Kläber sie ein, nach Carona zu kommen: »Wir beschlossen, für alle was am Luganer See zu suchen. Kläbers wollen es in die Hand nehmen. Es soll sehr billig sein.«[18] Er erkundete die Lage, fand Carona aber sehr »einsam« und wünschte sich von Seghers und ihrem Mann: »Wenn wenigstens die noch herkämen! Der Schmidt ist kein Marx, aber immerhin«.[19] Die Radvanyis scheinen jedoch Brechts Pläne für eine kleine Künstlerkolonie in der Schweiz, zu der auch Bernhard von Brentano gehören sollte, nicht ernsthaft in Betracht gezogen zu haben, sondern sich – wenn notwendig – für Frankreich als Exilland entschieden zu haben. Ob sich Rodi als Parteifunktionär dabei nach den Wünschen der KPD oder der Kommunistischen Internationale richtete, läßt sich nicht sagen. Schon am 14. März stellte das französische Konsulat Seghers in Zürich ein Visum aus – mit dem Vermerk, daß sie keinem »emploi salarié« nachgehen dürfe,[20] im April war sie bereits in Paris.[21]

Seghers kehrte aber im selben Jahr[22] und sehr wahrscheinlich auch danach in die Schweiz zurück. »[I]ch war oft im Schweizer Teil des Rheingebietes«, sagt sie einmal beiläufig in einem Interview.[23] Hier, in Basel, befand sich die aus Berlin umgesiedelte kommunistische *Universum-Bücherei*, die ihren Roman *Der Kopflohn* 1933 als Lizenzausgabe herausbrachte und, vor allem in den ersten Jahren des Exils, ein Umschlagplatz für Informationen und Tarnschriften von und nach Deutschland war.[24] Was genau Seghers bei ihren Besuchen in Basel und Umgebung machte und ob sie auch einen guten Freund, den Verleger Kurt Weller sah, der auf deutscher Seite nahe der Grenze in Konstanz wohnte – später sollte er die erste deutschsprachige Ausgabe von *Transit* in Europa machen –, läßt sich jedoch nicht sagen. Ein Anlaß mag die Broschüre *Hirne hinter Stacheldraht* gewesen sein, die als Kollektivbericht des BPRS, dessen Pariser Leitung ihr bis zum Frühjahr oblag, in deutscher und englischer Sprache beim Universum-Verlag in Basel mit Umschlagzeichnungen von Frans Masereel erschien.[25] Sie kannte außerdem jene beiden Schweizer, die sich um exilierte Schriftsteller und Intellektuelle besonders verdient machten, den Verleger Emil Oprecht[26] und den Schriftsteller R. J. Humm[27], dessen Häuser[28] in und um

Zürich zum Asyl und Treffpunkt für antifaschistische Autoren wurden. Seghers soll hier ebenfalls Gast gewesen sein.[29] In den ersten Exiljahren arbeitete sie auch mit dem experimentellen Filmemacher Hans Richter zusammen, der sich bis zu seiner Emigration in die USA 1941 hauptsächlich in der Schweiz aufhielt. Mit ihm und dem Schriftsteller und Drehbuchautor Frederick Kohner verfolgte sie mindestens ein Filmprojekt, »Der sogenannte Rendel«/»Hier gibt es keine Katharina«[30], und fuhr mit Richter an den Luganer See, um gemeinsam ein Drehbuch zu schreiben.[31] Beim Film gab es die Möglichkeit, schnell und gut zu verdienen, und Seghers bemühte sich gleich zu Beginn des Exils und immer wieder[32] um dieses Medium, das sie schon lange interessierte, doch bis zum Verkauf des *Siebten Kreuzes* an Hollywood ohne Erfolg. Als ihre Situation in Frankreich unhaltbar wurde, unternahm sie gegen besseres Wissen noch einen letzten verzweifelten Versuch, aus der Schweiz und von Richter Hilfe zu erhalten, und gab sich, wie sie sich später zu erinnern meint, als seine Verwandte aus, um sich über die Schweizer Botschaft in Paris mit ihm in Verbindung zu setzen. Sie will ihn gebeten haben, »ob er mir nicht aus Frankreich raushelfen könne. Und ich schickte[33] ihm ein älteres, aber noch nicht gedrucktes Manuskript mit der Bitte, es irgendwo unterzubringen.«[34] Sie bezieht sich auf die eben genannte Filmstory, »Der sogenannte Rendel«, die tatsächlich 1940 in der *Basler Nationalzeitung* erschien und ihr ein wenig dringend benötigtes Geld einbrachte. In einem Brief aus diesem Jahr erwähnt sie außerdem »alberne Kleinigkeiten«, wie »Die Zensur in der Antike und im Mittelalter« und »Die Kriegsberichterstatter in den Kriegen der Antike und im Mittelalter«, die ihr »der Film-Jean«, der sich »als guter Junge« erweise, verkaufen helfe.[35] Sonst konnte er jedoch nichts machen. »[D]ie Schweiz nahm kaum Emigranten auf, und wer ohne Erlaubnis erwischt wurde, lief Gefahr, über die Grenze nach Deutschland abgeschoben zu werden«[36], wußte Seghers nur zu gut.

Frankreich war das Land in Europa, in dem die meisten Flüchtlinge aus Hitler-Deutschland, darunter viele Kommunisten – die, selbst wenn sie es wollten, nicht ohne weiteres in die Sowjetunion emigrieren konnten –, Zuflucht suchten und zunächst auch fanden. Bis zum Ausbruch des Zweiten Weltkrieges betrieb es eine Asylpolitik, die im Prinzip Aufnahme gewährte, allerdings ohne Arbeitserlaubnis, denn die Weltwirtschaftskrise war auch hier noch in vollem Gange. Paris war zwar schon seit der Mitte des 19. Jahrhunderts eines der Hauptzentren des politischen Exils, in dem sich dank relativ liberaler Bedingungen eine breite ausländische Pressetätigkeit entfaltet hatte, die französische Flüchtlingspolitik und auch die französische Bevölkerung im allgemeinen erwiesen sich jedoch nicht als besonders fremdenfreundlich und wurden es im Laufe der Jahre immer weniger. Trotzdem waren die Sympathien für die Gegner Hitlers unter linken Intellektuellen und Kommunisten zuerst beträchtlich und schlugen sich u. a. in der Gründung und den Aktivitäten des internationalen *Comité Thaelmann* und in der regen Mitarbeit der Franzosen am *Ersten Internationalen Schriftstellerkongreß zur Verteidigung der Kultur* im Jahre 1935 in Paris nieder. Außerdem kam es in Frankreich als Antwort auf rechtsradikale Unruhen, die im Februar 1934 ihren Höhepunkt erreichten, zu einer Verbindung der sozialistischen Parteien mit den Kommunisten in der *Front populaire,* die 1936 die Wahlen gewann und eine sozial und politisch progressive Atmosphäre schuf, in der sich die politischen Emigranten wohl fühlen konnten und die Paris schnell zu einem Zentrum des internationalen und deutschen Antifaschismus machte. Freilich fiel die *Front populaire* 1938 bereits wieder auseinander. Hatte zunächst die Angst vor einem Krieg mit Deutschland, den die Franzosen nicht wollten, die Resonanz und schließlich die Glaubwürdigkeit der deutschen Antifaschisten beeinträchtigt, so verschlimmerte sich ihre Lage mit dem am 21. August 1939 verkündeten Nichtangriffspakt zwischen Deutschland und der Sowjetunion, dem sogenannten Hitler-Stalin-Pakt, und der Kriegserklärung

Frankreichs an Deutschland vom 1. September 1939. Die nationalistische rechte Regierung von Édouard Daladier verbot die französische kommunistische Partei als potentielle Verräter und erließ einen Internierungsbefehl gegen alle *feindlichen* Ausländer – zuerst nur Männer und dann auch Frauen ohne Kinder –, der vor allem die Antifaschisten traf und treffen sollte.[37]

Seghers' Einstellung zu Frankreich war und blieb aber über diese widersprüchlichen Verhältnisse und Entwicklungen hinweg eine grundsätzlich positive. Sie liebte das Land und seine Kultur seit ihrer Jugend, eine Liebe, der die acht Jahre, die sie aus der für viele so ernüchternden Perspektive der Exilierten erfuhr, keinen Abbruch taten, im Gegenteil. Sicherlich blieben auch ihr die Probleme des Emigrantenalltags[38], Kleinlichkeit unter der Bevölkerung und Nachlässigkeit oder Schikanen bei den Behörden, von denen andere, z. B. Lion Feuchtwanger in seinem Buch *Unholdes Frankreich/Der Teufel in Frankreich*, berichteten, nicht ganz erspart. Sie wußte von Kollaboration und den harten, ja oft brutalen Lebensbedingungen in den französischen Internierungslagern, in die ihre Freunde und ihr Mann eingeliefert wurden. Doch war Frankreich für sie das Land, aus dem die Worte »liberté, egalité, fraternité« in die Welt gegangen waren und in dem diese Ideen trotz allem tiefe Wurzeln geschlagen hatten. Sie lobte die »wundervolle Tradition des revolutionären Denkens, seine kontinuierliche, logische, fast organische Entwicklung«[39], und die französischen Intellektuellen, deren »kritischer, enzyklopädischer Geist die Erscheinungen der Welt in Frage stellt und beargwöhnt«[40]. Wiederholt zeichnete sie Beispiele für die Solidarität einfacher Franzosen und Französinnen, z. B. in »Das Obdach« oder in *Transit.*

Das positive Bild von Frankreich, das Seghers in Erzählungen, Romanen und öffentlichen wie privaten Äußerungen entwarf, deutet darauf hin, daß sie in diesem Land eine zweite geistige Heimat suchte und zu finden meinte, die die ursprüngliche zwar nicht ersetzen konnte, aber ihr Wunschbild von Heimat entschieden mitbestimmte, nachdem die erste sich als illusorisch erwiesen hatte. Nicht von ungefähr schrieb Seghers bei ihrer Rückkehr nach Europa 1947 den kleinen Aufsatz »Pariser Brief: Quartier Latin«, in dem sie sich fragt: »Das Leben [hier] ist karg und schwierig. Was treibt diese halben Kinder [die Studenten aus verschiedenen Ländern der Welt] gerade hierher, warum sind sie alle hier daheim?« Ihre Antwort: »Es ist die Hoffnung, daß hier [...] der oft mißbrauchte, oft leer gedroschene Begriff Demokratie noch Blut hat. Ein jeder Sohn eines jeden Volkes fühlt [sich] jeder auf seine Weise mit dem Ideal von Humanität verbunden, das in diesem Ort verwurzelt ist.«[41] Nach dem Krieg scheint ihr Paris eher ein Gefühl von Heimkommen gegeben zu haben als das in so vieler Hinsicht zerstörte Berlin, und nicht nur, weil ihre Kinder da studierten und sie glücklich war, sie zu sehen. Die Tatsache jedoch, daß ihre Kinder in Frankreich aufwuchsen, zur Schule gingen und sich in die Sprache und Kultur integrierten – auch im mexikanischen Exil besuchten sie ein französisches Gymnasium –, stärkte ihre Bindung und Dankbarkeit. »[H]ier in diesem Land haben meine Kinder Freude und Sicherheit kennengelernt«, schreibt sie 1938, als der Zweite Weltkrieg vor der Türe steht und sie sich fragen muß, was dann, und fährt fort: »sollten sie nicht, wenn es sein muß, auch Schmerz und Gefahren hier begreifen?«[42] Der Schulalltag verwob nicht nur die Kinder tief mit dem Gastland, wie Seghers u. a. in »Frauen und Kinder in der Emigration« und »Post ins gelobte Land« darstellt, sondern auch die Mutter – mehr als die männlichen Kollegen und Genossen.

In Paris wohnten Seghers und ihr Mann zunächst in einem jener kleinen Hotels, die für viele nach Frankreich Geflohenen zum Daueraufenthalt während des Exils wurden. Hotel Avenir, Rue Gay-Lussac, 52 – im Quartier Latin – steht als Adresse auf einem Text aus dieser Zeit.[43] Sie blieben aber nicht lange. Im Juni brachten die Großeltern die Kinder nach Straßburg an die Grenze. Seghers beschreibt das Wiedersehen als erste der Szenen in der tagebuchartigen Aufzeichnung »Six jours, six années (pages de journal)«, in denen sie in französischer Sprache – und für Franzosen – ihre Emigrationserfahrung exemplarisch festhält, indem sie je einen Junitag der Jahre 1933 bis 1938 beschreibt:

»Wir haben die Kinder von der Grenze abgeholt. Wie Verrückte haben sie sich in unsere Arme geworfen, dort verharrten sie dann unbeweglich. Völlige, unendliche Sicherheit bei diesen unsteten Wesen, ihren Eltern, die doch selbst zu den Obdachlosesten dieser Welt zählten, selbst von allen Stürmen hin- und hergeworfen wurden.

Das mehrfarbige Kleid der Kleinen, der Geruch ihrer Haare machen mich verrückt vor Heimweh. Franz, unser Gast, beißt sich auf die Lippen, als wir die Hosentaschen des Kleinen leeren: ein paar trockene Grashalme, ein Pfennig, eine Fahrkarte, ein Tannenzapfen: ein halbes Deutschland.«[44]

Es sind keine echten Tagebuchseiten, Seghers stilisiert und verändert die eigenen Erlebnisse, um ihr Wichtiges deutlich zu machen, so die prinzipielle »Obdachlosigkeit« der Exilierten und das Heimweh, das sie bei aller Bewunderung für Frankreich, und auch wegen dieser Bewunderung, während des Exils nicht nur schmerzlich genug empfand[45], sondern als Heimatverbundenheit auch zum *Programm* machte, zu einer Form des Widerstandes. Es galt »Das Gesicht nach Deutschland«[46] zu richten und die »Vaterlandsliebe«,[47] die die Nazis für sich in Anspruch nahmen, für die Exilierten zu reklamieren, wie es Seghers mit ihrer Rede dieses Titels auf dem *Schriftstellerkongreß zur Verteidigung der Kultur* 1935 eindrucksvoll tat.

Nach Ankunft der Kinder ging die Familie Radvanyi für den Sommer ans Meer, in ein kleines Fischerdorf, Equihen, Pas de Calais,[48] eine Übergangslösung mit dem Anschein von »gewöhnlichem Leben«, um den sich Seghers immer wieder bemühte. In »Six jours, six années« beschreibt sie die Ankunft: »Abends in Equilieu[49] ist die Stille so groß, daß ich Angst habe zusammenzubrechen. Die erste Stille seit Monaten. Unsere Wirtin, Witwe eines Schiffsseilers, bereitet uns die Suppe. […] In dieser Frau, und nicht durch irgendein Komitee, begrüßt uns Frankreich. Wie gut wird man hier arbeiten können.«[50] Seghers arbeitete in diesen Wochen und Monaten – und in den folgenden Jahren – tatsächlich mit größter Energie und Zähigkeit. Von Jugend an bekämpfte sie Ungewißheit und Angst mit Arbeit und erlaubte sich nicht, schwierige Übergangszeiten als »Zwischenstation«[51] und Pause zu betrachten, es galt die Zeit zu »bewältigen«, wie sie im »Ausflug der toten Mädchen« sagen wird. In Equihen beendete sie nicht nur ihren Roman *Der Kopflohn,* sie führte auch die sofort in Zürich und Paris aufgenommenen alten und neuen Kontakte mit Kollegen fort, was zahllose Briefe erfordert haben muß. Erhalten sind jedoch kaum welche.[52]

Gleich zu Beginn des Exils war Seghers, wie auch Brecht, mit dem sie sich im April in Paris wieder traf, und Becher, mit dem sie ebenfalls in diesem Sommer zusammenkam,[53] darum bemüht, der Vereinzelung und Richtungslosigkeit der vor Hitler geflohenen Schriftsteller und Intellektuellen zu begegnen und für sich und andere Möglichkeiten des Zusammenhalts und der Kooperation mit gemeinsamen Zielen und Aktionen zu schaffen. Sie wollte gegen Hitler *kämpfen* mit dem Wort als Waffe, noch schien es möglich und war jedenfalls die einzige Alternative gegen die Ratlosigkeit und Verwirrung, die sich allenthalben breitmachten. Dabei war es ihr – wie Brecht, aber auch Becher und Herzfelde, der in Prag seit April die Herausgabe der *Neuen Deutschen Blätter* vorbereitete, zu deren Redaktion Seghers ebenfalls gehörte – um eine möglichst breite Anti-Hitler-Koalition zu tun. Sie verfolgten also im kulturellen Bereich von vornherein ein Konzept, das später von den Kommunisten allgemein als *Volksfront* propagiert und ab 1935 – vorübergehend – zur erklärten, von Stalin geforderten und der Entlastung der Sowjetunion dienenden Bündnispolitik der kommunistischen Parteien wurde. Seghers selbst gab dieses Ziel eines grundsätzlichen Zusammenhalts aller Hitlergegner nie auf. »Unser Hauptfeind ist der Faschismus. Wir bekämpfen ihn mit allen physischen und intellektuellen

Kräften«, mahnte sie noch im März 1939 in ihren »Briefen an Georg Lukács«, zu einer Zeit, als die *Volksfront* bereits auf allen Ebenen gescheitert war – u.a. an Stalins Säuberungsprozessen – und die Sowjetunion schon die Möglichkeit einer Verständigung mit Hitler erwog,[54] was allerdings niemand wissen konnte. Für sie blieb die Idee eines Antifaschismus, der enge parteiideologische und nationale Grenzen überschritt, weiterhin von zentraler Bedeutung, zumal sie stets ein breites, keineswegs nur kommunistisches Publikum ansprechen wollte und rein praktisch auf verschiedene Veröffentlichungsmöglichkeiten angewiesen war.

Die *Volksfront* gab Seghers eine Chance, ihr Talent und ihre Ideen weiter zu entwickeln und voll in neue Diskurse einzubringen, wobei die Begegnungen mit antifaschistischen Schriftstellern aus anderen Ländern und vor allem mit französischen Intellektuellen wie Louis Aragon, Jean-Richard Bloch, André Gide und André Malraux wesentlich zur Erweiterung ihres Blickwinkels, aber auch zur Festigung intuitiv bereits gefaßter Positionen beitrugen. Die Debatten, die die Franzosen u.a. in der Zeitschrift *Europe,* in der ja auch sie veröffentlichte,[55] zu kulturellen und politischen Fragen führten, bestätigten und förderten ihre eigene, der Moderne und dem politischen Engagement verpflichtete Haltung, die sie schließlich in den »Briefen an Georg Lukács« freundlich, aber unmißverständlich ausdrückte. Als hochgebildete und weltläufige Frau und seriöse Künstlerin, die gut Französisch sprach, konnte Seghers Brücken schlagen zu nichtkommunistischen und zu französischen Schriftstellern, was ihr selbst wichtig war und für die Genossen zur Zeit der *Volksfront* nützlich wurde. Sie entwickelte in der Atmosphäre des französischen Exils, in der sie Beziehungen zu vielen Gruppierungen unterhielt und zu keiner ausschließlich gehörte,[56] eine Selbstsicherheit, die sich positiv auf ihre künstlerische und essayistische Arbeit auswirkte, die sie aber auch dringend benötigte, um die Spannungen, Intrigen und Kämpfe durchzustehen, die sich unter den Emigranten, und vor allem unter linken und kommunistischen, entzündeten. Freilich tat sie es nicht immer so, wie Nachgeborene wünschen mögen, denn sie blieb der Partei selbst über die Erschütterungen der Moskauer Prozesse und des Hitler-Stalin-Paktes grundsätzlich treu, wollte aber – mit noch mehr Selbstbewußtsein als in der Weimarer Zeit und mit mehr Energie, Mut und Unterstützung als in der DDR – ihre Ideen auf kulturpolitischem Gebiet in die zeitgenössischen Debatten einbringen.

Solange sie konnte, d. h. bis zur Zeit des Paktes, stand Seghers in ständiger Verbindung zur Sowjetunion und mit BPRS-Kollegen, die dahin geflohen waren. In der SU gab es Verlage, die fast alle ihre Bücher in russischer Übersetzung und viele auf deutsch veröffentlichten,[57] und zwei wichtige Zeitschriften, *Internationale Literatur*, die seit 1932 (und bis 1945) bestand und ursprünglich Organ der IVRS war, und *Das Wort* (1936 bis 1939), das sich als Zeitschrift der *Volksfront* verstand. Sie zahlten – zumindest für Artikel[58] – in Valuta. Hier befanden sich aber auch die beiden kulturpolitischen Autoritäten, die Seghers auf deutscher kommunistischer Seite ernst nahm, Lukács und Becher. Während sie mit Lukács in den »Briefen« theoretische Fragen diskutierte, fühlte sie sich, wie es scheint, Becher gegenüber immer wieder zu Rechenschaft verpflichtet, zunächst sozusagen offiziell, als Leiterin der Pariser Gruppe des BPRS. Es war eine Funktion, die ihr von Seiten Bechers – und anderer – hohe Ansprüche an ihre Zeit und Kritik an ihrem Arbeitseinsatz eintrug, und die sie schließlich im Frühjahr 1934 zugunsten ihrer künstlerischen Arbeit und konkret zur Vorbereitung ihrers Buches *Der Weg durch den Februar* und der damit verbundenen Reise nach Österreich zurücklegte. Schon in einem Brief vom September 1933 meint sie ihren Aufenthalt in Equihen begründen zu müssen und beteuert Becher gegenüber, »was mein Hiersein anlangt, so ist es kein reines Vergnügen. Das eine Kind *mußte aufs Land;* wir leben hier sechs Menschen für dasselbe Geld wie in Paris zwei. Von meiner persönlichen Arbeit abgesehen, ist der größere Teil der übrigen Arbeit schriftlich von hier aus zu erledigen.

[...] Du darfst kein Gemecker[59] zulassen von Leuten, die in Cafés herumsitzen, weil ich auf dem Land sitze.«[60] Ein vorhergehendes Treffen zwischen beiden ist offensichtlich unbefriedigend, sie sagt »unordentlich« verlaufen. Becher, dem es darum gehen mußte, daß die Moskauer Leitung des BPRS, d. h. in erster Linie er selbst, die Übersicht über die Mitglieder und die Zügel über die Aktivitäten der Mitglieder nicht verlor, hatte sich offensichtlich über mangelnde Unterstützung im allgemeinen und bei seinem Versuch, einen Weststützpunkt für die IVRS aufzubauen, im besonderen beklagt. Seghers versichert ihm zwar brieflich, »daß es wenige Menschen gibt, die so anständig, kritisch freundschaftlich zu Dir stehen und halten wie etwa Otto und ich.« – mit Otto bezieht sie sich wohl auf Otto Biha (Peter Merin), der sich ebenfalls diesen Sommer eine Zeitlang in Equihen aufhielt –, doch hörte Bechers teilweise scharfe Kritik an ihrem Einsatz für seine Pläne und einer Reise – im Dezember 1934 nach Zürich, die sie wiederum aus Paris wegführte – nicht auf. Er war aber auch unzufrieden damit, daß Seghers – seiner Meinung nach – die »kleine Form« vernachlässige und nicht genug für die illegale Propaganda nach Deutschland hinein und für die Emigrationspresse schreibe, was für den Ruf des Bundes bei der Parteiführung und in der Komintern von besonderer Bedeutung und ihm daher wichtig war. Dagegen verteidigte sie sich jedoch schon zu dieser Zeit selbstbewußt, indem sie darauf hinwies, daß sie für solche Texte viel mehr Zeit und Konzentration brauche als jemand, der »nur so einfach naiv wegschreibt«. Deshalb sei auch vieles, was in dieser Hinsicht gemacht werde, »unkontrolliert« und »unheimlich schlecht« und auch sie bedaure, daß sie im ganzen gesehen in den letzten zwei Jahren »viel zu schnell arbeite«, aber hauptsächlich »große« Sachen.[61]

Die Rechenschaftsberichte hörten jedoch nicht auf, nachdem Seghers ihre Funktion abgegeben und der BPRS selbst aufgehört hatte zu existieren. Becher blieb für sie eine wichtige Verbindung und Autorität in Moskau. So schrieb sie ihm am 27. März 1939 aus Paris über ihre Pläne und immer schwierigeren Arbeitsbedingungen. Ob sie damals und später eine Ahnung hatte von den Problemen und Ängsten, die er im Laufe der Jahre in Moskau und der Säuberungen, denen so viele Moskau-Emigranten zum Opfer fielen, durchmachte? Es ist anzunehmen, daß sie Gerüchte kannte, doch hätte sie kaum mit ihm darüber gesprochen, schon gar nicht in einem Brief. Wie viele andere ging sie über dergleichen hinweg, wohl kaum aus Gleichgültigkeit, sondern aus Hilflosigkeit und Vorsicht. Sie zollte aber den Betroffenen den Respekt, den sie immer für sie gehabt hatte, und der war im Falle Bechers nicht gering. Auch als Seghers wußte, daß er den Abdruck des *Siebten Kreuzes* in der *Internationalen Literatur*, die er damals redigierte, wegen des Hitler-Stalin-Paktes nicht fortsetzen konnte, wollte sie, daß er das Manuskript erhielt.[62] Und aus Mexiko schrieb sie sowohl in den ersten Jahren als auch gegen Ende – »über das ZK der Kommunistischen Partei Deutschlands« –, um über ihre Lage und ihre Projekte für die Zukunft zu berichten.[63] »Ich brauche Dir nicht zu erklären, wie ich mich auf jede klare und harte Arbeit freue, nach den uferlosen und fruchtlosen Diskussionen und Streitigkeiten der Emigrationsatmosphäre«, heißt es 1946, wohl im Vertrauen, daß der fleißige und oft manische Arbeiter Becher, der viel Schlimmeres durchgestanden hatte, sie verstehen würde. Jedenfalls scheint sie die führende Rolle, die Becher einmal im BPRS gespielt hatte und nach 1933 und 1945, den veränderten Umständen entsprechend, weiterhin spielen wollte und meist auch konnte, anerkannt zu haben. Indem sie ihm als *großem kommunistischen Bruder* Rechenschaft über ihre Arbeit ablegte, tat sie es vor sich selbst und ihrer Vorstellung der Partei.

Im Herbst 1933 kehrte die Familie Radvanyi von Equihen[64] nach Paris zurück, aber nicht mehr in ein Hotel. Seghers hatte eine Wohnung in Bellevue, Meudon, gefunden,[65] einem Vorort von Paris, wohin ihr die Eltern aus Deutschland Möbel, Hausrat und die Bücher nachschicken ließen. Es geschah gerade noch rechtzeitig, denn im November wurde ihr Vermögen, zusammen mit dem von 44 anderen Kollegen und Kolleginnen, unter ihnen Brecht, Else Lasker-Schüler, Oskar Maria Graf und Josef Roth, polizeilich beschlagnahmt.[66] Seghers richtete sich in Frankreich ein, was bedeuten könnte, daß sie bereits mit einem längeren Aufenthalt rechnete, auf jeden Fall aber zeigt, daß sie jedes Provisorium nach Möglichkeit vermeiden wollte. Es hätte ihre Arbeit und die Erziehung der Kinder, einen ständigen Balanceakt, ohne den sie nicht leben konnte, gefährdet. »Ich muß das alles so ernsthaft und energisch in Angriff nehmen, damit ich Arbeitsbedingungen für mich schaffe«, schreibt sie über ihre im Laufe der Jahre in Frankreich immer mühseliger werdenden Anstrengungen um eine gewisse Normalität. »Dadurch, daß ich – zum Glück auch – Kinder habe, ist alles doppelt so schwer«,[67] erinnert sie ihre männlichen Kollegen. Die Unterschiede zwischen sich und ihnen wurden ihr in diesen Jahren sehr deutlich bewußt: »Du bekommst, weil Du ein berühmter Mann bist, auch deine Knöpfe von weiblichen Personen angenäht und deine Kinder ernährt, gekleidet und erzogen und deine Briefe getippt, all das machen für mich keine, das mußt Du unoffiziell und freundschaftlich auch bedenken«, läßt sie sich einmal in einem Brief an Bredel in Moskau direkt aus.[68] Sie betonte aber auch immer wieder, daß zumindest die tägliche Verantwortung für die Kinder zusätzliche Kraft gab und »vor Hoffnungslosigkeit« bewahrte.[69] Von ihrem Mann erwartete sie wenig Unterstützung. »Rodi, der in zwei Schulen und an einer Zeitschrift beschäftigt ist und außerdem noch viel andere Arbeit macht, kann sich sehr wenig um uns kümmern, im besten Fall so viel, wie es für einen Menschen unerläßlich ist«, heißt es 1939.[70]

Seghers wohnte mit ihrer Familie bis zum 10. Juni 1940, wenige Tage vor dem Einmarsch der Deutschen, in Bellevue, 26 Avenue du 11 Novembre 1918, im ersten Stock eines Zweifamilienhauses mit Garten. Es war – und ist – eine schöne, ruhige Gegend in der Nähe von Versailles, die einmal zum Park eines der Schlösser von Mme. de Pompadour gehört hatte. Die konservativen Besitzer, er Lothringer und ehemaliger Offizier, wohnten im Parterre, die Radvanyis im ersten Stock, nicht luxuriös, aber auch nicht eng. Sie hatten sowohl ein Kinderzimmer wie auch ein Arbeitszimmer für Rodi und ein Wohn-/Speisezimmer. Auch Seghers hatte ihr Zimmer, schrieb aber sehr gern in Cafés und manchmal – wie Brecht – im Garten. Wenn sie besonders intensiv arbeiten wollte, ging sie in ein Hotel. Beide, sie und ihr Mann, waren viel unterwegs, in Paris, das sich mit einem Vorortzug leicht erreichen ließ, und auf weiteren Reisen. Seghers fuhr u. a. nach Österreich[71] und nach Belgien[72], um Recherchen für ihre Bücher zu machen, und während des Spanischen Bürgerkrieges nach Valencia und Madrid zum Schriftstellerkongreß von 1937. Es gab auch Ferienaufenthalte, 1935 schickte man die Kinder mit einer anderen Familie in die Haute-Savoie, 1936 und 1938 machten die Radvanyis gemeinsam dort in den Bergen Urlaub.[73]

Die Kinder wurden bis 1937/1938 weiterhin von Gaya betreut,[74] die den Radvanyis auf eine Anfrage der Großmutter nach Frankreich gefolgt war. Nur in den Sommern ging sie zurück nach Deutschland, um ihrer eigenen Familie bei der Ernte zu helfen, was für Seghers bis in die Anfänge des *Siebten Kreuzes* hinein immer wieder direkte Informationen über den ländlichen Alltag daheim bedeutete. Als Gaya in Deutschland bleiben mußte, fanden sich andere Frauen, die im Haushalt und bei den Kindern halfen, zuletzt Justynia Sierp, eine polnische Kommunistin, die mit ihrem Sohn bei Seghers in Bellevue Unterschlupf fand, wie gelegentlich auch andere, die ein Dach über dem Kopf brauchten.[75] Es war Justynia, die nach der Besetzung von Paris, als Seghers sich nicht mehr getraute, in ihre Wohnung zurückzukehren, mit Pierre Radvanyi nachschauen ging und ein verbliebenes »letztes« Manuskript des *Siebten Kreuzes* – die anderen waren verschickt und vergeben, ihr Schicksal ungewiß – verbrannte.[76] Seghers, die selten weinte, soll es damals getan haben, trug Justynia aber nichts nach, sah sie nach dem Krieg in Polen wieder und sprach von ihr mit großem Respekt. Solche Frauen, die sie zu Freundinnen machte, halfen ihr in dem ständigen Bemühen, ihren Kindern, die zu Antritt des Exils sieben bzw. fünf Jahre alt waren, jenes Gefühl von Geborgenheit zu vermitteln, das beide, Pierre und Ruth Radvanyi, in ihren Erinnerungen hervorheben. Dabei spielte auch die Schule eine wichtige Rolle. Nachdem die französischen Kinder der Kommunalschule – etwas anders als in der Darstellung von »Frauen und Kinder in der Emigration« – ihrem Jungen das neue Leben schwer gemacht hatten, fand Seghers ganz in der Nähe ihrer Wohnung eine Privatschule, die *École nouvelle*. Sie wurde von der »Tochter einer bekannten Pionierin der Frauenbewegung« geleitet und folgte einer progressiven Philosophie, die gleichen Wert auf die körperliche, geistige und seelische Entwicklung der Schülerinnen und Schüler legte. Auch bei dieser Frau erweckte Seghers Sympathie und Solidarität: Mme. Roubakine nahm nicht nur Pierre und Ruth unentgeltlich in die Schule auf, sie bot ihr selbst, als sie sich während der Okkupation in Paris versteckte, Obdach.

In der Seghers-Gedenkstätte befindet sich ein kleines Paket mit Kinderzeichnungen und -briefen, mit Bewertungen aus der Schule und ähnlichen Mementos, wie sie liebevolle und stolze Mütter sammeln und aufheben. Es überdauerte Exil und Krieg, während so viele andere Briefe und Manuskripte von Seghers verlorengingen. Das war natürlich zum Großteil Zufall, verrät aber auch etwas von ihren Prioritäten. Nie ließ sie das Wohl und die Entwicklung ihrer eigenen Kinder aus den Augen und machte sich Gedanken und Sorgen um die Wirkung von Exil und Emigration auf Kinder allgemein. Wieviel sollten sie über die schlimmen Schicksale von Freunden und über Gefahren hören, wieweit sollte und konnte man sie an die Heimat und deren Kultur binden, während sie sich gleichzeitig assimilierten? Welche Spuren würden die traumatischen Erfahrungen von Flucht und Exil hinterlassen? Es waren wichtige Fragen, die Seghers allgemein und privat beschäftigten, die jedoch, wie es scheint, bei ihren Kollegen und Genossen nicht auf großes Interesse stießen, der Essay »Frauen und Kinder in der Emigration« blieb liegen. In Erzählungen wie »Das Obdach« und »Post ins gelobte Land« und im Roman *Transit* bringt Seghers die Frage nach dem Schicksal von Kindern in der Emigration aber wenigstens am Rande an.

Viel ist in den liebevollen kleinen Briefen von Seghers' Kindern über Essen die Rede, über die Kuchen, die Gaya buk, und die Päckchen, die die Großeltern aus Mainz bis mindestens 1937 schickten, denn sonst ging es kärglich zu. Geld war schon in den frühen Jahren des Exils alles andere als reichlich vorhanden, das meiste wurde für die Wohnung ausgegeben. Manchmal brachte Seghers von Tagungen und Treffen für die Kinder etwas zu essen mit nach Hause, sie hatte Angst, sie bekämen nicht genug. Hunger litt jedoch niemand, was keineswegs von allen Exilierten gesagt werden konnte. Freunde aus dieser und späterer Zeit erinnern sich an Seghers' Kochkünste, sie gehörten zum Mythos der praktischen, häuslichen und mütterlichen Frau, den man um sie wob. Er hatte durchaus seine reale Basis, war aber einseitig und ging zu weit. Tatsächlich war Seghers auf traditionell deutsche und jüdische Art stets darum bemüht, ihren Gästen etwas aufzuwarten, und lernte während des Exils auch, aus wenig viel zu machen, kochte aber einen Großteil ihres Lebens nicht selbst. Selbstverständlich bewirtete Seghers während ihrer Zeit in Bellevue, vor allem Sonntagnachmittags, öfters Freunde und gute Bekannte. Zu ihrem engeren Kreis gehörten damals Kisch und seine Frau Gisl, Otto Katz, der österreichische Schriftsteller Bruno Frei mit Frau und Kindern, Kurt Stern mit seiner französischen Frau Jeanne, die eine gute Freundin wurde, Theo Balk mit seinen einander folgenden Partnerinnen und Gustav Regler mit seiner Frau Mieke Vogeler. Etwas später kam auch die aus einer Weberfamilie stammende Lore Wolf, die im illegalen Widerstand und für die *Rote Arbeiterhilfe* tätig war, Seghers bei der Arbeit am *Siebten Kreuz* half und eine lebenslange Freundin wurde. Jürgen Kuczynski, Abusch, Gerhart Eisler, Sperber und andere erzählen ebenfalls von ihren Besuchen. Meist aber traf sich Seghers mit Freunden, Bekannten und Genossen außerhalb, weil sie in der bürgerlichen französischen Umgebung, in der sie wohnte, nicht als Ausländerin auffallen wollte. So aktiv sie war, sie hatte und hütete ihr Privatleben, das in den Jahren zwischen 1933 und 1938 für sie als Mutter und Frau ein gutes war. Im Frühling und Sommer ging sie z.B. regelmäßig nach dem Mittagessen mit Rodi in den Wäldern in der Nähe spazieren und anschließend in das am Rande gelegene Café L'hermitage de Villebon. So hatten sie Zeit für- und miteinander und konnten ungestört reden. In einem Brief aus diesen Jahren schreibt er ihr: »Du und die Kinder ihr seid mir das liebste auf der Welt.«[77]

Für Rodi, der neben vielen anderen Sprachen auch Französisch konnte und mit neunzehn bereits seine ungarische Heimat verlassen hatte, bedeutete das Exil in Frankreich – und dann in Mexiko – nichts grundsätzlich Neues. Er setzte sein Leben als kommunistischer Intellektueller, Lehrer und Organisator den Möglichkeiten und Umständen entsprechend fort und war in Paris Mitglied der Agitationskommission der exilierten KPD,[78] von der er wohl auch ein kleines Gehalt bezog[79]. Bereits im Februar 1934 wurden in der Exilpresse die Gründung einer *Deutschen Emigrantenschule* und eine Serie von damit verbundenen Vorträgen angekündigt, in der er möglicherweise den ersten, über »Grundzüge materialistischer Dialektik«, hielt.[80] Im September berichtete das *Pariser Tageblatt* dann von einer Neueröffnung der MASCH,[81] von der aber des weiteren nicht mehr die Rede ist, wohl weil die Schule mit ihrer Tradition und ihrem Namen nicht zur *Volksfront* paßte, die 1935 alle kommunistischen Aktivitäten zu bestimmen begann. Im Herbst 1935 wurde dementsprechend die *Freie Deutsche Hochschule* gegründet und am 19. November mit einer großen Veranstaltung in der Mutualité, bei der Redner aus verschiedenen Emigrantenkreisen sprachen, eröffnet.[82] Rodi, der sich weiterhin Schmidt nannte, war Leiter. Die Hochschule sollte eine freie Alternative zu den gleichgeschalteten deutschen Universitäten darstellen, man hoffte sogar auf Studenten aus

Deutschland. Daneben und organisatorisch damit verbunden gründete Schmidt die *Deutsche Volkshochschule,* die für Nichtspezialisten gedacht war und Einführungs-, Überblicks- und Sprachkurse gab. Hier unterrichteten weniger professionelle Akademiker als Künstler und Schriftsteller, u. a. Seghers, Kisch, Robert Breuer, Kersten, Piscator.[83] Rodi lehrte an beiden Schulen. 1938 kam es außerdem zur Gründung der *Zeitschrift für freie deutsche Forschung,* deren Redakteur er wurde und die – im Sinn der Kommunisten – helfen sollte, dem Zerfall der *Volksfront* zu begegnen und den verschiedensten emigrierten Wissenschaftlern ein Forum für ihre Forschung zu bieten. Die Beiträge und geplanten Projekte der Zeitschrift, die es wegen Ausbruchs des Krieges nur auf drei Nummern brachte,[84] stammten von bekannten und geographisch weit verstreuten Namen – unter ihnen Einstein in den USA, der Historiker Alfred Meusel in Großbritannien, der Rektor der Universität Jerusalem, Abraham Fraenkel, Bloch und Benjamin, aber auch junge, noch unbekannte Wissenschaftler. Sie standen im allgemeinen auf einem hohen Niveau. Schmidt setzte sich auch mit Empfehlungen bei der auf Initiative des Prinzen Hubertus zu Löwenstein 1935 gegründeten *American Guild for Cultural Freedom* für notleidende Wissenschaftler ein.

In eigenen Artikeln – so von 1936 und 1937 für die kommunistische Zeitschrift *Die Internationale,*[85] von 1937 für *Die Neue Weltbühne*[86] und von 1938 für die erste Nummer seiner *Zeitschrift für freie deutsche Forschung*[87] – befaßt sich Schmidt mit zwei großen Themen der Zeit. Zum ersten analysiert er die Funktion und Wirkung nationalsozialistischer Ideologie und Propaganda auf die Wissenschaft und auf die Massen. Etwas spät kritisiert er die Unterschätzung dieser Wirkung durch die Kommunisten, denn mit Terror allein blieben die Nazis nicht an der Macht, eine Einstellung, die seine Frau teilte, aber bereits 1933 in *Der Kopflohn* geäußert hatte. Zum zweiten legt er in »Der Humanismus und wir«[88] die humanistischen Grundlagen des Marxismus dar und zieht Verbindungen zu Thomas Mann und Siegfried Marck. Problematisch wird seine Argumentation, sobald er die Sowjetunion zum Land des Humanismus erklärt und die Moskauer Prozesse, von denen er meinte, daß sie tatsächlich Schuldige bestraften, als Beispiele eines kämpferischen Humanismus verteidigt. In der *Freien deutschen Hochschule* und ihrer Zeitschrift vermieden er und andere jedoch eine öffentliche Diskussion der Prozesse, da sie die Erhaltung der *Volksfront*, die Schmidt im wissenschaftlichen Bereich ebenso wichtig war wie Anna Seghers im literarischen, ernstlich gefährdete. Ob er seine apologetische Haltung auch privat beibehielt und in Gesprächen mit seiner Frau vertrat, wissen wir nicht, nur daß viel über die Prozesse diskutiert wurde.[89]

So aktiv Rodi in diesen Jahren war und so sehr seine Frau die Arbeit, die er machte, respektierte, sie übertraf ihn mit ihrer Einsatzbereitschaft und war auf alle Fälle sichtbarer und prominenter, zumindest aus der Perspektive der Forschung, die den exilierten Schriftstellern und Künstlern im nachhinein wesentlich mehr Aufmerksamkeit schenkte als den Wissenschaftlern. Obwohl sich Seghers rückblickend keinerlei Illusionen hingab, daß Hitler mit den Worten und Aktivitäten von Schriftstellern besiegt wurde, sondern mit Waffen, und auch nicht von Deutschen, sondern letztendlich von der Sowjetarmee, der in ihren Augen das Hauptverdienst zukam, zweifelte sie nie am grundsätzlichen Wert ihres Einsatzes. Schon im Mai 1933 soll sie mit vielen anderen, unter ihnen Rudolf Leonhard, Balk, Regler, Kantorowicz, Max Schroeder und E. J. Gumbel, der in ihrer Jugend verstoßene Heidelberger Dozent, zum Initiativkomitee gehört haben, das den Schutzverband Deutscher Schriftsteller neu gründete, da der SDS in Deutschland von Hitler gleichgeschaltet worden war. Sie hatte zunächst aber auch Bedenken, da sie meinte, der neue SDS sei ein »Zwitterding« und manche Aktionen wären wirksamer, wenn sie entweder vom BPRS oder von einer breiteren antifaschistischen Basis ausgingen, eine Skepsis, die sie aber zurückstellte und später aufgab.[90]

Der neue SDS verstand sich als Einheitsorganisation und Interessenvertretung aller – auch noch in Deutschland lebender – Schriftsteller, die Hitler ablehnten. Innerhalb des SDS bildeten die exilierten Mitglieder des BPRS, der formal bis 1935 existierte, eine starke, die kommunistische Linie vertretende und deshalb umstrittene Fraktion, die, wie gesagt, zu Beginn unter der Leitung von Seghers stand. Auch ihr Freund Kisch spielte eine wichtige Rolle. Beide, sie und Kisch, sollen jedoch »zu denen« gehört haben, »die offen über Irrtümer der Partei sprachen«,[91] und beide wurden auch von Nichtkommunisten respektiert. Seghers, die im Laufe der Jahre in den Vorstand und ins Präsidium des SDS gewählt wurde, beteiligte sich rege an den Bemühungen, ihn zu einem kulturellen Mittelpunkt für die zersplitterten Emigranten zu machen. Die Aktivitäten des SDS reichten von juristischer Beratung und Hilfe bei der Beschaffung von Aufenthaltsbewilligungen für seine Mitglieder zu intellektuell höchst anspruchsvollen Veranstaltungen, wie z. B. Blochs Rede über »Dichtung und sozialistische Gegenstände« und Walter Benjamins Vortrag »Die Kunst im Zeitalter ihrer technischen Reproduzierbarkeit«. Man organisierte Solidaritätsveranstaltungen für in Deutschland Eingekerkerte, wie Erich Mühsam, Carl von Ossietzky und Ludwig Renn, und Geburtstagsfeiern, so für Alfred Döblin[92] und Martin Andersen Nexö[93], bei denen auch Seghers sprach. Mitglieder des SDS arbeiteten an illegalen Flugschriften für Deutschland und gestalteten die Zeitschrift des Verbandes, *Der Schriftsteller*, so, daß man sie dem reichsdeutschen Blatt unterschieben konnte. Daran beteiligte sich Seghers ebenfalls – mit ihrem schönen Nachruf auf Hans Beimler, den ehemaligen kommunistischen Reichstagsabgeordneten, einem der ersten, der in *Mörderlager Dachau* (1933) über seine Erfahrungen in einem Konzentrationslager geschrieben hatte und im Spanischen Bürgerkrieg gefallen war,[94] und mit dem kleinen Aufruf »Illegales legal«. Darin verweist sie Leser daheim auf den subversiven Gehalt der »Goldrändigen«, der deutschen Klassiker, die die Nazis nicht verbieten und verbrennen konnten. Die gute Kennerin der deutschen Literatur, die damals auch Vorträge bzw. Vorlesungen zu dem Thema gab,[95] erinnert nicht nur an berühmte und nicht so berühmte Männer, sondern fordert: »Lest die Bettina Brentano, lest die Günderode! Lest, was sie schrieben über Erziehung, Glaube, Judenfrage!«[96] Wie viele in Deutschland ihren Aufruf damals lasen, ist eine andere Frage. Erst bei Christa Wolf in der DDR fiel er, wie gesagt, auf höchst fruchtbaren Boden.[97]

Es wäre unmöglich, alle Tätigkeiten des SDS aufzuzählen,[98] erwähnt sei nur noch einiges, was Seghers' Interessen beleuchtet, womit aber nicht gesagt sein soll, daß sie nicht an vielen anderen Aktivitäten teilnahm. Der SDS, mit all seinen internen Spannungen und Kämpfen, gab ihr zunächst erneut jenes Gefühl von Gemeinschaft, das sie immer suchte und das im Exil besonders wichtig wurde. Die Gemeinschaft der lebenden Schriftsteller wurde außerdem nun erweitert und vertieft durch die Genealogie des Exils, auf die sich Seghers immer wieder berief. Das waren jene deutschen Dichter, die wie Büchner und Heine – letzterer wurde allgemein zum *Schutzheiligen* der Exilierten – Deutschland hatten verlassen müssen und in der Fremde gestorben waren. Aber auch all die Verkannten und früh Verstorbenen, die zwar in ihrer Heimat gelebt hatten, aber ignoriert wurden, gehörten für Seghers zu den Stammvätern und -müttern dieser Gemeinschaft. Nicht nur den Toten galt die Aufmerksamkeit, im SDS setzte man weiterhin die Tradition des BPRS fort, Nachwuchsschriftsteller zu fördern, eine Generationen verbindende Arbeit, der Seghers von der Weimarer Zeit bis in ihre Tätigkeit als Präsidentin des Schriftstellerverbandes der DDR – und noch in ihrem Testament[99] – große Bedeutung beimaß. Arbeitskreise wurden geschaffen, so um Kisch und um Marchwitza – von Seghers wissen wir nichts Bestimmtes. Sie gehörte aber zur Jury des Heinrich-Heine-Preises für junge Talente, der 1935 gestiftet und für das Jahr 1936 zum ersten Mal vergeben wurde.

Der SDS befaßte sich auch mit Theater. Unter seinem Patronat erfolgte am 16. Oktober 1937 die Uraufführung von

Brechts *Die Gewehre der Frau Carrar* mit Helene Weigel in der Hauptrolle.[100] Seghers berichtete darüber für *Internationale Literatur* und forderte »ein deutsches Theater in irgendeiner Form«. Sie wußte, daß Weigel im Exil bislang keine Gelegenheit zum Spielen gehabt hatte, und kannte die besonders schwierige Lage der deutschsprachigen Schauspieler u. a. auch durch ihre Freundin Steffie Spira. Zur Zeit des Artikels über Weigel hatte sie, wie es scheint, schon einen Versuch hinter sich, Arbeitsmöglichkeiten für Schauspieler zu schaffen: Laut *Pariser Tageblatt* vom 7. Februar 1934 soll sie zusammen mit David Luschnat eine Varieté-Truppe, *Der Ballon,* gegründet haben, die am 5. März Premiere hatte. Daraus ging dann das deutsch-französische Kabarett *Die Laterne* hervor, das in den folgenden Jahren relativ erfolgreich wurde. Seghers' Name fällt in diesem Zusammenhang nicht mehr, wohl aber der von vielen an der Brechtaufführung Beteiligten.[101] Zu einem deutschen Theater kam es unter den Zeitumständen nicht. Am 21. März 1938 fand jedoch, wiederum unter dem Protektorat des SDS, die deutschsprachige Uraufführung von 8 Szenen aus Brechts *Furcht und Elend des III. Reiches* unter dem Titel *99%* statt, mit Musik von Paul Dessau, der unter einem Pseudonym auch mitwirkte, und natürlich mit Helene Weigel. Am folgenden Tag gab es beim SDS unter der Leitung von Kisch und Seghers einen Diskussionsabend zum Thema »Das deutsche Theater in der Emigration – über Brechts ›99%‹.[102] Wenn Seghers dann im mexikanischen Exil, wie immer wieder als Kuriosum erwähnt wird, in einer Amateuraufführung von Kischs *Der Fall des Generalstabschefs Redl* anläßlich seines Geburtstages selbst als Schauspielerin auftrat,[103] so war das natürlich Spaß, paßte aber durchaus in den breiteren Kontext ihres Interesses an deutscher Schauspielkunst, die es im Exil besonders schwer hatte. Von Mexiko aus bemühte sie sich übrigens auch um einen Abdruck von *99%.* »Es wäre für uns von größtem Interesse, es hier zu spielen«, schreibt sie im Juni 1943 an Herzfelde in New York.[104]

Neben dem SDS und in enger Zusammenarbeit damit

wurde die *Deutsche Freiheitsbibliothek* – zu deren Initiativkomitee Seghers ebenfalls gehörte – zu einer wichtigen kulturellen Institution des französischen Exils. Die Eröffnung fand am 10. Mai 1934, am Jahrestag der Bücherverbrennung, mit Gide, Romain Rolland und Feuchtwanger als Ehrenpräsidenten und Heinrich Mann als Präsidenten statt. Die *Freiheitsbibliothek* ging aus dem *Internationalen Antifaschistischen Archiv* hervor, das bereits Ende 1933 entstanden war, um Dokumente über faschistischen Terror zusammenzutragen. Diese Sammlung wurde nun auf verbotene Bücher, Exilpublikationen und Materialien, die dem Studium des Faschismus dienen konnten, erweitert. Max Schroeder, der später Seghers' Lektor im Aufbau-Verlag wurde, leitete die Arbeitsstätte am Boulevard Arago, die auch sie benutzte, u. a. für ein nicht realisiertes Projekt, das sie »Buch über die deutschen Toten«, »Totenbuch« oder »Heldenbuch« nannte. Anfang 1936 wandte sie sich dafür an bekannte Autoren, u. a. an Gorki, Andersen Nexö, Bredel und Arnold Zweig und bat für ein Redaktionskomitee, zu dem auch Feuchtwanger gehörte, um Mitarbeit an diesem Buch, das den Opfern des Nationalsozialismus »Denksteine« setzen sollte. Zweig gegenüber nennt sie weitere Namen, die ihre Teilnahme bereits zugesagt hätten, so Rolland, Jean-Richard Bloch, Leonhard Frank, Heinrich Mann, Bruno Frank, Upton Sinclair. Seghers schickte Material, das aus dem Archiv stammen mußte – sie hatte aber auch sozialdemokratische Quellen – und gab Juni als letzten Abgabetermin für die Manuskripte an. Zweig schrieb seinen versprochenen Beitrag – über den 1933 ermordeten Theodor Lessing – und viele andere taten es ebenfalls – zu einem Buch kam es jedoch nicht.[105] Es scheiterte wahrscheinlich daran, daß »unsere engsten Freunde«, wie Seghers im September nach Moskau an Bredel über die dort angeworbenen Mitarbeiter klagt, sie hängen ließen. Auch ein Rundbrief vom November an die Säumigen brachte keinen Erfolg, was wohl bedeutete, daß die politische Führung in Moskau kein Interesse mehr an dem Projekt hatte.[106]

Seit ihren Anfängen veranstaltete die *Deutsche Freiheitsbibliothek* auch eine Reihe wichtiger Ausstellungen, u. a. anläßlich der Weltausstellung in Paris 1937, während der sich die Exilierten bemühten, dem höchst präsenten offiziellen Deutschland das *andere* gegenüberzustellen, so in der Schau *Das deutsche Buch in Paris 1837–1937,* bei deren Eröffnung im Rahmen einer deutsch-französischen Kundgebung auch Seghers sprach.[107] Das Ziel der Ausstellung war es, die »Verbundenheit der deutschen klassischen und freiheitlichen Literatur mit dem Frankreich der Aufklärung, des Humanismus, der großen Revolution, der Menschenrechte« zu zeigen,[108] ein Ziel, das Seghers zutiefst am Herzen lag.

Von besonderer Bedeutung während des französischen Exils waren für Anna Seghers die beiden *Internationalen Schriftstellerkongresse zur Verteidigung der Kultur,* für die sie sich aus unterschiedlichen Gründen voll einsetzte. Der erste, Ausdruck und wohl bereits Höhepunkt der *Volksfront,* wie sie die Kommunisten wünschten – die Sympathie für die Sowjetunion als Versprechen und Alternative kam allenthalben zum Ausdruck, während sie sich als Kommunisten zurückhielten und hinter der Szene agierten –, wurde zwischen dem 21. und 25. Juni 1935 in Paris abgehalten. Er soll 250 Schriftsteller aus 38 Ländern vereinigt und bei den öffentlich zugänglichen Veranstaltungen mehrere tausend Zuhörer gehabt haben. Seghers initiierte ihn insofern, als sie es war, die bei einer Tagung des SDS am 15. Dezember 1934 den Vorschlag zu einer »Konferenz aller fortschrittlichen Kräfte in Westeuropa« machte, natürlich nicht spontan. Andere – Aragon, Malraux, J.-R. Bloch, Ilja Ehrenburg, Michail Kolzow und Becher – hatten bereits 1934 bei dem in vieler Hinsicht entscheidenden sowjetischen Schriftstellerkongreß in Moskau beschlossen, einen internationalen Kongreß abzuhalten, der die Verbundenheit aller antifaschistischen Schriftsteller und Kulturschaffenden demonstrieren und festigen sollte. Sie trafen sich darin mit bereits bestehenden, von französischer Seite ausgegangenen Bestrebungen, die

die bisherige Abgrenzungspolitik der internationalen proletarisch-revolutionären Schriftstellervereinigung, der IVRS, die ja auch den BPRS bestimmt hatte, durchbrechen wollte.[109] Ihre Pläne waren durchaus im Sinne Stalins, der 1934 seine Macht und seine konservativen und bündnisorientierten Interessen im kulturpolitischen Bereich deutlichst zum Ausdruck brachte.[110] Seghers hatte zu ihrem offiziell ausgedrückten Bedauern nicht am Moskauer Schriftstellerkongreß teilnehmen können, da sie intensiv an ihrem Roman *Der Weg durch den Februar* arbeitete.[111] Wenn man sie nun bat, in Paris den Vorschlag zum Kongreß zu machen, so mag ihre Abwesenheit eine Rolle gespielt haben – es sollte ja nicht so aussehen, als ob er ein Mandat aus Moskau sei –, vor allem aber deutet ihre Wahl auf das Ansehen, das sie unter Kollegen und Kolleginnen genoß, und die Stellung, die sie als Integrationsfigur zwischen kommunistischen und bürgerlichen, deutschen und ausländischen Schriftstellern spielte.

Seghers beteiligte sich an der Vorbereitung des Kongresses und arbeitete damals mit Ehrenburg, der ein guter, bewunderter Freund wurde, und Aragon, mit dem und dessen Partnerin, Elsa Triolet, sie sich ebenfalls anfreundete, aber auch mit Malraux und anderen Franzosen näher zusammen. In »Six jours, six années« reflektiert sie unter »Juni 1935« über die Unterschiede zwischen den französischen und deutschen Intellektuellen, die ihr schmerzlich bewußt wurden, aber auch zu einer klaren Verständigung über sich und ihre Ziele beitrugen: »Man bereitet den Schriftstellerkongreß vor. Unendliche Sitzungen. […] Mißverständnisse aller Art, falsche Urteile. Der Grund, scheint mir, liegt vor allem darin: Krieg und Nachkrieg haben bei uns alles verändert, verschoben, in unserer geistigen Welt wie in unserem Leben.« Den Franzosen hingegen sei es gelungen, »die gewohnten Formen ihres Lebens zu bewahren«.[112] Der großbürgerliche Lebensstil, den auch sie einmal gekannt und freiwillig verlassen hatte, mußte der verarmten Emigrantin besonders auffallen. Sie konnte nicht einmal ins Restaurant zum Essen mitgehen, da die Franzosen die gewohnten guten und teuren Lokale wählten, die für sie nicht in Frage kamen.[113] Entscheidend für sie aber war die Erkenntnis, daß die anderen sehr wenig Interesse an den Deutschen und ihrer Kultur zeigten. Die Schuld daran liege nicht nur bei ihnen: »Wenn es ein Fehler ist, daß die französischen Freunde sich nur selten die Grundlagen unseres Fühlens, unserer Ideen vergegenwärtigen – und das oft aus einfachem Mangel an Neugier – ist dieser Fehler der unsere, wir haben uns nicht ausreichend verständlich gemacht. Übrigens war ein großer Teil der deutschen Literatur immer nur für Deutsche verständlich.«[114]

Hier sah Seghers eine große und neue Herausforderung des Exils. Die Aufmerksamkeit, die sie selbst seit ihrer Jugend der Kunst anderer Länder geschenkt hatte, erhielt nun insofern eine interkulturelle Dimension, als es ihr um Gegenseitigkeit zu gehen begann. Sie wollte im Ausland Verständnis für Deutschland, seine Menschen und Traditionen, erwecken, wobei sie wiederum ihre eigene Kenntnis der anderen Kultur einsetzen konnte. »Essen bei Malraux«, schreibt sie in »Six jours, six années«. »Verzweifelter Versuch, mich und durch mich die Meinen, verständlich zu machen.« Konsequent bemühte sich Seghers während des Exils, ihr Bild von Deutschland zu vermitteln, nicht nur als Ermutigung für sich und die anderen Exilierten und, soweit wie möglich, als Mahnung nach Deutschland hinein, sondern auch für das Ausland. Sie tat es in ihren tagebuchartigen Aufzeichnungen, in Vorträgen bei deutsch-französischen Veranstaltungen, mit Aufrufen und Erinnerungen – so für den von den Nazis eingesperrten und schließlich ermordeten KPD-Führer Ernst Thälmann und für Lilo Herrmann, die erste Frau, die die Nazis hinrichteten[115] – und mit dem bereits genannten Buchprojekt, in das sie bewußt französische Autoren einbezog, vor allem aber in ihren Romanen und Erzählungen.

»Es fehlt eurer deutschen Literatur an den großen gesellschaftlichen Romanen, die das Leben bei uns in Frankreich, in Rußland, in England, in Amerika erklären helfen«,[116] zitiert sie rückblickend den französischen Schriftsteller J.-R. Bloch zu einem Mangel, dem sie mit ihrem Exilwerk begegnen will, besonders mit den Romanen, in denen Seghers von *Der Kopflohn* bis zu *Die Toten bleiben jung* deutsche[117] Zeitgeschichte und Schicksale behandelt. Sie schreibt diese Bücher, um sich für sich selbst und für die *anderen* Deutschen über die Gegenwart und jüngste Vergangenheit zu verständigen, aber auch, um die Geschehnisse Nichtdeutschen erzählerisch zu »erklären«. Dieser innere Auftrag war wohl mit ein Grund, warum sie sich weniger als viele Exilschriftsteller von der schwindenden Zahl deutschsprachiger Leser in Frage gestellt fühlte und ihre Produktionskraft nicht verlor. Er bestimmte insbesondere die Arbeit am *Siebten Kreuz,* das auch deshalb zu einem großen internationalen Erfolg werden konnte. Während des Exils und nach Kriegsende bemühte sich Seghers, wie ihre Korrespondenz und ihre Verträge belegen, höchst intensiv, und wesentlich mehr noch als bis dahin, um Übersetzung und Verbreitung ihrer Werke in viele Länder, und zwar unabhängig von finanziellen Bedürfnissen, die während des Exils bis zum Erfolg des *Siebten Kreuzes* – und gelegentlich später – natürlich auch eine Rolle spielten.

Seghers' bereits häufig erwähnter, weil für ihr Verständnis wesentlicher Beitrag zum Kongreß[118], »Vaterlandsliebe«, war ihr erster für ein internationales Treffen, dem im Laufe der Jahre noch sehr viele folgten. Die Rede fiel unter den »Tagesordnungspunkt« »Nation und Kultur« und ist charakteristisch für viele zukünftige: Die Sprecherin bringt eine Reihe wichtiger und relevanter Themen in eindringlichen Formulierungen auf den Punkt, wobei die Zusammenhänge assoziativ sind und tiefer liegen, so daß manchmal der Eindruck von unverbundenem Nebeneinander entsteht. In diesem Fall geht es um den »Vaterlandsbegriff«, der, wie Seghers aus eigener Erfahrung weiß, längst »entlarvt schien«. Sie, die seit ihrer Jugend – auch als Reaktion auf den Chauvinismus des Ersten Weltkrieges – kosmopolitisch orientiert war und es durch ihre Bindung an den internationalen Kommunismus und die Idee einer Weltrevolution noch mehr wurde, spricht zu sich selbst und der Linken allgemein, wenn sie vor einem »Irrtum in der Einschätzung der nationalen Frage« warnt.[119] Die Erschütterung, vertrieben zu werden aus dem Land, das sie bei aller Kritik selbstverständlich als das ihre betrachtet hatte, zwang sie, sich neu mit der Idee eines/ihres *Vaterlandes* auseinanderzusetzen. »Helfen wir Schriftsteller am Aufbau neuer Vaterländer«, fordert sie und denkt nach wie vor gleichzeitig international, wenn sie im Plural spricht. Dieser »Aufbau« ist aber nur möglich, wenn sich die nationale Komponente mit einer universal gedachten sozialen verbindet. Wo das nicht der Fall und nicht Ziel ist, kommt es zum Krieg: »Es ist nicht mehr, daß der Krieg nur droht, er verlockt auch. Der Mensch an der Stempelstelle, am laufenden Band, im Arbeitsdienstlager ist ein Niemand. Der dem Tod konfrontierte Mensch scheint wieder alles. In gewissem Sinne ist die Lüge wahr und deshalb furchtbar verlockend: ›Das Vaterland braucht dich.‹«[120]

Seghers warnt hier und ihr ganzes weiteres Leben, in dem sie sich in der Friedensbewegung nach dem Zweiten Weltkrieg engagieren wird, vor Krieg, war aber alles andere als Pazifistin. Sie verstand die Faszination, die Krieg, Kampf, Hingabe auf den einzelnen ausüben konnten, nur zu gut, lernte aber während des Exils den Wert des »gewöhnlichen Lebens« besonders schätzen, und das »gefährliche« im Verhältnis dazu zu sehen. Hatte sie bisher revolutionären Kampf mit seinem Beigeschmack von Abenteuer bewundert, so konzentrierte sie sich im Exil auf den antifaschistischen Widerstand, der im Alltag wurzelte und den sie von einer Verherrlichung des Krieges entschieden absetzte. Das hieß für sie konkret, daß sie den von Nationalsozialisten gefangenen und getöteten Gegnern des Hitler-Regimes »Denksteine« setzte, daß sie sich mit dem Bürgerkrieg in Österreich 1934 auseinandersetzte und der Spanische Bürgerkrieg, der 1936 begann, sie zutiefst bewegte. Es bedeutete aber auch, daß sie im Interesse des Kampfes gegen den Faschismus – zumindest bis zum Hitler-Stalin-Pakt – auf die Sowjetunion sah und sehen mußte, da die westlichen

Mächte in Spanien *neutral* blieben. Wie sie in ihrer nächsten großen Rede, »Zum Schriftstellerkongreß in Madrid« (1937), klarmachte, lief das darauf hinaus, daß sie Franco halfen. Für Seghers gab es »nur ein Entweder-Oder [...], ein *ungeteiltes Ja* für den Freiheitskampf«[121], wie sie in dieser Rede, die auch eine Huldigung an die Sowjetunion und den Kommunismus ist, fordert. Was tatsächlich an der spanischen Front neben echtem Opfermut und wirklicher Solidarität an Verrat und Meuchelmord geschah und welche Rolle Stalin spielte, konnte sie damals nicht wissen. Auf sie machte der Spanische Bürgerkrieg, den sie während des Kongresses in Valencia und Madrid aus der Nähe sah, »einen großen Eindruck«: »Das spanische Volk wie die spanische Landschaft wie der bewaffnete Kampf gegen den Faschismus ... Nachdem ich ja daheim den Sieg des Faschismus ohne bewaffneten Kampf erlebt hatte, erlebte ich nun dort, auch wenn es auf lange Zeit tragisch geendet hat, den bewaffneten Kampf. Und ich merkte, wie das die Menschen bis ins Innerste verändert und stärkt und umformt«,[122] erklärt sie in einem Interview in der DDR. Auch in ihrem relativ kurzen Lebenslauf von 1954 für ihre Kaderakte weist sie darauf hin, daß der Aufenthalt in Spanien, »obwohl ich wenig u viel später darüber schrieb, [...] auf mein Denken u meine Arbeit große Wirkung gehabt« hat.[123] Eine kleine zeitgenössische Arbeit, »Wiedersehn«[124], hat sie vergessen.

Aber auch vor dem, was sie wußte, verschloß sich Seghers im Interesse des gemeinsamen Kampfes. Schon bei dem Kongreß von 1935, bei dem eine sehr kleine Minderheit der Teilnehmer an das Idealbild der Sowjetunion rührte, das die anderen aufrichteten, drückte sie ihre Haltung im Zusammenhang mit Victor Serge unmißverständlich und anschaulich aus: Als Magdalena Paz, die als Trotzkistin galt, einen Protest gegen die Verbannung des ehemaligen Kominternmitglieds forderte, erklärte Seghers: »Der Fall Serge gehört nicht hierher. In einem Hause, in dem es brennt, kann man nicht einem Menschen helfen, der sich in den Finger geschnitten hat. Und wir befinden uns in den Ländern der bürgerlichen Ordnung in einem brennenden Haus.«[125] Zu den großen Moskauer Prozessen der folgenden Jahre, die in den Medien und unter den Exilierten heftig diskutiert wurden und Freunde und Bekannte, z. B. Sperber, Kläber und Humm, schließlich von der Partei entfernten, nahm sie öffentlich nicht Stellung. Wie sie sich, zumindest in einem Fall, privat verhielt, beschreibt Sperber aus der Sicht des enttäuschten ehemaligen Bewunderers und Kommunisten:

»Ich habe Anna vom ersten Anblick an gemocht und es hat lange gedauert, ehe diese – in leisem Anklang amouröse – Sympathie völlig erloschen ist. [...] Alle spöttischen Bemerkungen, alle kritischen Anspielungen, die sie im Zwiegespräch anscheinend ohne Rückhalt, ja mit sichtbarem Vergnügen machte, waren vergessen, sobald es ernst wurde, d. h. sobald sie schrieb oder öffentlich auftrat. Doch brachte ich das nicht zur Sprache, auch nicht bei unserem letzten Rendezvous in dem düstern, verwahrlosten Obergeschoß eines Cafés [...], als sie mir im Ton eines geheimzuhaltenden Einverständnisses zuraunte: ›Stalin hat also den Bucharin im Bett bei Unanständigkeiten mit Radek erwischt.‹ Sie zeigte dabei auf den Titel der Abendzeitung, die in großen Lettern die Verhaftung Bucharins meldete. Diese heute abstrus erscheinende Bemerkung war damals leicht verständlich, da sie eine Travestie des Satzes war, mit dem viele Deutsche die Erschießung Röhms begründeten [...]. Anna erwartete wohl, daß ich laut auflache, ich lächelte aber nur und wartete meinerseits, daß sie – Spott beiseite – mir endlich eröffne, was sie von den Prozessen hielt, derenthalben ich, das wußte sie, etwa ein Jahr vorher weggegangen war.«[126]

Er wartete vergeblich.

Ob alles stimmt, was Sperber erzählt, läßt sich nicht sagen, es klingt jedoch plausibel und vermittelt auf jeden Fall etwas von der Anziehung, die Seghers auf eine Reihe ihrer Kollegen ausübte und auch ausüben wollte. Sie war eine attraktive, kluge Frau, die sehr liebenswürdig sein konnte, gern plauderte, tratschte und witzelte, wobei Spott und Ironie für sie aber auch Mittel waren, Schwierigem zu begegnen. »Man merkt es bei mir nicht so, denn ich kann nicht in Sack und Asche gehn und jammern«, schreibt sie einmal, als es ihr »furchtbar schlecht« geht, in einem Brief.[127] Was die Prozesse anging, so trafen sie tief. Es ist sicher kein Zufall, daß Seghers 1937 ihre Darstellung eines machtpolitisch motivierten Justizmordes, das Hörspiel *Der Prozeß der Jeanne d'Arc zu Rouen 1431* schrieb, freilich so, daß es in der offiziösen, der sowjetischen Politik verpflichteten *Internationalen Literatur* erscheinen konnte,[128] und sich immer wieder für Gerichtsverfahren interessierte und versuchte sie zu gestalten. Zur Zeit plante sie eine ganze Hörspielreihe, in der sie »Prozesse, wie sie wirklich waren«, behandeln wollte, und zwar »jeweils den wichtigsten Prozeß eines Jahrhunderts«.[129] An ihrem grundsätzlichen Bekenntnis zur Sowjetunion und vor allem zu den kommunistischen Ideen, die dieses Land vertrat, konnte und wollte sie aber nichts ändern. Sie leistete es, wie bereits erwähnt, bei ihrer Rede in Spanien und auch in ihrem Gruß zum 20. Jahrestag der Oktoberrevolution, »Wir denken an das Sowjetland«, der 1937 mit anderen Grußbotschaften in der *Internationalen Literatur* erschien. Auch darin spricht sie von »unserem klaren, vorbehaltlosen Ja«, schreibt jedoch daneben kryptische Sätze, die man als Hinweis auf die Verwirrung lesen kann, die sie – und andere – erfuhren: »Wie viele leben durch seine [des »Sowjetlandes«] Werte! Wie viele aber leben auch durch die Verfälschung seiner Werte, durch ihre Verhochstapelung, durch das Auswechseln der Vorzeichen! Wieviel Opfertode hat dieses Land bewirkt, wieviel Blutzeugnis, wieviel Gewissenskonflikte, wieviel Arbeit, wieviel Träume!«[130] Bezeichnenderweise endet Seghers mit den »Träumen«, erwähnt aber auch den Preis. Rückblickend soll sie, so erinnert sich ihr Sohn, zwei Jahre genannt haben, in denen sie das Gefühl hatte, daß »etwas anders« geworden sei, 1937 und 1956.[131] 1937 stand einerseits im Zeichen des Spanischen Bürgerkrieges, der sowohl zum bewaffneten Kampf gegen den Faschismus geführt hatte, als auch die wachsende Macht desselben demonstrierte. Andererseits gab es die Prozesse in Moskau, die systematisch die alten Revolutionäre und viele der im internationalen Bereich tätigen Kommunisten ausmerzten. Auch wenn man an ihre Schuld glaubte, muß die Erschütterung eine enorme gewesen sein, denn das hieß ja den Verrat so vieler einst treuer Genossen als Tatsache hinnehmen, eine schreckliche Enttäuschung so oder so. Der Horizont begann sich zu verdüstern. Ein Sieg in Spanien – mit Hilfe der SU – war die große Hoffnung und wurde um so dringlicher, je mehr sich die Westmächte bemühten, militärische Konfrontationen zu vermeiden und ihren prekären *Frieden* mit Hitler zu erhalten.

Das bisher Gesagte macht deutlich, daß das exilpolitische Engagement von Seghers in Frankreich von Anfang an ein außerordentlich starkes war und sie bei aller Breite ihrer Aktivitäten grundsätzlich immer auf Seiten der Kommunisten zeigte. Mit dem Ansehen, das sie allgemein zu genießen begann, wuchs auch ihre Rolle unter den Genossen, was aber weiterhin nicht hieß, daß ihre Werke besonders positiv aufgenommen wurden. Es bedeutete schon gar nicht, daß Seghers im kulturpolitischen und besonders im künstlerischen Bereich den Erwartungen von Funktionären und dem Moskauer Kurs, der sich ab 1934 deutlich abzuzeichnen begann, folgte. Hans Mayer erzählt ein Beispiel, das ihr Selbstbewußtsein in literarischen Fragen und ihre gelegentlich drastische Art zeigt: »Als sie im Jahre 1934, nach Erscheinen ihres Buches *Der Weg durch den Februar*, von den Partei-Ideologen der exilierten KPD gerüffelt wurde (in Paris), weil die österreichischen Sozialdemokraten in ihrer Erzählung zu gut wegkamen, antwortete sie, breit mainzerisch ausgesprochen, mit dem Götz von Berlichingen. Der damalige Inquisitor hat es mir selbst erzählt. Es machte ihm Eindruck.«[132]

Wie sehr sich Seghers bemühte, selbstbewußt ihre eigenen Ideen zu kulturpolitischen Fragen des Exils zu entwickeln und ihnen Gehör zu verschaffen, wobei sie auch unter den Kommunisten der westlichen und sowjetischen Emigration eine vermittelnde Rolle zu spielen versuchte, zeigen vor allem ihre Tätigkeit als Mit-Herausgeberin der *Neuen Deutschen Blätter,*[133] ihr vor kurzem aufgearbeiteter Briefwechsel mit der Redaktion des *Wortes* in Moskau[134] und ihre oft zitierten, weil für ihr Denken wichtigen »Briefe an Georg Lukács«. Die in Prag verlegten *NDB*, der Untertitel lautete *Monatschrift für Literatur und Kritik*, waren die bedeutendste literaturpolitische Zeitschrift des frühen Exils. Sie verstanden sich als kommunistisch, wollten aber »alle – auch wenn ihre sonstigen Überzeugungen nicht die unseren sind –« zu Wort kommen lassen, solange sie kämpferisch antifaschistisch waren.[135] Diese militante Haltung, die aber keinem falschen Optimismus huldigte, bestimmte das Profil der Zeitschrift. »Wer schreibt, handelt«, war das Motto, ein wichtiger Aspekt »Die Stimme aus Deutschland«, für die die illegale Schriftstellergruppe um den Mitherausgeber Petersen verantwortlich war, u. a. Berta Waterstradt und Elfriede Brüning. Seghers teilte die entschiedene Position und die Aufgaben, die sich die Zeitschrift stellte, voll. Sie veröffentlichte in den *NDB* ihre künstlerische Reportage »Der letzte Weg des Koloman Wallisch« und vielleicht auch – unter dem Namen Anna Brand – jene kleine, bereits erwähnte Geschichte, »Der Skalp«, die vom ungleichen Kampf eines jüdischen mit einem arischen Jungen erzählt.[136] In Moskau stieß aber sowohl das Redaktionskomitee als auch die Zeitschrift auf Mißtrauen und Kritik, obwohl Becher die ersten Nummern finanziell unterstützte. Als Herzfelde Ende 1935 wieder in Geldschwierigkeiten war und in Moskau bei der IVRS und der KI um Unterstützung bat, hatte er keinen Erfolg. Und da auch Versuche, mit Klaus Manns *Sammlung* zu fusionieren, scheiterten, mußten die *NDB* nach August 1935 eingestellt werden.

Es ist möglich, daß im Verhältnis von Seghers zu der in Moskau seit 1936 erscheinenden und seit 1935 geplanten Zeitschrift *Das Wort*, das die *NDB* sozusagen beerbte, ein wenig Enttäuschung mitschwang, obwohl sie sich als disziplinierte Kommunistin solchen Gefühlen kaum hingab.[137] Aus ihrem Briefwechsel mit den Genossen in Moskau[138] – Bredel,

Maria Osten, Erpenbeck und Kurella – geht jedenfalls deutlich hervor, daß sie zwar durchaus bereit war, zum *Wort* beizutragen, für das Brecht, Feuchtwanger und Bredel offiziell als Redakteure zeichneten, daß sie aber das Profil der Zeitschrift, die sie kritisch sah, mitbestimmen und »letztendlich [...] ihre eigenen Ziele verfolgen, ihre eigenen literarischen Strategien durchsetzen«[139] wollte. Sie machte eine Reihe von Vorschlägen und Angeboten – u. a. »eine Arbeit über Walther von der Vogelweide«, »Die schönsten Sagen vom Räuber Woynok«, bei denen sie auf dem Mitdruck des Mottos über die Wichtigkeit von Träumen bestand, und den »Briefwechsel mit Lukács«. Erschienen sind nur »Die schönsten Sagen«, außerdem ein Vorabdruck von *Die Rettung* und ihre Rede auf der *Außerordentlichen Konferenz der Internationalen Schriftstellervereinigung zur Verteidigung der Kultur* vom 25. Juli 1938.[140]

Seghers' »Briefwechsel mit Lukács« – die Briefe tragen die Daten 28. Juni 1938 (Seghers), 28. Juli 1938 (Lukács) und Februar 1939 (Seghers) – erschien schließlich im Mai 1939 in der *Internationalen Literatur* und legt neben vielem anderen Zeugnis ab von ihrer »Zähigkeit«. Sie wußte, daß »in Moskau intensiv an literaturpolitischen Strategien von großer Reichweite gearbeitet wurde, die in enger Verbindung mit der sowjetischen Kulturpolitik standen«, wollte auf dem laufenden gehalten werden, sich aber auch direkt in die Debatte einschalten, indem sie an Lukács »einmal einen großen Brief« schrieb. Sie dachte wohl von Anfang an an eine Veröffentlichung, die sie dem *Wort* auch anbot. Als die Redaktion ihren Brief und Lukács' Antwort abdrucken wollte, stimmte sie sofort zu, bestand jedoch darauf, daß man den Lesern mitteile, sie plane eine Erwiderung, was wiederum *Das Wort* einen »Bandwurm« von Briefen befürchten und letztlich Abstand von der Veröffentlichung der Briefe nehmen ließ.[141] Seghers' »Zähigkeit« bestand jedoch nicht nur in ihrem Bemühen, dem großen Theoretiker nicht das letzte Wort zu überlassen, sondern auch darin, daß sie in ihre Briefen an ihn Gedanken und Forderungen an die Literaturkritik einbaute, die sie in ihrer

Korrespondenz mit dem *Wort* und ihren Vorschlägen für die Zeitschrift zum Ausdruck brachte. Sie wollte, daß sie gehört/gelesen wurden. Seghers schaltete sich damit spät in die sogenannte *Realismus/Expressionismus-Debatte* ein, die 1937/1938 im *Wort* in der Auseinandersetzung zwischen Bloch und Lukács einen Höhepunkt fand, aber – wie Seghers beiläufig erwähnt – an Diskussionen um eine marxistische Kunst in den letzten Jahren der Weimarer Republik anschloß. Die großen Themen – Erbe, Tradition, Realismus – wirkten dann in der DDR fort, allerdings nicht mehr als offene Auseinandersetzung, denn Lukács' der sowjetischen Literaturdoktrin wesentlich näher stehende Ansichten wurden übernommen, Seghers' Briefe an ihn auf lange Jahre vergessen.[142]

Diese Briefe sind unpolemisch, ja herzlich, und betonen, wieviel die Autorin von Lukács gelernt hat, obwohl oder weil sie in ihren Argumenten der anderen Seite, d. h. Bloch – aber auch den Überlegungen Brechts und Hanns Eislers – näher steht. Bloch hatte schon 1935 in seinem Kongreßbeitrag »Marxismus und Dichtung« und in seinem Buch *Erbschaft dieser Zeit* eine offene, dialektische Haltung zur literarischen Tradition gefordert, die auch den Expressionismus und seine Leistungen, wie z. B. die Montage, als *Erbe* aufnehmen könne. Lukács hingegen lehnte den Expressionismus als Dekadenz und Wegbereiter des Faschismus ab und beschränkte sich auf die klassisch-humanistischen und bürgerlich-realistischen Traditionen. Seghers plädiert nun – vom ihrem Standpunkt der schaffenden Künstlerin, den sie besonders hervorhebt – für eine differenzierte, flexible Haltung zum kulturellen Erbe und für Verständnis der *Moderne*, die sie als »Übergangszeit« sieht, aus der eine neue Klassik werden könne.[143] Wie bereits angedeutet, greift sie bei ihren Überlegungen auf Wissen und Ideen aus ihrer Studienzeit zurück, die sie auch für ihre Kurse und Vorträge zur deutschen Literatur und Kultur in Paris verwendete und die im Kontext des Exils neue Bedeutung gewannen. Ihr geht es – wie Lukács – um Realismus, den sie für sich verbindlich als »Tendenz zur Bewußtmachung von Wirklichkeit« definiert. Unter Berufung auf konkrete Beispiele, vor allem aus der Kunstgeschichte, fragt sie, »ob es überhaupt irgendein wirkliches Kunstwerk gibt, in dem nicht eine Substanz Realismus enthalten ist«.[144] In »Krisenzeiten«, und als solche empfand sie ihre Epoche seit der Jugend, sei es jedoch besonders schwer, »der Realität habhaft zu werden«[145]. Denn diese Wirklichkeit »muß also erstens ertragen, es muß ihr ins Auge gesehen werden und zweitens muß sie gestaltet werden«[146]. Beides sei alles andere als leicht oder selbstverständlich. Für den Künstler »wie für jeden Handelnden« seien »Kühnheit und Verantwortung unerläßlich«. Nicht nur »Unvermögen« wirke »entrealisierend«, sondern auch »die sogenannte ›Furcht vor der Abweichung‹«,[147] warnt sie, eine Warnung, die sie leise – zu leise – den Rest ihres Lebens wiederholen wird.

Und auch die Bitte an Lukács und die Literaturkritik im allgemeinen, über »der Methode« die Kunst und den Künstler nicht zu vergessen, kehrt später immer wieder. »Das Objekt des Kritikers oder gar des Lehrers ist der Künstler und sein Kunstwerk, einzigartige, eigentümliche gesellschaftliche Verknüpfung von subjektivem und objektivem Faktor, Umschlagstelle vom Objekt zum Subjekt und wieder zum Objekt«, definiert Seghers das komplexe Verhältnis zwischen Wirklichkeit, Werk und künstlerischem Individuum. Der Kritiker müsse dieser Komplexität Rechnung tragen. Sie wünscht sich – meist vergeblich – eine kenntnisreiche, sensible und undogmatische Kritik, »die nichts Lebendiges, was uns nützt, verschüttet«, wie sie an Kurella nach Moskau schreibt[148] und in der DDR wiederholt. Sie und ihresgleichen bemühten sich ja um »die Gestaltung der neuen Grunderlebnisse, die Kunst unserer Epoche«, was »Experimente« mit einschließe. Deshalb seien ihnen »Splitterchen, die irgendeinen Bruchteil unsrer eignen Welt aufrichtig spiegelten, lieber als alle Scheinspiegel«[149]. Seghers besteht darauf, daß es letztlich um Kunst gehe, nicht um den »Vollbesitz der Methode«, die es höchstens fertigbringe, »die Welt ganz zu *ent*zaubern.«[150] Damit verteidigte sie auch das eigene Werk, das weder bei Lukács noch bei anderen Deutschen in Moskau auf viel Verständnis oder Zustimmung stieß. Dem aber galt während des französischen Exils bei allen anderen Tätigkeiten und Verpflichtungen, die sie einging, Seghers' Hauptarbeit. Als Schriftsteller dürften sie nie »bei Bekenntnissen und Gelöbnissen stehenbleiben«,[151] erinnert sie sich und die Kollegen in ihrer Rede auf der Schriftstellerkonferenz von 1938. »Und jetzt muß man arbeiten«,[152] fordert sie, womit sie die in ihren Augen eigentliche künstlerische Arbeit meint, die jedoch, wenn sie gelingt, nicht von der Realität abhebt, sondern »die Rücktranportierung des Werks auf die Realität« erreicht,[153] d.h. auf Menschen wirkt, so wie es in ihren Augen nur Kunst kann.

Elftes Kapitel

»Fülle und Farbigkeit in unserer Literatur«

»Ihr pflegt ja zuerst die Geduld zu verlieren, dann den Glauben, dann die Sache selbst.«

Anna Seghers

In ihren Briefen an Lukács ging es Anna Seghers um »eine starke, vielfältige antifaschistische Literatur«, eine, die »Fülle und Farbigkeit« besaß.[1] Darum bemühte sie sich in diesen Jahren sehr bewußt. »Farbigkeit« verband Seghers zunächst und stets mit Märchen und Sagen, auf die sie sich im Laufe dieser Jahre wieder mehr besann. Je stärker und unerläßlicher der »Zwang zur Politik« wurde, von dem nun auch ein ehemals *unpolitischer* Schriftsteller wie Thomas Mann sprach,[2] desto mehr kehrte sie zurück zur poetischen und mythischen Dimension ihrer schriftstellerischen Impulse. Sie wollte über Dokumentation hinausgehen, so wichtig authentische Information und Augenschein auch für sie blieben, und strebte bewußter, als sie es in den letzten Jahren der Weimarer Republik getan hatte, nach dem, was sie später als das Ziel ihres Schreibens von Anfang an bezeichnen würde: die Vereinigung der »Farbigkeit von Märchen« mit »dem was mich heute bewegt«. Der Schriftstellerkongreß von 1935 war für Seghers in diesem Zusammenhang ein wichtiges Ereignis, da die Begegnung mit unterschiedlichen Autoren und der dadurch angeregte Wunsch, deutsche Kultur Nichtdeutschen nahezubringen, zur erneuten Besinnung auf das führte, was sie als Künstlerin wollte und konnte. Auf diesem Kongreß hatte auch Ernst Bloch klar den Wert des Poetischen und der »Trauminhalte« für die marxistische und revolutionäre Literatur hervorgehoben und erklärt: »Alles ›bedeutend‹ Dichterische ist per se eine eigne Produktionskraft und eine eigne Weltverarbeitung; denn es bringt einen Strom von Handlung, einen Wachtraum von Bedeutung ins Bewußtsein der Welt, welche in dieser nur potentiell enthalten sind [...]. Der vergoldbare Betrug stirbt ab, das steht fest; desto genauer erhebt sich das malbare, bedichtbare, bedeutbare Wohin und Überhaupt der Wirklichkeit – als eines Prozesses. Es gibt noch sehr viel unverbrauchten Traum, unerledigten Geschichtsinhalt, unverkaufte Natur in der Welt. Selten fanden sich vortrefflichere Stoffe als bewegte und latent wartende, niemals realere« – und das alles, wie er betonte, »auf der einzigen Straße, die es heute gibt, auf der angeblich so engen und asphalthaften Straße der Revolution.«[3] Seine Sprache ist nicht die von Anna Seghers, die Ideen sind es sehr wohl, wobei es aber zu weit gehen würde, einfach den Einfluß Blochs zu notieren. Sie begegnete vielmehr bei ihm der Artikulation und Bestätigung eigener, zunächst eher gefühlsmäßig erfaßter Einsichten und Intentionen.

Die Werke aus diesen Jahren sind nach wie vor sehr vielfältig, ja sie werden es noch mehr, nicht nur, was das Nebeneinander von publizistischen, essayistischen und operativen Texten mit *rein* erzählerischen Werken betrifft, sondern auch im Bereich der Romane und der Geschichten selbst, zu denen, wie gesagt, noch Drehbuch und Hörspiel kommen. Es scheint, daß Seghers zunächst weiterhin zu experimentellen Darstellungsmitteln wie der Collage von Dokumenten griff, so in »Ein ›Führer‹ und ein Führer«[4]. In diesem für den internationalen Kampf um die Befreiung Thälmanns geschriebenen Text stellt die Autorin den Lebenslauf des KPD-Führers dem Hitlers gegenüber, wobei der falsche »›Führer‹« nur durch Zitate aus *Mein Kampf* präsentiert und entlarvt wird. »Der letzte Weg des Koloman Wallisch«, den Seghers selbst eine »reportagehafte Novelle« nannte,[5] und *Der Weg durch den Februar*, der als »Reportageroman« bezeichnet wurde,[6] sind weitere Beispiele, daß sie vor allem in den ersten Exiljahren noch mit verschiedenen Formen des Berichts arbeitete. Aber auch »Frauen und Kinder in der Emigration«, wahrscheinlich später entstanden, ist eine Art künstlerische Dokumentation, bei der Seghers Interviews und ähnliches Material einbaute. Und noch *Transit* verarbeitet Wirklichkeitspartikel und mythische Elemente zu einem höchst kunstvollen Ensemble, bei dem man von Montage und Collage gesprochen hat.[7] Sie selbst scheint im allgemeinen zwar zwischen »publizistischen Sachen«[8] und Romanen und Erzählungen unterschieden zu haben, kümmerte sich aber im Zuge der Moderne wenig um die Differenzierung von Textsorten. Mehr denn je hatte sie jedoch bei allem, was sie schrieb, »das Bedürfnis nach etwas Wahrnehmbarem, optisch Zugänglichem, nicht bloß Gedanklichem«, und meinte, daß sie für Essays im strengen Sinne keine Begabung habe. »Solche Sachen wie die Räuber-Geschichte kämen doch woanders her«, erklärt sie den Genossen in Moskau im Juli 1938[9] in selbstbewußtem Verweis auf »Die schönsten Sagen vom Räuber Woynok«. Fiktion, Phantasie und der Anschluß an ältere Erzähl- und Romantraditionen, einerseits eben Sagen und Märchen, andererseits der Gesellschaftsroman des 19. Jahrhunderts, wie ihn Balzac in seiner *Comédie humaine* praktiziert hatte,[10] treten in den Vordergrund ihres Interesses. »Selten entstand in unserer Sprache ein dichterisches Gesamtbild der Gesellschaft«, fand Seghers in ihrem Kongreßbeitrag von 1935[11] und nahm sich zu dieser Zeit gezielt vor, an einem solchen zu arbeiten, und zwar wie Balzac mit einer Serie von Romanen. Rückblickend erschien *Der Kopflohn* bereits als Anfang. Etwas später, d. h. ab dem Spätsommer 1938, begann sie dann in ihren Briefen wiederholt von einem »alten Lieblingsplan« zu sprechen, »nämlich eine Art ›Tausend und Eine Nacht‹ aus unsrer Zeit«.[12] Beabsichtigt war ein Buch »aus etwa vierzig Novellen aus allen Bezirken des Lebens, politische Erzählungen, Liebesgeschichten, Kriminalgeschichten, geschichtliche Stoffe, Märchen, Sagen, Geschichten von Bäumen, Pflanzen, u. s. w.«, wie sie noch aus den Ferien in Combloux an Hubertus Prinz zu Löwenstein, den Gründer der *American League for German Cultural Freedom,* schreibt.[13] Auch dieses Projekt sollte zu einem »Gesamtbild« beitragen. Der Gedanke des Zyklus und der Intertextualität – ein Wort, das Seghers allerdings nie gebraucht hätte – begann sich in diesen Jahren deutlich abzuzeichnen und das vielfältige Werk zu verknüpfen. Ihr Anspruch an sich als Erzählerin, der nie klein gewesen war, wuchs weiter, war aber nun mehr auf Ganzheit im Sinne von Vielfalt – auf Fülle und Farbigkeit – als auf Avantgarde an sich ausgerichtet. Die noch immer junge Autorin fühlte sich im Vollbesitz ihrer künstlerischen Kräfte und Eigenart. Über den Novellenplan sagt sie 1938: »An diesem Buch hänge ich ganz besonders, erstens weil ich weiß, daß ich jetzt imstande bin, ein solches Buch wirklich anständig zu schreiben, zweitens weil ich in einem solchen Buch sozusagen alle Seiten meines Schreibens bringen könnte und nicht auf ein bestimmtes Thema fixiert wäre.«[14] 1939, als die äußeren Lebensumstände immer schwieriger werden, heißt es dann wiederholt: »Ich habe die schönsten Pläne, nie habe ich, nie hätte ich so gut wie jetzt arbeiten können.«[15]

Seghers wollte, besonders als das Exil anhielt, möglichst eindringlich und allgemein zugänglich schreiben und das, mehr als die konservativen Dicta, die aus Moskau kamen, hielt sie davon ab, die avantgardistische, experimentelle Richtung, die sie mit den *Gefährten* eingeschlagen hatte, forciert weiter zu verfolgen. Sie stand Benjamin nahe, der ja auch einen ihrer Romane dieser Jahre, *Die Rettung*, höchst positiv rezensierte, und zwar im Zusammenhang mit seinen Überlegungen zur Krise des Romans und der Rückkehr »zu älteren epischen Formen, zu der Chronik, zum Lesebuch«[16]. Seghers sprach nie von einer »Krise« des Romans, hörte im Grunde aber nicht auf, in ihrer Weise zu experimentieren, um die wachsende Distanz zwischen Leser und Buch zu überwinden. Jeder ihrer Romane stellt einen neuen Versuch dar, sich inhaltlich und formal den Herausforderungen ihrer Zeit zu stellen. Und auch die Märchen und Sagen und der Plan zu einer Sammlung von Novellen sollten mit ihrer Vielfalt – und sozusagen aus der Tiefe der Zeit heraus – helfen, die Gegenwart zu durchleuchten und zu ertragen. Mit ihren Werken dieser Jahre zeigte Seghers durchaus, was sie in ihren »Briefen an Georg

Lukács« forderte, »Kühnheit und Verantwortung«[17]. Immer wieder griff sie schwierige Stoffe und Themen auf und suchte nach adäquaten Gestaltungsmitteln. Die Werke aus den Exiljahren gehören zum besten, was sie schrieb, und haben dementsprechende – in Ost und West allerdings unterschiedlich verteilte – Aufmerksamkeit gefunden. Mit *Das siebte Kreuz* gelang ihr jedoch ein im Leben jedes Schriftstellers und jeder Schriftstellerin seltener Glücksfall, dessen Erfolg alles andere überschattete und noch immer überschattet. Daß dabei, wie so oft in der Rezeptionsgeschichte deutscher Kultur, der ursprüngliche Durchbruch im Ausland – in diesem Fall zum Bestseller in den USA – eine Rolle spielte, kann nicht übersehen werden, da er von Bedeutung für die Aufnahme von Werk und Autorin nach dem Krieg wurde.

Das erste größere Buch, mit dem Seghers im Exil hervortrat, war *Der Kopflohn*, der den Untertitel *Roman aus einem deutschen Dorf im Spätsommer 1932* trägt, ein kritischer Heimatroman, der mehr Beachtung und mehr Leser verdiente, als er bisher gefunden hat. Er erschien zusammen mit Büchern von Döblin, Feuchtwanger, Emil Ludwig, Heinrich Mann, Regler, Joseph Roth, Toller und Arnold Zweig als eine der »Herbstnovitäten 1933« in der neu gegründeten deutschen Abteilung des Amsterdamer Querido Verlages. Leiter dieses von dem sephardischen Juden Emanuel Querido gestarteten Unternehmens wurde, wie gesagt, Landshoff, Seghers' bisheriger Verleger. Er machte im Sommer 1933 eine Rundreise durch die Schweiz und Frankreich, um Autoren für sein Projekt zu gewinnen, und verpflichtete auch Seghers.[18] Sie war bereits an der Arbeit, die sie möglicherweise unter dem Eindruck von 1932 einsetzenden BPRS-Diskussionen über eine Erweiterung literarischer Sujets auf bis dahin vernachlässigte Bereiche wie das Bauernmilieu begonnen hatte. Und sie schrieb unter dem Schock und der Verwirrung ihrer ersten Flucht- und Exilerfahrungen konsequent weiter an etwas für sie stofflich und erzähltechnisch Neuem, allerdings keineswegs Fremdem.

»Das sind Begebenheiten in einem Dorf meiner Heimat«, sagte sie selbst von ihrem »Bauernbuch«,[19] bei dem sich die eigene Entwurzelung in einem nüchternen Blick auf diejenigen niederschlug, die die Nationalsozialisten wegen ihrer Bindung an *Blut und Boden* verklärten: die Leute auf dem Lande. Die machten zu dieser Zeit immerhin noch fast ein Drittel der Gesamtbevölkerung aus, waren aber von der kommunistischen Bewegung im Zuge des proletarischen Internationalismus vernachlässigt worden. Und auch Seghers, die die Lebensbedingungen und die Veränderungen auf Dörfern aus der Umgebung von Mainz, von Ferienaufenthalten, die sich fortsetzten, als sie selbst Kinder hatte, und von den Erzählungen Gayas kannte – länger und besser als die der Arbeiter in den Großstädten –, hatte diesen Verhältnissen bis jetzt keine Aufmerksamkeit geschenkt. Ihr Interesse hatte höchstens den revolutionären Bauern in anderen Teilen Europas gegolten. Es war ein Versäumnis der Kommunisten – und Sozialdemokraten – allgemein, das sich in den großen Gewinnen der Nazis gerade in den bäuerlichen Schichten niederschlug, vor dem die Genossen – wie vor ihrem Debakel überhaupt – aber 1933 die Augen fest verschlossen. Seghers hingegen wollte sich den Problemen wenigstens stellen und nach den sozialen, psychologischen und sozialpsychologischen Gründen für das schnelle »Eindringen des Nazismus in die bäuerliche Bevölkerung«[20] fragen und die Vereinzelung der wenigen »Roten« darin aufzeigen. Kein Wunder, daß das Buch den kommunistischen Kritikern der Zeit »eher die Sprache verschlagen zu haben« scheint, wie sich ein Forscher ausdrückte.[21] Es »endet in Resignation. Alles scheint verloren«, resümierte Kantorowicz,[22] der einzige Genosse, der sich überhaupt äußerte.

Der Ansatz des Romans ist ein novellistischer. Auf den jungen arbeitslosen Protagonisten des Romans, Johann Schulz, hat die Polizei einen Kopflohn ausgesetzt, weil er verdächtigt wird, bei einer Demonstration einen Polizisten getötet zu haben. Er versteckt sich bei Verwandten auf dem Dorf, wo er schließlich von einem jungen Nazi verraten und von Dörflern in einem Ausbruch extremer Brutalität angegriffen und beinahe erschlagen wird. »Kößlin wäre auch mit dem Teufel gegangen, wenn er ihm erlaubt hätte, in der Hölle Holz zu hakken«[23], heißt es von diesem trotzdem sympathisch gezeichneten Nazi und seiner verzweifelten Sehnsucht nach Arbeit und Zugehörigkeit. Schon während der Weimarer Republik hatte Seghers, die selbst gefordert und gebraucht werden wollte, dieses grundsätzliche menschliche Bedürfnis angesprochen und begründete nun die Anziehungskraft der Nationalsozialisten und das Versagen der Kommunisten – zum Teil – damit. Die einen verführten mit ihrem falschen Appell an dieses Bedürfnis, die anderen verstanden es nicht gut genug. Im *Kopflohn* deutet die Erzählerin an, daß Kößlin zu retten gewesen wäre, wenn er rechzeitig Ansprache und Anschluß woanders gefunden hätte, die jedoch blieben aus. Neben diesen jungen Nazi stellt sie Zillich, einen Typ, der in ihrem Werk vielfach, auch unter demselben Namen, wiederkehrt. Der brutale SA-(oder SS-)Mann, Schläger und Mörder, kommt ebenfalls über die wirtschaftliche Not der Zeit und seine Unzufriedenheit mit den Zwängen eines bedrückenden Alltags zu den Nationalsozialisten. Sie geben ihm die Chance, durch Gewalt aus seinem trostlosen Leben auszubrechen und durch Brutalität vom Mißachteten zum Gefürchteten, vom Niemand zum Jemand zu werden. Bei Menschen wie Zillich und Kößlin kann der Faschismus rasch Fuß fassen, doch auch bei den skeptisch abwartenden Dorfbewohnern stößt er kaum auf Widerstand. In ihrem harten, von Krise und Schulden, von Besitz und Ausbeutung bestimmten Daseinskampf spielen die gewohnten, auf Vorteil oder Überleben ausgerichteten Verhaltensweisen wie Vorsicht, Anpassung und Berechnung den Nationalsozialisten in die Hände. Seghers zeichnete jenen Opportunismus, den sie nach der Machtergreifung Hitlers vom Exil aus in Deutschland mitansehen mußte, der aber schon 1932 am Werk war. Und auch mit den brutalen Übergriffen auf Schulz und den Kommunisten Rendel, von dem es in einer Vorwegnahme heißt, daß er zur Zeit des Romangeschehens noch untertauchen konnte und »erst kürzlich erschlagen« wurde,[24] zieht sie Entwicklungen zusammen, die sich vor und nach der Machtergreifung Hitlers ereigneten – ein Verfahren, das die Selbstkritik an der eigenen Blindheit und der ihrer Genossen unterstreicht, da es deutlich macht, daß sich das Kommende bereits 1932 klar genug abgezeichnet hatte.

»In diesem Augenblick zerriß die Stille endgültig, und die Wildheit wurde sichtbar, die allen Dingen innewohnt«, kommentiert die Erzählerin den brutalen, von Zillich angeführten Angriff auf Schulz.[25] Die sozialen Verhältnisse und psychischen Dispositionen, die den Nährboden bieten für die von den Nazis so gezielt ausgenützte Grausamkeit und Unmenschlichkeit, wirken sich auch in den Geschlechterbeziehungen aus. Obwohl sie mit der Fabel vom »Kopflohn« direkt nichts zu tun haben, nehmen sie im Roman einen großen Raum ein, da sie integral zur dörflichen Welt gehören, in der das Private das Politische ist: die schrecklichen Lebensumstände einer Susann Schüchlin und Sophie Bastian, Frauen, die von ihren Vätern und Männern mehr als Objekte der sexuellen und körperlichen Ausbeutung und als Besitz- und Tauschgegenstände denn als Menschen wahrgenommenen werden, sind Ausdruck jener allgemeinen Verdinglichung und Brutalisierung, als die sich die Rhetorik vom Gebrauchtwerden unter Hitler enthüllt. Auch der nazistische Kult der Mutter und starken, gesunden Bauersfrau hat nichts mit der Realität dieses Dorfes zu tun, das Seghers mit großer Genauigkeit und Anschaulichkeit ins Bild bringt. Man denkt beim *Kopflohn* an eine Vorwegnahme der bekannten Sätze von Ingeborg Bachmann, der österreichischen Autorin, die sich aus der Sicht der nächsten Generation mit dem Faschismus auseinandersetzte und meinte, er fange nicht erst bei Bomben und dem Terror an, über den man in jeder Zeitung schreiben könne, sondern in den Beziehungen zwischen einem Mann und einer Frau. Seghers, für die die Situation der Frau ein Gradmesser der gesellschaftlichen Verhältnisse war, sah und zeigte das bereits in ihrem kleinen Roman.

Der *Kopflohn* reflektiert ihre allgemeine Enttäuschung über die Entwicklung in Deutschland. Sie konzentriert sich darin aber auf einen beschränkten, überschaubaren Rahmen und eine besonders anfällige Bevölkerungsgruppe. Die organisierten Arbeiter, die sich – abgelenkt durch den *Bruderkrieg* zwischen den kommunistischen und sozialdemokratischen Parteien – in Deutschland ohne offene Gegenwehr von Hitler hatten überrumpeln lassen, blendete sie aus. In ihrem rasch folgenden, wesentlich umfangreicheren Roman, *Der Weg durch den Februar*, der 1935 bei den Éditions du Carrefour erschien, wandte sich Seghers dann dieser Klasse und deren Niederlage gegen den Faschismus zu. Sie wählte jedoch ein zeitgenössisches Ereignis, das eher als die deutschen Geschehnisse den Hoffnungen und Erwartungen entsprach, die sie in die »Arbeiterklasse« setzte und gesetzt hatte, nämlich den Bürgerkrieg in Österreich. Hier war es im Februar 1934 zum bewaffneten Widerstand von Arbeitern und deren Kampftruppe, dem Republikanischen Schutzbund, gegen das klerikal-faschistische Dollfuß-Regime gekommen, wobei Sozialdemokraten und Kommunisten Seite an Seite gekämpft hatten. Dieser *Aufstand* wurde zwar von den Regierungstruppen und der rechten paramilitärischen Heimwehr blutig niedergeschlagen, erregte aber die Phantasie und die Hoffnungen vieler linker und kommunistischer Schriftsteller, unter ihnen Friedrich Wolf, Brecht, Becher, Herzfelde und Oskar Maria Graf. Schon im März brachten die *Neuen Deutschen Blätter* eine Sondernummer zu den Ereignissen in Österreich, in der auch Ehrenburgs Aufsatz »Der Bürgerkrieg in Österreich« erschien. Ehrenburg artikulierte klar, warum diese Kämpfe sie alle beschäftigten, wenn er meinte, »die Arbeiterklasse der ganzen Welt« habe das österreichische Beispiel gebraucht, »ein erhebendes Beispiel, ein Epos des Heldenmutes, die Romantik des Kampfes, die Erinnerung daran, daß Arbeiter allein sich gegen zehnfache Übermacht zu schlagen vermögen«[26]. Spätestens bei Ehrenburg stieß Seghers, die ja Mitredakteurin der *Blätter* war, auf den Namen von Koloman Wallisch, einem steirischen, ursprünglich aus dem Banat stammenden sozialistischen Führer, der mit seinen Leuten nach den verlorenen Kämpfen über die verschneiten Berge zu fliehen versuchte, aber verraten, gefangen und hingerichtet wurde. Sie folgte den Stationen dieser Flucht in einem noch vor dem Roman geschriebenen kürzeren Text, »Der letzte Weg des Koloman Wallisch«, den sie selbst, wie gesagt, als »reportagehafte Novelle«, aber auch nur als Reportage bezeichnete,[27] weil sie auf ihrem Besuch in Österreich diesen Weg nachging und mit Leuten aus der Bevölkerung über Wallisch sprach. Der kleine Text war, was bei Seghers oft vorkam, ein wichtiges Beiprodukt der größeren Arbeit[28] und erschien bereits im Juli, ebenfalls in den *Neuen Deutschen Blättern*.

Der Auftrag für den Roman selbst kam höchstwahrscheinlich von Willi Münzenberg,[29] der bis zu seinem Bruch mit der KPD und mit Moskau in Paris seine politischen und publizistischen Tätigkeiten, die ihn in Berlin zum erfolgreichsten Propagandisten und Organisator auf kommunistischer Seite gemacht hatten, den Umständen entsprechend fortsetzte und u. a. schnell die Éditions du Carrefour gegründet hatte.[30] Die weite Verbreitung, die beide Seghersschen Werke, vor allem aber der Roman, in der Sowjetunion und in internationalen kommunistischen Kreisen fand[31] – obwohl die Aufnahme bei den deutschen Genossen in Paris und Moskau gemischt war[32] –, deutet ebenfalls auf Münzenbergs Apparat und die Unterstützung der Agitprop-Abteilung der KI, die er leitete. Seghers stand zumindest durch Otto Katz (André Simone), seinen engen Mitarbeiter, der sie in Paris gut kannte – und in Mexiko wiedersah –, wohl aber auch direkt in Verbindung mit ihm,[33] was allerdings später nie mehr zur Sprache kam und auch noch nicht genauer untersucht wurde. Während Münzenberg schon in Frankreich sein mysteriöses Ende fand, wurde Katz 1952 in der Tschechoslowakei im Slánský-Prozeß als »imperialistischer Agent« zum Tode verurteilt, 1963 rehabilitiert.

»Nach dem Februar-Aufstand in Wien [...] fuhr ich, wenn

ich mich recht erinnere, im März oder im April nach Österreich. Ich versuchte mir ein Bild zu machen von dem Charakter der Beteiligten auf beiden Seiten. Ich besuchte viele Schwurgerichtsverhandlungen, in denen Schutzbündler verurteilt wurden. Damals war ich in verschiedenen Städten, zum Beispiel in Graz, in Steir, Bruck a. d. Mur, Linz und so weiter. [...] Ich hatte so viel wichtige, aufwühlende Menschen und Schicksale[34] kennengelernt, daß ich, abgesehen von dieser Reportage, sehr bald das Buch schrieb.« Das ist die Auskunft, die Seghers viele Jahre später einer österreichischen Lehramtskandidatin über die Entstehung ihrer Arbeiten zum Bürgerkrieg gab.[35] Von einem Auftrag Münzenbergs, der längst tot und tabu war – man hatte seine Leiche 1940 in einem Wald bei Lyon gefunden, der Tod wurde nie geklärt und daher auch der Verdacht, daß er von Kommunisten eventuell im Auftrag Stalins ermordet worden war, nie bewiesen oder entkräftet[36] –, ist selbstverständlich nicht die Rede. Wann und wie lange Seghers in Österreich herumreiste und -wanderte, läßt sich nicht mehr genauer festlegen, ihre eigenen Angaben sind widersprüchlich, doch wird es kaum im März, schon eher im April und/oder Mai gewesen sein.[37] Sie hatte Kontakte im Land und besuchte neben Prozessen auch die von den christlichsozialen Siegern eigens für Arbeiter organisierten Versammlungen, wie sie eine am Ende des Romans beschreibt.[38] Interessanterweise erwähnt sie Wien nicht in ihrer Liste von Orten, an denen sie sich aufhielt, war aber auch in der Hauptstadt, mit deren relevanter Topographie, dem markanten als *Arbeiterburg* gebauten Karl-Marx-Hof auf der einen Seite der Donau und dem Arbeiterbezirk Floridsdorf auf der anderen, sie sich vertraut zeigt. »Manche Vorgänge sind verdichtet worden; man suche auch nicht nach den Namen der Personen und Straßen. Doch unverändert dargestellt sind die Handlungen der Menschen, in denen sich ihr Wesen und Gesetz der Ereignisse gezeigt hat«, schreibt Seghers in einem kleinen Geleitwort zu ihrem Roman. Und tatsächlich treten keine historischen Figuren auf, sie kommen nur in den Gesprächen der Charaktere vor, und auch sonst ist der Roman keine Dokumentation. Die Autorin bemüht sich aber, die – wie in den *Gefährten* – vielsträngige, doch auf einen kurzen Zeitraum konzentrierte Handlung an realen Schauplätzen, die sie sich genau angesehen hat und in wesentlichen Zügen wiedergibt, festzumachen. So kann sie die Stationen auf dem *Weg* durch den Februar differenzieren, bei dem es ja darauf ankommt, daß der Widerstand an vielen Orten eines kleinen Landes fast gleichzeitig und aus den gleichen Gründen in Eigeninitiative der Arbeiter ausbricht.

Sowohl im Roman als auch in »Der letzte Weg des Koloman Wallisch« versucht Seghers neben den politisch wichtigen Unterschieden zwischen Österreich und Deutschland – so dem kämpferischen Widerstand der Arbeiter, der Stärke der österreichischen Sozialdemokratie als einer echten Massenpartei und der deshalb relativ geringen Zahl von Kommunisten – auch kleine Momente von Lokalkolorit einzufügen, um den Alltag ihrer Figuren zu vergegenwärtigen. Sie erzählt vom Gulaschgeruch in einer Wohnung, von Mehlspeisen, von einschichtigen, im Winter abgeschnittenen Berghöfen, von den schönen Arbeiterwohnungen und grünen Innenhöfen in Bauten wie dem Karl-Marx-Hof, allerdings auch von Abitur – anstatt von Matura. Und sie spricht von den Kruzifixen, die es in den Küchen und Stuben des vorwiegend katholischen Landes gibt. Religion spielt im Roman und der Erzählung eine bedeutende Rolle, auch weil es Seghers darum geht, zu trennen zwischen dem Austrofaschismus, der den Glauben der Bevölkerung instrumentalisiert, und einem echten Christentum, das die Autorin respektiert und das sich, wie sie im Roman andeutet, im Sozialismus fortsetzt: »Ja, in unserem finsteren Jahrhundert, ja, in unserer wilden Zeit, in unserer unchristlichen Welt, ja, da war's die Arbeiterklasse allein, die einen ungeheuren Wert hervorgebracht hat, christfeindlich zutiefst zwar, aber doch zutiefst christähnlicher als alles sonst: Solidarität«[39], läßt sie den katholischen Journalisten Karlinger im Roman sagen. Und im »Letzten Weg des Koloman Wallisch« – noch ganz unter dem Eindruck ihrer *Pilgerfahrt* entlang dem Flucht- und *Kreuzweg* des gejagten Arbeiterführers – bringt sie diese Christähnlichkeit, aber auch die Divergenzen, besonders deutlich zum Ausdruck. Nachdem die Ich-Erzählerin – es gibt sie nur hier, nicht im Roman – die verschiedensten positiven und negativen Urteile über Wallisch berichtet hat, heißt es am Ende in einer für Seghers charakteristischen Umformung des Auferstehungs-Mythos, »daß der Mann Fleisch war vom Fleisch der Arbeiterklasse, das man gequält hat [...]. Und deshalb, weil es so ist und weil wir wissen, daß es so ist, deshalb ist der Mann nicht tot und heilig, sondern mit Fehlern und lebendig.«[40] Letztlich gehören Wallisch und die Kämpfer des Februar im Roman – wenn auch ihre alltägliche, menschliche Dimension stärker als früher hervortritt – zu den Märtyrerfiguren, von denen es im Werk der Autorin schon vor der Österreichreise viele gab. Trotzdem mag die Fahrt und die besonderen Fragen, die sich hier in bezug auf den katholischen Glauben stellten, Seghers wieder stärker auf die Bedeutung der christlichen Religion und auf die Macht christlicher Symbolik verwiesen haben, eine Besinnung und Rückbesinnung, die noch auf die folgenden Werke, *Die Rettung* und *Das siebte Kreuz*, weiterwirkten.

Die »Arbeiterklasse« wird im Roman und in der Reportage-Erzählung als eine Einheit dargestellt, die mythische Dimensionen hat. Diese Einheit kommt von unten, durch die gemeinsame soziale Herkunft und durch eine alle politischen Meinungsverschiedenheiten überbrückende, grundsätzliche und »christähnliche« Solidarität. In Seghers' Darstellung gehen die österreichischen Arbeiter aus den Februarkämpfen zwar geschlagen, aber selbstbewußt und radikalisiert hervor, was konkret bedeutet, daß sie lernen, der sozialdemokratischen Parteiführung nicht mehr fraglos zu folgen. Die Diskussionen über Parteitreue und -disziplin im Roman betreffen zwar nur Sozialdemokraten, doch öffnen sie indirekt und implizit – wie so oft, wenn es um politisch brisante Probleme geht – breitere Fragen, die man auch auf Kommunisten anwenden kann. Trotz der Unzufriedenheit und Radikalisierung der Arbeiter treten sie am Ende des Buches keineswegs alle zur KP über, deren Unfähigkeit, Menschen als ganzes und in ihren alltäglichen Lebenszusammenhängen anzusprechen, kritisch gesehen wird. Seghers setzt damit eine Thematik, die sie bereits in *Der Kopflohn* aufgenommen hat, fort und wird sie in ihrem nächsten Roman *Die Rettung* weiter ausbauen. Andererseits läßt sie Arbeiter am Ende von *Der Weg durch den Februar* nach einer »Diktatur des Proletariats« rufen und im »Letzten Weg des Koloman Wallisch« vom Tod der Demokratie sprechen, »die auch nicht mehr hochkommen« soll, eine Passage, die allerdings in späteren Ausgaben wegfiel,[41] da sie nicht dem Konzept der *Volksfront* entsprach.[42]

Die tatsächliche Entwicklung in Österreich verlief bekanntlich ganz anders, als Seghers in ihrem Buch als Richtung und Hoffnung andeutete. Auch hier gewannen die Nazis an Zulauf und ermöglichten 1938 den reibungslosen Einmarsch der Truppen Hitlers und den sogenannten *Anschluß*. Doch ging es ihr letztlich nicht um eine im Augenblick richtige Analyse der Zeitereignisse, sondern darum, an diesem Geschehen den einzig gangbaren *Weg* zu zeigen, den des Kampfes und Widerstandes, der in ihren Augen grundsätzlich ein schwerer und langer war. Von dem Schrei eines neugeborenen Kindes heißt es im Roman in einer für Seghers charakteristischen Mischung aus Darstellung und existentiellem Kommentar: »In seinem unverhohlenen Schrecken über die Kälte der Welt, in seiner ungebrochenen Besessenheit, nicht eher ruhen zu wollen, als bis der Hunger gestillt ist, war er mit keinem anderen Schrei zu vergleichen.«[43] Gegen die »Kälte der Welt«, gegen den physischen und seelischen Hunger der Menschen, gab es nichts als diesen lauten, zähen Protest und Kampf.

Seghers nahm mit ihren Werken zum Bürgerkrieg in Österreich eine Reihe zur Zeit wichtiger und umstrittener Themen auf. So zeichnete sie die österreichischen Sozialdemokraten, inklusive der Leitung, mit Sympathie, was ihr die Genossen zunächst vorwarfen, bis sie ihre Strategie auf *Volksfront* umstellten und nun dementsprechende Änderungen wünschten.[44] Nicht aus Feigheit und Eigennutz verhalten sich die sozialdemokratischen Führer im Roman vorsichtig und abwartend, sondern aus Respekt für das Leben von ihresgleichen.[45] Sobald es zum Kampf kommt, stellen sie sich mutig an die Seite ihrer Leute, und selbst ein würdiger, längst bürgerlich lebender Gemeinderat wie der alte Wöllner läßt sich lieber totschlagen, als daß er die Namen von Schutzbündlern verrät. Seghers verwies mit solchen Figuren und Szenen indirekt auch auf den Widerstand und den Mut von Sozialdemokraten in Deutschland, die sie ein Jahr später neben Kommunisten in ihr bereits erwähntes »Heldenbuch« über die Opfer des Faschismus aufzunehmen plante. Darüber hinaus sah sie die »Romantik des Kampfes«, von der Ehrenburg gesprochen hatte und für die auch sie selbst so empfänglich gewesen war und die sie immer noch anzog, differenzierter. In Österreich – und im Spanischen Bürgerkrieg – feierte sie zwar die Heroik des bewaffneten Widerstandes, doch kam es ihr darauf an, die Notwendigkeit von Kampf und Opfer auf Seiten der Arbeiter – und Republikaner – von der faschistischen Verherrlichung des Kriegerischen um seiner selbst willen zu unterscheiden. In diesem Zusammenhang wertet Seghers im *Weg durch den Februar* die Familienbindungen ihrer Kämpfer im Vergleich zu den *Gefährten* erheblich auf. Und auch Koloman Wallisch wird – im Unterschied zu Christus – auf dem »letzten Weg« von seinem »Weib« begleitet, was ihm praktisch schadet und seinen Status als Märtyrer im traditionellen Sinn vermindert, aber die Verbundenheit von Mann und Frau in der gemeinsamen Sache als Teil ihrer alltäglichen Verbundenheit im »gewöhnlichen Leben« zeigt.

Der Weg durch den Februar hatte das unmittelbare Zeitgeschehen und einen Verlagsvertrag zum Schreibanlaß. Seghers' nächster Roman, *Die Rettung*, der 1937 – wieder bei Querido – erschien, folgte einem inneren *Auftrag*, der langsam gereift war und verschiedene, zum Teil weit zurückliegende, zum Teil aus der Exilerfahrung entstandene Impulse verarbeitete. Ein Bergwerk als archetypischer Schauplatz der Not und Bewährung gehörte, wie wir bereits sahen, zu den ersten Plänen der jungen Autorin. Später, Anfang 1932, gab es in Beuthen ein schweres Grubenunglück,[46] das durch die Zeitungen ging. Es forderte nicht nur viele Tote, sondern erlaubte auch die Rettung von sechs Männern, die 144 Stunden unter Tag ausgehalten hatten, unter ihnen einer, dessen Bericht und Persönlichkeit in die Hauptfigur der *Rettung*, den Hauer Bentsch, eingegangen sein mag. Seghers verlegte ihr Grubenunglück aber vor, auf 1929. Denn sie wollte es zum Ausgangspunkt eines größer angelegten Gesellschaftsromans machen, der sich, wie sie in ihrem zeitgenössischen Vorwort zur russischen Ausgabe des Buches schreibt, auf »eine ganz bestimmte Periode der deutschen Geschichte [...], die Jahre der schweren Krise«, die bereits 1929 begannen, konzentrieren. Und sie wollte die »besten Kräfte des Volkes« in den Mittelpunkt stellen.[47] Das aber waren für sie Arbeiter im allgemeinen und Bergleute wie Bentsch, den sie als »stark, tapfer und opferbereit« beschreibt, im besonderen.

Der Zeit entsprechend, ist die »Rettung« der verschütteten Bergarbeiter zu Beginn des Romans eine höchst fragwürdige, da ihr gleich nachher Arbeits- und Aussichtslosigkeit folgen. Ihr stellt die Autorin am Ende eine andere Art von »Rettung« gegenüber, eine Seghersche, in der ihr Held Bentsch aus der inneren Krise, in die ihn diese Situation wirft, zu sich selbst findet und – nach der Machtergreifung Hitlers – den gefährlichen Weg des Untergrundes und Widerstandes wählt. Die Autorin wußte beim Schreiben des Romans zwar bereits, wie wenige in Deutschland diesen Weg gingen und was er kostete, und macht deutlich, wie schwer diese Entscheidung für einen Mann seinesgleichen war, zeigt aber, daß es keine andere Wahl gibt, die ihn befriedigen und seinem Leben neuen Halt und Sinn geben könnte. Was Untergrund und Widerstand in Hitlerdeutschland tatsächlich bedeuteten, würde sie in ihrem nächsten Roman, *Das siebte Kreuz*, darstellen, der in dieser Hinsicht eine Fortsetzung der *Rettung* werden sollte, ein Zusammenhang, auf den Seghers später selbst verwies.[48] In ihrem Vorwort zur russischen Ausgabe des Romans erklärt Seghers ihren zeitgenössischen russischen Lesern aber auch: »Außerdem wollte ich ein Buch schreiben über das gewöhnliche Leben [...], in dem es so viel Spannung und Abenteuer gibt, dieses Leben, das nicht weniger Mut verlangt als die Stratosphäre oder das Schlachtfeld. Dieses Leben umfaßt große, einfache menschliche Beziehungen, uralte und ganz neue, für jeden von uns selbstverständlich, weil auf ihnen das Leben der Völker sich gründet.« Sie bemühte sich also um zweierlei, einerseits um die Darstellung von Krise und Arbeitslosigkeit, die Deutschland besonders schwer trafen, was ihr so eindringlich und anschaulich gelang wie wenigen anderen Autorinnen und Autoren ihrer Generation. Gleichzeitig und damit verbunden gestaltete sie deutsche Arbeiter, exemplarisch verkörpert durch Bergleute, deren gefährlicher Beruf in der ganzen Welt ähnliche Schrecken barg und ähnliche Solidarität forderte, in ihrer alltäglichen und verbindlichen Menschlichkeit und Würde, so daß Leser und Leserinnen in anderen Ländern die Situation erfassen konnten.

Sie wollte vermitteln, daß die wirtschaftliche Krise und die politischen Konsequenzen in Deutschland Teil und Ausdruck einer größeren, einer Sinnkrise waren. Von Bentsch heißt es im Roman, daß er sich »nach einem wahren und allseitigen Weltbild [sehnt], das sein ganzes Leben ergreifen könnte, und nicht nur das politische, das jede andere Erscheinung des alltäglichen Lebens verständlich machte, das antworten würde auf alle Fragen, und nicht nur auf die politischen«. Seghers setzte hier bei ihren eigenen Jugenderfahrungen ein, ließ also in die Zeitspanne, die sie im Roman beschreibt, die frühen Erschütterungen der Nachkriegsjahre einfließen. Für viele und ganz besonders für Bentsch und andere, die gläubige Christen gewesen waren – wie sie gläubige Jüdin –, blieb da, wo das Alte gewesen war, eine »hohle Stelle«[49], die der Kommunismus, zumindest so, wie er in Deutschland – und im Exil – von den Funktionären praktiziert wurde, nicht zu füllen vermochte, die die Nationalsozialisten aber mit ihrem *Ersatz* zustopften. *Die Rettung* führt die Kritik der vorhergehenden Romane an der Phantasielosigkeit kommunistischer Funktionäre und deren Unfähigkeit, Menschen wirklich zu erfassen, fort. Von einem von ihnen heißt es z. B., daß seine Augen »erstaunlich klar, wirklich ganz ohne Lügen, aber auch ganz ohne Träume« seien.[50] Seghers richtete ihre Kritik aber auch gegen sich selbst als Schriftstellerin und forderte 1936: »Jener Lüge von der totalen Mobilmachung des Geistes und des Körpers, mit der die Jugend der faschistischen Länder für den Krieg gelockt wird, müssen wir unsere Wahrheit entgegenhalten, unsere totale Mobilmachung des Geistes und des Körpers für die Veränderung dieser Gesellschaftsordnung [...]. Aber wir müssen lernen, unsere Wahrheit mächtiger und verlockender zu zeigen als die anderen ihre Lügen.«[51] Die Hoffnung, die hinter den Werken dieser Jahre zu stehen scheint, ist die, daß sie alle aus den Fehlern der Vergangenheit lernen würden und daß aus dem – letztlich von vielen – gemeinsam geführten Kampf gegen Hitler eine neue, inklusive und die Massen über die reine Politik hinaus bewegende Partei und Weltanschauung hervorgehen würde, der es gelänge, die Arbeiter zu vereinen und grundsätzlich neue soziale Verhältnisse zu schaffen, eine Hoffnung, die in jeder Hinsicht enttäuscht wurde.

Rückblickend sagte Seghers über *Die Rettung*:

»Ich kann mich nur noch erinnern, dass ich besonders den ersten Teil dieses Buches [...] mit ganz besonderer Freude schrieb. Mir gefiel besonders, über das Mädchen Katharina zu schreiben, das mir sehr typisch erschien für ein Mädchen der Krisenzeit. [...] beim schreiben dieses Buches hatte ich, obgleich ich gar nichts von Musik verstehe, eine gewisse musikalische Vorstellung. Zum Beispiel, wie Katharina zum ersten Mal in den Gesichtskreis des Bentsch tritt. Wie sie zurückkommt und sich fixiert. Wie sie in der Krise zugrunde geht und in der zweiten Hälfte des Buches nur noch eine Erinnerung bleibt. Dabei ist der Inhalt des Buches ganz rauh und unmusikalisch.«[52]

Auch sonst sprach Seghers davon, wie sehr ihr diese Figur und ihr trauriges, einsames Ende, schwanger und *unbehaust*, am Herzen lag. Walter Benjamin nannte Katharina – in seiner Rezension des Romans – »das Mädchen aus der Fremde« und meinte zu Recht, sie käme »von auswärts in mehr als einem Sinn«.[53] Er erkannte, daß die Autorin mit ihr den Akzent in Richtung Poetik, Märchen und Mythos versetzte. Katharina – der Name bedeutet die Reine und kommt auch in der frühen Erzählung »Der Bischof« und viel später in dem Roman *Die Entscheidung* vor – ist sanft, religiös und gänzlich unpolitisch. Doch gerade weil sie aus einer anderen, einer Märchen- und Traumwelt zu kommen scheint, entlarvt sie mit ihrer radikalen Unschuld, Geradlinigkeit und mit ihrem Leid die soziale Wirklichkeit als eine schreckliche, unhaltbare. Katharina stellt den Höhepunkt eines Frauentypus dar, den Seghers, wie wir sahen, im Frühwerk vielfach zu gestalten suchte und dem ihre tiefe Sympathie gehörte. Die politisch engagierte und kämpferische Autorin mag trotz allem eine innere Affinität zu solchen Mädchengestalten empfunden haben, auf jeden Fall sah sie in ihnen Schicksale, die sie tief bedauerte, und Eigenschaften, die die Welt bereichern und verschönen konnten. Wie für Brecht die Freundlichkeit der Prüfstein einer guten Gesellschaft, so waren es für Seghers die Zartheit und Demut dieser auf ihre Weise kompromißlosen jungen Frauen.

Im Vorwort zur Nachkriegsausgabe der *Rettung* steht die bekannte Warnung der Autorin: »Ein Roman hat nichts mit einem Leitartikel zu tun. Er macht Handlungen und Regungen von Menschen unter verschiedenen gesellschaftlichen Zuständen bewußt, oft unbeachtete und unbeabsichtigte Handlungen, oft geheime und verkappte Regungen. Der Autor und der Leser sind im Bunde: sie versuchen zusammen auf die Wahrheit zu kommen.« Diese Bemerkung stellt zunächst einen von Seghers' Versuchen dar, ein Buch wenigstens durch das Vorwort für eine neue Ausgabe, eine neue Zeit und neue

Leserwartungen *umzuschreiben*,[54] und bezieht sich auf die Periode nach 1947, in der sie selbst Didaktik einen größeren Stellenwert gibt. Sie reflektiert aber auch das Bemühen der Autorin im fortschreitenden Exil, mit ihren erzählerischen Werken Abstand zu nehmen von politischen und exilpolitischen »Leitartikeln«, nicht weil sie selbst weniger politisch dachte, sondern gerade weil sie in einem breiten Sinne politisch wirken und Menschen als ganzes ergreifen wollte.

»Und habt ihr denn etwa keine Träume, wilde und zarte, im Schlaf zwischen zwei harten Tagen? und wißt ihr vielleicht, warum zuweilen ein altes Märchen, ein kleines Lied, ja nur der Takt eines Liedes gar mühelos in die Herzen eindringt, an denen wir unsere Fäuste blutig klopfen? Ja, mühelos rührt der Pfiff eines Vogels an den Grund des Herzens und dadurch auch an die Wurzeln der Handlungen«, schreibt Seghers denn auch programmatisch in ihrem bereits erwähnten Motto zu »Die schönsten Sagen vom Räuber Woynok«.[55] Sie entstanden ihren eigenen Angaben nach 1936, zur selben Zeit wie der Roman, wurden aber erst 1938 dem *Wort* angeboten und da auch veröffentlicht. Interessant wäre zu wissen, ob die Autorin ihre Geschichte vorher anderswo einreichte, aber mit dieser Art Text zunächst kein Glück hatte. Auch die »Sagen« gehen, wie wir sahen, weit zurück und behandeln eine Figur und Thematik – den mit ungewöhnlichen Gaben ausgestatteten Außenseiter und sein Verhältnis zu einer Gemeinschaft –, die Seghers seit ihren ersten ernsthaften Schreibversuchen beschäftigen.[56] »Ich habe das Gefühl, daß ich sie immer gewußt und gekannt habe, diese Geschichte«,[57] sagte sie einmal zu Christa Wolf. Daß für die Gestalt des Woynok in der Form, die wir kennen, außerdem noch der Schriftsteller, proletarische Vagabund und vorübergehende Leibwächter Bechers Georg Glaser Modell gestanden hat, wie diskutiert wurde, mag sein. Seghers kannte und schätzte ihn. »Der Schuft kann schreiben«, soll sie über Glaser gesagt haben und für die Veröffentlichung seines Erstlings *Schluckebier* 1932 in Kläbers Agis-Verlag gesorgt haben.[58] Das wäre aber höchstens eine zusätzliche Dimension der Figur, die letztlich tiefenpsychologische Wurzeln hat.[59]

Die »Sagen« sind nicht, wie der Titel andeutet, eine Serie von Geschichten, sondern eine einzige, die von den Taten und dem Tod des grundsätzlich einsam lebenden und raubenden Woynok und seinem Verhältnis zur organisierten Räuberbande des Gruschek erzählt, aber in Episoden, die – und das ist wohl die Suggestion des Titels – aus einem Reservoir stammen, wo es noch mehr gibt. Sie können auch einzeln berichtet und besungen werden, wie das bei Sagen um einen bestimmten Ort oder eine Figur häufig der Fall ist und wie es die Räuber in der Geschichte selbst tun. Es handelt sich also um allererste Ansätze zu einer Sammlung oder einem Zyklus. Natürlich bietet sich im Kontext der Niederschrift im Exil eine aktuelle und politische Interpretation des Textes an, nämlich die Frage nach dem Platz des nonkonformistischen Einzelgängers innerhalb von oder in Beziehung zu organisierten politischen Bewegungen. Seghers läßt sie, denke ich, offen. Einerseits brauchen die straff geführten Räuber Woynok – zur Hilfe, als zukünftigen Führer und als Inspiration für ihre Lieder –, doch mißtrauen sie ihm zu Recht. Andererseits kann und will sich Woynok nicht einfügen – seine Besonderheit und Kraft beruhen ja auf seinem Einzelgängertum –, daran geht er aber auch zugrunde. Den Text einfach als Plädoyer für die Volksfront zu lesen, wäre jedoch zu eng gegriffen. Er ist viel eher – und auch das im Kontext der Zeit – eines für die Kunst, die das Inkommensurable im Menschen aufscheinen läßt und das Wesentliche eines Lebens feiert. Brecht, dem Schöpfer eines Baal und Azdak, gefielen, wie Benjamin berichtet, die Sagen und die Tatsache, »daß ein Querkopf und Einzelgänger in diesen Geschichten als die tragende Figur auftritt«. Er machte es sich aber zu leicht, wenn er in diesem Zusammenhang meinte: »Die Seghers kann nicht auf Grund eines Auftrags produzieren, so wie ich ohne einen Auftrag gar nicht wüßte, wie ich mit dem Schreiben anfangen soll.«[60] Beide, zumindest aber Seghers, brauchten die Spannung zwischen »Auftrag« – im Sinne von gemeinsamer Aktion und Disziplin – und »Ausbruch«, was letztlich in den »Sagen« thematisiert wird, wobei aber nicht vergessen werden darf, daß Woynok und die Bande das gleiche Ziel haben: sie sind Räuber, übrigens eine vieldeutige Metapher für Kommunisten, wenn man die politische Deutung weiterverfolgen will.

»Mir gefallen gerade die zwei Märchen sehr gut«, sagte die Autorin selbst über die »Woynok-Geschichte« und über die bald folgenden, noch vieldeutigeren »Sagen von Artemis«. Beide bezeichnete sie als »sagenhafte Märchen«.[61] In dieser zweiten Geschichte ist ebenfalls von »Sagen« im Plural die Rede, hier handelt es sich aber tatsächlich bereits um einen kleinen Zyklus mit Rahmenhandlung: Jäger sitzen in einer Waldschenke um das Feuer und erinnern sich – langsam und zögernd – an ihre Begegnungen mit der Göttin, die selbst, ohne daß sie es gewahr werden, als Magd anwesend ist. Nur ein junger Jäger erkennt in ihr sein Schicksal. Als Entstehungszeit für die »Sagen von Artemis« wird gewöhnlich 1937 angegeben,[62] nach den Eintragungen in ihrem Kalender von 1938 begann Seghers jedoch erst am 29. Januar dieses Jahres mit der Niederschrift, arbeitete dann Anfang Februar zwei Wochen intensiv daran und vermerkte am 14. »Artemis fertig«, scheint die Geschichte aber im März noch einmal überarbeitet zu haben.[63] Am 19. Mai steht dann die Eintragung »Artemis zurück«, was auf eine Ablehnung deuten könnte. Erschienen ist der Text schließlich im September-Heft der *Internationalen Literatur.* Die etwas spätere Entstehungszeit ist insofern von Belang, als das Exil 1938 für die Autorin merklich härter wurde und die »Sagen von Artemis« einerseits eine das gesamte Seghersche Werk durchziehende Thematik behandeln: nämlich die Begegnung der Menschen mit dem Besonderen, sie Erschütternden und ihr Leben Verändernden. Andererseits und gleichzeitig wird damit aber das Element des Wunderbaren, Zeitlosen und dadurch Tröstlichen besonders hervorgehoben. Das geschieht vor allem in der Erzählung des einäugigen Jägers, der, nach vielen Jahren in der Fremde, von Heimweh getrieben nach Hause zurückkehrt. Er erkennt es kaum und beklagt die für ihn furchtbaren Veränderungen: die Wälder sind verschwunden, abgeholzt. Er meint, die Göttin der Jagd müßte ebenfalls unglücklich darüber sein, doch sie, deren Gesicht »die Ruhe vollkommener, unverletzbarer Sicherheit« ausdrückt – was Seghers und den anderen Exilierten damals unerreichbar und wahrhaft göttlich erscheinen mußte –, gibt ihm einen ganz anderen als den erwarteten Trost, den die Autorin auch an sich und ihre Schicksalsgenossen richtet. Es sind harte Worte, denn auf die verzweifelte Frage des Jägers »Wann? Wann?« es den neuen Wald geben werde, den die Göttin leichthin vorhersagt, antwortet diese streng:

»Dann, wenn Tausende von euch die Geduld verloren haben für was nicht alles. Ihr pflegt ja zuerst die Geduld zu verlieren, dann den Glauben, dann die Sache selbst.« Und sie fährt fort: »Denn die Geduld verlieren, das heißt doch, sich heimlich fürchten, es könnte auch schlecht ausgehen [...]. Nimm ruhig das Schlimmste an [...]. Nimm ruhig an, aller Wald sei weg. Es gäbe auf Erden keinen Wald mehr. Was kann mir das schon ausmachen? Wenn es irgendwo einen Mann gibt, der den Kopf in die Hände stützt und nachdenkt, was das gewesen sein mag, Wald, wovon ihm irgendein alter Mann erzählt hat [...], und er steckt die Finger in die Ohren, daß er rauscht, dieser Wald, den er sich vorstellt halb falsch, halb richtig – dann leuchte ich ebenso auf [...] wie zu der Zeit, als die ganze Erde von einer Wildnis bedeckt war«.[64]

Geduld, Glaube, erzählendes Erinnern und Phantasie, das bietet die Göttin – und Seghers sich und ihresgleichen – als *Trost.* Leicht ist er nicht. Sehr bald nachdem sie das geschrieben hat, im Mai 1938, beginnt sie ihren Roman *Das siebte Kreuz,* in dem sie all diese Elemente sehr bewußt einsetzen und ihre Heimat für das »Schlimmste« festhalten wird.

Nicht nur die Erscheinung der Artemis – als zarte Mädchengestalt und als Dienende – hat Ähnlichkeit mit Katharina in der *Rettung,* die Gaben der mächtigen Göttin, Menschen zu berühren und zu verändern, sind auch in der scheinbar so schwachen Stieftochter eines arbeitslosen Bergmannes angelegt. Seghers spielt in den »Sagen von Artemis« mit einer anderen, einer mythischen Version ihres Mädchentyps, den sie – allerdings nur im Märchen – seine besonderen Kräfte voll entfalten läßt. Auf sanfte Weise starke Mädchen- und Frauenfiguren, die traditionell mit Weiblichkeit verbundene oder durch Weiblichkeit symbolisierte Qualitäten und Dimensionen verkörpern, sei es Poesie, Intuition, Geduld oder Mütterlichkeit, werden ihr in diesen Exiljahren immer wichtiger. Wenn nötig, können sie durchaus traditionell männliche Rollen übernehmen und ausfüllen, wie schon die Frau – sie heißt ebenfalls Katharina – in dem Filmprojekt von 1933,[65] die beim Tod ihres Mannes dessen Identität annimmt, um die ihm endlich gebotene Stelle antreten und ihre Kinder ernähren zu können. Daß sie es selbstverständlich kann, steht nicht zur Debatte, es kommt Seghers vielmehr darauf an, daß auch für die Werte, Fähigkeiten und Bedürfnisse, die diese Mädchen und Frauen traditionell repräsentieren, Raum sei in der Welt, es sind solche, die in schlimmen Zeiten besonders gebraucht werden, aber auch besonders verwundbar machen.

Der Prozeß der Jeanne d'Arc zu Rouen 1431, ein Hörspiel, das Seghers 1937, also noch vor »Artemis«, für den flämischen Rundfunk Antwerpen schrieb,[66] handelt ebenfalls von einem Mädchen, das in radikaler Unschuld unbeirrbar seinen *Stimmen* folgt, die sie zu einer für Frauen bei Seghers ungewöhnlichen, aber nicht unmöglichen Rolle als Kämpferin und Märtyrerin führen. Der Nationalmythos der Franzosen beschäftigte damals eine Reihe exilierter Schriftsteller, da die Johanna von Orléans, als die man sie in Deutschland seit Schiller kennt, den bewaffneten Freiheitskampf eines Volkes gegen die feindliche Übermacht im eigenen Land symbolisierte. Seghers Behandlung unterschied sich jedoch von der Brechts – in *Die Gesichte der Simone Machard* – und Feuchtwangers – in *Simone* – schon dadurch, daß sie sich an die ursprünglichen, erhaltenen Prozeßprotokolle hielt, die sie in Paris in der Bibliothèque de la Chambre des Députés (heute Assemblée Nationale) und der Bibliothèque Nationale studierte,[67] und nur ganz wenig hinzufügte.[68] Eine zusätzliche, wichtige und wie so oft visuelle Anregung für sie war der berühmte Stummfilm von 1928, *La Passion de Jeanne d'Arc,* des Regisseurs Carl Theodor Dreyer.[69] In ihrem Text – sozusagen zu den Bildern – akzentuierte Seghers, was ihr an dem historischen Material besonders wichtig schien: Jeanne, die ihr Frausein trotz der Männerkleider, die sie aus unterschiedlichen Gründen anlegt, keineswegs leugnet, hält unter den Fragen, Belehrungen und Drohungen der gelehrten Richter fest im Glauben an ihre »Stimmen«, ihr Widerruf ist eher ein taktischer. Aus den »Stimmen« spricht, so die von der Autorin suggerierte Deutung, das durch Ausbeutung und Fremdherrschaft unterdrückte Volk, das den Kampf will, den die Mächtigen des Landes längst aufgegeben, ja verraten haben. Die Jungfrau – auch Artemis ist eine jungfräuliche Göttin, was in beiden Fällen in der Gestalt durchschimmert, ohne daß es besonders hervorgehoben würde – repräsentiert die Avantgarde des Volkes und damit des Widerstandes, während die Männer, dem System fester verhaftet, nicht nur die Richter, sondern auch die Bewacher und Henker stellen.

Mit ihrer Treue zum historischen Dokument verfolgte Seghers bei dem Hörspiel eine Strategie, wenn man es so nennen darf, die sie auch bei ihren märchenhaften und mythischen Stoffen und häufig im Dialog ihrer Romane einsetzt: die der Offenheit und vielfältigen Deutbarkeit. Leser oder Leserin müssen tatsächlich mit der Autorin »im Bunde« sein und mitarbeiten, um die verschiedenen Bedeutungsebenen zu erfassen und zu interpretieren. Im zeitgenössischen Kontext bezieht sich das Hörspiel zunächst auf die Notwendigkeit des bewaffneten Kampfes in Spanien, den Seghers begeistert unterstützte, und auf den Traum von ähnlichem in Deutschland. Es konzentriert sich aber auf das Gerichtsverfahren, das man gegen Jeanne wegen ihrer Radikalität anstrengte. Dabei an die vielen Prozesse zu denken, die seit 1933 unter dem Schein falscher Legitimität in Deutschland stattfanden, war für Seghers und ihre Hörer und Leser naheliegend, doch konnte die Autorin damit rechnen, daß auch die Parallelen zu den Prozessen in Moskau wahrgenommen wurden. 1936 hatten sie mit Lenins »Gefährten« Sinowjew und Kamenjew begonnen, im Januar 1937 waren Karl Radek – ehemals Partner der von Seghers einmal bewunderten Larissa Reisner – und seine Mitangeklagten an der Reihe. Fragwürdige Geständnisse änderten weder im Mittelalter noch in der Gegenwart etwas an Urteil und Hinrichtung. Seghers liefert keinen Kommentar, sie appelliert nur mit und durch die Darstellung des Prozesses von 1431 – dem ja 1452 ein Rehabilitierungsverfahren folgte – an die Geschichte, die das letzte Urteil über die Gegenwart erst fällen wird. In der Zwischenzeit, so könnte man ihre Haltung interpretieren, ist der Kampf vorrangig, nicht das Schicksal der Kämpfer. Daß die vielfältige Deutbarkeit ihres Hörspiel nach dem Zweiten Weltkrieg erst recht zu Problemen führte, darauf wies Seghers selbst in ihrer Rede auf dem Schriftstellerkongreß von 1950 hin,[70] war aber zu dieser Zeit und auch bei der Aufführung des Hörspiels 1952 in Brechts Berliner Ensemble wesentlich mehr als 1937 darauf bedacht, daß eine für die Gegenwart politisch *richtige* Interpretation klar im Vordergrund stand, aus pädagogischen Gründen und aus höchst notwendiger Vorsicht. So erklärte sie z. B. den deutschen Zuschauern im Theaterprogramm, wie sehr »die französische Jugend« Jeanne d'Arc liebe und daß sie immer Blumen unter das Denkmal lege, auch »heute [...], da die Amerikaner Frankreich zu ihrer Kolonie machen wollen«[71]. Zur Zeit der Premiere am 23. November fand aber auch einer der größten stalinistischen Prozesse der Nachkriegszeit in Prag statt, der am 27. November mit Todesurteilen für den Großteil der meist jüdischen Angeklagten – unter ihnen Rudolf Slánský und Otto Katz (André Simone) – endete. Am selben Tag schrieb Seghers einen Brief über die Aufführung an Brecht, in dem sie einige Änderungen erbat, die er auch machte.[72] So wollte sie u. a., daß bei den Gerichtsszenen noch deutlicher, als es ohnehin schon im Theaterprogramm der Fall war, darauf hingewiesen werde, daß sie historischen Protokollen folgten.

Sie kehrte ihre ursprüngliche *Strategie* hervor, was auch bedeutete, daß das Stück weniger Gefahr lief, abgesetzt zu werden, und die Zuschauer sich selbst ihre Gedanken über die Parallelen machen konnten – soweit sie davon wußten. Seghers wünschte sich außerdem, daß Käthe Reichel, die Darstellerin der Jeanne, deren Kraft und Klugheit deutlicher hervorkehre und den Widerruf nicht als Schwäche und Angst erscheinen lasse, sondern als Hoffnung, daß sich das Blatt für sie noch wenden könne. Klugheit und Hoffnung brauchte auch die Autorin 1952 mehr denn je, da ihr der Slánský-Prozeß persönlich viel näher rückte[73] als alles, was zur Entstehungszeit in der Sowjetunion geschah.

Doch zurück zu diesen Jahren und zu den Anfängen von Seghers' bekanntestem Roman, dem *Siebten Kreuz*. Es ist dasjenige Werk, das bei weitem die meiste kritische und literaturwissenschaftliche Aufmerksamkeit erhalten hat, darunter eine Reihe guter und detaillierter Bücher,[74] so daß ich mich hier auf biographisch relevante und zum Teil noch nicht bedachte Momente in der Entstehungsgeschichte beschränken möchte, zumal von dem Buch, das wohl viele Leser kennen, bereits in verschiedenen Zusammenhängen die Rede war: Nach Abschluß der »Sagen von Artemis« im März 1938 arbeitete Seghers kurzfristig an einem nicht näher identifizierten Filmprojekt, wahrscheinlich für Kohner. Geld wurde eine immer größere Sorge, und auch im April schrieb sie nebenbei Filmsujets.[75] Zunächst notierte sie aber in ihrem Kalender[76] während einiger Tage im März »getrödelt«, dann am 23.: »Angef. Plan ›d. 8 [?] Henker‹«. Über mehrere Wochen hinweg steht nun laufend: »Novelle Henker«, bis Seghers plötzlich über die ersten vierzehn Tage im Mai quer »Novelle/d. letzte Kreuz« schreibt und in Klammern »Henker verschoben«.[77] Im Juni heißt es dann »7 Kreuze Novelle« und später wieder »letzte † Novelle«[78]. Im Juni und Juli schreibt sie neben kleineren Sachen – so z. B. über einige Tage hinweg »Brief an Lukacs«[79] – ständig an ihrer »Novelle«, als die sie ihr Projekt durchgehend bezeichnet.

Einen festen Titel hat sie offensichtlich noch nicht. Im August und den ersten zwei Septemberwochen macht sie »Ferien, wenig Novelle«. Dann arbeitet sie bis Mitte Oktober ausschließlich am *Siebten Kreuz* und verwendet auch schon einmal diesen Titel. Sie scheint aber unzufrieden mit ihrem Arbeitspensum, denn zu Beginn der Woche vom 17. Oktober ermahnt sie sich, wie sie das schon in ihrer Jugend getan hat, »ab heute Novelle (d. l. †) regelmäß.«. Die weiteren Notate bis Dezember sprechen dann von nichts als »7 †«. Seghers erwähnt in ihrem Kalender keine Tagesereignisse, so steht auch nichts von der Kristallnacht im November. Doch dieses Ereignis gehört ebenfalls zum Kontext des *Siebten Kreuzes*, obwohl oder gerade weil Seghers Juden, die so sehr mit der Geschichte ihrer engeren Heimat verbunden waren, in ihrer Darstellung derselben keinen entsprechenden Platz einräumte[80], aus Gründen, die bereits angesprochen wurden, aber keine letzte Erklärung liefern. Seghers mußte zu dieser Zeit zunehmend Angst haben um ihre Eltern und um sich und ihre Familie, weil sie jüdischer Herkunft waren, wollte sich aber in erster Linie als Deutsche sehen, die mit ihrem Werk für ein *anderes* Deutschland sprach, in dem ethnische Abstammung keine Rolle spielte.

Etwas später im November werden die Kalenderhinweise auf die stetige Arbeit am Roman einmal von dem Namen »Pearl Buck« unterbrochen. Er füllt ein langes Wochenende. Seghers las die populäre Autorin wohl zur Entspannung und vielleicht auch zur Anregung, sagt aber nicht, welches ihrer Werke. Von einer Lektüre der *Verlobten* von Alessandro Manzoni ist dagegen 1938 nie die Rede. Rückblickend verwies Seghers jedoch wiederholt auf den Einfluß dieses Buches aus dem frühen 19. Jahrhundert (1827),[81] das ihr ein Freund in Spanien als einen »der besten Romane« gegeben habe – es befindet sich auch in ihrer Bibliothek – und erklärte: »Ich überlegte mir damals, wie man den Bericht von den sieben Kreuzen [er war »wahr«] aus dem Beschreibenden, das in hundert Greuelberichten untergegangen wäre, herausheben könnte. Der ital. Roman brachte mich darauf, dass eine solche Begebenheit zum Anlass werden kann, um die ganze Struktur der Gesellschaft eines Landes durch das Verhalten aller Menschen zu dieser Angelegenheit zu erzählen.«[82] Wenn man es genau nimmt, müßte sich das »damals« auf Spanien beziehen, mit dem Schreiben begann Seghers aber, wie wir sahen, erst fast ein Jahr später und, wie die Kalendereintragungen suggerieren, plötzlich. War die Geschichte von den Kreuzen der unmittelbare Schreibanlaß, oder kannte sie auch die schon länger und hatte sich bereits in der Phantasie mit dem Stoff, seinen Möglichkeiten und ihren Intentionen beschäftigt, bis alles zusammenkam und so dringlich erschien, daß sie anderes verschob? Vieles deutet darauf hin, daß letzteres der Fall war: daß sie sich bereits 1937 mit dem Projekt trug, daß sie davon sprach und daß sie dazu ermutigt – wenn nicht gedrängt – wurde. So erinnert sich Bodo Uhse an Gespräche 1937 in Madrid, »die dartaten, daß Du diese Arbeit in Angriff nahmst, wie einen Auftrag, wie die Erfüllung einer gewiß selbstverständlichen und schweren Pflicht«[83], wie er, etwas schwülstiger als es ihr lieb gewesen sein mag, zum fünfzigsten Geburtstag der Autorin schreibt. Und Abusch, der große Wichtigtuer, notierte im März 1939 in seinem Tagebuch: »Gerhart Eisler und ich, mit unseren Frauen in Bellevue bei Anna Seghers. Unsere Anregungen, nach ihrer Erzählung *Der Kopflohn* und ihrem Roman *Die Rettung*, die im Jahre 1933 enden, doch den heutigen Kampf im nazistischen Deutschland zu gestalten, haben sicher dazu beigetragen, daß sie den neuen Roman, aus dem sie uns vorliest, zu schreiben begonnen hat.«[84] Seghers war aber auch stark in der Internationalen Schriftstellervereinigung zur Verteidigung der Kultur (ISVK) engagiert, die – aus dem großen Pariser Treffen von 1935 hervorgegangen – den Kongreß von 1937 in Spanien organisierte.[85] Ihr großer Deutschland- und Heimatroman steht, denke ich, unter dem Eindruck dieser internationalen Vereinigung im allgemeinen und des Spanischen Bürgerkriegs sowie seine Bedeutung für sie im besonderen: kämpferischer Humanismus, internationale Solidarität und die Verpflichtung der Schriftsteller, auf ihre Weise dazu beizutragen. Ursprünglich sollte der Roman in einem unter ISVK-Patronat neu gegründeten Verlag, den Éditions du 10 Mai, erscheinen, und es mag ein mit dem Verlag 1938 abgeschlossener Vertrag gewesen sein, der den letzten Ansporn zum Schreiben selbst lieferte. Im Oktober 1938 notiert Seghers jedenfalls in ihrem Kalender: »Geld v. Maria / 1. Rate für †«.

»Maria« muß sich auf Maria Osten beziehen, die 1938/39 nicht nur in der Pariser Redaktion des *Wortes* tätig war, sondern die technische Assistenz bei den Éditions du 10 Mai machte. Die kurze Geschichte dieses Verlages gehört zum Kontext und zum Inhalt von Seghers' Roman, weil daran deutlich wird, unter welchen in mehr als einer Hinsicht prekären Bedingungen die Autorin ihr so oft und mit Recht als humanistisch gepriesenes Buch schrieb, und wie sehr sie selbst den »Trost« vom unangreifbaren und unverletzbaren »Innersten« des Menschen brauchte, den sie am Ende des Romans in den Mund ihres unbekannten KZ-Häftlings legte. Der neue Verlag sollte die Éditions du Carrefour und, was die Kommunisten betraf, den *abtrünnigen* Münzenberg ersetzen und ausbooten, indem er deutschen antifaschistischen Schriftstellern Veröffentlichungs- und Verdienstmöglichkeiten bot. Er wurde offiziell von Aragon geleitet, von Bredel lektoriert und von Moskau finanziell unterstützt. Der sowjetische Verbindungsmann war Kolzow, Mitherausgeber der *Prawda* und damals Leiter der Auslandskommission im sowjetischen Schriftstellerverband, der enge Beziehungen zur deutschen Emigration in der SU und in Westeuropa unterhielt und langjähriger Lebensgefährte von Osten war. Die Éditions du 10 Mai brachten zwei Bücher heraus: Bredels *Begegnung am Ebro* und Heinrich Manns Essay *Mut*, außerdem bestanden Pläne – und ein Vertrag – für Seghers' *Siebtes Kreuz* und Werke von u. s. Kesten, Kisch, Marchwitza, Weiskopf, Ernst Weiß und A. Zweig.[86] Im Dezember 1938 wurde dann aber auch Kolzow, den man als Trotzkist denunziert hatte, in Moskau verhaftet. Damit hörten die russischen Zahlungen und bald darauf der Verlag auf. Kolzow wurde im Februar 1940 hingerichtet,[87] Osten, die im Mai 1939 in die SU gefahren war, um ihrem Freund zu helfen, wurde von den KPD-Genossen wegen ihrer Parteinahme für einen »Staatsfeind« isoliert und zum »ruhenden Mitglied« erklärt. Nicht mehr zum Kontext des *Siebten Kreuzes,* doch zu den Schicksalen im Umkreis von Seghers gehört Ostens weiterer Weg: Nachdem sie noch die Brecht-Familie auf ihrer Durchreise nach Wladiwostok und den USA betreut und die sterbende Freundin Brechts, Margarete Steffin, die in Moskau zurückbleiben mußte, gepflegt hatte, fiel sie der Verhaftungswelle nach Hitlers Angriff auf die SU zum Opfer und wurde 1942 erschossen.

Schon die zeitgenössischen Ereignisse um den Verlag, Kolzow und Osten mußten Seghers verunsichern und die Sorgen um ihr Buch und ihre Existenz, wie die ihrer Familie, vergrößern. Zunächst schaffte sie es zwar, ihren Roman bei denen unterzubringen, die in Moskau Bestand zu haben schienen, bei Becher und seiner *Internationalen Literatur,* wo ab Juni 1939 die ersten Fortsetzungsabdrucke zu erscheinen begannen. Bereits im März – am 14./15. *gliederte* Hitler Böhmen und Mähren Deutschland als Protektorate *an,* was auch die Welt für die Bücher der Emigranten noch kleiner werden ließ, als sie es seit dem Anschluß Österreichs im Vorjahr ohnehin war – schrieb sie den schon erwähnten Rechenschaftsbericht[88] an Becher, in dem sie nicht nur über ihre Arbeit und ihre Pläne sprach, sondern auch über ihre Schulden, und sehr klar machte, wie wichtig die Unterstützung aus der SU für sie war: »Es wäre ungerecht, wenn ich vergäße, daß ich in all diesen schweren Jahren Hilfe von Freunden und vor allem vom Goslitizdat [Staatsverlag für Literatur] erhalten habe. Es wäre nur gut, wenn ich das einplanen könnte, damit ich eine relativ unbeschwerte Zeit für meine Arbeit hätte.« Kurz vorher, Anfang März, hatte sie sich aber auch in die andere Richtung, an Hubertus Prinz zu Löwenstein und seine *American Guild for German Cultural Freedom*, gewandt, um nach einem bereits 1938 in Aussicht gestellten Stipendium zu fragen. Sie kannte den Prinzen persönlich, hatte als Korrespondierendes Mitglied der ebenfalls von ihm gegründeten Deutschen Akademie Empfehlungen für andere, u.a. für Maria Leitner, geschrieben und brauchte jetzt selbst dringend Unterstützung, weil sich ihre Arbeitsbedingungen »noch ganz wesentlich verschlechtert« hätten.[89]

Nicht nur die finanzielle Lage war schwierig, am 28. März 1939 fiel Madrid, und am 1. April erklärte Franco den Spanischen Bürgerkrieg für beendet, die Reaktion hatte gesiegt. Am 23. August kam dann ein weiterer, noch furchtbarerer Schlag: der Nichtangriffspakt zwischen Hitler und Stalin, dem im September ein Freundschaftsvertrag folgte. Obwohl Seghers den Pakt später verteidigte,[90] traf er sie und alle jene Schriftsteller besonders schwer, die sich in ihrem Bekenntnis dieser Jahre zur SU auf deren Solidarität für die republikanische Seite und deren sozusagen selbstverständlichen Antifaschismus berufen hatten. Rein praktisch bedeutete diese Entwicklung außerdem, daß die Veröffentlichung des *Siebten Kreuzes* abgebrochen wurde und eine Buchausgabe in der Sowjetunion – im Original oder in Übersetzung wie bei den bisherigen Romanen – nicht zur Debatte stand. Verzweifelt richtete Seghers ihren Blick nun auf die USA und darauf, »in dem einzigen aussichtsreichen Land zu publizieren«, wie sie am 1. September 1939, zu Kriegsbeginn, an Herzfelde nach New York schrieb[91]. Ihren Roman, den sie in dieser Zeit abschloß, schickte sie zunächst noch an Landshoff, ehe der Ende November in die USA fuhr. Sie machte sich Hoffnungen – allerdings keine großen –, daß er bei Querido erscheinen könne, wußte aber, daß der Verlag sein Programm wegen der verschlechterten Absatzlage hatte einschränken müssen. Gleichzeitig erwartete sie offensichtlich, daß Landshoff das Manuskript mitnehmen und ihren Freunden dort – vor allem Weiskopf und Herzfelde[92] – zeigen würde, damit die etwas für eine Veröffentlichung auf englisch – Seghers dachte auch an eine »amerikanische Literaturzeitschrift« – tun könnten. Ende 1939 oder Anfang 1940 machte sie noch eine »kleine Änderung« im letzten Kapitel – welche, wäre wichtig zu wissen – und schickte Mitte Januar 1940 die redigierte Fassung selbst nach New York, an Weiskopf[93], und kurz darauf eine weitere an Herzfelde.[94] Auch an Berthold Viertel nach Hollywood ging ein Exemplar. Es waren also zu jeder Zeit mehr Kopien im Umlauf, als Seghers' spätere dramatische Geschichten über das Schicksal ihres Buches eingestanden, die Geschichten enthalten jedoch die – berechtigte – Angst, die sie damals ausstand und später nie vergessen konnte, ihren Roman, der unter so schweren Bedingungen entstanden war und ihr so sehr am Herzen lag, in den Wirren dieser Zeit zu verlieren. Manchmal, in trüben Momenten, muß sie auch gefürchtet haben, es könne ihr letzter sein. Am 1. September gesteht sie Herzfelde: »Nur etwas, Wieland, [...] es geht mir so, daß jede Beendigung der Arbeit nur mit einem wirklichen Kräfteverlust, mit einem solchen Verbrauch von sog[enannter] Lebenssubstanz möglich ist, daß ich immer fürchte, meine ganze Arbeit ist gefährdet.«[95]

Beide, Weiskopf und Herzfelde, bat und mahnte Seghers wiederholt, alles nur Mögliche für das Buch zu tun. »Wie Du weißt, hab ich mit dem *Siebten Kreuz* kein Glück bis jetzt«, schreibt sie etwas später an Herzfelde:

»Ich bin darüber bekümmert, aber nicht vermeckert. Das heißt, ich bin zu selbstsicher, um nicht zu wissen, daß das Glück schon so oder so kommen wird, wenn auch nicht so rasch, wie ich möchte. Ich brauch Dir jetzt nicht mehr zu erzählen, warum ich gerade an diesem Buch sehr hänge als Thema und als Arbeit, weil ich will, daß sowohl ich in diesem Buch einen bestimmten Grad meines Könnens zeigen kann, und weil ich will, daß eine bestimmte Phase in unsrer Geschichte darin gezeigt werde. [...] Nun hatte mir Querido beinah zugesagt und selbst jetzt noch nicht abgesagt. Doch hab ich die Hoffnung ziemlich verloren.«

Leise und indirekt fragt sie bereits an, ob nicht er, »falls lebend, zu Donquichotterien geneigt ist. Ob es so was gibt wie Subskription? Ob es was nützt, wenn ich auf Sous verzichte, die gar nicht existieren. Vielleicht mach ich Euch und Dich mit dieser Zähigkeit ganz nervös, jedoch ich bin wirklich zäh und manchmal damit durchgekommen.«[96] Seghers hatte recht, sie war »zäh«, eine Eigenschaft, die sie in den folgenden Monaten und Jahren ganz dringend brauchte, und sie hatte Glück. Vieles, darunter selbstverständlich die Qualität des Buches und ihr Glaube an sich, trug dazu bei, man sollte aber auch nicht die tatkräftige, solidarische Unterstützung der Freunde in New York, vor allem Weiskopfs, vergessen. Ohne seine Hilfe hätte Seghers unter den Umständen, unter denen sie 1940 und 1941 leben mußte, keinen guten Agenten und angesehenen Verlag in den USA gefunden und den richtigen Moment versäumt, der zweifellos den Erfolg des Buches in Amerika und die Entscheidung in Hollywood, einen Film mit Starbesetzung zu machen, begünstigte. Denn, um vorzugreifen, im Dezember 1941 traten auch die USA – über Pearl Harbor – in den Zweiten Weltkrieg ein, was aber das Blatt keineswegs sogleich wendete. Im Sommer und Herbst des folgenden Jahres erlebten die Alliierten ihre schlimmste Zeit in diesem Krieg. Und es war im Juni 1942, daß der Book-of-the-Month-Club – mit einer Empfehlung von Erich Maria Remarque in Händen – Seghers' Roman als Buch des Monats Oktober akzeptierte, und am 23. September, daß der Bostoner Verlag Little, Brown ihn auslieferte. In den USA war man gerade damals aufnahmebereit für die Fabel von einer erfolgreichen Flucht aus den Fängen des scheinbar übermächtigen Gegners und für die Botschaft von einem kämpferischen und international solidarischen Humanismus.

Seghers hatte die Idee dieses Humanismus aus dem Kontext des Spanischen Bürgerkrieges auf Deutschland übertragen, um zu zeigen, daß es auch hier trotz Hitler Menschen gab, die ihn praktizierten. Wenn sie die Flucht ihres Helden Georg Heisler »in jene Oktoberwoche, da in Spanien um Teruel gekämpft wurde und die japanischen Truppen in China eindrangen«,[97] verlegt und ihn daran denken läßt, daß er, wenn er frei wäre, sein Leben in Spanien einsetzen würde, oder wenn ein KZ-Häftling vom »Sturz Barcelonas« und dem »Einzug Francos in Madrid« spricht, so unterstreicht das, daß diese Deutschen teilhaben am weltweit notwendigen Kampf gegen den Faschismus, der auch ein weltweites Problem ist. Implizit steht hinter Seghers' Darstellung und dem großangelegten Bild der Heimat aber außerdem der Wunsch auf Gegenseitigkeit, auf ausländisches Verständnis für ein differenziertes Deutschlandbild. Sie hatte in Frankreich die Notwendigkeit erkannt, Interesse für ihr Land zu wecken, und sich im *Siebten Kreuz* eine doppelte Herausforderung gestellt: Sie wollte über eine Gesellschaft schreiben, die sie nicht mehr aus eigener Erfahrung kannte, sondern nur aus – allerdings seit Beginn des Exils sehr sorgfältig gesammelten – Informationen über Verfolgung, Flucht und Mord, über den alltäglichen Faschismus, den alltäglichen Widerstand.[98] Und sie suchte Sympathie und Unterstützung zu wecken für jenes *andere* Deutschland, mit dem sie vertraut war. Daß Leser in den USA damals dafür empfänglich waren, zeigen die Verkaufszahlen ihres Buches. Gleichzeitig konnte *Das siebte Kreuz* aber auch schon zu neuen Diskursen beitragen, die an Einfluß gewinnen und Seghers im mexikanischen Exil immer wieder beschäftigen sollten. Es waren die von einem Lord Vansittart[99] oder Henry Morgenthau[100] entfachten, in denen es nicht mehr darum ging, einem gewissen Desinteresse und Unverständnis gegenüber deutscher Geschichte und Kultur zu begegnen, sondern einer grundsätzlichen Verachtung und Ablehnung der Deutschen, deren Charakter und Geschichte mit den Nationalsozialisten gleichgesetzt wurden.

Es gäbe noch sehr viel zu sagen zu diesem Roman, der auf jeden Fall zu Seghers' bedeutendsten gehört, und das nicht nur wegen seines Erfolges, sondern weil er einen Höhepunkt in der Entwicklung von Themen, Motiven und Belangen darstellt, die die Autorin im französischen Exil beschäftigten, und weil er eine Schlüsselstellung in ihrem Schaffen einnimmt und vieles enthält, was ihr von Jugend an wichtig war und es das ganze Leben blieb. Wenn man die Entstehungsgeschichte genauer kennt, sieht man auch, wieviel persönliche Lebens- und Schreckenserfahrung in das »Und dennoch« des Romans einging. »Was jetzt geschieht, geschieht uns«,[101] heißt es im ersten Kapitel des Romans nach einem langen historischen Panorama über die vielfältige Geschichte der Heimatregion. Seghers suchte einerseits Halt und Trost im zeitenüberschauenden Blick der traditionellen Märchenerzählerin und der Chronistin, andererseits bestand sie jedoch darauf, das Leid, die Verantwortung und die innere Kraft des Individuums in der Gegenwart zu achten und darzustellen. Das Leben mußte jetzt und hier nicht nur ertragen, sondern bewältigt werden. Erzählen konnte Mut dazu geben.

Zwölftes Kapitel

Der Abend aller Tage

> »Wie Odysseus glaubt man immer, angekommen zu sein, aber immer wieder gibt es neue Hindernisse.«
>
> *Anna Seghers*

Zu Beginn des Jahres 1939 veröffentliche Anna Seghers in der *Neuen Weltbühne* eine phantastische Geschichte, »Reise ins Elfte Reich«, die kurz vorher neben der Arbeit am *Siebten Kreuz* entstanden war.[1] In der Wir-Form erzählt sie von einem *verkehrten* Land, in das nur Menschen dürfen, die keine Pässe haben, und von den Erfahrungen der Flüchtlinge, die hier Aufnahme finden, nachdem ihnen schon »zehn Länder die Einreise verweigert hatten, trotz aller Bürgschaften und Bürgen und Zeugnissen und Empfehlungen«[2]. Die Geschichte verarbeitet in ironischer Form, was mit dem Anschluß Österreichs, der *Kristallnacht* und dem drohenden Krieg immer dringender und schwieriger wurde: die Flüchtlingssituation in Europa und sehr wahrscheinlich eigene Probleme mit Papieren und Aufenthaltserlaubnissen. 1938 erhielten Seghers und ihr Mann neue ungarische Pässe und darin immer nur für ein Jahr ausgestellte Visa für Frankreich, die zu bekommen aber offensichtlich nicht leicht war. In Briefen an F. C. Weiskopf erwähnt sie einige Male, daß sie »die Unterstützung der Familie von Lilly«, ihrer Cousine in New York und Tochter von Clem, in Anspruch nehmen mußte, »um den Anwalt und die Verlängerungen usw. zu bezahlen«, was ihr sehr »peinlich« gewesen sei,[3] »in meiner Situation ist es aber noch peinlicher, ohne Verlängerung zu sein«[4]. Es ging ihr jedoch darum, in Frankreich bleiben zu können und dazu und für alle Fälle einen gültigen Paß zu besitzen, ein für sie und andere Exilierte keineswegs selbstverständliches Dokument, wie die Erzählung reflektiert. Auch nach dem Nichtangriffspakt und der

Kriegserklärung Frankreichs an Deutschland, die zunächst zu dem führte, was die Franzosen »drôle de guerre« nannten, richtete sie ihren Blick zwar entschieden auf die USA und die Bekannten und Freunde, die bereits dort waren, vor allem auf Herzfelde und Weiskopf,[5] bat zunächst jedoch nur um finanzielle Hilfe. So schreibt sie gleich am 1. September 1939 an Herzfelde: »Aber alle kriegen, alle, aus Amerika geholfen, vielleicht war es doch ein Fehler von mir, daß ich nicht rechtzeitig und nachdrücklich um Hilfe gedrungen habe. Wenn Du auf Menschen stößt, die da helfen können, dann mach was. Ich war ohnedies schon müd. Wie es jetzt weitergeht, wo ich von allen Möglichkeiten ziemlich abgeschnitten bin, ist mir noch ein Rätsel.«[6] Der Verlust ihres Rückhalts in der SU wird indirekt angesprochen, von einer Flucht aus Europa ist noch nicht die Rede.

Erst am 25. Januar 1940 heißt es an Herzfelde: »Ich finde hier keinen Ausweg mehr, und ich habe große Lust zu Euch zu kommen. Aber wegen dieser Sache werde ich nächste Woche Deinem Schwager einen ausführlichen Brief schreiben.«[7] Darin erklärt sie dann:

»Und nun muß ich Dir etwas sehr Wichtiges sagen. Ich glaube, es ist nicht mehr vernünftig für uns, hier noch lange zu bleiben. Ich sehe nicht die geringste Möglichkeit für uns, unseren Lebensunterhalt zu verdienen und weiterzustudieren. Es gibt für uns nur einen einzigen Ausweg: nach Amerika zu gehen. [...] Wir wollen auf jeden Fall in die Vereinigten Staaten und nicht in ein anderes amerikanisches Land. Wir wissen genau, daß das nicht einfach ist, aber Du bist ja ein großer Schlaukopf.[8] Du weißt ja, daß wir so etwas wie eine Einladung von einem Institut oder einer Schule brauchen. Ohne das kann es Jahre dauern. Frage alle in Hollywood oder in der Universität [...]. Aber noch etwas, Franz, wenn ich Dich auch bitte, Dein Möglichstes für die USA zu tun, weil ich nur dort arbeiten will und kann, so bitte ich Dich gleichzeitig auch darum, keine Möglichkeit irgendeiner offiziellen Einladung, z. B. aus Mexiko, außer acht zu lassen. «[9]

Zu diesem Zeitpunkt haben sie und ihr Mann sich den Entschluß bereits gut überlegt und Informationen gesammelt, was allerdings nicht schwer war, da dergleichen *Wissen* zunehmend zum täglichen Gesprächsstoff der Exilierten gehörte, zumal gemeinsame Tätigkeiten aufhörten. Dennoch zeigte sich Seghers während des kommenden harten Jahres besonders gut auf dem laufenden, was Fluchtmöglichkeiten, Visabestimmungen, Geldquellen und dergleichen betraf. Sie war sich durchaus bewußt, daß sie »in ziemlich schwierigen und schmerzlichen Situationen zurecht kommen« konnte,[10] gleichzeitig zögerte sie nicht, von allen ihr möglichen Seiten Hilfe zu erbitten oder zu fordern, was ihr nicht immer leicht fiel, was sie aber mit großem Geschick tat, indem sie auf ihre Ansprechpartner höchst individuell einging und ihre Nöte, die sie als beispielhaft für viele darstellte, anschaulich beschrieb.[11] Auch dabei sah sie sich als Erzählerin, die ihre Situation einsichtig machen und ihre Partner rühren und berühren mußte. Schon im Mai schrieb sie nach New York: »Es gibt, meine lieben Freunde, einige Passagen in den Briefen, die genau zeigen, daß es in der gegenwärtigen Situation einige Momente gibt, die Ihr nicht ganz versteht. Aber das ist nur meine Schuld und nicht Eure. ›Nihil est in intellectu, quod non prius fuerit in sensu.‹«[12]

Warum warteten Seghers und viele andere überhaupt so lange mit einer weiteren Flucht, kann man – rückblickend – fragen. Sie selbst gibt in dem oben zitierten Brief, in dem sie ihre Entscheidung mitteilt, eine einfache Erklärung, indem sie sagt: »Du verstehst, daß dieser Entschluß hart für mich ist. Ich bin sehr gern hier, und vor allem die Kinder.«[13] Hier, das bedeutete selbstverständlich Paris und Frankreich, aber auch Europa insgesamt, ein Europa, das sowohl ihre kulturellen Wurzeln als ihre Zukunftshoffnungen – in der Sowjetunion[14] – enthielt. Erst jetzt, als es ihr absolut notwendig erschien, den Kontinent zu verlassen, weil sie um ihre und ihrer Familie materielle und physische Existenz fürchten mußte, zeigte ihr das Exil mit der Überlebens- und der Entwurzelungsangst, die über sie hereinbrachen, seine ganzen Schrecken, die sie bis dahin, wie wir sahen, in Frankreich in Schach gehalten hatte, durch ihre unermüdliche Tätigkeit, durch die Assimilation ihrer Kinder, durch ihre eigene Bindung an die *andere* deutsche und an die französische Kultur.

Zwei Dokumente aus dieser Zeit, das eine persönlich und praktisch, das andere künstlerisch, setzen sich mit diesen Ängsten auseinander: jene am 19. Dezember 1939 einsetzenden Briefe an ihren Kollegen F. C. Weiskopf nach New York – es sind keineswegs die einzigen, die Seghers in dieser Zeit schrieb, wohl aber die einzigen, die in gewisser Vollständigkeit erhalten sind[15] – und der Roman *Transit*, den Seghers während ihres schwierigen Übergangs von Europa nach Amerika zu schreiben begann. Sie komplementieren einander auf ungewöhnliche Weise und geben interessante Einblicke in das komplexe Verhältnis von Biographie und Werk bei Seghers. Während die Briefe in erster Linie die Anstrengungen, die Geduld und die Zähigkeit reflektieren, die sie aufbrachte, um nicht nur sich selbst, sondern Mann und Kinder aus Frankreich und Europa, die zur Falle für sie geworden waren, zu retten, vermittelt der Roman etwas von der großen Ambivalenz und Angst, die seine Autorin beim so energisch betriebenen Verlassen des Kontinents empfand. Das Motiv des »Imstichlassens« durchzieht das Buch leitmotivisch und auf vielen Bedeutungsebenen, sowohl in seiner aktiven als auch in seiner passiven Form.

Daß Seghers ursprünglich in die USA und nicht nach Mexiko wollte, eine Tatsache, die von DDR-Forschern lange Zeit unreflektiert blieb, erscheint unter diesen Umständen selbstverständlich. Sie sprach etwas Englisch, die Kultur der USA war ihr vertrauter als die anderer Länder Amerikas, außerdem gab es dort bereits Freunde, Bekannte und – auf beiden Seiten der Familie – Verwandte[16], in Mexiko aber waren zunächst – seit September 1939 – nur Renn und dann – seit März 1940 – Bodo Uhse. Erst im Herbst folgten Kisch, Otto Katz, Leo Katz und Gustav Regler. Seghers meinte auch, daß sie und Rodi, der noch dringlicher in die Vereinigten Staaten wollte,[17] da »Möglichkeiten [hätten], uns auf die eine oder andere Art und Weise den Lebensunterhalt zu verdienen«. Rodi könnte in den USA lehren, da er sich »eigentlich mit philosophischen und soziologischen Problemen beschäftigt. In den letzten Jahren hat er sich auf die ›Wissenschaft der öffentlichen Meinung‹ – systematisch und gleichzeitig historisch – und auf die Geschichte der europäischen Presse spezialisiert«,[18] wie sie die Arbeit ihres Mannes sozusagen mundgerecht für die USA charakterisierte. Sie dachte auch nach, was sie tun könnte, und bot Weiskopf an: »Ich selbst, wenngleich ich vor allem Schriftstellerin bin und mich vor allem als Schriftstellerin fühle, könnte doch arbeiten und Kurse geben in vielen Fächern zur Geschichte der europäischen Kunst, Literatur und Kultur usw.«[19] Sie scheint sich innerlich mit dem Gedanken befaßt zu haben, in Zukunft etwas anderes zu machen als schreiben. Nicht nur in ihren Briefen an Weiskopf bot sie ihre Bereitschaft dazu an, auch in der »Reise ins Elfte Reich« und in *Transit* schimmern Distanz und Ambivalenz zum Schriftstellerberuf durch. Im Elften Reich wechseln alle Bewohner mit vierzig ihr Metier, und viele ehemalige Künstler kehren gern in die handwerklichen oder kaufmännischen Berufe ihrer Eltern zurück. Und im Roman läßt sich der Ich-Erzähler zwar von dem Manuskript des toten Autors Weidel faszinieren, drückt aber sonst Desinteresse an Literatur aus und äußert seinen Widerwillen gegen Schriftsteller, »für die [...] plötzlich die furchtbarsten und die seltsamsten Strecken unseres Lebens bloß durchlebt [sind], um darüber zu schreiben«[20]. Er erinnert sich in diesem Zusammenhang an seine Schulausflüge als Kind, über die er nachher immer berichten mußte, bis er meinte, er erlebe sie nur, »um darüber den Klassenaufsatz zu schreiben«[21]. Seghers bleibt zwar beim Schreiben und wird im »Ausflug der toten Mädchen« noch einmal auf das Thema Schulaufsatz zurückkommen, es aber anders und bejahend einsetzen. Und auch in *Transit* zeichnet sie ein positives Bild: Der Schriftsteller Weidel ist zwar nicht gut im Kampf ums Überleben, schreibt aber Geschichten, »die warten können, wie er, zehn Jahre, hundert Jahre«[22]. Doch sie differenziert nun strenger zwischen Kunst, die Bestand und Wirkung hat, und allem anderen, was nur aktuell ist oder der Selbstdarstellung dient und als Broterwerb durch andere Arbeit ersetzt werden kann. Neben den erhofften Arbeitsmöglichkeiten wollte Seghers aber »vor allem wegen der Kinder« in die USA, »und nicht nur aus gesundheitlichen Gründen«. »Du verstehst wohl«, appellierte sie an Weiskopf, der, selbst kinderlos, Anteil an den ihren nahm, »daß für zwei Kinder wie meine (14 Jahre und 12 Jahre) die Reise von einem Kontinent zum anderen, von einem Land in ein anderes viel mehr Probleme mit sich bringt als für die Erwachsenen.«[23]

Sie machte sich, wie wir sahen, keine Illusionen darüber, wie leicht US-Visen zu bekommen waren, gab aber ihre Bitten und Hoffnungen bis zuallerletzt nicht auf. »Es wäre ein Unterschied wie Tag und Nacht«, insistiert sie[24] und möchte, daß sich Weiskopf deshalb an den PEN, die American League of German Cultural Freedom[25] und auch an den »alten Thomas«[26], d.h. Thomas Mann, wendet. Sie wußte, daß Weiskopf viele Beziehungen hatte, dachte aber wohl auch, daß ihr eigener Ruf helfen müßte. Nüchtern erinnerte sie den Freund aber immer wieder daran, sich gleichzeitig und zur Sicherheit um die leichter zu erhaltenden mexikanischen Visen zu bemühen.[27] Sie war sich im klaren, daß sie einen schwierigen Fall darstellte, da sie alles vier Mal brauchte: Visa, Schiffskarten usw. Nicht nur dafür benötigte sie Unterstützung und Geld, sondern auch zum Leben, während sie wartete. Immer wieder mußte sie bei Weiskopf und anderen darum bitten. »Hoffen wir, daß alles [an finanzieller Unterstützung], was Ihr in Euren Briefen angekündigt habt, bald ankommt, da ich so gut wie am Ende meiner Kräfte bin«, schreibt sie schon am 15. März 1940.[28] Ihr Vater war gerade gestorben, die Sorgen um ihre Mutter wuchsen. Am Ende ihrer Kräfte aber war Seghers noch lange nicht, das konnte sie sich nicht leisten, denn die schlimme Zeit begann erst.

Ende März oder Anfang April 1940[29] wurde Rodi, der der ersten großen Internierungswelle zu Kriegsbeginn entgangen war,[30] von der Polizei abgeholt, in das berüchtigte, schon bei der ersten Aktion als Sammelplatz benutzte Sportstadion Roland Garros und schließlich im Mai[31] in das allen Berichten zufolge schrecklichste Internierungslager, Le Vernet am Fuße der Pyrenäen, verbracht. Le Vernet war das politische Straflager für den Generalstab der Internationalen Brigaden und für Linke aller Schattierungen inklusive der seit dem Pakt von der französischen Regierung besonders hart behandelten stalinistischen Kommunisten.[32] Unter den Häftlingen befanden sich u. a. Rudolf Leonhard, Friedrich Wolf, Bruno Frei, Franz Dahlem, Hermann Axen, Gerhart Eisler, Paul Merker, Georg Stibi, Koestler, Regler und viele zukünftige Führer der kommunistischen Résistance und der kommunistischen Parteien anderer Länder Europas, so z. B. Luigo Longo (späterer Generalsekretär der KPI), die Ungarn Ferenc Munnich und Pál Aranyossi[33], der Tscheche Josef Pavel (Innenminister unter Dubček), der brasilianische Revolutionär Apolonio de Carvalho und Arthur London. Auch hier betätigte sich Rodi, wie das zukünftige DDR-Politbüro-Mitglied Hermann Axen und andere berichteten, als Lehrer und fand dankbare Schüler, die dem für seine Hilflosigkeit in praktischen Dingen Bekannten solche Sachen wie das Wäschewaschen abnahmen.[34] Zum Verlassen des Lagers aber brauchte er letztlich seine Frau.

Wie sehr Seghers an ihrem Mann hing, wie wichtig ihr Treue war, erwies sich in dieser Zeit. Aus den Briefen an Herzfelde und Weiskopf entsteht zwar der Eindruck, daß sie von Anfang an diejenige war, die alles zur Emigration Nötige in die Hand nahm und sich um Geld und Visa kümmerte. Von Bemühungen ihres Mannes ist nie die Rede, was jedoch nicht heißt, daß er gar nichts unternahm, solange er konnte.[35] Nur war sie die angesehene Schriftstellerin und hatte bei Freunden die besseren Chancen, vor allem bei Weiskopf.[36] Dennoch war Rodis Festnahme selbstverständlich ein schwerer Schlag für sie, sie brauchte ihn emotional sehr. Außerdem hatte sie das Gefühl, daß er völlig auf sie angewiesen war, um aus Le Vernet und aus Frankreich zu entkommen, und sich niemand sonst besonders für ihn einsetzte: er war ja weder Schriftsteller noch Spanienkämpfer noch hoher Funktionär. Tatsächlich wurde er jedoch in den Solidaritätsappellen, die vor allem in den USA für die Häftlinge von Vernet durchgeführt wurden, neben Dahlem, Merker, Leonhard und anderen namentlich als besonders gefährdet genannt. Er gehörte schließlich auch zu den ersten und relativ wenigen, die das Lager Richtung Les Milles und Übersee verlassen konnten,[37] was er allerdings dann wirklich den unermüdlichen Anstrengungen seiner Frau zu verdanken hatte. Denn die Visagenehmigung, die im August vorlag, und die bezahlte Passage, die folgte, waren, so erfuhr es zumindest Seghers,[38] zunächst nur für sie und die Kinder. Erschrocken gestand sie im November in ihren Briefen, daß es »ganz einfach unmöglich [wäre], daß ich Europa verlasse und Rodi in einem Lager zurücklasse. Der Gedanke wäre absurd.«[39] In ihrer Angst übertrieb sie seine Situation: »Ich bin wegen Rodi furchtbar traurig«, klagte sie kurz danach. »Für ihn allein hat man absolut nichts getan. Man hat *alle anderen* in seinem Lager vorgeladen, *außer ihn. Alle anderen, außer ihm,* haben die Vorladung des *Konsulats* erhalten.«[40] Das entsprach wie gesagt keineswegs den Tatsachen, doch war Ende September 1940 eine erste Gruppe von Kommunisten mit Visen aus Le Vernet in das Transitlager Les Milles in der Nähe von Marseille abgefahren,[41] und Rodi hatte nicht zu ihnen gehört. Seghers wollte zu diesem Zeitpunkt unbedingt und schnell weg, aber nicht ohne ihn, sie konnte ihn nicht »im Stich lassen«. Das zentrale Motiv von *Transit* hat auch diese private Dimension. Und wenn Seghers den Ich-Erzähler dieses Romans von Liebe und Treue reden läßt, so legt sie ihrem Siebenundzwanzigjährigen Worte in den Mund, die der reifen Autorin aus dem Herzen kommen. Zur Liebe sagt er:

»Ich halte viel mehr von weniger glänzenden, weniger besungenen Leidenschaften. Doch leider ist etwas fest vermischt mit dieser flüchtigen, fragwürdigen Sache, etwas tödlich Ernstes, es hat mich schon immer gestört, das Wichtigste auf der Welt so vermischt mit dem Flüchtigsten und Belanglosesten. Zum Beispiel, daß man einander nicht im Stich läßt, das ist auch etwas an dieser fragwürdigen windigen, ich möchte sagen transitären Angelegenheit, was nicht fragwürdig ist und nicht windig und nicht transitär.«[42]

Mit der Festnahme ihres Mannes wurden Seghers' Briefe und Bitten nach Übersee immer dringlicher. Doch nicht nur die Sorgen um ihn bedrängten sie, sondern auch die um ihre Mutter. An Herzfelde schreibt sie am 9. Mai 1940:

»Wie Du weißt, gibt es bei uns immer viel Neues, und nur die Hälfte alles Durcheinanders pfleg ich durch Schreiben zu erleichtern, die andre Hälfte behalt ich für mich, um unsre Freunde nicht zu äußerstem Wahnsinn zu bringen. Z.B. kam neulich die Kleinigkeit an mich, daß man meine Mutter nach dem Tod meines Vaters zwingen wollte, von dort, wo sie ist, nach Shanghai zu fahren, nur darum, weil zufällig dort eine Quote frei war – an dieser seltsamen Nuß knack ich noch immer.«[43]

In den relativ häufigen Erwähnungen der Mutter des Ich-Erzählers in *Transit,* die keine andere Funktion haben als zu zeigen, daß er nicht ganz so wurzellos ist, wie er erscheinen mag, daß er eine in Deutschland zurückgebliebene Mutter hat, gingen diese Sorgen auch in den Roman ein. Tun konnte Seghers gar nichts. Am 10. Mai begann der deutsche Angriff auf Holland, Belgien, Luxemburg und Frankreich, aus dem »drôle de guerre« wurde ernst. Sie blieb zunächst in Meudon, »da ich die Möglichkeit einer anderen Reise nicht habe«, wie sie am 30. Mai ein wenig vorwurfsvoll nach New York berichtet: »Ich habe weder einen Ort, der mich aufnimmt – dazu sind Papiere nötig – noch habe ich die finanziellen Mittel, und jegliche Unterkunft ist sehr teuer. [...] Aber eigentlich bin ich voller Zuversicht, ich glaube an den Sieg, auch wenn wir einige mühsame Augenblicke durchleben müssen.« Und sie fährt fort: »Ich möchte Euch mit bestimmter Regelmäßigkeit schreiben, damit Ihr wißt, daß ich nicht verloren bin und daß ich mich um Eure Lieben kümmere, solange ich hier bin. Die Kinder sind so lieb wie nie vorher, obwohl es die meinen sind.«[44] Mit dem Fall

Hollands machte sie sich Sorgen um ihren holländischen Übersetzer und Freund Nico Rost, der tatsächlich nach Dachau kam, und fragte nach Landshoff und vielen anderen. Briefe – aus Vorsicht oft in französischer Sprache – wurden ihr nicht nur aus praktischen Gründen besonders wichtig: ein »Gesellschaftsersatz«, wie sie selbst sagte. Sie fühlte sich einsam, nicht nur Rodi fehlte ihr, die ganze antifaschistische Gemeinschaft und die Genossen, die ihr so wichtig gewesen waren, hatten sich zerstreut, die Verbindung nach Moskau war abgebrochen.

Seghers' Zuversicht, was den Krieg betraf, wurde enttäuscht, verraten ist ein Wort, das in *Transit* in bezug auf Frankreich[45] – implizit aber auch auf den »Russenpakt«[46] – häufig fällt. Die Briten und Franzosen wurden von den deutschen Truppen ausmanövriert und überwältigt, Holland kapitulierte und Belgien schloß einen Waffenstillstandsvertrag. Große Teile der französischen Armee ergaben sich, eine kleine Gruppe wurde gemeinsam mit den Briten Anfang Juni bei Dünkirchen evakuiert. Am 10. Juni, als sich die Deutschen Paris unaufhaltsam näherten und die französische Regierung die Stadt räumte, stürzte sich auch Seghers – von Jeanne Stern gewarnt und zur Flucht angetrieben[47] – mit ihren Kindern in den Massenexodus, der den großen Flüchtlingsstrom aus dem Norden, den die vorrückenden Deutschen vor sich her trieben, noch weiter anschwellen ließ – man spricht von 7 bis 8 Millionen, die im Sommer 1940 die Straßen in den Süden Frankreichs überfluteten.[48] »Wie die meisten Menschen in diesen Tagen hatten wir das kindische Ziel über die Loire zu kommen«, sagt der Erzähler in *Transit*.[49] Das wollte auch Seghers, obwohl es »ganz sinnlos« war, wie sie rückblickend ebenfalls meinte.[50] Zuerst mit einem Lastwagen »und ein paar Handkoffern«, dann mit einem Zug – sie wurden »schrecklich bombardiert und beschossen«[51], sie würde diese Stunden »niemals vergessen«[52], schrieb Seghers etwas später an Weiskopf – gelangten sie über Monthlery, Bretigny, Etampes und Angerville bis nach Boisseaux, südlich, aber nicht sehr weit von Paris, wo sie ihr

Gepäck im Zug zurückließen und in der Nacht weiterwanderten, bis sie erschöpft in einem Bauernhof in Pithiviers le Vieil landeten. Alles war ziemlich verlassen und leer, »die letzten Kraftwagen mit französischen Soldaten kamen am späten Nachmittag schnell vorbei«. Am nächsten Morgen, in großer Ordnung, zogen die Deutschen ein.[53] »Da bekam meine Mutter richtig Angst. Ich glaube, sie hat sogar einige Sachen zerrissen. Deutsche Soldaten drangen in das Haus ein. Sie hatten gesiegt, sie waren froh und guckten einfach nach, ob die Häuser bewohnt waren oder nicht. Und sie hat getan, als ob sie eine Französin wäre. Sie sagte, sprecht nur nicht deutsch [...]. Der Soldat, der da reinkam, war aus dem Rheinland, er hatte den Akzent vom Rheinland. Und sie hat französisch gesprochen«, erinnert sich Pierre Radvanyi.[54] Seghers und ihre Kinder blieben über eine Woche in dem Dorf. Nach dem Waffenstillstand (am 25. Juni) folgten sie dem von den Deutschen ausgegebenen Befehl, in die jeweiligen Wohnorte zurückzukehren.

Die Erfahrungen dieser chaotischen Flucht gingen verdichtet und gestaltet in *Transit* ein[55] – wie auch der Selbstmord des Schriftstellers Ernst Weiß, der zurückgeblieben war und einen Tag nach dem Fall von Paris Selbstmord beging. Seghers kannte ihn, sah ihn vor ihrer Flucht gelegentlich und wußte von seiner Einsamkeit und Hilflosigkeit im Alltäglichen: »Ich habe ab und zu Euren alten verrückten Weiss getroffen, er hat eine Sammlung Fischköpfe für die Katzen und Zucker für die Hunde«, berichtete sie im Mai an Weiskopf.[56] Sie spottete zwar, machte sich aber Gedanken um ihn und erkundigte sich nach ihrer Rückkehr in das besetzte Paris in seinem Hotel, »ob er da sei, man sagte mir, er sei evakuiert worden. Später erfährt man dann, daß er Selbstmord begangen hat – und man sagt sich: Welch ein seltsamer Ausdruck für einen Selbstmord!«[57] So lautet der zeitgenössische Bericht[58] nach New York. Im selben Brief spricht Seghers noch von einem zweiten Selbstmord, dem Walter Benjamins, »weil er nicht durch Spanien reisen durfte. Wenn man bedenkt, wie kauzig er immer war! Welches Glück hat er sich denn vom Transit durch Spanien erhofft?«

Auch dieser Tod kommt en passant in *Transit* vor. Darüber hinaus, denke ich, ging nicht nur, wie bekannt, Weiß in die Figur des Schriftstellers Weidel im Roman ein, sondern auch Benjamin. Ob Seghers vom Selbstmord Walter Hasenclevers im Juni im Lager Les Milles wußte? Es ist anzunehmen, daß sie irgendwann später davon hörte. So distanziert ihre Worte in den Briefen klingen mögen, sie war tief betroffen von den Schicksalen ihrer Kollegen und hatte Angst. Sie selbst zog Selbstmord, soweit wir wissen, schon ihrer Kinder wegen zwar nie in Betracht, Gefühle der Ausweglosigkeit kannte sie aber sehr wohl und hatte Phantasie und Empathie genug, sich auszumalen, wohin sie führen konnten. »Ich habe noch Quellen der Lebensfreude, die Kinder, meine Arbeit (sind diese Kapitel übersetzt worden? Kann ich Dir etwas schicken?)«, schreibt sie zur Zeit, »aber es wundert mich nicht, wenn einer verzweifelt oder den Mut für eine Zeitlang verliert.«[59] Und noch viele Jahre später beschäftigte sie der Gedanke, »daß so viele Menschen während der Emigration nicht an materieller Not, sondern an Hoffnungslosigkeit kaputtgingen. Aber um sich gegen Hoffnungslosigkeit zu wehren, braucht man viel Kraft, die man gerade dann wenig hat.«[60] Auch sie mußte sich immer wieder zu ihrer positiven Haltung durchringen, schon der anderen wegen: »comme une bonne mémère il me faut bien to keep smiling«, sagt sie einmal.[61] Gefeit war sie jedoch nicht.

Mit der Figur Weidels in *Transit* setzte die Autorin Weiß und Benjamin und allen jenen ein Denkmal, die an und in dieser Zeit ohne Schuld zerbrachen, die aber für ihre Kunst, ihre Sprache – und ihr Volk – etwas geleistet hatten, was bleiben würde, und rückte damit gleichzeitig die eigenen Ängste in größere Zusammenhänge. Von Weidel sagt man im Roman, daß auch er »gekämpft« habe: »Um jeden Satz, um jedes Wort seiner Muttersprache, damit seine kleinen manchmal ein wenig verrückten Geschichten so fein wurden und so einfach, daß jedes sich an ihnen freuen konnte, ein Kind und ein ausgewachsener Mann. Heißt das nicht auch, etwas für sein Volk tun?«[62] Sein Leben und Schreiben war, genau wie das der deutschen Schriftsteller des 19. Jahrhunderts, auf die sich Seghers schon in »Vaterlandsliebe« berufen hatte, keineswegs umsonst. Diesen *letzten* Trost mag sie sich selbst vor Augen gehalten haben, für den Fall, daß sie trotz aller Anstrengungen ebenfalls an den Zeitumständen zugrunde ginge. In der Erwartung, daß sie nach Übersee kommen würde, aber wohl auch mit der dahinter versteckten Furcht, daß es nicht gelingen könnte, plante Seghers, Weiskopf »die Kopien meiner Romane und Novellen« zu schicken, »auch die unvollendeten Teile«[63]. Ob es geschah, wissen wir nicht,[64] *Das siebte Kreuz* jedenfalls kursierte, und so kann man die Geschichte von Weidels Manuskript als Ausdruck ihrer eigenen *letzten* Hoffnung in dieser schlimmen Zeit lesen: daß auch ihr Manuskript, wie das von Weidel, in die richtigen Hände gelangen und auf Menschen wirken würde, ob sie überlebte oder nicht.

Die Bedrohung war eine reale: Der Artikel 19, Abs. 2 des Waffenstillstandsvertrages hob das Asylrecht in ganz Frankreich auf. Alle Personen deutscher Abstammung waren auszuliefern, wenn die deutsche Regierung sie namentlich anforderte.[65] Im Bewußtsein der Exilierten wuchs diese Bedrohung ins Enorme, da sie ja nicht wissen konnten, ob und wie umfassend und schnell dergleichen durchgeführt werden würde. So kehrte Seghers mit den Kindern zwar nach Paris zurück, in ihre Wohnung nach Meudon wagte sie sich aber nicht mehr. Sie stiegen zuerst in kleinen Hotels ab, zunächst in der Avenue d'Italie, dann in der Rue St. Sulpice, schließlich fanden sie getrennt Unterschlupf bei Freunden, die Tochter bei Jeanne Stern, der Sohn zuerst bei Pony, der Berliner Freundin von Erich Kästner, die für Pony Hütchen in *Emil und die Detektive* Modell gestanden hatte, später bei einem befreundeten Germanisten in Le Vésinet, Fernand Delmas.[66] Von sich selbst sagte Seghers – in einem Interview in Mexiko –: »In Paris lebte ich praktisch in der ständigen Nähe des Todes, ich schlief jede Nacht woanders«,[67] meinte aber auch – Weiskopf gegenüber –, sie würde »die Güte meiner Freunde« in diesen Monaten »nie« vergessen.[68]

Ihre Dankbarkeit fand Ausdruck in der Erzählung »Das Obdach«, die 1941 entstand und eigene Erfahrungen – und die anderer[69] – in der Geschichte von der mutigen, tatkräftigen Mme. Meunier verarbeitete, die schnell entschlossen einen deutschen Jungen, dessen Vater von der Gestapo verhaftet wurde, bei sich aufnimmt. Es ist eine Geste der Mütterlichkeit und Solidarität und, daraus erwachsend, des beginnenden Widerstandes gegen die Deutschen. Eine weitere kleine Erzählung aus dieser Zeit,[70] in der Seghers relativ wenig schrieb – es ist bemerkenswert, daß sie es überhaupt tat – und in der einiges verlorenging oder nicht realisiert wurde[71], ist die mythische »Die drei Bäume«. Darin setzte sich die Autorin mit einer anderen Seite des Versteckens auseinander, nämlich mit Angst, Einsamkeit und Desorientierung, und drückte – so eine mögliche Lesart – in der letzten der drei Episoden des Textes die Hoffnung aus, mit ihrem Mann wieder vereint zu werden wie Odysseus mit Penelope. Auch sie werden ihr Leben in Wiedererkenntnis und Bestätigung des gemeinsamen Beginns – das Ehebett, das Odysseus einst aus einem Baum geschlagen hat, ist sein Symbol – nach der Trennung erneut aufnehmen. Der »Baum des Odysseus« ist ein Baum des Lebens und steht dem des Ritters und dem des Jesaias in den anderen zwei kurzen Partien des Textes gegenüber. Diese beiden Bäume führen zum qualvollen Ende derjenigen, die sich darin verstecken, aus Todesangst wie der Ritter, oder aus Furcht, weil sein Volk erschlagen wurde und er »die erhabene Stimme, von der er gewohnt war, Weisungen zu empfangen«[72], nicht mehr hörte, wie Jesaias. In der Bedrohung und Verwirrung der Zeit, zu der auch die politische Desorientierung durch den »Russenpakt« gehörte, suchte Seghers Halt in der Beziehung zu ihrem Mann und dem »mächtigen Stumpf«[73] gemeinsamer, sie seit der Jugend verbindender Überzeugungen und Hoffnungen, um nicht wie der Ritter der Panik oder Jesaias dem Gefühl der Verlassenheit – durch die Genossen, durch Moskau – anheimzufallen.

Doch was tun? In ihrer Verzweiflung ging Seghers – am

13. Juli – auf die sowjetische Botschaft, wo sie, wie Ehrenburg berichtet, um Hilfe bat: sie sei in Todesgefahr, man möge ihr zur Flucht in die »freie Zone« verhelfen.[74] Der Gang scheint aber so vergeblich gewesen zu sein wie die Briefe, die sie damals an Becher und Bredel nach Moskau schrieb.[75] In dieser Zeit wurde ihr vierzehnjähriger Sohn eine wichtige Stütze. Er sprach akzentfrei Französisch, nahm an den für die zurückgekehrten Flüchtlinge veranstalteten Sommerkursen des Lycée Louis Le Grand teil und fiel als Schüler weniger auf, so daß er kleine Botengänge erledigen und Verbindungen aufrechterhalten konnte. Ihn schickte sie ins Krankenhaus, um nach den Kindern ihres in Le Vernet internierten österreichischen Schriftstellerkollegen Bruno Frei zu sehen, deren Mutter bei einem Bombenangriff auf Paris ums Leben gekommen war. Sie schrieb dann dem Vater einen verschlüsselt formellen Brief, daß es ihnen gut ging und daß sich eine Nachbarin um sie kümmerte, ein Freundschaftsdienst, den ihr Frei nie vergaß.[76] Pierre war es auch, der – mit der wiedergefundenen polnischen Freundin – nach Meudon in ihre Wohnung hinausfuhr, um zu sehen, ob etwas zu retten sei. Er hörte, daß die Gestapo schon dagewesen war und die Leute ausgefragt, aber die Wohnung noch nicht durchsucht hatte. Pierre brachte außerdem die schlimme Nachricht von der Verhaftung der Freundin Lore Wolf am 30. August. Diese aktive Kommunistin, die das Manuskript des *Siebten Kreuzes* getippt und mit vielen Informationen über das Arbeitermilieu in Frankfurt und Höchst geholfen hatte, beteiligte sich bereits an den Anfängen der Résistance in Frankreich. Nach Deutschland deportiert und vom Volksgerichtshof in Berlin verurteilt, verbrachte sie den Rest des Krieges im Gefängnis Ziegenheim bei Kassel. Bei den Interrogationen in Paris wurde sie wiederholt nach Seghers' Aufenthaltsort gefragt.[77] Angst und Vorsicht waren also keineswegs unbegründet.

Im August erfuhr Seghers davon, daß eine Visabewilligung für sie vorlag, »über einen Freund, der aus den noch unbesetzten

Gebieten kam – ein Freund, den ich in Paris in einem Café an der Rue de la Paix traf, das von deutschen Offizieren wimmelte«, erzählt sie in einem Bericht, den sie – wahrscheinlich 1944 – für das *Joint Anti-Fascist Rescue Committee* verfaßte.[78] Sie beschloß, in den zunächst unbesetzten, von Marschall Pétain unter dem wachsamen Auge der Deutschen autoritär regierten Teil Frankreichs im Süden zu fliehen und dafür die Hilfe ihrer französischen Freundin und Übersetzerin Jeanne Stern (geb. Machin) in Anspruch zu nehmen. Stern beschrieb diese abenteuerliche Flucht aus ihrer Sicht ausführlich, und auch die Kinder können sich gut daran erinnern. Alle vier fuhren um den 20. September[79] mit der Bahn nach Moulins nahe der Demarkationslinie, wo die Französin auf der deutschen Kommandantur Erkundungen einzog und eine Bäuerin ausfindig machte, die auf der unbesetzten Seite Felder hatte und sich bereit erklärte, die Kinder von ihrem Dorf Toulon sur Allier aus über die Grenze zu führen. Stern, so ihr Plan, würde mitgehen und Seghers dann den Weg zeigen. Die fand jedoch in ihrer Angst um die Kinder selbst einen Lotsen – er soll teuer und aufdringlich gewesen sein[80] – und lief los, ehe die Freundin zurückkam. Ihr letztes Gepäckstück, einen Rucksack, ließ sie liegen. Auf der anderen Seite fand sie ihre Kinder wohlbehalten in einem Café in dem ungefähr zwei Wegstunden entfernten Dorf Bessay. Sie hatten den Treffpunkt aus einem Telefonbuch herausgesucht. Seghers fuhr mit den Kindern, wie bereits erwähnt, zunächst nach Vichy,[81] dann auf einer langen und beschwerlichen Reise weiter in den Süden, wo sie in Toulouse eine Kontaktadresse für die KPD-Gruppe besaß, die sich hier – zunächst unter der Führung von Abusch – zusammengefunden hatte. Sie trug die Adresse natürlich nur im Kopf.[82]

Ihr Ziel war letztlich das kleine Pyrenäenstädtchen Pamiers, das nächste am Lager Le Vernet, wie sie und die Kinder aus einer Landkarte ersehen hatten. Gleich anderen Orten im Süden Frankreichs hatte es seit der Invasion im Mai Tausende von Flüchtlingen – Holländer, Belgier, Luxemburger und Franzosen – aufgenommen und, so gut es unter den chaotischen

Umständen ging, beherbergt und verpflegt.[83] Als Seghers ankam, waren viele schon wieder weg, die Stadt jedoch bis zu einem gewissen Grad mit Flüchtlingen vertraut. Sie fand, wie sie nach New York schrieb, »zwei kleine Zimmer bei einer ›Hellseherin‹ [...], aber abgesehen von ihrem Gewerbe ist sie eine sehr saubere und intelligente Frau«.[84] Die Adresse war 4, Rue du Portail Rouge, die Wirtin nannte sich Madame Jeanne. Seghers meldete sich in der Kreisstadt Foix ordnungsgemäß als Ausländerin an und schrieb die Kinder rechtzeitig zu Schulbeginn am Gymnasium bzw. Lycée des Ortes ein. Daß es entsprechende Schulen gab, war neben der Nähe zu Le Vernet ausschlaggebend für die Wahl von Pamiers, und auch hier fanden sich Lehrer, die für das Schicksal der Flüchtlinge Sympathie zeigten.[85] Seghers war zuerst erleichtert, daß ihr diese Flucht gelungen und sie nach Monaten wieder eine zumindest kurzfristige Bleibe für alle drei gefunden hatte. Ihr erster Eindruck von dem Städtchen: »daß es eine Art südliches Sibirien ist (zu Zeiten Tolstois). Alle kennen uns, sind ziemlich nett zu uns usw. Die Kameradschaft ist wunderbar, das Licht in der Nacht, ein Licht, viel stärker als das Schwarz der Nacht.«[86] Sie war nicht allein, Ruth Jerusalem/Jensen, die Freundin Theo Balks, war ebenfalls zeitweise in Pamiers, dann kamen andere.[87] Doch auch für Franzosen wurden die Lebensbedingungen seit dem Einmarsch der Deutschen, die aufkauften und requirierten, was sie konnten, immer schwieriger. Nahrungsmittel waren rationiert: ab 23. September gab es pro Tag 350 Gramm Brot und pro Woche 50 Gramm Käse, 100 Gramm Fett und 360 Gramm Fleisch inklusive Knochen. Einmal im Monat konnte man 125 Gramm Seife, 100 Gramm Reis und 500 Gramm Zucker kaufen,[88] mit der Zeit wurden die Rationen noch knapper. Öffentliche Lokale hatten alkoholfreie Tage, der Kaffee war für alle, die ihn wie Seghers gern tranken, eine scheußliche Mischung. Solche praktischen Details, mit denen die Autorin nur zu gut vertraut war, gingen in *Transit* ein und bilden den Hintergrund von alltäglicher Lebenswirklichkeit zu den Abfahrtsplänen und -träumen der Figuren, über die man leicht hinwegliest, die aber für die Autorin wesentlich zur Erfahrungswelt und den Kontrasten, die sie im Roman vermitteln wollte, gehörten. »Was wir brauchen, ist zunächst Eure Freundschaft, dann Seife, Fett, Zucker, Wollsachen und Tikkets, wenn ihr sie habt«,[89] schreibt sie in ihrem ersten Brief nach der Ankunft an Weiskopf.

Einmal in der Woche stand die kleine Familie zeitig auf, fuhr eine Station mit der Bahn und ging zwei Kilometer zu Fuß, um Rodi in Le Vernet zu besuchen. Auch darüber berichtete Seghers – verallgemeinert – an das *Joint Anti-Fascist Refugee Committee* und bemühte sich, die Situation für Außenstehende möglichst anschaulich zu machen, übertrieb aber kaum:

»Wenn ich meine Freunde hier in Mexiko an ihren Arbeitsplätzen oder in ihren Büros sehe, werde ich an unser erstes Wiedersehen in der Besuchsbaracke des Konzentrationslagers erinnert: sie wurden für den Besuch von der Garde Mobile in kleinen Gruppen aus ihren Baracken gebracht; bei einigen war das Hinterteil durch die zerrissenen Hosen zu sehen; die Wachen durchsuchten unsere Taschen und nahmen für sich selbst das Brot, das unsere Kinder in dem brotlosen Winter für das hungernde Vernet gesammelt hatten. Die Gefangenen waren blau vor Kälte.«[90]

Sie soll zu den Frauen gehört haben, die wie Käthe Dahlem, Hilde Eisler, Henny Stibi und andere solche Besuche auch benutzten, um Informationen zwischen den KP-Leuten in Toulouse und den ZK-Mitgliedern, u.a. Dahlem, Merker und Siegfried Rädel, im Lager zu vermitteln[91] und erhielt auf jeden Fall finanzielle Unterstützung von – in ihren Worten – »der Familie meines Mannes«, allerdings nie genug. Sie wußte zwar von »diese[n] mexikanischen Visa«[92], wie sie sich etwas distanziert ausdrückt, doch damit fingen die Probleme erst an. Nicht nur, daß es keine Genehmigung gab, die separat auf Rodis Namen lautete, auch ihre war für Anna Seghers und nicht für Netty Radvanyi, den Namen, der im Paß stand. Diese Komplikation sollte noch genug Sorgen bereiten und in *Tran-*

sit eine Rolle spielen: der Ich-Erzähler *hat* ebenfalls drei Namen, seinen ursprünglichen, den wir nie erfahren, er ist vergangen und verloren und entspricht in dieser Hinsicht ein wenig dem Mädchennamen Reiling, der mit Seghers' Vater und Onkel aufhörte, und zwei in seinem Fall falsche: Seidler, dessen Papiere er bekommen hat, und Weidel, den Schriftstellernamen, der im Visum steht. – Ernst Weiß befand sich übrigens auf derselben Visaliste wie Seghers. – Wo, fragt sie mit ihrer Romanfigur, bleibt der Mensch und seine Identität in all dem entwürdigenden Papierkrieg und Visachaos?

Die wurden für sie eher schlimmer, die Briefe an Weiskopf – Seghers schrieb wie gesagt auch an andere – noch drängender, fordernder, manchmal verwirrter und offensichtlich desperater. Sie hatte »Angst vor dem Winter«[93] in Pamiers und »neue[n] Katastrophen«[94], wobei sie wohl an Auslieferung, an weitere Besetzung oder Internierung für sich dachte, aber auch an Hunger und den Verlust ihrer Kräfte, die Zuwendungen, die sie von verschiedenen Seiten bekam, scheinen nie genug gewesen zu sein. Der Winter in Pamiers blieb ihr nicht erspart. »Es ist so kalt bei uns, daß ich Jeanne d'Arc beneide, weil sie verbrannt wurde«,[95] klagt sie Ende November selbstironisch und, wie so oft, über Literatur. Ein anderes Mal heißt es: »Dante, Dostojewski, Kafka – oh, das waren Bagatellen! Kleine Unannehmlichkeiten, die vorübergingen.«[96] Die erste Fahrt, Ende Oktober, nach Marseille, »eine herrliche Stadt«, brachte ihr zwar »die sehr große Freude, meine ganze Familie sehen zu können« und festzustellen, daß sie »alle von einem guten Schlag und von erstaunlicher Gesundheit« waren. »Und jeder ist ein richtiger Odysseus geworden«,[97] kommentiert sie und spielt auch hier auf den Mythos an, der, wie Hans-Albert Walter in seiner schönen Studie von *Transit* nachweist, neben vielen anderen Mythen, unterhalb »des faszinierenden Oberflächengeschehens« die zweite, aussagekräftige Handlungsschicht des Romans ausmacht.[98] Die Fahrt brachte aber auch die große Enttäuschung, daß ihr das Centre Américain de Secours, das der amerikanische Journalist Varian Fry im August

1940 in Marseille gegründet hatte, bei keinen – amerikanischen – Visaanträgen beistehen würde. Man habe ihr »freimütig den wahren Grund dafür genannt – es helfe solchen Leuten nicht«[99], womit selbstverständlich Kommunisten gemeint waren. Diese Ablehnung hinderte Fry allerdings nicht, die Radvanyis finanziell zu unterstützen, außerdem erhielten sie letztendlich auch Transitvisen für die USA.

Mitte Dezember schien zunächst alles auf gutem Weg, Seghers bekam tatsächlich die versprochenen Visa für Mexiko – ihres trägt das Datum 13.12.1940 und ist von dem legendären mexikanischen Konsul in Marseille, Gilberto Bosques, unterschrieben –, und auch Rodi hatte eine Vorladung aufs Konsulat. Außerdem war das Geld – mehr als das Jahresgehalt einer New Yorker Sekretärin – für die immer teurer werdenden Schiffskarten von der League of American Writers bei American Express in Lissabon für die American Export Line hinterlegt worden. Die häufigste Reiseroute, die aber immer schwieriger wurde, war die über Spanien nach Portugal und von da nach Übersee. Von Marseille gingen zunächst gar keine Schiffe. Seghers' Probleme hörten jedoch – wie die vieler anderer – nicht auf, da es im ganzen zu wenig Reisemöglichkeiten gab und die Transitfrage bei jeder Route problematisch war. Anfang Januar[100] ging sie mit den Kindern nach Marseille, um die Abfahrt zu betreiben, Rodi wurde, da er nun auf die Ausreise wartete, in das nahegelegene Les Milles, eine ehemalige Ziegelei, verlegt, die damals vor allem als Transitlager fungierte und von wo er einmal die Woche nach Marseille fahren durfte, um zu erledigen, was er selbst machen mußte. Häftlinge durften auch in den kleinen Ort gehen und Angehörige oder Freunde zum Essen treffen, was die Radvanyis zu seltenen Anlässen ebenfalls taten. In Marseille wohnten Seghers und die Kinder wieder einmal in einem »tristen Hotelzimmer«[101], im Hotel Aumage, Rue du Relais, eine der kleinen Straßen, die vom Cours Belsunce abgehen. Damals war es die Gegend, in der die Emigranten, die wenig Geld hatten, abstiegen – Hilde Eisler wohnte ganz in der Nähe, in der Rue de la Providence, wo sich das Hotel des Ich-Erzählers in *Transit* befindet –, heute ist es ein Araberviertel. Auch in Marseille schickte Seghers die Kinder zu Schule, von sich schreibt sie, »ich gehe in die Bibliothek, wenn ich nicht gerade Schlange stehe nach den Visa oder nach Lebensmitteln«[102]. Das tat sie schon in Pamiers, sie las sehr viel, u. a. Balzac, der ihr ein Lehrmeister für *Transit* wurde. Auch die Probleme mit Visa, Ausreisevisa, Transitvisa und Schiffspassagen, die Seghers in ihren Briefen immer wieder geduldig-ungeduldig darlegte, wobei sie häufig hervorhob, daß sie »typisch« seien, kehren in vielfältigen Kombinationen im Roman wieder, ihre Bibliotheksbesuche allerdings nicht. Der Ich-Erzähler ist ja, so die Fiktion, kein Leser, doch läßt ihn die Autorin die beruhigende, erhellende Wirkung, die Literatur ihr damals bereitete, wenigstens einmal, bei der Lektüre des Manuskripts, das er in Weidels Koffer findet, erfahren. Selbst die ebenfalls im Roman dargestellte Gefahr für die Exilierten, aus Marseille wieder abgeschoben zu werden, weil ihr Aufenthaltsvisum abgelaufen war, traf Seghers.[103]

Trotz allem gelang es ihr schließlich mit Hilfe ihrer Freunde, am 7. März Transitvisen für die USA zu erhalten und alle Bedingungen zu erfüllen, die sie in einem Brief für die Reiseroute »Martinique auf den Antillen«, die sich vor kurzem von Marseille aus eröffnet hatte, aufzählt: »Sondergenehmigung des Ministeriums für koloniale Angelegenheiten, und wie für jede Reise absolute Notwendigkeit, vier bezahlte Tickets bis Vera Cruz«,[104] ein weiteres Transitvisum und einen Kreditbrief, daß man genug Geld hatte – 6000 bis 9000 Francs wurden verlangt, die Radvanyis hatten in ihren Pässen die Exportgenehmigung für 16000 + 5000 Francs (er) und 5000 Francs (sie) –, um in Martinique den Aufenthalt bis zur Weiterfahrt zu bezahlen. Für Seghers und ihre Familie hatte diese Route, die nicht lange bestand,[105] den Vorteil, Europa direkt von Marseille aus zu verlassen und die Mühen und Gefahren eines Transits durch Spanien zu vermeiden, außerdem nutzten sie »die erste sich bietende Gelegenheit«[106]. »Wir müssen abreisen, zumal unsere Pässe ablaufen«, schrieb Seghers in ihrem letzten Brief[107] aus Europa an Weiskopf. Ihr fünfzehnjähriger Sohn wollte allerdings bleiben, und in ihrem Herzen wollte sie es trotz ihres Drängens auch: »all das verlassen zu haben, was ich liebe, hat eine Wunde hinterlassen, die noch nicht verheilt ist«, schreibt sie während der Überfahrt.[108]

Seghers und ihre Familie verließen Marseille am 24. März 1941 auf der *Paul Lemerle*. Mitpassagiere waren vor allem republikanische Spanier, aber auch Victor Serge, André Breton und der Ethnologe Claude Lévi-Strauss. Die Radvanyis reisten gemeinsam mit Kantorowicz und seiner Frau Friedel, die in Paris manchmal Manuskripte für Seghers abgetippt hatte. Kanto(r), wie er genannt wurde, fand später in seinen im Westen überarbeiteten und veröffentlichten Tagebüchern nichts Gutes über Seghers und ihren Mann zu sagen.[109] Doch zur Zeit waren sie Genossen und Reise- und Leidensgefährten. Denn die Überfahrt war alles andere als ungefährlich, schnell oder angenehm. Die *Paul Lemerle* war kein Passagierschiff, sondern ein Frachtdampfer, in dessen hinteren Laderaum man Verschläge gebaut hatte, in denen Männer und Frauen getrennt schliefen. Gegessen wurde an großen Holztischen, doch war das *normale* Essen spärlich und schlecht. Claude Lévi-Strauss, der allerdings eine der zwei Kabinen erhalten hatte, beschrieb die Verhältnisse der einen Monat dauernden Fahrt in seinem bekannten Buch *Tristes Tropiques.* Noch mehr als »unter Hunger, Müdigkeit, Schlaflosigkeit, Promiskuität und Verachtung« hätten die Passagiere »unter dem aufgezwungenen, durch die Hitze noch schlimmer gewordenen Dreck« auf dem kleinen Dampfer gelitten, in den man dreihundertfünfzig Personen »gepfercht« hatte.[110] Im Mittelmeer drohte dem Vichy-Schiff Gefahr von Unterseebooten und von der britischen Flotte, es mußte einmal umkehren, machte zwei Tage in einem kleinen algerischen Hafen Station und fuhr dann in einem Konvoi mit Kanonenboot an der Südseite von Gibraltar in den Atlantik hinaus.[111] Über Casablanca, wo sie am 4. April Halt machten und von wo Seghers wieder einmal um Geld telegrafierte, ging es nach Martinique. Am 25. April meldete sie ihre Ankunft, aber auch den dringenden Wunsch zur Weiterfahrt nach New York: »Du verstehst doch gut, daß wir wegen dieser Reise und der Verzögerung etwas entnervt sind. Ihr könnt Euch nicht vorstellen, wie glücklich glücklich glücklich wir sein werden, wenn wir Euch wiedersehen.«[112] Sie hatte jeden Grund dazu, denn die Ankömmlinge fanden nicht nur die Schriftstellerkollegen Kersten und Breuer, die auf den Antillen festsaßen und hier bis nach Kriegsende bleiben mußten, sondern sie wurden erneut in einem »schrecklich schmutzigen Internierungslager eingesperrt, wo man fast nichts zu essen bekam und wo man Trinkwasser kaufen«[113], aber für die Internierung auch noch bezahlen mußte. »Was für mich die größte Freude auf Erden wäre: auf einem Laken schlafen, von einem weißen Tischtuch essen, einmal auf ein richtiges WC gehen und in der Nacht die kleinen Kinder nicht mehr weinen hören«,[114] bekennt sie kurz nach der Ankunft.

Trotz der Enttäuschung über diese *Ankunft*, trotz Problemen mit Geld und Routen für die Weiterreise und tiefer Erschöpfung war sie empfänglich für »dieses Land [...], das sehr schön ist und interessant, besonders hier, wo man das Meer abends in all seinen Farben leuchten sieht«[115]. Noch mehr aber beeindruckte sie der erste und – was die Antillen betraf – letzte[116] Blick auf Kulturen, die von Schwarzen und von den Kolonialmächten Frankreich und Spanien geprägt waren, in denen aber auch die Spuren des Kampfes gegen diese Mächte erkennbar waren. Später, in Mexiko, und noch später, nach der Rückkehr, in Europa befaßte sie sich mit der Geschichte insbesondere der Insel, die ihre nächste Station war und die neben der kleinen Dominikanischen Republik auf der einen Hälfte Haiti auf der anderen enthielt. Nachdem sie die westliche Hemisphäre wieder verlassen hatte und zurück in Europa war, das sie nun durch den Filter der anderen Welt sah, würde sie eine Reihe von Erzählungen über die Antillen schreiben, von denen sie auf ihrer scheinbar endlosen Überfahrt nichts als weg wollte, die aber doch hinter den Schleier ihrer Müdigkeit drangen und an ihre Phantasie rührten.

Eigentlich fanden die Radvanyis Schiffsplätze von Martinique direkt nach New York, doch als sie sich in Fort-de-France bereits auf der *Duc d'Aumale* eingeschifft hatten und schon auf ihre Kabinen verteilt waren, erfuhren sie, daß der Dampfer nicht abfahren würde, da im Hafen von New York die *Normandie* verbrannt war. Um nicht wieder in das Lager zurück zu müssen, nahmen sie – und andere – das Angebot des Konsuls der Dominikanischen Republik wahr, zunächst – und mit geborgtem Geld – sofort nach Ciudad Trujillo zu fahren, wo sie am 23. Mai ankamen.[117] Von dort ging der Kampf um die Weiterreise fort. »Wie Odysseus glaubt man immer, angekommen zu sein, aber immer wieder gibt es neue Hindernisse«, schreibt Seghers Ende Mai an Weiskopf und bittet wiederholt und immer verzweifelter um Geld, denn daran lag es nun vor allem. Man hatte zwar die gesamte Summe für ihre Reise in Lissabon hinterlegt, der Rest dieses Geldes war jedoch offensichtlich nicht so schnell verfügbar, anderes nicht so leicht aufzutreiben. »Ich weiß sehr genau, daß es auch für Euch schwierig ist, aber wir müssen unseren Weg fortsetzen und mit den Kindern ankommen und dürfen nicht in einem Lager auf den Antillen verkommen«,[118] erklärt sie Weiskopf und fügt hinzu: »In diesem Jahr hatte ich oft den Eindruck, tot und außerhalb der Welt zu sein. Schreiben ist für mich lebensnotwendig, und auch darum muß ich mit Euch sprechen. Sag nicht, daß es ungeheure Schwierigkeiten für uns gibt. Ich kenne sie, aber ich hoffe, sie mit Eurer Hilfe zu überwinden.«[119] Seghers brauchte eine Gemeinschaft um sich und brauchte Leser, sie hoffte, wie diese Worte andeuten, immer noch, beides in den USA zu finden.

Ein paar Tage später schickte sie aber auch einen Brief an Bodo Uhse nach Mexiko, in dem es zwar ebenfalls heißt: »Ich habe das Gefühl, ich war ein Jahr lang tot gewesen.« Hier drückt sie jedoch ihre Ungeduld mit den »amerik. Freunde[n]« aus und spricht davon, wie sehr sie sich auf die Genossen in Mexiko freuten. »Warum nun die Leute [in den USA] uns nicht endlich heimfahren (d. h. zu Euch, Du siehst, wie mir zumute ist), lassen, verstehen wir nicht.«[120] Von Uhse brauchte sie eine Verlängerung der Mexiko-Visen, sie wußte aber jetzt auch, daß andere Genossen, vor allem Gisl und Egon Erwin Kisch, nach denen sie sich bei Weiskopf immer wieder erkundigt hatte, in Mexiko waren. Ankommen war nun die Priorität, zumindest eine Zwischenstation in New York nach wie vor der große Wunsch. Rodi, der offensichtlich fürchtete, daß ihre Briefe unter der fortwährenden psychischen Belastung zu unklar und unleserlich wurden, entschloß sich, es nochmals seinerseits bei Weiskopf zu versuchen, indem er die finanziellen Bedürfnisse für die Weiterfahrt sehr detailliert darlegte und für seine Frau bat:

»Du kannst Dir übrigens nur schwer vorstellen, wie gerne Netty ein oder zwei Wochen in New York bleiben und ganz ausführlich mit Dir sprechen würde. Ein Aufenthalt in New York – selbst ein ganz kurzer – ist für sie lebensnotwendig geworden, im wahrsten Sinne des Wortes. Sie befindet sich in einem Zustand extremer Erschöpfung und sehr großer Traurigkeit. Eine lange Unterhaltung mit Dir und einige Verhandlungen mit Verlegern usw. würden ihr wieder Hoffnung geben, bald etwas vollenden und veröffentlichen zu können. Ich bitte Dich sehr sehr, ihr diesen Aufenthalt in New York zu ermöglichen.«[121]

Bei all dem gab es die ständige, mit den Verzögerungen und der Unsicherheit wachsende Sorge um die Kinder. In ihrem Bericht an das *Joint Anti-Fascist Rescue Committee* macht Seghers klar, daß sie »Kriege und Konzentrationslager und die Lagerräume von überfüllten Flüchtlingsschiffen nicht gerade als Klassenzimmer« ansehe. Für Kinder war es ihrer Meinung nach wichtig, in einer Gemeinschaft mit Wurzeln und Zielen groß zu werden: »Ein Kind, das mit Landarbeit oder mit Intellektuellen [...] aufwächst, [...] oder das an dem streitbaren Leben seiner Vorfahren teilnimmt mit all den Hoffnungen und Sorgen seines Volkes und seiner Klasse in dem hoffnungslosen

Hof einer Arbeitersiedlung, lernt etwas unendlich wichtigeres für sein Leben als durch das endlose Durcheinander von bizarren Abenteuern. Ich glaube auch, daß alle unsere Kinder – selbst wenn ihre äußeren Wunden heilen – ihre Eindrücke wie unsichtbare Narben durch ihr Leben tragen werden.«[122] Solche Gedanken waren eine zusätzliche Belastung für die Mutter, die Seghers stets auch war.

Endlich klappte die Weiterreise. Mit einem regulären Passagierdampfer, der *SS Borinquem*, fuhr die Familie, mit vielen Zwischenstationen in den Antillen, weiter nach New York, wo das Schiff am 16. Juni ankam,[123] nicht aber die Radvanyis, denn Seghers behielt recht mit ihrem Hinweis auf Odysseus. Nach all den Hoffnungen, Erwartungen, Bitten – auch das Exiled Writers Committee und ihr zukünftiger Verlag Little, Brown setzten sich für Seghers ein[124] – durften sie das Festland nicht einmal betreten, sondern mußten auf der Einwandererinsel Ellis Island im Hafen bleiben, was Seghers als eine weitere Internierung[125] und als »Kulturschock«[126] erfuhr: amerikanische Bürokratie, Aufenthalt in einer riesigen Halle für alle, Schlafsäle, gemeinsames Essen, wenn auch sauber und reichlich, und, wie die Kinder voll Freude feststellten, mehr als genug Seife. Selbstironisch und bitter schreibt sie von da an Weiskopf und die anderen, »ich sitze mit der Familie in Ellis Island, u[nd] die Kantos sitzen bei Euch, worüber zu freuen ich nicht Christin genug bin«[127]. Ein »Wahnsinn« hatte sich, wie sie berichtet, an ihre Familie »geheftet«: Ihre Tochter Ruth – kurzsichtig wie die Mutter – wurde vom Schiffsarzt bei der Landung mit einem »disease of the central nervous system« diagnostiziert, weil sie blinzelte, als er sie anschaute. Die Unterstützung eines Rechtsanwaltes, der sich im Namen des Exiled Writers Committees der League of American Writers um die Familie kümmerte[128], nützte nichts. Seghers war schließlich »so verzweifelt und müde wegen der unglücklichen Sache mit Ruth«, daß sie nicht einmal mehr Briefe schreiben konnte.[129] Rodi sprang ein und berichtete den weiteren Verlauf an Weiskopf. Demnach wurde das Kind zwar von anderen Ärzten eingehend untersucht, die nichts feststellten als Kurzsichtigkeit, trotzdem blieb aber die flüchtige Diagnose des ersten Arztes neben der neuen bestehen. Nicht nur, daß sie deshalb nicht aufs Festland durften, sie wurden auch beschuldigt, die Krankheit des Kindes verschwiegen zu haben, und deshalb von den USA ausgeschlossen, »excluded« sei der juristische Ausdruck und bedeute Schlimmeres als »non admitted«, denn dieses Verdikt würde auch zukünftige Besuche der USA schwierig machen. Sie müßten weiterfahren, doch wolle Netty die Sache nicht ruhen lassen und gleich nach ihrer Ankunft in Mexiko entsprechende Schritte beim Konsulat unternehmen, wie Rodi noch am Tag ihrer Abreise schreibt.[130] In den erhaltenen Briefen aus Mexiko ist dann aber nur einmal von der Sache die Rede[131], ob Seghers etwas unternahm und welchen Erfolg sie hatte, wissen wir nicht. Es wäre anzunehmen, daß sie ihre Wünsche nach einem Aufenthalt in den USA zurückstellte oder fallen ließ, da sie sich in der neuen Umgebung wohl genug fühlte. Tatsache ist, daß es 1942 einen Plan gab, sie nach New York zur *Women's International Exposition* einzuladen, und daß daraus nichts wurde,[132] daß aber sowohl die Kinder wie sie selbst nach Ende des Krieges ohne Schwierigkeiten über die USA nach Europa zurückfuhren und daß Rodi später zu Konferenzen in die USA kam.

Die schlechten Erfahrungen mit den Immigrationsbehörden mögen unterschwellig beigetragen haben zu der negativen Sicht, die Seghers später aus politischen Gründen auf die USA, d. h. auf ihre Regierung und ihr Gesellschaftssystem hatte, zumal sie, wie sie in der DDR gern erzählte, auf Ellis Island die Nachricht erhielt, daß Deutschland – am 22. Juni – »die Sowjetunion überfallen hatte«[133]. Damit wurden die für sie wichtigsten Fronten wieder klar gezogen, die SU kämpfte gegen Hitler und würde ihn »besiegen«[134], wie sie, rückblickend, sogleich geglaubt haben will und sicher auch glaubte, obgleich ihre privaten Nöte damals für sie im Vordergrund standen. Sie erfuhr aber auch Gutes auf der Einwandererinsel: viele Leute kamen sie besuchen, nur Weiskopf fehlte, aus Gründen, die nie genannt werden, die sie aber offensichtlich einsah, da sie weiterhin auf ihn zählte und er noch vieles für sie tat. Schon am Tag der Ankunft erschien Eric Folsom als Abgesandter der League of American Writers auf dem Schiff, um sie willkommen zu heißen, und kümmerte sich auch weiterhin um sie und ihre Familie.[135] Noch wichtiger aber war, wobei Weiskopf ihr geholfen hatte, der Besuch von Maxim Lieber, der einen Vertrag für *Das siebte Kreuz* von dem Bostoner Verlag Little, Brown brachte, den Seghers gleich am Tag ihrer Ankunft unterschreiben konnte. Er sah vor, daß sie 750 Dollar als Vorschuß auf den Verkauf erhielt, 250 davon zur Zeit der Unterzeichnung, und daß sie dem Verlag bis zum 1. Januar 1942 eine englische Übersetzung liefern würde. Das waren relativ bescheidene Summen, zumal die Autorin den Übersetzer bezahlen mußte. Sie erhielt jedoch 10% für die ersten 3000 verkauften Exemplare und 12,5% für alle weiteren.[136] »Ich war sehr froh darüber«,[137] heißt es sogleich über den Vertrag, der ihr gab, was sie über ein Jahr vermißt hatte, die Aussicht, Leser zu erreichen und ihren eigenen Lebensunterhalt zu verdienen. Noch war sie aber auf Spenden angewiesen und bat um Kleidung, sie alle hätten gar nichts mehr. Sie selbst mußte auf Ellis Island sogar Schuhe borgen.[138]

Was sie und ihre Freunde und Helfer nicht wissen konnten und was die negativen Erfahrungen von Ellis Island nur bestätigt hätte, ist die sehr plausibel klingende Vermutung, die der Exil- und Seghers-Forscher Alexander Stephan geäußert hat. Er untersuchte Seghers' umfangreiche FBI-Akte – sie ist keineswegs die einzige deutsche Schriftstellerin und Westemigrantin, über die es eine gibt – und meint, daß die Krankheit des Kindes wahrscheinlich nur ein Vorwand war, um die Autorin und ihren Mann, die in FBI-Akten bereits als »camouflaged Communist agents« auftauchten und beim Immigration und Naturalization Service in New York als »camouflaged Communists« geführt wurden, am Betreten der USA zu hindern.[139] Während Seghers noch um ihre Flucht aus Europa bangte und kämpfte, war sie bereits »im Visier« des FBI und seines Direktors, J. Edgar Hoover, der Kommunisten seit viel längerer Zeit haßte als Nazis und Nazispione und rot und braun als »Communazis« in einen Topf warf. Die Bespitzelung der Autorin setzte sich auch in den kommenden Jahren, in denen sie in Mexiko war, fort. Hoover hatte seine Machtbefugnisse auf das Nachbarland ausgedehnt und hielt die Aktivitäten der kommunistischen Exilierten, die hier Asyl gefunden hatten, unter Kontrolle. Seghers' Briefe wurden geöffnet, kopiert, zusammengefaßt und auf unsichtbare Tinte geprüft, Manuskripte zum Teil übersetzt, Bücher auf kodierte Botschaften überprüft, Vorträge usw. mitgehört. Auch ihr Mann und viele andere wurden observiert.

Am 25. oder 26. Juni[140] war es soweit, »man sagt uns gerade, daß wir heute um 9 Uhr weg müssen, und daß unser Schiff nach Vera Cruz gegen 11 Uhr abfahren wird«, schreibt Rodi an Weiskopf. Es war die *Monterrey*, die am 30. Juni mit Zwischenstation Havanna ohne weitere Zwischenfälle in Mexiko ankam. Seghers' Paß trägt unter diesem Datum einen großen Stempel: »INMIGRANTE«, und kleiner darüber »buena por un ano referendable«. Sie sollte fast sechs Jahre bleiben – Rodi noch länger – und sogar die mexikanische Staatsbürgerschaft annehmen. Ihre Fahrt nach Amerika in der Mitte des zwanzigsten Jahrhunderts hatte wesentlich länger gedauert als die von Christoph Kolumbus am Ende des fünfzehnten. Seghers hatte mit all ihren Kräften und Fähigkeiten darum gekämpft und war gleichzeitig zutiefst davor zurückgeschreckt, vor allem vor Mexiko. »An Mexiko ging mich nichts an [...]. Ich hatte auch über das Land nichts gehört, was mir besonders im Gedächtnis geblieben wäre. Ich wußte – es gab dort Erdöl, Kakteen, riesige Strohhüte. Und was es auch sonst dort geben mochte, es ging mich ebensowenig an«,[141] läßt sie ihren Ich-Erzähler in *Transit* sagen und übertrieb das Desinteresse, das sie selbst empfand. Doch nach all den Aufenthalten und Enttäuschungen der Überfahrt und der Angst, irgendwo ohne Kontakt zu der Welt, die sie kannte, hängenzubleiben, empfand sie ihre Ankunft in dem einzigen Land, das ihr Zuflucht bot, nun wirklich als solche. »Aber zum Glück kann unsere kleine Familie als lebender Beweis dafür gelten, daß man an einem Ort wie vorgesehen ankommen kann«, schreibt sie aus Mexico-City an Weiskopf und bedankt sich bei ihm. »Ohne Dich wären wir verloren gewesen – ich weiß nicht, auf welcher Insel oder in welchem Lager.«[142] Sie und ihre Familie wurden in Veracruz abgeholt, fuhren mit dem Zug durch die tropische Landschaft nach Mexiko-City hinauf, wo Pablo Neruda, chilenischer Lyriker und Generalkonsul in Mexiko, den sie aus Spanien kannte, Seghers ein Willkommensessen gab. Sie fand alte Freunde und Genossen vor und lernte neue kennen. »Es ist wirklich herrlich, wie nett meine gesamte kleine Familie ist«,[143] berichtet sie und hatte wieder eine Gemeinschaft, zu der sie gehörte. Das Gefühl der Verlassenheit, das sie in diesem Jahr so sehr bedrängt hatte – auch wenn sie, wie wir sahen, nie völlig allein war – konnte neuer kollektiver Tätigkeit weichen.

Wirklich vergessen konnte sie es nicht. Bis 1943 arbeitete Seghers an *Transit*, in dem sie das Trauma der tödlichen physischen und psychischen Gefahr, das sie erfahren hatte, noch lange nach der Ankunft zu bewältigen suchte. Darin läßt sie ihren Ich-Erzähler sagen: »Denn abgeschlossen ist, was erzählt wird. Erst dann hat er diese Wüste für immer durchquert, wenn er seine Fahrt erzählt hat.«[144] Sie drückt damit ihre Hoffnung auf die Heilkraft des Erzählens nicht nur für Zuhörer und Leser, sondern auch für Erzählende aus. Hans-Albert Walter spricht in seiner Analyse des Buches von dem »riesigen künstlerischen Aufwand zur Bannung des Todes«[145] und der »›Gefahr unter falschen Brüdern‹«,[146] den Seghers einsetzte. Doch ganz konnte sie – wie viele andere mit ähnlichen Schicksalen – ihre »Wüste« nie durchqueren. Die Spuren ihres *Transits* zeigen sich, denke ich, in einem seit damals noch größeren Bedürfnis nach Ankunft, Sicherheit und Gemeinschaft, bei gleichzeitigem Bewußtsein, wie »transitär« und unsicher all das jeden Moment sein konnte. Mehr denn je brauchte sie den Halt ihres Glaubens an eine Idee, die den Zustand dieser Welt zu ändern versprach, deutlicher denn je sah sie aber die möglichen Korruptionen auch dieser Idee und der Menschen, die ihr dienten. Sie wurde härter und verwundbarer zugleich.

Wann Seghers *Transit* zu schreiben begann, läßt sich nicht mit Bestimmtheit sagen, sie meinte, schon in Marseille,[147] auf der Überfahrt arbeitete sie jedenfalls daran,[148] in Mexiko schrieb sie es zu Ende. Das Buch entstand also unter dem unmittelbaren Eindruck der Ereignisse und verarbeitete, wie wir sahen – man könnte noch viele Beispiele hinzufügen – eigene Erfahrungen und präzise Beobachtungen. Es enthält sehr viel Lebenswirklichkeit der Zeit und ein beträchtliches »Stück Seelenwirklichkeit seiner Erfinderin«[149], ein einfaches Spiegelbild der Geschehnisse oder gar ein autobiographischer Schlüsselroman ist es aber nicht, sondern vielmehr ein Werk großer Kunst und Künstlichkeit, im Sinne von Montage, Collage, Zitat und Allusion, mit denen Realitätspartikel und das *Erbe* europäischer Kultur und Literatur verwoben und umfunktioniert werden. Nicht trotz, sondern wegen seines ernsten, sie selbst zutiefst betreffenden Stoffes ist der Roman voll Ironie und Spiel, voll literarischer und mythologischer Anspielungen, die wesentlich zu seiner komplexen und vielschichtigen Aussage beitragen.[150] In dieser Hinsicht verrät *Transit* vielleicht mehr als irgendein anderes Werk Seghers' menschliche und künstlerische Eigenart: den Spott und die Ironie, die scheinbare Leichtigkeit, das Versteckenspielen, die mythische, historische und literarische Kontextualisierung, mit denen diese *Realistin* ihrer schlechten Wirklichkeit begegnete.

Abgeschlossen wurde das Buch im Herbst 1942,[151] mit dem Wissen, daß *Das Siebte Kreuz* ein Erfolg geworden war, aber auch mit dem, daß die Bemühungen um die Rettung der Mutter aus Europa fehlgeschlagen waren. Ehe das Manuskript an den Verlag ging, sollte es noch überarbeitet werden, was wohl auch geschah, das relativ späte Erscheinungsdatum – 1944 bei Little, Brown in englischer Übersetzung und bei Nuevo Mondo in Mexiko auf spanisch – hat aber sicher mit Seghers' schwerem Unfall im Juni 1943 zu tun. Erst am 16. August 1943 konnte sie den Vertrag für ihr Buch – zu wesentlich besseren Bedingungen als für *Das siebte Kreuz* – unterschreiben. Gisl Kisch begleitete ihre noch keineswegs gesunde Freundin und fungierte als Zeugin.[152] Für einen Massenerfolg, wenn je einer möglich gewesen wäre, war der Zeitpunkt der Veröffentlichung schon zu spät, wie Angus Cameron, der »Editor in Chief« von Little, Brown, Seghers auf ihre Klage, daß nicht genug Reklame für ihr Buch gemacht werde, diskret mitteilte. Es sei zwar groß herausgekommen, man habe aber bis Ende August 1944 nur 9000 Exemplare verkauft – gegenüber 37673 vom *Siebten Kreuz* –, da könne auch weitere »publicity« nichts ändern, zumal die Meinungen der Kritiker »widely split« gewesen seien. Weder zu dieser Zeit noch 1948, als das Buch zum ersten Mal in Deutschland bei einem alten Freund, Kurt Weller, in Konstanz erschien, noch 1951, als man es – ziemlich spät – in der DDR veröffentlichte, stieß *Transit* auf großes Interesse. In der DDR gab es damals, wie die Autorin selbst 1950 an Weller schrieb, »manche bloede Leute«, die sich über das Buch »schrecklich aergern und die es nicht verstehen«. Sie war jedoch nicht bereit, gegen diese Leute anzukämpfen und sich für den Roman oder ihren westdeutschen Verleger, der Konkurs anmelden mußte, einzusetzen.[153] Obwohl sie an den künstlerischen Wert ihres Werks glaubte, meinte sie, daß zur Zeit anderes von ihr pädagogisch wichtiger sei. Erst später begann *Transit* – vor allem im Westen – Anerkennung zu finden, Heinrich Böll nannte es eines der »schönsten« Bücher, die Seghers geschrieben habe, und viele Kritiker halten es heute für ihr interessantestes, wenn nicht bestes. In einer Welt, die immer noch voll von Flüchtlingen und Asylbewerbern ist, hat es außerdem nichts von seiner unmittelbaren und existentiellen Relevanz verloren. Seghers spricht im Roman von dem »Zustand, den man auf Konsulaten Transit nennt und in der gewöhnlichen Sprache Gegenwart«[154]. Diese Gegenwart hat sich für viele Menschen der Erde nicht geändert.

Es ist für Seghers' Haltung nicht nur während ihrer Flucht, sondern auch nach der Ankunft in Mexiko bezeichnend, daß der Roman in Frankreich in der uralten Hafenstadt Marseille spielt und Transit im Sinne einer tatsächlichen Überfahrt nach Amerika und die Ankunft in Übersee keine Rolle spielt. Ihr Herz war und blieb in Europa. Den Leser oder die Leserin, die mit Seghers' Biographie vertraut sind, mag bei der Lektüre des Romans sogar befremden, mit welch spöttischer Geringschätzung die Autorin ihren Ich-Erzähler die verzweifelten Fluchtbemühungen um sich her beschreiben läßt, Bemühungen, an denen sie selbst mit letzter Energie teilgenommen hatte. Dieser Spott ist ein Mittel der Distanzierung von sich selbst. »Die ›Montreal‹ soll untergegangen sein zwischen Dakar und Martinique«, heißt es gleich zu Beginn des Buches von dem einzigen Schiff, das in der Handlung figuriert, weil Marie, die Frau, in die sich der Ich-Erzähler verliebt hat, ihr Freund und andere Randfiguren damit schließlich abfahren. Ihre Reise wird zu einem *transit* im älteren Sinn des Wortes, ein Übergang vom Leben in den Tod, die ursprüngliche Vision, die Seghers mit der Abfahrt aus Europa, aber auch mit ihrer bereits zitierten Bedeutung von »Transit« als »Gegenwart« verband. Beides erfuhr sie als potentiell tödlich, sie konnte nicht bleiben, weder als kommunistische Schriftstellerin noch als Jüdin – die Situation der jüdischen Transitäre im Roman, des Legionärs und des Kahlköpfigen, wird als noch verzweifelter und absurder gezeichnet als die der anderen. Sie wollte aber auch nicht gehen, da die Schriftstellerin in ihr die Wurzellosigkeit als eine Form des Todes fürchtete. Der »Abfahrt« der *Montreal* zu Beginn des Romans stellt die Autorin am Ende die Entscheidung des Ich-Erzählers zu bleiben gegenüber. Er will »Gutes und Böses«, »Zuflucht und Verfolgung« mit den Franzosen teilen, die ihm »bis auf weiteres Obdach« geben und, »sobald es zum Widerstand kommt«, an ihrer Seite kämpfen. »Selbst wenn man mich dann zusammenknallt, kommt es mir vor, man könne mich nicht restlos zum Sterben bringen«,[155] glaubt er. Wie andere Seghersssche Helden findet er, der ruhe- und ziellos war, sich selbst in einer Kampf- und Todesbereitschaft, die den Tod letztlich überwindet. Seghers wählte diesen Schluß, nachdem sie auch andere Möglichkeiten, wir wissen nicht welche, in Betracht gezogen hatte.[156] Zentrale Metapher für möglichen Widerstand gegen die Nazis, die, wie es im Roman heißt, »die wirklichen Herren«[157] der Transit-Welt sind, ist nicht mehr wie im *Siebten Kreuz* die Selbstbehauptung durch Flucht, sondern das Ausharren am »Rand unseres Erdteils«[158] – eine Metapher übrigens, die Volker Braun viel später in seinem Stück *Transit Europa,* das in den letzten Jahren der DDR entstand, aufnahm und umformte.

Die Romanfigur leistet, was seine Schöpferin nicht leisten konnte, sie bleibt bei den vielen, für die eine Flucht überhaupt nicht in Frage kommt, und läßt Europa nicht »im Stich«. Das haben aber vor allem die Mächtigen der Zeit getan, die französische Regierung und die Sowjetunion, die Hitler nicht oder nicht ernsthaft bekämpften und Antifaschisten – und Juden – im Stich ließen. Diese Enttäuschung konnte Seghers nicht vergessen, auch als sie ihren Roman in Mexiko beendete, die Russen längst gegen Deutschland kämpften und sie auf einen Sieg der SU hoffte und hoffen mußte. Im Politischen wie im Privaten zeigt sie »Imstichlasserei« als das allgemeine, furchtbare Krankheitssymptom dieser Zeit, Solidarität mit anderen, Treue zu den einmal übernommenen Aufgaben und eingegangenen Verpflichtungen als einen Schritt zur Heilung. In drei Handlungssträngen, in die der Ich-Erzähler zunächst stärker verwickelt ist als in die Geschichte seiner eigenen Entscheidung, gestaltet Seghers zusätzliche, für sie wichtige Wege der Bewährung in dieser Transitwelt, bei denen es nicht unmittelbar auf Gehen oder Bleiben ankommt. Alle stiften Gemeinschaft und erhalten menschliche Identität, politisch wie privat. So helfen der Erzähler und viele Franzosen dem einbeinigen Spanien-Kämpfer Heinz, aus Frankreich zu fliehen. Er repräsentiert diesen zwar verlorenen, aber als Zeichen und Inspiration für seine Helfer – und die Autorin – wesentlichen Krieg und darf nicht untergehen oder aufgeben, andere Kämpfe werden folgen.

Mit der Geschichte des Schriftstellers Weidel und seinem unvollendeten Manuskript wiederum versichert sich Seghers letztlich ihrer eigenen Aufgabe unter den kunst- und kommunikationsfeindlichen Bedingungen des Exils und vor allem der Transitsituation, die ja auch sie an andere Arbeit denken ließen. Doch bei einem Künstler ist das ebenfalls eine Form des Im-Stich-Lassens. Als solches empfindet der Ich-Erzähler die Tatsache, daß Weidel ein unvollendetes Manuskript zurückläßt und nie mehr Geschichten schreiben wird, die ihn, den Leser, »bewahrt hätten vor dem Übel« – eine Anspielung auf das »Vaterunser«, die dem Erzählen etwas von der Kraft Gottes zuschreibt. Mit der ungewöhnlichen Dreiecksgeschichte um Marie schließlich, bei der sich Seghers auf Racines *Andromaque* als Grundmuster berief, geht es um die Frage der Treue in der Partnerschaft. Marie unterscheidet sich allerdings insofern von Racines Heldin, als die ihrem Gemahl unbedingte Treue hält, während Marie ihren Mann, den Schriftsteller Weidel, in der Angst vor den einmarschierenden Deutschen mit einem anderen, der ein Auto hat, zunächst verläßt. Erst nach seinem Tod, an den sie nicht glauben will, beginnt sie eine rastlose Suche nach ihm. Ihre verspätete Treue erscheint nun absurd, macht aber deutlich, wie unerläßlich Treue für Maries Identität ist. Nicht thematisiert, aber unter der Romanoberfläche in kleinen Hinweisen versteckt, wird, wie bereits angedeutet, das Imstichlassen von Seghers' Mutter. Auch dieses Versteckspiel ist, wie bei dem um den »Russenpakt«, Selbstschutz, allerdings nicht aus politischen Gründen, sondern weil das Versagen hier privat zu nahe ging. Mit Hilfe ihrer Fiktion und Kunst versicherte sich Seghers dessen, was ihr Halt geben konnte, und versuchte zu bannen, was sie zu zerstören drohte: eine Strategie, die sie bei aller Distanz ihrer Werke zur Autobiographie stets anwendete, die aber nie so transparent wird wie in *Transit*, weil hier die persönliche Betroffenheit besonders groß war.

Dreizehntes Kapitel

»In diesem seltsamen Land« – Mexiko

> »Leute, die in Mexiko waren, haben die mexikanische Krankheit. Etwas vom Garten Eden steht vor dem geistigen Auge derer, die irgendwann die mexikanischen Weiten gesehen haben.« *Sergej Eisenstein*

»Die Zeit, die ich in Mexiko verbrachte, gehört zu den schönsten und wichtigsten Abschnitten meines Lebens. Das Land, seine Menschen und Landschaften werden mir immer nahestehen«, schreibt Anna Seghers im hohen Alter an die Botschaft der DDR in Mexiko.[1] Sie tut es im Zusammenhang mit einem – nie realisierten – Projekt, das ihr sehr am Herzen liegt: eine deutsch-mexikanische Verfilmung ihrer Erzählung von 1967, »Das wirkliche Blau«. Es ist eine der wenigen Geschichten der Autorin, die in Mexiko spielen, ihrem zweiten Exilland, in das sie niemals zurückkehrte, obwohl sie von der DDR aus zwei Reisen nach Lateinamerika, jedoch beide nach Brasilien, unternahm. Wie auch die anderen Arbeiten mit mexikanischen Schauplätzen und Themen wurde diese Geschichte erst in Deutschland geschrieben. Während Seghers' Aufenthalt in Mexiko entstand nur das bekannte, von Heimweh gezeichnete Bild, das den *Ausflug der toten Mädchen* einleitet und sowohl die mexikanische Landschaft wie deren Bewohner als das völlig Fremde darstellt. Nicht bloß die unirdisch und surreal erscheinende Topographie und Flora Mexikos kontrastieren darin mit der vertraut lieblichen der Rheingegend. Auch die fatalistische Haltung des mexikanischen Wirtes am Anfang unterscheidet sich grundlegend von der auf das tätige Bewältigen der Zeit ausgerichteten der Ich-Erzählerin am Ende. Trotzdem gibt das fremde Land mit seinen guten und schlechten Erfahrungen – Aufnahme und die Chance, als einzige ihrer Schulklasse zu überleben, aber auch Krankheit und Heimweh – der Ich-Erzählerin erst den doppelten Blick, mit dem sie auf die Heimat und ihre Sehnsucht danach sieht. Insofern läßt diese in vielem nur dem Anschein nach autobiographische Erzählung, in der es Seghers nach wie vor nicht um Selbstdarstellung, sondern um die Verarbeitung des für ihre ästhetischen und ethischen Intentionen Exemplarischen an der eigenen Biographie geht, tatsächlich Aufschluß über ihr komplexes Verhältnis zu Mexiko in der Zeit, als sie da lebte.

Wieder in Deutschland, bekannte sie sich aber bis zu ihrem Tod zu erneutem, nun umgekehrtem Heimweh – nach Mexiko und der Welt Lateinamerikas – und wünschte sich im Nachkriegsberlin einen mexikanischen Sektor. Sie hatte das allerdings vorausgesehen: 1946, als die Rückkehr nur mehr eine Frage der Zeit war, schrieb sie: »Ich habe Sehnsucht nach Europa [interessanterweise spricht sie nicht von Deutschland allein], nach dem zerruetteten, gemeinen Europa, das vielleicht das beste und das schlechteste hervorgebracht hat, was es auf der Welt gibt. Ich glaube aber auch, dass wir immer in Europa nach hier Sehnsucht haben werden.«[2] »Unter allen Ländern, die ich kenne, hat Mexiko den größten Eindruck auf mich gemacht«, sollte sie dementsprechend in der DDR sagen, es sei für sie nichts »Vergangenes, Abgeschlossenes«, sondern »gegenwärtig«.[3] Im hohen Alter mag dann das Bedauern darüber, daß sie trotzdem nicht mehr über Mexiko geschrieben und vor allem darüber, daß sie das Land nie wiedergesehen hatte – sie nannte einmal Krankheit als Grund[4] –, Seghers betroffen und das Interesse der Einundachtzigjährigen an dem erwähnten Film-Projekt beflügelt haben. In der Erinnerung erschien ihr der Aufenthalt »in diesem seltsamen Land«[5] um so leuchtender und bedeutsamer, je mehr die Gegenwart von der Enttäuschung ihrer in Mexiko gehegten Hoffnungen auf Deutschland nach Hitler geprägt war. Damals war sie von dem optimistischen Wunsch erfüllt gewesen, zur Erneuerung und Umwandlung ihres Heimatlandes beizutragen, und hatte in Erwartung der Rückkehr jenes Auftragsdenken entwickelt, das noch stärker als bis dahin ihr Schreiben bestimmen sollte. In Mexiko fallen einmal die verräterischen Worte, »wenn ich ganz frei waere und hinfahren koennte, wo ich wollte und schreiben ueber was ich Lust haette […]«[6]. Aus einem Gefühl der Verantwortung gegenüber Deutschland glaubte sie schon in Mexiko – und erst recht nach 1947 – diese Freiheit nicht oder nur in geringem Maße zu haben, eine Selbstbeschränkung, die ihr dann im Alter angesichts der historischen Entwicklung leid tat und tun mußte.

Doch nicht erst nach der Rückkehr sprach Seghers positiv von Mexiko. Schon bald nach der Ankunft in der Hauptstadt schreibt sie an Weiskopf: »Das Leben hier gefällt mir sehr. Das Klima, die Farben, das Ländliche, all das gibt mir die Gewißheit, hier leben und arbeiten zu können.«[7] Wie in Frankreich war letzteres entscheidend, wozu auch gehörte, daß sie sich nicht mehr, wie in der Transit-Zeit, allein und isoliert fühlte. An den in Martinique hängengebliebenen Kurt Kersten heißt es: »Ich bin im Grunde sehr gern hier. Wir haben hier alle Arbeit und Menschen um uns.«[8] Ja, sie meint sogar, »ich habe hier mehr Freunde gefunden als ich je in Frankreich hatte«[9]. Nie verlor Seghers aber das Gefühl der Fremde gegenüber ihrem Gastland und seinen Menschen ganz, vielleicht gerade weil ihr Interesse für das so andere Land – wie das mancher ihrer Freunde, wie z. B. Kisch und Renn – ein echtes war. Die Distanz war zu groß, sie wußte zu wenig, sprach nicht gut genug Spanisch und sah, wie sie Kersten erklärt:

»die von aussen gekommenen Leute, zu denen ich schliesslich auch mich selbst rechnen muss, als Fremdkoerper an, als Splitter im Fleische. Hier kann man stuendlich lernen, wie aus Menschen ein Volk und aus einem Volk ein Staat wird. Es gibt dabei Zwischenfaelle, Rueckfaelle, Unfaelle. Das ist in einem historischen Prozess unvermeidlich und in der Natur. In den ersten Monaten und Jahren konnte ich nicht ertragen, in Probleme hineingestellt zu sein, die nicht das geringste zu tun haben mit allem, was uns angeht und was uns gluecklich und ungluecklich macht. Nach und nach habe ich es beinahe gluecklich gefunden, dass ich die Welt nicht immer aus einem Loch ansehen muss.«[10]

Das Bemühen zu verstehen und zu lernen war verbunden mit dem Bewußtsein, trotzdem Außenseiterin zu bleiben, weil sie im Herzen Europäerin war und dies als Schriftstellerin bleiben wollte. Diese Zwischenstellung vermittelte Seghers eine neue Perspektive auf sich als antifaschistische Schriftstellerin und auf Deutschland. So kam sie z. B. in ihren Essays dieser Jahre immer wieder darauf zu sprechen, daß die deutsche Misere nur zu beenden sei, wenn man endlich, die »eigne Geschichte überwindend, die Einheit des sozialen und nationalen Bewußtseins«[11] erreiche, eine Entwicklung, die Mexiko damals vorzuleben schien. Hier hatten die Revolutionen zu Beginn des Jahrhunderts und vor allem die linke Regierung von Lázaro Cárdenas, der von 1934 bis 1940 Präsident Mexikos gewesen war, aber auch zu Seghers' Zeit als Kriegsminister noch eine wichtige Rolle spielte, unter Berufung auf die große präkolumbianische Vergangenheit des Landes das Nationalbewußtsein befestigt. Gleichzeitig wurden aber auch die sozialen Probleme – durch Verstaatlichung der Bodenschätze, Bodenreform, Sozialisierung von Betrieben und, 1938, Enteignung von US-amerikanischen und britischen Erdölgesellschaften – in Angriff genommen. Seghers bewunderte Cárdenas und setzte ihm in ihrer Erzählung »Die Heimkehr des verlorenen Volkes«, die 1957/58 in einer Zeit großer Enttäuschung in der DDR im selben Umfeld wie »Der gerechte Richter« entstand, ein Denkmal. In diesem Kontext und im Zusammenhang mit dem oben Gesagten beschwört die Erwähnung Cárdenas' in der Geschichte einen anderen sozialistischen Weg als den stalinistischen.[12] Was das von ihr in Mexiko Geschriebene betrifft, so war sie sich damals durchaus bewußt, daß das Gastland daran seinen Anteil hatte, »egal ob die Arbeiten von Mexiko handeln oder von unserer Heimat; denn Schriftsteller ziehen, wie Bäume, Nahrung aus dem Boden«, wie sie 1944 in ihrem Bericht für das *Joint Anti-Fascist Rescue Committee* in den USA schreibt.[13] Sie meinte darin sogar, daß vielleicht »jetzt mit Unterstützung jener, die uns geholfen haben, von meinen Freunden ein neues Kapitel der Weltliteratur geschrieben« werde und hatte insofern recht, als *Exilliteratur* tatsächlich, wenn auch nur sehr langsam, zu einer anerkannten Kategorie der Literatur wurde.

Daß sie selbst etwas über Mexiko erzählen würde, erschien Seghers jedoch zu Beginn ihres Aufenthaltes – und auch später meist – unwahrscheinlich: »Mexiko«, erklärte sie in einem Interview, das sie 1943 der US-amerikanischen Zeitschrift *New Masses* gab, »ist ideal für Künstler. Die Atmosphäre ist anregend. Aber ich glaube nicht, daß ich je darüber schreiben werde. Ich weiß so wenig über das Land.«[14] Dieser Grund verlor mit der Zeit an Bedeutung und wich immer mehr der Idee, daß sie, »wenn ich wieder zu Hause bin, etwas Wichtiges schreibe, etwas Schönes über Mexiko«, wie Seghers im April 1945 in einem vom FBI abgefangenen Brief ihrer Schwägerin Lily Szondi in die Schweiz mitteilt. Aus diesem privaten Brief geht aber auch noch einmal deutlich hervor, wie sehr sie sich bei aller Zuneigung zu Mexiko mit seiner reichen Kulturgeschichte letztlich als Europäerin fühlte und was das für sie als Mensch und Autorin konkret bedeutete: »Wenn ich Dir nur all die Märkte mit all den Farben, all den Stoffen, all den Menschen zeigen könnte, dann wäre es leichter für mich. So wie es jetzt ist, erscheint mir alles so schrecklich unwirklich.«[15] Sie brauchte einen europäischen Kontext, in dem sie über Mexiko erzählen, und Menschen, denen sie etwas zeigen konnte, nur dann wurden die eigenen exotischen Erfahrungen für sie ganz wirklich. Die unmittelbaren Eindrücke in dem Land, das André Breton, ihr Überfahrtsgefährte auf der *Paul Lemerle*, »den surrealistischen Ort schlechthin« nannte, hatten auch für sie etwas Irreales oder Surreales, für das besonders sie höchst empfänglich war. Mexiko, mit seiner Weite, seiner einheimischen Bevölkerung, seiner faszinierenden, lange zurück reichenden Geschichte, war so ganz anders als alles, was sie bisher gekannt hatte. Erst aus der Distanz, aus Deutschland, erlaubte sie sich, etwas von ihren Eindrücken erzählerisch ins Bild zu bringen, z.B. in der Beschreibung des Mercedes-Marktes oder des Festes zum Nationalfeiertag Mexikos mit dem »Ruf von Dolores« in der Erzählung »Crisanta« (spätestens 1950 abgeschlossen).

Der Hauptgrund aber, warum Seghers in Mexiko nicht über ihr Gastland schrieb, war die Verpflichtung, die sie empfand, ihren Blick auf Europa und Deutschland zu richten. Dem der KPdUSA nahestehenden *Joint Anti-Fascist Rescue Committee*, das auch unter dem Namen seines Leiters, des amerikanischen Arztes und Spanienkämpfers Edward K. Barsky, bekannt wurde und Geld zur Unterstützung der Exilierten nach Mexiko schickte,[16] bescheinigt sie: »Es hat nicht nur Menschen vor dem Faschismus, sondern es hat Menschen für den Kampf gegen den Faschismus gerettet.«[17] In der westlichen Hemisphäre konnte von einer Wirkung nach Deutschland hinein, die zumindest in den ersten Exiljahren in Frankreich mit zu den Vorstellungen vom antifaschistischen Kampf gehört hatte, nicht einmal mehr die Rede sein. Hier ging es, wie Seghers erklärt, um die Verantwortung der Exilierten »gegenüber der Gesellschaft auf diesem Kontinent, indem sie die Natur des Faschismus und den Kampf gegen den Faschismus erhellen«[18]. Es galt nun einerseits, den in Mexiko und Lateinamerika unter Deutschstämmigen durchaus vorhandenen Sympathien für das Dritte Reich zu begegnen und die Dringlichkeit einer zweiten Front zur Entlastung der Sowjetunion im Krieg gegen Hitler hervorzuheben, andererseits einer Pauschalverdammung Deutschlands und der Deutschen entgegenzuarbeiten. Seghers betrachtete ihre und ihrer Genossen Rettung als »eine Art von Freistellung« von Krieg und Gefahr für diese – den Exilierten in Mexiko einzig möglichen – Formen des *Kampfes* gegen den Faschismus.[19] Sie hatte das Verlassen Europas, so wenig Wahl sie gehabt und so zäh sie sich darum bemüht hatte, als eine Art von Imstichlassen gesehen und empfand, je mehr Schreckensnachrichten aus der alten Welt kamen – über die Hinrichtungen und Verurteilungen von Antifaschisten, von denen die Zeitschrift *Freies Deutschland* regelmäßig berichtete, über die Vernichtung der Juden, über die Bombardierungen deutscher Städte, über die Kriegsverluste –

etwas wie »survivor's guilt«. In einem Brief, in dem sie 1944 Freunden in der Schweiz von ihrem Unfall berichtete, heißt es sogar: »Ich fühle jetzt, daß es eine Art von Strafe dafür ist, daß ich weg war von den Gefahren des Krieges.«[20] Nur die Auseinandersetzung mit dem Faschismus im Kontext der amerikanischen Gegebenheiten und mit der Frage, welche Verantwortung sie als Schriftstellerin gegenüber einem zukünftigen Deutschland trug, konnten diese *Schuld* abtragen.

So positiv sich Seghers von Anfang an zu Mexiko äußerte, sie sah auch sehr bald Schattenseiten, die einer Frau, welche die letzten sechzehn Jahre ihres Lebens in *den* Großstädten Europas – Berlin und Paris – verbracht und vielfältige Anregungen und Auswegmöglichkeiten aus allzu großer KPD-Enge und -bevormundung gefunden hatte, besonders auffallen mußten. An Weiskopf schreibt sie gleich im August 1941: »Sonst vermisst man, sowie man laenger da ist, sehr ein intensives breites Leben mit allen Moeglichkeiten die den Faehigkeiten des Einzelnen entsprechen. Natuerlich hat das Leben hier etwas Provinzielles. Keiner kommt dazu zu leisten was er leisten koennte. Eng sind auch die Beziehungen zu Freund und Feind.«[21] Mexico-City war damals bereits eine Millionenstadt – von 2,5 gegenüber heute mehr als 20 Millionen –, Seghers' Urteil bezog sich aber weniger auf die Stadt selbst als auf die Welt, in der sie sich hauptsächlich bewegte, die Enklave der Deutschsprachigen und Kommunisten, über die sie auch sehr schnell hinauszugehen suchte, indem sie Bekanntschaften mit Intellektuellen und Künstlern aus Mexiko und der internationalen Gemeinde pflegte, unter ihnen Neruda und – etwas später – Jacques Roumain aus Haiti. Der Provinzialität gewann sie noch positive Seiten ab, indem sie sie als Herausforderung sah und akzeptierte. Schon im September 1941 heißt es: »Aber in diesem Provinziellen liegt auch, dass die Leute Lust auf Anregung haben, sodass ich mir fuer geplante kuenstlerische und wisenschaftliche Darbietungen in festerem und groesserem Rahmen allerlei verspreche.«[22] Sie sollte recht behalten. Mexiko bot den Ankömmlingen in vieler Hinsicht gute Voraussetzungen, und es gelang ihnen in kurzer Zeit – unter beträchtlichem Einsatz –, ein reges kulturelles Leben mit Klubs, Zeitschriften und einem Verlag aufzubauen, das Mexiko zu einem der bedeutendsten Exilzentren während des Krieges machen würde.

Unter der »Enge zu Freund und Feind« litt Seghers jedoch von Anfang bis Ende des Exils in Mexiko. Es war wesentlich schwieriger als in Paris, Spannungen und Grabenkämpfen auszuweichen, die die Gemüter um so mehr erregten, je irrelevanter die Exilierten in Mexiko für das Kriegsgeschehen in Europa waren und je kleiner und mehr aufeinander angewiesen die kommunistische Gruppe war. Politisches und Kulturelles waren auch im Alltag – und nicht nur prinzipiell – eng verknüpft, die Funktionäre hatten wenig wirklich Wichtiges zu tun, schrieben selbst viel und machten ihre nicht-ästhetischen Prioritäten geltend. Der auch von Seghers mitgegründete Verlag *El Libro Libre* brachte z. B. Paul Merkers zweibändiges *Deutschland – Sein oder Nicht Sein?* groß heraus, *Transit* gar nicht. »Anna bot uns *Transit* an, aber wir hielten es nicht für die richtige Art von Roman für uns«, meint sogar der Schriftstellerkollege Uhse.[23] Sie selbst sprach 1946 von den »uferlosen und fruchtlosen Diskussionen und Streitigkeiten der Emigrationsatmosphäre«, die sie mit der Rückkehr nach Deutschland hinter sich zu lassen hoffte, vergeblich, wie sich herausstellen sollte. In mancher Hinsicht bekam Seghers, ohne daß sie es wußte, in Mexiko einen Vorgeschmack auf eine Enge und Bevormundung, wie sie sie bis dahin nicht gekannt hatte, wie sie sie aber in der späteren DDR in wesentlich größerem Maße würde hinnehmen müssen.

Als die Radvanyis in Mexico-City ankamen, fanden sie von den alten Bekannten und Freunden Renn, die Kischs, Uhse und Otto Katz vor, der sich seit Paris André Simone nannte, bei Seghers aber den alten Namen behielt. Die letzten beiden hatten sich besonders intensiv um Visen für die Zurückgebliebenen bemüht, Katz schon von den USA aus, von wo ihn aber ein Deportationsverfahren wegen seiner KPD-Aktivitäten gemeinsam mit Kisch vertrieb. Aus einer Gruppe, die im Mai 1941 mit der *Winnipeg* Marseille verlassen hatte und wie Seghers über die USA gekommen war, gelangten außerdem noch Frei und Balk nach Mexiko. Den anderen, die ebenfalls Visen dafür besaßen, wie Gerhart und Hilde Eisler, Albert und Hertha Norden und Hans Marchwitza – und auch die Kantorowiczs', die mit Seghers gereist waren – wurde mit Inkrafttreten der Bloom-Van Nuys Bill am 1. Juli 1941, die allen Deutschen die Ausreise verbot, die Weiterfahrt verwehrt. Diese Kommunisten wiederum *mußten* in den USA bleiben. In Mexiko hatten aber auch Gustav Regler, Seghers' ehemaliger Freund, und seine Frau Mieke, die Tochter des Malers Heinrich Vogeler, und Babette Gross, die Partnerin von Willi Münzenberg, Zuflucht gefunden. Mit ihnen, die als Renegaten galten, obwohl Regler seinen Bruch mit den Kommunisten erst 1942 öffentlich machte, wollte Seghers nichts mehr zu tun haben. »Mit Gustav und Bab kommen wir nicht zusammen, ja, ich habe sie nirgendswo gesehn. Sie spucken wohl im Hintergrund bloeder Briefe und Anrempelungen. Ich sah sie nie, hab auch keine Lust«, schreibt sie bald nach der Ankunft,[24] glaubte aber, wie ja auch diese Briefstelle suggeriert, daß Regler mit seinen guten Beziehungen in den USA, die bis zu Eleanor Roosevelt reichten, gegen sie intrigierte. Als Regler die ehemaligen Genossen anonym und offen anzugreifen begann und diese mit Beschuldigungen, u. a. des Verrats in Le Vernet, zurückschlugen, meldeten sich Prominente, unter ihnen Thomas Mann, in der nordamerikanischen Presse zu seiner Verteidigung. Daraufhin kam es im Februar 1942 zu einem Brief aus Mexiko an *The Nation,* der behauptete, Beweise gegen Regler in Händen zu haben. Zu seinen Unterzeichnern gehörte wiederum dort verfügbare *Prominenz,* darunter Neruda und Anna Seghers.[25] Damit verbunden, aber lokaler blieben die – verdeckten – Stellungskämpfe zwischen der bereits bestehenden antifaschistischen *Liga Pro-Cultura Alemana en México* und den neu angekommenen Kommunisten um Einfluß auf die deutschsprachige Öffentlichkeit und um Repräsentanz für das andere Deutschland.[26] Mit ihren Gründungen, wie dem Heinrich-Heine-Klub – dessen Präsidentin Seghers wurde – und der Zeitschrift *Freies Deutschland,* denen die *Bewegung Freies Deutschland* unter der Führung Paul Merkers folgte, gelang es den Kommunisten, die *Liga* auszuschalten, die kulturelle Führung zu übernehmen und die Anerkennung und Unterstützung der Regierungskreise auf sich zu ziehen, wobei das Ziel stets eine breite Verbindung mit allen Hitler-Gegnern war, eine den neuen Umständen entsprechende Art von *Volksfront.*

Von Anfang an war Mexiko alles andere als eine exotische Idylle, auch nicht für Seghers, die sich nach Möglichkeit aus den Grabenkämpfen heraushielt, was aber nicht wirklich gelingen konnte, zumal für sie mit dem Erfolg des *Siebten Kreuzes* zusätzliche Spannungsmomente ins Spiel kamen: bei manchen Neid, der zu besonders kritischen Blicken Anlaß gab, bei anderen Ressentiments, daß man sie einerseits als *Aushängeschild* brauchte, andererseits aber nicht so leicht wie andere kontrollieren konnte, als sie finanziell unabhängig wurde. Der Unterschied zum französischen Exil und seinen Streitigkeiten bestand jedoch in der Ferne zu Europa mit den daraus resultierenden Gefühlen der Isolation und Ineffektivität, der relativ überschaubaren Größe der kommunistischen Gruppe, dem Angewiesensein aufeinander und, unter den zahlreichen Funktionären, den Stellungskämpfen um Macht und Einfluß im zukünftigen Deutschland. Sie sollten sich als illusorisch erweisen, da es die Überlebenden aus dem Moskauer Exil waren, die unter dem Patronat der sowjetischen Sieger nach dem Krieg die Führung im östlichen Teil Deutschlands übernahmen. Die begegneten den heimgekehrten »Mexikanern«, die sich während ihres Exils als Sprecher des zukünftigen Deutschland im Westen gesehen und dementsprechende, zum Teil von der Moskauer Leitung divergierende Ideen entwickelt hatten, mit Mißtrauen und – Anfang der fünfziger Jahre – vielfach mit Verfolgung.

Zunächst aber wurde der Großteil der Genossen erst erwartet. »Wir tun unser Möglichstes für die Freunde, die kommen werden«,[27] berichtet Seghers im Oktober 1941 nach New York, auch sie selbst unternehme viel, so habe sie z. B. »Damen von durchschnittlich 100 Kilo« eingeladen[28] und verschiedene Veranstaltungen organisiert. Die Neuen brauchten zumindest für »die ersten Wochen einige Pesos«, wie sie aus eigener Erfahrung nur zu gut wußte. Im Herbst des Jahres hatte sich eine mehr oder weniger direkte Schiffsverbindung von Lissabon über Casablanca nach Veracruz als »port of call« geöffnet, auf der Flüchtlinge in größerer Zahl nach Mexiko gelangen konnten – bis es gegen Ende 1942 so gut wie unmöglich wurde, aus Europa zu entkommen. Am 14. Dezember landete das erste dieser Schiffe, die *Serpa Pinto*, in Veracruz. Es hatte über 900 Menschen – *geladen* ist wohl das richtige Wort, da es für ein Drittel gedacht war. In Mexiko gingen neben Spaniern ungefähr 160 überwiegend deutschsprachige Flüchtlinge an Land, ungefähr vierzig von ihnen waren Kommunisten, darunter Abusch mit Familie, Walter Janka und Charlotte Scholz, Steffi Spira und Günter Ruschin mit Sohn, Georg und Henny Stibi und Rudolf Zuckermann und Leo Zuckermann mit Familien. Weitere Schiffe, die im Verlauf von 1942 Veracruz anliefen, brachten wiederum Spanier, die ja das ursprüngliche und hauptsächliche Ziel der mexikanischen Flüchtlingspolitik dieser Zeit waren und in größter Zahl kamen, politisch gefährdete Deutsche und Österreicher, wie auch eine Gruppe deutschsprachiger Juden.[29] Im März kamen u. a. Erich Jungmann, im April Hans und Sophie Marum, Michael Flürscheim und der Wiener Arbeiterfunktionär Josef Foscht. Im Juni brachte die *Guinée* schließlich Jeanne und Kurt Stern, die Seghers schon auf dem ersten Schiff schmerzlich vermißt hatte, und Magda Stern, eine Altkommunistin, die bereits der USPD angehört und an der Novemberrevolution in Berlin teilgenommen hatte. In Mexiko wurde sie Sekretärin bei El Libro Libre und half Seghers bei ihrem Roman *Die Toten bleiben jung* als wichtige Quelle und mit Schreibtätigkeit.[30] Auch nach der Rückkehr beider Frauen arbeiteten sie noch eine Weile zusammen. Paul Merker, einer der führenden Männer der KPD und seit 1927 Mitglied des Zentralkomitees, für den man besondere Anstrengungen unternahm, um ihn mit falschen Papieren aus Frankreich zu schmuggeln, aber unter seinem richtigen Namen an Land gehen zu lassen, befand sich auf dem gleichen Schiff. Er übernahm als ranghöchster Kommunist die politische Führung der deutschen KP-Gruppe in Mexiko und der westlichen kommunistischen Emigration, eine Rolle, die ihm später in der DDR zum Verhängnis wurde[31] und, in der Art, wie er sie versah, schon damals zu Differenzen mit Seghers und anderen führte.

Mexiko verstand sich jedoch keineswegs als Einwanderungs- und auch nicht als Asylland per se – jüdische Flüchtlinge wurden wiederholt zurückgewiesen –, sondern betrieb eine »dezidiert *politische* Asylgewährung«, die einer brisanten Mischung von politisch Verfolgten – republikanischen Spaniern, Kommunisten, Sozialisten und Linken verschiedenster Schattierungen, Zuflucht gewährte. Beide, Trotzki – unterstützt von dem berühmten Freskenmaler Diego Rivera – *und* sein Mörder Ramón Mercader fanden hier Aufnahme. Diese Asylpolitik stand in engem Zusammenhang mit der politischen Entwicklung Mexikos, das sich in den dreißiger Jahren neben Chile als einziges Land Lateinamerikas nicht nach rechts orientierte, sondern nach links. Cárdenas' Sympathien galten dem republikanischen Spanien, das er im Krieg gegen Franco unterstützte. Die Tatsache, daß Italien und Deutschland auf Seiten Francos standen, führte ihn dann zu einer immer größeren Opposition gegen Mussolini und Hitler. Mexiko protestierte 1938 gegen den Anschluß Österreichs, und seine Gewerkschaften riefen anläßlich der Kristallnacht zu einer Demonstration gegen Judenverfolgung auf, die auch an den einheimischen Faschismus und Antisemitismus gerichtet war.

Unter den Umständen der mexikanischen Asylpolitik war das deutschsprachige und das mitteleuropäische Exil in Mexiko im Vergleich zu anderen lateinamerikanischen Staaten

– wie Argentinien, Brasilien oder Chile – und zu den Spaniern, die ins Land kamen, quantitativ nicht sehr bedeutsam – man spricht von maximal 3000.[32] Die Zahl der Kommunisten unter ihnen war zwar relativ hoch, aber eben nur relativ. Im Unterschied zu den USA nahm Mexiko sie, die ja vielfach in den Interbrigaden in Spanien gekämpft oder für die Republik Partei ergriffen hatten, jedoch nicht nur bereitwillig auf, es bot ihnen auch sehr günstige Voraussetzungen für ihre Aktivitäten. Alle Flüchtlinge erhielten Arbeitserlaubnis und konnten sich beruflich, literarisch und politisch frei entfalten, solange sie sich nicht in die Politik des Landes selbst einmischten. Die Regierung unterstützte und förderte Exilorganisationen und -publikationen und anerkannte mit seinem Kriegseintritt Bewegungen wie *Freies Deutschland, Freies Österreich, Freies Frankreich,* die sich als Vertreter dieser Länder nach Hitler verstanden. Angesehene mexikanische Intellektuelle fungierten als offizielle Sponsoren verschiedener Unternehmungen. Neben dem neuen Präsidenten Avila Camacho, der sich zwar nicht als Reformer wie sein Vorgänger profilierte, aber entschiedener Hitlergegner war und bereits im November 1941 eine Gruppe deutscher und italienischer Antifaschisten empfing, in der sich auch Anna Seghers und ihr Mann befanden, erwies sich der einflußreiche Gewerkschaftsführer Vicente Lombardo Toledano als ein für die Kommunisten wichtiger Mann. Er war in vielen Bereichen tätig und hatte 1936 die Universidad Obrero de México, die Arbeiter-Universität von Mexiko, gegründet. Otto Katz wurde ein enger Vertrauter, und auch Seghers und ihr Mann lernten Toledano, der besonders Rodi half, zu Beginn ihres Aufenthalts kennen. Schon Ende 1941 oder Anfang 1942[33] begann *Maestro Radvanyi,* wie man ihn bald nannte, an der Arbeiter-Universität, die ihr eigenes Gebäude in der Calle Rosales 26 hatte, zu lehren.

Trotz der günstigen Aufnahme hatten es aber weder die Radvanyis noch die Freunde und Genossen leicht. Geld war ein Problem und blieb es für die meisten während der ganzen Zeit in Mexiko, zumal fast alle, nach langen Monaten der Illegalität und/oder Flucht psychisch und physisch erschöpft ankamen und völlig verarmt waren. »Der größte Verdienst des Joint Anti-Fascist Refugee Committees ist vielleicht, daß es seine Aufgabe mit der Ankunft unseres Schiffes hier keineswegs als beendet ansah. Trotz des Willens zu helfen, trotz der Arbeitsgenehmigungen durch die Mexikaner, wären viele am Wegrand liegengeblieben. Denn um ein neues Leben aufzubauen, ist es nötig – noch bevor die neue berufliche Tätigkeit beginnt – einen Teil jener Kraft zu ersetzen, die in Europa aufgebraucht worden war«,[34] schreibt Seghers in ihrem Bericht an dieses Komitee und spicht u. a. aus eigener Erfahrung. Ihre Briefe an Weiskopf sind noch lange nach der Ankunft voll von Geldsorgen und -bitten. Sie hatte zwar einen Vertrag für *Das siebte Kreuz* unterschrieben, der ihr einen Vorschuß gab, doch als sie danach fragte, erfuhr sie, daß man den ganzen Betrag für die Übersetzung zurückbehalten mußte, was Seghers schließlich schweren Herzens einsah, da sie ihr Buch »nicht riskieren« wollte, am wenigsten »dies mein Lieblingsbuch«[35]. Auch ihr erschien »bei diesem neuen Start die erstklassische [sic!] Uebersetzung das Primaere«[36]. Ehe man – d. h. Lieber und der Verlag, denn die Autorin wurde nicht konsultiert und beklagte sich später, daß sie nicht einmal die fertige Übersetzung zugeschickt bekam – James Galston damit beauftragte, dachte man an Helen Lowe-Porter. Sie war die hochangesehene Übersetzerin von Thomas Mann, aber auch von Bruno Frank, Franz Werfel, Hermann Broch und anderen, erwies sich jedoch als zu teuer, was vielleicht ein Glück war, da ihr Stil wahrscheinlich nicht für Seghers gepaßt hätte.[37]

Es sollte aber noch fast eineinhalb Jahre dauern, ehe nennenswerte Einkünfte vom *Siebten Kreuz* zur Autorin nach Mexiko gelangten, in der Zwischenzeit war sie weiterhin auf Bitten und Borgen angewiesen. In den ersten Wochen lebten die Radvanyis verstreut, Seghers aß, wie sie schreibt, »jedesmal bei einem anderen Freund«[38]. Die Kinder wohnten bei »Freunden, die sie in jeder Weise in allen Dingen unterstützten«[39]. Doch schon am 25. Juli berichtet sie: »Ich habe eine kleine billige Wohnung [25 Rio de la Plata] genommen und die Kinder werden ab naechster Woche zur Schule gehen.«[40] Etwas später heißt es: »Jeder hat ein Bett, einen Tisch, einen Stuhl und ich kann wieder arbeiten.«[41] Dieses Mal war es ein Anfang ganz von vorne und wesentlich bescheidener als in Paris. Sehr bald hatte die Familie aber auch eine *criada*,[42] das mexikanische Dienstmädchen, ohne das fast keiner der Haushalte auskam und das gewöhnlich in einem kleinen Anbau auf dem Dach des Hauses schlief. Der Lohn dieser Frauen betrug damals um die 30 Pesos.[43] Eine von den *criadas* der Radvanyis hieß Crisanta,[44] deren Name in die schöne Erzählung »Crisanta« einging. Darin setzte Seghers – in der Reihenfolge ihrer in Mexiko spielenden Geschichten als erstes – den ärmsten Frauen des Landes, die sie bei sich kennengelernt und auf den Märkten gesehen hatte – ihrer Kraft und ihrem Lebensmut – ein erzählerisches Denkmal.

Ihre Kinder, Peter und Ruth, die nun schon fünfzehn bzw. dreizehn waren, schickte Seghers auf eine französische Schule, wo sie ihre unterbrochene Ausbildung ohne zuviel Desorientierung fortsetzen konnten und auf die von Anfang an erwartete Rückkehr nach Europa vorbereitet waren. Natürlich sollten sie nebenher auch Spanisch lernen. Rodi hatte schon im Lager von Le Vernet mit dieser, seiner sechsten, Sprache begonnen und gab in Mexiko zunächst Austauschunterricht, um sich so rasch wie möglich zu verbessern. All das machte die finanzielle Situation aber nicht leichter, Seghers war, wie sie sich ausdrückt, »furchtbar in der Patsche«[45]. Sie hatte Schulden von 216 Dollar mitgebracht, eine für ihre damalige Lage nicht unbeträchtliche Summe, von der sie und ihre Familie ungefähr vier Monate bescheiden hätten wohnen und essen können, von der sie aber meinte, zumindest einen Teil sofort zurückzahlen zu müssen, da es sich um »bürgerliche Leute« handelte. Sie brauche außerdem Schulgeld für die Kinder, das zunächst »Freunde hier« übernommen hätten, und suchte eine »Art Schulpatenschaft«. Im August heißt es an Weiskopf in New York, daß sie bis jetzt »ausschliesslich auf Kosten meiner Familie« [d. h. der Kommunisten] gelebt habe.[46] Die seien aber genau so arm wie sie, sie sei »bei Gott nicht die einzige der es dreckig geht«[47]. Es mag sein, daß Seghers einerseits gern weniger abhängig von der »Familie« gewesen wäre, andererseits und gleichzeitig gemeinsam mit den Genossen, mit denen sie ihre Geldnöte damals besprach,[48] glaubte, sie habe die besten Chancen, als angesehene Schriftstellerin weiterhin Unterstützung von der League oder sonst ein Stipendium zu bekommen, und daß sie deshalb besonders drängte.

Nicht nur sie schilderte ihre Nöte wiederholt, auch andere taten es für sie. So schrieb der Schweizer Architekt und ehemalige Bauhaus-Direktor Hannes Meyer, ein Kommunist, der schon länger in Mexiko war und den die Radvanyis um Hilfe gebeten hatten, im Oktober ihretwegen an Ludwig Renn. Die »materielle Situation« der Familie von Anna Seghers sei »dermaßen schlecht«, daß man die League of Writers »mit geharnischtem Druck« angehen sollte, damit die das einmal bezahlte Stipendium von 75 Dollar, wenn auch auf 50 Dollar reduziert, für einige Zeit fortsetzte. Meyer gab ein genaues Budget: »Die Familie braucht 105.– [Pesos] monatlich für Miete, etwa soviel für Schulgelder der beiden Kinder (was z. Zt. jemand aus den USA bezahlt). Incl. Miete (ohne Schulgeld) brauchen sie etwa 450.– Pesos monatlich.«[49] (Fünf Pesos waren damals ein Dollar, der Kurs blieb während Seghers' Aufenthalt ziemlich konstant.) Solche Bemühungen, die letztlich bei Weiskopf landeten, und mindestens ein Brief von Rodi an ihn verärgerten den Freund, der noch dabei war, Schiffsplätze für die in Europa Zurückgebliebenen zu organisieren. Es kam zu Vorwürfen, in denen er die gegen Seghers erhobenen Anschuldigungen, u. a. von »twice reaped aid«, aufzählte – sein Brief ist nicht erhalten –, was sie wiederum so sehr kränkte, daß sie in einer vehementen Verteidigung erklärte, sie bedaure bitterlich, nicht in Europa umgekommen zu sein, wenn sie so etwas erleben müsse: »Jeder, der mir hilft, hat natürlich das Recht, Erklärungen von mir zu verlangen, und ich muß sie ihm geben«, antwortet sie. »Aber wenn jemand mein Leben und meine Arbeit ruinieren will, dann muß es genau auf die Art gemacht werden, wie es geschehen ist, mit endlosem Tratsch, mit ›rapports‹ und mit Schlamm und Dreck, den man auf mich wirft, ohne mein Wissen und ohne mich zu fragen.«[50] Weiskopf selbst nimmt sie aus, klagte aber mehr als einmal über »cette maladie de bavardage«, die das Leben aller zu zerstören drohe, sie meinte natürlich böswillige Gerüchte, denn »Tratsch«, d. h. alltägliche Nachrichten über andere, hörte sie nach wie vor gern.

Prinzipiell, aber unter diesen Umständen noch dringlicher, wünschte sich Seghers, auf eigenen Füßen stehen zu können. »Vivre de mes propre sous, regagner mon indépendance – je serais hereuse«,[51] schreibt sie Ende des Jahres 1941, das ein sehr schweres und bitterarmes für sie gewesen war. Sie konnte nicht einmal die Kaution aufbringen, die sie im Herbst dieses Jahres zu brauchen meinte, um ihre Mutter noch zu retten, eine Unfähigkeit, die sie zusätzlich und tief belastet haben muß. Das nicht leisten zu können, von der Hand in den Mund leben, ständig um Unterstützung bitten und Schulden machen zu müssen, zermürbte und hinterließ seine Spuren. Es widersprach Seghers' Verantwortungsgefühl als Mutter, als Schriftstellerin und Kaufmannstochter, die geregelte – »ordentlich« ist ein Wort, das sie gern gebraucht – Verhältnisse suchte, um ihren für sie wesentlichen Verpflichtungen nachkommen zu können. Seghers und – wie sie in ihren Briefen betont – auch Rodi bemühten sich angestrengt um Möglichkeiten, ihren eigenen Lebensunterhalt zu verdienen, wobei aber nach wie vor die Hauptlast auf ihren Schultern lag. Er arbeitete zwar fleißig, zunächst nachts in einer Druckerei, um setzen zu lernen und den mexikanischen Setzern, die keine Fremdsprachen konnten, helfen zu können, deutsche und englische Texte zu produzieren, und schrieb und übersetzte. Das brachte jedoch kaum etwas ein, und selbst die Lehrtätigkeit, die er bald übernahm und der er sich für den Rest seiner Zeit in Mexiko wie stets mit großer Hingabe und mit Erfolg widmete – 1944 begann er auch an der Nationaluniversität von Mexiko zu lehren und erhielt 1945 einen Lehrstuhl für »Theorie der Monopole« –, war nicht gut bezahlt. Er selbst gab viele Jahre später auf einem DDR-Personalbogen ein Einkommen von monatlich 400 Pesos von der Arbeiter-Universität an.[52] Ob er sich richtig erinnerte und ob er sogleich diesen Betrag erhielt oder erst gegen Ende seiner Tätigkeit, läßt sich nicht sagen. Seghers' Sorgen und dementsprechende Briefe hörten mit Rodis Anstellung jedenfalls nicht auf. Sie endeten auch nicht, als ihr Weiskopf am 24. Juni 1942 berichten konnte, daß *Das siebte Kreuz* vom Book-of-the-Month-Club in den USA ausgewählt worden war und schrieb: »rejoice my people manna is pouring down …«[53]

Das Manna ließ auf sich warten, und Seghers wurde immer frustrierter und ungeduldiger. Sie hatte Typhus gehabt, brauchte dringend eine Augenoperation, die Arztrechnungen sammelten sich. Trotz Bitten um Geld, diesmal ihr eigenes verdientes und zu erwartendes, bekam sie jedoch bis Ende August 1942 kaum etwas. Ihre Ungeduld richtete sich gegen ihren Agenten, Lieber, der ihr, wie sie vor allem Weiskopf gegenüber klagte, bis dahin »nicht mehr als vielleicht 80 Dollar für ihr Buch verschafft« habe. Auch »wenn er Schwierigkeiten mit dem Geld hat, ist es seine Angelegenheit, die Dinge für mich zu arrangieren«, meint sie. »Seit ich in diesem Lande bin, warst Du zweimal in Yaddoo (Ich bin froh, versteh das), aber ich muß von 7 Uhr früh bis Mitternacht schaffen. Ich kann mir nicht einmal das bescheidenste Wochenende leisten. Es ist Lieber, der nachdenken soll – dafür ist er Agent. Gute Bücher kann ich ohne ihn schreiben.«[54] Seghers, die auch später gegenüber Leuten, die für sie arbeiteten, fordernd und ungeduldig sein konnte – und dann wieder reizend und nett –, war mit gutem Grund erschöpft und wollte endlich ihre leidigen finanziellen Sorgen loswerden. Sie brauchte in Mexiko – nicht in New York – Geld, was sich jedoch als schwierig herausstellte, da ihre Tantiemen zwar auf ihr Konto bei der Chemical Bank and Trust in New York einzugehen begannen, die Devisenausfuhrbestimmungen, die sich mit dem Eintritt der USA in den Krieg verschärft hatten, den Transfer von Geldern ins Ausland aber streng regulierten und beschränkten. Wie meist, wenn Seghers etwas brauchte und wollte, gab sie nicht auf, sie drängte Weiskopf, Lieber, den Verlag – auch ein Rechtsanwalt wurde eingeschaltet, der sich an das Treasury Department wandte –, um die Maximalsumme, die ausgeführt werden konnte, erhöht zu bekommen und Extrazahlungen zu erhalten. Doch erst Anfang 1943 wurden, wie es scheint, die finanziellen Angelegenheiten zu ihrer endlichen Zufriedenheit geregelt. Sie erhielt Überweisungen von monatlich 500 Dollar und konnte größere Summen anfordern.[55] Weiskopf half ihr auch dabei noch. Ein Brief vom Januar des Jahres meldet Erfolg bei den Behörden und verspricht, daß sie »in the money« sein werde, ist aber, zumindest was die erhaltenen Briefe betrifft, auf lange Zeit sein letzter.[56] Der »vieux copain«, der selbst zu kämpfen hatte und wußte, wie hart es für viele Exilierte in den USA war und – zunächst besser als sie – wie gut sie vergleichsweise dastand, konnte ihre Ungeduld und ihre Haltung gegenüber ihrem Agenten, der auch seiner war und außerdem ein Freund,[57] nicht nachvollziehen. Ohne dessen Arbeit würde sie vielleicht immer noch einen Verleger suchen, erinnert er sie und mahnt: »Wenn ich an Deiner Stelle wäre, würde ich Lieber dankbar sein oder zumindest, wenn Dir das zu menschlich oder weich ist, dann vernünftig.«[58]

Seghers verteidigte sich noch einmal in einem Brief, der ungewöhnlich ausführlich über ihre Einstellung damals – zu sich, zu ihrer Arbeit und zu ihrem Erfolg – spricht und daher etwas länger zitiert werden soll. Sie beginnt mit der rhetorischen Frage, an wen man sich denn wenden könne, wenn man persönliche oder allgemeine Fragen habe, und antwortet:

»Man wendet sich an seine alten Kameraden. Man wendet sich an sie, weil sie die alte Familie ersetzen, weil man Sachen sagen kann, ohne mißverstanden zu werden, ohne sich Mühe zu geben, schöne Phrasen zu drechseln. Ich weiß nicht, was die anderen geschrieben haben, die Egons etc.[59] Vielleicht auch Dinge, die Du übertrieben, ungerecht, schrecklich oder, was

Du willst, gefunden hast. Aber Du kennst in jedem Fall ihr Leben, die Arbeit ihres ganzen Lebens, und ich halte es für einen Fehler von uns allen, daß wir an einem Satz in einem Brief hängen bleiben, obwohl man den Brief im Zusammenhang mit dem ganzen gemeinsamen Leben lesen muß. [...] Ich habe weder meinen Charakter noch meine Natur noch mein Talent – weder aus Geldmangel noch aus Überfluß – geändert und werde mich auch nicht ändern. Du mußt verstehen, daß die ganze Geschichte [mit dem Erfolg ihres Buches] – auch die Summe, die Du erwähnst und die ich zum ersten Mal höre,[60] für mich ein Märchen ist. Es ist keine Wirklichkeit, auch weiß ich darüber weniger als Ihr. Du wärst überrascht, wenn Du meine Briefe lesen könntest, die von Lieber und die vom Verlag, und sehen würdest, wie wenig ich selbst weiß. Wie Du arbeite ich von morgens bis abends, wie Du kenne ich den Wert meiner Arbeit und meiner Fähigkeiten. Ich arbeite mit Leidenschaft, für mich und für die anderen. Ich lasse mich weder durch Erfolg verrückt machen, genauso wie die dunkle Nacht um mich herum mich nicht hat verrückt machen können. Aber es ist die natürlichste Sache der Welt, daß ich meine Interessen bei meinem Agenten und bei meinem Verlag wahrnehme, ich wäre dumm, wenn ich es nicht täte – und außerdem wäre ich unverantwortlich gegenüber denen, die mir helfen und denen ich viel verdanke. Ich kenne Lieber nicht [...]. Und, mein Guter, um die Wahrheit zu sagen, ich war kein Zeitverlust für ihn!«[61]

Der Brief macht deutlich, wie nüchtern und selbstbewußt Seghers als Autorin agierte, gleichzeitig verrät er, wie andere aus diesen Jahren, wie wichtig ihr alte »Gefährten« und die Leidensgenossen aus den letzten Jahren des französischen Exils waren. »It is funny, but only such people I know since old times, have for me full reality«, schreibt sie anderswo in ihrem grammatisch nicht sehr korrekten, aber expressiven Englisch[62] und bittet in ihren Briefen um Hilfe für und/oder Adressen von u. a. Anna Grün, Leitner, Aranyossi, Sterns, die ihr sehr nahe gestanden seien, und Arendts, die »für viele von uns« und auch zu ihr »sehr anstaendig« gewesen seien.[63] Und sie hatte natürlich recht, wenn sie ihrerseits mahnte, den gegenseitigen, von ihrer aller Sorgen bestimmten Gereiztheiten eines langen Exils nicht zu viel Gewicht beizumessen. So leicht ließen sich aber die Empfindlichkeiten, die ihr neuer Erfolg gepaart mit ihrer alten Zielstrebigkeit selbst bei guten Freunden auslösen konnten, nicht beschwichtigen. Weiskopf blieb in den nächsten Jahren gekränkt und von Seghers enttäuscht,[64] es kam aber zu keinem Bruch. Auf der Rückfahrt nach Europa besuchte sie ihn und seine Frau in New York, wohnte bei seiner Schwester in Stockholm und schrieb ihm herzliche und fröhliche Briefe. Später sah sie ihn auf ihrer Reise nach China, wo er Gesandter der Tschechoslowakei war, und half ihm, als er zur Zeit des Slánský-Prozesses aus seiner Heimat in die DDR übersiedeln wollte und mußte.[65] Sie vergaß ihm seine Hilfsbereitschaft nie, doch ist das Abkühlen der Beziehung eines von vielen Beispielen für die Schwierigkeiten und Spannungen, denen sie alle in diesen Jahren, als sie trotz großer Betriebsamkeit im Grunde nur auf den Ausgang des Krieges warten – und schreiben – konnten, auf unterschiedliche Weise ausgesetzt waren und die auch unter der Oberfläche echter und großer Solidarität schwelten.

Sobald Seghers als einzige von den alten Kollegen und Genossen Geld verdiente, warfen ihr manche vor, sie sei nicht großzügig genug damit. Der FBI wiederum interessierte sich für ihre Finanzen, weil man meinte, daß sie die KP damit unterstützte.[66] Das *große Geld* und damit für lange Zeit Ruhe von allen materiellen Sorgen gab es für Seghers, als es ihr nach Jahren vergeblicher Anstrengungen endlich wieder[67] gelang, beim Film, und noch dazu in Hollywood, anzukommen. Am 27. Juli 1943 unterschrieb sie einen am 1. Juni ausgestellten Vertrag mit Loew's Inc. für die Filmrechte zum *Siebten Kreuz.* Sie erhielt 75000 Dollar, die bis einschließlich 1946 in jährlichen Raten von 18500 überwiesen werden sollten, 10% davon bekam Maxim Lieber.[68] Eigentlich bezahlte Metro-Goldwyn-Meyer, das Studio, das den Film 1943/44 mit Fred Zinnemann als Regisseur und Spencer Tracy als Georg Heisler produzierte, 100000 Dollar. Ein Viertel davon ging jedoch an Viola Brothers Shore,[69] mit der Seghers Ende 1942 in Cuernavaca intensiv an einer Dramatisierung für Otto Preminger[70] gearbeitet hatte. Lieber, der die Interessen seiner Autorin auch beim Film vertrat – und ihre eigenhändigen Vorstöße in diese Richtung gar nicht schätzte –, hatte das arrangiert, denn er glaubte, daß ihm eine erfolgreiche Theateraufführung bei Verhandlungen mit den Filmstudios eine bessere Hand geben würde. Die Zeit drängte, da das Interesse in Hollywood, das bei diesem Stoff sehr vom Kriegsgeschehen abhing, jederzeit erlahmen konnte. Außerdem gefiel die Theaterfassung niemandem besonders, und so wurde der Filmvertrag schließlich doch ohne vorhergehende Bühnenaufführung, aber trotzdem zu relativ günstigen Bedingungen abgeschlossen – auch für Brothers Shore, die man mit 25000 Dollar abfand, so daß das Studio Helene Deutsch mit einem Drehbuch beauftragen konnte.[71] Diese Verträge und Verhandlungen vermitteln den Eindruck, daß Lieber Seghers' Interessen mit großem Einsatz und höchst effektiv vertrat und er sein Bestes für sie tat – auch in der Angelegenheit mit Viola Brothers Shore –, was ihm natürlich selbst nicht schadete. Als in den USA unbekannte Autorin und als Flüchtling war Seghers mit von ihm beraten, Weiskopf hatte recht. Für sie war es jedoch, besonders am Anfang, schwer, die Verhältnisse zu überblicken und volles Vertrauen zu jemandem zu haben, den sie nicht gut kannte. Es ging schließlich um ihre literarische und materielle Existenz, die lange genug ein Limbo gewesen war und die sie gern selbst kontrollierte.

Wirklich genießen konnte Seghers die ersehnte finanzielle Unabhängigkeit und Sicherheit nicht. Sie suchte und fand zwar noch eine größere, keineswegs luxuriöse Wohnung, d. h. ein Haus, 215 Avenida Industria (heute Calle Benjamin Hill), in der jeder ein eigenes Zimmer haben sollte, den Umzug konnte sie aber nicht mehr selbst in die Hand nehmen. Denn am 24. Juni erlitt sie beim Überqueren der breiten Paseo de la

Reforma einen schweren Unfall. Es war dunkel, es regnete, sie wurde angefahren, der Fahrer hielt nicht – was damals in Mexiko nichts Ungewöhnliches war[72] – und Seghers blieb bewußtlos liegen. Für ein Attentat – der Verdacht entstand natürlich – fanden sich keine Anhaltspunkte, Seghers selbst glaubte an einen Unfall.[73] Nach dem Bericht ihres mexikanischen Arztes, Professor Dr. Variano Vázquez, vom 13. Juli, den das *Freie Deutschland* veröffentlichte,[74] »wurde sie vom Roten Kreuz aufgefunden und auf dessen Erste Hilfe-Posten in der Calle Monterrey gebracht«. Man benachrichtigte Dr. Vázquez, »hiesiger Spezialist in Kopf- und Gehirnchirurgie«, »sofort«. Er erstellte die erste Diagnose und war für die vorsichtige Behandlung verantwortlich, die von chirurgischen Eingriffen absah und Seghers wahrscheinlich ihre geistigen Fähigkeiten und vielleicht das Leben rettete. Sie hatte schwere Kopfverletzungen – u. a. einen »linearen Bruch des rechten Frontalknochens« – und war vier Tage völlig bewußtlos. Auch zur Zeit des Befundes hatte die Patientin »ihr volles Bewusstsein noch nicht wiedererlangt«, sie befinde sich »seit dem Unfall in einem Zustand der Amnesie fuer verschiedene Vorgaenge ihres frueheren Lebens«, wie es sehr präzise heißt. An den Unfall könne sie sich nicht erinnern, sie habe nur »einmal etwas ueber einen ›Mechanismus an einem sumpfigen Ort‹« geäußert, womit sie sich wahrscheinlich auf den Augenblick des Unfalls bezogen habe. Der Befund schließt mit einer positiven Prognose: »Schon jetzt ist bei Unterhaltungen mit der Patientin, sowie auf Grund ihres allgemeinen Verhaltens und der mehr und mehr auftauchenden Erinnerungen im Bewusstsein der Kranken die sich anbahnende Wiederherstellung dieser [der hoeheren zentral-nervoesen] Funktionen festzustellen.« Freundinnen, die Seghers im mexikanischen Exil noch wichtiger waren als bisher[75], wachten bei ihr. Neben Gisl Kisch waren es u. a. Lenka Reinerová, Jeanne Stern und die Ärztin Ursula Meyer, die Seghers schon aus Mainz kannte.[76] Auch Tania Mindell Roeder, die Frau von Ralph Roeder, dem amerikanischen Schriftsteller und Historiker, der als Beauftragter des *Save Refugee Committee* der League of American Writers nach Mexiko gekommen war und an einem Buch arbeitete – Seghers war mit dem Ehepaar gut bekannt und beschrieb Tania viele Jahre später als »eine amerikanische Quäkerin« – half ihr, sobald es irgendwie ging, »wenigstens allernotwendigste schriftliche Sachen zu erledigen«.[77] Eine der ersten muß die Unterschrift unter den Filmvertrag – schon einen Monat nach dem Unfall – gewesen sein, bei dem Tania Roeder als Zeugin fungierte.[78]

Die Rekonvaleszenz – Seghers vermischte zunächst die Sprachen und mußte alltägliche Fertigkeiten erst wieder lernen[79] – sollte aber noch lange dauern. Erst Anfang November konnte sie an Herzfelde nach New York berichten: »Wie Du siehst, bin ich wiederhergestellt. Es geht mir noch nicht ganz gut. Meine Augennerven sind noch verletzt, doch ich schreibe wieder Briefe, ja sogar Novellen, noch sehr langsam, aber ich tue es.« Und etwas weiter unten erklärt sie – wie in vielen Briefen aus dieser Zeit –: »Ich darf noch nirgends hin, allem geselligen Leben bin ich noch eine ganze Weile fern.« Ihr Gedächtnis ist soweit wieder in Ordnung, daß sie sogar auf die frühere Mißstimmung mit Weiskopf anspielt und spöttisch-ironisch fragt: »wie geht es Euch? Ich höre von Euch nur, wenn ich irgend jemand von Euch beunruhigt oder geärgert habe, so daß ich jetzt nichts mehr höre, weil ich monatelang im Spital lag.«[80] Wesentlich wichtiger ist, daß sie ihm in diesem Brief »natürlich mit einer gewissen Frist« schon eine Geschichte anbietet, den »Ausflug der toten Mädchen«, wie sich herausstellen wird. Die zurückkehrenden Erinnerungen führten zuerst in die Kindheit und Jugend,[81] die jetzt lebendiger wurden, als sie es über der Arbeit und den Sorgen der vergangenen Jahre gewesen waren, und die erzwungene Ruhe brachte Muße nachzudenken, zu lesen und zu schreiben, so daß Seghers nach dem Unfall neu produktiv wurde. Sie meinte später, der Unfall sei »künstlerisch für mich ausgezeichnet gewesen, denn dadurch lernte ich viele Menschen kennen und sprach mit ihnen«. Sie bezog sich damit vor allem auf Mexikaner und besonders Indios, zu denen ihr Arzt gehörte und sicher viel Pflegepersonal. Es kursierten damals aber auch Gerüchte – beim FBI sorgsam notiert –, daß sie ihre früheren geistigen und körperlichen Fähigkeiten nach dem Unfall nicht wiedererlangte.[82] Das stimmt insofern natürlich nicht, als sie noch ein langes, produktives Leben vor sich hatte, in dem sie sehr viel und noch sehr Gutes schrieb, geschwächt und anfälliger für spätere Krankheiten war und blieb sie doch. Wie bereits erwähnt,[83] thematisierte sie im »Ausflug der toten Mädchen« – ein einziges Mal – sowohl ihre eigene Müdigkeit – als Folge von Krankheit und Exil – wie ihren Kampf dagegen. Aber auch, nachdem sie sich weiter erholt hatte, bestimmte die Anstrengung, gegen Müdigkeit, Schwäche und Krankheiten angehen und anschreiben zu müssen, zunehmend Leben und Arbeit. In den fünfziger Jahren diagnostizierte eine untersuchende Ärztin des Regierungskrankenhauses in Berlin »die uns beiden schon bekannte leichte Müdigkeit des Herzens«[84], sie war weder für die Ärztin noch die Patientin etwas Neues. Die mit zunehmender Häufigkeit folgenden Krankheiten mögen zum Teil Langzeitwirkungen des Unfalls gewesen sein, zumindest scheint Seghers es so gesehen zu haben. Sie lebte zwar wesentlich länger als viele der fernen und nahen Gefährten des Exils – ich denke besonders an Brecht, Becher und Weiskopf –, doch könnte man fragen, ob nicht schon der Unfall selbst eine Folge von Streß und Erschöpfung war, also letztlich eine Konsequenz des Exils, und ob Seghers zu diesem Zeitpunkt nicht zusätzlich bewußt und unbewußt mit dem Schicksal ihrer Mutter beschäftigt war – möglicherweise hatte sie schon von der Deportation erfahren, zumindest aber lange nichts von der Mutter gehört.

Trotz Sorgen und Krankheit arbeitete Seghers im mexikanischen Exil weiterhin viel, sowohl im Bereich des Essays als auch der Fiktion. Wieder beteiligte sie sich aktiv am kulturellen Leben der Exilierten und an ihren publizistischen Unternehmungen, vor allem in den ersten Jahren, und bemühte sich um »Brücken« zu den Menschen und der Kultur ihres Gastlandes, aber alles in kleinerem, in mancher Hinsicht provinziellem Rahmen, wie sie selbst wußte. Die geistigen und künstlerischen Ansprüche waren und blieben jedoch sehr hohe. Den Kontext für ihre Aktivitäten bildeten Vorstellungen von einer breiten Anti-Hitler-Koalition, die den veränderten zeitgeschichtlichen und geographischen Bedingungen Rechnung trug. Auf dem amerikanischen Kontinent galt es neue Zielgruppen mit sehr unterschiedlichen Erwartungen anzusprechen, Auslandsdeutsche, die jüdische Emigration und die großen Exilzentren in den USA. Sie, wie auch Mexikaner und andere Amerikaner, die im Grunde den europäischen und deutschen Problemen sehr fern standen, sollten, soweit sie überhaupt zu erreichen waren, das Wesen und die Gefahren des Faschismus allgemein verstehen lernen, gleichzeitig aber auch die progressiven Momente in der deutschen Kultur und Geschichte, an die eine Neugestaltung Deutschlands nach Hitler anschließen mußte. Auf Grund ihrer Herkunft, Bildung, bisherigen Werke und Überzeugungen konnte Seghers auf all diesen Gebieten wichtige Beiträge leisten, in denen ihr lebenslanges soziales und sozialistisches Engagement sehr deutlich zum Ausdruck kommen, von Parteikommunismus aber nicht die Rede sein sollte. Nur die Bewunderung für die Sowjetunion und ihren »Großen Vaterländischen Krieg« fand in Aufsätzen wie »Hinterland von 180 Millionen« (1942) und »Marsch durch Moskau« (1944) Ausdruck. In diesem Zusammenhang hob Seghers die großen historischen Parallelen hervor und verwies auf den siegreichen Kampf der Russen gegen Napoleon, der garantierte, daß Hitler verlieren würde. Und sie untersuchte die gültige literarische Darstellung der napoleonischen Kriege bei Tolstoi und – indirekt – bei Dostojewski in Aufsätzen wie »Tolstois irdisches Erbe« von 1942 und »Fürst Andrej und Raskolnikow« von 1944. Weit weg von Europa, begann sie ihre sich noch über viele Jahre erstreckende Analyse der beiden für sie wichtigsten russischen Autoren, die sie seit der Jugend kannte und die ihr jetzt helfen sollten, die eigene, deutsche Geschichte in dem Roman, den sie in Mexiko über Deutschland schreiben wollte, *Die Toten bleiben jung*, zu gestalten. Ihr Gesichtskreis wurde in »der Lehrzeit« dieses Exils noch weiter und umfassender, wobei altes Wissen und neue Erfahrungen einander befruchteten.

In der ersten Zeit in Mexiko konzentrierte sich Seghers auf dreierlei: die fortlaufende Arbeit an *Transit*, ihre Anstrengungen selbst Geld zu verdienen und den Aufbau kultureller und publizistischer Arbeitsmöglichkeiten für sich und die anderen. Nur mit dem Geldverdienen hatte sie – zunächst – keinen Erfolg. Sie versuchte es mit Sprachunterricht, schrieb auf den Rat von Otto Katz einen längeren und, wie beide irrtümlich meinten, leicht verkäuflichen Bericht über ihre Erfahrungen im besetzten Paris und auf der Flucht aus Europa, der verlorengegangen zu sein scheint. Außerdem bemühte sie sich – ebenfalls vergeblich –, »Das Obdach« übersetzen und in den USA veröffentlichen zu lassen. Hauptsächlich aber, und das ohne Aussicht auf Verdienst, beteiligte sie sich innerhalb weniger Monate nach ihrer Ankunft an der Gründung einer Zeitschrift und eines »Künstlerklubs«, der zumindest in Gedanken an den Pariser SDS anschloß. »Dieser Klub, die Arbeit für die Flüchtlinge, die Zeitschrift, nehmen all unsere Zeit in Anspruch. Das ist wahrhaftig viel für einen Monat«, schreibt Seghers ein wenig stolz im Oktober 1941 an Weiskopf.[85] Im Frühjahr des folgenden Jahres, zum Jahrestag der Bücherverbrennung in Deutschland, riefen sie und andere noch den Buchverlag El Libro Libre ins Leben. Hier erschienen, um es vorwegzunehmen, bis 1946 – neben Büchern von Merker, Abusch und Katz/Simone – Kischs *Marktplatz der Sensationen*, Feuchtwangers *Unholdes Frankreich*, Seghers' *Das siebte Kreuz*, Balks *Das verlorene Manuskript*, Heinrich Manns *Lidice*, Weiskopfs *Vor einem neuen Tag*, Renns *Adel im Untergang*, Theodor Pliviers *Stalingrad* und sogar ein Band Gedichte, *Exil*, von Paul Mayer, eine beachtliche Leistung und Liste, zumal das Startkapital erst durch Veranstaltungen verdient werden mußte.

Die Gründungsversammlung für den »Künstlerklub«, den Seghers in dem eben zitierten Brief ankündigte, fand am 7. November 1941 statt. Initiatoren waren – neben ihr selbst – Kisch, Rudolf Feistmann, der Dichter und ehemalige Lektor im Rowohlt Verlag Paul Mayer und der Wiener Dirigent Erich Römer, in dessen Haus man sich traf. Seghers wurde Präsidentin, Kisch Vizepräsident. Der Heinrich-Heine-Klub, wie er sich nannte, plante öffentliche Veranstaltungen zur Pflege deutscher und österreichischer Kultur, Kunst und Wissenschaft und zur mexikanischen Kultur, letzteres um das vielfach – so z. B. bei Kisch, Düby und dem Kunsthistoriker Paul Westheim – große und im Lauf der Zeit zunehmend kenntnisreiche Interesse am Gastland zu demonstrieren und um etwas darüber zu lernen. Der Klub vertrat keine bestimmte politische oder weltanschauliche Linie, die einzigen Bedingungen für die Mitgliedschaft waren eine antifaschistische Haltung und – am Anfang – eigene wissenschaftliche oder künstlerische Tätigkeit. Diese Offenheit – im Lauf der Zeit bestand mehr als die Hälfte der Mitglieder aus emigrierten Juden, auch viele schon länger in Mexiko ansässige bürgerliche Deutsche schlossen sich an – war sicherlich Taktik, denn die Kommunisten wollten die *Liga* ausschalten und möglichst viele Menschen anziehen, entsprach aber ganz der Einstellung seiner Präsidentin. Bei der Eröffnungsveranstaltung am 21. November las sie bezeichnenderweise »Die schönsten Sagen vom Räuber Woynok« und – natürlich – Auszüge aus dem *Siebten Kreuz*. Sie wollte ein vorrangig literarisches und künstlerisches Programm, an dem sie sich wiederholt selbst mit Lesungen und Vorträgen beteiligte. Die Veranstaltungen des Klubs fanden vor allem im Musikhaus Schiefer in der Calle Venustiano Carranza statt. Es gab auch eine Reihe von Theateraufführungen – meist im Teatro de las Electricistas in der Calle Arles –, darunter die *Dreigroschenoper* von Brecht und, wie erwähnt, *Der Fall des Generalstabschefs Redl* von Kisch, eine Amateuraufführung, bei der Seghers selbst mitspielte. Bereits bei der Gründung und auch später fand sie im Heine-Klub wieder eine Gemeinschaft, und zwar eine, die über den engen Kreis der Genossen hinausging, was ihr im mexikanischen Exil besonders wichtig wurde, u.a. weil es nicht so leicht war. In ihrer Korrespondenz erwähnt sie öfter, daß sie gute Freunde gefunden habe, »warmhearted sincere people«, sagt sie 1942 in einen Brief an Weiskopf und fügt hinzu: »I am very glad not to be imprisoned in this little family of my own«,[86] wobei sie natürlich weder Mann noch Kinder meint.

Für die Schriftstellerin, und vor allem für die Publizistin, war selbstverständlich die Gründung einer Zeitschrift – gemeinsam mit Kisch, Leo Katz und Otto Katz, Frei, Feistmann und Balk – von besonderer Bedeutung. Die erste Nummer der politischen und literarischen Monatsschrift *Freies Deutschland* konnte bereits im November 1941 erscheinen. Seghers war darin sowohl als Erzählerin – mit »Das Obdach« – wie als Essayistin – mit »Deutschland und wir« vertreten, dem ersten in einer Serie von bedeutenden programmatischen Aufsätzen, die sie im Laufe der kommenden Jahre schreiben sollte. In der Folge brachte sie – wie viele andere – laufend größere und kleinere Sachen, für die sie sonst so gut wie keine Veröffentlichungsmöglichkeit gehabt hätte, im *FD* heraus, sowohl Gelegenheitstexte wie wichtige Essays. Die Zeitschrift, die bis 1946 – im letzten Jahr unter dem Namen *Neues Deutschland* – regelmäßig erschien, kam in ihrer besten Zeit auf eine Auflage von 4000. Sie richtete sich vor allem an deutschsprachige Leser auf dem amerikanischen Kontinent, aber auch in Großbritannien, Palästina, Südafrika und Australien. Die Leitung lag in kommunistischen Händen. Zunächst war Frei, dann Abusch Chefredakteur, Merker gehörte nach seiner Ankunft zur Redaktionskommission, das erklärte Ziel war aber die neue *Einheits- und Volksfront*. Politiker, Schriftsteller und Wissenschaftler aus verschiedenen Exilländern und mit unterschiedlichen politischen Überzeugungen sollten zu Wort kommen, soweit sie Antifaschisten waren. Man bemühte sich um eine breite Repräsentanz, ganz besonders um Heinrich Mann, und brachte Beiträge von Ehrenburg, Neruda und Toledano, außerdem, sobald es Verbindungen zur SU gab, von Becher und Bredel. Auch Berichte von der sowjetischen Front und sowjetischen Autoren in deutscher Übersetzung erschienen. Das Gastland Mexiko, seine Geschichte und Kultur, wurden ebenfalls vorgestellt. Außergewöhnlich für eine von Kommunisten redigierte Zeitschrift – und für Merker, deren Initiator, verhängnisvoll – waren die Diskussionen zu Themen wie Antisemitismus, Judenvernichtung, Wiedergutmachung in Deutschland und Gründung eines jüdischen Staates in Palästina. Seghers' Erzählung »Post ins gelobte Land«, ihre einzige, die sich ausschließlich mit jüdischen Charakteren und jüdischer Thematik befaßt, entstand in diesem Kontext. Wichtig – auch für sie – waren außerdem die weitreichenden Debatten, die im *FD* über die Zukunft Deutschlands nach dem Ende des *Dritten Reiches* geführt wurden. Sie selbst hatte sie mit ihrem ersten Aufsatz begonnen und beteiligte sich intensiv daran, als Publizistin und – vor allem nach dem Unfall – als Erzählerin.

Vor ihrem Unfall schrieb Seghers, die ja noch bis Oktober 1942 an *Transit* arbeitete – und noch im Januar 1944 die zwei letzten Seiten umschrieb[87] – soweit wir wissen, in Mexiko nur eine Geschichte, »Ein Mensch wird Nazi«, die im März 1943 im *FD* erschien, daneben aber eine Reihe von kleineren und größeren Aufsätzen, darunter noch einen zweiten programmatischen, »Volk und Schriftsteller« (1942). Immer ist ihr Blick auf Europa und Deutschland gerichtet, selbst wenn sie die Aufführung von Kischs »Die Galgentoni« (1943) im Heinrich-Heine-Klub kommentiert oder in »Geglüht und gehärtet« (1943) zum zehnten Jahrestag der Bücherverbrennung an das erste Buch erinnert, das der Verlag El Libro Libre herausbrachte. Sie kommentiert zeitgenössische Ereignisse, u.a. die Bombardierung und weitgehende Zerstörung von Köln im Juni 1942, wobei sie bereits ein Thema aus dem »Ausflug der toten Mädchen« vorwegnimmt: das Nebeneinander in Tod und Zerstörung von *Ungerechten* und *Gerechten*, aber auch die Notwendigkeit, zu differenzieren, die letzteren nicht zu vergessen. Und sie blickt zurück auf die Geschichte und Kulturgeschichte Deutschlands und Europas, aber ihre Sicht ist nie rückwärtsbezogen und nostalgisch, denn immer geht es um die Verbindung zur Gegenwart und Zukunft und um die Verantwortung der Einzelnen, Schriftstellerin, Exilierten, Deutschen. Insofern kehrt sie auch immer wieder zu ihrem momentanen geographischen Standort zurück und reflektiert ihn mit.

In den zwei programmatischen Essays »Deutschland und wir« und »Volk und Schriftsteller« aus den ersten Jahren des mexikanischen Exils sucht Seghers eine grundsätzliche Selbstverständigung unter den neuen Verhältnissen. Sie gehören, denke ich, zum bedeutendsten, was um jene Zeit zu den Fragen Heimat, deutsches Volk, deutsche Schuld und deutsche Schriftsteller geschrieben wurde, auch und vor allem im *FD*. Freilich, die Worte aus »Volk und Schriftsteller« über das schreckliche Schweigen in Hitlerdeutschland werden einmal auf Seghers zurückfallen. Daß die Autorin sie dann völlig vergessen hat, ist unwahrscheinlich, um so schmerzlicher mußten sie nachhallen:

»Aber innerhalb dieses wahrhaft furchtbaren Schweigens, [...] ist das Schweigen der Schriftsteller am furchtbarsten. Denn sie sind durch Natur und Gesellschaft ausdrücklich bestimmt, nicht zu schweigen. Wer aber könnte toter sein als ein stummer Schriftsteller? Wer könnte härter gekettet sein und gequälter?«[88]

Der Essay kreist um die Wurzeln eines Schriftstellers oder einer Schriftstellerin, um seine/ihre »Volksverbundenheit«, die für Seghers weder geleugnet werden kann noch darf, trotz dem »faulen Zauber«, den die Nationalsozialisten mit Begriffen wie »Vaterland, Heimaterde, Volk« getrieben haben. »Volksverbundenheit« hat aber nichts zu tun mit »mystischen Blutsbanden«, sondern ist vor allem eine soziale, durch gemeinsame Arbeit, Kultur und Sprache gewachsene Zusammengehörigkeit. Seghers spricht auch von einem »Verantwortungsgefühl« des Schriftstellers »für das eigene Volk«, das sie selbst um so tiefer empfand, je schlimmer die Nachrichten aus Europa waren und je härter die Urteile ausfielen, die – besonders von Juden – über die Deutschen gefällt wurden. In dem Aufsatz »Deutschland und wir« stellt sie im Namen aller Deutschen die harte, entscheidende Frage: »Ein Volk, das sich auf die andren Völker wirft, um sie auszurotten, ist das noch unser Volk? [...] Ein Volk, das schweigend Pogromen zusieht, Mord, Brandstiftungen, den raffinierten Quälereien Schwacher und Unschuldiger.«[89] An eine Ehrenrettung der Deutschen durch substantiellen Widerstand im Lande selbst, wie ihn die Genossen wieder einmal beschworen, glaubte Seghers nicht mehr. Sie beschwört zwar in ihrer Rede »An die Untergrundkämpfer« (1943) alle jene, die in Deutschland gegen Hitler aufstanden. Es ist aber ein »Heer von Toten aller Berufe und Stände und Altersstufen, aller sozialen Überzeugungen«, das »in jener schweigenden Einheitsfront da[steht], die wir, die Lebenden, rechtzeitig nicht erreicht hatten«[90]. Trotzdem lehnte sie eine Pauschalverurteilung der Deutschen und die Idee einer Kollektivschuld, wie sie von Nazi-Gegnern vielfach vertreten wurde, gleich zu Beginn ihres mexikanischen Exils entschieden ab und argumentierte überzeugend und subtil, daß solche Forderungen »gefährlich nah« der nazistischen Rassenideologie stünden. Für Menschen, die solche Forderungen stellten, »ist das deutsche Volk eine Einheit, die Geschichte ist starr, [...] die Grundeigenschaften des Volkes stehen fest, unveränderbar, rassenmäßig«[91]. Ihre Antwort in diesem Essay und den folgenden in Mexiko entstandenen Werken war, zu sagen und als Erzählerin zu zeigen: »Nicht unser Land ist wild und barbarisch, wild und barbarisch in unsrem Land ist nur der Faschismus, und in welchem Land ist der Faschismus nicht wild und barbarisch?«[92] Damit ist keine Dämonisierung einiger weniger Nazis und Absolution aller anderen Deutschen gemeint, sondern die Notwendigkeit zur Differenzierung von Menschen, Ideen und Strömungen in der deutschen Geschichte. Schon 1941 sah Seghers voraus auf einen langen, schweren »Prozeß der Entfaschisierung des deutschen Volkes«, zu dem beizutragen sie sich und die Schriftsteller allgemein verpflichtet fühlte. Dieser Prozeß mußte auf dem Glauben und dem Wissen »von der Veränderung der Gesellschaft und des einzelnen Menschen« basieren und Deutschland, »die eigne Geschichte überwindend, die Einheit des sozialen und nationalen Bewußtseins bringen«. Sie wußte, daß das 1941 noch ein weit »entferntes« Ziel war, doch um so wichtiger sei es, »zu bestimmen, worauf unser Leben und unsre Arbeit gerichtet bleiben muß«[93].

In »Deutschland und wir« erzählt Seghers auch, daß sie sich früher oft gefragt habe, »wie ein Soldat Hitlers denken und aussehen mag«, und daß sie in Paris nach dem Einmarsch der Deutschen mit vielen Soldaten gesprochen habe. »Das Sonderbare an diesen Gesprächen war der Eindruck eines jungen, gesunden, innerhalb seiner eignen kleinen privaten Sphäre ganz normal denkenden Menschen, den man in einem wahnsinnigen Weltbild erzogen hat.«[94] In der Erzählung »Ein Mensch wird Nazi« schließt sie an solche Fragen und Gespräche an, geht aber von der Mutter eines dieser jungen Männer aus, einer *gewöhnlichen* deutschen Arbeiterfrau, und will wissen, wie ihr Sohn zu einem Nazioffizier werden konnte, der ohne Zögern unmenschliche Grausamkeiten beging und befahl. Wie später im »Ausflug der toten Mädchen« und in ihrem großangelegten Deutschlandroman *Die Toten bleiben jung* sucht sie die Antwort für diese Entwicklung, die als eine *exemplarische* gezeigt wird, in der deutschen Geschichte vom Kaiserreich zu Hitler, den Versäumnissen, Fehlschlägen und falschen Lösungen, die in dieser Erzählung kurz angedeutet werden, anderswo genauer und mit Vergleichen zu verschiedenen Ländern und Kulturen artikuliert werden. In Mexiko – aus der Distanz und im Kontext dieses so anderen Landes – entwickelt Seghers in Essay und Erzählung jene großangelegte, historische Perspektive, die ihre wichtigen Arbeiten aus dieser ganzen Zeit charakterisieren. Dabei erinnert sie an die »progressive Geschichte« Deutschlands, die von Hutten über Georg Foster und die »freien Deutschen« in Mainz zu den Widerstandskämpfern gegen Hitler reicht. Mit dieser Geschichte identifiziert sie sich, hier holt sie sich Hoffnung für die Zukunft.

Vierzehntes Kapitel

»Das Ende«

»schwankende Schatten / unzähligen Todes / trag ich dir zu.«

Johannes Bobrowski

»Die meisten Haushalte der deutschen Emigranten hatten eine große Landkarte an der Wand, die den Gang des Krieges verzeichnete, die Vormärsche und Rückzüge wurden durch Stecknadeln mit runden roten (für die Rote Armee) oder blauen Köpfen markiert. Und als sich das Blatt gegen die Deutschen zu wenden begann – als die roten Stecknadeln auf die sowjetische Grenze zu rückten und die Nazis aus Stalingrad hinaus und weg davon trieben – stiegen die Aufregung und die Hoffnung«[1], erinnert sich Alma Uhse Neuman, eine Amerikanerin, die Bodo Uhse in Mexiko kennengelernt und geheiratet hatte. Auch bei den Radvanyis gab es eine solche Landkarte, sie gehörte dem Sohn Peter,[2] der das Kriegsgeschehen, das alle höchst aufmerksam verfolgten – Seghers schrieb, wie wir sahen, dazu[3] – markierte. Im Sommer 1942 standen die Deutschen tief in Rußland, vom belagerten Leningrad bis vor Moskau und von Stalingrad bis zum Kaukasus. Doch schon im folgenden Winter gelang der sowjetischen Armee der entscheidende Sieg – Stalingrad. Danach waren die Russen – trotz mancher Rückschläge – in der Offensive. Im Westen ließ zwar die *zweite Front,* der Angriff zu Lande durch Briten und US-Amerikaner, den Stalin – und *Freies Deutschland* – immer wieder gefordert hatte, bis 1944 auf sich warten, die Bombardierung deutscher Städte zur Schwächung Hitlers und als Vorbereitung begann aber schon viel früher – Seghers verfolgte auch das und schrieb über die Zerstörung von Köln[4] und indirekt über die ihrer Vaterstadt Mainz[5]. Mit dem 6. Juni 1944 und der Invasion an der Normandie-Küste erreichte der Krieg seine letzte Phase, Paris war bereits im August frei. In Frankreich, Italien und Belgien hatte sich die Résistance am Ende offen an den Kämpfen beteiligt und eine Rolle bei der Befreiung gespielt, was den von den KPD-Emigranten um Paul Merker vertretenen Thesen vom deutschen Widerstand neuen Wind gab. Seghers blieb in dieser Hinsicht jedoch nüchtern, ja kritisch, ein Kontrast, den bereits ihr Vortrag »An die Untergrundkämpfer« 1943 anläßlich des Ersten Landeskongresses der Bewegung Freies Deutschland am 8. und 9. Mai deutlich gemacht hatte. In der Erzählung »Die Saboteure«, die sie ebenfalls 1943 kurz vor ihrem Unfall zum ersten Mal erwähnte, aber erst 1946 schrieb,[6] zeigt sie dann das tragische Ende kleinster Widerstandshandlungen und -gruppen an Charakteren, die zum Teil an das *Siebte Kreuz* anschließen. Nicht nur die Nazis haben solche Menschen, die besten, rücksichtslos ausgerottet, sondern auch der eigene Opfermut und die Bereitschaft mancher ihrer Führer, sie aufzugeben.

Am 2. Mai erreichte die Nachricht vom Fall Berlins Mexiko und wurde gefeiert. Mit der bedingungslosen Kapitulation Deutschlands am 8. bzw. 9. Mai 1945 rückte die Heimkehr für alle, die darauf gewartet hatten – es war keineswegs die Mehrheit der vor Hitler Geflüchteten, wohl aber die der politisch Engagierten – aus dem Bereich von Hoffnung und Erwartung in den der vorhersehbaren Wirklichkeit. Die tatsächlichen Rückreisen ließen allerdings noch lange auf sich warten, auch für Seghers. Das war jedoch nur eines der Probleme, die auf die Exilierten mit dem Kriegsende zukamen, andere hatten sich schon vorher abgezeichnet. Eine Entwicklung war das Auseinanderfallen der Anti-Hitler-Koalition, die der Heine-Klub im kulturellen Bereich und die *Bewegung Freies Deutschland* im politischen praktiziert und *Freies Deutschland* propagiert hatten, der Klub am konsequentesten und erfolgreichsten. Die Gemüter begannen sich offen zu scheiden, parteitreue Kommunisten stellten sich voll hinter die Politik Stalins bei den Friedenskonferenzen, von Teheran im Dezember 1943 bis Potsdam im Juli 1945, und im sowjetischen Sektor Deutschlands. Sie unterstützten die schnell dahin zurückgekehrten Moskauer Genossen und befürworteten den von ihnen forcierten Zusammenschluß von Kommunisten und Sozialisten zur SED 1946. Andere, unter ihnen viele der bürgerlichen und jüdischen Mitglieder des Heinrich-Heine-Klubs, verhielten sich abwartend, skeptisch oder ablehnend gegenüber diesen Entwicklungen. Schon im Februar 1946 wurde der Klub aufgelöst, Seghers schrieb dazu noch ihren schönen Text »Abschied vom Heinrich-Heine-Klub«, in dem sie in der alle politischen Kontroversen vermeidenden Tradition des Klubs auch für die Zukunft eine grundsätzliche Verbindung voraussetzt und erklärt: »Die endgültige Heimkehr, das ist für viele die Abfahrt, sie ist für alle der entschlossene Wille, mit dem ›Wintermärchen‹ Schluß zu machen.«[7]

Auch die Frage der nationalen Identität, die sich schon in der Schaffung von Organisationen wie *Hungría Libre, Asociación Yugoslavia Libre* (mit Theo Balk an der Spitze) oder *Asociación Checoeslovaco-Mexicana* (mit Katz/Simone im Vorstand und Reinerová und Kisch als Mitgliedern) ausgedrückt hatte, gewann nun eine entscheidende Bedeutung. Seghers' alte »Gefährten«, unter ihnen Kisch, Weiskopf und Balk, die sie im Kontext des BPRS und der internationalen kommunistischen Bewegung in Berlin kennengelernt und mit denen sie in den ebenfalls international orientierten antifaschistischen Aktivitäten in den Exilländern zusammengearbeitet hatte, planten nun, in ihre alten/neuen Heimatländer zurückzukehren, was sich jedoch für die, die deutsch schrieben und eng mit deutscher Kultur verbunden waren, als problematisch herausstellen sollte. Seghers' Essay »Volk und Schriftsteller«, obwohl schon 1942 entstanden, ist auch im Kontext dieser Fragen zu lesen: sie sucht sich zu verständigen über das Verhältnis und die Vereinbarkeit ihres Internationalismus, der wiederum auf dem Kosmopolitismus basierte – den nicht nur die Nazis, sondern auch Stalin zum Schimpfwort gemacht haben – mit Begriffen wie Volk und Nation, die sie unter dem weniger schwierigen der »Volksverbundenheit« subsumiert.

Interessant ist, daß sie in dem Essay auch das Problem der Sprache, mit dem Prager Deutsche wie Weiskopf und Kisch nach der Rückkehr konfrontiert werden sollten, aufnimmt und meint, nicht einmal die gemeinsame Muttersprache sei »in manchen Fällen« das Ausschlaggebende. Wichtig sei, daß sich der Schriftsteller, bewußt oder auch unbewußt, mit »jener Schicht seines Volkes [identifiziert], die die progressive Geschichte, die Freiheit seines Volkes, sichert«[8]. Freilich, so einfach sollte es für jemanden wie Weiskopf nicht werden, was er, der unmittelbar Betroffene, auch voraussah.[9] Daß sein Judentum dabei ins Spiel kommen und die Probleme noch vertiefen würde, sah er jedoch damals nicht einmal in seinen schlimmsten Befürchtungen voraus.

Ob Seghers ihre Überlegungen auch mit Rodi diskutierte, diesem Internationalisten und Kosmopoliten par excellence? Er schloß sich zwar der Bewegung *Hungría Libre* an,[10] zeigte aber kein Interesse, nach Ungarn zurückzukehren,[11] obwohl ihm Seghers nach Kriegsende wiederholt vorschlug, seine »ursprüngliche Heimat« in seine Zukunftspläne »einzubauen«, wie er in einem Brief an sie aus Mexiko resümiert.[12] Ihn zog nichts nach Europa, er fühlte sich in Mexiko sehr wohl, liebte seine Arbeit, die auch international Anerkennung zu finden begann, als er 1946 ein Institut für Meinungsforschung, das *Instituto de Estudios de Psicologia Social y de la Opinión Pública,* gründete und 1947 zwei englischsprachige Zeitschriften herauszugeben begann: *The Social Sciences in Mexico* und *International Journal of Opinion and Attitude Research.*[13] Rodi war einer der Gründe, warum seine Frau schließlich allein und erst Anfang 1947 nach Deutschland zurückkehrte und auch dann, wie sie glaubte, noch nicht endgültig. Ursprünglich schwebte dem Ehepaar – vor allem aber ihr – ein »sozusagen bikontinentales Leben«[14] vor. Rodi wollte, wie sie 1947 wiederholt in Briefen erklärt, »nicht abbrechen, da er an Freunden, Arbeit und Land von ganzem Herzen hängt (ich auch)«.[15] Das stimmte auf jeden Fall, er hing aber auch an einer anderen Frau, Lena Jaeck, einer Amerikanerin und Mitarbeiterin, die auf seinen Zeitschriften als *Assistant Editor* im Impressum steht. Wann die Beziehung über Arbeit hinauszugehen begann und wann Seghers davon erfuhr, läßt sich nicht sagen, sie war in diesen Dingen sehr zurückhaltend, auch gegenüber engen Freundinnen. Tatsache ist, daß diese Frau Rodi folgte, als er schließlich 1952 nach Deutschland zurückkehrte, daß sie nach Ostberlin zog und mit ihm arbeitete, daß Seghers spätestens dann Bescheid wußte. Als er starb, bat sie ihre Tochter, Lena Jaeck persönlich zu verständigen, danach ließ sie ihr vom Aufbau-Verlag monatlich eine kleine Summe überweisen, bis die Empfängerin selbst bat, die Zahlungen einzustellen. Nichtsdestoweniger war es Tschibi, die Rodi trotz der besonderen und für sie sehr schmerzlichen Umstände seiner endlichen Rückkehr nach Deutschland – soweit sich das beurteilen läßt – dahin zurückzog: »Aber: ich komme nach Europa nicht wegen Europa sondern um mit Dir, um bei Dir zu sein, und darum kann ich ja keinesfalls für längere Zeit nach Ungarn gehen, denn ich kann ja unmöglich von Dir verlangen, dass Du ständig dort lebst«, schreibt er ihr 1947 in einem der vielen liebevollen, zärtlichen Briefe, mit denen er sie über die lange Trennung hinwegzutrösten suchte und in denen er immer wieder von Reisewünschen und -plänen sprach.[16] Von Sehnsucht nach Europa oder gar nach Deutschland ist darin nicht die Rede, nur – und das von Anfang bis Ende der Zeitspanne – von Sehnsucht nach ihr.

Es war allerdings nach dem Krieg nicht leicht zu reisen, besonders von Mexiko aus und besonders nach Deutschland. Für viele Exilierte – so z. B. für Uhse – gab es erneut Geldprobleme, für die deutschen Kommunisten außerdem wieder die Transitfrage. Als 1946 der normale Schiffsverkehr – Schiffe, nicht Flugzeuge waren immer noch das hauptsächliche Verkehrsmittel – zwischen Europa und Amerika wieder aufgenommen wurde, bestand zunächst nur die Möglichkeit, über die USA zu fahren, das Ausreiseverbot für Deutsche aus den US war aber auch nach Kriegsende noch in Kraft und wurde selbst für den Transit angewandt. Die Siegermächte, in diesem

Fall die USA, kontrollierten, wer nach Deutschland reiste. Von Seghers' Freunden waren deshalb Nicht-Deutsche die ersten, die Mexiko verließen, schon im September 1945 reisten Balk und Reinerová, die inzwischen geheiratet hatten, mit einem jugoslawischen Schiff. Auch Peter Radvanyi gehörte zu den frühen *Heimkehrern*. Er hatte ein Stipendium nach Paris erhalten und fuhr im selben Herbst über New York nach Frankreich, wo er Physik studierte, französischer Staatsbürger wurde und seitdem lebt.[17] Die Kischs und Katz/Simone mit Frau fuhren Anfang 1946 nach Prag, Jeanne und Kurt Stern im Sommer desselben Jahres[18] nach Frankreich. Mit ihnen reiste Ruth Radvanyi, die in Paris Medizin studieren wollte.[19] Sie alle fuhren über New York, die deutschen kommunistischen Politiker und Funktionäre aber mußten ungeduldig auf eine direkte Reisemöglichkeit warten, die sich einer ersten Gruppe um Paul Merker bot, als ein sowjetisches Frachtschiff, die *Gogol*, den Umweg machte und Merker, Abusch, Jungmann, Stibi und einige andere mit ihren Familien im Mai 1946 an der pazifischen Küste Mexikos abholte. Anfang 1947 gelangten Renn, die Jankas, Frei und der Italiener Carlos Contreras ebenfalls mit einem sowjetischen Schiff nach Europa.

Auch Seghers hatte, wie sie Anfang April 1946 an Becher schreibt,[20] schon seit »einiger Zeit die Einreisevisen nach der Sowjetunion und nach Deutschland«, fuhr jedoch nicht mit den anderen. Statt dessen schickte sie ihren Brief höchst offiziell »durch das ZK der K. P. Deutschlands«. Er ist u.a. eine indirekte Entschuldigung dafür, daß sie später kommen wird. Sie spricht, wie bereits zitiert,[21] davon, wie sehr sie sich auf »jede klare und harte Arbeit« im Gegensatz zu »den uferlosen und fruchtlosen Diskussionen und Streitigkeiten der Emigrationsatmosphäre« freue und skizziert ihre eigenen Arbeitspläne, die sie mit den Genossen in Berlin besprechen will. Und sie erwähnt eine »Vereinbarung«, die zur Zeit »mit einigen amerikanischen Zeitschriften und Verlagen« arrangiert werde, »durch die ich in verschiedene europäische Länder komme, um Arbeiten zu machen, die sich unter anderem mit der Mentalität der Nachkriegsjugend befassen«. Wie ein erhaltener Brief von *Vogue* bestätigt, gab es tatsächlich zumindest eine solche Vereinbarung – für zwei Artikel. Der Zeitungsauftrag – oder auch mehr als einer – sollte Seghers wohl auch dazu dienen, einerseits eigene Reisewege wählen zu können, andererseits ein amerikanisches Transitvisum und ein Visum nach Frankreich, die sie dafür brauchte, zu bekommen – auf letzteres wartete sie allerdings vergeblich.[22] Sie erklärt Becher, was sie auch anderen Genossen sagte, daß es aus diesem Grund und weil sie ihren Jungen da wiedersehen könne, »das Vernünftigste« sei, nach Europa über Frankreich zu gehen. Von da könne sie vielleicht auch in ihre Heimatstadt Mainz – Becher gegenüber nennt sie ein neues Romanvorhaben als Grund[23] –, dann plane sie nach Moskau zu fahren, »um dort Verschiedenes zu erledigen, und von da komme ich nach Berlin«. Der Brief und die komplizierte Reiseroute – anderswo spricht sie von Frankreich, Moskau und Mainz, wo sie eine Weile bleiben wollte, weil sie »alles am besten kenne«[24] – soll die Bindung an die alten Freunde in Moskau und Berlin neu bekräftigen, andererseits eine gewisse Unabhängigkeit sichern. Noch scheint sie zu hoffen, daß Rodi gemeinsam mit ihr fahren wird.[25] Es gibt überhaupt keinen Zweifel darüber, daß Seghers nach Deutschland wollte, sie hatte die Emigration »ueberaus gruendlich [...] dick«,[26] wie sie spontaner als an Becher an ihren Freund Kuczynski schreibt, und sie wollte bei einem – geistigen und moralischen – Aufbau Deutschlands mitarbeiten, jedoch als Anna Seghers und ohne die Bevormundung von Politfunktionären, die ihr das mexikanische Exil verleidet hatten.

Ehe sie nach Europa fuhr, wurde Seghers – gemeinsam mit ihrem Mann – noch am 9. Juli 1946 mexikanische Staatsbürgerin, eine Entscheidung, die zunächst befremden mag, wenn man eine Erzählung wie »Der Ausflug der toten Mädchen« und die Essays zu Deutschland und zur Volksverbundenheit des Schriftstellers gelesen hat. Wie sehr Rodi und seine Absicht, zunächst in Mexiko zu bleiben, dahinterstanden, läßt sich nicht sagen. Es gab auf jeden Fall genug praktische Gründe: beide hatten einen Paß, der noch auf das Königreich Ungarn lautete, keines von ihnen plante jedoch in das neue Ungarn zu gehen. Mit dem mexikanischen Paß aber besaßen sie Papiere für ein Land, in dem sie in Sicherheit hatten leben können und in das Seghers leicht zurückkehren wollte, solange Rodi da blieb. Auch der Transit durch die USA und die Bewegungsfähigkeit in Europa schienen besser gewährleistet, zumal noch nicht mit Bestimmtheit vorauszusehen war, wie sich Deutschland entwickeln würde. Als Schriftstellerin wollte Seghers für die Zukunft eines anderen Deutschland arbeiten, als Mensch suchte sie etwas Sicherheit und Flexibilität. Sie wollte ihren mexikanischen Paß auch später, als sie längst in Berlin lebte und die DDR bereits existierte, nicht aufgeben, wurde aber schließlich, wie noch zu sehen sein wird, dazu genötigt – während es Brecht gelang, seinen österreichischen Paß zu behalten. Zunächst erhielt Seghers auf ihre neuen Papiere im November die Genehmigung, über die USA nach Europa zu fahren. Sie entschloß sich, nicht mehr auf ein französisches Visum zu warten – auch ihre Rückfahrt war nicht frei von Visa- und Transitproblemen – und ein Schiff nach Göteborg, Schweden, zu nehmen. Ihre Reisepläne entschieden sich so schnell, daß sie sich nicht einmal bei allen Freunden persönlich verabschieden konnte. Am 7. Januar überquerte sie bei Laredo, Texas, die Grenze in die USA, am 27. kam sie auf der *Gripsholm* in Schweden an. Rodi begleitete sie nach New York,[27] doch während Seghers im Juli noch von einer gemeinsamen Rückfahrt gesprochen hatte,[28] war nun klar, daß er noch »ein paar Monate«, wie es zunächst hieß,[29] bleiben würde, was wohl ihre Abfahrt beschleunigte, da es keinen Sinn mehr hatte, auf ihn zu warten. Daß es Jahre werden sollten, konnte sie nicht wissen, sie verschloß ihr Bewußtsein aber auch von Anfang an vor einer solchen Möglichkeit und erwartete in den folgenden Jahren immer wieder seine baldige Ankunft.

In New York sahen die Radvanyis Weiskopf und seine Frau Grete (Alex Wedding), andere Freunde und Familienmitglieder. Ehe sie abfuhr, machte Seghers hier außerdem ihr Testament,[30] in dem sie Rodi ein Drittel ihres Vermögens hinterließ, den Rest anteilig ihren Kindern, zunächst in einem Trust, der für ihr Studium bezahlen sollte. Testamentsvollstrecker und Treuhänder war Laszlo Radvanyi, im Fall er dieses Amt nicht übernehmen wollte oder konnte, sollte es an Michael Striker, einen New Yorker Verwandten von Rodi, gehen. Die – allerdings nicht unübliche – Formel »my beloved husband« kehrt in dem Dokument zweimal wieder, Seghers wollte aber »ordentliche« Verhältnisse schaffen und für alle Eventualitäten die Ausbildung ihrer Kinder sichern. Sie ging offensichtlich nicht ohne »Milchkännchen« nach Europa – womit sie, die Familie und Freunde ihre Tendenz benannten, sich Sorgen zu machen, seit sie nach ihrem Unfall in halbbewußtem Zustand von einem zerbrochenen Milchkännchen phantasiert hatte. Um so mehr wollte sie an die Zukunft glauben, d. h. sich für ein besseres Deutschlands allgemein engagieren. »Deshalb steckt in jedem Abschied der Aufbruch zu dem neuen Ziel«, sagt sie am Ende ihres »Abschieds vom Heinrich-Heine-Klub«[31] in einer für sie charakteristischen, Sentimentalität und Angst wehrenden Geste.

Die mexikanischen Jahre nach dem Unfall waren für Seghers nicht nur produktive, sondern auch relativ ruhige gewesen, in denen sie zum erstenmal seit langer Zeit in finanzieller und politischer Sicherheit arbeiten und sich auf das Ende der Nazizeit vorbereiten konnte. Das bedeutete, den Blick und die Gedanken weiterhin auf Deutschland zu richten. Gleichzeitig begann sie aber, so paradox das klingen mag, sich in Erwartung einer Rückkehr nach Europa mehr mit ihrem Gastland und mit Lateinamerika, d. h. der Karibik, zu beschäftigen und zu überlegen, was sie daran besonders interessierte und was davon sie in Europa vermitteln wollte. Inwiefern konnte sie, einmal zurückgekehrt, eine Brücke sein zu der neuen Welt und ihren Bewohnern, die sie ein wenig kennengelernt hatte? Daß das eine wichtige Aufgabe der Exilierten sein mußte und warum, artikulierte sie u. a. in »Kulturelle Brücken zu anderen Völkern«, einer Rede, die sie für einen geplanten, aber nie zustandegekommenen großen Festakt zur Gründung des *Komitees für Mexikanisch-Deutschen Kulturaustausch* im Juni 1946, zu dessen Ehrenpräsidium sie neben Diego Rivera und anderen gehörte, vorbereitete. Abschließend und allgemein fordert sie darin: »Versuchen wir auf das Wesen der anderen Völker zu kommen, dann werden sie auch auf unser Wesen kommen.«[32] Da sie sich stets für andere Völker interessiert und es sich seit dem französischen Exil zum Ziel gemacht hatte, die Eigenart Deutschlands für Fremde erzählerisch zugänglich zu machen, paßte diese gegen Ende ihres Aufenthalts in Mexiko vorgenommene Orientierung durchaus in die Erwartungen, die sie seit Jahren an ihre eigene Arbeit stellte. Der Erfolg des *Siebten Kreuzes,* der sie freuen mußte, obwohl sie sich in Briefen an alte Freunde spöttisch über den amerikanischen Reklamerummel äußerte, gab Seghers in diesem Zusammenhang auch die große Chance, ihre Werke und damit ihre Sicht auf Deutschland und die jüngste Vergangenheit weit zu verbreiten, eine Möglichkeit, die sie sehr energisch nutzte. Sie bemühte sich, ihre Bücher, vor allem, aber nicht ausschließlich die neuen, in so vielen Ländern wie möglich erscheinen zu lassen – in englischer, spanischer, schwedischer, bulgarischer, französischer, norwegischer, dänischer, italienischer, hebräischer und portugiesischer und natürlich auch in deutscher Sprache, in der ihre Werke aus dem Exil ja ebenfalls unbekannt waren. Mit und ohne Liebers Hilfe schloß sie zwischen 1943 und der Rückkehr eine große Zahl von Verträgen mit Verlagen in vielen Ländern,[33] u. a. auch mit Landshoffs Querido, ab, in diesem Fall für *Das siebte Kreuz* und für *Transit* auf deutsch.[34] Nur mit dem von den Genossen schon am 16. August 1945 neu gegründeten Aufbau-Verlag, der den antifaschistischen Erfolgsroman 1946 so schnell wie möglich in der sowjetischen Zone herausbrachte und Lizenzen in den Westen vergab, bestand kein Vertrag, hier hatte man entweder Seghers' informelle Zustimmung oder setzte sie stillschweigend voraus, worüber Landshoff nicht glücklich sein, wozu er aber unter den damaligen Verhältnissen wenig sagen konnte.[35] Mit ihrem amerikanischen Verleger, Little, Brown, gelang es Seghers außerdem, eine mit dem 25. Juli 1946 datierte Vereinbarung für einen Novellenband zu unterzeichnen, den sie, wie sie Anfang 1945 an Herzfelde schrieb, »auf diesem Kontinent außer dem Roman, an dem ich arbeite«, zurücklassen wollte. Erschienen ist er nie. Zur selben Zeit wurde auch ein Vertrag für einen ebenfalls noch »unbetitelten Roman«, dessen Abgabetermin auf den 1. Januar 1947 festgelegt wurde, aufgesetzt. *The Dead Stay Young* kam tatsächlich noch 1950, wieder in einer Übersetzung von Galston, in den USA heraus, war aber auf lange Zeit das letzte Werk von der Autorin in diesem Land.

Im privaten Bereich sah Seghers ihre Kinder heranwachsen und unabhängig werden, blieb ihnen aber eine besorgte, eng verbundene Mutter, auch und besonders aus der Ferne. Sie hatte gute Bekannte, Freunde und Freundinnen unter den kommunistischen Exilierten, vor allem Egon Erwin und Gisl Kisch, zu denen sie immer am Sonntag ging, die Sterns, Ursula Meyer und Henny und Georg Stibi – er wurde 1943 nach der Entfernung aus seinen politischen Funktionen Geschäftsführer des Taller de Grafica Popular, wo er mit den wichtigsten mexikanischen Grafikern, u.a. Leopoldo Méndez, der das Design für die El-Libro-Libre-Ausgabe des *Siebten Kreuzes* machte, zusammenarbeitete, und teilte damals und später Seghers' Interesse für mexikanische Kunst. Sie kannte außerdem die italienischen Kommunisten Mario Montagnana und seine Frau und den schillernden, interessanten Vittorio Vidali (Carlos Contreras) und seine früh verstorbene Gefährtin Tina Modotti. Modotti, die zuerst Fotografin, dann kommunistische Funktionärin war, starb am 5. Januar 1942 in einem Taxi plötzlich, angeblich an Herzversagen. Seghers und Kisch waren die einzigen von den deutschen Kommunisten, die zu einer Gedenkveranstaltung für sie erschienen und ihr beide einen Nachruf widmeten, der allerdings in keine Werkausgabe aufgenommen wurde.[36] Aber auch unter den wohlhabenden deutschen Geschäftsleuten in Mexiko hatte Seghers gute Freunde, so die Lindaus, in deren Garten sie gelegentlich, z. B. nach dem Unfall, arbeitete, und die Stavenhagens, die eine Tochter im Alter ihrer Kinder hatten, um einige zu nennen. Neben den bereits erwähnten Freundinnen stand ihr außerdem Clara (Clarita) Porset, Frau des Malers Xavier Guerrero, sehr nahe. Mit ihr blieb sie von Europa aus über viele Jahre in engem brieflichem Kontakt und sah sie bei Besuchen Claras in Europa wieder. Die letzte gemeinsame Weihnacht 1946 verbrachten die Radvanyis mit ihr und ihrem Mann.

Clarita, eine gebildete Kubanerin, die selbst künstlerisch tätig und politisch engagiert war, vermittelte die Bekanntschaft mit anderen mexikanischen Malern, und auch Rivera, den ehemaligen Trotzkisten, der dann auf Stalin umschwenkte, lernte Seghers schließlich kennen. 1946 führte er sie durch seine noch in Bau befindliche Museumspyramide von Anahuacalli. Ein bekanntes Foto, das die beiden zusammen zeigt, stammt von daher. Seghers stellt diese Pyramide und andere Arbeiten von Rivera in dem gleich nach der Heimkehr verfaßten Aufsatz »Die gemalte Zeit« (1947) zusammen mit denen der anderen großen Freskenmaler, José Clemente Orozco, David Alfaro Siqueiros und Guerrero vor, als ureigenstes Produkt Mexikos und seiner spezifischen sozialen Entwicklung. 1949 schrieb sie einen weiteren kleinen Aufsatz nur über Rivera.[37] Die Werke dieser Künstler, ihre Farben, Stoffe und ihre Verbundenheit mit dem mexikanischen Volk, wie Seghers sie mit ihrem stets europabezogenen Blick wahrnahm, hinterließen einen tiefen Eindruck, der nicht nur in die kleinen Aufsätze, sondern auch in die mexikanischen und andere Erzählungen eingehen sollte.

Gegen Ende ihres Aufenthaltes machte sie außerdem noch mit einer befreundeten belgischen Ethnologin eine Reise zu »Eingeborenen-Urwalddörfern« in der Nähe von Manzanillo an der pazifischen Küste. Auch diese Eindrücke hinterließen ihre Spuren in späteren Erzählungen wie »Die Heimkehr des verlorenen Volkes«. Seghers konnte sich natürlich jetzt Erholungsurlaube und Fahrten ins Land leisten, und fuhr gern in das schöne Cuernavaca; Anfang 1945 weilte sie zu einem Arbeits- und Erholungsaufenthalt in San Miguel,[38] und im Frühjahr desselben Jahres fuhr sie mit ihrem Sohn nach Guadalajara und 1946 nach Oaxaca, reiste aber in Mexiko nicht ganz so häufig wie früher oder später in ihrem Leben. Wenn sie daheim war, hielt sie sich gern in einer Laube auf dem Dach ihres Hauses auf: »Ich steige jeden Morgen aufs Dach und arbeite dort und nachmittags schreibe ich einen Brief«, schildert sie ihre Gewohnheiten für Kurt Kersten Anfang 1945, meint aber auch: »Das Leben ist an irgendeiner Stelle nicht durchgelebt, vielleicht weil ich lange unfreiwillig durch Krankheit isoliert war, vielleicht einfach, weil wir zu weit von Europa weg sind.«[39] Schon deshalb wäre es nicht richtig, diese Jahre einfach als glückliche zu beschreiben, obwohl sie Seghers in der Erinnerung von Berlin aus manchmal als solche erscheinen mochten. Vor allem aber ist in diesem Brief an Kersten – wie in vielen anderen von 1944/1945 – von den »verteufelten Nachrichten« aus Europa die Rede, dem Abtransport der Mutter, »in ein KZ nach Polen [...], wo sie vermutlich zu Grunde gegangen ist«, wie Seghers jetzt meist schreibt, und ihrer Schwägerin, »Rodis sehr liebe und sehr schoene, mit mir seit der Jungmaedchenzeit befreundete Schwester« und deren Familie. Lili Szondi wurde gerettet, die Mutter und Millionen andere nicht. Diese Nachrichten machten es unmöglich, sich über die eigene Sicherheit und den eigenen Komfort zu freuen.

Im Vergleich zu diesem Bewußtsein, das sie bedrängte, waren die Probleme, die Seghers mit der politischen Führung der KPD hatte und die 1943/44 eskalierten, zwar unbedeutend, aber gerade deshalb leidig, nur hoffte sie, daß sie sich nach der Rückkehr lösen würden, was sie in bezug auf Merker auch in unerwarteter und schlimmer Weise taten, in bezug auf ihr Verhältnis zur jeweiligen Parteiführung jedoch nicht. »In der politischen Emigration in Mexico fühlte ich mich schlecht, ich stand mit dem Leiter Paul Merker auf schlechtem Fuss«, erklärte Seghers rückblickend in einem Lebenslauf von 1954, der sich in ihrer Kaderakte befindet, und meinte dann: »Es war ein grosser Fehler unserer ganzen kommunistischen Gruppe, dass sie sich dem nicht widersetzt und sich, zum Teil aus Angst an der Rückkehr gehindert zu werden, oft scharfer Kritik zum grössten Teil enthalten hat.«[40] Diese Worte stehen im Kontext der Ereignisse der frühen fünfziger Jahre in der DDR: Merkers Parteiausschluß, Verhaftung und Verurteilung, wovon noch die Rede sein wird. Sie treffen jedoch Seghers' Haltung 1943/44 – und auch 1954 – insofern, als sie schon damals versuchte, den politischen Differenzen der deutschen KP-Gruppe nicht zu viel Gewicht zu geben und sich der Bevormundung Merkers zu entziehen. Die Streitigkeiten und Intrigen unter den Kommunisten in Mexiko, die in einer Atmosphäre florierten, in der es von verschiedensten Geheimdiensten und noch mehr Verdächtigungen wimmelte, hatten vielfältige, bis in die Geschichte der KI zurückreichende Ursprünge,[41] drehten sich aber aktuell u. a. um die Frage, ob man mit deutschen Generälen, die sich von Hitler abgewandt hatten, Bündnisse eingehen könne – die Moskauer Linie, die in Mexiko u. a. Georg Stibi vertrat – oder nicht, worauf Merker die mexikanische KPD einschwören wollte. Seghers' Sympathien scheinen von Anfang an eher bei der internationalen kommunistischen Gruppe um Vidali und Hannes Meyer gelegen zu haben, der auch Stibi, Kisch und Frei nahestanden.[42] Und sie machte im September 1943 nochmals einen Versuch, persönlich Kontakt mit den für sie relevanten Leuten in Moskau – Becher und Michail J. Apletin (von der Auslandskommission des sowjetischen Schriftstellerverbandes) – aufzunehmen, ein Brief, der ankam und erhalten ist.[43] Darin schilderte sie ihre Situation als Schriftstellerin in Mexiko, die »Lebensbedingungen, die nichts gleichen, was wir je kannten«, ihr »Gefühl vom Brennpunkt, vom wichtigsten zu weit entfernt zu sein«, und ihre eigene Arbeit. – Andererseits wollte sie keinen Bruch mit Merker, dem Führer der KPD in Mexiko, zu der sie gehörte. Als Stibi, der bis dahin Sekretär der von Merker geleiteten und die Repräsentanz aller antifaschistischen Deutschen beanspruchenden *Bewegung Freies Deutschland* gewesen war, Anfang 1943 ersetzt und Ende des Jahres von der Partei »auf unbegrenzte Zeit suspendiert« wurde,[44] protestierte sie öffentlich nicht dagegen, war allerdings auch nicht bereit, ihren Kontakt mit den Stibis wie gefordert abzubrechen. Merker verlangte jedoch größere *Disziplin* von der prominenten Genossin:[45] In Seghers' Papieren befindet sich ein sorgfältig aufbewahrtes Couvert mit der Aufschrift »Mexiko«[46] und darin u.a. ein maschinegeschriebener Zettel mit von fremder Hand stammenden Korrekturen und dem Datum Dezember 1944, in dem sie erklärt, »Stibis Auffassung« bezüglich der Generäle und seine »unbegruendeten Anklagen« gegen Otto Katz und Leo Katz abzulehnen. Sie »schliesse« sich den während ihrer Krankeit »von der Leitung und der Gruppe gefassten Beschluessen in der Angelegenheit von Georg und Henny Stibi an« und werde »gemaess diesen Beschluessen mit den Stibis nicht verkehren«.[47] Gleichzeitig hob Seghers auch einen undatierten Brief von den Stibis – in seiner Handschrift – auf, in dem sie ihr danken »für das Vertrauen, daß Du in uns bewahrt hast, ungeachtet der Flutwellen von Niedertracht und Gemeinheit, die über uns vier Jahre lang niedergegangen ist«. Der Brief mag vor der Abfahrt der beiden aus Mexiko – wie gesagt mit Merker auf der *Gogol,* deren Passagiere er nicht mehr bestimmen konnte – geschrieben sein. Daß Merker mit diesem autoritären und kleinlichen Verhalten,[48] das Seghers in dem erwähnten Lebenslauf als »unkommunistisch, kleinbürgerlich u in der Wirkung zersetzend u darum parteischädlich« bezeichnen sollte, sie sich nicht zur Freundin machte, ist verständlich. Ob sie trotzdem hätte versuchen können und sollen, sich für ihn einzusetzen, als dieser autoritäre Kommunist von anderen ebenfalls autoritären, aber im Kampf um die Macht erfolgreicheren und skrupelloseren Genossen angeklagt und unter schweren Bedingungen eingesperrt wurde? Das ist eine Frage, die sich im Zusammenhang mit den fünfziger Jahren, in denen sich Seghers ebenfalls in einer schlimmeren, selbstverständlich keineswegs vergleichbaren Lage befand, stellen wird. In diesem Zusammenhang soll nur noch erwähnt werden, daß Walter Janka in Mexiko zu einer rechten Hand Merkers wurde und daß sie von daher auch an ihn nicht die besten Erinnerungen in die DDR mitbrachte.

Schon damals vertrat Seghers aber die Ansicht, daß interne Meinungsverschiedenheiten nicht öffentlich ausgetragen werden sollten. Zur Zeit berief sie sich auf den Antifaschismus als Grund und erklärt in einem Privatbrief an Jürgen Kuczynski, »wenn unsere ganze Kraft darauf gerichtet ist, eine Einheit endlich gegen den Faschismus herzustellen, dann soll doch die Vorhut dieser Einheit nicht in sehr wichtigen Dingen widerspruchsvoll erscheinen«. Mit den Diskussionen könne man auf die Heimat warten, denn, so wunschträumt sie, da werde »jedem klar, dass es den Menschen darauf ankommt, das Rechte zu finden und nicht recht zu behalten«.[49] Nach dem Unfall nahm sie denn auch ihre öffentliche Tätigkeit, sobald sie konnte, wieder auf und blieb bis zur Abreise aktiv. Sie schrieb viele Aufsätze für das *FD* und den Nachfolger *ND*, beteiligte sich rege an der Kulturarbeit des Heine-Klubs, vor allem seinen Theaterveranstaltungen, für die sie sich um Stücke bemühte und zu denen sie, wie z. B. über Büchner – anläßlich einer Aufführung von *Wozzek* – sprach und schrieb.[50] Ihren ersten öffentlichen Vortrag nach der Genesung hielt sie am 6. März 1944 bei der Veranstaltung einer Frauengruppe des *BFD* zu Ehren von »Frauen, die gegen den Faschismus kämpfen«. Sie sprach über ein Thema, das in ihrem erzählenden Werk ebenfalls eine wichtige Rolle spielt, nämlich scheinbar unpolitische Frauen, die gefühlsmäßig zu im weitesten Sinne politischen Handlungen greifen.[51] Wie erwähnt, ließ sich Seghers nach der Auflösung des Heine-Klubs für das Ehrenpräsidium des neuen mexikanisch-deutschen Kulturkomitees gewinnen und machte am 8. Juli 1946 den Auftakt mit einer Rede, in der sie zum ersten Mal in Mexiko über ein lateinamerikanisches, wenn auch nicht mexikanisches Thema referiert: »Toussaint Louverture – ein Neger gegen Napoleon«, eine

Gestalt, die sie noch lange beschäftigen sollte. Später folgte eine Lesung aus ihrem Manuskript »Miranda, der Vorläufer des lateinamerikanischen Freiheitskampfes«.[52] Wann immer Seghers in diesen Jahren auftrat, zog sie ein größeres Publikum an; sie war neben Kisch – und neben Theateraufführungen und dem Gastspiel des bekannten Schauspielers Ernst Deutsch 1946[53] – zu einer Hauptattraktion im kulturellen Leben der deutschsprachigen Emigration in Mexiko geworden.

Das große Projekt dieser Jahre war der Roman *Die Toten bleiben jung*, Seghers hatte sich ihn, wie wir sahen, bereits in Paris vorgenommen, viel, so das Erleben und das Schreiben von *Transit*, war jedoch dazwischengekommen. Während sie sich nach dem Unfall zu Hause erholte und Pläne für die nächsten zwei Jahre machte, griff sie nun darauf zurück und schrieb im Januar 1944 an ihren Agenten Lieber: »Nächste Woche werde ich einen neuen Roman beginnen, der ungefähr die selbe Länge und Bedeutung wie *Das siebte Kreuz* haben wird. Ich denke, daß ich ungefähr zwei Jahre daran arbeiten werde.«[54] Ihre Prognose stimmte nicht ganz, der Roman wurde umfangreicher als vorhergesehen und dauerte auch etwas – aber nicht viel – länger. Seghers arbeitete in den folgenden Jahren intensiv daran und berichtete Briefpartnern wie Herzfelde und Kersten gelegentlich darüber. An den letzteren heißt es Anfang 1945: »Ich stecke in den Vorarbeiten zu einem grossen Roman von Ende des letzten bis Ende dieses Krieges mit fest umrissener Handlung und fest umrissenen Menschen.«[55] Schon im Herbst 1945 war sie, wie Rodi, der ihr mit seiner Assistentin oder Sekretärin manchmal Korrespondenz abnahm, für sie schreibt, »sehr beschäftigt« mit ihrem Roman, »den sie in ein paar Monaten fertigstellen will«.[56] Im Dezember hört Herzfelde von ihr selbst: »Ich schreibe eben die erste Outline von dem Roman fertig, wozu ich wohl noch ein paar Wochen brauche. Vielleicht, wenn wir nächstes Jahr rübergehen, kann ich vor einer deutschen Ausgabe ein paar Sachen mit ein paar guten Copains durchsprechen. Ich würde auch sehr gern vorher mit einigen von Euch vieles durchsprechen.«[57] Was sie mit »Outline« meint, ist nicht klar, es handelte sich wohl mehr um eine erste Fassung. Ihre Worte, die sie Freunden in Europa gegenüber wiederholte, deuten außerdem an, daß sie sich künstlerisch und vielleicht auch kulturpolitisch in Mexiko trotz aller Aktivitäten etwas isoliert und ein wenig unsicher fühlte und daß sie mit ihrem Roman, den sie schließlich als fertiges Manuskript, aber mit dem Willen und der Bereitschaft, ihn zu überarbeiten, nach Europa mitbrachte, auf Leser und Bedürfnisse nach dem Krieg eingehen wollte. Als er im November 1949 trotzdem wenig verändert erschien, war es nicht unter den Verhältnissen und auch nicht mit der Resonanz, die sie sich erhofft hatte. In diesen Zusammenhängen, die für das weitere Romanschaffen wichtig wurden, soll der große, anspruchsvolle Deutschlandroman später noch genauer besprochen werden.

Neben dem Roman plante Seghers erneut ambitioniert »eine umfangreiche und breite Sammlung von Kurzgeschichten«, die sich aber, wie sie wiederum, diesmal bei Lieber, wirbt, »von allen sogenannten Büchern mit Kurzgeschichten stark unterscheiden« würde, weil sie dem *Decamerone* oder *Tausend und eine Nacht* ähneln sollte. Auch bei Herzfelde spricht sie von diesem Projekt und sucht Rat, da sie weiß, daß dergleichen schwer zu verlegen ist. Trotzdem bekam sie, wie gesagt, einen Vertrag von Little, Brown für eine englischsprachige Ausgabe – sie schloß außerdem mit einem südamerikanischen Verlag, Editorial Centauro, für eine kleine Sammlung von Geschichten auf spanisch ab[58] –, zu der Hinterlassenschaft, die sie sich für Amerika wünschte, kam es jedoch nie. Immerhin gelang es Seghers, einen schmalen, aber bedeutenden Erzählband in den USA herauszubringen – in Herzfeldes unter großen Schwierigkeiten gegründeten deutschsprachigen Aurora-Verlag. Hier erschienen drei der sechs in Mexiko entstandenen Erzählungen, darunter die Titelgeschichte »Der Ausflug der toten Mädchen«, ihre heute wohl am meisten beachtete und am häufigsten interpretierte Erzählung. Die Entstehungsgeschichte und der für Seghers ungewöhnliche autobiographische Ansatz werden meist mit dem Unfall und mit der vorübergehenden Amnesie der Autorin in Verbindung gebracht, was insofern richtig ist, als die Erfahrungen beim mühsamen Zurückholen und plötzlichen Zurückfluten von Erinnerung sichtlich in das schwebende Ineinander von Vergangenheit und Gegenwart, in dem sich die Ich-Erzählerin bewegt, einging. Die Idee hatte Seghers jedoch, wie sich aus ihren Briefen an Herzfelde rekonstruieren läßt, schon vor dem Unfall. So spricht sie im Juni 1943 von zwei Geschichten, die sie sich für dieses Jahr vorgenommen hat: »Eine könnte heißen ›Geschichte von den vier Saboteuren‹, die andere ›Die Toten bleiben jung‹.«[59] Während die erste, wie wir sahen, im Zusammenhang mit der Frage des innerdeutschen Kampfes gegen Hitler stand, die sie – und andere – zu dieser Zeit stark beschäftigte, handelte es sich bei der zweiten um »etwas ganz Neues, Unvorhergesehenes«[60]. Was der ursprüngliche Schreibanlaß war, das Wissen um das Schicksal der Jugendfreundin Gerda, das sie seit Frankreich mit sich trug, die Nachrichten von der Bombardierung und Zerstörung rheinischer Städte, das Scheitern ihrer Bemühungen um die Rettung der Mutter, einfach Heimweh oder alles zusammen, dazu gibt es keine genaueren Informationen. Tatsache ist, daß sich Seghers sehr für das Sujet – das Schicksal einer Mädchenklasse – interessierte und nach Beendigung der Erzählung Pläne für einen Film und einen »dünnbändigen Roman« dazu verfolgte, die beide nicht realisiert wurden.[61] Es ist auch müßig zu spekulieren, welche Form die Geschichte vor dem Unfall genommen hätte,[62] sie war jedenfalls das erste, was Seghers nachher machte, und zwar schnell und auf neue Weise offen für Bilder und Visionen, die ihr Schreiben schon in der Jugend bestimmt hatten. Freilich waren es nun von Erfahrung geprägte und nicht von märchenhafter Phantasie beflügelte. Bereits Mitte Dezember hatte sie die Erzählung im Prinzip abgeschlossen,[63] am 27. März 1944 ging das Manuskript dann an Herzfelde ab, war aber schon vorher an Lieber »zur Übersetzung ins Englische«

geschickt worden. Diese Übersetzung erschien im Sommer 1945 im *Yale Review*[64] und stellt, neben einer Veröffentlichung von »The End« in der *Saturday Evening Post*,[65] soweit ich sehen konnte, die einzige zeitgenössische Erzählung von Seghers dar, die damals in den USA in englischer Sprache erschien. Sie hatte zwar mit dem *Siebten Kreuz* einen großen Erfolg errungen, zur Erfolgsautorin war auch sie nicht geworden.

Bis das Aurora-Bändchen 1946 unter dem Titel *Der Ausflug der toten Mädchen und andere Erzählungen* endlich erschien, schrieb Seghers noch zwei weitere Geschichten dafür, »Das Ende« und »Post ins gelobte Land«, die beide 1945 nach Kriegsende entstanden.[66] Für »Das Ende«, in dem es um die psychische Zerstörung geht, die der Krieg hinterlassen hat, wird das aus dem Erzählten deutlich: der Flucht und dem Selbstmord des ehemaligen KZ-Aufsehers Zillich, einer Negativfigur aus dem *Siebten Kreuz*, die sie – wie die positiven Charaktere in »Die Saboteure« – aufnimmt und dem Gang der zeitgeschichtlichen Ereignisse entsprechend weiterentwickelt. Für »Post ins gelobte Land« ist die tatsächliche – d. h. später als gewöhnlich angegebene – Entstehungszeit vom Herbst 1945 insofern wichtig, als das volle Ausmaß und die ganzen Greuel der Judenvernichtung erst jetzt bekannt und dokumentiert wurden. Gegen diesen Hintergrund tritt die Eigentümlichkeit dieser Erzählung, die nicht in Deutschland, sondern vor allem in Frankreich und Palästina spielt und nur seltene Hinweise auf die Nationalsozialisten und den Holocaust enthält und trotzdem ein Kaddisch für die toten Eltern und deren Leidensgenossen ist, um so deutlicher hervor. Denn so liebevoll Seghers ihre jüdischen Charaktere, deren enge Familienbande und alten Bräuche zeichnet, und so erfolgreich die Assimilation der jüngeren Generation im progressiven Frankreich erscheint, niemandem wird erlaubt zu überleben. Dieses Ende steht hinter allem, obwohl vordergründig wenig von den Schrecken der jüngsten Vergangenheit die Rede ist, was die Erzählung, die die menschliche Würde der einzelnen Charaktere und ihrer unterschiedlichen – jüdischen – Lebensmuster betont, um so wirkungsvoller macht.

Der Tod, stets ein zentrales Motiv des Seghersschen Werkes, wird in den Arbeiten aus der mexikanischen Zeit zur allgegenwärtigen Präsenz. *Die Toten bleiben jung* beginnt und endet mit Mord, »Ein Mensch wird Nazi« fängt mit dem Schluß, der Hinrichtung des jungen Nazi in der Sowjetunion, an, im »Ausflug der toten Mädchen« gehen bis auf die Erzählerin alle Mädchen der Schulklasse zugrunde, Zillich, der KZ-Mann in »Das Ende«, braucht keine Strafe, ihn treiben die eigene Menschenverachtung und das Mißtrauen, die Seghers stets mit dem Faschismus verbunden hat, in den Selbstmord. Schrecklich daran ist die Reaktion seines Kindes, das sich über den Tod des Vaters freut und freuen muß. Und auch von den Saboteuren in der gleichnamigen Geschichte bleiben die besten auf der Strecke. »Nachdem mit der Niederlage der große Krieg endlich beendet war, der weite Strecken Europas in Wüste verwandelt und mehr als dreißig Millionen Tote gekostet hatte«, beginnt Seghers' kleiner traurig-ironischer Text »Die Unschuldigen« (1945)[67], in dem jeder, vom Nazibürgermeister eines kleinen Dorfes bis zu Hitler selbst, seine Unschuld beteuert und jede Verantwortung leugnet. Seghers aber fühlte sich verantwortlich für diese Toten, das schreckliche Erbe ihrer Zeit, ein Gefühl, das ihr jedoch nur den verdeckten Schmerz und die indirekte Klage erlaubte. »Manchmal lese ich die fünf, sechs Briefe, die ich von meiner Mutter erhalten habe, und jedesmal verfalle ich in einen unbeschreibbaren Zustand der Wut und Trauer, aber es ist nichts gewonnen, ihn aufrecht zu erhalten«, schreibt sie über ihr privates Leid,[68] eine Haltung, die sie auch öffentlich einzunehmen suchte.

Es galt im erzählerischen Werk und in den Essays, von denen Seghers nach dem Unfall weitere bedeutende, wie »Freies Deutschland 1792« (1944), »Aufgaben der Kunst« (1944) und »Inneres und äußeres Reich« (1945), schrieb, danach zu fragen, wie diese Tode *bewältigt* werden konnten. Für sie lag die

Antwort in der Verpflichtung zu einem Neuanfang, in der Mitarbeit an einer »Umwandlung« der Menschen, einem Ausdruck, den sie sehr bewußt dem damals beliebten Begriff »Umerziehung« entgegenstellte, weil er eine tiefe Berührung und Veränderung des ganzen Menschen voraussetzte. In einem Brief an Kersten, der auf Martinique in eine innere Isolation verfallen war, drückt sie ihre Gedanken über die Unerläßlichkeit, sich an dem Versuch einer solchen »Umwandlung« zu beteiligen, höchst drastisch aus, indem sie auf sein Bild von einem Hund hinterm Ofen eingeht: »Selbst wenn man auf dem Standpunkt stünde, dass der Hund ein sehr bissiger Hund ist und dass die Umwandlung in ein anstaendiges Lebewesen laenger dauert als wir es gern haben, so kann man doch wohl nicht einmal von dem simpelsten christlichen Standpunkt aus die Hunde einfach reissen lassen oder nur totschlagen.«[69] Der Versuch der »Umwandlung« aber braucht, wie sie in »Aufgaben der Kunst« auf einem anderen Niveau argumentiert, die Hilfe der Kunst, die vor allem der durch »die Dressur unter Hitler« verformten Jugend »einige verlorene Begriffe, einige längst gefälschte Begebenheiten eindeutig darstellt«[70]. Kunst, die bei der Entwicklung aller Weltbilder mitgeholfen habe, »wird auch bei der Zerstörung des Faschismus und bei der Befreiung der Länder und der Gehirne mitschreiben und mitmalen«[71]. Darin sah sie ihre Aufgabe, mit dieser Erwartung kehrte Anna Seghers 1947 nach Deutschland zurück. Ihre Überlegungen verraten den starken pädagogischen Impuls, der ihre Arbeit in den kommenden Jahren dominieren wird, aber auch den Bezug auf den Faschismus, der für sie – und für viele ihrer *Gefährten* – die entscheidende Erfahrung ihres Lebens war und auch in Zukunft ihre Perspektive bestimmen, damit jedoch neue kritische Einsichten erschweren wird: »schwankende Schatten / unzähligen Todes / trag ich dir zu«, diese Worte Johannes Bobrowskis[72] stehen über Seghers' *Heimkehr* nach Deutschland. Die Schatten verdunkeln die kommenden künstlerischen, persönlichen und politischen Entscheidungen in vielfacher, komplexer Weise.

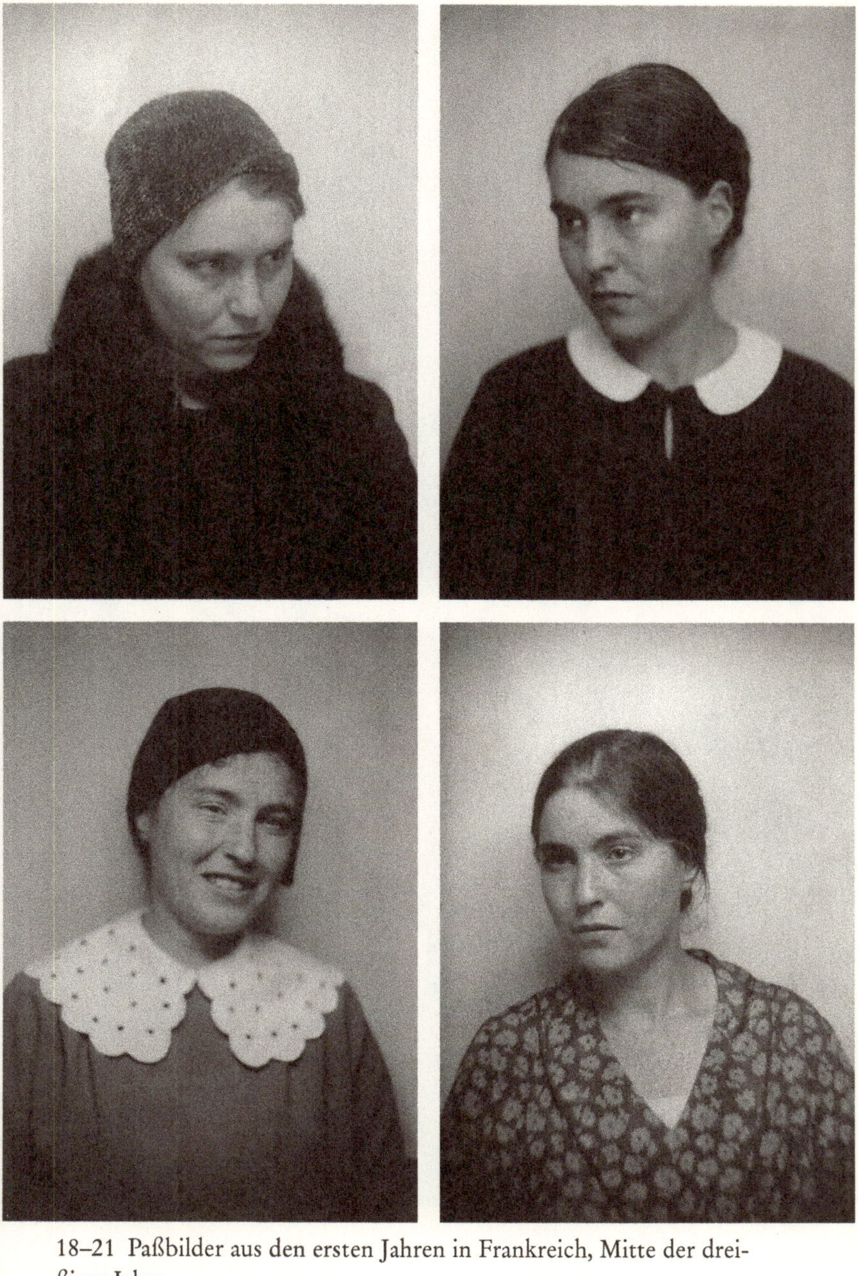

18–21 Paßbilder aus den ersten Jahren in Frankreich, Mitte der dreißiger Jahre

22 Die Familie in Equihen, Sommer 1933

23 Mit den Kindern Ruth und Peter, etwa 1938

24 Mit Tochter Ruth vor dem Haus in Bellevue bei Paris

25 Porträt etwa Mitte/Ende der dreißiger Jahre

26 Die Familie vor dem Haus in Bellevue

27 In Bellevue

28 Mit Egon Erwin Kisch in Madrid 1937 anläßlich des II. Internationalen Schriftstellerkongresses

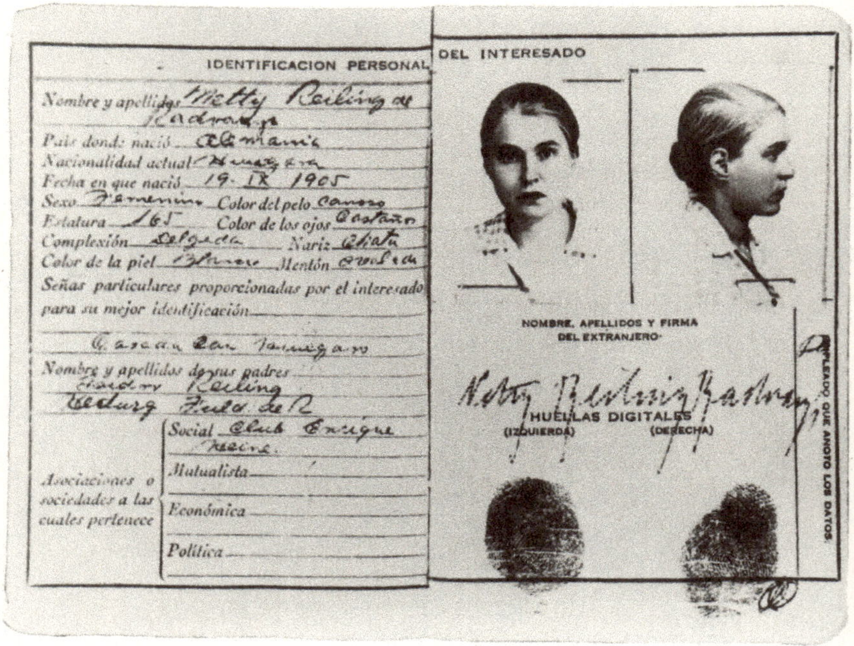

IDENTIFICACION PERSONAL DEL INTERESADO

Nombre y apellidos

País donde nació

Nacionalidad actual

Fecha en que nació

Sexo — Color del pelo

Estatura — Color de los ojos

Complexión — Nariz

Color de la piel — Mentón

Señas particulares proporcionadas por el interesado para su mejor identificación

Nombre y apellidos de sus padres

Asociaciones o sociedades a las cuales pertenece: Social — Mutualista — Económica — Política

NOMBRE, APELLIDOS Y FIRMA DEL EXTRANJERO

HUELLAS DIGITALES (IZQUIERDA) (DERECHA)

EMPLEADO QUE ANOTO LOS DATOS

29 Ausweis für den Heinrich-Heine-Klub in Mexiko

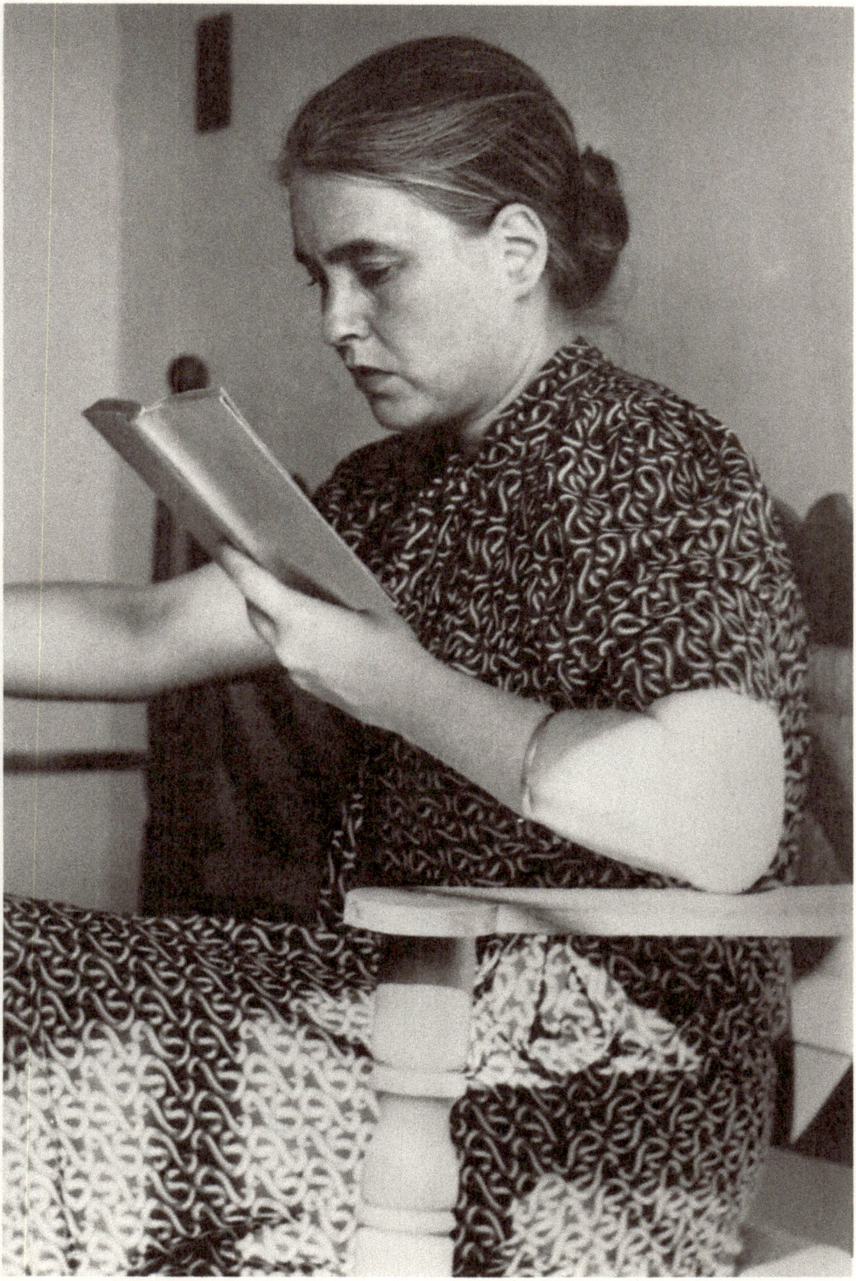

30 In Mexiko um 1942

31 Als Präsidentin des Heinrich-Heine-Klubs, mit Ludwig Renn

32 Mit dem Chef der kommunistischen Partei Mexikos, Dionisio Encina

33 Anna Seghers und Lászlo Rádvanyi bei dem mexikanischen Gewerkschaftsführer Vicente Lombardo Toledano und dessen Frau, hinter Anna Seghers (halb verdeckt) Otto Katz/André Simone

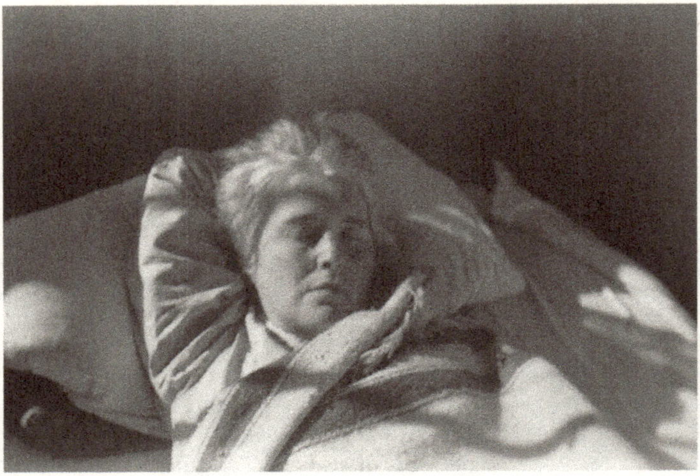

34 Nach dem schweren Verkehrsunfall vom 25. Juni 1943

35 Mit Tochter Ruth

36 Herbst 1943

37 Mit den Kindern, um 1944

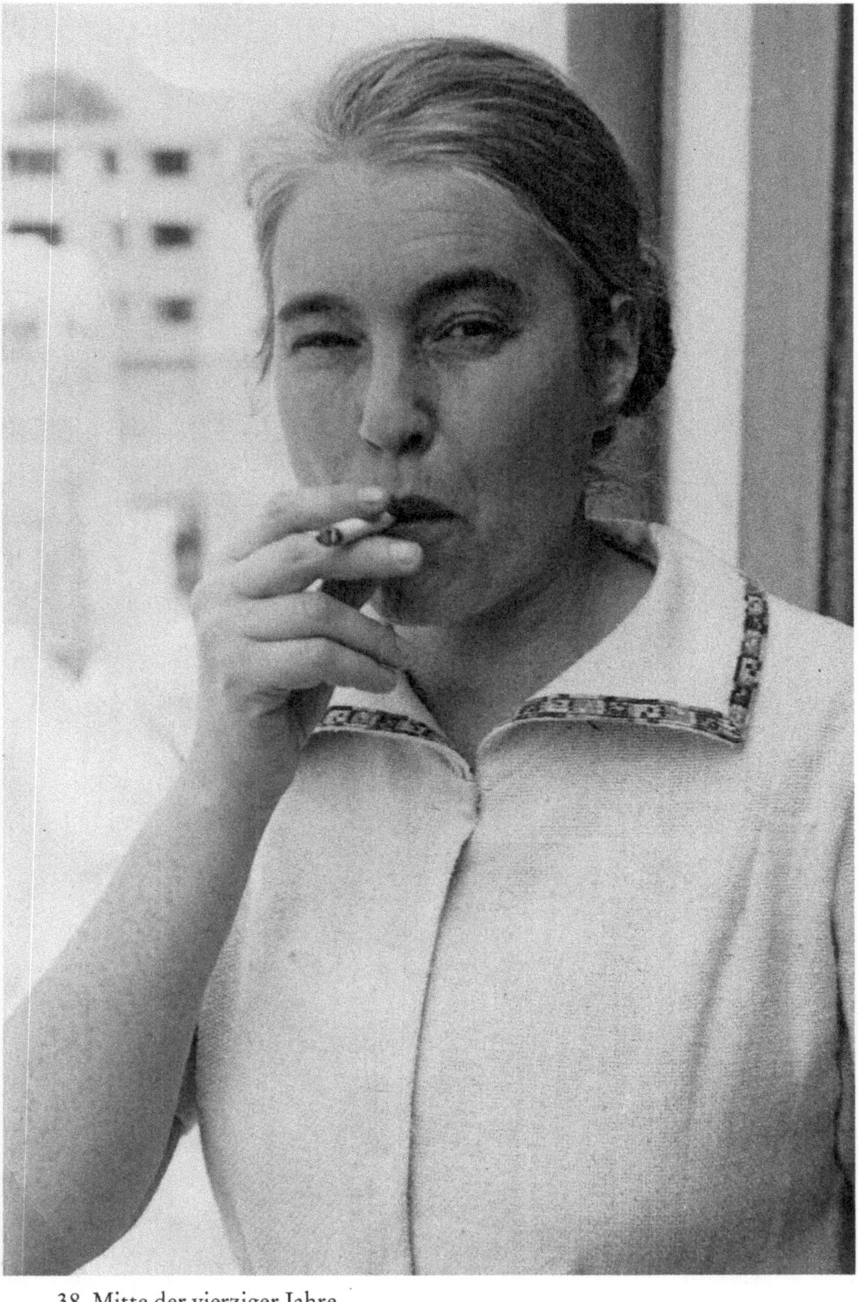

38 Mitte der vierziger Jahre

39 Auf dem Dach des Hauses Avenida Industria 215

Anhang

Anmerkungen

Folgende Abkürzungen werden verwendet:

AS	Anna Seghers
LR	Ladislaus (László) Radványi, Ehemann von AS, den sie Rodi nannte. Während seiner Studienzeit in Heidelberg verwendete er die ungarische Schreibweise seines Namens. Um 1925 gingen er und AS zu der akzentlosen Schreibung Radvanyi über. Bei seiner Arbeit in Berlin bis 1933 und in Paris bis 1939 verwendete er den Namen Johann Schmidt. In Mexiko erschien er im *Freien Deutschland* unter Johann L. Schmidt-Radvanyi; als Professor, Autor und Herausgeber wissenschaftlicher Zeitungen verwendete er seinen bürgerlichen Namen Laszlo Radvanyi. In der DDR kehrte er zu Schmidt zurück, gebrauchte aber durchgehend den Vornamen Johann Lorenz (auch Johann-Lorenz).
PR	Pierre (Peter) Radvanyi, Sohn von AS
RR	Ruth Radvanyi, Tochter von AS
ASA	Anna-Seghers-Archiv der Stiftung Archiv der Akademie der Künste, Berlin
ASG	Anna-Seghers-Gedenkstätte der Stiftung Archiv der Akademie der Künste, Berlin
SAdK	Stiftung Archiv der Akademie der Künste, Berlin
SAM	Stadtarchiv Mainz
SAPMO	Stiftung Archiv der Parteien und Massenorganisationen der DDR im Bundesarchiv, Berlin
Tb	Tagebuchnotizen 1924/25 von AS, im Besitz von PR
CZR	Christiane Zehl Romero

Erstes Kapitel

1 Eine Geburtsurkunde, deren Original im Besitz von RR ist, wurde am 19. März 1925 als Auszug angefertigt. Der unmittelbare Anlaß war wohl die geplante Heirat von Netty Reiling. (Abdruck in: *Anna Seghers. Eine Biographie in Bildern*, hg. v. Frank Wagner,

Ursula Emmerich, Ruth Radvanyi. Berlin, Weimar: Aufbau, 1994, 18; des weiteren zit. als *Eine Biographie in Bildern.*)

2 RR in *Eine Biographie in Bildern,* 19.

3 Vgl. ebd., 53. Nach PR erzählte seine Mutter diese Geschichte mit der Einleitung: »Ich glaube, so und so ist es passiert.«

4 In einem Gebetbuch (im Besitz von RR), das Isidor Reiling seiner Tochter anläßlich ihrer Hochzeit 1925 schenkte und in dem er sowohl die Geschichte des Gebetbuches (er und seine vier Geschwister hätten es ihrer Mutter zum Silberhochzeitstag geschenkt, er habe es dann von seiner Mutter erhalten und seiner Frau zu ihrer Hochzeit am 19. November 1899 geschenkt) als auch den Familienstammbaum aufzeichnet, nennt er seine Mutter Jeanette. In offiziellen Dokumenten und Anzeigen steht der Name Esther (vgl. dazu SAM, Bestand 70 und 50/887 Nr. 198 u. 50/899 Nr. 12768, und allgemein Friedrich Schütz, »Die Familie Seghers-Reiling und das jüdische Mainz«, *Argonautenschiff,* 2, 1993, 151–173, der der Familiengeschichte und Geschäftsgeschichte der Reilings genauer nachgegangen ist und auf dessen Informationen ich mich dankbar stütze).

5 Zuerst gebrauchte AS den Vornamen Antje, dann zunächst nur Seghers, ohne Vornamen.

6 Sie selbst bekannte sich zu Peter Conrad und gab zu, unter diesem Namen den kurzen Text »Vaterunser« veröffentlicht zu haben. Es gibt auch zwei weitere Texte von Peter Conrad, »Mord im Lager Hohenstein« und »Flucht durch den Wald«, von denen AS den ersten ableugnete, nach dem zweiten nicht gefragt wurde. Außerdem benutzte sie das Pseudonym Brand, und zwar nachweislich Eve Brand, auf zwei Fassungen von »Der sogenannte Rendel« bzw. »Das Fremde Kleid«, und vielleicht Anna Brand für die Erzählung »Der Skalp« im ersten Heft der *Neuen deutschen Blätter.* Vgl. dazu die Abdrucke von »Flucht durch den Wald« und »Der Skalp« im *Argonautenschiff,* 6 (1997), 103–105, und den erklärenden Artikel von Alexander Stephan, ebd. 106–113. Ein(e) F. Brand leitete übrigens auch im BPRS 1932 eine Arbeitsgruppe für Prosa. Vgl. Simone Barck, »Bund proletarisch-revolutionärer Schriftsteller Deutschlands«, *Lexikon Sozialistischer Literatur* (Stuttgart, Weimar: Metzler, 1994), 100.

7 AS an Gisl Kisch, 15.9.1956, ASA.

8 AS an Lore Wolf, 10.9.1981, ASA.

9 AS an Sally David Cramer, 18. 10. 1962, im Besitz von RR.

10 Achim Roscher, »Im Gespräch mit Anna Seghers«, *Positionen 1. Wortmeldungen zur DDR-Literatur,* hg. v. Eberhard Günther

(Halle, Leipzig: Mitteldeutscher Verlag, 1984), 160 (des weiteren zit. als *Wortmeldungen zur DDR-Literatur*). Zu Achim Roscher, früherem Mitarbeiter von AS' Freund F. C. Weiskopf und später stellvertretendem Chefredakteur der *NDL*, den AS offensichtlich mochte, vgl. auch Joachim Walther, *Sicherungsbereich Literatur* (Berlin: Links, 1996), 818.

11 Am 2. 3. 1964 an Lore Wolf erwähnt AS einen möglichen Besuch Christa Wolfs bei ihrer Freundin in Frankfurt, »denn sie schreibt ein Büchlein über Anna«. Nach Sonja Hilzinger legte sich Christa Wolf auch eine Mappe »A. S. Leben und Werk« an. (Vgl. Christa Wolf, *Essays/Gespräche/Reden/Briefe* 1959–1974, hg. v. Sonja Hilzinger, München, 1999). Das von Wolf gesammelte Material liegt in SAdK, wurde aber bis jetzt nur Sonja Hilzinger, der Herausgeberin einer Werkausgabe von Christa Wolf, zugänglich gemacht. Seghers gab Wolf Empfehlungen an Freundinnen wie Lore Wolf und auch, wie die bisher erschienenen Essays zeigen, mehr Auskunft als vielen anderen, trotzdem empfand Wolf die Informationen und die Möglichkeiten sie einzusetzen offensichtlich damals unzureichend für ein Buch.

12 AS, *Aufsätze, Ansprachen, Essays 1954–1979* (Berlin, Weimar: Aufbau, 1980), 411 (im folgenden zit. als *Aufsätze* II).

13 Steffie Spira-Ruschin, *Trab der Schaukelpferde* (Berlin, Weimar: Aufbau, 1984), 214.

14 *Wortmeldungen zur DDR-Literatur*, 151.

15 Vgl. vor allem die eingehende Studie von Marie Haller-Nevermann, *»Jude und Judentum« im Werk Anna Seghers'. Untersuchungen zur Bedeutung jüdischer Traditionen und zur Thematisierung des Antisemitismus in den Romanen und Erzählungen von Anna Seghers* (Frankfurt/M., Berlin, Bern, New York, Paris, Wien: Peter Lang, 1997).

16 Undatierter Lebenslauf von AS. Das Original des Typoskripts ist im Besitz von RR, eine Kopie befindet sich in ASG. Dem Inhalt nach wurde es ca. 1951 für jemanden in der SU geschrieben (im weiteren zit. als Lebenslauf von ca. 1951).

17 Vgl. vor allem Friedrich Schütz, »Die Familie Seghers-Reiling und das jüdische Mainz«, *Argonautenschiff*, 2 (1993), 151–173.

18 In dem bereits erwähnten Gebetbuch, das Isidor Reiling, seinen eigenen Angaben nach, seiner Frau zum Hochzeitstag schenkte, nennt er als Datum für diesen Tag den 19.11.1899. Friedrich Schütz, der Stadtarchivar von Mainz, gibt in seinem Artikel »Die Familie Seghers-Reiling und das jüdische Mainz« (157) den 17.11. an.

19 Steffie Spira-Ruschin erwähnt: »Annas Mutter war zart, oft krank«, was ein Grund gewesen sein könnte, daß Netty das einzige Kind blieb; allerdings ist das die einzige Erwähnung dieser Art. Steffie Spira, »Begegnungen mit Anna Seghers«, *Argonautenschiff*, 4 (1995), 166.

20 In den Dokumenten wurde sie Esther, in der Familie aber Jean (n)ette genannt, so in dem bereits erwähnten Gebetbuch. (Vgl. Anm. 4.)

21 Für die Überlassung eines Stammbaumes der Familie David Reiling/Jeanette Esther Schmalkalden danke ich Frau Barbara Prinsen-Eggert.

22 Vgl. z. B. Wolfgang Benz, »Die jüdische Erfahrung«, *Argonautenschiff*, 6 (1997), 153.

23 Pablo Arfeld an Anton M. Keim, 10. 5. 1984, SAM, Autographensammlung. Vgl. Schütz, 158.

24 In einem Brief vom 14. 8. 1974 an Jörg Bernhard Bilke beschreibt ihn auch die Freundin von AS, Elisabeth Stimbert, verheiratete Usinger: »Isidor Reiling hatte ja einen Bruder, der weit mehr in Erscheinung trat als Isidor. Er stand oft als sehr schöner Mann mit wunderbarem weißen Haar in der offenen Tür des Antiquitätengeschäfts am Flachsmarkt.« Zit. nach Bilke, »Auf der Suche nach Netty Reiling«, *Blätter der Carl Zuckmayer-Gesellschaft*, 6 (1980), 197. Es könnte sein, daß Isidor, der jüngere Bruder, derjenige war, der mehr reiste und die Auslandskontakte pflegte.

25 Sally David Cramer an AS, 18. 12. 1951, im Besitz von RR.

26 Vgl. Schütz, 158.

27 Schütz spricht von »herrschaftlich« (158) und Anton Maria Keim, ein Kenner des jüdischen Mainz, der AS in ihrer späteren Wohnung in Adlershof in Berlin besuchte, betont den Unterschied zwischen der relativ bescheidenen Wohnung dort und der anspruchsvollen, in der sie aufwuchs.

28 *Wortmeldungen zur DDR-Literatur*, 153.

29 Hedwig Reiling an Helene Fuld, 21. 2. 1919, im Besitz von RR.

30 An AS nach Mexiko, im Besitz von RR.

31 Ebd.

32 *Wortmeldungen zur DDR-Literatur*, 153.

33 Brief von Maria Büttler Luder, 11. 11. 1970, ASA.

34 Sie besuchte sie auch, wenn sie nach Mainz kam. PR erinnert sich (an CZR) »an ein Mittagessen bei Tante Flora; wir waren gebeten, sehr vornehm zu essen«.

35 Undatierte handschriftliche Aufzeichnungen von AS im Briefwechsel mit W. Steshinski, ASA (Briefe, Sign. 32).

36 AS nennt den Namen Flora selbstverständlich nicht, doch hatte sie keine andere Tante in Mainz.

37 An »Sr Excellenz Herrn Wirkl. Geheimrat Dr. W. Bode, Berlin«; Kopie in ASG. (Der zweite Brief ist vom 12.5.1913 und gibt einem Dr. Hubert Schmidt die einschlägigen Kontaktadressen in Paris.)

38 SAM, Best. 70/69–91. Schütz, 158 und 160.

39 Brief vom 22.12.1918, im Besitz von RR.

40 Brief vom 21.2.1919 an Helene Fuld, im Besitz von RR.

41 F. Volbach an J. B. Bilke, 1.10.1974, ASA.

42 Undatierter Brief an Helene Fuld, im Besitz von RR. Aus der zitierten Bemerkung kann man vermuten, daß er aus der Zeit nach dem Ersten Weltkrieg stammt, aber bevor Netty zu studieren begann, also vielleicht von 1920. In dem Alter könnte das »Fräulein« eine Gesellschafterin zum Sprachenlernen gewesen sein.

43 Angaben von PR, der auch einen Brief aus dieser Zeit an seinen Vater besitzt. Vgl. 6. Kapitel.

44 F. Volbach an J. B. Bilke, 1.10.1974, a.a.O.

45 Vgl. Paul Arnsberg, *Die Geschichte der Frankfurter Juden seit der Französischen Revolution,* 3 Bde. (Darmstadt: Eduard Roether, 1983). Zu Henriette, Jakob und Julius: III, 160f.

46 Paul Arnsberg, III, 160.

47 Brief vom 4.12.1918, im Besitz von RR.

48 Brief vom 25.12.1918, im Besitz von RR.

49 Nach *Reichshandbuch der deutschen Gesellschaft* (Berlin, 1930), Bd. 1, 3988; auch *Frankfurter Zeitung* v. 28.1.1932, S. 335ff.; *Das tätige Frankfurt,* hg. v. F. Lerner (1955), 335ff. Er soll tief enttäuscht gewesen sein, daß ihn die Familie nicht in den Antiquitätenhandel einsteigen ließ.

50 Das Tagebuch (kurze handschriftliche Notizen) wurde spät von PR gefunden und 2003 im Aufbau-Verlag zum ersten Mal veröffentlicht: *Und ich brauch doch so schrecklich Freude, Tagebuch 1924/1925*. Es ist das einzige, das AS, soweit wir wissen, jemals führte, und zwar in den Monaten, die sie zwischen Promotion und Heirat noch einmal im Hause ihrer Eltern verbrachte und ihren eigenen, in vielem noch schmerzhaft ungewissen Weg zu gehen suchte. Eintragung vom 20.12.1924.

51 Tb, 2.3.1925.

52 Paul Arnsberg, a.a.O., III, 84.

53 Paul Arnsberg, a.a.O., II, 107 und 110.

54 Brief im Besitz von RR.

55 Ebd.

56 *Wortmeldungen zur DDR-Literatur*, 153.

57 Hermann Wendel, *Unter der Coupole. Die Paris-Feuilletons Hermann Wendels 1933–1936,* hg. und kommentiert von Lutz Winkler (Tübingen: Max Niemeyer, 1995), 7f.

58 Hermann Wendel, *August Bebel*, mit einem Nachwort von Karl L. Schmidt (Offenbach: Bollwerk, 1948), X.

59 Hermann Wendel, *Heinrich Heine. Ein Lebens- und Zeitbild* (Dresden: Kaden 1916), VII.

60 AS, »Wie ich zur Literatur kam«, *Sinn und Form,* 23, (1971), 6, 1264.

61 Das Buch befindet sich mit Netty Reilings Exlibris in AS' umfangreicher, bis auf Bücher ihrer Mutter zurückreichenden Bibliothek in ihrer ehemaligen Wohnung, heute ASG, Berlin-Adlershof, Anna-Seghers-Straße 81.

62 AS, *Aufsätze, Ansprachen, Essays 1927–1953* (Berlin, Weimar: Aufbau, 1980), 204 (im folgenden zit. als *Aufsätze* I). Zum Hinweis auf die Heine-Zusammenhänge vgl. Sonja Hilzinger in ihrem Aufsatz »Anna Seghers und Heinrich Heine: Begegnung im Exil«, *Wort Brüche. Rheinland-Pfälzisches Jahrbuch für Literatur 5*, hg. v. S. Gauch, S. Hilzinger, A. Stegat (Frankfurt 1998), 228.

63 Hermann Wendel, *Unter der Coupole,* 8.

64 Sie wird zumindest die *Pariser Tageszeitung*, in der ihr »Aufruf für Liselotte Herrmann« erschien (*P. T.*, 2/1937, 4, 9), öfters gelesen haben. Sie sah auch ihre Tante Clem gelegentlich; wenn er da verkehrte, kann sie ihm wieder begegnet sein.

65 AS an Sally David Cramer, 16. 6. 1947. Im Besitz von RR.

66 Tb, 15., 18. und 20. 12. 1924.

67 Auskunft von PR.

68 Auskunft von PR.

69 AS an Sally David Cramer, 9. 7. 1947. Im Besitz von RR.

70 Brief vom 1. 6. an Lili Szondi, der Schwester ihres Mannes, die in der Schweiz lebt und in dieser Zeit Briefe erhält und weiterleitet. Auch ein kleiner Brief an Clem ist in dem Brief enthalten. ASA.

71 Sally David Cramer an AS, 12. 1. 1955. Im Besitz von RR.

72 *Wortmeldungen zur DDR-Literatur,* 149. Wenn es sich wirklich bei dem Gymnasiasten um Sally Cramer handelte, mag auch ihm Hermann Wendel Anregung gegeben haben.

73 Sally David Cramer an AS, 9. 11. 1960. Im Besitz von RR.

74 Tb, 11. 12. 1924: »Lili da; weißhäutig, gepflegt, schönes Gesicht, wohltuend durch ihre Einfachheit, Flüchtigkeit in allem«. Ob es sich dabei um die Cousine handelt, ist jedoch nicht völlig sicher.

75 Sally David Cramer an AS, 18. 12. 1951. Im Besitz von RR.

76 Sally David Cramer an AS, 16. 7. 1952. Ebd.

77 Auskunft von RR.
78 AS an Sally David Cramer, 31.7.1947. Im Besitz von RR.
79 Sally David Cramer an AS, 18.12.1951. Ebd.
80 AS an Sally David Cramer, 9.7.1947. Ebd.
81 Schütz, a.a.O., 163.
82 Sally David Cramer an AS, 19.1.1961 (mit dem Vermerk »diktiert: 17. 1.«). Im Besitz von RR.
83 Sally David Cramer an AS, 18.4.1956. Ebd.
84 Sally David Cramer an AS, 21.7.1947. Ebd.
85 Sally David Cramer an AS, 20.7.1965. Ebd.
86 Sally David Cramer an AS, 21.3.1962. Ebd.
87 Sally David Cramer an AS, 9.12.1953. Ebd.
88 Hugo von Hofmannsthal, *Gedichte und lyrische Dramen* (Wien: S. Fischer, 1952), 19.
89 AS an Katharina Schulz, 16.8. [1946]. Im Besitz von RR.
90 Lilly Drey lebte mit Mann und Kindern bereits in New York, ihre Mutter Clem wurde, wohl von London aus, im Herbst 1941 dort erwartet, hatte also für sich ein Visum erhalten. Offensichtlich hatte AS gehofft/erwartet, daß sich die Familie auch um Hedwig kümmern würde, die ja seit dem Tod ihres Mannes am 10.3.1940 allein war.
91 Auskunft von PR: Sally hätte allerdings direkt kein Geld schicken können, es mußte von einem neutralen Land, damals noch die USA, kommen.
92 *Verfolgung. Vertreibung. Vernichtung*, hg. v. Kurt Pätzold (Leipzig: Reclam, 1983).
93 Vor allem Frank Wagner, »Deportation nach Piaski. Letzte Stationen der Passion von Hedwig Reiling«, *Argonautenschiff*, 3 (1994), 117–125, auf dessen Recherchen auch die gemachten Angaben beruhen. Außerdem: Bruno Lowitsch, »Der letzte Weg der Hedwig Reiling in Mainz«, *Programmheft zum Film Shoah von Claude Lanzmann*, hg. vom Mainzer Kunstverein (Mainz, 1988), und Schütz, a.a.O.
94 AS, »Ausflug der toten Mädchen«, *Reise ins Elfte Reich. Erzählungen 1934–1946* (Berlin: Aufbau Taschenbuch Verlag, 1994), 223.
95 Brief vom 1.11.1943. In: *Anna Seghers – Wieland Herzfelde. Ein Briefwechsel 1939–1946*, hg. v. Ursula Emmerich und Erika Pick (Berlin, Weimar: Aufbau, 1985), 47 (im folgenden zit. als *Ein Briefwechsel*). Siehe auch Brief vom 17.12.1943, ebd., 49, wo sie bereits von ihrer fertigen Geschichte spricht und wieder erwähnt, daß sie das Projekt vor dem Unfall begonnen habe.
96 Vgl. *Eine Biographie in Bildern*, 31.

97 Der Name des Empfängers ist wie üblich ausgeschwärzt, der Brief ging nach New York. Vgl. Alexander Stephan, *Anna Seghers im Exil* (Bonn: Bouvier, 1993), 152 (im folgenden zit. als *Anna Seghers im Exil*).

98 Hedwig Reiling an AS, 14.10.1941. Im Besitz von RR.

99 Hedwig Reiling an AS, 20.10.1941. Ebd.

100 Hedwig Reiling an AS, 14.10.1941. Ebd.

101 Ebd.

102 Schütz, 168, a.a.O.

103 Der Brief wurde von Marianne Berger, der Kuratorin der ASG, im Keller des Hauses in einem Päckchen gefunden, das Material aus der Pariser Zeit, vor allem Kinderzeichnungen, Briefchen der Kinder und Schulzeugnisse, enthält, unter anderem diesen Brief des Vaters und einen handschriftlichen, undatierten an den Enkel zum Geburtstag. Auch ein liebevoller Brief der Großmutter, wohl zum selben Geburtstag, ist dabei.

104 Schütz, a.a.O., 168.

105 SAM, Zugang 1962/35 Nr. 134; Schütz, 168.

106 AS an Wieland Herzfelde, 9.5.1940, *Ein Briefwechsel*, 35.

107 AS an Katharina Schulz, 16.8.1946. Im Besitz von RR.

108 Hedwig Reiling an AS, 14.10.1941. Auch Lili Szondi und ihre Familie wurden, allerdings spät, wie ungarische Juden allgemein, in ein Konzentrationslager deportiert, aber durch eine besondere Aktion in die Schweiz gerettet, was AS zunächst nicht wußte. Auch mit ihr, die mit dem bekannten Psychologen Leopold Szondi verheiratet war, hielten AS und ihr Mann Kontakt. Der angesehene Literaturwissenschaftler Peter Szondi, der in West-Berlin lehrte und 1971 Selbstmord beging, war ihr Sohn.

109 AS, »Ausflug der toten Mädchen«, a.a.O., 223f.

110 *Wortmeldungen zur DDR-Literatur*, 161.

111 Lebenslauf von ca. 1951. Andere Lebensläufe in SED-Kaderakte, DY 30/IV 2/11/v. 3154, SAPMO.

112 Das letzte auslösende Moment war die Anschaffung einer Orgel für die neu geplante Hauptsynagoge der Stadt Mainz gewesen.

113 Rolf Dörrlamm, *Magenza. Die Geschichte des jüdischen Mainz* (Mainz: Hermann Schmidt, 1995), 52–62.

114 Brief von Giuliano Reichhardt an AS aus São Paulo, 11.4.1981, ASA.

115 *Der Israelit*, 24.7.1894.

116 Elisabeth Stimbert in einem Brief vom 14.8.1974 an Jörg Bernhard Bilke. Zit. nach Bilke, »Auf der Suche nach Netty Reiling«, a.a.O., 89.

117 Vgl. Barbara Einhorn, »Jüdische Identität und Frauenfragen im Werk von Anna Seghers«, *Argonautenschiff*, 6 (1997), 298.
118 Maria Büttler Luder an AS, 11.11.1970, ASA.
119 F. Volbach an J. B. Bilke, 1.10.1974, ASA.
120 Im Besitz von PR befindet sich eine Bescheinigung des Amtsgerichts Berlin-Lichterfelde, nach der beide Eltern mit ihren Kindern am 31. März 1932, mit Wirkung zum 1. Mai 1932, ihren Austritt aus der jüdischen Kirche (Kirche so im Vordruck des Formulars) erklären.
121 RR in *Eine Biographie in Bildern*, 22. PR kann sich daran nicht erinnern (Angaben an CZR).
122 F. Volbach an J. B. Bilke, 1.10.1974, ASA.
123 Sie schlug ihn zum Beispiel nach Konrad Wolfs Tod – vergeblich – zum Präsidenten der Akademie der Künste vor.
124 Stephan Hermlin, »Nachdenken über Anna Seghers«, *neue deutsche literatur*, 39 (1991), 1, 28–29.

Zweites Kapitel

1 Anton Maria Keim, »Das jüdische Mainz im Zeitalter der Emanzipation und Gleichberechtigung«, *Argonautenschiff*, 6 (1997), 144.
2 Ebd., 146.
3 Lebenslauf von ca. 1951, a. a. O.
4 AS an Luise Kunz, geb. Wegener, 30.3.1963, ASA.
5 *Wortmeldungen zur DDR-Literatur*, 143f.
6 Tb, 7.1.1925.
7 Tb, 23.11.1924.
8 Meist zusammen mit Frankfurt am Main, wo ihre Freundin aus dem Pariser Exil – Lore Wolf – lebte, die in den DDR-Jahren zu Seghers' wichtigstem, eng-freundschaftlichem Kontakt in Westdeutschland wurde.
9 Brief vom 6.12. [1946], veröffentlicht in *Argonautenschiff*, 2 (1993), 342.
10 AS an Lore Wolf, 1.11. [1947], ASA.
11 AS an Elisabeth Stimbert, 21.8.1946, SAM, Zeitgeschichtliche Sammlung, Mainzer Familien. (Vgl. Schütz, 170.)
12 Pierre Radvanyi, »Einige Erinnerungen«, *Argonautenschiff*, 3 (1994), 191f.
13 *Aufsätze*, I, 316.
14 »Erinnerung an eine Zukunft« ist ein Ausdruck, den Christa Wolf gebraucht: *Lesen und Schreiben. Neue Sammlung* (Darmstadt, Neuwied: Luchterhand 1981^2), 48.
15 *Eine Biographie in Bildern*, 15.

16 Vgl. die erste Definition in »Volk und Schriftsteller« (1942), *Aufsätze*, I, 120: »Wir haben im eigenen Volk empfangen, was Goethe den Originaleindruck nennt, den ersten und darum unnachahmlich tiefen Eindruck von allen Gebieten des Lebens, von allen gesellschaftlichen Zuständen, ein Eindruck, an dem wir unbewußt und für immer vergleichen und messen.«
17 Vgl. Achim Roscher, *Also fragen sie mich! Gespräche* (Halle, Leipzig: Mitteldeutscher Verlag, 1983), 55: »Ein ›Originaleindruck‹ kann früh oder spät entstehen.« (Im folgenden zit. als *Also fragen Sie mich!*)
18 »Ausflug der toten Mädchen«, a. a. O., 201.
19 *Briefe an Leser* (Berlin, Weimar: Aufbau, 1970), 11.
20 *Also fragen Sie mich!*, 52 f., und *Wortmeldungen zur DDR-Literatur*, 142 f. Zu Forster: AS, »Freies Deutschland 1792« (1944), *Aufsätze*, I, 140 ff.
21 Lebenslauf von ca. 1951, a. a. O., 1.
22 *Aufsätze*, I, 151.

Drittes Kapitel

1 Lebenslauf von ca. 1951, a. a. O., 1.
2 Ebd.
3 *Also fragen Sie mich!*, 53.
4 *Wortmeldungen zur DDR-Literatur*, 164.
5 Sie erwähnt diese Gewohnheit einige Male und bestellt sich auch gelegentlich, so bei ihrer Freundin Lore Wolf, Bücher und Blätter. Ihre Bibliothek ist voll von entsprechendem Material, das aus allen Perioden ihres Lebens stammt.
6 *Wortmeldungen zur DDR-Literatur*, 142.
7 *Also fragen Sie mich!*, 53.
8 Lebenslauf von ca. 1951, a. a. O.
9 *Wortmeldungen zur DDR-Literatur*, 143.
10 Vgl. oben und AS, »Zwei Denkmäler«, *Argonautenschiff*, 6 (1997), 114–116; »Ein Briefwechsel«, ebd., 117–120; und Jochen Vogt, »Was aus dem Mädchen geworden ist«, ebd. 121–136.
11 »Zwei Denkmäler«, a. a. O., 114 und 115.
12 *Also fragen Sie mich!*, 57.
13 Vgl. Sonja Hilzinger, »Nachwort« zu AS, *Der letzte Mann der Höhle. Erzählungen 1924–1933* (Berlin: Aufbau Taschenbuch Verlag, 1994), 221.
14 *Wortmeldungen zur DDR-Literatur*, 147.
15 Tb, 27. und 31. 12. 1924 und 1. 1. 1925.
16 Tb, 28. 12. 1924.

17 *Eine Biographie in Bildern*, 39.
18 »Christa Wolf spricht mit Anna Seghers«, *Aufsätze*, II, 411.
19 Lotte Marianne Wittekind an J. B. Bilke, 12.10.1974; Bilke, a. a. O., 191.
20 Vgl. Briefwechsel von 1957 mit Ann Flörke, ASA.
21 Tb, 23. und 24.1. und 13.5.1925.
22 Vgl. dazu den Aufsatz von Friedrich Albrecht, »Zwischen den Grenzpfählen der Wirklichkeit«, *Weimarer Beiträge*, 36 (1990), 1, 118–139.
23 Christa Wolf, »Fortgesetzter Versuch«, *Lesen und Schreiben. Neue Sammlung*, 156.
24 Tb, 25. 1. und 22.1.1925.
25 Vgl. z. B. die Aussage ihrer ehemaligen Lehrerin, die sie als »sehr zurückhaltend«, »sehr fein« beschreibt. Vgl. Bilke, a. a. O., 192.
26 Vgl. Bilke, 189.
27 *Ausflug der toten Mädchen*, a. a. O., 200.
28 Brief von Pablo Arfeld, a. a. O.
29 Jeanne Stern, »Das Floß der Anna Seghers«, *Über Anna Seghers* (Berlin, Weimar: Aufbau, 1975), 85.
30 Aufzeichnungen für W. Steshinski, a. a. O.
31 *Wortmeldungen zur DDR-Literatur*, 148.
32 Gerhard Schneider (Hg.), *Eröffnungen. Schriftsteller über ihr Erstlingswerk* (Berlin, Weimar: Aufbau 1974).
33 Vgl. H. O.-W., »Anna Seghers, die Trägerin des Kleistpreises«, *Mainzer Anzeiger*, 29.12.1928.
34 Radványi László, *Fekete könyv.* Gedichte, mit einem Vorwort von Frigyes Karinthy (Budapest: A. Martos, 1916).
35 Aufzeichnungen für W. Steshinski, a. a. O.
36 Bücher, Möbel und Hausrat wurden AS von den Eltern nach der Flucht 1933 von Berlin nach Frankreich geschickt und überdauerten da den Zweiten Weltkrieg in Bellevue, in dem Haus, in dem sie vom September 1933 bis Juni 1940 gewohnt hatte. Als ihr Sohn Pierre Radvanyi 1945 zum Studium nach Paris kam und sich auf Wunsch der Eltern umsah, fand er, wie er erzählt, diese Sachen zusammengestellt wieder, aber auch Hausbesitzer, die Miete für die vergangenen Jahre forderten. Es kam zu einem Vergleich, die Familie erhielt ihren Besitz zurück, und als AS schließlich ihre eigene Wohnung in Berlin-Adlershof bezog, ließ sie sich ihre Bibliothek nach Berlin schicken.
37 Vgl. Bilke, 189. Bilke zitiert eine Reihe von Freundinnen und Schulkolleginnen, die er in den siebziger Jahren nach AS befragte und die u. a. diese Tatsache hervorhoben. Auch AS' Mutter brauchte

starke Gläser, beide vermieden es aber nach Möglichkeit, sich mit ihnen fotografieren zu lassen.

38 Vgl. z. B. Christa Wolfs Bericht in »Fortgesetzter Versuch« (*Lesen und Schreiben. Neue Sammlung*. Darmstadt, Neuwied: Luchterhand, 1981), 154: »Eine ehemalige Klassenkameradin sagte mir am Telefon: Sie war etwas anders als wir. In meinem Zimmer setzte sie sich auf den Teppich und fragte mich: Wen hast du eigentlich lieber, deinen Vater oder deine Mutter? Ich bitte Sie: Was soll man darauf sagen?«

39 AS an Luise Kunz, geb. Wegener, 17. 3. 1963. ASA.

40 Der erhaltene Briefwechsel liegt im ASA.

41 Eva Schmalenbach, »Zwischen den Stühlen«, *Mainzer Geschichtsblätter*, Heft 6 (1998, EA 1990), 82.

42 Elisabeth Mayer an J. B. Bilke, 13.9.1974, Bilke, 190. Vgl. auch Lotte Marianne Wittekind an J. B. Bilke, 12.10.1974, ebd.

43 Heute Frauenlobgymnasium in der Adam-Karilon-Straße, wo sich auch Seghers' Abiturzeugnis befindet.

44 Lotte Marianne Wittekind an J. B. Bilke, 12.10.1974, Bilke, 191.

45 Elli (Elisabeth) Stimbert (verh. Usinger) an AS, 3.6.1946. ASA. Dieser lange, sich selbst rechtfertigende Brief zeigt Elli und ihre Familie weder als Nazis noch als Mitläufer, doch waren sie bereit, sich mit den Nationalsozialisten so weit zu arrangieren wie unbedingt nötig, um das Überleben der Familie und ihres Weingutes zu gewährleisten.

46 Zum Tod von Ria Denk, einer anderen Schulfreundin, s. u.; s. auch einen Brief von AS vom 7.8.1944 an eine Schulfreundin in ihren FBI-Akten, in dem sie vom Tod Ria Denks erzählt (Alexander Stephan, *Anna Seghers im Exil*. Bonn: Bouvier, 1993, 154. Im folgenden zit. als *Anna Seghers im Exil*). Öffentlich bemerkt AS nur einmal beiläufig »Wie man mir sagte« (»Gespräch mit Anna Seghers«, *Anna Seghers Materialienbuch*, hg. v. Peter Roos und Friderike J. Hassauer-Roos, Darmstadt, Neuwied: Luchterhand, 1977), 153. Es ist anzunehmen, daß zumindest in den Briefen der Mutter während der frühen Exiljahre auch Nachrichten über ehemalige Freundinnen standen.

47 Zwei Briefe vom 21.4. und 7.8.1944 voll Erinnerungen tauchen in AS' FBI-Akte auf. Namen sind geschwärzt. Vgl. *Anna Seghers im Exil*, 153–155.

48 AS an Christel Wolpert, die Tochter ihrer Schulfreundin Ria Denk, 4.11.1965, ASA.

49 Ebd.

50 Vgl. Anm. 46.

51 AS an Luise Kunz, geb. Wegener, 30.3.1963, ASA.
52 Christel Wolpert an AS, 4.11.1965, ASA.
53 »Gespräch mit Anna Seghers«, *Anna Seghers Materialienbuch*, 153.
54 »Bei Anna Seghers«, *Lesen und Schreiben*, a.a.O., 149.
55 Vgl. u.a. M. Richarz (Hg.), *Jüdisches Leben in Deutschland: Selbstzeugnisse zur Sozialgeschichte im Kaiserreich* (Stuttgart, 1979), 51f.; Marion Kaplan, »Tradition and Transition: The Acculturation, Assimilation and Integration of Jews in Imperial Germany: A Gender Analysis«, *Leo Baeck Institute Yearbook*, 27 (1982), 3–35.
56 Lebenslauf von ca. 1951, a.a.O., 1.
57 Ebd.
58 Kurzer Briefwechsel zwischen AS und ihrem Physiklehrer Dr. Karl Gentin vom 17.12.1960 bis 26. 11. 1965, ASA.
59 *Wortmeldungen zur DDR-Literatur*, 167.
60 AS an Eve Schütz, 15.12.1972, ASA.
61 So die progressive Volksschule, in die Sohn und Tochter in Frankreich gingen, und das französische Lyzeum, das sie in Mexiko-City besuchten. S. 10. und 13. Kapitel.
62 Schütz, 161f. Das Denkmal steht noch.
63 Jakob Cahn an AS, 2.1.1970. Er nimmt nicht an, daß sich AS an ihn auch nur dem Namen nach erinnert, hat aber, wie er schreibt: »Ihre elterliche Familie gut gekannt und war mit beiden Herren Reiling bis zu meiner Emigration im Jahre 1939 in Verbindung.« Abgedruckt in *Argonautenschiff*, 6 (1997), 117–119. Vgl. auch AS' Antwort, ebd. 120, wo sie sagt, daß sie seinen Namen nicht kannte.
64 Erstveröffentlichung in *Demokratische Post*, 1.8.1945. Zu dem ganzen Komplex: *Argonautenschiff*, 6 (1997), 114–136. Zitat: 115.
65 Christa Wolf, »Glauben an Irdisches«, *Lesen und Schreiben. Neue Sammlung*, 128. In den Stasiakten von AS befindet sich die Kopie eines Briefes an eine Studentin in Freiburg/Br., in dem AS – für eine Seminararbeit – Auskunft über »Zwei Denkmäler«/»Mariage blanc« (»Paßheirat«) gibt. Sie ist sehr kurz, deutet aber auf eine andere Version. Sie nennt den Mann, der Paß und Heirat bietet, einen »Strolch«.
66 *Atlas.* Zusammengestellt von deutschen Autoren (Berlin: Klaus Wagenbach, 1965).
67 *Argonautenschiff*, 6 (1997), 116.
68 Christa Wolf, *Lesen und Schreiben. Neue Sammlung*, 128.
69 *Argonautenschiff*, 6 (1997), 116.
70 Vgl. die ausgezeichnete Studie von Jochen Vogt: »Was aus dem Mädchen geworden ist«, *Argonautenschiff*, 6 (1997) 121–136, und derselbe: »Geschichten eines Adjektivs. Was man mit einem klei-

nen Text von Anna Seghers machen kann«, *Der Deutschunterricht*, 4 (1997), der meine Darstellung in vielem verpflichtet ist.

71 Bernhard Greiner, »›Sujet Barré‹ und Sprache des Begehrens: Die Autorschaft ›Anna Seghers‹«, *Literatur der DDR in neuer Sicht* (Frankfurt/M., Bern, New York: Peter Lang, 1986), 76.

72 Vgl. dazu AS' Aussagen in *Wortmeldungen zur DDR-Literatur*, 157, und PR, »Einige Erinnerungen«, *Argonautenschiff*, 3 (1994), 181–184.

73 *Wortmeldungen zur DDR-Literatur*, 160.

74 Ebd., 161.

75 Bernhard Greiner, 57.

76 »Gespräch mit Anna Seghers«, *Anna Seghers Materialienbuch*, 153.

77 *Aufsätze*, II, 433.

78 »Gespräch mit Anna Seghers«, *Anna Seghers Materialienbuch*, 153.

79 *Wortmeldungen zur DDR-Literatur*, 153.

80 »Gespräch mit Anna Seghers«, *Anna Seghers Materialienbuch*, 152f.

81 Ebd., 153.

82 Ebd.

83 *Wortmeldungen zur DDR-Literatur*, 143.

84 Ebd., 153.

85 Christa Wolf, *Lesen und Schreiben*, 144.

86 Z.B. an Lore Wolf, 30.9. [1946], *Argonautenschiff*, 2 (1993), 341.

87 *Wortmeldungen zur DDR-Literatur*, 143f.

88 Ebd., 152f.

89 Vgl. dazu 7. Kapitel.

90 »Gespräch mit Anna Seghers«, *Anna Seghers Materialienbuch*, 153f.

91 Lebenslauf von ca. 1951, 1.

Viertes Kapitel

1 Die Bibliothek kann Forschern in Zukunft noch zu vielen speziellen Fragen über AS' Interessen und Arbeit Auskunft geben.

2 Die umfangreiche wissenschaftliche Bibliothek von LR schenkte AS nach seinem Tod der Humboldt-Universität zu Berlin.

3 *Aufsätze*, II, 301.

4 Aufzeichnungen für W. Steshinski a.a.O.

5 *Aufsätze*, I, 27.

6 S. S. 98f.

7 Vgl. z.B. *Wortmeldungen zur DDR-Literatur*, 157, sowie PR im Gespräch mit CZR und auch in »Einige Erinnerungen«, *Argonautenschiff*, 3 (1994), 185–192.

8 Friedrich Albrecht, »Gespräch mit Pierre Radvanyi«, *Sinn und Form*, 42 (1990), 3, 511.

9 Lebenslauf von ca. 1951, a. a. O., 6.
10 PR, »Einige Erinnerungen«, 187.
11 *Wortmeldungen zur DDR-Literatur*, 148.
12 Das Buch mit Widmung befindet sich in ASG.
13 *Wortmeldungen zur DDR-Literatur*, 167.
14 Vgl. *Versammlungsort moderner Geister. Der Eugen Diederichs Verlag – Aufbruch ins Jahrhundert der Extreme*, hg. v. Gangolf Hübinger (München: Eugen Diederichs Verlag, 1996), 454 und 478, Anm. 13.
15 »Ich finde es das angenehmste Buch. Wenn der Töffel brav studiert hat, soll er es auf nicht patentem Weg zurückschicken.«
16 Aufzeichnungen für W. Steshinski, a. a. O.
17 Kafkas *Prozeß* und *Beim Bau der Chinesischen Mauer* sind – neben einer Reihe anderer Werke von und zu Kafka – in Ausgaben von 1925 bzw. 1931 in AS' Bibliothek vertreten.
18 *Steinzeit. Erzählungen 1967–1980*, 192.
19 A. a. O. Sie wurden bisher immer ohne Angabe einer genauen Quelle nach Christa Wolf zitiert.
20 O. D., Briefwechsel mit W. Steshinski, ASA. Die Zeichensetzung entspricht den schnellen Aufzeichnungen.
21 Tetzner und Kläber lebten in der Schweiz, wo sie auch während des Krieges blieben.
22 Briefe vom 10. 5. (Lisa Tetzner an AS) und 22. 5. (AS an Lisa Tetzner) 1947. ASA. Der Briefwechsel – und die Beziehung – schlief ein, nachdem AS noch 1948 an Lisa Tetzner um Hilfe für einen Schweizer Aufenthalt und Schweizer Unterstützung ihres kranken Freundes Kurt Stern appelliert und letztere sich auch eingesetzt hatte. 1956, als Lisa von AS' Krankheit hörte, tauschten sie wieder freundschaftliche Briefe, Tetzner schickt AS eine große Dünndruckausgabe ihrer Volksmärchen, spricht aber auch davon, daß alles, was sie sonst geschrieben hat, aus einer »anderen Welt« kommt, in der AS nicht mehr lebt, »ich aber leben will und muß« (Brief vom 11. 11. 1956).
23 Micha Yosef Berdyczewski (1865–1921), der aus einer ukrainischen Rabbinerfamilie stammte und in seinen Geschichten die Spannungen zwischen einer traditionellen Erziehung und neuen Ideen, u. a. Schopenhauer und Nietzsche, darstellt. Er sammelte auch jüdische Mythen und Märchen.
24 Das kleine Bändchen von Jugendversen, das László Radványi 1916 in ungarischer Sprache herausbrachte, trug auf dem Deckel das Bild eines Ritters mit Lanze. Vgl. 3. Kapitel, Anm. 34.
25 Vgl. 6. Kapitel.

26 AS' Bibliothek enthält auch eine große Sammlung christlicher Mystiker – in Ausgaben des Diederichs Verlages – aus den Jahren 1912 bis 1922, von denen sich allerdings nicht sicher sagen läßt, wem sie ursprünglich gehörten, ihr oder ihrem späteren Mann, sie enthalten kein Exlibris.

27 Bubers *Ich und Du* befindet sich ebenfalls in der Bibliothek, allerdings mit der Widmung »meinem Brüderlein Wlass / zum Weihnachten 1925 / von Lisa«. Eine Freundin aus der Heidelberger Zeit, Lisa Zakowski, die auch Netty kannte, schenkte es LR offensichtlich nach der Hochzeit. Beide gehörten einem christlich-sozialistischen Kreis an. Sie schrieb ihm auch ein Motto von Franz von Assisi hinein: »Seid ganz Liebe, / Tut alles aus Liebe!« Lisa Zakowski war Studentin der Chemie und blieb mit den Radványis zumindest in der ersten Berliner Zeit befreundet. Nach 1947, als AS aus Mexiko zurückkehrte, gibt es einen kurzen Briefwechsel zwischen Lisa Z. und ihr, aus dem hervorgeht, daß Lisa zur Bekennenden Kirche gehört hatte, daß sie aber allgemein von der Nachkriegsenwicklung enttäuscht war.

28 Vgl. 6. Kapitel.

29 AS an Jürgen Kuczynski, 3.12.1945. ASA.

30 *Aufsätze,* I, 246f.

31 Anläßlich eines Besuches. Tb, 14.12.1924. Mannheim erscheint, natürlich fiktionalisiert, als Steiner in *Die Gefährten.*

32 *Aufsätze,* I, 156.

33 Vgl. dazu vor allem Frithjof Trapp, »Der existenzialistische Grundzug im Werk von Anna Seghers«, *Exil,* 1997, 1, 33–44.

34 »Wie ich zur Literatur kam«, *Sinn und Form,* 23 (1971), 6, 1264.

35 *Wortmeldungen zur DDR-Literatur,* 149.

36 Aufzeichnungen für W. Steshinski, ASA.

37 Ebd. Vgl. auch ihr Essay »Gotthold Ephraim Lessing« (1945), *Aufsätze,* I, 181ff.

38 AS, »Woher sie kommen, wohin sie gehen. Über den Ursprung und die Weiterentwicklung einiger Romangestalten Dostojewskis, besonders über ihre Beziehungen zu Gestalten Schillers. Geschrieben auf dem Schiff zwischen Brasilien und Europa«, *Über Kunstwerk und Wirklichkeit,* II, 181–217.

39 Aufzeichnungen für W. Steshinski.

40 S. 1. Kapitel

41 AS an RR, o.D. Im Besitz von RR. Die Schwester von Jeanne Stern hatte den Brief für AS in einer Puppe versteckt und brachte ihn so ins unbesetzte Frankreich zu Jeanne Stern in Saint-Aignau. (Angaben von PR.)

42 Die Diskussionen pro und contra fanden 1912 ihren Höhepunkt, am 13. 12. 1913 wurde das von Georg Kolbe geschaffene Heine-Denkmal in der Friedberger Anlage als erstes öffentliches Denkmal für Heine in einer deutschen Stadt aufgestellt. (Vgl. Arnsberg, a. a. O., I, 794 ff.)

43 Keim, a. a. O., 146. Ein ursprünglich für Heines Geburtsort Düsseldorf gedachtes Denkmal stieß auf Widerstand. Der damalige Oberbürgermeister von Mainz bot die Aufstellung in der Kaiserstraße an, doch wurde sie von den Stadtverordneten immerhin mit Stimmengleichheit abgelehnt. Es ist sehr wahrscheinlich, daß AS auch diese Geschichte ihrer eigenen Straße kannte.

44 *Wortmeldungen zur DDR-Literatur,* 149.

45 »Büchners ›Wozzek‹ in Mexiko«, *Über Kunstwerk und Wirklichkeit,* I, 158 ff. Außerdem hielt sie einen Vortrag als Vorbereitung. (Vgl. 14. Kapitel.)

46 Aufzeichnungen für W. Steshinski, a. a. O.

47 *Aufsätze,* I, 33–37.

48 Aufzeichnungen für W. Steshinski, a. a. O.

49 *Aufsätze,* I, 37.

50 Nur das Buch *Bettina Arnim und die Polen* (1949), mit einer Einführung ihres Freundes Jürgen Kuczynski, ist vorhanden, das er ihr mit Widmung »Herzlichst von Deinem egozentrischen Jürgen / 17/7/49« schenkte.

51 AS: *Glauben an Irdisches. Essays aus 4 Jahrzehnten,* hg. v. Christa Wolf (Leipzig: Reclam, 1969).

52 *Der Schatten eines Traums. Karoline von Günderode – Ein Entwurf,* hg. v. Christa Wolf (Berlin: Buchverlag Der Morgen, 1979); »Nun ja! Das nächste Leben geht aber heute an. Ein Brief über die Bettine«, *Sinn und Form,* 32 (1980), 2, 342–418, auch als Nachwort zu Bettina von Armin, *Die Günderode* (1981).

53 »Ricarda Huch«, *Freies Deutschland,* 3, 1943/44, Nr. 11, S. 28. Nachdruck in: *Über Kunstwerk und Wirklichkeit,* II, 60 f., und *Aufsätze,* I, 166 f.

54 *Aufsätze,* I, 167.

55 Vor allem für ihren Austritt aus der Preußischen Akademie der Künste 1933 als Protest gegen die Ausschlüsse unter den Nazis.

56 *Aufsätze,* I, 81.

57 AS an W. Steshinski, 10. 10. 1967, ASA.

58 Georg Büchner, *Werke und Briefe,* hg. v. Fritz Bergemann, 1952, 386.

59 Aufzeichnungen für W. Steshinski, a. a. O.

60 »Gespräch mit Wilhelm Girnus«, *Aufsätze,* II, 434.

Fünftes Kapitel

1 *Aufsätze*, I, 390.

2 Carl Zuckmayer, »Grußwort«, *Anna Seghers aus Mainz* (Mainz: Hanns Krach, 1973) (Kleine Mainzer Bücherei, Bd. 5), 10ff. Zit. nach: »Gruß an Netty Reiling«. *Über Anna Seghers. Ein Almanach zum 75. Geburtstag* (Berlin, Weimar: Aufbau, 1975), 27.

3 Zuckmayers Angaben, daß Netty, »wenn auch etwas jünger, eine Schulfreundin von Annemarie [war], sie hatten beide am Mainzer Realgymnasium das Abitur gemacht«, stimmen nicht, was Seghers' Abitur betrifft. Annemarie gehörte, soviel wir wissen, auch nicht zu Seghers' engeren Freundinnen, sie war ja älter, sicherlich kannten die beiden jungen Frauen einander aber von Mainz her.

4 Zuckmayer, a. a. O., 27.

5 1921 war das Buch von Kurt Pfister, *Herkules Segers, mit einer Auswahl seiner Werke* (München: Piper & Co., 1921), erschienen.

6 In der Kunstgeschichte ist Segers die gebräuchlichere Schreibweise seines Namens.

7 Es muß sich um Segers' Radierung »Die bemooste Tanne« handeln.

8 Sie sind trotzdem von Interesse, da Netty, ganz egal wann und wo sie von Segers hörte, in der Zeit, als sie ihren Namen wählte, sehr wohl etwas von derselben Affinität zu ihm gespürt haben mag, die Fraenger – und Zuckmayer – empfanden. Nach den Studienbelegen zu schließen, studierte sie nicht bei Fraenger, doch kannte sie ihn und wußte sehr wahrscheinlich von seinen Interessen und seinem Buch, auch wenn sie es nicht las. Sie wählte für ihren Namen die Schreibweise, die Fraenger, im Unterschied zu Bode und zu einem kurz vor seiner Studie erschienenen Werk, Kurt Pfister, *Herkules Segers*, benutzte, nämlich Seghers. Eine detaillierte Analyse der möglichen Affinitäten zwischen Netty Reiling und Hercules Segers, wie ihn Fraenger sah und Seghers gesehen haben mag, die auch Parallellen zu den entsprechenden, für Seghers wichtigen, verkannten und früh verstorbenen Schriftstellern wie Büchner, Kleist, Hölderlin, Günderrode herstellt, ist: Friedrich Albrecht, »Originaleindruck Hercules Seghers«, *Über Anna Seghers. Ein Almanach zum 75. Geburtstag*, 29–53.

9 »Gespräch mit Anna Seghers«, *Anna Seghers Materialienbuch*, 152.

10 Christa Wolf, »Bei Anna Seghers«, *Lesen und Schreiben*, a. a. O., 144.

11 *Wortmeldungen zur DDR-Literatur*, 152.

12 Wilhelm Bode, »Der Maler Hercules Seghers«, *Jahrbuch der Preussischen Kunstsammlungen*, XXIV, 1903, 179–196.

13 In ihrer Bibliothek befindet sich ein Versteigerungskatalog der Bibliothek Wilhelm von Bode vom 8. 11. 1929, der darauf deutet, daß

auch zu dieser Zeit ihr Interesse an Kunstbüchern ein aktives war und – schon spekulativer – daß sie sich, wahrscheinlich mit oder über Vater Reiling, an der Versteigerung beteiligte, aber vielleicht auch, daß sie Bode persönlich kannte.

14 Vgl. Anm. 8.

15 Vgl. Sonja Hilzinger, »Anna-Seghers-Kontexte«, *Horizonte. Rheinland-pfälzisches Jahrbuch für Literatur 3,* hg. v. Sigfrid Gauch, Sonja Hilzinger und Josef Zierden (Frankfurt: Brandes & Apsel), bes. 206f.

16 Marlene Hübel, *Mein Schreibtisch. Schriftstellerinnen aus drei Jahrhunderten* (Mainz: Edition Erasmus, 1994), 108f., wies auf diese Malerin hin.

17 *Neues allgemeines Künstler-Lexikon oder Nachrichten von dem Leben und den Werken der Maler, Bildhauer, Baumeister, Kupferstecher, Formschneider, Lithographen, Zeichner, Medailleure, Elfenbeinarbeiter, etc.*, bearbeitet von G. K. Nagler (München: Fleischmann, Bd. 16, 1846). Hier kommt Hercules Segers nicht vor, jedoch eine Reihe anderer Maler mit diesem Namen: Geraart Seghers oder Segers, Daniel Seghers, Hendrik Seghers, Cornel Seghers, Ludwig Seghers und ein Seghers aus Brüssel. Das *Allgemeine Künstler-Lexikon* von Hans Wolfgang Singer (Frankfurt: Rütten und Loening, 1901) nennt Hercules, Daniel, Cornel, Jan und Gerard. Zu Anna Seghers gibt es keine Eintragung.

18 Es gibt nur eine rührende Feldpostkarte von 1918, die ein Georg Ratazzi an ein »Liebes Fräulein Reiling« mit Grüßen an »Ihre lieben Eltern« schickte. Vgl. *Eine Biographie in Bildern*, 27.

19 Während des Ersten Weltkrieges war der Prozentsatz schon auf 18 gestiegen, da viele junge Männer an der Front standen, war aber 1919 zunächst auf 12% gesunken. Vgl. Eike Wolgast, *Die Universität Heidelberg 1386–1986* (Berlin, Heidelberg, New York, London, Paris, Tokyo: Springer, 1986), 116, 123, 136.

20 Aufzeichnungen für W. Steshinski, a. a. O.

21 *Wortmeldungen zur DDR-Literatur,* 144.

22 *Personal-Verzeichnis der Ruprecht-Karls-Universität in Heidelberg*, Winter-Halbjahr 1920/21, 80.

23 Karl Mannheim, »Heidelberger Briefe«, *Georg Lukács, Karl Mannheim und der Sonntagskreis,* hg. v. Eva Karádi und Erzsébet Vezér (Frankfurt/M.: Sendler, 1985), 83. Karl Mannheim kam 1921 als Privatgelehrter nach Heidelberg.

24 Max Weber starb bereits 1920; er lehrte 1918 als Professor für Soziologie in Wien und 1919/20 für Nationalökonomie in München.

25 Zit. nach Eike Wolgast, *Die Universität Heidelberg,* 140.

26 Ebd.

27 Carl Zuckmayer, *Als wär's ein Stück von mir* (Wien: S. Fischer, 1966), 286.

28 So nannte ein anderer Zeitgenosse, der Juraprofessor und zeitweilige Justizminister der Weimarer Republik Gustav Radbruch, Heidelberg. Gustav Radbruch, *Der Innere Weg. Aufriß meines Lebens* (Göttingen: Vandenhoeck & Ruprecht, 1961), 65.

29 Mannheim, a. a. O., 81.

30 Ebd., 81 f.

31 *Die Gefährten* (Berlin, Weimar: Aufbau, 1975), 292.

32 Netty mag von ihm bereits gewußt haben, denn gleich in ihrem ersten Semester belegte sie bei ihm »Einführung in die ägyptische Kunst«, im zweiten »Geschichte des alten Ägyptens«.

33 Das Wintersemester 1921 und das Sommersemester 1922.

34 Eine Reihe von ihnen konnten aus rassischen und/oder politischen Gründen nach 1933 nicht mehr weiter lehren; Professoren, die Nationalsozialisten wurden und/oder das Hitlerregime aktiv unterstützten, waren die Ausnahme unter ihren Lehrern.

35 Vgl. Hans Ulrich Eblinger, »Emil Lederer: Ein Plädoyer für die politische Verwertung der wissenschaftlichen Erkenntnis«, *Heidelberg im Schnittpunkt intellektueller Kreise,* hg. v. Hubert Treiber, Harol Sauerland (Opladen: Westdeutscher Verlag, 1995), 422–444.

36 Mannheims ursprüngliche Freunde, Mitglieder des Sonntagskreises, wie Béla Balázs – und auch später AS in ihrer fiktionalisierten Darstellung in *Die Gefährten* –, hielten ihn (und Arnold Hauser, ein anderes Mitglied des Sonntags) für »nervös und feige, Zauderer, Typen einer Übergangsgeneration« (»Tagebuch«, *Georg Lukács, Karl Mannheim und der Sonntagskreis*, 126), die nicht konsequent für politische Aktion eintraten und in dieser Hinsicht bürgerliche Opportunisten waren. Wenn schon Mannheim Schwierigkeiten hatte, war zu erwarten, daß es für andere noch problematischer sein würde.

37 Sie schreibt auf ihrem Quästurformular »Theorie des Sozialismus«.

38 *Aufsätze*, II, 386–389.

39 In »Erinnerungen an Philipp Schaeffer« erwähnt AS als Beispiel eine Episode um eine Karikatur Matthias Erzbergers, dem Unterzeichner des Waffenstillstands vom November 1918, der 1921 von zwei ehemaligen Offizieren ermordet wurde und den auch Krause, allerdings auf chinesisch, als Verräter brandmarkte.

40 »Erinnerungen an Philipp Schaeffer«, *Aufsätze*, II, 387.

41 Diese »Volksprinzipien« waren »Demokratie«, »Nationalismus« und »Lebensunterhalt«. Sun Yat-sen veröffentlichte diese Prinzipien, die er bis dahin in Reden verbreitet hatte, kurz vor seinem

Tod 1925 in einem Buch. Seghers muß sie also aus anderen Quellen gekannt haben, wenn sie nicht in ihren Erinnerungen ihr späteres Interesse an China, das dann vornehmlich den revolutionären Ereignissen galt, in die Studienzeit vorwegnahm.

42 *Aufsätze,* II, 387.

43 *Aufsätze,* II, 386.

44 Gustav Seitz, *Studienblätter aus China* (Berlin: Aufbau, 1953), 6.

45 Unter ihnen waren viele Gelehrte konservativer Haltung, die mit dem Ende des Mandschu-Reiches (1911) in Kiautschou und Deutschland Schutz suchten.

46 Während des Exils rückte China allerdings, wie sie selbst in den *Studienblättern* (S. 8) sagt, »aus unserem Blickfeld«; es verschwand aber nie ganz. Im fernen mexikanischen Exil schrieb AS »Chinas Schlachtgesang«, Teil I und II, *Freies Deutschland,* 3 (1943/44), Nr. 8 u. Nr. 9. Es ist eine Kritik eines zeitgenössischen Buches von Agnes Smedley, deren Chinaberichte AS schon in Deutschland verfolgt hatte. Sie zeigt, wie sehr sich AS weiterhin für China interessierte.

47 Ein Buch im Besitz von RR, *Die Bahn und der rechte Weg des Lao-Tse, der chinesischen Urschrift nachgedacht von Alexander Ular* (Leipzig: Insel Verlag, 1917), enthält Schriftzeichen und Übersetzungen von ihrer Hand.

48 Eine Name, den sie nennt, ist Karl Witt [With], den damaligen Mann ihrer langjährigen Freundin Irene With, geb. Sauer, die 1938 nach Holland ging und deren Korrespondenz mit AS ab 1947 teilweise erhalten ist.

49 *Also fragen Sie mich!,* 54. Vgl. auch Seitz, 6.

50 *Also fragen Sie mich!,* 54f.

51 Ebd., 53. Vgl. auch *Wortmeldungen zur DDR-Literatur,* 143. Hier spricht AS von ihrem Kölner Kreis, der gegen die »Orientierung auf Winckelmann« und »extrem gegen diese Spätantike-Ansichten« eingestellt gewesen sei. Sie nahm offensichtlich in diesen verschiedenen Kontexten ähnliche Ideen auf.

52 Es war die Veröffentlichung eines Vortrages auf der Versammlung Deutscher Historiker zu Heidelberg am 16.4.1903.

53 Netty Reiling (Anna Seghers), *Jude und Judentum im Werke Rembrandts* (Leipzig: Reclam, 1983). Nach Briefen im ASA (Sign. 602) wurde eine Veröffentlichung bereits 1979 ernsthaft diskutiert. Demnach wollte AS die Dissertation lesen, ehe sie eine endgültige Zustimmung gab. Sie hoffte einerseits, Christa Wolf würde sicher »etwas Schönes« schreiben, äußerte aber vorsichtige Sorgen bezüglich nötiger Fachkenntnisse und wollte selbst auch ein Nach-

wort hinzufügen. Wie so oft war ihr die Beschaffung von gutem Bildmaterial sehr wichtig.

54 *Aufsätze,* I, 76f.

55 *Also fragen Sie mich!,* 14.

56 Z.B. eine Bemerkung wie: »folgt Beschreibung«.

57 Sie nennt nur diese Namen und Seitenangaben, bezieht sich jedoch auf: Georg Dehio, *Geschichte der deutschen Kunst. 1. Band Abbildungen* (Berlin, Leipzig: Vereinigung wissenschaftlicher Verleger, 1919), Max Creutz, *Die Anfänge des monumentalen Stils in Norddeutschland* (Köln: Verlag d. M. Dumont-Schaubergschen Buchhandlung, 1910) und Max Kemmerich, *Die frühmittelalterliche Porträtplastik in Deutschland bis zum Ende des XIII. Jahrhunderts* (Leipzig: Klinkhardt und Biermann, 1909).

58 *Aufsätze,* I, 76f.

59 »Römische Soldatengräber im Rheingebiet«, 6f. Manuskript im Besitz von PR.

60 *Aufsätze,* I, 77.

61 *Also fragen Sie mich!,* 58.

62 Vielleicht verfolgte sie ihr Thema in der Studienzeit auch noch in anderen, nicht erhaltenen Arbeiten. In Erinnerungen (Roscher, *Also fragen Sie mich!,* 54) spricht sie von einer »Seminararbeit über die Entstehung des Porträts« bei Carl Neumann. Ich nehme zwar an, daß sie sich auf die beiden erhaltenen Manuskripte bezieht, es ist aber nicht auszuschließen, daß sie auch noch zu anderen, späteren Epochen gearbeitet hat. In ihren »Briefen an Georg Lukács« verweist sie auf das Porträt der Zeit vor Rembrandt, das in einer weiteren Übergangsepoche entstanden sei. Offensichtlich beschäftigte sie sich auch damit, schriftlich oder nicht, was bei Carl Neumann nur zu erwarten wäre.

63 Ihren eigenen Aussagen nach begann sie ihre erste veröffentlichte Erzählung, die übrigens von Gräbern handelt, »Die Toten auf der Insel Djal«, zugleich mit ihrer Dissertation.

64 Sie belegte auch in diesem Bereich »Übungen« und könnte dafür Seminararbeiten geschrieben haben, die nicht erhalten blieben.

65 Manuskript im Besitz von PR, 9f.

66 Manuskript im Besitz von PR, 7.

67 S. dazu Kapitel 10, S. 296f.

68 *Also fragen Sie mich!,* 54.

69 Wenn sie die Dissertation nach dem Rigorosum im März 1924 begann, hatte sie acht Monate bis zur Promotion.

70 *Jude und Judentum im Werke Rembrandts*, a.a.O., 24f.

71 Ebd., 55.

72 Ebd., 53.

73 Ebd., 26.

74 Vgl. besonders Marie Haller-Nevermann, *Jude und Judentum im Werk Anna Seghers*, a. a. O., das erste Kapitel dieses Buches und die weiteren.

75 Wir wissen nicht, an welchen Texten AS damals schrieb. Die erste veröffentlichte Erzählung, »Die Toten auf der Insel Djal«, die bereits zu Weihnachten 1924 erschien, ist eine Legende, die unter Untoten spielt. Doch bereits die nächsten Erzählungen, »Grubetsch« und eine aus dem Nachlaß, deren Veröffentlichung z. Zt. vorbereitet wird – »Jans muß sterben«/im Typoskript »Jans muss sterben« –, sind in dem Milieu angesiedelt, das AS zu ihrem machen wird. Nun wurde »Grubetsch« zwar erst 1927 veröffentlicht, doch zeigen einige Beschreibungen der Bilder Rembrandts in der Dissertation (bes. S. 32 und S. 54 f.) bemerkenswerte Parallelen zu dieser Erzählung, woraus man schließen könnte, daß sie nicht nur unter dem Eindruck der Rembrandtstudien steht, sondern daß sie bereits während der Dissertation begonnen wurde.

76 *Jude und Judentum im Werke Rembrandts*, 48.

77 Ebd., 17.

78 Ebd., 55.

79 Ebd., 48.

80 *Aufsätze*, I, 31 f.

81 Er gab auch den Briefwechsel zwischen Marx und Engels heraus und schrieb u. a. ein Buch über Lassalle.

82 Ernst Wahle: *Eine Wanderung längs der römischen Reichsgrenze* (Karlsruhe: Müller, 1922).

83 Er war Jude und gehörte zu den verhältnismäßig zahlreichen Lehrern Nettys, die 1933 aus der Universität ausscheiden mußten.

84 Er stammte ursprünglich aus dem späteren Rumänien, war jüdischer Abstammung und hatte Joseph Goebbels zum Dissertanten. 1933 sollte der Fünfundsiebzigjährige ausgebürgert werden, wogegen das Rektorat der Universität jedoch – damals noch erfolgreich – Stellung nahm.

85 »Ja, aber soso«, charakterisierte sie selbst den Abschluß einmal (*Wortmeldungen zur DDR-Literatur*, 144) und meinte (ebd., 143), daß sie »noch keine wirklich begründeten wissenschaftlichen Ansichten hatte« und »viel kindlicher [war], als ich hätte meinem Alter nach sein dürfen«. Ihre späteren Erinnerungen betonen vor allem die politische Bildung, die sie außerhalb der Hörsäle erfuhr.

Sechstes Kapitel

1 *Aufsätze,* II, 434.
2 Ebd., 388.
3 »Wiedersehen mit den Gefährten«, *Über Kunstwerk und Wirklichkeit,* II, hg. v. Sigrid Bock (Berlin: Akademie-Verlag, 1971), 19.
4 Im Tb spricht sie nur von einem Roman: da *Die Gefährten* ihr erster Roman war und sie auch andere Pläne hatte, die mit der Welt von LR zu tun hatten, wäre das durchaus denkbar.
5 »Christa Wolf spricht mit Anna Seghers«, *Aufsätze,* II, 412.
6 *Wortmeldungen zur DDR-Literatur,* 144.
7 »Erinnerungen an Philipp Schaeffer«, *Aufsätze*, II, 388.
8 *Wortmeldungen zur DDR-Literatur,* 144.
9 Ebd.
10 AS an Dr. J. Mader vom 15. 7. 1974, ASA, eine Antwort auf eine Anfrage seinerseits.
11 *Wortmeldungen zur DDR-Literatur,* 145.
12 Ebd.
13 Brief an Dr. J. Mader vom 15. 7. 1974, a. a. O.
14 »Erinnerungen an Philipp Schaeffer«, *Aufsätze*, II, 386.
15 Ebd., 386.
16 Es fand am 28. April 1973 statt: Roscher, »Im Gespräch mit Anna Seghers«, *Wortmeldungen zur DDR-Literatur,* 142–148. Darin erwähnt sie auch, daß sie die Absicht habe, etwas über Schaeffer zu schreiben.
17 Ebd. 149. Vgl. auch »Erinnerungen an Philipp Schaeffer«, *Aufsätze,* II, 387.
18 *Aufsätze,* II, 387.
19 Schaeffer hatte ein zweites Mal geheiratet, Ilse Schaeffer.
20 *Aufsätze,* II, 388.
21 Er gehörte zu jenen prosowjetischen Widerstandsgruppen in Deutschland und Westeuropa, für die die Gestapo die Bezeichnung »Rote Kapelle« prägte. Sie wurden im Laufe der Jahre 1942 und 1943 (in Berlin) zerschlagen, mehr als 50 Mitglieder wurden hingerichtet.
22 *Aufsätze,* II, 389.
23 *Wortmeldungen zur DDR-Literatur,* 141.
24 Drei dieser Briefe, Nr. 1, 2, 3, konnten in die Briefausgabe der Werkausgabe (*Anna Seghers. Briefe 1924–1952*, V/1) aufgenommen werden. Nicht alle Privatbriefe befinden sich im ASA. Beide Kinder von Anna Seghers, Pierre Radvanyi und Ruth Radvanyi, besitzen bzw. besaßen Briefe. Nach Ruths Tod ging ihr Archiv an die Tochter Anne Radvanyi.

25 Ein hartes öffentlich geäußertes Urteil ist z. B. das von Georg Lukács in *Gelebtes Denken. Eine Autobiographie im Dialog* (Frankfurt/ M.: Suhrkamp, 1981, 152) spät geäußerte: »Sie [AS] hatte einen ungarischen Mann, aber einen von der üblen Sorte, er war mir nicht allzu koscher. Unter ›nicht koscher‹ verstehe ich, daß er im schlechten Sinne des Wortes ein parteitreuer Mensch war. Ich glaube in dieser Hinsicht hatte er auf Anna Seghers einen schlechten Einfluß.«

26 Undatierter Brief im Besitz von RR.

27 24. 4. 1924. Tb, a. a. O.

28 Im Besitz von RR.

29 Nach Radványis Personalbogen der Humboldt-Universität, Berlin (im Besitz RR) sind die Daten des Vaters 1863–1940 und die der Mutter 1874–1944. Nach PR wurde sein Großvater Imre Radványi aber am 28. 6. 1866 in Györsziget geboren.

30 Vgl. das Vorwort zu Ladislaus Radványi, *Der Chiliasmus. Ein Versuch zur Erkenntnis der chiliastischen Idee und des chiliastischen Handelns,* hg. v. Éva Gábor (Budapest: Lukács Archivum, 1985), 6.

31 Eine Eintragung im Tb vom 2. 1. 1925 erwähnt Arbeitspläne, u. a. »über Ady«.

32 Éva Gábor, a. a. O., 6.

33 Ebd., 6 f.

34 Béla Balázs, »Tagebuch (1915–1922)«, *Georg Lukács, Karl Mannheim und der Sonntagskreis,* hg. v. Éva Karády und Erzsébet Vezér, übers. aus d. Ung. v. Albrecht Friedrich (Frankfurt/M.: Sendler, 1985), 118.

35 Zu diesen und den folgenden Angaben vgl. vor allem Éva Karády und Erzsébet Vezér, *Georg Lukács, Karl Mannheim und der Sonntagskreis.*

36 Zur Rolle und Stellung der Frauen im Sonntagskreis vgl. Mary Gluck, *Georg Lukács and his Generation. 1900–1918* (Cambridge, London: Harvard University Press, 1985), bes. 38–42.

37 Vgl. dazu »Notizen zum geplanten Dostojewski-Buch«, *Georg Lukács, Karl Mannheim und der Sonntagskreis,* 193–205 und bes. die Angaben auf S. 193.

38 Ebd., 202.

39 »Zur Dostojewski-Jahrfeier«, *Georg Lukács, Karl Mannheim und der Sonntagskreis,* 269.

40 In *Gelebtes Denken* charakterisierte der »Kommunist« Lukács die Diskussionen im Sonntagskreis dann rückblickend allerdings als »liberal« und sich selbst als einen, der früh nach einer »dritten Möglichkeit« zwischen den Kaiserreichen und Dynastien der Zeit und den »westlichen Demokratien« gefragt hatte und die »Ant-

wort« von der [russischen] »Revolution 1917« bekam. Wegwerfend erklärte er: »Die Diskussionen [im Sonntagskreis] bewegten sich zwischen außerordentlich verworrenen und auch sich gegenseitig widersprechenden liberalen Anschauungen« (79f.). Lukács nannte LR nicht unter den Mitgliedern und Schülern des Kreises.

41 »Notizen zum geplanten Dostojewski-Buch«, 205.

42 Vgl. auch *Gelebtes Denken*, 81.

43 »Diskussionsbeitrag über konservativen und progressiven Idealismus«, *Georg Lukács, Karl Mannheim und der Sonntagskreis«*, 246 bis 251.

44 Ebd., 7.

45 Vgl. z.B. Ervin Sinkó, »Vor dem Richter«, ebd., 29–66.

46 »Notizen zum geplanten Dostojewski-Buch«, 200.

47 Georg Lukács, »Taktik und Ethik«, *Politische Aufsätze*, Bd. 1, hg. v. J. Kammler und F. Benseler (Darmstadt, Neuwied: Luchterhand, 1975), 31–32.

48 Béla Balázs, »Tagebuch (1915–1922)«, a. a. O., 122.

49 Ebd.., 123 und 124f.

50 Ebd., 108.

51 Balázs an Emma Ritoók, Herbst 1919, Budapest, Nachlaß Ritoók. Zit. nach *Georg Lukács, Karl Mannheim und der Sonntagskreis,* 21f.

52 Balázs, »Tagebuch (1915–1922)«, a. a. O., 121.

53 Ebd., 126.

54 Tb, 10. 1. 1925, sie ist zu Besuch bei ihren Freunden in Köln.

55 Tb, 11. 1. 1925.

56 Er hatte in erster Linie Philosophie, aber auch Volkswirtschaft und Soziologie studiert, später bezeichnet er sich als Wirtschaftswissenschaftler.

57 Ladislaus Radványi, *Der Chiliasmus,* 25.

58 Ebd., 32.

59 Ebd., 73.

60 Ebd., 79.

61 Ebd., 80f.

62 Ervin Sinkó, »Budapesti mozaik«, *Hid,* 1964, 2, 138. Zit. nach *Georg Lukács, Karl Mannheim und der Sonntagskreis,* 20.

63 Das sind die letzten Worte der Dissertation. *Der Chiliasmus,* 81.

64 Sinkó, a. a. O.

65 Personalbogen und Lebenslauf, a. a. O.

66 *Aufsätze,* II, 388.

Siebentes Kapitel

1 Tb, 16.11.1924.
2 Tb, 7.4.1925.
3 Tb, 2.12.1924.
4 Erhalten sind ein Kalender aus der Exilzeit in Paris (ASA) und kleine Taschenkalender, die AS in der DDR-Zeit führte (im Besitz von RR).
5 Tb, 24.3. [1925].
6 Tb, 3.1. [1925].
7 Tb, [27.] 3. [1925].
8 Tb, [26.] 3. [1925].
9 Tb, 25.2.1925.
10 Tb, Freitag [28.3.] 1925.
11 Tb, 24.3.1925.
12 Tb, 7.4.1925.
13 Tb, 29.4.1925.
14 AS im Gespräch mit CZR, 29.6.1981.
15 Vgl. weiter unten im selben Kapitel.
16 Tb, 25.12.1924.
17 Tb, 17.12.1924.
18 *Georg Lukács, Karl Mannheim und der Sonntagskreis*, 127.
19 Ich vermute, daß es sich um Heinrich Simon, den faktischen Leiter der *Frankfurter Allgemeinen Zeitung*, handelt, Netty notiert einmal »H. Simon«. Ein anderer zur Zeit in Frankfurt tätiger Simon war Ernst, der, ein Jahr älter als Netty, ebenfalls in Heidelberg studiert hatte und zwischen 1924 und 1928 an verschiedenen Schulen Frankfurts und am Frankfurter Jüdischen Lehrhaus unterrichtete. Netty kannte ihn. Vgl. 4. Kapitel.
20 Nach undatierten Informationen »über Smith« in AS' Stasiakten (BstU 000011), die allerdings in vielen anderen Details nicht richtig sind. Doch kannte der ungenannte Informant LR in seiner frühen Zeit in Berlin, so ist anzunehmen, daß die Angaben zu dieser Periode verläßlicher sind.
21 Er wurde Kommunist und 1919 Volkskommissar für Finanzen in Ungarn.
22 Tb, 18.1.1925.
23 Tb, 1.3.1925.
24 »Ich kann nicht ertragen, wie alles belastet, was mir das Teuerste ist. Ihn abweisen – weil er anständig ist«, schreibt sie einmal am 18.12.1924.
25 Tb, 13. 5. 1925.
26 Sie meint wohl *Einübung im Christentum.*

27 Tb, 16.11.1924 und 7. 1. 1925.
28 Tb, 11.12.1924.
29 Tb, [25. 3. 1925].
30 *Wortmeldungen zur DDR-Literatur,* 166.
31 Tb, 17.11.1924.
32 Tb, 21.12.1924.
33 Tb, 26.1.[1925].
34 Tb, 28.1.1925.
35 Tb, 29.1.[1925].
36 Tb, 21.12,1924.
37 Tb, 29.11.1924.
38 Fotokopie des Vertrags im Besitz von RR.
39 Zu Flora vgl. 1. Kapitel.
40 In diesem Zusammenhang erwähnt sie einen Mann namens Kogan, mit dem sie offensichtlich einmal enger befreundet war. Im Tb findet sich die Bemerkung: »Kummer durch Irenes Bemerk. über Kogans Äußerung über m. Briefe. Der große Schmerz, wenn man empfindet es ist vorbei, selbst wenn d. Vorbei gut ist. Abends bei Wachsbergers.« (11.1.1925).
41 Nach Auskunft von PR.
42 Tb, 23., 24., 26.11.1924.
43 Hanna Geck-Bauer, »Als A.S. noch Netty Reiling war« (1973). Zit. nach »Worte über A.S.«, *Neue Deutsche Literatur,* 32 (1975), 11, 31f.
44 Tb, 8.12.1924.
45 Tb, 2.12.1924.
46 Tb, 28.12.1924.
47 Tb, 20.11.1924.
48 Tb, 29.11.1924.
49 Tb, 5.12.1924.
50 Tb, 2.3.1925.
51 Tb, 3.3. [1925]. Sie schreibt 1926.
52 Tb, 6.1. 1925.
53 Diese Lesart scheint nach vielen Vergleichen der verschiedenen Vorkommnisse des Wortes die richtige, AS schreibt es aber auch manchmal getrennt.
54 Dieser Name kommt nur einmal vor, auch hier ist die Schrift nicht ganz klar.
55 Endre Ady (1877–1919), ungarischer Dichter.
56 Tb, 31.12.1924, 1. und 2.1.1925.
57 Was das Frühwerk betrifft, so verhielten sich Bert Brecht und Johannes R. Becher ähnlich. Je mehr sie sich als sozialistische Auto-

ren verstanden, desto mehr distanzierten sie sich davon. Doch war AS' Verhältnis zu ihren Werken durchgehend einerseits »nachlässiger«, andererseits nahm sie ganz allgemein besondere Rücksicht auf den zeitgenössischen Kontext, in dem sie jeweils erschienen.

58 Tb, 6.1.1925.

59 Christa Wolf, *Lesen und Schreiben,* 144.

60 Sigrid Bock (sie berichtete darüber im *Sonntag,* 47/1977) und Jörg Bernhard Bilke (er veröffentlichte die Sage mit Erlaubnis der Autorin am 25. März 1978 in der *Allgemeinen Zeitung,* Mainz) und dann auch anderswo. Einen Hinweis gab es auch in dem zeitgenössischen Artikel von H. O.-W. zu »Anna Seghers, Trägerin des Kleistpreises«, a.a.O.

61 »Hoffnung und Glaube der Anna Seghers«, Luise Rinser, *neue deutsche literatur,* 46 (1998), 2 (März/April), 131–143, Zitat: 132.

62 Tb, 23.1.1925.

63 Luise Rinser, a.a.O., 132.

64 *Erzählungen 1924–1933,* a.a.O., 7.

65 Das Motiv der Überwindung des Todes durch »ewiges Leben« oder eine »Auferstehung« beschäftigte AS aber auch später, so in der mythischen Erzählung »Das Argonautenschiff«, mit der Figur des Jason, in den »Schönsten Sagen vom Räuber Woynok«, in denen der tote Räuber noch einmal bei der Bande erscheint, und in den *Gefährten,* wo AS die Figur des Michael Dudoff ebenfalls über seinen physischen Tod triumphieren und wieder »auferstehen« läßt, aber nur in den Legenden der Bauern in der Schenke.

66 Handschr. Manuskript (im Besitz von PR), 21.

67 Ebd., 45.

68 Typoskript (im Besitz von PR), 1.

69 Ebd., 9.

70 Ebd., 24.

71 Ebd., 25.

72 *Jude und Judentum im Werke Rembrandts,* a.a.O., 55 und 32.

Achtes Kapitel

1 ASA und RR.

2 Joachim Seyppel, »Umwege nach Haus« (1974). Zit. nach »Worte über A. S.«, *Neue Deutsche Literatur,* 32 (1975), 11, 36.

3 Peter Gay, *Weimar Culture: The Outsider as Insider* (New York: Harper and Rowe, 1968), 135.

4 Nach eigenen Angaben in einem Personalbogen und Lebenslauf, den er für die Humboldt-Universität anläßlich seiner Anstellung 1952 anfertigte. Er wurde, wie er in einem Tonbandprotokoll zur Ge-

schichte der MASCH angab, von der Bezirksleitung der KP mit der Gründung beauftragt. (Vgl. Gabriele Gerhard-Sonnenberg, *Marxistische Arbeiterbildung in der Weimarer Zeit*, Köln: Pahl-Rugenstein, 1976, 72.) Das erste Programm bot die Schule bereits im Jahre 1926/27, der Gründungsaufruf stand in der *Roten Fahne* vom 5.4.1927 und war u.a. unterzeichnet von Hermann Duncker, dessen Ruf als großartiger Lehrer des Marxismus das Ansehen der Schule in breite Kreise trug und zahlreiche Hörer anzog, und von John Heartfield und auch von parteilosen marxistischen Intellektuellen wie Alfons Goldschmidt (1879–1940), der Radvanyi in Mexiko an der Arbeiteruniversität und der Nationaluniversität vorhergehen würde.

5 Ihren eigenen Angaben in Personalbogen und Lebensläufen nach war es 1928. Unklar bleibt allerdings, ob der Eintritt bereits bei der Gründung oder kurz danach war. Christoph M. Hein, *Der BPRS* (Münster: Lit Verlag, 1991), 307, zählt sie zu den Gründungsmitgliedern. Im Bund erscheint ihr Name, zusammen mit dem von Ludwig Renn, 1929. Johannes R. Becher berichtet: »Zwei Schriftsteller, die in der Bourgeoisie einen guten Namen hatten, kamen zu uns: Der Genosse Ludwig Renn und die Genossin Anna Seghers.« (»Bericht über die Tätigkeit des ›Bundes proletarisch-revolutionärer Schriftsteller‹ im Jahre 1929«, in: *Zur Tradition der deutschen sozialistischen Literatur 1926–1935,* Berlin, Weimar: Aufbau, 1979, 183).

6 Nach Angaben von PR. Ein Foto, das von 1925 stammen soll (*Eine Biographie in Bildern,* 54), zeigt das eng umschlungene Paar in einem Strandkorb, s. auch Abbildungen 9 und 10.

7 Auch AS' erstes Buch, *Aufstand der Fischer von St. Barbara,* das sich nicht ganz so einfach einordnen ließ, wurde, wie wir sehen werden, in der zeitgenössischen Rezeption im Kontext dieser Stilrichtungen diskutiert.

8 Laut PR, der die Anmeldescheine besitzt.

9 *Eine Biographie in Bildern,* 55.

10 Lisa Zakowski. Sie blieb auch in Berlin eine Freundin der Familie. Ein Foto zeigt sie mit Katharina Schulz, dem kleinen Peter Radvanyi und Ruth im Kinderwagen (*Eine Biographie in Bildern,* 53). Nach AS' Heimkehr aus Mexiko nahm Lisa von Bitterfeld aus, wo sie nach ihrer Inhaftierung durch die Nazis das Dritte Reich mit Hilfe von Mitgliedern der Bekennenden Kirche überstanden hatte, mit ihr Kontakt auf. (Korrespondenz zwischen 23.11.1947 und 28.5.1948, Sign. 1721 / ASA). Aus ihren Briefen geht hervor, daß sie die Familie Radvanyi noch 1935 in Meudon besuchte. Der Nachkriegskontakt mit AS scheint aber nicht sehr lange gedauert zu haben, vielleicht weil Lisa der Situation in Deutschland zu nega-

tiv und kritisch gegenüberstand und auch von Bitterfeld nach Frankfurt/Main zog. AS schrieb zunächst eine freundliche Antwort auf einen Brief Lisas, in dem sie deutlich macht, daß sie die Dinge in Deutschland zwar in vielem ähnlich sehe wie Lisa, aber auch betont, daß das eine ganz private Ansicht sei und daß man versuchen müsse, die Dinge zu ändern. Der zweite Brief von ihrer Seite stammt bereits von ihrer Sekretärin, die erklärt, daß AS zu beschäftigt sei, um im Moment auf einen Brief Lisas zu antworten und das Manuskript, das diese geschickt hat, zu lesen – eine deutliche Distanzierung, die Lisa wohl verstand, da keine weiteren Briefe erhalten sind, nur viele Jahre später eine Erwähnung in der Korrespondenz mit ihrer Freundin Lore Wolf, daß Rodi von Lisa gehört habe.

11 *Eine Biographie in Bildern,* 52.

12 Nach Angaben von PR.

13 Die Familie wohnte im Erdgeschoß nach hinten hinaus, mit Zugang ins Grüne. (Angaben von PR).

14 In den Berliner Adreßbüchern von 1928 und 1930, den einzigen, die in der relevanten Zeit erschienen, tauchen die Namen Reiling, Radvanyi und Seghers nicht auf. *Kürschners Literaturkalender* nennt AS 1930 und 1932 mit der Wilmersdorfer Anschrift.

15 Vgl. *Berlin-Wilmersdorf. Verfolgung und Widerstand 1933–1945,* hg. v. Udo Christoffel und Elke von der Lieth (Berlin: Willmuth Arenhövel, 1993), 14.

16 Steffie Spira-Ruschin, *Trab der Schaukelpferde* (Berlin, Weimar: Aufbau, 1984), 213f.

17 Carola Bloch, *Aus meinem Leben* (Pfullingen: Günther Neske, 1981), 76f. Carola Block erwähnt AS in ihren Erinnerungen nur nebenbei und im Zusammenhang mit späteren Jahren, sie sagt nicht, wann sie einander kennenlernten.

18 *Der letzte Mann der Höhle. Erzählungen 1924–1933,* 182.

19 Ebd., 178.

20 Clara Zetkin, *Erinnerungen an Lenin* (Wien, Berlin: Verlag für Literatur und Politik, dt. 1929).

21 Vgl. Richard Stites, *The Women's Liberation Movement in Russia. Feminism, Nihilism, and Bolshevism, 1860–1930* (Princeton, N. J.: University Press, 1990), bes. 376–390. Außerdem Gregory Carleton und seine freundlicherweise zur Verfügung gestellten Kapitel eines Buchmanuskripts zur sexuellen Revolution in der Sowjetunion.

22 Lange Jahre, bis zur Entdeckung von »Die Toten auf der Insel Djal«, galt »Grubetsch« als AS' erste Veröffentlichung, wir nehmen heute an, daß es ihre zweite ist, mit völliger Sicherheit läßt sich das aber nicht sagen. Sie ging mit ihren »Sachen«, wie sie ein-

mal gestand, »manchmal recht lieblos« um, was aus kulturpolitischen Gründen besonders auf das Frühwerk zutrifft. Selbst »Grubetsch« nahm sie zwar in ihre erste Erzählsammlung von 1930 *Auf dem Wege zur amerikanischen Botschaft* auf, ließ den Text dann aber bis 1963 nicht wieder erscheinen. Es wäre also denkbar, daß noch Neues gefunden wird, obwohl die Suche bisher außer Unveröffentlichtem bei PR (das Manuskript des »Bischof« und das Typoskript »Jans muss sterben«) nichts ergeben hat.

23 »Selbstanzeige« (1931), *Aufsätze,* I, 7.

24 Um nur einige Beispiele zu nennen: In der Schenke im *Aufstand der Fischer von St. Barbara* findet eine Vergewaltigung mit tödlichem Ausgang statt, in der Erzählung »Das Argonautenschiff« findet in der Schenke ebenfalls ein Mord statt.

25 Der Schauplatz wird nicht genannt, doch deutet das dargestellte Milieu mit der Rolle, die der Fluß spielt, auf Mainz und das soziale Elend am Rande der Kleinstadt und weniger auf die Hinterhöfe, die AS in Berlin kennenlernte und kennenlernen wollte, wie ein Kritiker meint, vgl. Andreas Schrade, *Anna Seghers* (Stuttgart: Metzler, 1993), 8, zumal ein Hinterhof auch bereits in »Jans muss sterben« figuriert.

26 *Aufsätze,* I, 6.

27 Babels *Budjonnys Reiterarmee* und *Odessaer Erzählungen* erschienen beide 1926 auf deutsch. Larissa Reisner, die schon 1926 starb, war eine der interessantesten Frauen der Revolution. Partisanen-Spionin während des Bürgerkrieges, war sie von der »Neuen Ökonomischen Politik« Lenins enttäuscht, reiste viel mit Karl Radek, dessen Geliebte sie wurde. In der Sowjetunion ist sie in erster Linie als ungewöhnliche Frau, nicht als Autorin bekannt, sie schrieb aber eine Reihe von kurzen Büchern, die sich vor allem mit der deutschen Situation und deutschen Ereignissen auseinandersetzten, so *Hamburg auf den Barrikaden* (1924) und *Im Lande Hindenburgs* (1926). AS kannte auf jeden Fall ihr Buch *Die Front 1918–1919,* das sich in einer Ausgabe von 1924 (Wien: Verlag für Literatur und Politik) auch heute noch in ihrer Bibliothek befindet.

28 Interessanterweise übten nur die Futuristen Kritik, und zwar ähnlich wie AS am Stil des Romans, der ihnen zu wenig avantgardistisch und künstlerisch war. (Vgl. Gregory Carleton, a. a. O.) *Zement* wurde später – revidiert – zu einem Prototyp sozialistisch realistischer Literatur erklärt.

29 Vgl. Christoph M. Hein, *Der BPRS. Biographie eines kulturpolitischen Experiments in der Weimarer Republik* (Münster, Hamburg: Lit Verlag, 1991), 136.

30 *Aufsätze,* II, 138.

31 Das Paar lebte bis 1924 in Wien, wo sie einander kennenlernten und von wo Gábor wegen seiner Kritik am »weißen Terror« und an Horthy auf Wunsch der ungarischen Regierung ausgewiesen wurde. Es wäre denkbar, daß AS sie schon als Studentin kennenlernte.

32 Vgl. z.B. Victor Klemperer. Am 15.11.1949 notiert er: »Es ging um die Aufstellung der Wahlvorschläge [für den Präsidialrat des Kulturbundes]. Erbitterter Kampf um die Seghers, bisherige Vicepraesidentin. Naas u. Havemann wollten sie wieder – der große Name! Erbitterte Ablehnung durch Becher, Abusch, Willmann. Becher: es sei gegen die Würde des KB. Sie habe nichts für ihn übrig. Sie lebe für SU, Friedensidee, ihre Kinder, sie sei von Moskau nach Paris in diesem letzten Jahr, ohne sich um uns zu kümmern. Abusch: in Paris während des Friedenscongresses habe sie sich den Deutschen betont ferngehalten, nur französisch gesprochen, auf ihrem *mexikanischen* Paß dort gewesen, ganz *international* getan. Abusch griff sie fast unverhüllt als Deutschlandfeindin an. Sie scheint ihm eher Sowjetbürgerin und internationale Kommunistin.« *So sitze ich denn zwischen allen Stühlen. Tagebücher 1945–1959* (Berlin: Aufbau, 1999), Bd. I, 700f.

33 AS an Olga [Gábor], o.D., ASA.

34 AS an Olga Gábor, 2.2.1957, ASA – Der Kontext dieser Bemerkung ist der Ungarn-Aufstand von 1956. Seghers will von ihrer Freundin wissen, wie es allen in Ungarn wirklich geht. »Hier« erfahre sie zu wenig. Sie schreibt Olga »die Reinheit und Klarheit eines ganz jungen Menschen« zu, »ich meine wie ein ganz junger Mensch war, wie unsere Generation war«.

35 AS an Olga [Gábor], 20.2.1967, ASA. Die Erinnerungen von Fritz Landshoff erwähnen diese Vermittlung allerdings nicht.

36 Die folgende Darstellung stützt sich, wo nicht anders angegeben, auf Gabriele Gerhard-Sonnenberg, *Marxistische Arbeiterbildung in der Weimarer Zeit (MASCH)* (Köln: Pahl-Rugenstein, 1976), und die Eintragung »Marxistische Arbeiterschule« im *Lexikon Sozialistischer Literatur,* 322–325.

37 Radvanyi/Schmidt (zum Namen vgl. S. 439 und Anm. 39) meinte später, daß die Rede Thälmanns am 31. Oktober 1925 »belebend und fördernd« auf die Initiatoren gewirkt habe. (Vgl. Gerhard-Sonnenberg, 72.) In Erinnerungen, die er 1976 für die DDR-Zeitschrift *Einheit* verfaßte, stellte er allerdings, wie sich das gehörte, die gezielte Führung der Partei bei der Gründung der Schule in den Vordergrund. Vgl. *Einheit,* 31. (1976), 1349.

38 Gerhard-Sonnenberg, a. a. O., 72.

39 In der Weimarer Zeit scheint LR nur den Namen Johann Schmidt verwendet zu haben. Seine Artikel aus dieser Zeit zeichnet er mit Dr. Johann Schmidt.

40 Nach seinen Angaben auf dem Personalbogen für die Humboldt-Universität. Wer ihn bezahlte, die Partei oder die Schule, ist nicht klar.

41 »Einstein in der MASCH«, *Aufsätze,* II, 371.

42 Wie bereits erwähnt, arbeitete der BPRS eng mit der MASCH zusammen. Wir wissen auch, daß AS 1932 an einer Vortragsreihe zu dem Thema »Die Geistesarbeiter in der Einheitsfront gegen den Faschismus« teilnahm, die von einem »Linkskartell der Geistesarbeiter« und angeschlossenen Organisationen, u. a. MASCH und BPRS, veranstaltet wurde; es sprachen außerdem u. a. Johannes R. Becher, Hermann Duncker, Hans Otto und Schmidt/Radvanyi. (Vgl. Gabriele Gerhard-Sonnenberg, a. a. O., 158.)

43 Tonbandinterview von Marianne Thomas mit Johann Lorenz Schmidt (Radvanyi), Berliner Rundfunk, Radio DDR II, 1. 5. 1977. (Zur Verfügung gestellt von Marianne Berger, ASG.)

44 Wir wissen nichts darüber, es wäre aber denkbar, besonders wenn wir an *Die Gefährten* und seinen Einfluß auf dieses Buch denken, in dem der proletarische Internationalismus eine wichtige Rolle spielt, was natürlich noch lange nicht bedeutet, daß AS »Trotzkistin« war, eine Bezeichnung, die ja erst in Umlauf kam, nachdem Trotzki in *Ungnade* gefallen war. Sie, und besonders er, werden sich jedoch durchaus zunächst mehr für Trotzki begeistert haben – Werke von ihm befinden sich in AS' Bibliothek –, der erst in ihrer Berliner Zeit, 1926/27, aus allen Parteiämtern entfernt, 1928 verbannt und 1929 ausgewiesen wurde. In den *Gefährten* werden Trotzki und die Gerüchte um seine Entfernung, die erst später zur Wirklichkeit werden, erwähnt, wie so oft bei AS aus der Perspektive einer Figur, Dombrowskis, der als schwierig, aber heldenhaft gezeichnet wird. Vgl. Diskussion der *Gefährten* im 9. Kapitel.

45 Von Sommer 1931 bis Sommer 1932 erschienen die *Blätter der Marxistischen Arbeiterschule*, genannt *Der Marxist,* Hermann Duncker war verantwortlicher Redakteur, Johann Schmidt einer der Mitarbeiter (andere waren u. a. Jürgen Kuczynski, Alfons Goldschmidt, Wilhelm Reich, Karl August Wittfogel). Die Zeitschrift sollte als Diskussionsforum für aktuelle, politische, ökonomische, historische, philosophische und didaktische Fragen dienen und erbat ausdrücklich kritische Zuschriften von ihren Lesern. Artikel von Schmidt sind: »Fünf Jahre Marxistische Arbeiter-

schule«, *Der Marxist,* 1 (1931), 1; »Der Anschlag der Kulturreaktion auf die Berliner MASCH und unsere Antwort«, *Der Marxist,* 1 (1931), 2; »Hegel 31«, *Der Marxist,* 1 (1931), Heft 3.

46 *Aufsätze,* II, 435.

47 Werner Hecht, *Brecht Chronik 1898–1956.* (Frankfurt/M.: Suhrkamp, 1997), 296.

48 *Aufsätze,* II, 370f.

49 Lebenslauf von ca. 1951, a.a.O., 3.

50 AS spricht in in einem handschriftlich ausgefüllten Fragebogen der SED, der das Datum 13. März 1954 trägt, unter der Rubrik »Welche Verhaftungen und Verfolgungen« von »Hausdurchsuchungen 1932 und 1933«. In einem handschriftlichen Lebenslauf, der dasselbe Datum trägt (Fragebogen und beigefügter Lebenslauf waren üblich), heißt es: »Hausdurchsuchungen u.s.w. fanden vor Hitler statt.« (SED-Kaderakte, Akte DY 30/IV 2/11/v. 3154, SAPMO). Auch in ihrem Lebenslauf aus den frühen fünfziger Jahren heißt es: »Vor Hitler, z.Zt. Papen und Schleichers, begannen Hausdurchsuchungen.«

51 Auch in Zürich gab es eine marxistische Arbeiterschule. (Vgl. dazu *Lexikon sozialistischer Literatur,* 324.) Schließlich gründete LR in Paris die Freie Deutsche Hochschule, die an die MASCH anschloß.

52 Oskar Loerke, *Tagebücher 1903–1939,* hg.v. Hermann Kasack (Heidelberg, Darmstadt: L. Schneider, 1955), 172. Er notiert: »Für den Verlag alles Dringende erledigt, u.a. eine sehr begabte, sehr erfreuliche Erzählung von Anna Seghers. Merken!« Demnach lag ihm die Erzählung – es könnte natürlich auch ein anderer Text gewesen sein – unter dem vollen Namen vor, oder er kannte ihn zumindest.

53 Fritz H. Landshoff, *Amsterdam, Keizersgracht 333. Querido Verlag. Erinnerungen eines Verlegers* (Berlin, Weimar: Aufbau, 1991), 21.

54 Ebd., 22.

55 Die Liste der Autoren, die er verlegte, ist lang. Sie reicht, um nur einige wenige Namen zu nennen, von Vicki Baum über Alfred Döblin, Lion Feuchtwanger, Irmgard Keun, der Familie Mann (Erika, Heinrich, Klaus und schließlich auch Thomas) und Erich Maria Remarque zu Josef Roth, Arnold Zweig und Stefan Zweig.

56 Landshoff erinnert sich nicht, ob ihm auch *Der Weg durch den Februar* angeboten wurde, doch schrieb die Autorin diesen Roman, der 1935 bei Willi Münzenbergs Éditions du Carrefour und in Moskau und Leningrad bei der Verlagsgenossenschaft ausländi-

scher Arbeiter in der UdSSR erschien, sehr wahrscheinlich im Auftrag von Münzenberg.

57 Zur Geschichte und zum Ende des Querido Verlages vgl. *Marbacher Magazin* 78/1997: *Fritz H. Landshoff und der Querido Verlag 1933 bis 1950,* bearbeitet von Hans-Albert Walter. Die Verträge befinden sich im ASA. Die Situation zwischen AS und Landshoff nach Kriegsende war, wie eine Reihe von Briefen belegt (ASA), eine komplexe, vor allem, was *Das siebte Kreuz* betrifft, das Landshoff tatsächlich noch drucken ließ, aber wegen der damaligen Lizenzprobleme in Deutschland kaum verkaufen konnte. Der junge Aufbau-Verlag hatte den Roman noch schneller gedruckt und konnte ihn vertreiben und vergab auch Lizenzen, ohne zunächst die Rechte zu haben, aber nicht gegen AS' Willen. Während sie in ihren Briefen unzufrieden mit, ja mißtrauisch gegenüber Landshoff war, erscheint er aus heutiger Sicht als der Verlierer der schwierigen Nachkriegssituation, in der AS selbst unsicher war, aber vor allem bemüht darum, ihre Werke an Leser in Deutschland und Europa zu bringen, und wenig Geduld oder Verständnis aufbrachte für die Probleme ihres alten Verlegers, der sie stets, wie es scheint, in guter Erinnerung behielt und im hohen Alter noch einmal besuchte.

58 *Wortmeldungen zur DDR-Literatur,* 151.

59 Ebd., 154.

60 Hans Henny Jahnn an AS, 5. 8. 1952. In: *Briefe,* hg. v. Ulrich Bitz u. a. (Hamburg: Hoffmann und Campe, 1994), 2 Bde., II, 730f. – Jahnn (1894–1959) war 6 Jahre älter als AS.

61 Hans Henny Jahnn an AS, 5. 8. 1952 (*Briefe,* II, 730f.). Was den Aufenthalt betrifft, so zog Jahnn nach dem Zerfall seiner utopischen Kommune, der Ugrino-Gemeinschaft, 1926 zurück nach Hamburg, wo er bis Oktober 1931 wohnte, also in der Stadt und außerdem oft in Verhältnissen, in denen ein längerer Besuch höchst unwahrscheinlich gewesen wäre. Eine größere Wohnung hatte er hier nur von 1927 bis Mai 1929, AS könnte sich also vor oder nach der Verleihung des Kleist-Preises bei ihm aufgehalten haben, aber in der Stadt. Im Mai/Juni 1929 und im August 1930 war Jahnn auf der Insel Trischen in der Nordsee in einer Ferienwohnung des Altonaer Senats, auch damals hätte ihn AS besucht haben können, doch spricht sie nicht von einer Insel. Im Oktober zog Jahnn in das »Kavaliershaus« am Rande des Altonaer Hirschparks, das ihm ebenfalls zur Verfügung gestellt wurde. Zu diesem Zeitpunkt war sein Freund Gottlieb Harms aber bereits tot (er starb am 24. 2. 1931). Es scheint also, daß sich AS in den Details ihrer Erinnerung irrt, was aber den Aufenthalt als solchen nicht in Frage stellt. Denkbar, aber

unwahrscheinlich, wäre auch, daß sie sich schon 1926 Jahnns Ugrino-Gemeinschaft ansah, dann hätte sie ihn aber zur Zeit des Kleist-Preises schon sehr gut gekannt, doch gäbe es wahrscheinlich Zeugnisse über eine Teilnahme ihrerseits an Ugrino, was, soweit ich feststellen konnte, nicht der Fall ist.

62 Ellinor Jahnn an AS, 5. 5. 1952. ASA, Sign. 1093.

63 Hans Henny Jahnn an Ellinor, 17. 7. 1952, *Briefe*, II, 726.

64 AS an Ellinor Jahnn, 9. 5. 1952, ASA, Sig. 1093.

65 Jahnn erwähnt es zweimal, in einem Brief an Ellinor vom 17. 7. 1952, in dem er u. a. von seinem Besuch bei AS erzählt, und in einem Brief an Peter Huchel, dem er den wiedergefundenen Text für *Sinn und Form* anbietet (14. 6. 1955). (*Briefe*, II, 727 und 849).

66 Walter Benjamin, *Gesammelte Schriften*, Bd. 6 (Frankfurt/M.: Suhrkamp, 1986), 141.

67 *Der Schriftsteller*, Nr. 11/12, 1928.

68 Das soll er Hans Mayer gesagt haben. Vgl. Hans Mayer, »Gedenkrede auf Anna Seghers«, *Aufklärung heute. Reden und Vorträge 1978–1984* (Frankfurt/M.: Suhrkamp, 1985), 244.

69 *Wortmeldungen zur DDR-Literatur*, 154.

70 Vgl. Anm. 22.

71 *Wortmeldungen zur DDR-Literatur*, 159.

72 Kurt Pinthus, »Männliche Literatur«, *Das Tagebuch*, 10 (1929), 22, 1. Juni.

73 1929 stellte die *Neue Bücherschau* zwei Bilder gegenüber, die Zeichnung eines wild dreinschauenden, breitschultrigen Typen mit Schnurrbart und kariertem Hemd, und das Foto einer jungmädchenhaft aussehenden Seghers mit Pullmankappe. Der Untertitel lautete: »Wie unser Zeichner sich Seghers, den Autor von *Aufstand der Fischer*, vorstellte ... und wie Seghers wirklich aussieht.« (Vgl. die Abbildungen in *Eine Biographie in Bildern*, 57, und in CZR, *Anna Seghers*, Reinbek bei Hamburg: Rowohlt, 1993, 37.)

74 *Berliner Börsen-Courier*, Nr. 531, 11. 11. 1928.

75 Jane Swaffar and Eileen Wilkinson, »Aesthetics and Gender: Anna Seghers as a Case Study«, *Monatshefte*, 87 (1995), 4, 459.

76 So z. B. Arno Schirokauer in *Die Literarische Welt* (5/1929, 2, 11. 1., 1–2), der meinte: »Das Herz schlägt für die Armen, wodurch aber die Grammatik noch nicht besser wird. Die Prosa ist unbrauchbar ...«, wobei ihn aber die Tendenz mehr als die Sprache störte. Auch eine sonst positive Kritik in einem Sammelartikel für *Die neue Bücherschau* (12, 1928, 6. Jg., 623) unter dem Titel »Der Jahrgang 1902 ist aufgebrochen« – von Gerhart Pohl – stößt sich an AS' eigentümlichen Stil: »Ein sozialer Zeitroman, der ein Meister-

werk wäre, vermöchte die Sprache Gestaltung und Stoff zur Einheit zu verschmelzen.« Andere waren aber gerade davon beeindruckt.

77 *Berliner Börsen-Courier*, Nr. 600, 22. 12. 1928.

78 *Die Rote Fahne*, 9. 12. 1928, 3. Beilage.

79 Die offizielle Gründungsveranstaltung fand am 19. 10. 1928 in den Sophiensälen statt, Vorbereitungen waren seit Ende 1927 im Gange und beruhten auf »dem Beschluß der 1. Internationalen Konferenz proletarischer und revolutionärer Schriftsteller in Moskau 1927, außerhalb der UdSSR proletarische Schriftstellerorganisationen zu schaffen«. (Vgl. Simone Barck, Eintragung im *Lexikon Sozialistischer Literatur*, 97. Zur Geschichte des BPRS: Christoph M. Hein, *Der BPRS*, a. a. O.) – Zum Zeitpunkt von AS' Beitritt vgl. Anm. 5.

80 Christoph M. Hein, *Der BPRS. Biographie eines kulturpolitischen Experiments in der Weimarer Republik*, 64.

81 Vgl. Hein, ebd.

82 Vgl. die Kritik von Louis Kaufmann (Ps. L. Anton) in der *Linkskurve* vom August 1932 zu Emma Dornbergers *Frauen führen Krieg*, die Versäumnisse in dieser Hinsicht suggeriert. (Vgl. Hein, 65.)

83 Vgl. z.B. Christa Degemanns auf die westdeutsche Kritik während des Kalten Krieges bezogene Analyse in *Anna Seghers in der westdeutschen Literaturkritik 1946 bis 1983* (Köln: Pahl Rugenstein, 1985), 192.

84 Jane Swaffar und Eileen Wilkinson sprechen im Zusammenhang mit AS' kurzen Texten, die Frauen zu Protagonistinnen haben, von »subversion« und sehen diese Texte als »minor literature« im Sinne von Deleuze und Guattari (*Kafka, Toward a Minor Literature*, 1986).

85 Ich danke dem Hinweis von Marianne Berger, die den Zeitungsartikel im Keller der Wohnung von AS in der Gedenkstätte fand. Er erschien am 3. August 1927 in der *AIZ* unter dem Titel »Streik der bretonischen Fischer«.

86 Neben den in der *AIZ* üblichen zahlreichen Abbildungen von marschierenden und versammelten Fischern und – kleineren – Booten berichtet der Artikel in einem kurzen Text von der allgemeinen Lage der bretonischen Fischer, spricht von der Rolle der Konservenindustrie und deren Syndikaten, von den Hungerlöhnen der Fischer – »100 Franc (16.50 M!)« – und dem Streik, der sich gegen eine weitere Reduzierung richtete. Der Artikel nennt 60000 streikende Fischer und die Orte Peumarche (eigentlich müßte es Penmarc'h [sic!] heißen) und Kerity. Er endet mit den Worten: »Das Elend war groß. Die Familien nährten sich von Fischsuppe

und trockenem Brot. Die Unternehmer verweigerten jedes Entgegenkommen. Die Regierung stützte natürlich die Millionäre. Und die Fischer fingen an zu verstehen. Die ersten roten Fahnen zeigten sich in den Straßen der einsamen Dörfer. Es gab überfüllte Versammlungen mit heftigen Diskussionen und einmütigen Beschlüssen und Demonstrationen. Die Sardinenfischer der Bretagne sind die jüngsten und tapferen Truppen des Internationalen Proletariats.«

87 Vgl. dazu die Analyse von Volker Klotz, »Kollektiv als Hauptperson: Wie es sich erzählen und lesen läßt. Zu Anna Seghers' ›Aufstand der Fischer von St. Barbara‹«, *Erzählungen und Erzählforschung im 20. Jahrhundert*, hg. v. Rolf Kloepfer und Gisela Janetzke-Dillner (Stuttgart, Berlin, Köln, Mainz: Kohlhamer 1981), 336.

88 Vgl. Frank Trommler, *Sozialistische Literatur in Deutschland* (Stuttgart: Kröner, 1976), 487.

89 Vgl. z.B.: Johannes R. Becher, »Partei und Intellekturelle«. Nachgedruckt in *Zur Tradition der deutschen sozialistischen Literatur 1926*–1935 *in Deutschland*, 147ff.

90 Vgl. Kapitel 1, Anm. 120.

91 *Also fragen Sie mich!*, 56f.

92 Lebenslauf von ca. 1951, a. a. O., 7.

93 *Der erste Schritt* wurde 1953 auch als eigenständige kleine Buchpublikation veröffentlicht.

94 *Der Bienenstock* erschien 1953 als 7. und 8. Band der *Gesammelten Werke in Einzelausgaben* und enthielt von AS' Erzählungen aus der Weimarer Periode nur »Bauern von Hruschowo« und »Die Stoppuhr« und als Abschluß »Der erste Schritt«, in dem auch der Titel der gesamten Sammlung erklärt wird.

95 *Crisanta. Erzählungen 1950–1952*, 193.

96 Ebd., 198.

97 Ebd., 219.

98 Kurz darauf zeigte er im Prager Slánský-Prozeß von 1953 seine für die Satellitenstaaten unübersehbare rassistische, judenfeindliche Seite.

99 *Also fragen Sie mich!*, 58.

100 Ossip K. Flechtheim, *Die KPD in der Weimarer Republik* (Hamburg: Junius, 1986), 198.

101 Die Mitgliederschaft bestand nicht nur aus KPD-Leuten, die Mehrheit waren Parteilose, die aber das Aktionsprogramm vertraten. Die führenden und prominenten Mitglieder waren Kommunisten, an der Spitze Johannes R. Becher, Mitbegründer und 1. Vorsitzender des BPRS und führender »Multifunktionär« (Hein,

a. a. O., 286) der internationalen kommunistischen Literaturbewegung, der seit 1927 dem Präsidium des »Internationalen Büros für revolutionäre Literatur« (IBRL), das 1927 die Gründung nationaler Verbände wie des BPRS beschlossen hatte und sich 1930 auf der Charkower Konferenz in »Internationale Vereinigung Revolutionärer Schriftsteller« (IVRS) umbenannte.

102 *Aufsätze*, I, 22.

103 In einem Interview unterscheidet AS zwischen Formen der Isolation und macht deutlich, daß es ihr in erster Linie um einen Sinnzusammenhang und ein gemeinsames Ziel geht, nicht um physisches Beisammensein, obwohl ihr das persönlich und auch in ihrer Menschendarstellung wichtig ist. Zu ihrem Helden im *Siebten Kreuz* meint sie dementsprechend: »Georg Heisler zum Beispiel ist nur isoliert, weil er auf der Flucht ist; er muß Menschen meiden, obgleich er deren Hilfe braucht« – und erhält, kann man hinzufügen. (*Wortmeldungen zur DDR-Literatur*, 158.)

104 Lebenslauf von ca. 1951, a. a. O., 6.

105 *Also fragen Sie mich!*, 57.

106 Ebd.

107 Vgl. Anm. 101.

108 AS lernte Reinerová, die 16 Jahre jünger war, in Paris kennen und sah sie in Marseille wieder. Enger befreundet wurde sie mit ihr erst in Mexiko, wo Balk und Reinerová heirateten. Reinerová, die in Prag in die stalinistischen Prozesse geriet und, 1964 rehabilitiert, nach 1968 aus Partei und Stellung flog, schrieb über ihr Leben und ihre Bekanntschaft mit AS in ihren Erinnerungen *Es begann in der Melantrichgasse* (Berlin, Weimar: Aufbau, 1985).

109 *Deutsches Tagebuch, Erster und Zweiter Teil* (München: Kindler, 1959 und 1961).

110 Vgl. Dieter Schiller, »Etwas Anständiges, das auch etwas Wind macht«, a. a. O., 88 (zum *Wort*) und *Deutsche Intellektuelle im Exil* (München, London, New York, Paris: K. G. Saur, 1993), 468: AS schrieb ein Gutachten für Leitner an die American Guild for Cultural Freedom (Kat.-Nr. 794).

111 Vgl. Sigrid Bock, »Eintragung zu Jan Petersen«, *Lexikon sozialistischer Literatur*, 369. Es erschien in der *Berner Tagwacht*, 22. 4./ 26. 6. 1963, russ. 1936 und engl. 1938, und schließlich 1947 in Berlin unter dem Titel *Unsere Straße. Eine Chronik. Geschrieben im Herzen des faschistischen Deutschland 1933/34.*

112 Sie ging 1934 in die Sowjetunion ins Exil, wo sie 1936 zusammen mit ihrem Lebensgefährten Hans Günther, ebenfalls BPRS-Mitglied, verhaftet wurde. Er ging zugrunde, sie überlebte zwanzig Jahre

Straflager und Verbannung, die sie in ihrem Buch *Totgesagt* (1990) deutlich, aber ohne Anklage beschrieb und ihre Universitäten nannte. Als ihre Rehabilitierung schleppend in Gang kam, wandte sie sich 1956 an AS, weil sie in die DDR zurückkehren wollte und niemanden sonst hatte (weder Becher noch Pieck hatten auf frühere Briefe geantwortet). AS antwortete prompt (AS an Trude Richter, 30.7.1956, ASA) und half die Rehabilitierung und Rückkehr zu beschleunigen. Trude Richter arbeitete dann in der DDR am Johannes-R.-Becher-Institut in Leipzig und blieb treue Kommunistin. In *Totgesagt,* in dem sie ihren Brief an AS zitiert (448), ließ sie daraus sogar den Passus über Becher und Pieck weg, obwohl sie nur erwähnt hatte, daß sie 1947/48 wiederholt an beide geschrieben habe, daß diese Briefe aber »weder den einen noch den anderen Adressaten erreicht« hätten. (Brief vom 12.6.1956 an AS, ASA).

113 Im Archiv des Aufbau-Verlages, Staatsbibliothek Berlin.

114 Walter Fähnders, Eintragung zu Willi Bredel im *Lexikon sozialistischer Literatur,* 81.

115 Werner Feudel/Volker Giel, Eintragung zu Erich Weinert, ebd., 516.

116 Man einigte sich nie auf ein konkretes, gemeinsames Programm.

117 *Zur Tradition der deutschen sozialistischen Literatur 1926*–1935, 442.

118 Lebenslauf von ca. 1951, a.a.O., 2.

119 Otto Biha, »Die proletarische Literatur in Deutschland«, *Literatur der Weltrevolution,* Heft 3, Moskau 1931 (er spricht über verschiedene Autoren und scheint zu diesem Zeitpunkt die Erzählsammlung *Auf dem Wege zur amerikanischen Botschaft* noch nicht gekannt zu haben, jedenfalls erwähnt er sie nicht); Franz Leschnitzer, »Anna Seghers«, *Der Kämpfer,* 1935, Nr. 8/9, 88–97 (er konzentriert sich auf AS und ihre bis 1935 erschienenen Werke).

120 A.a.O., 94.

121 *Aufsätze,* I, 71–88.

Neuntes Kapitel

1 *Aufsätze,* II, 370.

2 AS spricht von »gleich« und von »Sommerreise« (*Wortmeldungen zur DDR-Literatur,* 154).

3 *Wortmeldungen zur DDR-Literatur,* 154f.

4 Nach Angaben von PR.

5 Vgl. dazu: Ian Wallace, »Anna Seghers – The British Dimension«, *German Monitor. Anna Seghers in Perspective* (Amsterdam, Atlanta: Rodopi, 1998), 65–74. *The Revolt of the Fishermen* transl.

Margaret Goldsmith (London: Mathews and Marrot Ltd., 1929). Der Bericht über AS' Auftritt im PEN erschien im *Evening Standard,* 4.12.1929.

6 Bericht über die Tätigkeit des »Bundes proletarisch-revolutionärer Schriftsteller« im Jahre 1929. In: *Zur Tradition der sozialistischen Literatur in Deutschland 1926–1935,* 188.

7 Ian Wallace, a.a.O., 65–67.

8 Ebd., 67.

9 Für die dreibändige *Bienenstock*-Ausgabe ihrer Erzählungen von 1963, in der sie diese Erzählung zum ersten Mal wieder aufnahm.

10 Am 22.12., 2. Morgenblatt. Sie wurde von AS in keine ihrer späteren Erzählsammlungen aufgenommen.

11 Sacco und Vanzetti wurden auf dem Höhepunkt des sogenannten »red scare« (der Angst vor den Roten) in den USA des Raubmordes angeklagt, nach fragwürdiger Beweisführung zum Tode verurteilt und trotz weltweiter Proteste, die den Fall als politischen und immigrantenfeindlichen Justizirrtum und -mord brandmarkten, am 23.8.1927 hingerichtet und 1977 vom Gouverneur von Massachusetts rehabilitiert.

12 *Aufsätze,* I, 28.

13 1930 kam es im Rahmen der Abgrenzungspolitik des BPRS zu scharfen Auseinandersetzungen zwischen Döblin und der *Linkskurve,* die seinen Roman negativ rezensiert hatte, worauf er mit einem Angriff auf den BPRS und vor allem auf Becher antwortete: »Katastrophe in einer Linkskurve« in *Das Tagebuch* (3.5.1930).

14 Dieser Text ist nur um weniges kürzer als »Bauern von Hruschowo« und AS' Angaben nach zur gleichen Zeit 1929/30 entstanden. Sie sah ihn aber kritischer als alle anderen, die »Bauern« hingegen betrachtete sie als *richtige* Geschichte. Andererseits mag sie den Titel für ihren Band gebraucht haben und wollte auch die Breite ihrer erzählerischen Interessen und ihres Könnens zeigen, etwas, worauf sie auch später großen Wert legte.

15 Der Titel eines Buches von Frank Wagner – nach einem Seghers-Zitat: *»... der Kurs auf die Realität«. Das epische Werk von Anna Seghers (1935–1943)* (Berlin: Akademie-Verlag, 1975), Wagner setzt aber später ein.

16 Vgl. die durchaus sorgfältigen Arbeiten von Friedrich Albrecht, *Die Erzählerin Anna Seghers 1926–1932* (Berlin: Rütten & Loening, 1965); Inge Diersen, *Seghers-Studien. Interpretationen von Werken aus den Jahren 1926–1935* (Berlin: Rütten & Loening, 1965).

17 *Aufsätze,* I, 7.

18 *Der letzte Mann der Höhle. Erzählungen 1924–1933,* 121.

19 Bereits in »Die Ziegler« suggeriert AS eine Alternative, »das Mädchen mit der roten Mütze«. In *Die Gefährten* gibt es die junge klassenbewußte und auf ihre Weise starke Anke und die alterslose Dombrowska, den Idealtyp einer selbstbewußten, kämpferischen Arbeiterfrau.

20 Vgl. dazu auch das 8. Kapitel, S. 197f.

21 *Der letzte Mann der Höhle. Erzählungen 1924–1933,* 115.

22 »Kommunismus und Klasse«, *Die Gesellschaft* I (1932), 9, 33.

23 *Aufsätze,* I, 7.

24 Diersen, a.a.O., 106.

25 Albrecht, *Die Erzählerin Anna Seghers,* 190.

26 Im Text: *Der letzte Mann der Höhle. Erzählungen 1924–1933,* 168.

27 Vgl. Kapitel 8, S. 200ff.

28 *Aufsätze,* I, 6.

29 »Selbstanzeige« erschien nicht in der Zeitschrift des BPRS, der *Linkskurve,* sondern in Leopold Schwarzschilds *Das Tagebuch,* für das z.B. Döblin seit 1930 regelmäßig schrieb und wo er seinen Angriff auf die *Linkskurve* veröffentlicht hatte.

30 *Aufsätze,* I, 7.

31 Albrecht, *Die Erzählerin Anna Seghers 1926–1932,* 191.

32 Erst im Alterswerk kehrte AS – auf andere Weise gelegentlich – dazu zurück und erzählte wieder, was ein Kritiker »schöne Märchen für Erwachsene« nannte (Wilhelm Krull, »Schöne Märchen für Erwachsene«, *Anna Seghers,* München: text + kritik, 1982, 96–114).

33 Vgl. Albrecht, *Die Erzählerin Anna Seghers,* 269f. AS beteiligte sich auch im Schutzverband deutscher Schriftsteller (SDS) am »Arbeitsprogramm« und sprach noch am 7. Februar 1933 in einer geplanten Serie zum Thema »Das Handwerk des Schriftstellers« über persönliche Arbeitsmethoden.

34 Sie wohnte nach Angaben von PR eine Zeitlang bei der Familie. Fotos, die sie mit AS' Tochter und anderen Kindern und mit AS zeigen (s. Abb. 17), suggerieren ebenfalls eine engere Beziehung. Insofern enthält die Beschreibung der Familie Balke in den *Gefährten,* die Fo-li und dann Liau Han-tschi bei sich aufnehmen und sich für China, von der Revolution bis zur Küche, interessieren, stark verfremdet und in ein Arbeitermilieu verlegt, autobiographische Züge.

35 *Aufsätze,* I, 31f.

36 *Die Rote Fahne,* Nr. 9, 1933. Vgl. Albrecht, *Die Erzählerin Anna Seghers,* 278.

37 Die Pseudonyme sind Peter Conrad für die ersten beiden Texte und Eve Brand für »Der Skalp«. Vgl. dazu Kapitel 1, Anm. 6. Ste-

phan (a.a.O.) weist nach, daß viele Indizien diese beiden Texte mit Seghers in Verbindung bringen, stilistisch sind sie jedoch, meiner Meinung nach, unterschiedlich und können ihr nicht eindeutig zugeschrieben werden, was Stephan auch nicht macht. Es wäre jedoch denkbar, daß die Autorin mit anderen zusammen arbeitete, die diese Stoffe einbrachten.

38 *Aufsätze,* I, 30.

39 *Aufstand der Fischer von St. Barbara* erschien, wie bereits erwähnt, schon 1929 in England und dann 1931 in der SU (Moskau, Charkow, Pokrowsk: Zentralverlag, Allukrainische Abt., 1931).

40 »Die Kriegsgefahr ist eine konkrete Gefahr«, *Über Kunstwerk und Wirklichkeit*, III, 11.

41 *Literatur der Weltrevolution,* Sonderheft 1931, 9.

42 *Über Kunstwerk und Wirklichkeit,* III, 11. Die Antwort erschien am 5.12., 10 (1930).

43 *Die Linkskurve*, 3. Jg., Nr. 1 (Januar 1931), 1.

44 Ebd., 2. Gorki bezog sich auf die Proteste dieser Autoren und Künstler.

45 Vgl. dazu S. 157f.

46 »Antwort auf eine Rundfrage« und »Die Kriegsgefahr ist eine konkrete Gefahr« erschienen 1970/71 in Sigrid Bocks Sammelbänden publizistischer Arbeiten, *Über Kunstwerk und Wirklichkeit* (III, 11), aber »Der Prozeß«, wie auch die kleine Buchbesprechung über ein Buch für Jugendliche zum Fünfjahresplan, »Iljin: Fünf Jahre, die die Welt verändern« (*Die Linkskurve,* Berlin, 4/1932, 9), werden zwar in Bocks Bibliographie genannt, aber nicht abgedruckt, was gewöhnlich hieß, daß Seghers es nicht erlaubte (Sigrid Bock im Gespräch mit CZR).

47 *Rote Arbeit. Der neue Arbeiter in der Sowjetunion*, hg.v. Jürgen Kuczynski (Berlin: Historia – Foto GmbH, 1931), 96–101.

48 »Zwangsarbeiter?«, *Aufsätze* I, 9.

49 Franz Leschnitzer, »Anna Seghers«, *Der Kämpfer,* 1935, 8/9, 89.

50 Es mag sich um eine Version von »Der Prozeß« gehandelt haben.

51 Im Mai 1931 wandte sie sich zusammen mit Becher, Renn, Weiskopf, Glaeser und anderen in einem »Offenen Brief« an die *Deutsche Welle,* um gegen »die offensichtlichen Unwahrheiten«, die über die SU verbreitet wurden, zu protestieren und zu fordern, daß auch ihnen die Möglichkeit gegeben werde, ihre Ansichten zu äußern.

52 Sie soll auch ihre Skizze »Die Stoppuhr« im Berliner Rundfunk präsentiert haben, so berichtet zumindest Otto Biha in seinem

Vorwort zum gedruckten Text von 1933 in *Deutsche proletarische Erzähler* (Charkow, Kiew: Staatsverlag der nationalen Minderheiten der UdSSR, 1933), 3.

53 So wurde ihr ein Auftrag für die Jugendstunde des Berliner Senders im Sommer 1932 wieder entzogen. (Vgl. Hein, a. a. O., 109.)

54 Wie bereits besprochen, denke ich, daß AS bei ihren Anfängen vermeiden wollte, als Frauenschriftstellerin eingeordnet und damit beschränkt zu werden. Sie mag daher »Jans muss sterben« wegen der Thematik zurückgehalten haben, was allerdings reine Spekulation ist. 1931 bestand *die* Gefahr jedenfalls nicht mehr, zumal die Autorin auch an *Die Gefährten* arbeitete.

55 In einem ihrer Aufsätze zum Thema, »Was wissen wir von Jugend-Cliquen?«, spielt AS direkt auf diesen Film an. Wir wir sahen, nennt sie ihn auch unter den russischen Filmen, die besonderen Eindruck auf sie und ihre »ganze Generation« gemacht hätten. AS scheint sich intensiv mit Makarenko beschäftigt zu haben, er ist in ihrer Bibliothek vielfach vertreten.

56 *1. August,* herausgegeben von der Internationalen Vereinigung revolutionärer Schriftsteller, Moskau 1931. Das Typoskript befindet sich laut Sigrid Bock, a. a. O., II, 233, im Archiv des Maxim-Gorki-Instituts, Fond 322, Liste 1, Nr. 4. In diesem Archiv im Fonds Seghers befindet sich auch das Begleitschreiben zu dem Aufsatz, den AS am 10. Juni an das Sekretariat des IVRS schickte. Darin bot sie an: »Wenn ich Euch über ein bestimmtes Thema etwas schreiben soll, dann teilt es mir bitte mit und ich werde es unverzüglich schicken.« Vgl. dazu AS' langjährige russische Freundin, die Literaturwissenschaftlerin Tamara Motylowa, die 1984 ein Buch über AS in russischer Sprache herausbrachte (S. 39), und Albrecht, a. a. O., 273.

57 *Aufsätze,* I, 8.

58 Berlin, 1 (1931) 7, 1. 12., 7–8.

59 *Aufsätze,* I, 15.

60 Ebd., 15.

61 Ebd., 16.

62 15 (1932), 21. Sie folgte darin den »Richtlinien für den Anfangsunterricht des Volkskommissariats für Volksbildung, UdSSR«, die sie an den Anfang ihres Gesprächs stellte.

63 Erschienen in: *Berliner Tageblatt,* 60 (1931), 17. 10, Morgenausgabe. Nachgedruckt nur in *Über Kunstwerk und Wirklichkeit,* III, 177 f. Die folgenden Zitate stammen daraus.

64 Heins Text erschien zuerst am 25. Juni 1990 in *Time Magazine.* Der deutsche Text ist abgedruckt in Christoph Hein, *Texte, Daten, Bil-*

der, hg. v. Lothar Baier (Darmstadt: Luchterhand, 1992). Beide Texte befinden sich auch in *Argonautenschiff*, 1 (1992), 159–167 und 172–176.

65 *Aufsätze*, II, 378.

66 Erschienen in *Die Linkskurve*, 4 (1932) 6, 35–36.

67 Die Skizze von 13 Seiten erschien in *Deutsche proletarische Erzähler* (Charkow, Kiew: Staatsverlag der nationalen Minderheiten, 1933). Ein Vorwort von Otto Biha erklärt, daß sie ursprünglich im Berliner Rundfunk präsentiert wurde. (Vgl. dazu Friedrich Albrecht, *Die Erzählerin Anna Seghers*, 278.) Die Anekdote von eineinhalb Druckseiten erschien erst in der Erzählsammlung *Der Bienenstock* von 1953, die Entstehungszeit wird dort mit 1932 angegeben. Die Erklärung über die Erstveröffentlichung der Anekdote in der Werkausgabe der Erzählungen – *Erzählungen 1926–1944* (Berlin, Weimar: Aufbau, 1981, 364) und darauf basierende Angaben sind also unrichtig. Die Skizze wurde nicht wiederveröffentlicht.

68 *Arbeiterstimme*, Dresden, 9 (1933), 9, 20.

69 *Illustrierte Neue Welt*, Berlin, 1932, Nr. 1.

70 *Der letzte Mann der Höhle. Erzählungen 1924–1933*, 221.

71 Seitz, 7. In Mexiko schrieb sie »Chinas Schlachtgesang. Betrachtungen zum Buch von Agnes Smedley« (Teil I und Teil II in *Freies Deutschland* 3, 1943/44, 8, 15–16, und 9, 21–22), die in keine Sammlung ihrer Aufsätze aufgenommen wurden.

72 Vgl. 5. Kapitel, S. 130f.

73 Seitz, 8.

74 *Aufstand der Fischer von St. Barbara/Die Gefährten* (Berlin, Weimar: Aufbau, 1975), 256.

75 Vgl. 7. Kapitel, S. 181. AS spricht in ihrem Tagebuch allerdings nur von der Arbeit an einem Roman, nicht vom Inhalt. Es könnten aber bereits *Die Gefährten* gewesen sein, da ihr dieser Stoff am nächsten lag.

76 In »Der Prozeß« und *Aufstand der Fischer von St. Barbara/Die Gefährten*, 176.

77 *Aufstand der Fischer von St. Barbara/Die Gefährten*, 309.

78 Ebd, 104.

79 Ebd., 226.

80 So verfährt sie z. B. in *Transit* mit dem Hitler-Stalin-Pakt ähnlich.

81 *Aufstand der Fischer von St. Barbara/Die Gefährten*, 292.

82 Ebd., 147.

83 Ebd., 278.

84 Ebd., 293ff. Der Erzähler-Kommentar, daß er es als Ausländer und Emigrant nicht bis in die Hauptstadt gebracht hat, zeigt, wie klar AS die damalige Situation sah, die sie wohl schon in der Heidelberger Zeit mit ihren Freunden und mit LR diskutierte.

85 Ebd., 132.

86 Vgl. Sigrid Bock, »Historische Bilanz als Moment der Auseinandersetzung mit der faschistischen Gefahr«, *Weimarer Beiträge,* 26 (1980), 11, 5–34. Sie gibt einen Überblick über die verschiedenen Meinungen und beantwortet die Frage selbst mit einem entschiedenen Ja.

87 Vgl. dazu z. B. Albrecht, *Die Erzählerin Anna Seghers,* 192.

88 *Deutsche Volkszeitung,* 23.10.1938.

89 Siegfried Kracauer, »Eine Märtyrer-Chronik von heute«, *Frankfurter Zeitung und Handelsblatt,* 13.11.1932.

90 Willi Bredel, »Die Gefährten«, ursprünglich erschienen in der *Hamburger Volkszeitung,* Dezember 1932, abgedruckt in Willi Bredel, *Zur Literatur und Geschichte* (Berlin, Weimar: Aufbau, 1976), 19.

91 AS überlegte sich das Vorwort für die Nachkriegsauflage sehr genau und schickte eine erste Fassung im September 1947 aus Polen an ihren Verleger Wendt bei Aufbau mit den Worten: »Ich habe vielleicht etwas viele historische Sachen in die Einleitung genommen, ich denke aber, es ist vielleicht ganz gut, bei dieser Gelegenheit, die Schulbildung oder das Gedaechtnis etwas aufzufrischen.« (Brief vom 17.9.1947, Aufbau-Archiv). Sie bemühte sich auch, die politische Kontinuität zu betonen und den letztendlichen Sieg der »Gefährten« in der Nachkriegszeit hervorzuheben. So fügte sie dann in einer weiteren Auflage, im Rahmen der ersten Ausgabe ihrer Gesammelten Werke, einige Sätze »Zur neuen Auflage« hinzu, die mit September 1951 datiert sind und die Niederlage und den Rückzug Chiang Kai-sheks auf Formosa hinzufügen. »Liaus Heimat ist die gewaltige, unteilbare chinesische Volksrepublik«, heißt es darin.

92 Lebenslauf von ca. 1951, a. a. O., 2.

93 Hausmitteilung vom 15. 2. 1950, Akte NY 4/182 1386, SAPMO.

94 »Untersuchungsausschuß über Hakenkreuzterror«, *Die Welt am Abend,* Nr. 11, 1932; »Kundgebung der Geistesarbeiter«, *Die Welt am Abend,* Nr. 135, 1932.

95 Vgl. 8. Kapitel, S. 209 und Anm. 50. Daß sie verhaftet wurde, bestätigt auch ein Brief von Otto Rannefeld, ihrem ehemaligen Hausmeister, vom 18.5.1947. ASA.

96 Auskunft von PR.

97 Ebd.

98 In der Kaderakte, a. a. O.: Lebenslauf vom 27. 12. 1949, von AS unterschrieben, und in einem handschriftlichen Lebenslauf vom 13. 3. 1954 sowie in einem SED-Fragebogen desselben Datums. Die Angaben sind nicht gleichlautend, widersprechen einander jedoch nicht. 1949 schreibt sie: »Zur Zeit des Reichstagsbrandes war ich im Schwarzwald bei meinem kranken Kind. Ich ging nach B. zurück. Dort wurde ich in meiner Wohnung in Zehlendorf verhaftet, als Nicht-Deutsche wieder in die Wohnung zurückgelassen, mit der Anweisung mich nicht zu entfernen. Ich ging in einen anderen Stadtteil, dann aus Berlin nach Stuttgart [...]«; 1954 heißt es: »Am Morgen nach dem Reichstagsbrand gelang es meinem Mann zu entkommen, kurz bevor die SA ins Haus kam. In dieser Zeit war ich in Süddeutschland. Nach kurzem Aufenthalt in Berlin, wo mich Bekannte versteckten, kehrte ich dorthin zurück u fuhr über die Schweiz nach Frankreich.«

99 Erschienen in *Internationale Literatur. Deutsche Blätter* (Moskau, Berlin), 3 (1933), 4, 70–72, unter dem Pseudonym Peter Conrad.

Zehntes Kapitel

1 Daß sie auch bei der Flucht allein war – die Radvanyis also getrennt Deutschland verließen –, geht aus ihren Bemerkungen hervor. PR ist nicht sicher, ob das stimmt. (Vgl. Anm. 13.)

2 Dieser Text wurde zum ersten Mal in *Ein Briefwechsel* veröffentlicht. Das Entstehungsdatum ist umstritten, muß aber zwischen 1936 und 1939 (wahrscheinlich 1938) liegen: Die Herausgeberinnen stellen den interessanten Text ohne weitere Anmerkungen als »eine jetzt erst aufgefundene Arbeit« vor und vermuten, daß er im Zusammenhang mit Plänen zu einem essayistischen Projekt über »gewöhnliches und gefährliches Leben«, das AS 1939 in Briefen erwähnt, entstand. Alexander Stephan argumentiert, daß der Aufsatz schon kurz nach 1933 geschrieben sein müsse, zu einer Zeit, als »Anna Seghers mit ihrem Schreiben noch relativ offen an die experimentelle Literatur der 20er Jahr anknüpfte«, so in der Verwendung »von Fragebogen, Interview und Augenzeugenbericht« in diesem Text. (*Anna Seghers im Exil,* a. a. O., 1993, 44.) Das tat AS allerdings auch in den folgenden Jahren noch, außerdem kann der Text nicht vor Beginn des Spanischen Bürgerkriegs 1936 entstanden sein, da dieser erwähnt wird. – In einem Kalender, den AS für das Jahr 1938 führte und in den sie vor allem eintrug, woran sie jeweils arbeitete (ASA, Sign. 603), steht unter dem 7. Januar: »Artikel Männer u Frauen f. Fles« [Barthold Fles, Niederländer und u. a. Literaturagent, mit dem AS 1938 in brieflicher Verbindung

stand und den sie an einen eingesandten Beitrag, vermutlich diesen, erinnerte]. »Männer u« ist durchgestrichen. Es könnte sich dabei um diesen Essay handeln, zumal AS zur Zeit viel über Frauen schrieb: 1937 »Der Prozeß der Jeanne d'Arc zu Rouen 1431« und den »Aufruf für Liselotte Herrmann« und Anfang 1938 »Helene Weigel spielt in Paris« und »Sagen von Artemis«.

3 *Ein Briefwechsel,* 119.

4 Vgl. Stephan, *Anna Seghers im Exil*, 42–55.

5 *Ein Briefwechsel,* 114.

6 AS hatte Zugang zu dem Material, das die *Deutsche Freiheitsbibliothek* sammelte, in diesem Fall vor allem aber zur Tätigkeit verschiedener Hilfsorganisationen, insbesondere zum *Welthilfskomitee für die Opfer des deutschen Faschismus,* das Willi Münzenberg leitete.

7 *Ein Briefwechsel,* 114f.

8 AS in einem Interview mit Jerónimo Beltrán in *Futuro,* Mai 1943, 31f. Zit. nach der gekürzten Übersetzung in *Sinn und Form,* 38 (1986), 2, 269.

9 Von *Mariage Blanc* war bereits die Rede, zu Film- und anderen Projekten s. des weiteren.

10 AS an Hermann Kesten aus Equihen, o.D. (Sommer 1933), Leo Baeck Institute, New York, K 1124. Auch: *Deutsche Literatur im Exil*, hg.v. H. Kesten (Frankfurt/M.: Fischer 1973), 38.

11 H. H. Jahnn an Walter Muschg, 23. 7. 1933. Hans Henny Jahnn, *Briefe,* 2 Bde. (Hamburg: Hoffmann und Campe, 1949), Bd. I, 557.

12 An Ellinor Jahnn, 17.7.1952, *Briefe,* II, 726.

13 Gaya, die Kinderfrau, erinnert sich, daß LR bei Hitlers Machtübernahme beruflich in der Schweiz war (*Eine Biographie in Bildern,* 52). Davon ist sonst nirgends die Rede. Es wäre aber ein zusätzlicher Grund, warum AS zunächst in die Schweiz ging. PR kann allerdings nicht bestätigen, daß sie getrennt reisten. »Ich habe ihn [Rodi] bei Freunden wiedergefunden«, habe sie ihm auf eine diesbezügliche Frage gesagt. In der Zehlendorfer Wohnung war er auf keinen Fall mehr, als sie aus dem Schwarzwald dahin zurückkehrte.

14 Der Junge blieb noch im Erholungsheim.

15 Die KPD war verboten, ihre Reichstagsmitglieder waren, wie der Volksmund sagte, »postalisch unauffindbar«, d.h. gefangen oder vertrieben, und auch eine Reihe von SPD-Abgeordneten wurden vom Reichstag ferngehalten.

16 Die Kommunisten hielten eigentlich bis zum 7. Weltkongreß der *Komintern* in Paris 1935 an ihrer Fehleinschätzung der Macht

Hitlers und ihrer »Offensivstrategie« fest. Sie rechneten damit, daß der illegale Widerstand innerhalb Deutschlands einen baldigen Umsturz herbeiführen würde. Darauf richtete sich die Exil-Arbeit der KPD und vor allem ihre Propaganda. Doch auch die deutschen Sozialdemokraten meinten, daß sich Hitler nicht lange würde halten können, nur erwarteten sie weniger vom illegalen Widerstand in Deutschland und opferten weniger Menschenleben dafür.

17 *Aufsätze,* II, 304.

18 Bertolt Brecht, *Briefe, Große kommentierte Berliner und Frankfurter Ausgabe* hg. v. Werner Hecht u. a., (Berlin, Weimar, Frankfurt/M.: Aufbau, Suhrkamp, 1988). Br. 466.

19 Ebd., Br. 468.

20 »sich nicht nach Frankreich zu begeben, um eine bezahlte Anstellung einzunehmen«. Dokument im Besitz von PR.

21 Nach einem Formular des Lagers Les Milles betrat LR Frankreich am 6. 4. 1933. (Vgl. Marie-Laure Canteloube, »Anna Seghers dans la France de 1939–1940«, *Europe,* 78 (2000), Juin-Juillet, 224. Anm. 1.) Hier sah sie Brecht wieder, als er auch dort nach einem Exilort für sich und seine Familie suchte. Vgl. Werner Hecht, *Brecht Chronik* (Frankfurt/M.: Suhrkamp, 1997) 354f.

22 Das Visum trägt auch einen Stempel: Frontière Suisse, Basel, Okt. 1933. Auch im Dezember war sie höchstwahrscheinlich in der Schweiz. Vgl. Dieter Schiller, »Anna Seghers und der Bund proletarisch-revolutionärer Schriftsteller im Exil (1933–1934)«, *Argonautenschiff,* 7 (1998), 256f.

23 Interview mit Wilhelm Girnus, *Aufsätze,* II, 439.

24 Vgl. Hélène Roussel und Lutz Winkler, Hg., *Deutsche Exilpresse und Frankreich 1933–1940* (Bern u. a.: Peter Lang, 1992), 173f. Willi Münzenberg ließ hier einen großen Teil des *Braunbuches über Reichstagsbrand und Hitlerterror* sowie andere Bücher für seine Éditions du Carrefour drucken.

25 *Hirne hinter Stacheldraht. Kollektivbericht des Bundes proletarisch-revolutionärer Schriftsteller Deutschlands.* Basel: Universum-Bücherei 1934. Engl. Ausgabe: *Brains Behind Barbed Wire. A collective report by the Association of Proletarian Revolutionary Writers of Germany*, trans. by Herbert Klein, ebd. Vgl. dazu genauer Dieter Schiller, »Anna Seghers und der Bund proletarisch-revolutionärer Schriftsteller im Pariser Exil«, a. a. O., 255f.: AS fühlte sich für die Broschüre, die auf die Ablehnung anderer BPRS-Mitglieder wie Otto Biha (Peter Merin) stieß, verantwortlich, sprach in einem Brief an Becher »vom teuflischen Ärger mit der Broschüre« und

klagte, daß Éditions du Carrefour den Drucker in Zürich noch nicht bezahlt hatte.

26 An ihn wandte sich AS noch einmal, als sie aus Frankreich fliehen mußte und eine möglichst *neutrale* Bestätigung brauchte, daß Netty Radvanyi identisch mit der Schriftstellerin Anna Seghers sei.

27 Humm hatte im Jahre 1932 die Gesellschaft *Das neue Rußland* gegründet. Er nahm 1935 am Schriftstellerkongreß in Paris teil, distanzierte sich aber nach den Moskauer Prozessen von der SU und den Kommunisten. Vgl. Werner Mittenzwei, *Exil in der Schweiz* (Leipzig: Reclam, 1978), 70–74.

28 Humm wohnte zuerst in der Züricher Flachdachsiedlung Neubühl und dann in dem sogenannten Rabenhaus am Hechtplatz in Zürich.

29 R. J. Humm, *Bei uns im Rabenhaus* (Zürich, Stuttgart: Fretz & Wasmuth, 1963) und *Exil in der Schweiz*, 70–74.

30 Vgl. *Anna Seghers im Exil*, 56–124. Neben den hier von Stephan genannten Manuskripten in den Brecht-, Hans-Richter- und Frederick-Kohner-Archiven in Berlin, New York und Los Angeles gibt es noch ein Filmszenarium von »Der sogenannte Rendel« im Besitz von PR.

31 AS an Marion von Hofacker, 10. 2. 1981, *Anna Seghers im Exil*, 106.

32 Am 26. 3. 1935 schickt sie Kohner »Filmexposé Nr. 1« und bittet ihn, »machen Sie schnell etwas. Sie bekommen noch andere Exposés«. (Vgl. Stephan, *Anna Seghers im Exil*, 103.) Und in ihrem Kalender von 1938 notiert sie im Februar und im März über Tage hinweg »Film«, was im Kontext der Notizen Arbeit an einem Filmprojekt bedeutet, auch der Name »Cohner«, wie AS ihn schreibt, scheint auf. (Vgl. 11. Kapitel, S. 337). Sie erkundigte sich außerdem, als sie im Zuge war, Europa zu verlassen, sogleich nach Richters Adresse in den USA, sie wußte offensichtlich, daß er 1941 dahin ging. Auch an Berthold Viertel, der bereits in Hollywood war, schrieb sie 1940, schickte ihm ein Ms. des *Siebten Kreuzes* und hoffte, er könne es beim Film unterbringen.

33 Nach einem Brief an F. C. Weiskopf (v. 19. 5. 1940, »Anna Seghers. Briefe an F. C. Weiskopf«, *Neue Deutsche Literatur*, 33/1985, 11, 12) »gelang es Richter eine sehr alte Novelle, oder besser gesagt ein Filmexposé zu verkaufen, das er noch seit 7 Jahren bei sich hatte«. Demnach mußte sie ihm gar nichts schicken, sondern ihn nur daran erinnern, als sie Richter um Hilfe bat.

34 *Wortmeldungen zur DDR-Literatur*, 155.

35 AS an F. C. Weiskopf, 25. 5. 1940, Briefe, a. a. O., 14.

36 *Wortmeldungen zur DDR-Literatur*, 155.

37 Zu detaillierten Angaben s. Hans-Albert Walter, *Deutsche Exilliteratur 1933–1950* (Stuttgart: Metzler, 1988), III, 7ff.

38 AS verwendet stets das Wort »Emigrant«, nicht »Exilant« oder »Exilierte«, infolgedessen verwende ich sowohl Exilant wie Emigrant, ohne einen Unterschied zu machen. Übrigens weigerte sich AS in ihrem Essay »Frauen und Kinder in der Emigration«, zwischen »politischer« und »wirtschaftlicher« (das hieß damals jüdischer) Emigration zu unterscheiden. (A. a. O., 114).

39 AS, »Six jours, six années (pages de journal)«, erschienen in französischer Sprache in *Europe,* August 1938, 542–547; zit. nach der deutschen Übersetzung »Sechs Tage, sechs Jahre. Tagebuchseiten«, *Neue Deutsche Literatur,* 32 (1984), 9, 5; ein deutsches Manuskript scheint nicht zu existieren. Es wäre möglich, daß Seghers diesen Text gleich auf französisch schrieb und von ihrer Freundin Jeanne Stern durchsehen ließ.

40 »Erinnerung an [Benjamin] Crémieux«, (1945), Sekretär des französischen Pen-Klubs, der in einem deutschen Konzentrationslager umkam. *Aufsätze,* I, 178.

41 *Aufsätze*, I, 261 f.

42 »Six jours, six années«, a a. O., 9.

43 »Der Vertrauensposten/Entwurf von Anna Seghers« und »Der Vertrauensposten von Anna Seghers« tragen beide diese Adresse, der Entwurf außerdem den Namen des Hotels. Sie befinden sich im Brecht-Archiv (Nr. 424/146–8 und 424/150–3) und wurden in *Anna Seghers im Exil* (75–78) bzw. in *Neue Deutsche Literatur,* Mai 1978, 11–13, zum ersten Mal abgedruckt. AS mag sie, wie Werner Hecht (*Brecht Chronik,* 355 und 363) vermutet, dem DAD (Deutschen Autorendienst), den Brecht für seine Freundin Margarete Steffin ins Leben rief, überlassen haben, weshalb sie schließlich im Brecht-Archiv landeten. Auch PR erinnert sich, bei seiner Ankunft in Paris zunächst in dieser Straße in einem kleinen Hotel gewohnt zu haben (Auskunft an CZR).

44 AS, »Six jours, six années, pages d'un journal«, a. a. O., 5.

45 Vgl. dazu auch den Brief an Lore Wolf, 2. Kapitel, S. 56.

46 Schlagwort des SDS.

47 *Aufsätze,* I, 33–37.

48 Equihen par Outreau (Pas de Calais) chez Mme Fourquet ist die Adresse, die Seghers auf Briefen aus dieser Zeit verwendet.

49 Ob sie den Namen absichtlich ändert oder aus Versehen, ist nicht klar.

50 A.a.O., 6.

51 »Ich sehe diese Wochen zu sehr als Zwischenstation an. Aber es gibt keine Zwischenstat. Ich muß beständig arbeiten«, hatte sie schon in ihrem Tagebuch von 1924/25 (29.4.1925) über die schwierige Wartezeit vor ihrer Heirat notiert.

52 Es könnte sein, daß sich in noch ungeordneten und ungesichteten Privatbriefen im Besitz der Kinder von AS auch Briefe aus dieser Zeit befinden.

53 Er machte von Moskau aus zwischen dem 5. Juli und 7. September eine Rundreise durch die Exilorte des Westens, u.a. nach Prag und Paris, und traf sich auch mit AS und mit ihrem Mann.

54 Gordon A Craig, *Germany 1866–1945* (New York, Oxford: Oxford University Press), 711.

55 »Six jours, six années«.

56 Was Kunstfragen betraf, so stand AS Brecht, Bloch – mit dem sie, nach Lore Wolf, in Paris verkehrte, solange er sich da aufhielt – und Benjamin näher als den Genossen in Moskau, die auch ihre Werke sehr kritisch rezensierten, unterhielt aber rege Beziehungen zu ihnen und auch zu Russen, die für die IVRS und internationales Verlagswesen zuständig waren. Vgl. z.B. den Briefwechsel mit der Redaktion des *Wortes*, von dem Dieter Schiller in seinem Artikel »Etwas Anständiges, das auch etwas Wind macht« (a.a.O.) berichtet, aber auch einzelne erhaltene Briefe wie z.B. an Becher (s.u.) und Iwan Anissimow, den Leiter des Staatsverlages für ausländische Literatur.

57 Als Buchveröffentlichung erschienen alle Romane von *Die Gefährten* bis *Die Rettung*, wie auch *Der letzte Weg des Koloman Wallisch* als Buchausgabe, auf russisch, manche mehrfach. *Die Gefährten*, *Der Weg durch den Februar*, *Der letzte Weg des Koloman Wallisch* und *Die schönsten Sagen vom Räuber Woynok. Sagen von Artemis* wurden auch in deutscher Sprache herausgebracht (letztere noch 1940, sie behandelten ja keine antifaschistischen Stoffe). Zur Bibliographie vgl. Brigitte Melzwig, *Deutsche sozialistische Literatur 1918–1945. Bibliographie der Buchveröffentlichungen* (Berlin, Weimar: Aufbau, 1975), 300–309.

58 Für Bücher war das nicht der Fall, Geld und Wertsachen durften nicht ausgeführt werden, das Geld blieb auf einem Konto bei der sowjetischen Staatsbank. Nur bei großen Honorarsummen wurde lt. Feuchtwanger insofern eine Ausnahme gemacht, als dem jeweiligen Autor vierteljährlich 300 Goldrubel überwiesen wurden. Vgl. Hans-Albert Walter, *Deutsche Exilliteratur 1933–50* (Darmstadt, Neuwied: Luchterhand, 1972), II, 196f. Ob AS auch zu den so

Begünstigten gehörte, ist nicht zu sagen, man könnte es jedoch annehmen, da z. B. die Auflage von *Der Weg durch den Februar* sehr hoch war und sie insgesamt sehr viel veröffentlichte.

59 Von AS in Briefen häufig für Tratsch, Klagen, Kritik verwendet.

60 AS an Becher, 7.9.1933 *Argonautenschiff*, 4 (1995), 189.

61 Vgl. dazu ausführlicher Dieter Schiller, »Anna Seghers und der Bund proletarisch-revolutionärer Schriftsteller«, a.a.O., 258f., dessen Ausführungen ich hier folge. Schiller zitiert aus einem Brief von AS, den er mit »wahrscheinlich Mitte Dezember 1933« datiert.

62 AS an F. C. Weiskopf, 26.5.1941, »Briefe«, a.a.O. Hier spricht sie auch davon, daß sie 1940 in Paris auf Nachricht von ihm gewartet habe.

63 AS an M. Aplatin und J. R. Becher, 1.9. [1943]. Im Russischen Staatlichen Archiv für Literatur und Kunst, Moskau. Vgl. Dieter Schiller, »Anna Seghers' Publizistik zwischen Exil und Heimkehr«, *Argonautenschiff*, 7 (1998), 169 u. 179. Brief vom 6. 4. 1946, mit dem Vermerk »durch das Z.K. der K.P. Deutschlands« (ASA, Sign. 45, und J. R. Becher, *Briefe*; außerdem veröffentlicht: *Neue Deutsche Literatur*, 33/1985, 5, 7). Seghers gab den Brief wohl Paul Merker und seiner aus Mexiko am 16.4.1946 auf dem russischen Frachtdampfer *Gogol* von Manzanilla zurückreisenden Gruppe von Kommunisten mit.

64 AS und ihr Mann machten von da offensichtlich Fahrten nach Paris, Seghers vielleicht auch nach London und Amsterdam (s. Brief an Becher, 7.9.1933), und sie empfingen Besuch.

65 Zu ihren Nachbarn gehörten der ungarische Geograph und spätere russische Spion Sándor Radó und dessen Frau Helene, eine sehr frühe deutsche Kommunistin, die AS kannte. In Paris leitete Radó zunächst eine antifaschistische Presse-Agentur, die Inpress, für die u.a. Vladimir Pozner (auch ein guter Bekannter von AS), Arthur Koestler und Max Schroeder arbeiteten. 1935 wurde er vom sowjetischen Geheimdienst geworben und ging 1936 nach Genf, von wo er sein *Spionagenetz* aufbaute, von dem er in seinem Buch *Dora Jelenti* erzählt. Seghers blieb mit Helene Radó auch nach dem Krieg befreundet, als er in der SU inhaftiert wurde, und traf sich mit Helene, die bis zur Befreiung ihres Mannes in Frankreich lebte und lange nichts von ihrem Mann wußte, bei ihren Besuchen nach Paris. Die Radós waren eines der Beispiele von aufopfernder Treue und Leiden für die *Sache*, mit denen AS in der Wirklichkeit vertraut war.

66 Vgl. Walter, *Deutsche Exilliteratur* (Darmstadt, Neuwied: Luchterhand 1972), II, 16f. Bei manchen der Betroffenen gab es vor allem

Schulden, was aber bei AS sicher nicht der Fall war. Wieviel Geld sie verlor, läßt sich nicht sagen. Ihre Eltern konnten ihr in den ersten Exiljahren über Bekannte noch Wertgegenstände zukommen lassen, Geld jedoch nicht. Die Eltern verloren im Laufe der Jahre ihren gesamten Besitz. (Vgl. 1. Kapitel.)

67 AS an Wieland Herzfelde, 1.9. [1939], *Ein Briefwechsel,* 30.

68 Brief vom Februar 1937. Zit. nach Schiller, »Etwas Anständiges, das auch etwas Wind macht«, 91.

69 Vgl. z. B. *Wortmeldungen zur DDR-Literatur,* 159.

70 AS an Becher, 27.3.1939, *Über Kunstwerk und Wirklichkeit,* IV, 138.

71 Im Juni 1934, um über die Februaraufstände in Österreich Recherchen für »Der letzte Weg des Koloman Wallisch« und *Der Weg durch den Februar* zu machen.

72 AS fuhr ins Borinage, ein Bergwerkgebiet, um für *Die Rettung* Material zu sammeln. Sie scheint auch später noch nach Belgien gereist zu sein, wo sie Beziehungen zum Flämischen Rundfunk hatte. In ihrem 1938 ausgestellten Paß befindet sich ein am 6. Juli 1938 erteiltes *Visa de Tourisme.*

73 Die Orte für die Familienferien waren Les Houches und Combloux (Angaben von PR).

74 Nach Angaben von Gaya und RR in *Eine Biographie in Bildern,* 75. PR meint eher bis 1937.

75 Angaben von PR.

76 Angaben von PR.

77 Montag, 9. 1936. ASG, in dem erwähnten Paket.

78 Vgl. Dieter Schiller u. a., *Exil in Frankreich* (Leipzig: Reclam, 1981), 62f.

79 In einem Entwurf zu seinem Lebenslauf (im Besitz von RR) gibt er für seine Tätigkeiten – Schule und Zeitschrift – je ein Gehalt von 1000 Francs an, allerdings mit Fragezeichen. Es erscheint hoch.

80 Vgl. Schiller, *Exil in Frankreich,* 278.

81 20.9.1934, 3. Vgl. den Artikel von Hélène Roussel, »L'université Allemande libre« in: Gilbert Badia, *Les bannis de Hitler* (Vincennes: Presses Universitaires, 1984), 332. Der Artikel gibt allgemein eine Zusammenfassung der Tätigkeit von Schmidt und seiner Mitarbeiter.

82 *Pariser Tageblatt,* 21.11.1935, 3. Vgl. Roussel, a. a. O., 333f.

83 AS sollte über ausgewählte Kapitel der deutschen Literaturgeschichte sprechen. (*Deutsche Volkszeitung,* 10.4.1938.) Vgl. Roussel, a. a. O., 334f., und Schiller, *Exil in Frankreich,* 280.

84 Juli und November 1938, März 1939.
85 »Wie kämpfen wir gegen Nazi-Argumente«, *Die Internationale,* 1936, No. 4/5, 32–40; »Der Humanismus und wir«, ebd., 1937, No. 7/8.
86 »Nazi Professoren in Paris«, 2.12.1937, 49, 1546–1548. Zur Pariser Weltausstellung von 1937 fanden eine Reihe wissenschaftlicher Konferenzen statt, dafür bereitete LR ebenfalls Beiträge zu den Themen »Kultursoziologische Grundsätze des Nationalsozialismus« und »Die Internationalität der Naturwissenschaften und der Nationalsozialsmus. Internationale oder nationalsozialistische Physik?« vor. (Vgl. Badia, *Les bannis de Hitler,* 344.)
87 »Die nationalsozialistische Wissenschaft und die Aufgaben der freien deutschen Forschung«, 1938, 1, 109–121.
88 *Die Internationale,* 1937, 7/8.
89 PR im Gespräch mit CZR.
90 Zu den Initiatoren vgl. Alfred Kantorowicz, »Fünf Jahre Schutzverband Deutscher Schriftsteller im Exil«, *Das Wort,* 12 (1938), 63. Zu den Bedenken: Dieter Schiller, »Anna Seghers und der Bund proletarisch-revolutionärer Schriftsteller«, a.a.O., der einen Brief an Becher von ca. Januar/Februar 1934 zitiert.
91 *Der Wachsmannreport/Michael Grüning* (Berlin: Verlag der Nation, 1985) 353.
92 Die Feier zum 60. Geburtstag Döblins am 14. Oktober 1938.
93 Vgl. Schiller, *Exil in Frankreich,* 365.
94 *Der deutsche Schriftsteller*, Berlin, Juli 1937, Sonderheft Spanien; *Aufsätze* I, 49–51
95 Im Rahmen der in deutsch-französischer Gemeinschaftsarbeit vorbereiteten Ausstellung »Cinq ans de régime hitlérien«, wurde ein Vertrag von AS für den 11.3.1938 zu »Les courants de la littérature allemande« angekündigt. (Vgl. Badia, *Les bannis de Hitler*, 265) In der *Freien Deutschen Hochschule* sollte AS laut Ankündigung im April außerdem einen Kurs zu »Ausgewählten Kapiteln der deutschen Literaturgeschichte« halten (*Deutsche Volkszeitung* vom 10.4.1938; vgl. Badia, *Les bannis de Hitler,* 335), dazu notiert AS in ihrem Kalender im April 1938: »Deutsch. Kurs vorber.« (a.a.O.)
96 *Der deutsche Schriftsteller,* Paris, November 1938, Sonderheft zum Jubiläum des SDS; *Aufsätze,* I, 69–70.
97 Christa Wolf, die diesen Namen bei AS begegnet war, als sie eine Auswahl ihrer Aufsätze herausgab (*Glauben an Irdisches,* 1969), beschäftigte sich danach intensiv mit beiden. Folgen waren der Roman *Kein Ort. Nirgends* (1979), die Herausgabe der Werke von

Karoline von Günderrode und Essays zu Günderrode und Bettine. Vgl. 4. Kapitel und Anm. 52.

98 Einen guten Überblick gibt Dieter Schiller im *Lexikon Sozialistischer Literatur*, 424–427.

99 Sie verfügte, daß die Einkünfte aus ihren Werken zur Förderung junger Schriftsteller verwendet werden sollten.

100 Die Aufführung stand laut Programmzettel unter dem Protektorat des SDS und wurde noch ein zweites Mal wiederholt. Ob Weigel während der Vorbereitungen bei AS wohnte, wie Brecht in einem Brief an Walter Benjamin offensichtlich in Erwägung gezogen hatte (Brecht, *Briefe*, Nr. 771), ließ sich nicht feststellen.

101 Vgl. Badia, *Les bannis de Hitler*, 375f. Brecht bittet Benjamin im Mai 1937, als das Gastspiel von Weigel geplant wird, auch Erkundigungen über das Kabarett *Die Laterne* einzuziehen (*Briefe*, Nr. 767).

102 Vgl dazu *Brecht Chronik*, 538.

103 Am 10. Mai 1945, anläßlich von Kischs 60. Geburtstag. Die Schauspieler waren vor allem in Mexiko exilierte Schriftsteller.

104 *Ein Briefwechsel*, 46.

105 AS an Arnold Zweig, 24.2.1936 (ASA, Sign. 1740). Vgl. auch die Anfrage von Zweigs Sekretärin Ilse Lange vom 17.2.1967, in der sie sich erkundigt, ob und wo der Aufsatz »Theodor Lessing, ermordet am 31.8.33« veröffentlicht wurde. Eine Antwort von AS, wenn es sie gab, ist nicht erhalten. Vgl. auch Stephan, *Das siebte Kreuz* (Berlin: Aufbau Taschenbuch Verlag, 1997), 20. Stephan zitiert eine Aussage von Martha Feuchtwanger als Grund für den Abbruch des Projekts: Demnach hätten einige der Verfasser befürchtet, die Nazis könnten sich an ihren Verwandten in Deutschland für die Beiträge rächen (a.a.O., 300). Das scheint aber, wenn überhaupt ein Grund, nicht der einzige gewesen zu sein.

106 Zur Moskauer Korrespondenz vgl. Schiller, »Etwas Anständiges, das auch etwas Wind macht«, 88–90.

107 *Deutsche Volks-Zeitung*, 4. Juli 1937.

108 Ebd.

109 Paul Vaillant-Couturier, Generalsekretär der französischen Sektion der IVRS, hatte bereits 1932 am Rande des Amsterdamer Antikriegskongresses vom 27./29.8.1932 einen internationalen Schriftstellerkongreß organisiert – AS nahm in Amsterdam teil – und angeregt, als Teil der Amsterdamer Bewegung »ein internationales Komitee für kulturelle Fragen des Friedenskampfes zu bilden«. Auf einer weiteren Konferenz nach dem antifaschistischen Arbeiterkongreß im Juni 1933 in Paris schlug er dann eine internationale

Organisation der antifaschistischen Schriftsteller vor. Über eine Teilnahme von AS dabei ist nichts bekannt, sie war zu dieser Zeit jedoch sehr wahrscheinlich in Paris. (Vgl. Die Eintragung von Wolfgang Klein im *Lexikon Sozialistischer Literatur,* 220.)

110 Am 11.9.1934 wurde in Moskau ein IVRS-Sekretariat für Paris – bezeichnenderweise unter Leitung von Henri Barbusse – gegründet. Ihm gegenüber äußerte Stalin sein Ziel, die IVRS nicht zu reformieren, sondern sie zu »liquidieren«. (Vgl. Wolfgang Klein, »Nachtrag zu ›Paris 1935‹«, *Weimarer Beiträge,* 31, (1985), 6, 899.)

111 [Schriftsteller grüßen den Kongreß], *Deutsche Zentral-Zeitung,* Moskau, 9 (1934), 22.8. Auch 1936 leistete sie einer Einladung Kolzows nicht Folge, diesmal, weil sie an der *Rettung* arbeitete und mit den Kindern allein war. (Vgl. Schiller, »Etwas Anständiges, das auch etwas Wind macht«, der aus einem Brief zitiert, 98.)

112 »Six jours, six années«, 7.

113 Mitteilung von PR an CZR: AS habe davon zu Hause erzählt, daß die Franzosen nicht auf die Idee gekommen wären, dies könnte ein Problem sein, das sich mit einer Einladung aus dem Weg räumen ließe.

114 »Six jours, six années«, 7.

115 *Ernst Thaelmann, what he stands for* (London: Worker's Bookshop, 1934); »Ein ›Führer‹ und ein Führer«, *Ein Mann in Moabit,* hg. v. BPRS [1934], 3–10; Aufruf für Liselotte Herrmann, *Pariser Tageszeitung,* Paris, 2 (1937), 31, 973–976.

116 *Aufsätze,* II, 307.

117 Mit *Der Weg durch den Februar* macht sie einen *Abstecher* in das deutschsprachige Österreich.

118 Zum Kongreß vgl. *Paris 1935. Erster Internationaler Schriftstellerkongreß zur Verteidigung der Kultur. Reden und Dokumente*, eingeleitet u. mit Anhang v. Wolfgang Klein (Berlin: Akademie-Verlag, 1982), worin die wenigen sowjetkritischen Beiträge nicht gedruckt werden konnten. Außerdem: Wolfgang Klein, »Nachtrag zu ›Paris 1935‹«, a. a. O.

119 *Aufsätze,* I, 34.

120 Ebd., 36.

121 Ebd., 47.

122 »Gespräch mit Wilhelm Girnus«, *Aufsätze,* II, 437.

123 Akte DY 30/IV 2/11/v 3154, a. a. O.

124 *Die Neue Weltbühne,* 34 (1938), 2, 51–54. Allerdings wird auch hier der Krieg aus der Distanz von Frankreich gesehen. Das Wiedersehen findet da statt. Abgedruckt in Frank Wagner, *»... der Kurs auf die Realität«,* 305–309.

125 »Protokoll des I. Internationalen Schriftstellerkongresses«, Paris 1935. *Zur Tradition der deutschen Literatur. Kommentare* (Bd. 4), 386 und 387.

126 Manès Sperber, *All das Vergangene* (Wien, München, Zürich: Europa Verlag, 1983), 671 f.

127 AS an Herzfelde, 1. 9. [1939], *Ein Briefwechsel,* a. a. O., 30.

128 *Internationale Literatur*, 7 (1937), 5, 74–90. AS hatte es zunächst an *Das Wort* geschickt, wo es als zu lang abgelehnt wurde.

129 Schiller, »Etwas Anständiges, das auch etwas Wind macht«, a. a. O., 91. Schiller zitiert aus einem unveröffentlichten Brief von AS an Bredel vom 17. 7. 1936 im Russischen Staatlichen Archiv für Literatur und Kunst, Moskau.

130 *Aufsätze*, I, 58. Zuerst in *Internationale Literatur*, Moskau, 7 (1937), 11, 29–30. Auch Becher, Graf und Brecht veröffentlichten in dieser Nummer Grußworte.

131 Im Gespräch mit CZR.

132 Hans Mayer, *Der Turm von Babel* (Frankfurt/M.: Suhrkamp, 1991). Vgl. auch ders. »Gedenkrede auf Anna Seghers«, *Argonautenschiff* 1 (1992), 78.

133 Mit Herzfelde, Graf und dem nur durch Sternchen bezeichneten, weil noch illegal in Deutschland arbeitenden Jan Petersen. Sie erschienen von September 1933 bis August 1935 in Prag.

134 Schiller, »Etwas Anständiges, das auch etwas Wind macht«.

135 Vgl. Walter, *Deutsche Exilliteratur*, IV, 446–460.

136 Vgl. 9. Kapitel, S. 246 und Anm. 37.

137 Herzfelde z. B., dem das Eingehen der Zeitschrift noch näher gehen mußte, verhielt sich diszipliniert und beteiligte sich für neun Wochen in Moskau an der Organisation der neuen Zeitschrift.

138 Dieter Schiller hat diese Korrespondenz, die sich im Russischen Staatlichen Archiv für Literatur und Kunst in Moskau befindet, auf höchst interessante, kenntnisreiche Weise aufgearbeitet (»Etwas Anständiges, das auch etwas Wind macht«, a. a. O.).

139 Ebd., 97.

140 »Und jetzt muß man arbeiten [Zum Kongreß]«, *Aufsätze,* I, 65–68, *Das Wort* 3 (1938), 10, 126–127.

141 Schiller, a. a. O., 98 f.

142 Sie wurden erst in *Glauben an Irdisches. Essays aus 4 Jahrzehnten,* hg. v. Christa Wolf (Leipzig: Reclam, 1969), Lesern wieder allgemein zugänglich.

143 Sie weist Lukács z. B. darauf hin, wie schnell die Impressionisten zu »Klassikern« wurden (*Aufsätze*, I, 79).

144 *Aufsätze,* I, 79.

145 Ebd., 76f.

146 Ebd., 76.

147 Ebd.

148 O. D.; Schiller, a. a. O., 99.

149 *Aufsätze,* I, 85.

150 Ebd., 74f.

151 Ebd., 65–68.

152 Die Konferenz fand am 25. 7. im Anschluß an den Weltfriedenskongreß in Paris statt und stand unter dem Vorsitz von Theodore Dreiser, Aragon war Generalsekretär der Vereinigung. Sie sollte den III. Internationalen Schriftstellerkongreß zur Verteidigung der Kultur, der 1939 in New York und Mexiko stattfinden sollte, vorbereiten.

153 An Lukács, *Aufsätze,* I, 82.

Elftes Kapitel

1 *Aufsätze,* I, 87.

2 Aber auch Mann suchte gerade unter diesem »Zwang« in den Josephs-Romanen Zuflucht im Mythos.

3 *Paris 1935,* hg. v. Wolfgang Klein, a. a. O., 324 und 326.

4 In: *Ein Mann in Moabit,* hg. vom BPRS (o. O., o. D., ca. 1934). *Über Kunstwerk und Wirklichkeit,* IV, 15–21; ebd., III, 136–153, auch eine längere Fassung, die zusätzliches Material enthält und die internationale Solidarität, u. a. auch von Schwarzen, betont, und auf englisch in: AS and others, *Ernst Thaelmann, what he stands for* a. a. O., 3–13, erschien.

5 *Briefe an Leser* (Berlin, Weimar: Aufbau, 1970), 17f.

6 Alexander Stephan, *Anna Seghers. Das siebte Kreuz. Welt und Wirkung eines Romans* (Berlin: Aufbau Taschenbuch Verlag, 1997), 21.

7 Vgl. das folgende Kapitel.

8 AS an J. R. Becher, 27. 3. 1939, *Über Kunstwerk und Wirklichkeit,* IV, 138.

9 AS an Alfred Kurella, o. D. (Juli 1938). Vgl. Schiller, a. a. O., 97.

10 Seghers kannte Balzac gut und las ihn in der Emigration wieder, allerdings weisen ihre eigenen Aussagen zu dieser Lektüre vor allem auf den Winter 1940. (*Über Kunstwerk und Wirklichkeit,* IV, 160).

11 »Vaterlandsliebe«, *Aufsätze,* I, 36.

12 AS an Iwan Anissimow, 23. 9. [1938], *Über Kunstwerk und Wirklichkeit,* II, 15f.

13 AS an Löwenstein, 1. 9. 1938, *Deutsche Intellektuelle im Exil* (München: K. G. Saur: 1993), 469.

14 Ebd.

15 AS an Herzfelde, *Ein Briefwechsel,* 1. 9 [1939], 30. Vgl. auch AS an Becher, 27. 3. 1939, a. a. O.

16 »Eine Chronik der deutschen Arbeitslosen«, *Die Neue Weltbühne,* 34 (1938), 19, 593–597. W. Benjamin, *Gesammelte Schriften* (Frankfurt/M.: Suhrkamp, 1972) III, 530–538.

17 *Aufsätze*, I, 76.

18 Landshoff, a. a. O., 44–46. Vgl. 8. Kapitel, S. 210f.

19 »Ich beendete dort [in Frankreich] das in Deutschland begonnene Bauernbuch *Der Kopflohn*«, schreibt Seghers in ihrem Lebenslauf von ca. 1951, a. a. O.

20 *Briefe an Leser,* 12.

21 Friedrich Albrecht, »Anna Seghers in der Literaturkritik des Exils«, *Jahrbuch für Internationale Germanistik,* Reihe A, Bd. 34, 189.

22 »Der Kopflohn«, *Die Neue Weltbühne,* 30 (1934), 13, 411.

23 *Der Kopflohn* (Berlin: Aufbau Taschenbuch Verlag, 1995), 50.

24 Ebd., 116.

25 Ebd., 176.

26 Ilja Ehrenburg, »Der Bürgerkrieg in Österreich, *Neue Deutsche Blätter,* 1 (1934), 3, 427.

27 So gegenüber Inge Diersen. Vgl. a. a. O., 347. Seghers waren Genrebezeichnungen wie gesagt nicht sehr wichtig.

28 Im Zusammenhang mit diesen Werken sprach AS davon, daß sie das Neben- und Nacheinander von Augenschein, Bericht und Roman für »eine ganz gute Arbeitsmethode« halte, wenn die Umstände günstig seien. (Lebenslauf von ca. 1951, a. a. O.)

29 »Ich selbst war längere Zeit in Oesterreich, weil ich einen Verlagsvertrag habe, ein Oesterreichbuch zu schreiben.« AS an F. Kohner, 27. 6. 1934 (Stephan, *Anna Seghers im Exil,* 101).

30 Münzenberg (1889–1940), Mitglied der KPD seit 1919, seit 1924 Mitglied des Reichstags und seit 1927 des ZK der KPD, war seit 1922 Generalsekretär der IAH (Internationalen Arbeiterhilfe) und ein organisatorisches, propagandistisches und verlegerisches Genie auf Seiten der Arbeiterbewegung und der Kommunisten. Er setzte in Paris seine Tätigkeiten fort und arbeitete ab 1935 im Ausschuß zur Vorbereitung der Volksfront mit, wo er die Taktiken der Kommunisten aber bald zu kritisieren begann. Desillusioniert, entfernte er sich 1936/37 immer mehr von der Partei und von Moskau, wurde von der KPD im März 1937 aus dem Volksfront-Ausschuß entfernt und durch Ulbricht und Abusch ersetzt. Im März 1938 wurde er vom ZK und im März 1939 von der KPD ausgeschlossen und im Oktober 1940 auf der Flucht aus einem Internierungslager möglicherweise im Auftrag Stalins oder der Partei ermordet.

31 »Der letzte Weg des Koloman Wallisch« erschien 1935 und 1936 einige Male in der SU und 1936 auch bei den Éditions du Carrefour als separate Buchausgabe. Der Roman erschien 1936 in franz. Übersetzung von AS' Freundin Jeanne Stern in Paris bei den Éditions sociales internationales und einige Male auf deutsch und in russischer Übersetzung – zum Teil in großen Auflagen – in der SU. (Vgl. *Deutsche sozialistische Literatur 1918–1945*, a. a. O., 306–308.)

32 Von der Rezeption unter den Genossen in Paris war bereits die Rede. Zur Rezeption in der Kritik vgl. Friedrich Albrecht, »Anna Seghers in der Literaturkritik des Exils«, a. a. O., und *Wer schreibt, handelt. Strategien und Verfahren literarischer Arbeit vor und nach 1933*, hg. v. Silvia Schlenstedt (Berlin, Weimar: Aufbau, 1983), 268 ff.

33 Münzenberg arbeitete auch mit der bereits erwähnten Universum Bücherei in Basel zusammen. Es ist außerdem anzunehmen, daß AS ihr »Heldenbuch« für ihn und seinen Verlag machte. In ihrer Korrespondenz mit Moskau spricht sie von einem Freund, dem sie für das Buch verantwortlich sei. (Vgl. Schiller, a. a. O., 90.)

34 Die Figur des Willaschek soll z. B. auf einem jungen Arbeiter in den Prozessen basieren. (Vgl. Diersen, a. a. O., 348.)

35 AS, *Briefe an Leser* (Berlin, Weimar: Aufbau, 1970), 17 f.

36 Zu den mysteriösen Umständen seines Todes in der Nähe von Lyon, wo man seine Leiche, den Kopf in einer Schlinge, in einem Wald fand, vgl. u. a. Babette Gross, *Willi Münzenberg* (1967) und *Willi Münzenberg. Un homme contre. Colloque International* (Konferenzband, Aix-en-Provence: La Bibliothèque, 1993).

37 In »Six jours, six années« spricht sie von einer Rückkehr im Juni: »Café Dumesnil, neun Uhr morgens. Gestern bin ich aus Österreich zurückgekommen. Das halbe Dutzend Sitzungen des Prozesses gegen die Leute des Februar versuche ich für mein Buch in einer einzigen zu konzentrieren.« (a. a. O.). Auch ein Brief an Kohner vom 27. 6. 1934 (Stephan, *Anna Seghers im Exil*, a. a. O., 101 f.) deutet auf eine Rückkehr im Juni. Die Angaben in den Texten zu blühenden Kastanien und andere jahreszeitlich Beobachtungen, vor allem in »Koloman Wallisch«, weisen ebenfalls auf den späten Frühling.

38 Vgl. auch Diersen, a. a. O., 347.

39 *Der Kopflohn/Der Weg durch den Februar* (Berlin, Weimar: Aufbau, 1984), 204.

40 *Reise ins Elfte Reich. Erzählungen 1934–1946*, 23.

41 Zu den Unterschieden zur Erstveröffentlichung vgl. Inge Diersen, a. a. O., 348–352.

42 Für die Ausgabe in der SU änderte AS den Roman ebenfalls, um »unserer Einheitsfrontpolitik« nicht zu schaden, wie sie sich rückblickend ausdrückte. Die Änderungen seien »erheblich, letzlich aber überhaupt keine Einbuße« gewesen. (*Wortmeldungen zur DDR-Literatur*, 160.)

43 *Der Kopflohn/Der Weg durch den Februar*, 407.

44 Vgl. Anm. 41 u. 42.

45 »Seit wann ist dein Blut denn Dreck?« ist die Antwort auf einen Zuruf, daß für die Arbeiter ohnehin schon alles »hin« sei, daß sie »einen Dreck« zu verlieren hätten. *Der Weg durch den Februar*, 239.

46 Sigrid Bock hat in ihrer Einleitung zu *Über Kunstwerk und Wirklichkeit* (I, 53) auf dieses Unglück und den Bergmann Slama hingewiesen. Vgl. auch *Die Welt am Abend*, 12. 1. 1932.

47 Abgedruckt in Frank Wagner, *»... der Kurs auf die Realität«*, a. a. O., 314.

48 Im Vorwort zur ersten Nachkriegsausgabe spricht sie von der *Rettung* als einem »unter einigen bisher verbotenen Büchern«, »die der Autor schrieb, um verschiedene Ausschnitte, verschiedene Phasen aus dem Leben in Deutschland durch sehr verschiedene Menschen darzustellen«. (Das Vorwort wurde auch bei späteren Ausgaben beibehalten.)

49 *Die Rettung* (Berlin: Aufbau Taschenbuch Verlag, 1995), 422.

50 Ebd.

51 »Unsere Wahrheit muß mächtiger sein«, *Deutsche Zentral-Zeitung*, Moskau, 11 (1936), 1. 8. Zit. nach *Über Kunstwerk und Wirklichkeit*, III, 40.

52 Lebenslauf von ca. 1951, a. a. O.

53 »Eine Chronik der deutschen Arbeitslosen«, a. a. O.

54 Vgl. AS' Bemerkungen in *Wortmeldungen zur DDR-Literatur*, 160f.

55 *Reise ins Elfte Reich. Erzählungen 1934–1946*, 26.

56 Vgl. 7. Kapitel, S. 187.

57 *Über Kunstwerk und Wirklichkeit*, II, 40.

58 Vgl. Michael Rohrwasser, *Der Stalinismus und die Renegaten* (Stuttgart: Metzler, 1991), 246. Glaser (1910–1995) kam im Umkreis des BPRS zum Schreiben. *Schluckebier* handelt von aufsässigen Fürsorgezöglingen, eine Thematik, die AS sehr interessierte. Er schrieb auch einen der ersten Erfahrungsberichte über das Leben in Nazi-Deutschland, »Die Nummer Eins der Rotfabrik« [die Farbwerke Hoechst], der 1934 in den *Neuen Deutschen Blättern* erschien und den AS sicherlich kannte, wenn sie ihn nicht als Mitherausgeberin vermittelt hatte. Glaser floh 1933 ins Saarland und

1934 nach Paris. Er entfernte sich während des Exils von der KP, deren Machtstrukturen er aus der Perspektive des rebellischen Einzelkämpfers damals und später in seinem schmalen, aber interessanten Werk kritisch beleuchtete.

59 Vgl. 7. Kapitel, S. 187. In dem oben (Anm. 57) zitierten Gespräch mit Wolf, die nach einem »Motiv« für den Räuber Woynok fragt, verweist Seghers selbst spöttisch-ironisch auf den »Professor Freud«, »vielleicht wüßte er irgendwelche – ich weiß nicht – Assoziationen.«

60 Walter Benjamin, *Gesammelte Schriften,* hg. v. R. Tiedemann u. H. Schweppenhäuser (Frankfurt/M.: Suhrkamp, 1989 ff.), VI, 536 bis 538.

61 Lebenslauf von ca. 1951, a. a. O.

62 Die Entstehungsdaten der Erzählungen basieren auf den *Bienenstock*-Ausgaben (2 Bde. 1953 und 3 Bde. 1963). Dafür hatte AS die Erzählungen chronologisch geordnet und die Entstehungsdaten angegeben.

63 ASA, a. a. O.

64 *Reise ins Elfte Reich. Erzählungen 1934–1946,* 71.

65 Vgl. 10. Kapitel, S. 276 u. ebd. Anm. 30 und 33.

66 AS arbeitete damals für den flämischen Rundfunk, um Geld zu verdienen. Ein broschiertes Typoskript in flämischer Sprache befindet sich in ASA, Sign. 601. Der *Prozeß,* den Seghers zunächst, wie wir sahen, dem *Wort* angeboten hatte, erschien in der *Internationalen Literatur,* 7 (1937), 5, 74–90. (Daher kannte es wohl auch Brecht, als er 1952 beschloß, es im Berliner Ensemble aufzuführen.) AS schrieb im Exil zur selben Zeit noch ein zweites Hörspiel, »Ein ganz langweiliges Zimmer«, ebenfalls für den flämischen Rundfunk, in dem ein Junge angehalten wird, sein Zimmer durch die eigene Phantasie zu beleben. Es wurde 1938 gesendet, aber erst 1973 (in *Neue Deutsche Literatur,* 21/1973, 5, 19–25) veröffentlicht.

67 ASA, Sign. 601.

68 Hauptsächlich kleine Volksszenen bei Jeannes Einzug in Rouen und bei ihrer Hinrichtung, die das Volk selbst zu Wort kommen lassen. Sie selbst sagte rückblickend: »Ich habe diesen Prozeß [...], wie sich das für den Rundfunk gehört, mit vielen Kürzungen, Verdeutlichungen usw., aber so ziemlich wörtlich, bearbeitet.« (*Aufsätze,* I, 339 f.). In diesem Zusammenhang, ihrer Rede auf dem Schriftstellerkongreß von 1950, erzählt AS auch von der Rezeption oder besser mangelnden Rezeption des Textes nach dem Zweiten Weltkrieg. Zur Nachkriegsaufführung in Brechts Berliner Ensemble, mit Premiere am 23. 11. 1952, und zu den verschiedenen politischen Kon-

texten des Hörspiels vgl. Helen Fehervary, »Brecht, Seghers, and the Trial of Jeanne d'Arc«, *Brecht Yearbook,* 21 (1996), 20–47.

69 Die Hauptrolle wurde von der ausdrucksstarken Schauspielerin Marie Falconetti gespielt.

70 *Aufsätze,* I, 339–341.

71 ASA, Sign. 601.

72 Vgl. dazu Fehervary, a. a. O., die die Zusammenhänge genau untersucht und auf den Brief von AS im Brecht-Archiv hingewiesen hat.

73 S. Teil II dieser Biographie 1947–1983.

74 Vgl. Sonja Hilzinger, Hg., *Das siebte Kreuz von Anna Seghers. Texte, Daten, Bilder* (Frankfurt/M.: Luchterhand, 1990), Bernhard Spies, *Anna Seghers. Das siebte Kreuz* (Frankfurt/M.: Diesterweg, 1993), Alexander Stephan, *Anna Seghers. Das siebte Kreuz. Welt und Wirkung eines Romans* (Berlin: Aufbau Taschenbuch Verlag, 1997).

75 Ihre Notizen sprechen jetzt im Plural von »Filme[n]« und »Filme ab«. Sie gingen offensichtlich weiter an Kohner, zumindest steht unter 12. Juli »Film Cohner zurück«, was wahrscheinlich eine Absage bedeutet. ASA, a. a. O.

76 Kalender von 1938, ASA, Sign. 603.

77 Wie weit die Novelle gediehen war, läßt sich nicht sagen, sie gehört zu den verschollenen Projekten von AS.

78 Sie macht als Abkürzung ein Kreuzzeichen.

79 Datiert ist der Brief mit 28. Juni.

80 Es gibt zwei Episoden um jüdische Charaktere, den Arzt Herbert Löwenstein und die Geschäftsfrau Dora Katzenstein. Vgl. dazu Haller-Nervermann, a. a. O., 56–62.

81 Vgl. Martin Straub, »Anna Seghers und Alessandro Manzoni«, *Wissenschaftliche Zeitschrift der Friedrich-Schiller-Universität Jena,* 1974, 1, 129–133.

82 Lebenslauf von ca. 1951, a. a. O. Hier und anderswo bestand AS darauf, daß ihr ein Gefangener »die Sache mit den sieben Kreuzen« erzählt habe.

83 Bodo Uhse, *Gestalten und Erinnerungen* (Berlin: Verlag der Nation, 1959), 469.

84 Alexander Abusch, *Literatur im Zeitalter des Sozialismus* (Berlin: Aufbau, 1967), 220. Später spricht er auch von den Kontakten, die »wir« ihr mit Illegalen vermittelt hätten und den »originalen Berichten«, die »wir« ihr gebracht hätten. Vgl. *Anna Seghers. Briefe ihrer Freunde* (Berlin: Aufbau, 1960), 5 f.

85 Sie gehörte u. a. zusammen mit Renn, Brecht, Becher, Kisch und Graf zum Büro der ISVK, die Brüder Mann und Feuchtwanger waren im Präsidium.

86 Vgl. Wolfgang Kleins Eintragung zur IVRS im *Lexikon Sozialistischer Literatur,* 223, und David Pike, *Deutsche Schriftsteller im sowjetischen Exil 1933–1945,* (Frankfurt/M.: Suhrkamp, 1981), 261.

87 Nach PR nahmen seine Eltern die Nachricht von der Rehabilitierung Kolzows 1956 mit »Entrüstung« und »Empörung« auf: »meine Mutter sagte mir: ich habe ja immer gedacht, daß er ganz unschuldig ist.«

88 AS an Becher, 27.3.1939. Vgl. 10. Kapitel, S. 285 und Anm. 63.

89 AS an Löwenstein, 4.3.1939, *Deutsche Intellektuelle im Exil,* 470. Gustav Regler hatte sie schon 1938 ohne ihr Wissen empfohlen. Im Sommer 1939 scheint Löwenstein sie in Paris getroffen zu haben, jedenfalls bemühte sich L. von Paris aus telegrafisch ihr zu helfen. Erst 1940 wurden ihr zweimal je $ 50 bzw. $ 52 überwiesen.

90 So z.B. in der Nachkriegserzählung »Die Kastanien«, aber auch in diskursiven Äußerungen aus späteren Jahren. Der zeitgenössische Roman *Transit* ist wesentlich offener und zumindest ambivalent, wenn nicht – verschlüsselt – kritisch, obwohl ihn AS erst nach 1943 abschloß, als Hitler längst die SU angegriffen hatte und diese ihren »Großen Vaterländischen Krieg« gegen ihn führte. Zur verschlüsselten Kritik von *Transit* vgl. Hans-Albert Walters suggestive Studie *Anna Seghers' Metamorphosen. Transit – Erkundungsversuche in einem Labyrinth* (Frankfurt/M.: Büchergilde Gutenberg, 1984).

91 *Ein Briefwechsel,* 29.

92 Zu näheren Angaben vgl. Anm. 5 des folgenden Kapitels.

93 In einem Brief an ihn vom 2.2.1940 – AS, »Briefe an F. C. Weiskopf«, *Neue Deutsche Literatur,* 33 (1985), 11, 6 – spricht sie davon, daß sie es nicht direkt an ihn, sondern an die Adresse von Maxim Lieber, einem literarischen Agenten und Freund von Weiskopf, der auch ihr Agent wurde, geschickt habe.

94 AS an Herzfelde, 25.1.1940: »il y a huit jours que j'ai envoyé à ton beau-frère le manuscript de mon roman. Demain j'enverrai un deuxième exemplaire à ton adresse.« In einem undatierten Brief – er wurde in der Ausgabe der Briefe auf »vermutlich Ende 1939« festgelegt, müßte aber wohl vom 17.1.1940 oder kurz danach stammen, da AS erwähnt, daß das Ms. schon abgegangen sei – weist sie darauf hin, daß das Weiskopf-Ms. und nicht das von Landshoff die letzte Fassung sei. *Ein Briefwechsel,* 29–34.

95 AS an Herzfelde, 1.9. [1939], *Ein Briefwechsel,* 30.

96 AS an Herzfelde, 4.5. [1940], ebd., 36.

97 *Das siebte Kreuz* (Berlin, Weimar: Aufbau, 1975), 225.

98 Sie fuhr häufig in die Rheinecke der Schweiz, wo viele Flüchtinge über die Grenze kamen, und interessierte sich u.a. für Leitner, Pe-

tersen und Glaser, die aus Nazideutschland berichteten, allerdings nur in der Anfangszeit des Dritten Reiches. Häufig wies sie darauf hin, wie wichtig Information sei und wie viel sie in diesem Fall hatte, bestand aber auch auf der Notwendigkeit von Phantasie.

99 Robert Gilbert Vansittart war zwischen 1930 und 1938 ständiger Unterstaatssekretär im britischen Außenministerium und forderte eine rigorose antideutsche Politik. Seiner Meinung nach waren die Deutschen von Natur aus extrem kriegerisch.

100 Von 1934 bis 1945 im US-Finanzministerium tätig, entwarf Morgenthau, um ein Wiederaufleben Deutschlands nach dem Krieg als starke Nation zu verhindern, den Morgenthau-Plan, der die Verwandlung Deutschlands in ein Agrarland, die Teilung in einen nördlichen und südlichen Staat etc. vorsah.

101 *Das siebte Kreuz,* 16.

Zwölftes Kapitel

1 Am 19. und 26. Januar und 16. Februar 1939. Im Band IX der Werkausgabe von 1977 wird 1939 auch als Entstehungsjahr angegeben, was heißen würde, daß AS die Geschichte sehr rasch schrieb. Die Datierung könnte aber stimmen, da im Kalender von 1938 davon nirgends die Rede ist.

2 *Reise ins Elfte Reich. Erzählungen 1934–1946,* 76.

3 AS an Weiskopf, 25. 5. [1940], a. a. O., 14. Die Briefe an Weiskopf aus der hier relevanten Zeit (1939–1941) wurden mit ganz wenigen Ausnahmen in der *Neuen Deutschen Literatur*, a. a. O., veröffentlicht. Sie sind bis auf einen Brief von Ellis Island in franz. Sprache. Die Zitate folgen der Übers. v. Silvia Stock in *NDL.* Nach Ausbruch des Krieges schrieb AS ihre Briefe – auch die an Herzfelde – auf französisch, um weniger Verdacht zu erregen. Einer Zensur konnte sie damals – und auch später, als sie gelegentlich Englisch gebrauchte und ihre Post nachweislich von FBI abgefangen wurde – nicht entgehen, aber die Beförderung vielleicht beschleunigen.

4 AS an Weiskopf, 30. 5. [1940], ebd., 15.

5 Sie befanden sich seit 1939 in den USA. Wieland Herzfelde, Bruder von John Heartfield, war mit F. C. Weiskopf verschwägert. Mit allen, auch mit der Frau Weiskopfs, Alex Wedding, einer Kinderbuchautorin, war AS seit der Berliner Zeit bekannt. Weiskopf wurde 1939 zu dem vom US-PEN anläßlich der New York World's Fair veranstalteten internationalen PEN-Treffen eingeladen, an dem u. s. auch Döblin und A. Zweig teilnahmen. Zum 3. amerikan. Schriftstellerkongreß (2.–4. 7. 1939), den die League of American

Writers abhielt, besaß er ebenfalls eine Einladung (scheint aber erst am 12.6. in New York angekommen zu sein). Er sollte hier und anderswo in den USA über das Ende der Tschechoslowakei sprechen. Mit Kriegsbeginn blieb er in den USA. W. hatte sehr gute Kontakte zu Schriftstellern und Journalisten in den USA. Als Folge der Wirtschaftskrise standen hier viele Intellektuelle in den dreißiger Jahren links, was sich sowohl beim PEN-Treffen als auch in der League of American Writers und deren Unterstützung für Emigranten ausdrückte. W. setzte sich unermüdlich für finanzielle Unterstützung und Visabeschaffung für die in Frankreich verbliebenen Kollegen, u.a. für Kisch, Marchwitza, Balk und insbesondere für AS, ein. Auch Renn und Uhse waren beim Kongreß, beide fanden als Spanienkämpfer Aufnahme in Mexiko – Renn im September 1939, Uhse im März 1940 – und bemühten sich von da, in Zusammenarbeit mit Weiskopf, um Visa für die gefährdeten Kollegen in Europa.

6 AS an Herzfelde, 1.9.1939, *Ein Briefwechsel,* 30.

7 AS an Herzfelde, 25.1.1940, a.a.O., 34.

8 Das französische Wort, das AS gebraucht, ist »débrouillard«.

9 AS an Weiskopf, 2.2. [1940], a.a.O., 7.

10 AS an Weiskopf, 3.2. 1941, a.a.O., 29.

11 Die aus dieser Zeit erhaltenen Briefe sind hauptsächlich an Weiskopf gerichtet, denn er hatte ihr nicht nur seine Unterstützung angeboten, sondern konnte, wie sie sehr gut wußte, wirklich etwas tun (vgl. Anm. 5). Seghers schrieb aber in dieser Zeit noch viele andere Briefe, die zumeist verlorengingen. Obwohl sie manchmal verwirrend klingen – aus Eile, Angst, Erschöpfung –, was wirklich wichtig ist, kommt sehr klar durch, vor allem der ganz besondere Appell an den/die individuellen Briefpartner, auf jeden stellt sie sich ein.

12 AS an Weiskopf, 25.5. [1940], a.a.O., 13.

13 AS an Weiskopf, 2.2. [1940], a.a.O., 7.

14 RR erinnert sich, daß die Kinder und die Mutter nach der Kapitulation von Frankreich im verdunkelten Zimmer Radio Moskau hörten (vgl. *Eine Biographie in Bildern,* 94). Sicherlich wollte AS von den Deutschen nicht kontrollierte Nachrichten hören. Hoffte sie aber auch, daß die SU nun eingreifen würde? Laut PR gaben ihnen diese Nachrichten, die nur vom Alltag in der SU berichteten, zumindest das Gefühl, daß es irgendwo noch »Normalität« gab.

15 Die unveröffentlichten Briefe – der Briefwechsel geht bis 1947 weiter – befinden sich im Weiskopf-Archiv der SAdK. Von den zahlreichen anderen Briefen, die AS damals geschrieben haben

muß, sind sehr wenige erhalten, sie deuten aber auf eine umfangreichere Korrespondenz.

16 Auch LR, dessen Mutter eine Striker war, hatte eine Tante, die er gern hatte, aus der Familie Polányi – eine Schwägerin seiner Mutter – mit Sohn und zwei Töchtern, zu denen die Familie Radvanyi ein besseres Verhältnis und mehr Vertrauen hatte als zu AS' Cousine Lilly und deren Mann.

17 Angaben von PR.

18 AS an Weiskopf, 2. 2. [1940], a. a. O.

19 Ebd.

20 *Transit* (Berlin: Aufbau Taschenbuch Verlag, 2000), 240.

21 Ebd.

22 Ebd., 276.

23 AS an Weiskopf, 15. 4. 1940, a. a. O., 10.

24 AS an Weiskopf, 1. 11. [1940], a. a. O., 22.

25 AS an Weiskopf, 1. 11. [1940], a. a. O., 21.

26 AS an Weiskopf, 23. 1. [1940], a. a. O., 23 f.

27 Im August 1940 wies Lázaro Cárdenas, mexikan. Staatspräsident von 1934 bis 1949, seine Innen- und Außenministerien an, dem mexikanischen Konsulat in Marseille Order zu geben, einigen Exilanten, unter ihnen AS, Kantorowicz, G. Eisler, Dahlem, Ruth Jerusalem, Rudolf Leonhard, Ernst Weiß und ihren Ehepartnern Visa als politische Flüchtlinge zu geben. (Vgl. Alexander Stephan, *Im Visier des FBI*, Stuttgart, Weimar: Metzler, 1995, 401 f.)

28 AS an Weiskopf, a. a. O., 9.

29 LR nennt in seinem DDR-Lebenslauf von 1952 Januar als Datum, PR meint Ende März oder April, vor seinem Geburtstag am 29. 4. Mitte Mai setzt Hans-Albert Walter als Datum der zweiten großen Internierungswelle in Frankreich an (*Anna Seghers' Metamorphosen*, 12). Die Briefe von AS deuten aber auf Ende März, Anfang April. In einem Brief an Weiskopf vom 7. 4. [1940] spricht AS zum ersten Mal davon, daß sie nun mit den Kindern ganz allein sei, und bittet W., sein »Bestes« für Rod zu tun, »der jetzt wichtiger ist«. Am 25. 5. schreibt sie dann, daß Rod »jetzt seit über zwei Monaten in dem Häuschen« sei, »das früher für einige Nächte gedacht war«, was, wenn Seghers' Zeitangaben stimmen, bereits auf Ende März deutet.

30 Prinzipiell galt die Internierungswelle von 1939 Deutschen und Österreichern, LR hatte einen ungarischen Paß.

31 AS an Weiskopf, 30. 5. [1940], a. a. O., 15: sie spricht davon, daß sie jetzt noch einsamer sei, daß ihr Mann seit einer Woche »weit fort« sei, »vielleicht ist er bei Theo [Balk]«; der befand sich in Le Vernet.

32 Vgl. Hans-Albert Walter, *Anna Seghers' Metamorphosen*, 13.

33 AS war – und blieb auch nach 1947 – mit seiner Frau Magda in Verbindung, die sie noch in Pamiers sah. Von Mexiko aus erkundigte sie sich ebenfalls nach dem Schicksal von Aranyossi.

34 Vgl. dazu ausführlicher: Jeanne Stern, »Die Dame mit dem Turban«, *Neue Deutsche Literatur,* 29 (1981), 6, 10–12.

35 Es ist wahrscheinlich, daß auch er sich zumindest um Geld bemühte. Er bekam von dem Schweizer Emil Oprecht, der nach dem Zusammenbruch Frankreichs sehr rasch Hilfe organisierte, Unterstützung und auch von dem Amerikaner Varian Fry und seinem Emergency Rescue Committee in Marseille. Wie bereits erwähnt, schickte auch seine Schwester Lily Päckchen ins Lager und an seine Frau und Kinder nach Pamiers.

36 Als LR schon im Internierungslager von Le Vernet war, schrieb er offensichtlich einen ungeduldigen Brief an Weiskopf, den der ihm übelnahm und für den LR sich später entschuldigte. (LR an Weiskopf, 28.5.1941, Weiskopf-Archiv, a.a.O.) Doch auch später, als sich die Radvanyis bereits in Mexiko befanden, war ihm Weiskopf böse, daß er eigenmächtig um Geld schrieb. Trotz vorzüglicher Höflichkeit scheint es LR oft nicht gelungen zu sein, den richtigen Ton gegenüber den Kollegen seiner Frau zu finden.

37 Vgl. Sibylle Hinze, *Antifaschisten im Camp Le Vernet* (Berlin: Militärverlag der DDR, 1988), 126 und 210. Die Daten, die Henze in diesem Zusammenhang nennt, stimmen allerdings nicht.

38 Auf der ursprünglichen Liste von Cárdenas stand der Name Seghers, so daß es offensichtlich zu Schwierigkeiten kam, da der Paß von LR auf Radvanyi lautete. Auch AS mußte nachweisen, daß sie und Netty Radvanyi identisch waren.

39 AS an Weiskopf, 1.11. [1940], a.a.O. 21.

40 AS an Weiskopf, 23.11. [1940], a.a.O., 23.

41 Hinze, a.a.O., 162.

42 *Transit,* 113.

43 AS an Herzfelde, *Ein Briefwechsel*, 35.

44 AS an Weiskopf, 30.5. [1940], 16.

45 »Verrat« war ein Wort, das auch die Franzosen damals viel gebrauchten.

46 Vgl. dazu die detaillierte und subtile Analyse von Walter in *Anna Seghers' Metamorphosen,* bes. S. 65ff.

47 Information von PR.

48 Vgl. Walter, a.a.O., 14.

49 *Transit,* 7.

50 »[Über Ernst Weiß]«, *Aufsätze,* II, 353.

51 AS an Weiskopf, 26.5. [1941], a.a.O., 37.
52 AS an Weiskopf, 30.9.1940, a.a.O., 17.
53 Angaben von PR.
54 Friedrich Albrecht, »Gespräch mit Pierre Radvanyi«, *Sinn und Form,* 42 (1990), 3, 519.
55 Vgl. z.B. den Bericht des Ich-Erzählers von seiner Flucht zu Beginn des Romans. *Transit,* 9f.
56 AS an Weiskopf, 9.5.1940, a.a.O., 8.
57 AS an Weiskopf, 23.11. [1940], a.a.O., 24.
58 In [»Über Ernst Weiß«], *Aufsätze,* II, 353f., gibt AS eine rückblikkende Darstellung der damaligen Ereignisse, nach der ihr selbst vor ihrer Flucht der Gedanke gekommen sei, »ob man nicht nach dem Ernst Weiß sehen soll. So einer weiß sich doch sicher nicht zu helfen.« Sie impliziert, daß sie es vor der Flucht nicht tat.
59 AS an Weiskopf, 3.2.1941, a.a.O., 31.
60 *Wortmeldungen zur DDR-Literatur,* 159.
61 AS an Weiskopf, o. D., Weiskopf-Archiv, SAdK (Sign. 342/4).
62 *Transit,* 184.
63 AS an Weiskopf, 19. 5. 1940, a.a.O., 12.
64 Im Weiskopf-Archiv gibt es keine Spuren davon, doch würde W. diese Sachen nach Mexiko geschickt haben. Von einer größeren Sendung ist im weiteren Briefwechsel nicht die Rede, wohl aber von Büchern von ihr, die er schicken möge. Es wäre immerhin denkbar, daß der bereits besprochene Anfang von *Mariage Blanc*, den Seghers in Mexiko veröffentlichte, auf diese Weise an sie zurückkam.
65 Die Verordnung hob das Asylrecht in Frankreich de facto auf, nicht nur im besetzten, sondern auch im zunächst unbesetzt gebliebenen Gebiet.
66 Angaben von PR; Delmas hatte übrigens auch ein Ms. des *Siebten Kreuzes*, das ihm AS im Juni anvertraut hatte und das er dann aus eigener Initiative übersetzte.
67 Gespräch mit AS in *Futuro*, Mai 1943. Gekürzte Rückübers. in *Sinn und Form*, 38 (1986) 2, 269.
68 AS an Weiskopf, 30.9. [1940], a.a.O., 18.
69 AS hatte auch das Schicksal der Kinder Bruno Freis vor Augen, deren Mutter bei einem Bombenangriff in Paris umkam. Ihre von der Gestapo verhaftete Freundin Lore Wolf hatte ebenfalls eine Tochter, um nur einige der Schicksale zu nennen, die sie kannte. Außerdem können wir annehmen, daß sie sich Sorgen machte, was mit den eigenen Kindern passieren würde, wenn man sie verhaftete.
70 Sie stammt ihren Angaben nach schon von 1940, wurde also noch unmittelbar unter dem Eindruck der Ereignisse geschrieben.

71 Verschollene oder nicht – auch noch nicht – realisierte Projekte: AS erwähnt einige Male ihren kleinen Roman *Mariage Blanc* und spricht schon in ihrem Brief an Becher vom 27.3.1939 (und auch noch am 1.9.1939 an Herzfelde) von einer publizistischen Arbeit über »Gewöhnliches und gefährliches Leben«; an Becher erwähnt sie außerdem einen »Kleinen Band *Auf dem Dach von Madrid* [...]. Gespräche über Grundfragen des Lebens«. Und sie trug sich nach wie vor mit dem Gedanken einer Novellensammlung. In dem Brief an Becher steht auch eine erste Erwähnung von *Die Toten bleiben jung*, als einer »großen Novelle«, »deren Handlung von Januar 1919 bis Januar 1939 reichen wird«, die AS gleich nach Abschluß des *Siebten Kreuzes* schreiben wollte. Ihre eigene Transitgeschichte kam dazwischen, die konnte sie im März 1939 noch nicht voraussehen, so klar der Krieg auch drohte.

72 *Reise ins Elfte Reich. Erzählungen 1934–1947,* 137.

73 Ebd.,139.

74 Ilja Ehrenburg, *Menschen, Jahre, Leben.* 3 Bde. (Berlin: Volk und Welt, 1978), II, 534.

75 AS an Weiskopf, 29.11. [1940], 26. »In den schlimmen Tagen habe ich mich auch an Willi gewandt. Zunächst habe ich mir viel erhofft, aber ich wartete vergeblich.« Und am 26.4. [1941]: »Ich habe in Paris lange auf Nachricht von Hans gewartet, wo ich ausführlich mit seiner Familie gesprochen haben.« Es wäre möglich, daß sie sich dabei auf ihren Besuch auf der sowjetischen Botschaft bezieht und von dort einen Brief an Becher schickte.

76 Bruno Frei, *Der Papiersäbel* (Frankfurt/M.: S. Fischer, 1972).

77 Zu Lore Wolfs interessanter Biographie, die AS sehr gut kannte und aus der viel in ihre Bücher einging, vgl. den Nachruf im *Argonautenschiff,* 6 (1997), 361f., außerdem Wolfs Autobiographie, *Ein Leben ist viel zu wenig* (Frankfurt/M.: Rodenberg, 1986) und *Ich habe das Leben lieb. Tagebuchblätter aus dem Zuchthaus Ziegenheim* (Dortmund: Weltkreis, 1983).

78 »Das Joint Anti-Fascist Refugee Committee«, Stephan, *Anna Seghers im Exil*, a.a.O., 125–128. Dieser Bericht wurde von Stephan in AS' FBI-Akten gefunden. Er erklärt (129): »Das hier wiedergegebene und [aus dem Englischen] übersetzte Seghers-Manuskript lag einem auf spanisch abgefaßten Brief bei, den die Federation for Aid to European Refugees im April 1944 an einen unbekannten Empfänger in New York schickte«. Bearbeitet und gekürzt, erschien dieser Bericht in einer in New York vom Joint Anti-Fascist Refugee Committee herausgegebenen Broschüre, *Anna Seghers and Constancia de la Mora Tell the Story of the Joint*

Anti-Fascist Refugee Committee (undatiert, aber wahrscheinlich von 1944). In einem Brief aus Pamiers, kurz nach ihrer Flucht in den Süden, nennt Seghers allerdings eine Frau, Ruth Jerusalem/Jensen, die ihr von dem Visum erzählt habe.

79 Die Angaben zum Datum und den Stationen der Flucht stammen von PR.

80 Nach RR: *Eine Biographie in Bildern,* 97.

81 Vgl. 1. Kapitel, S. 32.

82 Vgl. Hinze, a.a.O., 159; Stern, »Die Dame mit dem Turban«, a.a.O., 6; Angaben von PR.

83 Vgl. François Baby u.a., *Histoire de Pamiers* (Syndicat d'Initiative de Pamiers-Basse Ariège 1981), 504f.

84 AS an Weiskopf, 4.10. [1940], a.a.O., 19.

85 Vgl. Stern, »Die Dame mit dem Turban«, a.a.O., 17. Auch Angaben von PR.

86 AS an Weiskopf, 30.9. [1940], a.a.O., 17.

87 PR erinnert sich an Besuche von Kurt Stern und Magda Aranyossi.

88 Vgl. Baby, a.a.O., 505.

89 AS an Weiskopf, 30.9. [1940], a.a.O., 18.

90 Stephan, *Anna Seghers im Exil,* 125.

91 Vgl. Baby, 159.

92 AS an Weiskopf, a.a.O., 17. »Ruth [Jensen] hat mir gesagt, daß für uns diese mexikanischen Visa da sind«, heißt es im Brief vom 30.9. [1940]. Ebd., 17.

93 Ebd.

94 AS an Weiskopf, 4.10. [1940], a.a.O., 19.

95 AS an Weiskopf, 29.11. [1940], a.a.O., 27.

96 AS an Weiskopf, 23.11. [1940], a.a.O., 24.

97 AS an Weiskopf, 1.11. [1940], a.a.O., 22.

98 Walter, *Anna Seghers' Metamorphosen,* a.a.O., 92.

99 AS an Weiskopf, 1.11. [1940], a.a.O., 22.

100 Das Visum der Préfecture, von Ariège über Marseille nach den USA und Mexiko zu reisen, wurde am 6.1.1941 ausgestellt und war bis zum 5.2. gültig. Damit konnte AS sich in Marseille aufhalten, aber eben nicht so lange, wie sie brauchte.

101 AS an Weiskopf, 3.2.1941, a.a.O., 31.

102 Ebd., 31.

103 Vgl. Anm. 100. Am 3.2. (a.a.O., 31) schreibt sie an Weiskopf: »Obgleich mein Mann jetzt in Milles ist, wollte man unbedingt, daß ich heimfahre [nach Pamiers], was ich nach ...zig Umständen und Schwierigkeiten vermeiden konnte.«

104 AS an Weiskopf, 3.2.1941, a.a.O., 30.

105 Das erste Schiff fuhr am 24. 1. 1941, es transportierte vor allem Truppen; das erste, das nachweislich Exilierte an Bord hatte, fuhr am 4. 2. (am 3. erwähnt AS diese Route); das nächste, die *Ipanema*, mit einer größeren Zahl von Flüchtlingen an Bord, fuhr am 15., die *Paul Lemerle*, Seghers' Schiff, am 24. 4., das folgende, die *Winnipeg*, wurde von den Alliierten aufgebracht, daraufhin stellte Vichy die Route ein.

106 AS an Weiskopf, 26. 5. [1941], a. a. O., 38.

107 AS an Weiskopf, 3. 2. 1941, a. a. O., 32.

108 AS an Weiskopf, 2. 5. [1941], a. a. O., 34.

109 Unter dem 20. 4. 1947 schreibt er in seinem *Deutschen Tagebuch*, Bd. 1, 191: »... bei aller Achtung vor ihrer Begabung habe ich nie eine persönlich Beziehung zu der kaltherzigen und kaltsinnigen Frau finden können. Unsere gemeinsame Flucht im Laderaum der Paul Lemerle nach Martinique hat mich ihr eher noch mehr entfremdet. Ich vergesse nicht, daß ihr Rodi aus dem Hungerlager Vernet die Büchsenvorräte mitgeschleppt hatte, mit denen ihn seine Sippschaft versorgte. Er ließ die Leidensgefährten, denen kein Visum das Entkommen möglich gemacht hatte, dort weiter hungern und nahm auf den Weg in die Freiheit einen ganz Sack von Konserven mit hinaus. Die Seghers-Familie fraß das fröhlich in sich hinein, ohne mit jemandem zu teilen; [...] Dennoch blieb sie, als ich auf unserer abenteuerlichen Reise einmal darauf anspielte, [...] gänzlich unempfindlich, nicht einmal gereizt, eher verachtungsvoll für solche Gefühlsduselei: jeder ist sich selbst der Nächste; man hätte ja vorher nicht wissen können ob wir überhaupt durchkämen.« Wenn es stimmt, was K., auf jeden Fall übertrieben, erzählt – LR erhielt wie gesagt Pakete von seiner Schwester –, so sollte man nicht vergessen, daß AS die Verantwortung für zwei Kinder trug und der Kampf ums Überleben ihr noch in den Knochen steckte. Auch Anzeichen von Geiz, die man ihr später gelegentlich vorwarf – es gibt daneben nachweislich Gegenbeispiele von Generosität –, mögen auf diese Zeit zurückgehen, in der sie ständig um Geld betteln mußte. PR erinnert sich sehr wohl an die Päckchen, ca. einmal im Monat, die in dem kalten und hungrigen Winter »etwas Wunderbares« für sie waren, nicht aber an Konserven an Bord, nur an das »sehr schlechte Essen« da.

110 Claude Lévi-Strauss, *Traurige Tropen* (Leipzig: Reclam, 1988).

111 Angaben von PR. Vgl. auch PR, »Einige Erinnerungen«, *Argonautenschiff*, 3 (1994), 188.

112 AS an Weiskopf, 25. 4. [1941], a. a. O., 32.

113 LR an Weiskopf, 28. 5. [1941], a. a. O., 41.

114 AS an Weiskopf, 2.5. [1941], a. a. O., 33.
115 Ebd.
116 Sie sah bei der Weiterreise, als ihre Schiffe die vielen kleinen Häfen entlang der Route nach New York und Veracruz anlief, diese Häfen vom Schiff aus, an Land durfte sie nicht. »Ich erinnere mich sehr gut an diese Häfen, und ich glaube, sie haben auch die Mutter sehr beeindruckt«, erzählt PR (»Einige Erinnerungen«, a. a. O. 188).
117 Angaben von PR.
118 AS an Weiskopf, 26.5. [1941], a. a. O., 38.
119 Ebd.
120 AS an Uhse, 1.6.1941, Bodo-Uhse-Archiv, SAdK, Sign. 527/7.
121 LR an Weiskopf, 28. 5. 1941, a. a. O., 40.
122 Stephan, *Anna Seghers im Exil,* 126f.
123 Das Datum steht in der Alien Registration Form vom 7.3.1941 (INS), das Schiff in einem Intelligence Report des US Naval Attachees aus Ciudad Trujillo vom 26.8.1941. Vgl. Stephan, *Im Visier des FBI,* a. a.O., 450.
124 Vgl. Stephan, *Im Visier des FBI,* 456, und D. A. Cameron an den Inspector of the Port of New York, 11.6.1941 (Archiv von Little, Brown, Boston).
125 »[Ein Brief]«, *Aufsätze,* II, 254.
126 *Materialienbuch,* a. a. O., 157.
127 AS an Weiskopf, o. D., a. a. O., 43.
128 Vgl. Stephan, *Im Visier des FBI,* 454.
129 LR an Weiskopf, 25.6.1941. Original franz., Übers. CZR, Weiskopf-Archiv, SAdK.
130 Er, der in solchen Dingen wesentlich sorgfältiger ist als seine Frau, datiert den Brief 26.6. und spricht davon, daß sie noch diesen Morgen abfahren, die Alien Registration Form vom 7.3.1941 gibt als Abfahrtsdatum den 25.6. an (vgl. Stephan, *Im Visier des FBI,* 450).
131 AS an Weiskopf, 14.9. [1941], a. a. O., SAdK. Sie bittet um Rat, wie sie Berufung einlegen kann, damit sie »geg. Falls wieder hinkann«.
132 Angus Cameron an Betty Weir, 23.10.1942, Archiv Little, Brown.
133 »Der Tag in Ellis Island«, *Über Kunstwerk und Wirklichkeit,* IV, 125.
134 Ebd.
135 Franklin Folsom, *Days of Anger, Days of Hope. A Memoir of the League of American Writers 1937–1942* (Niwot: University Press of Colorado, 1994), 457.
136 Vertrag mit Little, Brown, ASA, K 776, Mappe 1.
137 AS an Weiskopf, o. D., a. a. O., 44. Der Kontext deutet auf die Zeit kurz nach der Ankunft.

138 LR an Weiskopf, 25.6.1941, a.a.O.

139 Vgl. dazu das Kapitel »Anna Seghers« in Stephans *Im Visier des FBI;* zu den hier gemachten, darauf basierenden Angaben vgl. bes. 453–457. Die Behandlung der Angelegenheit folgte allerdings der bei der Immigrationsbehörde üblichen Überprüfung von Menschen mit gesundheitlichen Problemen. Sie hatten auch die Möglichkeit, gleich Berufung einzulegen, was aber einen Spitalaufenthalt in Washington für das Kind und einen Monat auf Ellis Island für die Familie bedeutet hätte.

140 Vgl. Anm. 123.

141 *Transit,* 30.

142 AS an Weiskopf, 17.7. [1941], a.a.O., 45.

143 Ebd.

144 *Transit,* 215.

145 Walter, *Anna Seghers' Metamorphosen,* 140f.

146 Ebd., 131 und 139. Walter bringt das Bibelzitat (aus dem zweiten Brief des Apostel Paulus an die Korinther, 11), das in *Transit* vorkommt (100), beim zweiten Mal falsch. Er bezieht es vor allem auf die literarischen Genossen, aber schließt mit Recht auch andere Genossen ein.

147 *Aufsätze,* II, 254.

148 Vgl. z.B.: PR, »Einige Erinnerungen«, 187, Friedrich Albrecht, »Gespräch mit PR«, a.a.O., 517.

149 Walter, *Anna Seghers' Metamorphosen,* 140.

150 Vgl. dazu im Detail die Analyse von Walter, *Anna Seghers' Metamorphosen,* a.a.O.

151 AS an Little, Brown, 5.10.1942: »I have just now finished my new book«. Archiv Little, Brown, Boston.

152 Sie erhielt 3000 Dollar Anzahlung, 15% vom Preis, die Übersetzungskosten wurden vom Verlag übernommen, aber der Autorin angerechnet. Vertrag in ASA, K776, Mappe 1.

153 Vgl. den Briefwechsel zwischen AS und Kurt Weller (ASA, Sign. 1680–1682), mit dem sie auch während ihres französischen Exils in Verbindung stand. Nach dem Krieg schickte er ihr schon Ende 1946 einen Vertragsentwurf für *Transit* nach Mexiko. Als er finanzielle Probleme mit seinem Verlag hatte und einen Vergleich anmelden mußte, hoffte er, daß Seghers ihm helfen würde, von der DDR eine Genehmigung zu erwirken, Exemplare von *Transit* und *Das Ende,* die er im Osten lagerte und verkaufen wollte, in Westmark bezahlt zu bekommen, um ihm aus seinen finanziellen Schwierigkeiten zu helfen. Sie lehnte ab, weil sie, wie sie ihm erklärte, einsehe, daß man im Moment keine der für die Wirtschaft

so wichtigen Gelder für dieses Buch ausgebe: »Wenn man mich ehrlich fragen wuerde, muesste ich ehrlich antworten, dass ich Buecher geschrieben habe, die mir vielleicht kuenstlerisch weniger gefallen, die ich aber [...] eher paedagogisch fuer nuetzlicher halte.« (AS an Weller, 1.5.1950).

154 *Transit,* 273.

155 Ebd., 279.

156 Friedrich Albrecht, »Gespräch mit Pierre Radvanyi«, a.a.O., 517, und PR, »Einige Erinnerungen«, a.a.O., 187.

157 *Transit,* 46.

158 Ebd., 64.

Dreizehntes Kapitel

1 AS an die Botschaft der DDR in Mexiko, 3.4.1981. ASA, Sign. K 692.

2 AS an Kurt Kersten, 20.2.1946, Leo Baeck Institute, New York.

3 AS, »Brief über ein Buch«, 17.4.1969, erschienen in *Die Weltbühne,* 24 (1969), 17, 520–522. Zit. nach *Über Kunstwerk und Wirklichkeit,* IV, 89.

4 Ebd.

5 In ihrem Aufsatz »Abschied vom Heinrich-Heine-Klub« sagt Seghers über den Dichter: »Er war der Schutzpatron unserer Gemeinschaft in diesem seltsamen Land, in das wir auf unseren Irrfahrten verschlagen wurden.« *Aufsätze,* I, 204.

6 AS an Kurt Kersten, 20.2.1946, Leo Baeck Institute, New York.

7 AS an Weiskopf, 17.7. [1941], »Briefe an F. C. Weiskopf«, a.a.O., 45.

8 AS an Kurt Kersten, 24.8.1944, Leo Baeck Institute, New York.

9 AS an Kurt Kersten, 31.8. [1942], a.a.O.

10 AS an Kurt Kersten, 24.8. 1944, a.a.O.

11 *Aufsätze,* I, 96.

12 Vgl. Inge Diersens Aufsatz zu Seghers' Mexiko- und Lateinamerikabezügen »Die lateinamerikanische Spur im Schaffen von Anna Seghers«, *Mexiko, das wohltemperierte Exil,* hg.v. Renata von Hanfstengel, Cecilia Tercero, Silke Wehner Franco (México, D. F.: Instituto de Investigaciones Interculturales Germano-Mexicanas, 1995), 67f.

13 Vgl. Stephan, *Anna Seghers im Exil,* 127. Der Bericht wurde vom FBI abgefangen und aus dem ursprünglich Spanischen ins Englische übersetzt, er stammt wahrscheinlich von Anfang 1944. Eine bearbeitete und gekürzte Version dieses Berichtes befindet sich in einer undatierten Broschüre des Joint Anti-Fascist Refugee Com-

mittee mit dem Titel *Anna Seghers and Constancia de la Mora Tell the Story of the Joint Anti-Fascist Refugee Committee* (Stephan, 129). De la Mora war im Spanischen Bürgerkieg aktiv gewesen, AS kannte sie in Mexiko.

14 Gespräch mit John Stuart, *New Masses,* Bd. 46, 16.2.1943, 22–23. Gefunden von G. Gutzmann, zit. nach der Übers. v. A. Stephan, *Exilforschung,* 3 (1985), 253.

15 AS an »Liebe [ausgeschwärzt]«, 15.4.1945, in: Stephan, *Anna Seghers im Exil,* 168–170. Aus dem Kontext geht deutlich hervor, daß der Brief an die Schwester von LR, Lili Szondi, gerichtet ist und die erste briefliche Verbindung darstellt, nachdem Lili und ihre Familie aus einem Konzentrationslager in die Schweiz gerettet wurden.

16 In Mexiko wurde das Geld von der mexikanischen Hilfsorganisation für spanische Republikaner FOARE verteilt und erreichte auf diesem Wege nicht nur spanische, sondern ab 1942 zunehmend auch europäische Exilierte, und zwar über ein weiteres Komitee, das Leo Zuckermann zum geschäftsführenden Sekretär hatte und dessen Vorstand vor allem, aber nicht ausschließlich, aus deutschen und österreichischen Kommunisten bestand, wie Fritz Pohle in *Das mexikanische Exil* (Stuttgart: Metzler, 1986), 65f., genauer darlegt.

17 Stephan, *Anna Seghers im Exil,* 128.

18 Ebd., 127.

19 Ebd., 129f.

20 AS an »Lieber [ausgeschwärzt] und liebe [ausgeschwärzt]«, 20.4.1944, in Stephan, *Anna Seghers im Exil*, 157. Der Brief ist in die Schweiz adressiert und könnte möglicherweise an Tetzner und Kläber gerichtet sein.

21 AS an Weiskopf, 20.8. [1941], Weiskopf-Archiv SAdK.

22 AS an Weiskopf, 14.9. [1941], ebd.

23 Uhse an Weiskopf, 14.11.1944, *Bodo Uhse – F. C. Weiskopf, Briefwechsel 1942–1948* (Berlin, Weimar: Aufbau, 1990), 133. Brief engl., Übers. CZR.

24 AS an Weiskopf, 14.9. [1941], Weiskopf-Archiv SAdK.

25 *The Nation,* 28.2.1942, 267. Vgl. dazu wesentlich genauer: Pohle, *Das mexikanische Exil,* 140ff.

26 Vgl. dazu ebenfalls Pohle, a.a.O., 113ff.

27 AS an Weiskopf, 20.10. [1941], Weiskopf-Archiv SAdK. Brief franz., Übers. CZR.

28 Ebd.

29 Für Juden, die nicht als politisch Verfolgte galten, gab es wiederholt Probleme. Ein Fall, in dem jüdische Flüchtlinge im Hafen von

Veracruz zurückgewiesen wurden, erregte besonderes Aufsehen in der westlichen Presse.

30 Angaben von PR.

31 Vgl. dazu Pohle, a.a.O., 201–371, und die Arbeiten von Wolfgang Kießling, *Alemania Libre in Mexiko,* 2 Bde. (Berlin: Akademie, 1974), *Exil in Lateinamerika* (Leipzig: Reclam, 1980) und *Partner im Narrenparadies* (Berlin: Dietz, 1994), die sich bemühen, Merkers Persönlichkeit und Rolle in dieser Zeit und später Gerechtigkeit widerfahren zu lassen.

32 Vgl. Pohle, *Das mexikanische Exil,* 4f., und ders. *Fluchtort Mexiko,* hg. v. Martin Hielscher (Hamburg, Zürich: Luchterhand, 1992), 31.

33 Wolfgang Kießling, *Brücken nach Mexiko* (Berlin: Dietz, 1989), 344, nennt 1941, AS in einem Brief an Weiskopf (27.11. [1941]) spricht zunächst von, wie es scheint, »December«, was aber dann handschriftlich, es könnte von LR sein, auf »January« korrigiert wurde. – Im *Freien Deutschland* – er schrieb dafür wenig – zeichnete er mit Johann L. Schmidt-Radvanyi. Für andere Veröffentlichungen und seine eigenen – späteren – Zeitschriftengründungen gebrauchte er Radvanyi. Vgl. 14. Kapitel, S. 418.

34 Stephan, *Anna Seghers im Exil,* 127

35 AS an Weiskopf, 25.7. [1941], Weiskopf-Archiv SAdK.

36 AS an Weiskopf, 14.9. [1941], ebd.

37 Vgl. CZR, »Helen Lowe-Porter«, *Notable American Women* (Cambridge, London: Harvard University Press, 1980), 428f.

38 AS an Weiskopf, 17.7. [1941], »Briefe an F. C. Weiskopf«, Weiskopf-Archiv SAdK, 45.

39 AS an Weiskopf, 25.7. [1941], ebd.

40 Ebd.

41 AS an Weiskopf 20.8. [1941], Weiskopf-Archiv SAdK.

42 Angaben von PR.

43 Vgl. Alma Neuman, *Always Straight Ahead* (Baton Rouge, London: LSU State University Press, 1988), 84. Alma Neuman war eine Amerikanerin, die Bodo Uhse in Mexiko kennenlernte und heiratete und die ihm in die DDR folgte. Später trennten sie sich, und sie kehrte in die westliche Hemisphäre zurück und schrieb ihre einfachen, unprätentiösen und warmherzigen Erinnerungen.

44 Angaben von PR.

45 AS an Weiskopf, 25.7. [1941], Weiskopf-Archiv SAdK.

46 AS an Weiskopf, 20.8. [1941], ebd.

47 Ebd.

48 Das geht aus ihrem Brief v. 26.11. [1941] (ebd.) an Weiskopf deutlich hervor.

49 Brief v. 20.10.1941 an Ludwig Renn. Hannes Meyer, *Bauen und Gesellschaft* (Dresden: Verlag der Kunst, 1980), 305 f.

50 AS an Weiskopf, 27.11.1941, Weiskopf-Archiv SAdK. Brief engl., Übers. CZR.

51 AS an Weiskopf, 30.12. [1941], ebd. »Von meinem eigenen Verdienst leben, meine Unabhängigkeit wiedergewinnen – ich werde glücklich sein.« Brief franz., Übers. CZR.

52 Personal-Bogen für die Humboldt-Universität zu Berlin, Besitz RR. Für die Bezahlung als Professor an der Nationaluniversität gibt er 640 Pesos an.

53 »Freue dich, mein Volk, Manna strömt hernieder ...« Weiskopf an AS, 24.6.1942, Weiskopf-Archiv SAdK. Brief engl., Übers. CZR.

54 AS an Weiskopf, 26.8. [1942]. Der Brief ist in einem auch für Seghers nicht besonders guten, aber um so deutlicheren Englisch, sie schreibt offensichtlich unter dem Einfluß ihrer Gefühle und ihrer Müdigkeit. Übers. CZR.

55 Vgl. dazu AS an [ausgeschwärzt], 19.1.1944 (Stephan, *Anna Seghers im Exil,* 145 f.). Der Brief ist zweifelsohne an Maxim Lieber gerichtet (er zitiert daraus in einem Brief an Angus Cameron, Little, Brown v. 24.2.1944 – Archiv v. Little, Brown). Aus ihm geht hervor, daß sich die finanziellen Wogen geglättet haben, daß AS regelmäßig 500 Dollar erhält, eine für Mexiko nicht unbeträchtliche Summe, aber auch, daß sie, wie in diesem Brief erbeten, zusätzliche Beträge erhalten kann.

56 Erst von 1947 an gibt es wieder Briefe, die weiterhin freundschaftlich sind. Seghers verstand wohl nie, daß sie ihn mit ihrer »Kaltschnäuzigkeit«, wie er sich Bodo Uhse gegenüber ausdrückte (8.11.44, a.a.O., 130), gekränkt und enttäuscht hatte, er fand sich damit ab.

57 Maxim Lieber, ursprünglich Pole, ein in linken und kommunistischen Kreisen in den USA angesehener literarischer Agent – seine Büroadresse war ursprünglich die 5th Avenue –, hatte Weiskopf bei seinen Anfängen in den USA freundlich aufgenommen und auch auf seine Farm eingeladen. In der McCarthy-Ära geriet Lieber in Schwierigkeiten, ging zunächst nach Lateinamerika, dann nach Polen, hatte es später aber selbst nicht leicht. Mit AS blieb er nach ihrer Rückkehr in freundlicher Verbindung. Allem Anschein nach vertrat er sie während ihrer Zeit in Mexiko sehr gut, fand in ihr aber eine anspruchsvolle und etwas mißtrauische Klientin, die gern eigene Kontakte knüpfte und nie ganz zufrieden war.

58 Weiskopf an AS, 27.9.1942, Weiskopf-Archiv SAdK. Brief engl., Übers. CZR.

59 Weiskopf hatte in seinem Brief auch Kisch genannt und – auf englisch – geschrieben: »Dein letzter Brief hat mich schwindlig gemacht. Aber ich habe genug von einer Korrespondenz in der Art, wie Du und Egon und ein paar andere sie führen. Ich bin ihrer wirklich müde, und ich habe alle meine letzten Illusionen entschieden begraben.« (Brief engl., Übers. CZR). Was ihn u. a. kränkte, war, daß sie seiner Meinung nach nur schrieben, wenn sie etwas wollten, und daß Seghers ihm gegenüber alle anderen Arten von Briefen als Luxus bezeichnet hatte. Sie war zwar keine verläßliche Korrespondentin wie er, hatte aber diesen Satz vom Luxus offenbar mehr aus Frustration hingeworfen, jedenfalls bat sie auch ihn wiederholt um Adressen von alten Freunden und Freundinnen und schrieb durchaus auch Briefe, die keinen *nützlichen* Zweck verfolgten.

60 Weiskopf hatte am 27.9.1942 (Weiskopf-Archiv SAdK) 20000 Dollar genannt, die sie verdient habe.

61 AS an Weiskopf, 6.10. [1942], ebd. Brief franz., Übers. CZR. Sie ist etwas frei, da AS' Brief, wie sie selbst eingangs sagt, in Eile und Emotion geschrieben wurde und in der Übers. sonst unverständlich wäre.

62 AS an Weiskopf, 26.3. [1942], ebd.: »Nur solche Leute, die ich schon lange kenne, sind für mich ganz wirklich.« Übers. CZR.

63 AS an Weiskopf, bes. 14.9.1941, ebd.

64 Vgl. Anm. 56.

65 Vgl. CZR, »›Armer und lieber Sagetete‹ – Anna Seghers and Franz Carl Weiskopf«, *Anna Seghers in Perspective,* a. a. O., 29–64.

66 In einer 69 Seiten umfassenden Zusammenfassung der Querverweise in den FBI-Akten, in denen über die Jahre Material zu AS gesammelt wurde – sie wurde noch 1973/74 angefertigt, Stephan, der diese Akten auswertete, weiß nicht, warum –, heißt es, eine Quelle »who is believed to be reliable […] has idicated that ANNA SEGHERS has made substantial contributions to the Communist Party funds, as a result of sharing royalties on her book«. Stephan, *Anna Seghers im Exil,* 191.

67 In den dreißiger Jahren hatte Erwin Piscator den *Aufstand der Fischer von St. Barbara* in der SU verfilmt. AS hatte jedoch nichts damit zu tun.

68 Agreement between Netty Radvanyi (pen name Anna Seghers) and Loew's Inc. (The Purchaser), ASA, K 776. Der amerikanische Vizekonsul Louis Blanchard bestätigt, daß AS am 27. Juli den Vertrag persönlich und freiwillig unterschrieben hat. Tania Mindell Roeder, die Frau von Ralph Roeder, eine befreundete Amerikanerin (vgl.

S. 404f.) fungierte als Zeugin. Seghers muß zu diesem Zeitpunkt – einen Monat nach ihrem Unfall, noch sehr krank gewesen sein, es ist anzunehmen, daß man zu ihr ins American Hospital kam.

69 Auch davon bekam Lieber 10%. Zur Geschichte der Dramatisierung(en) und einer genaueren Darstellung der Entstehung des Films vgl. Stephan, *Anna Seghers. Das siebte Kreuz,* a. a. O., bes. 226–243 und 256–280.

70 Am 5. September 1942 wurde ein Dramatic Production Contract zwischen Otto Preminger und Viola Brothers Shore abgeschlossen, den auch AS unterzeichnete. Er sah eine Produktion des Stükkes »on or before the 5th day of March 1943« vor (ASA, K 776). Dazu kam es jedoch nicht, u. a. weil der Zoll das Manuskript bei Brothers Shore's Grenzübergang einbehielt und längere Zeit nicht herausgab und weil dann die Zeit zu einer unbedingt nötigen Überarbeitung gefehlt hätte. (Vgl. Stephan, *Anna Seghers. Das siebte Kreuz*, a. a. O., 258.)

71 Viola Brothers Shore verfaßte später (wahrscheinlich 1949) ohne Seghers einen experimentellen Zweiakter, der Zusammenhänge mit der McCarthy-Ära betonte, aber nicht aufgeführt wurde. Vgl. die ausführliche Beschreibung und Gegenüberstellung beider Theaterfassungen in Stephan, *Anna Seghers. Das siebte Kreuz,* a. a. O., 256–272.

72 Vgl. Friedrich Albrecht, »Gespräch mit Pierre Radvanyi«, a. a. O., 524. PR meinte, die Fahrer hätten bei Unfällen furchtbare Angst vor der Polizei gehabt.

73 Ebd.

74 Das Original ist in spanischer Sprache und befindet sich im Besitz von RR, ebenfalls die deutsche Übersetzung, die wortwörtlich im *Freien Deutschland,* 2 (1943), Nr. 9, mit einer kurzen Einleitung veröffentlicht wurde. Sie beginnt mit: »Seit Wochen verfolgen wir mit banger Hoffnung den Kampf, den die aerztliche Wissenschaft um die volle Wiedererringung der Gesundheit von Anna Seghers fuehrt. Sie wurde am Abend des 24. Juni auf der Paseo Reforma in der Stadt México aufgefunden, das unbekannte Auto, das sie angefahren hatte, raste weiter. Auf dem Pflaster lag die große Schriftstellerin, unsere gute Kameradin und Mitarbeiterin, mit Kopfwunden, die zu schweren Befuerchtungen Anlass gaben. Das Lateinamerikanische Komitee der Frein [sic!] Deutschen, deren Ehrenpraesidium Anna Seghers angehoert, informierte fortlaufend die mexikanische Oeffentlichkeit, welche die innigste Anteilnahme am Ergehen der Autorin des ›Siebten Kreuzes‹ nimmt. Aus allen Teilen des Kontinents kommen Anfragen und Telegramme

von Persoenlichkeiten und Organisationen, die unsere Sorge und Hoffnung teilen. [...]« Diesem offiziösen Bericht folgt der präzise und doch für den Laien verständliche Befund des Arztes, der, zumindest einer Nichtärztin, den Eindruck gibt, daß AS in sehr guten, vorsichtigen Händen war.

75 Als das *Freie Deutschland* Geburtstagsgrüße für ihren engen Freund Egon Erwin Kisch sammelte und veröffentlichte, schrieb sie zum Spaß und im Ernst eine kurze, schöne Würdigung seiner Frau Gisl.

76 Sie war Jüdin, stammte aus einer Mainzer Juwelierfamilie und war als Ärztin im Spanischen Bürgerkrieg. Nach dem Zweiten Weltkrieg ging sie in die DDR und arbeitete lange Jahre in Dresden. AS blieb mit ihr eng befreundet und erinnerte sich gern an ihre gemeinsame Zeit in Mexiko.

77 *Wortmeldungen* zur DDR-Literatur, a. a. O., 165. In diesem Gespräch im hohen Alter (27. 8. 1981) meint AS, daß sie »damals fast so schlimm dran war, wie ich jetzt bin. Aber damals war ich jung.« Sie erwähnt auch, daß sie zur Zeit des Unfalls »mutterseelenallein und auf Fremde angewiesen« gewesen sei. Nach ihrem Mann befragt, meinte sie, er sei »unterwegs im weiten Lande gewesen«. Laut PR, der damals siebzehn war, habe die Familie um 12 Uhr Mitternacht durch einen Anruf des Roten Kreuzes von dem Unfall erfahren, der Vater sei zu Hause gewesen. AS mag in der Erinnerung ihre Einsamkeit im Alter auf diese Zeit projiziert haben, auf der Straße war sie damals aber allein.

78 Vgl. Anm. 68.

79 Angaben von PR.

80 AS an Herzfelde, *Ein Briefwechsel,* a. a. O., 47.

81 Angaben von PR.

82 In der bereits genannten FBI-Zusammenfassung heißt es: »Some sources have also indicated that following this accident, ANNA SEGHERS has never recovered her physical or mental capabilities.« (*Anna Seghers im Exil,* a. a. O., 192).

83 Vgl. 1. Kapitel.

84 Befund im Besitz von RR.

85 AS an Weiskopf, 20. 10. [1941], a. a. O. Brief franz., Übers. CZR.

86 AS an Weiskopf, 26. 8. [1942], a. a. O., »warmherzige, ehrliche Leute«, »ich bin sehr froh, nicht in meiner eigenen kleinen Familie eingesperrt zu sein«. Brief engl., Übers. CZR.

87 AS an Lieber, 19. 1. 1944 (Stephan, *Anna Seghers im Exil,* 145). AS meint, »daß diese zwei Seiten ein besseres Ende für den Roman abgeben als die, die Du bereits hast«. Sie fügt hinzu, daß sie diese

Änderung schon längst gemacht hätte, wenn nicht ihre Krankheit dazwischengekommen wäre. Die ursprünglichen Seiten sind, soweit bekannt, nicht erhalten.

88 *Aufsätze*, I, 121.

89 *Aufsätze*, I, 91.

90 *Aufsätze*, I, 131.

91 *Aufsätze*, I, 91f. AS zitiert hier die Worte Dimitroffs vor dem Reichsgerichtshof.

92 Ebd., 95.

93 *Aufsätze*, I, 95f.

94 Ebd., 92.

Vierzehntes Kapitel

1 Alma Neuman, *Always Straight Ahead*, a. a. O., 82. Übers. CZR.

2 Angaben von PR.

3 »Hinterland von 180 Millionen«, »Marsch durch Moskau«; vgl. das vorhergehende Kapitel.

4 Vgl. das vorhergehende Kapitel.

5 Wie so oft, wenn ihr etwas sehr nahegeht, spricht sie eher indirekt davon, in Mexiko sowohl im »Ausflug der toten Mädchen«, in dem sie die Zerstörung erwähnt, als in dem bereits besprochenen kleinen Text »Zwei Denkmäler« (vgl. 3. Kapitel) in der *Demokratischen Post* vom 1. August 1945.

6 AS an Herzfelde, 3. 6. 1943, *Ein Briefwechsel*, 45f. AS spricht davon, daß sie sich für das kommende Jahr zwei Kurzgeschichten vorgenommen habe: »Eine könnte heißen ›Geschichte von den vier Saboteuren‹«. Erschienen sind »Die Saboteure« erst 1947 in Deutschland in *Athena*, Heft 4. Die Entstehungszeit – 1946 – stammt von AS (für die Ausgabe von *Bienenstock*).

7 *Aufsätze*, I, 207.

8 *Aufsätze*, I, 118.

9 Vgl. Weiskopf an Uhse, *Briefwechsel*, a. a. O., 194. Am 8.9.1945 schreibt er: »Ich habe gerade in diesen Tagen, die doch so schön sein müßten, zum Teil sehr melancholische Gedanken gehabt. Kein Wunder übrigens, ist doch die Situation eines deutschen antihitlerischen Schriftstellers aus der Tschechoslowakei tragigrotesk. Gerade wenn seine Heimat von der Naziokkupation befreit ist und ein neues Leben beginnt, [...] verliert er sie. Denn was soll er dort, wenn seine Sprache nicht mehr geduldet wird; wenn seine Bemühungen um ein harmonisches Zusammenleben der beiden Nationalitäten zu nichts geführt haben und nicht wieder aufgenommen werden können.«

10 Vgl. Pohle, 68.

11 Laut PR wollte sein Vater nie nach Ungarn reisen, als er in der DDR war. LR spricht zwar in seinen Briefen aus Mexiko davon, daß sie oft dahin fahren wollten, und auch AS erwähnt Lukács gegenüber (vgl. Anm. 14) solche Pläne, geschehen ist es nicht. Ein Grund war, daß LR einerseits den Kontakt verloren hatte mit Leuten wie Lukács und Pál Aranyossi, andererseits mit dem kommunistischen Schriftsteller Aladar Tamas, der in Mexiko war und *Hungría Libre* vorstand, kein besonders gutes Verhältnis hatte.

12 LR an AS, 8.10.1947, im Besitz von RR.

13 Die ersten Nummern erschienen am 1. Mai bzw. am 1. Dezember 1947, letztere hatte, wie auch das Institut, mexikanische Sponsoren.

14 AS an Georg Lukács, 28.6.1948, *Über Kunstwerk und Wirklichkeit,* IV, 153.

15 AS an Nico Rost, 9.10.1947, ASA.

16 Die Briefe, von denen mich RR freundlicherweise etliche einsehen ließ, reichen von 1947 bis 1952 und enthalten praktische Fragen – auch Warnungen vor Leuten, die aus Mexiko nach Berlin reisten, so dem ehemaligen Freund Kurt Stavenhagen, der anfangs der fünfziger Jahre in kommunistischen Kreisen in Mexiko und in der DDR falschen Verdächtigungen ausgesetzt wurde (vgl. dazu u.a. Kießling, *Brücken nach Mexiko,* 463), Bemerkungen zu AS' Arbeit, die er immer las, Reiseversprechungen und -vorbereitungen und Visaprobleme, sie sind aber auch von Anfang bis Ende der Zeitspanne Liebesbriefe. Am 10.3.1951 schreibt er ihr z.B.: »Liebstes ich suche nach neuen Worten, um Dir zu sagen, wie unendlich ich Dich liebe und welche unbeschreibliche Sehnsucht ich nach Dir habe. Mein Gefühl ist so stark, und die Worte die ich habe um sie auszudrücken sind so wenig und abgebraucht, dass ich mich fast als stumm fühle, unfähig mich auszudrücken.« Ein in verschiedenen Varianten wiederkehrender Schluß ist: »Es streichelt, umarmt und küßt Dich Dein verliebter Rodi«.

17 Er besaß zunächst einen ungarischen Paß – wie seine Eltern. Nach seinen eigenen Angaben bot man ihm zuerst ein Stipendium für Algerien an, mit dem die Eltern aber nicht glücklich waren.

18 AS an Herzfelde, 21.8.1946, *Ein Briefwechsel,* 90.

19 Sie ging nach abgeschlossenem Studium in die DDR, wo sie u.a. bessere Arbeitschancen als Ärztin hatte.

20 AS an J. R. Becher, 6.4.1946, a.a.O., 7f. Schon am 20.2.1946 hatte sie einen, was ihre Pläne betrifft, ähnlichen Brief an Michail J. Apletin von der Auslandskommission des sowj. Schriftstellerver-

bandes geschrieben. Vgl. Dieter Schiller, »Anna Seghers' Publizistik zwischen Exil und Heimkehr«, a. a. O., 171.

21 Vgl. 10. Kapitel, S. 285.

22 Allene Talmey, Feature Editor von *Vogue*, The Condé Nast Publications Inc., New York, an AS, 13. 5, 1946. Der Brief betont, daß die Artikel, um von Interesse zu sein, so bald als möglich geschrieben werden müßten, und beginnt mit dem Satz »I do hope you will be able to make the necessary arrangements very soon for your journey«. Es scheint, daß AS über Lieber, über den der Brief auch an sie adressiert ist, zwecks Beschaffung eines Transitvisums durch die US darum bat.

23 Der Roman sollte »mit den Schicksalen einer Familie zu tun [haben], die an der Entstehung und am Aufbau eines großen deutschen Konzerns beteiligt war«.

24 AS an Jürgen Kuczynski, 3. 12. 1945, ASA, Sign. 56.

25 Vgl. z. B. AS an Herzfelde, 11. 7. 1946, *Ein Briefwechsel*, 89.

26 Ebd.

27 Sein Paß notiert dasselbe Datum als Grenzübergang in Laredo.

28 AS an Herzfelde, 11. 7. 1946, *Ein Briefwechsel*, 89.

29 AS an L. Wolf, 6. 12. 1946, *Argonautenschiff*, 2 (1993), 342.

30 Im Besitz von RR.

31 *Aufsätze*, I, 208.

32 Erstveröffentlichung in *Glauben an Irdisches*, 1969. *Aufsätze*, I, 213.

33 Vgl. die Verträge K 776, ASA. Nicht alle – doch die meisten – führten zu Büchern, in all den genannten Sprachen, andere folgten später. Zu den tatsächlichen Veröffentlichungen vgl. *Deutsche sozialistische Literatur*, a. a. O., 300–319, wo aber auch nicht alles erfaßt ist.

34 Der erste dieser Verträge – mit Unterschriften von AS und Landshoff – stammt schon vom 23. 4. 1945 und ist »für alle Auflagen in deutscher Sprache fuer die Dauer der gesetzlichen Schutzfrist«. Ein undatierter, unterschriebener Vertrag, der höhere Tantiemen vorsieht und von 1947 stammt, sagt, daß *Das siebte Kreuz* bereits gedruckt vorliegt. Eine Klausel darin sieht vor, daß sich der Verlag verpflichtet, seine eigene Auflage innerhalb von 12 Monaten in Mitteleuropa einzuführen. Das scheint aber für Landshoff das Problem gewesen zu sein, zumal ihm Aufbau, Desch und Rowohlt zuvorkamen.

35 Vgl. die Verträge K 776, ASA, sowie die Verträge und die Verlagskorrespondenz im Archiv des Aufbau-Verlages, Staatsbibliothek Berlin, Nr. 712 und 713. Erst am 28. Mai 1945 schickte Walter Janka einen Vertrag desselben Datums an AS mit der Bemerkung,

daß es bis dahin keinen gegeben habe. Ob AS in ihrer Eile, ihre Bücher unter deutsche Leser zu bringen, und bei der undurchsichtigen Situation in Deutschland etwas zu schnell und eifrig war, mag dahingestellt bleiben, Landshoff war entschieden der Verlierer der komplizierten Situation. Daß AS ihm geholfen hätte, läßt sich – wie bei Weller, dem Verleger von *Transit* – nicht sagen. Sie war dazu wohl auch nicht in der Lage, obwohl sie sich im Prinzip einen Vertrieb ihrer Werke im westlichen Deutschland und – wie Brecht – einen westdeutschen Verleger wünschte. Dazu waren aber weder Landshoff noch Weller, wie sich bald herausstellen würde, finanzkräftig genug. (Vgl. dazu das Kapitel zur Rückkehr, Bd. 2.)

36 »Unsere Freunde sagen. Nachruf auf Tina Modotti«, *Fluchtort Mexiko,* 14. Vgl. Pohle, ebd., »Tina Modotti«; die Gruppe um Merker verdächtigte sie des Trotzkismus.

37 »Diego Rivera«, *Aufsätze,* I, 297–301.

38 AS an Herzfelde, [vermutlich Anfang 1945], *Ein Briefwechsel,* 54.

39 AS an Kurt Kersten, 2.1.1945, Leo Baeck Institute, New York.

40 Der Lebenslauf ist mit 13.4.1954 datiert. Akte DY 30 IV 2 (4) 112, SAPMO.

41 Vgl. Pohle, a.a.O. 70–75.

42 Ebd., 74. Zu einer entscheidenden Sitzung der Parteigruppe am 10.1.1943 vgl. auch DY IV 2/4112, SAPMO.

43 AS an M. Apletin und J. R. Becher, 1.9.1943, im Russischen Staatlichen Archiv für Literatur und Kunst, Moskau. Vgl. Dieter Schiller, »Anna Seghers' Publizistik zwischen Exil und Heimkehr«, a.a.O., 169f.

44 Pohle, 73. Vgl. auch Kießlings Darstellung der damaligen und weiteren Intrigen, Kämpfe und endlichen Verfolgungen, die Merker sehr positiv gegenübersteht, in *Partner im »Narrenparadies«.*

45 In einem Brief an Heinrich Mann v. 30.5.1943 (NY 4105/50, SAPMO) spricht Merker von »hinterhältigen Angriffen« auf die Bewegung *Freies Deutschland,* die »diesmal ihren Ausgangspunkt bei A.S. hatten«. Es könnte sich auf Seghers beziehen, aber auch auf André Simone.

46 Im Besitz von RR.

47 Der Zettel, er scheint ein Entwurf zu sein, trägt keine Unterschrift.

48 AS erzählte auch die Geschichte, daß es, als sie zu Besuch bei Stibis war, klopfte, »niemand war vor der Tür, aber eine Visitenkarte war unter die Tuer geschoben, auf der stand: ›Anna, nun habe ich dich ertappt, du verkehrst mit Stibis.‹« Angaben von PR. Auch die Aussagen von Schmidt/Radvanyi, die er 1952 in der DDR im Zusammenhang mit dem Fall Merker machte und die sich – wie auch die

Aussagen von Leo Katz und Ludwig Renn – in AS' Stasiakte befinden, enthalten den Vorgang.

49 AS an Jürgen Kuczynski, 3.12.1945, S 56, ASA.

50 Am 20.7.1944 fand eine von Uhse geleitete Veranstaltung zum Thema »Georg Büchner, sein Leben, sein Werk, sein Beispiel« statt, bei der auch AS redete. Ihre Besprechung der Aufführung erschien im *FD*, 3 (1943/44), 10, 57–60.

51 Vgl. Pohle, 309.

52 Vgl. Kießling, *Brücken nach Mexiko*, 412.

53 Seghers schrieb auch dazu in der deutschsprachigen, für Mexiko gedachten *Demokratischen Post:* »Das Ernst-Deutsch-Gastspiel« (3.9.1946), *Aufsätze*, I, 199ff.

54 AS an [ausgeschwärzt], aber mit Sicherheit Lieber, 19.1.1944, zit. nach Stephan, *Anna Seghers im Exil*, 146. Vgl. 13. Kapitel, Anm. 55. In Paris hatte sie von »großer Novelle« gesprochen. So hatte sie aber auch *Das siebte Kreuz* ursprünglich genannt.

55 AS an Kersten, 2.2.1945, Leo Baeck Institute, New York.

56 LR an Herzfelde, 23.10.1945, *Ein Briefwechsel*, 67.

57 AS an Herzfelde, 3.12.1945, ebd. 68.

58 28.11.1945, Vertrag mit Editorial Centauro, representada por Jose Bolea, unterschr. 28. Nov. 45, AS u Bolea, Verträge, a.a.O.

59 AS an Herzfelde, 3.6.1943, *Ein Briefwechsel*, 45. Nachdem sie von einer Kurzgeschichte spricht, kann es sich bei letzterer nicht um die »große Novelle«, d.h. den Roman, der dann diesen Titel erhielt, sondern muß sich um den »Ausflug der toten Mädchen« handeln, was auch durch die folgende Briefstelle belegt wird.

60 AS an Herzfelde, 1.11.1943, ebd. 47.

61 Zu den Filmplänen vgl. Stephan, *Anna Seghers im Exil*, 159ff. AS will den Film »als Nachkriegsgeschichte« ausbauen und auf jeden Fall eines der Mädchen »gerettet« haben. Den Roman erwähnt sie in einem Brief an K. Kesten v. 2.1.1945 (Leo Baeck Institute, New York): »Und manchmal denke ich auch an einen ganz kleinen, dünnbändigen Roman ueber meine Schulklasse, also die Klasse in einer Maedchenschule.«

62 Sie meinte damals (im Brief v. 3.6.1943 an Herzfelde), für beide Geschichten brauche sie noch »einige technische Details«, je nachdem, wann sie sie erhalte, würde sie zuerst mit der einen oder anderen Geschichte beginnen.

63 AS an Herzfelde, 17.12. [19]43, *Ein Briefwechsel*, 49: »Ich glaube, ich kann Dir das Manuskript schon ungefähr schicken.«

64 »The School Excursion«, *Yale Review*, 34 (1945), 4, 706–732.

65 »The End«, *Saturday Evening Post*, 16.3.1946.

66 Diese Entstehungsdaten gehen aus dem Briefwechsel mit Herzfelde deutlich hervor. Für »Post ins gelobte Land« gibt die *Bienenstock*-Ausgabe als Entstehungsdatum 1943/44 an, dafür gibt es aber sonst keinerlei Anhaltspunkte, im Gegenteil. Am 1.9.1945 schreibt LR für AS an Herzfelde und läßt ihn wissen: »Anna meint, daß ›Artemis‹ und ›Woynok‹ nicht so gut zu den beiden ersten Geschichten passen, so daß sie die beiden letztgenannten lieber nicht veröffentlichen möchte [...]. Sie schreibt jetzt an einer neuen Erzählung, die sie in etwa zwei Wochen fertighaben wird. Diese neue Erzählung würde sehr gut zu ›Das Ende‹ und ›Mädchen‹ passen.« Am 23.10.1945 schickt er dann die Geschichte »Post ins gelobte Land«. Vgl. *Ein Briefwechsel,* 62 und 66.

67 Erschienen in *Freies Deutschland*, 4 (1944/45), 7, 13–24, und *Internationale Literatur*, 15 (1945), 10, 105ff.

68 AS an [ausgeschwärzt], 5.4.1944, Stephan, *Anna Seghers im Exil*, 152.

69 AS an Kurt Kersten, 24.8.1944, Leo Baeck Institute, New York.

70 *Aufsätze,* I, 170.

71 Ebd.

72 »An ***«, Johannes Bobrowski, Gesammelte Werke in 6 Bänden, hg. v. Eberhard Haufe (Stuttgart: Dt. Verlags-Anstalt, 1998), Bd. 2, 312.

Literaturverzeichnis

(Das Verzeichnis enthält Arbeiten von AS, die zwischen 1923 und 1946 entstanden, relevante Briefe und in diesem Band genannte Sekundärliteratur. Eine systematische Überblicksbibliographie zu Anna Seghers folgt im zweiten Band *Anna Seghers. Eine Biographie.* 1947–1983.)

I. Unveröffentlichtes von und zu Anna Seghers

(zu Einzelheiten siehe Text und Anmerkungen)
Zahlreiche Gespräche mit den Kindern von AS, Ruth und Pierre Radvanyi

A: Manuskripte von AS

»Römische Soldatengräber im Rheingebiet«, Studentenarbeit (1923/1924). Im Besitz von Pierre Radvanyi

»Anfang und Entwicklung der frühromanischen Grabplastik« (1923/1924), Studentenarbeit. Im Besitz von PR

»Die Legende von der Reue des Bischofs Jehan d'Aigremont von St. Anne in Rouen« (1924). Erzählung. Im Besitz von PR. Erstveröffentlichung in: *Ich brauch doch so schrecklich Freude. Tagebuch 1924/1925*. Hg. Christiane Zehl Romero. Berlin (Aufbau-Verlag 2003)

Tagebuchnotizen 1924/1925. Manuskript/Schulheft. Im Besitz von PR

Kalender 1938. Anna-Seghers-Archiv, SAdK. Erstveröffentlichung in: *Ich brauch doch so schrecklich Freude*, a. a. O.

B: Typoskript von AS

Jans muss sterben. Im Besitz von PR. Erstveröffentlichung *Jans muß sterben*. Hg. Christiane Zehl Romero. Berlin (Aufbau-Verlag 2000)

C: Briefe und anderes Material von und zu AS

Briefe von und an AS sowie anderes Material im Besitz von RR
Briefe von und an AS, Lebensläufe und Verträge im ASA, SAdK. Einsicht in gesperrtes Material mit Erlaubnis von RR
Briefe im Weiskopf-Archiv, SAdK
Briefe, Verträge und Typoskripte, Archiv des Aufbau-Verlages, Staatsbibliothek, Berlin. Einsicht mit Erlaubnis des Aufbau-Verlages
Briefe an Kurt Kersten, Leo Baeck Institute, New York
Briefe im Archiv des Verlages Little, Brown, Boston
Kaderakte von AS, SAPMO. Einsicht mit Erlaubnis von RR
Diverses Material, SAPMO
Stasiakte von AS und LR
Diverses Material in der Anna-Seghers-Gedenkstätte, SAdK
Material im Stadtarchiv Mainz
Zeichnungen von LR. Im Besitz von PR

Weitere Archive, die herangezogen wurden: Deutsches Exilarchiv, Deutsche Bibliothek, Frankfurt; Johannes-R.-Becher-Archiv, Wieland-Herzfelde-Archiv, Bodo-Uhse-Archiv, SAdK; Institut für Zeitgeschichte, München; Österreichische Exilbibliothek, Wien; National Archives, Washington; Houghton Library, Harvard University, Cambridge; Beinecke Library, Yale University, New Haven; Stefan-Heym-Archiv, Cambridge University, England
Gespräch mit AS, 29. Juni 1981.
Gespräche, für die ich mich an dieser Stelle bedanke, mit Klaus Bodek, Michael Flürscheim, Vladimir Pozner und Renate Bergk, Lenka Reinerová, Sigrid Bock, Werner Barfus, Dieter Klein, Achim Roscher, und Frank Wagner.
Tonbandprotokolle von Zeitzeugen in ASG

II. Primärliteratur

A: Veröffentlichte Werke von Anna Seghers

1977–1980 erschienen im Aufbau-Verlag *Gesammelte Werke in Einzelausgaben* in 14 Bänden ohne Kommentare und Anmerkungen. Seit 2000 erscheint im Aufbau Verlag eine neue, auf 25 Bände angelegte Werkausgabe mit Anmerkungen und Kommentaren von internationalen Seghers-Forschern. Gesamtherausgeber sind Helen Fehervary und Bernhard Spies, an die Stelle des Letzteren trat 2020 Carsten Jakobi. Im folgenden werden die in diesem Band verwendeten, nach Möglichkeit verfügbaren Ausgaben der Romane, Erzählungen und Aufsätze genannt. Darin nicht enthaltene, für die Zeit bis 1947 relevante Texte werden anschließend chronologisch verzeichnet.

Erzählungen. 6 Bde., mit einem Nachwort von Sonja Hilzinger. Berlin: Aufbau TaschenbuchVerlag, 1994 (die bisher umfassendste Erzählsammlung)

Aufsätze, Ansprachen, Essays. 2 Bde. Berlin, Weimar: Aufbau, 1980

Anna Seghers. Über Kunstwerk und Wirklichkeit. 4 Bände. Hg. Sigrid Bock. Berlin: Akademie, 1970–1979

Die Gefährten. Aufstand der Fischer von St. Barbara/Die Gefährten. Berlin, Weimar: Aufbau, 1975

Der Kopflohn. Berlin: Aufbau Taschenbuch Verlag, 1995

Der Weg durch den Februar. Der Kopflohn/Der Weg durch den Februar. Berlin, Weimar: Aufbau, 1984

Die Rettung. Berlin: Aufbau Taschenbuch Verlag, 1995

Das siebte Kreuz. Berlin, Weimar: Aufbau, 1976

Transit. Berlin: Aufbau Taschenbuch Verlag, 2000

Die Toten bleiben jung. Berlin, Weimar: Aufbau, 1976

Netty Reiling (Anna Seghers). *Jude und Judentum im Werke Rembrandts.* Leipzig: Reclam, 1983

Jans muß sterben. Berlin: Aufbau, 2000

»Der Prozeß«. *Die Linkskurve*, 3 (1931), 1, 1–2

»Kampfgrüße an die ›Rote Fahne‹«. *Die Rote Fahne,* 14 (1931), 17.10., 3. Beilage

»Iljin: Fünf Jahre, die die Welt verändern«. *Die Linkskurve,* 4 (1932), 6, 35–36

»Die Stoppuhr«, Skizze von 13 Seiten. *Deutsche proletarische Erzähler.* Charkow, Kiew: Staatsverlag der nationalen Minderheiten, 1933

Pseud. Anna Brand (nicht nachweisbar von AS). »Der Skalp«. *Neue Deutsche Blätter*, 1 (1933), 1, 48f.

Pseud. Peter Conrad (nicht nachweisbar von AS). »Mord im Lager Hohenstein«. *Mord im Lager Hohenstein. Berichte aus dem Dritten Reich.* Moskau: Verlagsgenossenschaft ausländischer Arbeiter in der UdSSR, 1933, 25–29. Außerdem in: *Unsere Zeit,* 15.6.1933, 38f.

Der Prozeß der Jeanne d'Arc zu Rouen 1431. Ein Hörspiel. Internationale Literatur, 5 (1937), 5, 74–90. Buchveröffentlichung: Leipzig: Reclam, 1965

»Aufruf für Liselotte Herrmann«. *Pariser Tageszeitung*, 2 (1937), 4.9.1937
»Ein ganz langweiliges Zimmer. Ein Hörspiel«. 1938 im Flämischen Rundfunk gesendet. *Neue Deutsche Literatur*, 21 (1973), 5, 19–25
»Six jours, six années (pages de journal)«. *Europe*, (1938), 188, 542–547. Deutsche Übersetzung: »Sechs Tage, sechs Jahre. Tagebuchseiten«. *Neue Deutsche Literatur*, 32 (1984), 9, 5–9
Vorwort zur russischen Ausgabe von *Die Rettung* (1939). Rückübersetzung aus dem Russischen v. Gerhard Dick. Frank Wagner. *»... der Kurs auf die Realität«*. Berlin: Akademie, 1978, 314f.
»Unsere Freunde sagen. Nachruf auf Tina Modotti«. *Fluchtort Mexiko*, hg. v. Martin Hielscher. Hamburg, Zürich: Luchterhand, 1992. (Erstveröffentl. in dt. Sprache, aus dem Nachlaß v. AS. – span. Veröffentlichung in einer Gedenkbroschüre *Tina Modotti.* Mexiko 1942. Vgl. *Fluchtort*, 243.)
»Romain Rolland«. *Demokratische Post* (Mexico), 1 (1943), 7, 3
»Chinas Schlachtgesang«. Teil I und II. *Freies Deutschland*, 3 (1943/44), 8 und 9, 15–16 und 22–24
»Das Joint Anti-Fascist Refugee Committee«. (Essay, 1944). Stephan, Alexander. *Anna Seghers im Exil*, Bonn: Bouvier, 1993, 125–128
»Zwei Denkmäler. Aus einer unveroeffentlichten Novelle ›Mariage Blanc‹«. *Demokratische Post* (Mexiko), 1.8.1945, 8. Nachdruck in *Argonautenschiff*, 6 (1997), 115
»Heimkehrer-Weihnachten«. *Tägliche Rundschau*, 2 (1946), 25.12.
»Wie ich zur Literatur kam«. *Sinn und Form*, 23 (1971), 6, 1264

B: Veröffentlichte Briefe

Im Rahmen der neuen Werkausgabe erschien eine zweibändige Auswahl der Briefe: *Ich erwarte Eure Briefe wie den Besuch der besten Freunde. Briefe 1924–1952* und *Tage wie Staubsand. Briefe 1953–1983*. Hg. Christiane Zehl Romero und Almut Giesecke, 2008 bzw. 2010. Sie enthält auch die meisten der hier genannten Briefe.

Briefe an Leser. Berlin, Weimar: Aufbau, 1970
Anna Seghers – Wieland Herzfelde. Ein Briefwechsel 1939–1946. Berlin, Weimar: Aufbau, 1985. Auch: *Gewöhnliches und gefährliches Leben.* Darmstadt: Luchterhand, 1986
»Briefe an F. C. Weiskopf«. *Neue Deutsche Literatur*, 33 (1985), 11, 5–46
»›Liebe [ausgeschwärzt] ...‹ Briefe von und an Anna Seghers«. Stephan, Alexander. *Anna Seghers im Exil.* Bonn: Bouvier, 1993, 130–171
An J. R. Becher, 7. 9. 1933. *Argonautenschiff*, 4 (1995), 189. Auch: J. R. Becher. *Briefe*, hg. v. Rolf Harder. Berlin: Aufbau, 1993, Bd. 2, 52f.

An Hermann Kesten, o. D. *Deutsche Literatur im Exil. Briefe europäischer Autoren 1933–1949,* hg. v. Hermann Kesten. Frankfurt/M.: Fischer, 1973, 38

An Friedrich Kohner, 26. 6. [19]34; 26. 3. 1935 und o. D. (Damit verbundene Auskunft an Marion von Hofacker, 10. 2. 1981). Stephan, Alexander. *Anna Seghers im Exil.* Bonn: Bouvier, 1993

(Zus. mit Lion Feuchtwanger) an Arnold Zweig, 24. 12. 1935. *Arnold Zweig. Briefwechsel 1933–1958,* hg. von Harold von Hofe. 2 Bände. Berlin: Aufbau, 1984, Bd. 1, 102

An Iwan Anissimow, 23. 9. [1938]. *Über Kunstwerk und Wirklichkeit,* II, 15 f.

An Hubertus Prinz zu Löwenstein, 1. 9. 1938, 4. 3. 1939 und 16. 6. 1939. *Deutsche Intellektuelle im Exil.* München: Saur, 1993, 468–461

An J. R. Becher, 27. 3. 1939. *Über Kunstwerk und Wirklichkeit,* IV, 138

An Bruno Frei, 11. 7. [1940]. Bruno Frei. *Der Papiersäbel.* Frankfurt/M.: Fischer, 1972, 227

An J. R. Becher, 6. 4. 1946. *Neue Deutsche Literatur,* 33 (1985), 5, 7f. Auch: J. R. Becher. *Briefe,* hg. v. Rolf Harder. Berlin: Aufbau, 1993, 228f.

An Lore Wolf, 30. 9. [1946]. *Argonautenschiff,* 2 (1993), 341

An Jakob Cahn, 21. 1. 1970. *Argonautenschiff,* 6 (1997), 120

An Gerhard Schneider, 3. 7. 1972. *Eröffnungen. Schriftsteller über ihr Erstlingswerk,* hg. v. G. Sch. Berlin: Aufbau, 1974, 215

An Walter Nowojski, 17. 7. 1973. *Neue Deutsche Literatur,* 28 (1980), 11, 87–90

C: Interviews und Gespräche

Es werden nur Gespräche aufgeführt, die weder in *Aufsätze. Ansprachen. Essays* noch in *Über Kunstwerk und Wirklichkeit* enthalten sind.

Stuart, John. »Anna Seghers. An Interview with the Famous Author of ›The Seventh Cross‹«. *New Masses.* Bd. 43, 16. 2. 1943, 22 f. Leicht veränderter Nachdruck in *Daily Worker,* 12. 9. 1943, 12 f. Gekürzte Rückübersetzung von Alexander Stephan in *Sinn und Form,* 38 (1986), 2, 268–273. Vgl. auch ders.: »Ein Exilroman als Bestseller. Anna Seghers' ›The Seventh Cross‹ in den USA. Analyse und Dokumente«. *Exilforschung* 3 (1985), 238–259

Beltrán, Jerónimo. »Gespräch mit Anna Seghers«. *Sinn und Form,* 38 (1986), 2, 268–273. Gekürzte Übers. des ursprüngl. auf span. in *Futuro* (Mexiko) im Mai 1943 veröffentlichten Gesprächs

Roscher, Achim. »Im Gespräch mit Anna Seghers« (28. 4. 1973, 1. 7. 1976, 19. 8. 1978, 6. 4. 1979, 12. 6. 1980, 14. 6. 1980, 14. 4. 19981, 17. 8. 1981, 29. 6. 1982). *Positionen 1. Wortmeldungen zur DDR-Lite-*

ratur, hg. v. Eberhard Günther. Halle, Leipzig: Mitteldeutscher Verlag, 1984, 142–168

Roscher, Achim. »Wirklichkeit und Phantasie«. *Also fragen sie mich! Gespräche.* Halle, Leipzig: Mitteldeutscher Verlag, 1983, 51–58.

III. Sekundärliteratur

Bislang gibt es die folgenden kurzen Gesamtdarstellungen zu AS: Sauer, Klaus. *Anna Seghers.* München: C. H. Beck und text + kritik, 1978; Neugebauer, Heinz. *Anna Seghers. Leben und Werk.* Berlin: Volk und Wissen, 1978; Batt, Kurt. *Anna Seghers.* Leipzig: Reclam, 1980.Wagner, Frank. *Anna Seghers.* Leipzig: Bibliographisches Institut, 1980; Brandes, Ute. *Anna Seghers.* Berlin: Colloquium Verlag, 1992. Schrade, Andreas. *Anna Seghers.* Stuttgart, Weimar: Metzler, 1993; Zehl Romero, Christiane. *Anna Seghers.* Reinbek bei Hamburg: Rowohlt Taschenbuch Verlag, 1993, 3. Auflage 1999.

Anna Seghers – Mainzer Weltliteratur. Beiträge aus Anlaß des 80. Geburtstages. Textredaktion Günter Eifler und Anton Maria Keim. Mainz: Krach, 1981

Anna Seghers. Briefe ihrer Freunde. Berlin: Aufbau, 1960, 5 f.

Abusch, Alexander. »Illegale Begegnung in Toulouse 1940«. *Neue Deutsche Literatur* 28 (1980), 11, 30–32

Abusch, Alexander. *Literatur im Zeitalter des Sozialismus.* Berlin: Aufbau, 1967

Albrecht, Friedrich. »Zwischen den Grenzpfählen der Wirklichkeit«. *Weimarer Beiträge,* 36, (1990), 1, 118–139

Albrecht, Friedrich. »Anna Seghers in der Literaturkritik des Exils«. *Jahrbuch für Internationale Germanistik,* Reihe A, Bd. 34, 181–201

Albrecht, Friedrich. »Gespräch mit Pierre Radvanyi«. *Sinn und Form,* 42 (1990), 3, 510–525

Albrecht, Friedrich. »Originaleindruck Hercules Seghers«. *Über Anna Seghers. Ein Almanach zum 75. Geburtstag,* hg. v. Kurt Batt. Berlin, Weimar: Aufbau, 1975, 29–53

Albrecht, Friedrich. *Die Erzählerin Anna Seghers 1926–1932.* Berlin: Rütten & Loening, 1965

Arnsberg, Paul. *Die Geschichte der Frankfurter Juden seit der Französischen Revolution.* 3 Bde. Darmstadt: Eduard Roether, 1983

Baby, François u. a. *Histoire de Pamiers.* Syndicat d'Initiative de Pamiers-Basse Ariège, 1981

Badia, Gilbert; Joly, Jean-Baptiste; Mathieu, Jean Philippe; Omnés, Jacques; Palmier, Jean-Michel; Roussel, Hélène, Hg. *Les bannis de Hitler.* Vincennes: Presses Universitaires, 1984

Barck, Simone; Schlenstedt, Silvia; Bürgel, Tanja; Giel, Volker; Schiller, Dieter, Hg. *Lexikon Sozialistischer Literatur.* Stuttgart, Weimar: Metzler, 1994

Batt, Kurt. Hg. *Über Anna Seghers. Ein Almanach zum 75. Geburtstag.* Berlin, Weimar: Aufbau, 1975

Becher, Johannes R. *Briefe*, hg. v. Rolf Harder. 2 Bde. Berlin: Aufbau, 1993

Benjamin, Walter. *Gesammelte Schriften*, hg. v. Rolf Thiedemann u. Hermann Schweppenhäuser unter Mitwirkung v. Theodor W. Adorno u. Gershom Scholem. 7 Bde. Frankfurt/M.: Suhrkamp, 1972–1989

Benjamin, Walter. *Gesammelte Briefe,* hg. v. Christoph Gödde und Henri Lonitz. Bd. 1–5. Frankfurt/M.: Suhrkamp, 1995

Benjamin, Walter. »Die Rettung«. *Die Neue Weltbühne,* 34 (1938), 19, 12. 5. 1938, 593–597

Benz, Wolfgang. »Die jüdische Erfahrung«. *Argonautenschiff,* 6 (1997), 149–158

Berthold, Werner; Eckert, Brita; Frank Wende, Hg. *Deutsche Intellektuelle im Exil.* München, London, New York, Paris: K. G. Saur, 1993. (Die Deutsche Bibliothek: Sonderveröffentlichungen, Nr. 18.)

Biha, Otto. »Die proletarische Literatur in Deutschland«. *Literatur der Weltrevolution,* Moskau, 1931, 3, 104–122

Bilke, Jörg Bernhard. »Auf der Suche nach Netty Reiling«. *Blätter der Carl Zuckmayer-Gesellschaft,* 6 (1980), 186–201

Bilke, Jörg Bernhard. »Netty Reiling in Heidelberg. Anna Seghers als Studentin. 1920/1924«. *Die Horen* 20, (1975), 3, 96ff.

Bloch, Carola. *Aus meinem Leben.* Pfullingen: Günther Neske, 1981

Bobrowski, Johannes. *Gesammelte Werke in 6 Bänden,* hg. v. Eberhard Haufe. Stuttgart: Deutsche Verlags-Anstalt, 1998

Bock, Sigrid. »Historische Bilanz als Moment der Auseinandersetzung mit der faschistischen Gefahr«. *Weimarer Beiträge*, 26 (1980), 11, 5–34

Bode, Wilhelm. »Der Maler Hercules Seghers«. *Jahrbuch der Preussischen Kunstsammlungen,* XXIV (1903), 179–196

Brecht, Bertolt. *Werke.* Große kommentierte Berliner und Frankfurter Ausgabe, hg. v. Werner Hecht, Jan Knopf, Werner Mittenzwei, Klaus-Detlef Müller. Berlin, Weimar, Frankfurt/M.: Aufbau, Suhrkamp, 1988. *Briefe*, 3 Bde.

Bredel, Willi. *Zur Literatur und Geschichte.* Berlin, Weimar: Aufbau, 1976

Canteloube, Marie-Laure. »Anna Seghers en exil«. *Europe,* 78 (2000), 854–855 (Juin/Juillet), 202–225

Christoffel, Udo, und von der Lieth, Elke, Hg. *Berlin-Wilmersdorf. Verfolgung und Widerstand 1933–1945.* Berlin: Willmuth Arenhövel, 1993

Craig, Gordon A. *Germany 1866–1945.* New York, Oxford: Oxford University Press, 1978

Creutz, M. *Die Anfänge des monumentalen Stils in Norddeutschland.* Köln: Verlag d. M. Dumont-Schaubergschen Buchhandlung, 1910

Degemann, Christa. *Anna Seghers in der westdeutschen Literaturkritik 1946 bis 1983.* Köln: Pahl-Rugenstein, 1985

Dehio, Georg. *Geschichte der deutschen Kunst. 1. Bd. Abbildungen.* Berlin, Leipzig: Vereinigung wissenschaftlicher Verleger, 1919

Diersen, Inge. *Seghers-Studien. Intepretationen von Werken aus den Jahren 1926–1935.* Berlin: Rütten & Loening, 1965

Dörrlamm, Rolf. *Magenza. Die Geschichte des jüdischen Mainz.* Mainz: Hermann Schmidt, 1995

Dwars, Jens-Fietje. *Abgrund des Widerspruchs. Das Leben des Johannes R. Becher.* Berlin: Aufbau, 1998

Ehrenburg, Ilja. *Menschen, Jahre, Leben.* 3 Bde. Berlin: Volk und Welt, 1978

Einhorn, Barbara. »Jüdische Identität und Frauenfragen im Werk von Anna Seghers«, *Argonautenschiff,* 6 (1997), 290–306

Fehervary, Helen. »Brecht, Seghers, and the Trial of Jeanne d'Arc«. *Brecht Yearbook,* 21 (1996), 20–47

Flechtheim, Ossip K. *Die KPD in der Weimarer Republik.* Hamburg: Junius, 1986

Folsom, Franklin. *Days of Anger, Days of Hope. A Memoir of the League of American Writers 1937–1942.* Niwot: University Press of Colorado, 1994

Frei, Bruno. *Der Papiersäbel.* Frankfurt/M.: S. Fischer, 1972

F[riedländer], P[aul]. *»Aufstand der Fischer von St. Barbara«. Die Rote Fahne,* 11 (1928), 209, 9.12., 3. Beilage, 9

Gay, Peter. *Weimar Culture: The Outsider as Insider.* New York: Harper and Rowe, 1968

Geck-Bauer, Hanna. »Als A. S. noch Netty Reiling war«. *Anna Seghers aus Mainz,* hg. v. Walter Heist. Mainz: Krach, 1973 (Kleine Mainzer Bücherei, Bd. 5), 60–61. Auch in: »Worte über A. S.«. *Neue Deutsche Literatur,* 23 (1975), 11, 31 f.

Gerhard-Sonnenberg, Gabriele. *Marxistische Arbeiterbildung in der Weimarer Zeit.* Köln: Pahl-Rugenstein, 1976

Gluck, Mary. *Georg Lukács and his Generation. 1900–1918.* Cambridge, London: Harvard University Press, 1985

Greiner, Bernhard. »›Sujet Barré‹ und Sprache des Begehrens: Die Autorschaft ›Anna Seghers‹«, *Literatur der DDR in neuer Sicht.* Frankfurt/M., Bern, New York: Peter Lang, 1986

Gross, Babette. *Willi Münzenberg.* Stuttgart: Deutsche Verlagsanstalt, 1967

Haller-Nevermann, Marie. *»Jude und Judentum« im Werk Anna Seghers'. Untersuchungen zur Bedeutung jüdischer Traditionen und zur Thematisierung des Antisemitismus in den Romanen und Erzählungen von Anna Seghers.* Frankfurt/M., Berlin, Bern, New York, Paris, Wien: Peter Lang, 1997

Hanfstengel, Renata von; Tercero, Cecilia; Wehner Franco, Silke. *Mexiko, das wohltemperierte Exil.* México D. F.: Instituto de Investigaciones Interculturales Germano-Mexicanas, 1995

Hecht, Werner. *Brecht Chronik. 1898–1956.* Frankfurt/M.: Suhrkamp, 1997

Hein, Christoph. *Texte, Daten, Bilder,* hg. v. Lothar Baier. Darmstadt: Luchterhand, 1992

Hein, Christoph M. *Der BPRS. Biographie eines kulturpolitischen Experiments in der Weimarer Republik.* Münster: Lit Verlag, 1991

Hermlin, Stephan. »Nachdenken über Anna Seghers«. *Neue Deutsche Literatur,* 39 (1991), 1, 28–29

Hielscher, Martin, Hg. *Fluchtort Mexiko.* Hamburg, Zürich: Luchterhand, 1992

Hilzinger, Sonja. »Anna Seghers und Heinrich Heine: Begegung im Exil«. *Wort Brücke. Rheinland Pfälzisches Jahrbuch für Literatur 5,* hg. v. S. Gauch, S. Hilzinger, A. Stegat. Frankfurt/M.: Brandes & Apsel, 1998, 225–229

Hilzinger, Sonja. »Anna-Seghers-Kontexte«, *Horizonte. Rheinland-pfälzisches Jahrbuch für Literatur 3,* hg. v. Sigfrid Gauch, Sonja Hilzinger u. Josef Zierden. Frankfurt/M.: Brandes & Apsel, 1996, 200 bis 213

Hilzinger, Sonja, Hg. *Das siebte Kreuz von Anna Seghers. Texte, Daten, Bilder.* Frankfurt/M.: Luchterhand, 1990

Hinze, Sibylle. *Antifaschisten im Camp Le Vernet.* Berlin: Militärverlag der DDR, 1988

Hofmannsthal, Hugo von. *Gedichte und lyrische Dramen.* Wien: S. Fischer, 1952

Hübel, Marlene. *Mein Schreibtisch. Schriftstellerinnen aus drei Jahrhunderten.* Mainz: Edition Erasmus, 1994

Hübinger, Gangolf, Hg. *Versammlungsort moderner Geister. Der Eugen Diederichs Verlag – Aufbruch ins Jahrhundert der Extreme.* München: Eugen Diederichs, 1996

Humm, Rudolf Jakob *Bei uns im Rabenhaus.* Zürich, Stuttgart: Fretz & Wasmuth, 1963

Jahnn, Hans Henny. »Rechenschaft Kleistpreis 1928«. *Werke und Tagebücher in sieben Bänden,* hg. v. Thomas Freeman u. Thomas Scheuffelen. Bd. 7. Hamburg: Hoffmann und Campe, 1974, 246 bis 250

Jahnn, Hans Henny. *Briefe,* hg. v. Ulrich Bitz u. a. 2 Bde. Hamburg: Hoffmann und Campe, 1994

Kantorowicz, Alfred. *Deutsches Tagebuch, Erster und Zweiter Teil.* München: Kindler, 1959 und 1961

Kaplan, Marion. »Tradition and Transition: The Acculturation, Assimilation and Integration of Jews in Imperial Germany: A Gender Analysis«. *Leo Baeck Institute Yearbook 27* (1982), 3–35

Karády, Éva; Vezér, Erzsébet, Hg. *Georg Lukács, Karl Mannheim und der Sonntagskreis,* übers. aus d. Ungarischen v. Albrecht Friedrich. Frankfurt/M.: Sendler, 1985

Keim, Anton Maria. »Das jüdische Mainz im Zeitalter der Emanzipation und Gleichberechtigung«. *Argonautenschiff,* 6 (1997), 139 bis 148

Kemmerich, Max. *Die Frühmittelalterliche Porträtplastik in Deutschland bis zum Ende des XIII. Jahrhunderts.* Leipzig: Klinkhardt und Biermann, 1909

Kießling, Wolfgang. *Partner im Narrenparadies.* Berlin: Dietz, 1994

Kießling, Wolfgang. *Brücken nach Mexiko.* Berlin: Dietz, 1998

Kießling, Wolfgang. *Exil in Lateinamerika.* Leipzig: Reclam, 1980 (2. Aufl. 1984)

Kießling, Wolfgang. *Alemania Libre in Mexiko.* 2 Bde. Berlin: Akademie, 1974

Klein, Wolfgang, Hg. *Paris 1935. Erster Internationaler Schriftstellerkongreß zur Verteidigung der Kultur.* Berlin: Akademie, 1982

Klein, Wolfgang. »Nachtrag zu ›Paris 1935‹«. *Weimarer Beiträge,* 31 (1985), 6, 899

Klemperer, Victor. *So sitze ich denn zwischen allen Stühlen. Tagebücher 1945–1959.* Berlin: Aufbau, 1999

Klotz, Volker. »Kollektiv als Hauptperson: Wie es sich erzählen und lesen läßt. Zu Anna Seghers' ›Aufstand der Fischer von St. Barbara‹«. *Erzählung und Erzählforschung im 20. Jahrhundert,* hg. v. Rolf Kloepfer u. Gisela Janetzke-Dillner. Stuttgart, Berlin, Köln, Mainz, 1981, W. Kohlhamer, 327–340

Krull, Wilhelm. »Schöne Märchen für Erwachsene«. *Anna Seghers.* München: text + kritik, 1982, 96–114

Landshoff, Fritz H. *Amsterdam, Keizersgracht 333. Querido Verlag. Erinnerungen eines Verlegers.* Berlin, Weimar: Aufbau, 1991

Leschnitzer, Franz. »Anna Seghers«, *Der Kämpfer* (1935), 8/9, 88–97

Lévi-Strauss, Claude. *Traurige Tropen.* Leipzig: Reclam, 1988

Loerke, Oskar. *Tagebücher 1903–1939,* hg. v. Hermann Kasack. Heidelberg, Darmstadt: L. Schneider, 1955

Lowitsch, Bruno. »Der letzte Weg der Hedwig Reiling in Mainz«. *Programmheft zum Film Shoah von Claude Lanzmann,* hg. v. Mainzer Kunstverein. Mainz, 1988

Lukács, Georg. *Gelebtes Denken. Eine Autobiographie im Dialog.* Frankfurt/M.: Suhrkamp, 1981.

Mayer, Hans. *Der Turm von Babel.* Frankfurt/M.: Suhrkamp, 1991

Mayer, Hans. *Aufklärung heute. Reden und Vorträge 1978–1984.* Frankfurt/M.: Suhrkamp, 1985

Melzwig, Brigitte. *Deutsche sozialistische Literatur 1918–1945. Bibliographie der Buchveröffentlichungen.* Berlin, Weimar: Aufbau, 1975

Meyer, Hannes. *Bauen und Gesellschaft.* Dresden: Verlag der Kunst, 1980

Mittenzwei, Werner. *Exil in der Schweiz.* Leipzig: Reclam, 1978

Münzenberg, Willi. Un homme contre. Colloque International. Aix-en-Provence: La Bibliothèque, 1993

Nagler, G. K., Hg. *Neues allgemeines Künstler-Lexikon oder Nachrichten von dem Leben und den Werken der Maler, Bildhauer, Baumeister, Kupferstecher, Formschneider, Lithographen, Zeichner, Medailleure, Elfenbeinarbeiter, etc.* München: Fleischmann, 1835–1952.

Neuman, Alma. *Always Straight Ahead.* Baton Rouge, London: LSU State University Press, 1988

Pächter, Heinz. »Kommunismus und Klasse«, *Die Gesellschaft,* I (1932), 9, 33

Pätzold, Kurt, Hg. *Verfolgung. Vertreibung. Vernichtung.* Leipzig: Reclam, 1983

Pfister, Kurt. *Herkules Segers, mit einer Auswahl seiner Werke.* München: Piper, 1921

Pike, David. *Deutsche Schriftsteller im sowjetischen Exil. 1933–1945.* Frankfurt/M.: Suhrkamp, 1981

Pinthus, Kurt. »Männliche Literatur«. *Das Tagebuch,* 10 (1929), 22, 1.6., 904–906

Pohl, Gerhart. »Der Jahrgang 1902 ist aufgebrochen«. *Neue Bücherschau,* 6 (1928), 12, 623

Pohle, Fritz. *Das mexikanische Exil.* Stuttgart: Metzler, 1986

Radványi, Ladislaus. *Der Chiliasmus,* hg. v. Éva Gábor. Budapest: Lukács Archivum, 1985

Radványi, László. *Fekete könyv. Versek. [Schwarzbuch. Gedichte],* mit einem Vorwort v. Frigyes Karinthy. Budapest: A. Martos, 1916

Radvanyi, Pierre. »Anna Seghers en exil«. *Europe,* 78 (2000), 854–855 (Juin/Juillet), 199–201

Radvanyi, Pierre. »Einige Erinnerungen«. *Argonautenschiff*, 3 (1994), 185–192

Reichshandbuch der deutschen Gesellschaft. 2 Bde. Berlin: Deutscher Wirtschaftsverlag, 1930–1931

Reinerová, Lenka. *Es begann in der Melantrichgasse.* Berlin, Weimar: Aufbau, 1985

Reissner [auch Reisner], Larisa. *Die Front 1918–1919.* Wien: Verlag für Literatur und Politik, 1924

Richter, Trude. *Totgesagt.* Halle, Leipzig: Mitteldeutscher Verlag, 1990

Rinser, Luise. »Hoffnung und Glaube der Anna Seghers«. *neue deutsche literatur*, 46 (1998), 2, 131–143

Rohrwasser, Michael. *Der Stalinismus und die Renegaten.* Stuttgart: Metzler, 1991

Roos, Peter; Hassauer-Roos, Friderike J., Hg. *Anna Seghers Materialienbuch.* Darmstadt, Neuwied: Luchterhand, 1977

Roussel, Hélène; Winkler, Lutz, Hg. *Deutsche Exilpresse und Frankreich 1933–1940.* Bern u.a.: Peter Lang, 1992

Saint Sauveur-Henn, Anne, Hg. *Zweimal verjagt. Die deutschsprachige Emigration und der Fluchtweg Frankreich–Lateinamerika 1938–1945.* Berlin: Metropol Verlag, 1998

Sahl, Hans. »Ein neuer Erzähler«. *Berliner Börsen-Courier,* Nr. 531, 11.11.1928

Sahl, Hans. *Das Exil im Exil.* Darmstadt: Luchterhand, 1990

Schiller, Dieter. »Etwas Anständiges, das auch Wind macht«. *Exilforschung,* 16. München: text + kritik, 1998, 87–104

Schiller, Dieter. »Anna Seghers' Publizistik zwischen Exil und Heimkehr«. *Argonautenschiff*, 7 (1998), 169–180

Schiller, Dieter. »Anna Seghers und der Bund proletarisch-revolutionärer Schriftsteller im Pariser Exil 1933–1934«. *Argonautenschiff*, 7 (1998), 251–269

Schiller, Dieter; Pech, Karlheinz; Herrmann, Regine; Hahn, Manfred, Hg. *Exil in Frankreich.* Leipzig: Reclam, 1981

Schirokauer, Arno. »Kleist-Preis für Seghers«. *Die Literarische Welt,* 5 (1929), 2, 1–2

Schlenstedt, Silvia, Hg. *Wer schreibt handelt. Strategien und Verfahren literarischer Arbeit vor und nach 1933.* Berlin, Weimar: Aufbau, 1983

Schmalenbach, Eva. »Zwischen den Stühlen«, *Mainzer Geschichtsblätter,* Heft 6 (1998, Erstaufl. 1990), 81–125

Schmidt, Johann [LR]. »Fünf Jahre Marxistische Arbeiterschule«. *Der Marxist,* 1 (1931), 1, 28–31; »Der Anschlag der Kulturreaktion auf die Berliner MASCH und unsere Antwort«. *Der Marxist,* 1 (1931), 2,

31; »Hegel 31« und »Zu den Frühlings- und Sommerplänen der Berliner Masch«. *Der Marxist,* 1 (1931), 3, 1–5 und 29–31

Schmidt, Johann. »Wie kämpfen wir gegen Nazi-Argumente«. *Die Internationale,* 1936, 4/5, 32–40; »Der Humanismus und wir«, ebd., 1937, 7/8, 41

Schmidt, Johann. »Nazi Professoren in Paris«. *Die Neue Weltbühne.* 2. 12. 1937, 49, 1546–1548

Schmidt, Johann. »Die nationalsozialistische Wissenschaft und die Aufgaben der freien deutschen Forschung«. *Zeitschrift für freie deutsche Forschung* 1 (1938) 1, 109–121

Schmidt, Johann Lorenz [LR., gez. mit Redaktion *Einheit*]. »Die MASCH – eine traditionsreiche Bildungsstätte«. *Einheit,* 31 (1976), 1349–1354

Schneider, Gerhard, Hg. *Eröffnungen. Schriftsteller über ihr Erstlingswerk.* Berlin, Weimar: Aufbau, 1974

Schumacher, Ernst. »Mit Anna Seghers in Cecilienhof«. *Sinn und Form,* 35 (1983), 6, 1154–1179

Schütz, Friedrich. »Die Familie Seghers-Reiling und das jüdische Mainz«. *Argonautenschiff,* 2 (1993), 151–173.

Singer, Hans Wolfgang. *Allgemeines Künster-Lexikon.* Frankfurt: Rütten und Loening, 1901

Sperber, Manès. *All das Vergangene.* Wien, München, Zürich: Europa Verlag, 1983

Spies, Bernhard. *Anna Seghers. Das siebte Kreuz.* Frankfurt/M.: Diesterweg, 1993

Spira-Ruschin, Steffie. *Trab der Schaukelpferde.* Berlin, Weimar: Aufbau, 1984

Stephan, Alexander. »›Flucht durch den Wald‹ und ›Der Skalp‹. Zwei wiederentdeckte Erzählungen von Anna Seghers?«. *Argonautenschiff,* 6 (1997), 106–113

Stephan, Alexander. *Das siebte Kreuz. Welt und Wirkung eines Romans.* Berlin: Aufbau Taschenbuch Verlag, 1997

Stephan, Alexander. *Im Visier des FBI.* Stuttgart, Weimar: Metzler, 1995

Stephan, Alexander. *Anna Seghers im Exil.* Bonn: Bouvier, 1993

Stern, Jeanne. »Die Dame mit dem Turban«, *Neue Deutsche Literatur,* 29 (1981), 6, 5–19

Stern, Jeanne. »Das Floß der Anna Seghers«. *Über Anna Seghers. Ein Almanach zum 75. Geburtstag.* Berlin, Weimar: Aufbau, 1975, 77 bis 91

Stites, Richard. *The Women's Liberation Movement in Russia. Feminism, Nihilism, and Bolshevism, 1860–1930.* Princeton, N. J.: Princeton University Press, 1990

»Streik der bretonischen Fischer«. *AIZ,* 3 / 8 / 1927, 3

Straub, Martin. »Anna Seghers und Alessandro Manzoni«. *Wissenschaftliche Zeitschrift der Friedrich-Schiller-Universität Jena.* (1974), 1, 129–133

Swaffar, Jane, and Wilkinson, Eileen. »Aesthetics and Gender: Anna Seghers as a Case Study«. *Monatshefte,* 87 (1995), 4, 457–452

Trapp, Frithjof. »Der existenzialistische Grundzug im Werk von Anna Seghers«. *Exil,* 1997, 1, 33–44

Treiber, Hubert; Sauerland, Harold, Hg. *Heidelberg im Schnittpunkt intellektueller Kreise.* Opladen: Westdeutscher Verlag, 1995

Trommler, Frank. *Sozialistische Literatur in Deutschland.* Stuttgart: Kröner, 1976

Uhse, Bode. *Gestalten und Erinnerungen.* Berlin: Verlag der Nation, 1959

Uhse, Bodo; F. C. Weiskopf. *Briefwechsel 1942–1948.* Berlin, Weimar: Aufbau, 1990

Vogt, Jochen. »Was aus dem Mädchen geworden ist«. *Argonautenschiff,* 6 (1997), 121–136

W., H. O. »Anna Seghers, die Trägerin des Kleistpreises«. *Mainzer Anzeiger,* 29. 12. 1928

Der Wachsmannreport/Michael Grüning. Berlin: Verlag der Nationen, 1985

Wagner, Frank. »Deportation nach Piaski. Letzte Stationen der Passion von Hedwig Reiling«. *Argonautenschiff,* 3 (1994), 117–125

Wagner, Frank; Emmerich Ursula; Radvanyi Ruth, Hg. *Biographie in Bildern.* Berlin, Weimar: Aufbau, 1994

Wagner, Frank. *»... der Kurs auf die Realität«. Das epische Werk von Anna Seghers (1935–1943).* Berlin: Akademie, 1975

Wahle, Ernst. *Eine Wanderung längs der römischen Reichsgrenze.* Karlsruhe: Müller, 1922

Wallace, Ian. »Anna Seghers – The British Dimension«. *German Monitor. Anna Seghers in Perspective.* Amsterdam, Atlanta: Rodopi, 1998, 65–74

Walter, Hans-Albert, bearb. von. *Fritz H. Landshoff und der Querido Verlag 1933–1950. Marbacher Magazin,* 78/1997

Walter, Hans-Albert. *Deutsche Exilliteratur 1933–1950.* 4 Bde. Stuttgart: Metzler, 1978–1988

Walter, Hans-Albert. *Anna Seghers' Metamorphosen. Transit – Erkundungsversuche in einem Labyrinth.* Frankfurt/M.: Büchergilde Gutenberg, 1984

Walter, Hans-Albert. *Deutsche Exilliteratur 1933–50.* Darmstadt, Neuwied: Luchterhand, 1972 ff.

Wendel, Hermann. *Unter der Coupole. Die Paris-Feuilletons Hermann Wendels 1933–1936,* hg. u. komm. v. Lutz Winkler. Tübingen: Max Niemeyer, 1995

Wendel, Hermann. *Heinrich Heine. Ein Lebens- und Zeitbild.* Dresden: Kaden, 1916

Wendel, Hermann. *August Bebel*, mit einem Nachwort v. Karl L. Schmidt. Offenbach: Bollwerk, 1948

Wolf, Christa. *Essays/Gespräche/Reden/Briefe* 1959–1974, hg. v. Sonja Hilzinger. München: Luchterhand, 1999

Wolf, Christa. *Lesen und Schreiben. Neue Sammlung.* Darmstadt, Neuwied: Luchterhand, 1981

Wolf, Lore. *Ich habe das Leben lieb. Tagebuch aus dem Zuchthaus Ziegenhain 1943–1945.* Dortmund: Weltkreis, 1983

Wolf, Lore. *Ein Leben ist viel zu wenig.* Frankfurt/M.: Rodenberg Verlag, 1974

Wolgast, Eike. *Die Universität Heidelberg 1386–1986.* Berlin, Heidelberg, New York, London, Paris, Tokyo: Springer, 1986

Zehl Romero, Christiane. »›Armer und lieber Sagetete‹ – Anna Seghers and Franz Carl Weiskopf«. *Anna Seghers in Perspective*, hg. v. Ian Wallace. Amsterdam, Atlanta: Rodopi, 1998, 29–64

Zehl Romero, Christiane. »Helen Lowe-Porter«. *Notable American Women.* Cambridge, London: Harvard University Press, 1980, 428 f.

Zetkin, Clara. *Erinnerungen an Lenin.* Wien, Berlin: Verlag für Literatur und Politik, 1929

Zuckmayer, Carl. »Grußwort«. *Anna Seghers aus Mainz*, hg. v. Walter Heist. Mainz: Krach, 1973 (Kleine Mainzer Bücherei, Bd. 5), 10 ff.

Zuckmayer,Carl. *Als wär's ein Stück von mir.* Wien: S. Fischer, 1966

Zur Tradition der sozialistischen Literatur in Deutschland 1926–1935. (Bd. 1). Kommentare (Bd. 4). Veröffentlichung der Akademie der Künste der DDR, Sektion Literatur und Sprachpflege, Abteilung Geschichte der sozialistischen Literatur. Berlin, Weimar: Aufbau, 1979

Personenregister

Titelverzeichnis

(Verzeichnis der in diesem Band genannten Arbeiten von AS, einschließlich unveröffentlichter Texte, Tagebücher und Projekte. Die in Klammern angegebenen Jahreszahlen beziehen sich auf die Erstveröffentlichung, bei unveröffentlichten Texten auf die Entstehungszeit – ENT.)

Bildnachweis

Archiv Pierre Radvanyi, Orsay 8–10
Archiv Ruth Radvanyi, Berlin 1–7, 11–27, 29–39
Renata von Hanfstengel, Mexiko D. F. 28

Inhalt

Anhang